Data Privacy in der Praxis

Stimmen zum Buch *Data Privacy in der Praxis*

Ein absolutes Standardwerk für alle Flughöhen, vom Data Scientist bis zur Verbraucherschützerin. Katharine Jarmul erklärt verständlich und umfassend die Theorie und stellt praxisnahe Beispiele und Lösungsansätze vor. Ein pointiertes, leidenschaftliches Plädoyer für ein im Alltag und in Unternehmen viel zu oft vernachlässigtes Thema: Data Privacy.

– Karma Lüdtke, IT Innovations bei Bundesdruckerei und Expert:in Cloud-Infrastrukturen

Katharine Jarmuls *Data Privacy in der Praxis* ist ein ausgezeichneter praktischer Leitfaden für die Integration des Datenschutzes in digitale Produkte. Ein Muss für alle, die digitale Produkte entwickeln.

– Alexander CS Hendorf, Gründer opotoc GmbH, Vorsitzender Python Softwareverband e.V.

Katharine Jarmul bietet mit diesem Buch eine hilfreiche und praxisnahe Handreichung für Data Scientists, Privacy Engineers und Softwareentwickler*innen, die sich mit den technischen, juristischen und ethischen Grundlagen von Datensicherheit und Security auseinandersetzen wollen. Die vielen Beispiele und hilfreichen Erklärungen ermöglichen es Entwickler*innen, ihr neu gewonnenes Wissen direkt in ihre Arbeit zu integrieren. Damit schafft die Autorin Zugang zu zukunftsweisenden Fähigkeiten, die immer weiter an Relevanz gewinnen werden – für diejenigen, die an den Systemen von morgen arbeiten. Ein wichtiger Beitrag für eine wünschenswerte und gerechte Digitalisierung, in der »Privacy by Design« der Standard ist.

– Fiona Krakenbürger, Co-Founder und Chief Technology Officer Sovereign Tech Fund

Es war noch nie so leicht, KI-Prototypen zu entwickeln, aber die Lösung von realen Problemen mit realen Daten ist nach wie vor eine große Herausforderung. Katharine Jarmul bietet in *Data Privacy in der Praxis* einen umfassenden und anschaulichen Überblick über Datensicherheit und Privatsphäre für KI und Machine Learning, mit technisch fundierten Beispielen und verschiedenen Lösungsansätzen aus der Praxis. Die vorgestellten und direkt anwendbaren Methoden ermöglichen es jedem, selbstbestimmt mit privaten Daten zu arbeiten und transparente und zukunftsfähige KI-Systeme zu entwickeln.

– Ines Montani, Gründerin und CEO von Explosion und Entwicklerin von spaCy

Data Privacy geht uns alle etwas an. Gerade in Zeiten, wo Generative AI und LLMs auch im Mainstream angekommen sind, sollten alle die Wichtigkeit von Privatsphäre und vom verantwortungsvollen Handeln mit persönlichen Daten erkannt haben. Katharine zeigt uns in diesem Buch nicht nur die Risiken und Konsequenzen von allem, was mit Data Privacy schief laufen kann, sondern auch, wie wir anhand von praxisorientierten Beispielen aus der Realität diesen Risiken vorbeugen können.

Es ist nicht nur ein wichtiges Buch, das alle Data Professionals als Grundlektüre lesen sollten – es macht auch dank Katharines zugänglichem Schreibstil und Ihrer unbezweifelbaren Leidenschaft für dieses Thema unheimlich Spaß zu lesen!

– Tiankai Feng
Data Strategy & Data Governance Lead, Thoughtworks Europe

Will man ein Softwareprodukt mit künstlicher Intelligenz bauen, so steht die Datenbeschaffung ganz am Anfang des Projektes, und bereits in dieser Projektphase liegt die vermeintlich größte Hürde. Daten sind aufgrund von Datenschutzbedenken schwer zu beschaffen. Dabei gibt es unzählige Möglichkeiten, KI-Software datenschutzkonform zu bauen. Die Kombination von klassischer Informationssicherheit mit dem aktuellen Stand der Wissenschaft ermöglicht sogar einen Privacy-by-Design-Ansatz. Katharine Jarmul stellt in ihrem Buch *Data Privacy in der Praxis* diesen Ansatz vor und gibt einen umfassenden Überblick über die Details der damit verbundenen Themen. Dies ermöglicht es, Datenschutz nicht als Hindernis, sondern als technologische Basis zu verstehen, die regulatorische Aspekte berücksichtigt und die Privatsphäre jedes Einzelnen respektiert. Das Buch deckt die verschiedenen Aspekte der Daten- und Informationssicherheit in Softwareprojekten ab und eignet sich daher hervorragend für alle Mitarbeiter:innen in Softwareprojekten: Entwickler:innen, Projektleiter:innen und auch Sicherheitsexpert:innen.

– Dr. Maria Börner
Competence Center AI Lead bei Westernacher Solutions,
Partnership Germany Lead bei Women in AI

Data Privacy in der Praxis bietet genau das, was der Titel verspricht – eine praxisorientierte Darstellung der verschiedenen Ansätze im Bereich des Datenschutzes, die auch den wirtschaftlichen Nutzen im Zusammenhang mit der Nutzung personenbezogener Daten ausreichend berücksichtigt.

– Rebecca Parsons, Chief Technology Officer bei Thoughtworks

Die Datenlandschaft wird mit jedem Jahr komplexer. Der Druck der Regulierungsbehörden in Bezug auf Datenschutz und Datensouveränität sowie Transparenz, Erklärbarkeit und Fairness von Algorithmen nimmt weltweit zu. Es ist schwieriger denn je, Daten intelligent zu verwalten. Aber die Werkzeuge zur Bewältigung dieser Herausforderungen sind besser denn je, und dieses Buch ist eines dieser Werkzeuge. Katharines praxisorientierte, pragmatische und umfassende Behandlung des Themas Data Privacy ist genau das richtige Buch, um die Herausforderungen der 2020er-Jahre und darüber hinaus zu meistern. Sie schafft es, ihre fachlich fundierten Ausführungen mit leicht verständlichen Übersichten über die neuesten technologischen Ansätze und Architekturen zu verbinden. Dieses Buch ist für jeden nützlich, vom CDO bis zum Data Analyst und jedem dazwischen

– Emily F. Gorcenski, Principal Data Scientist und Data & AI Service Line Lead bei Thoughtworks

Manche Data Scientists sehen Datenschutz als etwas an, das sie in ihrer Arbeit beeinträchtigt. Wenn Sie jedoch nicht zu dieser Gruppe gehören, wenn Sie glauben, dass Datenschutz sowohl in moralischer als auch in wirtschaftlicher Hinsicht erstrebenswert ist, wenn Sie die Stringenz und die Möglichkeiten des Privacy Engineering schätzen, wenn Sie sich über den aktuellen Stand der Technik auf diesem Gebiet informieren möchten, dann ist dieses Buch genau das richtige für Sie.

– Chris Ford, Head of Technology bei Thoughtworks Spanien

Data Privacy in der Praxis

Datenschutz und Sicherheit in Daten- und KI-Projekten

Katharine Jarmul

Deutsche Übersetzung von Marcus Fraaß

O'REILLY®

Katharine Jarmul

Lektorat: Alexandra Follenius
Übersetzung: Marcus Fraaß
Korrektorat: Sibylle Feldmann, *www.richtiger-text.de*
Satz: III-satz, *www.drei-satz.de*
Herstellung: Stefanie Weidner
Umschlaggestaltung: Karen Montgomery, Michael Oréal, *www.oreal.de*
Druck und Bindung: mediaprint solutions GmbH, 33100 Paderborn

Bibliografische Information der Deutschen Nationalbibliothek
Die Deutsche Nationalbibliothek verzeichnet diese Publikation in der Deutschen Nationalbibliografie; detaillierte bibliografische Daten sind im Internet über *http://dnb.d-nb.de* abrufbar.

ISBN:
Print 978-3-96009-233-9
PDF 978-3-96010-816-0
ePub 978-3-96010-817-7

1. Auflage 2024

Wieblinger Weg 17
69123 Heidelberg

Hinweis:
Dieses Buch wurde mit mineralölfreien Farben auf PEFC-zertifiziertem Papier aus nachhaltiger Waldwirtschaft gedruckt. Der Umwelt zuliebe verzichten wir zusätzlich auf die Einschweißfolie. Hergestellt in Deutschland.

PEFC-zertifiziert
Dieses Buch stammt aus nachhaltig bewirtschafteten Wäldern und kontrollierten Quellen
PEFC/04-31-0810
www.pefc.de

Schreiben Sie uns:
Falls Sie Anregungen, Wünsche und Kommentare haben, lassen Sie es uns wissen: *kommentar@oreilly.de*.

5 4 3 2 1 0

Inhalt

Vorwort

Angesichts der zahlreichen Vorteile der digitalen Vernetzung ist es nicht immer offensichtlich, dass futuristische Technologien auch Nachteile mit sich bringen. Instant Messaging, biometrisches Scannen, Echtzeit-Bewegungserfassung, digitaler Zahlungsverkehr und vieles mehr waren schon immer der Stoff für Science-Fiction-Fantasien. Für diejenigen unter uns, die in der Technologiebranche arbeiten (oder diese als Konsumenten erleben), ist der »Coolness-Faktor« digitaler Tools in unserer täglichen Routine schwer zu leugnen.

Die Kehrseite des digital vernetzten Lebens ist das Recht, sich vom Netz zu trennen. Für einige Tech-Millionäre der ersten Generation ist es selbstverständlich, ihre Kinder zu Hause und in der Schule vom Internet fernzuhalten. Das mag seltsam klingen, wenn man daran gewöhnt ist, die digitale Kluft als eine Trennung zwischen Besitzern von mehreren Apple-Produkten und Habenichtsen ohne 24/7-Hochgeschwindigkeitsinternet zu sehen. Da so viele unserer täglichen Interaktionen digital geworden sind, ist es jedoch für die meisten von uns eine Herausforderung, ohne unbegrenzten Onlinezugang auszukommen.

Die Nutzung digitaler Werkzeuge und der Zugang zu Onlineräumen wird uns heute genauso angepriesen wie zu Beginn des Internets: als eine bequeme, einfache Erfahrung, die völlig freiwillig ist und Spaß macht. Aber nichts ist lustig an einer Interneterfahrung, die sich wie ein Aufenthalt im Hotel California anfühlt – »du kannst auschecken, wann immer du willst, aber du kannst niemals abreisen«. Nichts ist fair an einer Onlinewelt, die das Offlineleben in Bezug auf alles einschränkt, was man sehen und tun kann und wie man behandelt werden könnte. Die Vorstellung, dass wir uns in der Internetwelt lediglich für eine Reihe von zwanglosen Interaktionen entscheiden, ist nicht mehr wahr: Wenn überhaupt, sind wir oft gezwungen, uns auf einer Autobahn zu bewegen, die mit Daten über uns und andere vollgestopft ist.

Viele von uns gehen fälschlicherweise davon aus, dass unsere Daten für alle anderen uninteressant sind. Aber in diesem Fall sehen wir nicht das ganze Bild. Moderne Apps und Algorithmen horten unsere Daten, um zu verknüpfen, wo wir leben, was wir verdienen, mit wem wir ausgehen und ob wir psychische Probleme oder eine sexuell übertragbare Infektion gehabt haben. Das passiert, wenn wir nicht erkennen, dass die Vorhersagefunktion von Algorithmen in der Regel dazu verwendet wird, ein

»Profil« von uns zu erstellen. Denn dafür werden Daten verwendet, die wir bereitwillig und unwissentlich zur Verfügung gestellt haben, wenn Anbieter uns Finanzprodukte, Versicherungsschutz, Arbeitsplätze, Wohnungen oder potenzielle Liebespartner verkaufen wollen (oder uns den Zugang dazu zu verwehren).

Digitale Konnektivität soll Spaß machen und sich nicht anfühlen, als würde man kriminell verfolgt. Aber genau dieses Gefühl war mein Einkaufserlebnis in der realen Welt, seit ich ein Kind in New York City war: Damals war es in der Regel alles andere als angenehm, als sichtbare Minderheit einkaufen zu gehen oder sich nach einem Taxi umzusehen. Ich kenne das Gefühl sehr gut, gescannt, überwacht und aus einer Gruppe herausgegriffen zu werden. Genau das zeigt ein Enthüllungsbericht nach dem anderen: Unsere privaten, persönlichen und dauerhaften Daten werden in »Profilen« zusammengefasst und an Datenhändler, Regierungen und Strafverfolgungsbehörden weitergegeben und zerstören somit unsere Privatsphäre. Genau wie bei verurteilten Kriminellen.

Der Schutz der Privatsphäre ist wie der Zugang zu einem Kredit oder einem guten Anwalt – etwas, das man besser hat und nicht braucht, als etwas, das man braucht und nicht hat. Es sollte nicht erst einer biometrischen Datenerfassung beim Einsteigen in ein Flugzeug bedürfen (wogegen ich kürzlich in San Francisco protestieren musste), um zu erkennen, dass unsere persönlichen Daten zu oft ohne unsere Einwilligung oder unser Wissen erhoben werden. Es sollte nicht nötig sein, dass eine Person, die einer ethnischen Minderheit angehört, einen datengesteuerten Gesundheits- oder Finanzalgorithmus als diskriminierend einstuft. Diejenigen von uns, die in der Technologiebranche tätig sind, sollten keine Gerichtsverfahren, Geldstrafen für Unternehmen oder staatliche Regulierung benötigen, um zu erkennen, dass Systeme, die unsere Daten fast zwangsweise abgreifen, uns weder Privatsphäre noch Wahlmöglichkeiten lassen. Und was ist mit denen, die ihre Privatsphäre bewahren wollen, indem sie offline bleiben? Ähnlich wie die Kreditwürdigkeit oder der Zugang zu einem guten Anwalt ist die Wahrung der Privatsphäre zum neuen Privileg der Wohlhabenden geworden.

Diese Kluft ist vielleicht das eklatanteste Problem unseres digital vernetzten Lebens. Wenn wir jemals zu einer digitalen Welt zurückkehren wollen, in die wir uns freiwillig begeben können, müssen wir den Raum begrenzen, in dem digitale Systeme ihre Fühler nach uns ausstrecken. Wenn wir den Menschen das Recht zurückgeben wollen, anonym zu surfen oder sich online zu melden, müssen wir die Mechanismen der Datenerfassung einschränken, die derzeit die meisten digitalen Systeme steuern. Mit *Data Privacy in der Praxis* bietet Frau Jarmul erprobte Techniken für den Aufbau einer Onlinewelt, die sich von der heutigen unterscheidet. Ihre Beispiele aus dem wirklichen Leben beweisen, dass man kein Privacy Engineer sein muss, um den Datenschutz sinnvoll zu gestalten.

Ich hoffe, dass alle, die sich über algorithmische Diskriminierung und »ethische Technologie« Sorgen machen, dieses Buch lesen werden. Darüber hinaus möchte ich jeden, der digitale Systeme entwirft, entwickelt oder testet, ermutigen, für sich selbst zu entscheiden, ob Datenschutz die Komponente darstellt, die unsere derzeitigen Onlineerfahrungen von denen unterscheidet, die wir wollen und brauchen.

– Dr. Nakeema Damali Stefflbauer
CEO, FrauenLoop and Global AI Ethics lecturer, Stanford University

Einleitung

Willkommen in der wunderbaren Welt des Datenschutzes! Möglicherweise haben Sie sich bereits eine Meinung zum Datenschutz (engl. *Data Privacy*) gebildet – dass er eine lästige Angelegenheit ist, dass er bürokratisch und deshalb langweilig ist, oder Sie sind vielleicht der Meinung, dass es ein Thema ist, für das lediglich Juristinnen und Juristen Interesse aufbringen können. In diesem Buch werden Sie herausfinden, wie technisch komplex und interessant die Herausforderungen des Datenschutzes sind – und auch in Zukunft sein werden. Sollte Ihre Begeisterung für knifflige mathematische und statistische Fragestellungen zu Ihrer Entscheidung geführt haben, sich mit Data Science zu befassen, dann werden Sie mit Sicherheit auch Gefallen daran finden, Datenschutz aus der Perspektive der Data Science zu erforschen. Die in diesem Buch vermittelten Inhalte werden Ihre Kenntnisse in den Bereichen Wahrscheinlichkeitstheorie, Modellierung und sogar Kryptografie erweitern.

Für Data-Science-Fachleute wird es zunehmend wichtiger, zu lernen, wie auch Datenschutzprobleme gelöst werden können. Nachdem Sie das Buch gelesen haben, werden Sie in der Lage sein, reale Probleme in Bereichen wie Cybersicherheit, Gesundheitswesen und Finanzwirtschaft zu lösen und Ihre Karriere innerhalb eines Irrgartens aus Datenschutzbestimmungen, -richtlinien und -rahmen voranzutreiben. Seit Inkrafttreten der Europäischen Datenschutz-Grundverordnung (DSGVO oder DS-GVO, engl. *General Data Protection Regulation* – GDPR) im Jahr 2018 ist die weltweite Datenschutzlandschaft noch komplexer geworden. Diese Komplexität wird weiter zunehmen, da Aufsichtsbehörden und Gesetzgeber fortwährend die Regeln dahin gehend ändern, wie, wo, warum und wann Sie Daten speichern dürfen. Wenn Sie jetzt Ihre Kompetenzen rund um den Bereich Datenschutz und Datensicherheit erweitern, ist das zweifelsohne eine sinnvolle Investition in Ihre berufliche Zukunft.

Darüber hinaus leisten Sie, wenn Sie Zeit darin investieren, neue Kenntnisse über den Datenschutz zu erlangen, einen Beitrag im Bereich der Data Science und fördern Vertrauen, Verantwortlichkeit, gegenseitiges Verständnis und soziale Verantwortung. Maschinelles Lernen (*Machine Learning*) zur Lösung von Problemen in der realen Welt stößt gegenwärtig dort auf Angst und Widerstände, wo Daten, Modelle und Systeme in nicht vertrauenswürdiger Weise genutzt wurden und sich Fragen nach Gerechtigkeit und Fairness stellen. Ein Beispiel: Clearview AI sammelt Bilder von Gesichtern aus sozialen Netzwerken und verkauft das auf dieser Grundlage entwickelte Gesichtserkennungsmodell an Strafverfolgungsbehörden (*https://oreil.ly/PE6u1*)[1], was Fragen hinsichtlich des Eigentums an den Daten, dem Schutz der Privatsphäre und der Haftung aufwirft. Um diesem Reputationsverlust entgegenzuwirken und Wege für eine verantwortungsbewusste und vertrauenswürdige Datennutzung zu schaffen, bedarf es in der Branche Data Scientists und Machine Learning Engineers, die die vorliegenden Aufgaben und die damit verbundenen Risiken verstehen und bei der Entwicklung von Systemen diese Fragen kompetent berücksichtigen können. Der Datenschutz kann Ihnen dabei helfen, gerechtere, ethisch besser zu vertretende und verantwortungsvollere Systeme zu entwickeln, bei denen die Benutzerinnen und Benutzer die Macht und die Möglichkeit haben, sich einzubringen, und im Mittelpunkt Ihrer Ausgestaltung stehen. Mithilfe dieses Buchs können Sie diese Herausforderungen meistern und dank praxisnaher Anleitungen neue Wege finden.

Ich hoffe, dass dieses Buch einen Beitrag zur neuen Data Science leisten kann, indem es das Bewusstsein dafür schärft, wie der Schutz sensibler Daten in geeigneter Weise umgesetzt werden kann. Weltweit sind die Ängste vor der Digitalisierung persönlicher Daten – selbst für den verantwortungsvollen Einsatz durch die Regierung – so groß, dass sie die Nutzung von Daten zur Unterstützung bei sozialen Problemen wie dem Klimawandel, der Finanzaufsicht und globalen Gesundheitskrisen behindern. Wenn wir den Datenschutz in die Data Science integrieren, eröffnen sich neue Wege für die Nutzung von Daten bei wichtigen Entscheidungen für unsere Gesellschaft und unsere Welt.

Was ist Data Privacy?

Vereinfacht gesagt, schützt Privacy Daten und Menschen, indem es durch Beschränkungen hinsichtlich des Zugriffs, der Nutzung, der Verarbeitung und der Speicherung einen besseren Schutz der Privatsphäre ermöglicht und garantiert. In der Regel handelt es sich dabei um personenbezogene Daten, es umfasst aber jegliche Art der Verarbeitung. Diese Definition greift allerdings zu kurz, um Data Privacy in seiner ganzen Breite zu begreifen.

Privacy ist ein komplexes Konzept – mit Aspekten aus vielen verschiedenen Bereichen unserer Welt, sei es in rechtlicher, technischer, sozialer, kultureller oder individueller Hinsicht. Werfen wir zunächst einen Blick auf diese Aspekte und ihre Überschneidungen, damit Sie eine Vorstellung davon bekommen, wie weitreichend die Auswirkungen der in diesem Buch behandelten Themen und Vorgehensweisen sind.

1 Eine Auflistung der URLs ohne Abkürzungen finden Sie unter *https://practicaldataprivacybook.com*.

In Abbildung E-1 sehen Sie die verschiedenen Arten der Definitionen von Privacy (bzw. des Datenschutzes oder der Wahrung der Privatsphäre)[2], und ich habe versucht, das jeweilige Ausmaß in der Abbildung zu illustrieren. Gehen wir sie durch und beginnen wir mit den rechtlichen Definitionen.

Im juristischen Kontext umfasst Privacy die Vorschriften, die Rechtsprechung und die Richtlinien, die festlegen, welche Maßnahmen erforderlich sind und was in einem bestimmten Staat oder einer bestimmten Gerichtsbarkeit unter Privacy zu verstehen ist. Wie Sie in den Kapiteln 1 und 8 erfahren werden, handelt es sich dabei um ein sich ständig wandelndes Rechtsverständnis und eine Landschaft, die sich in den letzten Jahren drastisch verändert hat. Es ist wichtig, dass Sie sich mit den rechtlichen Aspekten von Privacy vertraut machen, da sie sich direkt auf Ihre Arbeit auswirken können. Was passiert zum Beispiel, wenn Ihr Unternehmen von einem Audit, einer Datenschutzverletzung oder einer Verbraucherbeschwerde betroffen ist? Diese gesetzlichen Definitionen wirken sich auch auf Ihr persönliches Leben aus, beispielsweise bei der Frage, welche Rechte Sie als Datenbürger haben.

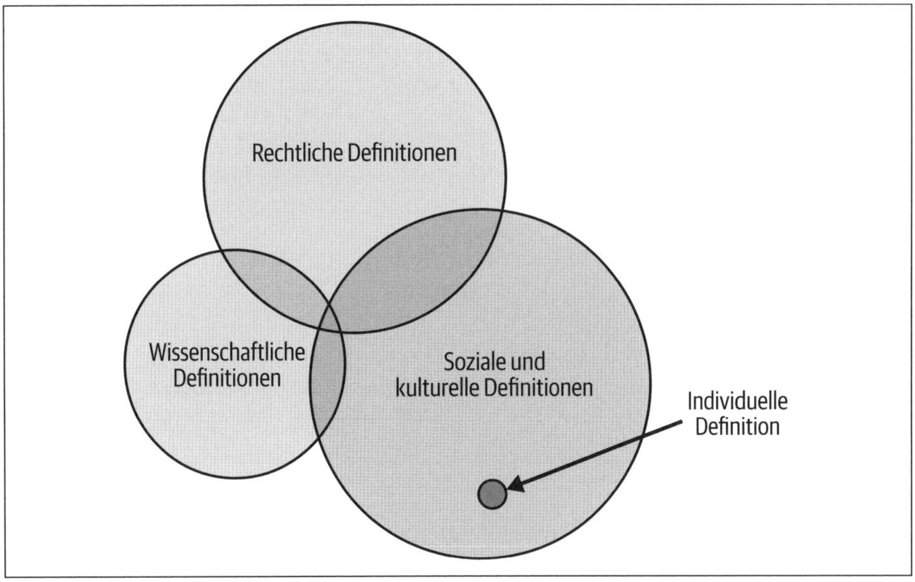

Abbildung E-1: Definitionen von Privacy

Die wissenschaftlichen bzw. technischen Definitionen von Privacy und deren Umsetzung in Ihrer täglichen Arbeit stehen im Mittelpunkt dieses Buchs. Sie lernen diese Definitionen kennen und erfahren, wie Sie wissenschaftliche Technologien zum Schutz der Privatsphäre in großem Umfang einsetzen und wie Sie technische Entscheidungen zum Thema Privacy treffen können. Mit den Tools in diesem Buch

2 Für den englischen Begriff *Privacy* gibt es im Deutschen unterschiedliche Übersetzungen. In diesem Buch wurde er je nach Kontext als *Privatsphäre* oder *Datenschutz* übersetzt. Dabei bezieht sich (Schutz oder Wahrung der) *Privatsphäre* auf den persönlichen Raum und die Freiheit vor unerwünschter Einmischung oder Überwachung. *Datenschutz* dagegen konzentriert sich eher auf den Schutz personenbezogener Daten vor Missbrauch oder unerlaubter Verwendung.

lernen Sie modernste Best Practices kennen, die in Ihrem Unternehmen möglicherweise noch nicht bekannt sind, da sie erst seit Kurzem in Produktionssystemen zur Verfügung stehen. Über diese Praktiken auf dem Laufenden zu bleiben, wird Teil Ihres Jobs sein – jedenfalls sofern Sie sich dazu entscheiden, sich auf diesen Bereich zu konzentrieren. Als technischer Experte für dieses Thema werden Sie gebeten werden, geschäftliche und juristische Entscheidungen zum Datenschutz zu unterstützen und diese in funktionsfähige Software und Systeme umzusetzen. Dies ist eine wichtige Aufgabe, denn viele der anderen Beteiligten werden kein technisches und zeitgemäßes Verständnis von Data Privacy haben.

Die sozialen und kulturellen Aspekte von Privacy lassen sich am besten anhand einer Studie zu Data Privacy von danah boyd (*http://www.danah.org*) erklären. Sie untersuchte jugendliche Mädchen und ihre Interaktion mit sozialen Medien, um zu verstehen, wie die Technologie ihr Verständnis von Konzepten wie Privacy beeinflusst. Ihre Definition lautet wie folgt:

> Bei Privacy geht es weder um die Kontrolle über Daten, noch ist sie eine der Eigenschaften von Daten. Es geht um ein kollektives Verständnis der Grenzen einer gesellschaftlichen Situation und um das Wissen, wie man innerhalb dieser Grenzen agiert. Mit anderen Worten, es geht darum, die Kontrolle über eine Situation zu besitzen. Es geht darum, das jeweilige Gegenüber zu verstehen und zu wissen, wie weit Informationen verbreitet werden. Es geht darum, den Menschen, der Situation und dem Kontext zu vertrauen.
>
> *– danah boyd, in »Privacy and Publicity in the Context of Big Data« (https://oreil.ly/ThnPz)*

boyd weist uns mit dieser Definition auf einen neuen Aspekt von Privacy hin, der wesentliche Veränderungen bei der Gestaltung von Privacy in Systemen mit sich bringt. Im Gegensatz zu technischen und rechtlichen Definitionen stellt boyd das soziale und kulturelle Verständnis, den Kontext und die individuelle Wahl und das Bewusstsein in den Mittelpunkt. Wenn Sie ihre Arbeit lesen oder sie sprechen hören, erfahren Sie Wahrheiten, die Sie zwar oft gefühlt, aber nie vollständig erfasst haben, und zwar darüber, wie wir als Menschen und als Gesellschaft Privatsphäre und Informationen verstehen.

Wenn ich zum Beispiel meine Stimme senke und flüstere, um Ihnen etwas mitzuteilen, verstehen Sie, dass diese Information nicht für die Öffentlichkeit bestimmt ist. Wenn ich es auf einem öffentlichen Platz herausschreie und die Leute auffordere, zuzuhören, verstehen Sie, dass ich möchte, dass so viele Menschen wie möglich es hören. Wie eine Person entscheidet, mit wem sie kommuniziert, und wie sie kommuniziert, wird stark davon beeinflusst, wie diese Person den Begriff »Privacy« definiert und betrachtet (siehe Abbildung E-1). Die Fähigkeit, die eigene Kommunikation mit anderen auszuprobieren und zu verändern, hat sich im Laufe der Zeit erheblich verändert. Technologie und das Internet erlauben allen, ihre Kommunikation und die aus ihr resultierenden Möglichkeiten im Hinblick auf Privacy auf Kontexte auszudehnen, die nicht in der physischen Welt verhaftet sind. Dadurch ergeben sich neue Möglichkeiten, Kontakte zu knüpfen, sich mit anderen auszutauschen und Informationen zu teilen – und das ist wunderbar!

Diese Verlagerung von der physischen in die Onlinewelt hat jedoch auch dazu geführt, dass wir nicht mehr wissen, in welchem Kontext wir uns bewegen. Wie lauten die Regeln für diesen Raum? Wer kann mich sehen und hören? Spreche ich mit Ihnen oder mit einer Gruppe, und wie groß ist diese Gruppe? Helen Nissenbaums Forschung zur kontextuellen Integrität (*https://oreil.ly/SZ0iF*) zeigt, dass die technische Entwicklung die Wahrnehmbarkeit und Transparenz dieser Grenzen verändert hat – nicht nur über die Benutzeroberflächen, sondern auch in der grundlegenden Art und Weise, wie Systeme und Software entwickelt werden. Entscheidungen über die Standardeinstellungen von Anwendungen wirken sich auf die Privatsphäre von potenziell Millionen von Menschen gleichzeitig aus. Entscheidungen über Sicherheit und Verschlüsselung machen private Gespräche offen für Strafverfolgung und staatliche Überwachung. Data Warehouses können aus sensiblen Informationen, die nur für eine Person bestimmt sind, Zugriffsmöglichkeiten für Mitarbeitende und Datendienste Dritter schaffen. Wenn der Kontext verloren geht oder kaschiert wird und das Systemdesign die sozialen und kulturellen Definitionen von Privacy nicht berücksichtigt, hat die Technologie den menschlichen Aspekt von Privacy im Wesentlichen ignoriert.

Dieses Buch zeigt Ihnen Möglichkeiten auf, wie Sie diese gesellschaftlichen Erkenntnisse in Systemen in der Praxis umsetzen können. Sie werden viele schwierige Entscheidungen treffen müssen – aber den Nutzenden Möglichkeiten geben, sich in digitalen Räumen in Bezug auf ihre Privatsphäre zurechtzufinden; und sichere Standardeinstellungen sind Geschenke von unschätzbarem Wert, von denen die Welt mehr braucht. Während Sie dieses Buch lesen und mehr über die technischen Aspekte von Privacy erfahren, sollten Sie die soziale und die rechtliche Definition im Hinterkopf behalten – sie sind und werden für immer miteinander verwoben sein.

An wen richtet sich dieses Buch?

Dieses Buch richtet sich an Data Scientists, die sich gezielt im Bereich Data Privacy und Sicherheit weiterbilden möchten. Sie könnten dafür viele Gründe haben, wie etwa:

- Sie möchten eine Spezialisierung in Richtung »Data Privacy« verfolgen, für die Sie sich interessieren und die in der Branche eine langfristige Perspektive hat.
- Sie möchten in einen stärker regulierten Sektor wie die Finanz- oder Gesundheitsbranche wechseln, und mit diesen Kompetenzen sind Sie dort ein vielversprechender Kandidat.
- Sie arbeiten mit Forschungsdaten und würden gern eine raschere Genehmigung von Ethikkommissionen und Veröffentlichungen erhalten.
- Sie sind Freiberufler oder Berater im Bereich Data Science und möchten Ihren Kundenstamm erweitern, indem Sie kompetent mit sensiblen Daten umgehen können.
- Sie leiten ein Datenteam und möchten in der Lage sein, Produkte und Lösungen unter Berücksichtigung des Datenschutzes zu konzipieren und zu entwickeln.

- Sie möchten KI für Gutes (»AI for good«) einsetzen und halten den Schutz der Privatsphäre für ein wichtiges Menschenrecht.
- Ihrem Team wurde gesagt, dass Datenschutz wichtig sei, aber Sie sind sich nicht sicher, was das eigentlich bedeutet oder wie Sie es umsetzen können.
- Sie arbeiten mit sensiblen Daten und möchten sicherstellen, dass Sie sich an die Best Practices halten.
- Sie möchten ein Privacy Engineer werden und sich auf die Integration des Datenschutzes in Datenprodukte konzentrieren.
- Datenschutz und Sicherheit sind spannende Themen, und es macht Ihnen einfach Spaß, mehr darüber zu erfahren.

Ich könnte noch etliche weitere Beispiele anführen, und ich habe schon viele Menschen mit diesen unterschiedlichen Hintergründen getroffen. Eines kann ich Ihnen mit Sicherheit sagen: Die Nachfrage nach diesen Fähigkeiten steigt rapide an, und zwar nicht nur aufgrund neuer Vorschriften. Die Unternehmen investieren in diese Fähigkeiten, damit sie das Datenmanagement in eine sichere Zukunft führen können. Durch Investitionen in den Datenschutz können Unternehmen nicht nur teure Pannen vermeiden, sondern auch eine vertrauenswürdige Marke und Unternehmenskultur in Bezug auf das Datenmanagement schaffen, was sich positiv auf die Personalbeschaffung, das Marketing und die Haftung auswirkt.

> Wenn Sie mit Python, Jupyter Notebooks, Mathematik und Statistik vertraut sind, werden Sie alle Abschnitte gut verstehen können. Sie können diesen tiefergehenden theoretischen und implementierungsorientierten Abschnitten folgen, aber bei der Lektüre auch weglassen, solange Sie die grundlegenden Konzepte verstehen.
>
> Machen Sie sich keine Sorgen, wenn Sie sich schon länger nicht mehr mit Mathematik beschäftigt haben. Zu jedem der Beispiele habe ich Ihnen eine Erklärung mitgeliefert. Es wird Ihnen helfen, sich beim Durchlesen Zeit zu lassen.

Beim Schreiben dieses Buchs habe ich Feedback von Softwareentwicklerinnen und -entwicklern, Sicherheitsspezialisten und sogar Datenschutzanwälten erhalten, denen dieses Buch nützlich erschien. Obwohl diese Leute nicht meine Zielgruppe sind, hoffe ich, dass dieses Buch jedem helfen kann, der sich für Privacy und Technologie sowie deren Überschneidung in Datensystemen interessiert.

Beim Lesen dieses Buchs und beim Durcharbeiten der Übungen werden Sie sehen, wie Aspekte der Data Privacy die Wunder der Data Science hervorheben, die Sie bereits kennen und lieben. Wie in anderen herausfordernden Bereichen der Data Science führt Sie dieses Buch von einfachen Methoden für die Lösung im Bereich Privacy zu schwierigeren Methoden, von denen einige noch nicht vollständig gelöst sind. Genau wie bei der linearen Regression, die »einfach funktioniert«, möchten Sie mit einfachen und offensichtlichen Lösungen beginnen. Aber wenn die Lösung, die Sie benötigen, über die einfache Lösung hinausgeht, müssen Sie detailliertere Fragen stellen, die technische und ethische Implikationen haben. Diese Fragen zu finden und sie und ihre Antworten zu erforschen, wird Sie zu einem besseren Data Scientist und Technologen oder einer besseren Statistikerin und Mathematikerin machen.

Vielleicht ist dieses Buch alles, was Sie benötigen, um ein Technologe zu werden, der über ein paar zusätzliche Kenntnisse im Bereich Data Privacy verfügt. Das ist okay! Vielleicht ist dieses Buch aber auch das erste von mehreren Büchern, das Sie weiter in dieses Gebiet führt. Sollte das für Sie verlockend klingen, möchte ich Sie nun mit dem Konzept des Privacy Engineering vertraut machen.

Privacy Engineering

Ich gehe davon aus, dass der Bereich Privacy Engineering (*https://oreil.ly/XENvQ*) in den nächsten zehn Jahren weiter an Bedeutung gewinnen wird.[3] Die Fähigkeiten, die Sie in diesem Buch erwerben, indem Sie die Übungen durcharbeiten und das neu erlangte Wissen auf Ihre Arbeit anwenden, werden Sie auf diese Rolle vorbereiten.

In Unternehmen, in denen Data Science ein wichtiger Bestandteil ist, ist ein Privacy Engineer zum Teil Data Scientist und zum Teil Engineer. Das bedeutet, dass Sie im Gegensatz zu anderen Rollen in der Data Science aktiv an der Entwicklung und Architektur von Lösungen arbeiten, anstatt Daten zu untersuchen oder eine Idee in einer experimentellen Umgebung zu testen. Das könnte bedeuten, dass Sie direkt mit den Data-Engineering-Teams, den Software- bzw. Anwendungsteams oder sogar den Systemarchitektinnen Ihres Unternehmens zusammenarbeiten, um sicherzustellen, dass Data Privacy sowohl in den Produkten als auch in den internen Anwendungen berücksichtigt wird. Dies gilt für alle Datenströme von Verbrauchern und Mitarbeitenden, für Software, die für das Datenmanagement verwendet wird, sowie für interne und externe Datenverwendungszwecke. Im Rahmen dieser Arbeit müssen Sie die Grundlagen der Technik und der Architektur verstehen, insbesondere was die Entwicklung von Systemen und die Integration von Systemen untereinander betrifft. Zu diesen Themen gibt es einige verwandte Bücher, mit denen Sie sich befassen können:

- *Software Architecture in Practice*, 4th Edition (*https://oreil.ly/5M2Zt*)
- *Handbuch moderner Softwarearchitektur* (*https://dpunkt.de/produkt/handbuch-moderner-softwarearchitektur/*)
- *Entwurfsmuster von Kopf bis Fuß* (*https://dpunkt.de/produkt/entwurfsmuster-von-kopf-bis-fuss-2/*)
- *Datenintensive Anwendungen designen* (*https://dpunkt.de/produkt/datenintensive-anwendungen-designen/*)
- *Practical MLOps* (*https://oreil.ly/tXioO*)

Um bestmöglich zu bestimmen, welche Tools und welche Software für ein Unternehmen geeignet sind, ist eine ausgeklügelte Architektur erforderlich. Die einfache Implementierung von Datenschutzrichtlinien durch Plug-and-play-Anbieter greift

3 Anmerkung: In der Regel vermeide ich es, Vorhersagen zu treffen, da man oft falsch liegt. Diese hier basiert jedoch auf den Erfahrungen, die ich in den letzten sechs Jahren in der Branche gewonnen habe.

daher oft zu kurz, um diese Probleme zu lösen. Abgesehen davon bedeutet die wachsende Zahl von Anbietern von Datenschutztechnologien, dass Sie zum Entscheidungsträger werden, wenn es darum geht, Technologien zu entwickeln oder zu kaufen und für das Datenschutzmanagement einzusetzen. Dabei werden Sie die in diesem Buch gelernten Konzepte anwenden, um Bewertungskriterien aufzustellen, Fragen zur Implementierung zu stellen und die Flexibilität, den Support und die Produktmerkmale zu analysieren. In dieser Rolle werden Sie feststellen, wie gut potenzielle Anbieter die Anforderungen Ihres Unternehmens erfüllen können, da die Abhängigkeit von privaten, sensiblen und vertraulichen Daten wächst.

Ein Privacy Engineer ist nicht einfach nur ein weiterer Data Scientist oder Data Architect, der sich um die Einhaltung des Datenschutzes sorgt, letztlich aber keine Befugnis, keine Zeit und kein Budget zur Verfügung hat, Entscheidungen bezüglich Data Privacy treffen zu können. Es ist zwar erfreulich, dass das Engagement (engl. *Advocacy*) Teil der Rolle des Data Scientist geworden ist, aber beim Privacy Engineering geht es darum, Privacy-Techniken zu entwickeln und diese anzuwenden, wenn Daten eingespeist (engl. *ingest*), gesammelt, transformiert, gespeichert und schließlich in Data-Science-Anwendungen eingesetzt werden. Das Eintreten für Privacy mag vielleicht hilfreich sein, aber erst die Umsetzung erbringt den Beweis, dass diese Technologien funktionieren.

Ein Privacy Engineer ist auch nicht nur ein Data Engineer, der sich mit Privacy beschäftigt. Privacy Engineers können zwar mit Data Engineers zusammenarbeiten – und werden oft für ein Projekt oder ein Proof of Concept in ein Team eingegliedert –, aber sie müssen mit verschiedenen Teilen des Unternehmens zusammenarbeiten und werden in viele Projekte einbezogen, bei denen ihr Fachwissen gefragt ist. Als Spezialistinnen und Spezialisten sind sie nicht allzu lange an ein einzelnes Projekt oder einen Anwendungsfall gebunden. Ihr Wissen ist vielmehr eine ungeheuer wertvolle Ressource, die für die dringendsten geschäftlichen Fragestellungen im Zusammenhang mit Data Privacy eingesetzt werden sollte.

Das Berufsbild des Privacy Engineer ist noch nicht ausdefiniert begriffen und erfährt eine stetige Weiterentwicklung. Obwohl größere Technologieunternehmen mittlerweile aktiv Personal für diese Position einstellen, erinnert mich das Aufkommen dieser Berufsbezeichnung an das Aufkommen des Begriffs *Machine Learning Engineer* im Jahr 2018. Privacy Engineering – also der Umgang mit dem Datenschutz in der Praxis – ist eine relativ neue Qualifikation im Bereich Data Science, die sich aufgrund der Bedürfnisse und Anforderungen der Branche entwickelt. Ich bin gespannt, wie sich die Rolle des Privacy Engineer in zwei oder auch in zehn Jahren darstellen wird –, und hoffe, dass dieses Buch dazu beiträgt, ein paar weitere Menschen für diesen Bereich zu begeistern.

Warum ich dieses Buch geschrieben habe

Als das Thema Data Privacy für mich zum ersten Mal interessant wurde, kam es mir wie ein riesiges Labyrinth vor. Der Großteil der Materialien war für mich nicht verständlich, und die einführenden Leitfäden wurden oft von Menschen geschrieben, die mir ihre Software verkaufen wollten. Glücklicherweise kannte ich ein paar Leute in der Data-Privacy-Community, die mir dabei halfen, ein tieferes und umfassenderes Verständnis erlangen zu können. Es bedurfte vieler Stunden des Studiums und zahlreicher hilfsbereiter Personen, damit ich mich von einem neugierigen Data Scientist zu jemandem entwickeln konnte, der die Themen, die Sie in diesem Buch antreffen, beherrscht. Ich kann Ihnen verraten, ich lerne weiterhin jedes Jahr aufs Neue dazu und tauche tiefer in das Gebiet ein.

Ich bin davon überzeugt, dass die Fähigkeiten, die Sie in diesem Buch erlernen werden, heute und auch künftig für Data Scientists unerlässlich sind. Meine eigene Lernkurve verlief viel zu steil. Und genau das soll Ihnen dieses Buch ersparen. Ich habe dieses Buch geschrieben, um Ihnen eine ansprechende, schnelllebige und praxisorientierte Umgebung zu verschaffen, in der Sie dazulernen, Fragen stellen, hilfreiche Ratschläge finden und sich näher mit den anspruchsvollen Themen befassen können.

Dieses Buch ist als ein nützlicher Überblick gedacht, der Ihnen dabei hilft, den Datenschutz ohne Vorkenntnisse aktiv in Ihre Arbeit zu integrieren. Sie lernen gängige Strategien wie Pseudonymisierungs- und Anonymisierungsverfahren und neuere Ansätze wie Berechnungen auf Basis verschlüsselter Daten (*Encrypted Computation*) und Federated Data Science kennen. Wenn dieses Buch als Sprungbrett für Ihre akademische Karriere dient oder dazu verhilft, dass Sie als Forscherin tätig werden, wäre das großartig. Das Berufsfeld braucht intelligente und neugierige Menschen, die an ungelösten Problemen in diesem Bereich arbeiten möchten. Doch im Großen und Ganzen ist dieses Buch ein praxisorientierter Überblick, der, sollten Sie mehr wissen wollen, unterwegs Verweise liefert.

Data Scientists und Technologen, die Datenschutz- und Sicherheitsthemen in ihre tägliche Arbeit miteinbeziehen müssen, werden dieses Buch hilfreich finden. Es gibt einige Kapitel, die Ihnen als Kurzreferenz dienen, während Sie durch die Welt der Data Privacy navigieren. Wenn Sie das Buch von Anfang bis Ende lesen, werden Sie eine solide Kenntnis über die Materie erlangen und lernen, wie Sie neue, Ihnen zuvor unbekannte Datenschutzprobleme lösen können. Ein kurzes Nachschlagen liefert Ihnen unkomplizierte Ratschläge dazu, wie Sie mit bestimmten Datenschutznotfällen umgehen können, die in Ihrer täglichen Arbeit auftauchen.

Aufbau des Buchs

Dieses Buch soll Ihnen einen praktischen Ansatz für Data Privacy bieten und enthält eine Mischung aus Theorie, Übungen und Anwendungsfällen. Dabei gliedert es sich in die folgenden Kapitel:

- In Kapitel 1, *Data Governance und einfache Datenschutzansätze*, geht es um Data Governance und einfache Ansätze zur Data Privacy. Sie erhalten eine Reihe von Hinweisen zur Verwaltung von Daten, zur Rückverfolgung von Einwilligungen und zur Pseudonymisierung von Daten, die Sie intern verwenden möchten.

- Mit Kapitel 2, *Anonymisierung*, tauchen Sie in das Thema Anonymisierung ein und erfahren, welche modernen Ansätze Sie heute verwenden können und wie das US Census Bureau Differential Privacy als Werkzeug für Data Scientists entwickelt hat.
- In Kapitel 3, *Datenschutz in Datenpipelines integrieren*, erfahren Sie, wie Sie damit beginnen können, Data Privacy in Datenpipelines und -workflows zu automatisieren, wobei verschiedene Anwendungsfälle rund um die Themen Einwilligung (engl. *Consent*), Anonymisierung (engl. *Anonymization*) und Data Engineering aufgezeigt werden.
- Kapitel 4, *Angriffe auf die Privatsphäre*, gibt Ihnen einen Überblick über die bisher bekannten Angriffe auf die Privatsphäre, z.B. wie der Netflix-Price-Datensatz de-anonymisiert wurde, und zeigt Ihnen, wie Sie mögliche Sicherheitslücken und Angriffe bei der Arbeit mit sensiblen Daten erkennen können.
- Kapitel 5, *Machine Learning und Data Science datenschutzkonform gestalten*, befasst sich damit, wie Machine Learning datenschutzkonform gestaltet werden kann und wie Sie Datenschutz in Data-Science-Projekte integrieren können. Dieses Kapitel sollte als Schnellreferenz verwendet werden, um bestimmte Ansätze in einem projekt- oder produktbezogenen Data-Science-Team zu evaluieren.
- Kapitel 6, *Federated Learning und Data Science*, erläutert, wie föderale Ansätze beim Machine Learning (Federated Learning) und in der Data Science funktionieren und vergleicht diese mit anderen Privacy-Ansätzen und Datensparsamkeit.
- In Kapitel 7, *Encrypted Computation*, finden Sie Informationen zum Thema Encrypted Learning und Encrypted Computation für Data Privacy in der Data Science, wobei Sie sich mit Multiparty Computing und homomorphen Verschlüsselungsprotokollen (engl. *Homomorphic Encryption Protocols*) und -bibliotheken beschäftigen.
- Kapitel 8, *Datenschutzrechtliche Aspekte*, vermittelt Ihnen, wie Sie Datenschutzbestimmungen und -richtlinien interpretieren und anwenden können. Dabei werden die DSGVO, das kalifornische Verbraucherschutzgesetz (California Consumer Privacy Act, CCPA) und verschiedene Beispiele für interne Richtlinien vorgestellt, die Sie dabei unterstützen, die rechtliche Seite von Privacy zu durchdringen.
- Kapitel 9, *Datenschutz und Anwendungen aus der Praxis*, hilft Ihnen, das Gelernte anzuwenden, um sichere und private Datensysteme in realen Anwendungsfällen zu konzipieren. Dieses Kapitel dient ebenfalls als Schnellreferenz, insbesondere für Data Architects und das Data-Science-Management.
- Kapitel 10, *Häufig gestellte Fragen und ihre Antworten!*, fasst häufig gestellte Fragen und Anwendungsfälle zusammen und dient dementsprechend als praktische Referenz für Datenschutznotfälle. So können Sie selbstbewusst vorangehen und sicherstellen, dass Data Privacy in jedem Projekt und in Ihrem norma-

len Arbeitsablauf integraler Bestandteil ist. Außerdem erfahren Sie mehr über die sozialen und auch persönlichen Aspekte von Privacy und können diese auf Ihr Privatleben übertragen.

- Das letzte Kapitel des Buchs, Kapitel 11, *Machen Sie sich ans Werk und entwickeln Sie Privacy-Lösungen!*, soll Ihnen helfen und Sie dazu motivieren, Ihre neu erworbenen Datenschutzkenntnisse dafür zu nutzen, das Fachgebiet und Ihren eigenen Weg weiter voranzutreiben!

Die im englischsprachigen Buch enthaltenen Links wurden der Einfachheit halber zu O'Reilly-URLs verkürzt. Diese URLs unterliegen nur einem Mindestmaß an Tracking und wurden auf Konformität mit der DSGVO und auf den Schutz der Privatsphäre überprüft. Sollte Ihnen dieses Maß an Tracking nicht zusagen, können Sie die vollständige Liste der URLs des englischsprachigen Buchs unter *https://practicaldataprivacybook.com* einsehen.

Neuerungen in der deutschsprachigen Ausgabe

Die deutsche Übersetzung dieses Buchs enthält einige zusätzliche Abschnitte und überarbeitete Passagen, um der zunehmenden Verbreitung von Large Language Models (LLMs) und GPT-basierten Anwendungen Rechnung zu tragen. Diese Ergänzungen sollen das Bewusstsein für Angriffe auf die Privatsphäre bei der Verwendung dieser Modelle schärfen und den aktuellen Stand der Technik in Bezug auf den Schutz bzw. die Bereitstellung datenschutzfreundlicher generativer KI-Dienste aufzeigen.

In diesem Buch verwendete Konventionen

Die folgenden typografischen Konventionen werden in diesem Buch verwendet:

Kursiv
: Kennzeichnet neue Begriffe, URLs, E-Mail-Adressen, Dateinamen und Dateiendungen.

`Konstante Zeichenbreite`
: Wird für Programmlistings und für Programmelemente in Textabschnitten wie Namen von Variablen und Funktionen, Datenbanken, Datentypen, Umgebungsvariablen, Anweisungen und Schlüsselwörter verwendet.

`Konstante Zeichenbreite, fett`
: Kennzeichnet Befehle oder anderen Text, den der Nutzer wörtlich eingeben sollte.

`Konstante Zeichenbreite, kursiv`
: Kennzeichnet Text, den der Nutzer je nach Kontext durch entsprechende Werte ersetzen soll.

Dieses Symbol steht für einen Tipp oder eine Empfehlung.

Dieses Symbol steht für einen allgemeinen Hinweis.

Dieses Symbol warnt oder mahnt zur Vorsicht.

Verwenden von Codebeispielen

Zusätzliche Materialien (Codebeispiele, Übungen und so weiter) können Sie unter *https://github.com/kjam/practical-data-privacy* herunterladen.

Wir haben eine Webseite für dieses Buch, auf der wir Errata, Beispiele und zusätzliche Informationen veröffentlichen. Sie können diese Seite unter *https://oreil.ly/practicalDataPrivacy* aufrufen.

Dieses Buch dient dazu, Ihnen bei der Erledigung Ihrer Arbeit zu helfen. Im Allgemeinen dürfen Sie die Codebeispiele aus diesem Buch in Ihren eigenen Programmen und der dazugehörigen Dokumentation verwenden. Sie müssen uns dazu nicht um Erlaubnis bitten, solange Sie nicht einen beträchtlichen Teil des Codes reproduzieren. Beispielsweise benötigen Sie keine Erlaubnis, um ein Programm zu schreiben, in dem mehrere Codefragmente aus diesem Buch vorkommen. Wollen Sie dagegen eine CD-ROM mit Beispielen aus Büchern von O'Reilly verkaufen oder verbreiten, benötigen Sie eine Erlaubnis. Eine Frage zu beantworten, indem Sie aus diesem Buch zitieren und ein Codebeispiel wiedergeben, benötigt keine Erlaubnis. Eine beträchtliche Menge Beispielcode aus diesem Buch in die Dokumentation Ihres Produkts aufzunehmen, bedarf hingegen unserer ausdrücklichen Zustimmung.

Wir freuen uns über Zitate, verlangen diese aber nicht. Ein Zitat enthält Titel, Autor, Verlag und ISBN. Beispiel: »*Data Privacy in der Praxis* von Katharine Jarmul, O'Reilly 2024, ISBN 978-3-96009-233-9.«

Wenn Sie glauben, dass Ihre Verwendung von Codebeispielen über die übliche Nutzung hinausgeht oder außerhalb der oben vorgestellten Nutzungsbedingungen liegt, kontaktieren Sie uns bitte unter *kommentar@oreilly.de*.

Danksagungen

Zunächst möchte ich meinem Lebensgefährten Aaron Glenn für die langen Kaffeerunden, die Diskussionen und die tägliche Unterstützung danken, die die Entstehung und das Schreiben dieses Buchs ermöglicht haben. Wenn Sie mehr über Open Source, communitygetriebene und softwaregestützte Computernetzwerke erfahren möchten oder einfach nur neugierig sind, wie das Internet tatsächlich funktioniert, dann finden Sie seine Arbeit unter Predicted Paths (*https://predictedpaths.com*).

Meine Erfahrungen im Bereich der Datenschutztechnologie haben mich mit Menschen zusammengebracht, die mir mehr beigebracht haben, als ich mir je hätte vorstellen können. Vor allem meine Zeit mit dem »PETs«-Team bei Dropout Labs bzw. Cape Privacy (Morten Dahl (*https://oreil.ly/WjCQt*), Jason Mancuso (*https://oreil.ly/jZUgU*) und Yann Dupis (*https://oreil.ly/d9myd*)) brachte mir nicht nur eine der besten Arbeitserfahrungen meines Lebens, sondern ich habe auch all das gelernt, was ich über Encrypted Computation weiß. Morten, ich danke dir für deine Beiträge, die mir neue Denkanstöße zu den Themen Verschlüsselung und Machine Learning gegeben haben, für die zahllosen Stunden, die du mit Jamboarding und der Beantwortung von Fragen verbracht hast, und dafür, dass du der beste Nicht-Professor bist – der eigentlich Professor sein könnte –, von dem ich in meinem Leben lernen durfte. Jason, ich vermisse es, deine Gedanken über neue Durchbrüche im Bereich des Multitasking Learning zu hören und darüber, was du als Nächstes im Sinn hast, um das *Privacy Preserving Machine Learning* (PPML) zu revolutionieren. Yann, dein pragmatisches »Lass es uns einfach bauen und dann weitersehen« und deine unzähligen Erklärungen haben mir und unseren Kunden vor Augen geführt, wie diese Technologien nicht nur zu besseren Ergebnissen, sondern auch zu echten Datenschutzgarantien führen können. Die Zeit, die ich mit euch allen verbracht habe, werde ich immer in bester Erinnerung behalten.

Als ich zusammen mit Dr. Andreas Dewes KIProtect (*https://kiprotect.com*) mitbegründete, begann meine Reise in die Entwicklung von Datenschutztechnologien. Andreas, ich danke dir, dass du in diesen Jahren mein Sparrings-, Geschäfts- und Denkpartner warst! Ohne all das, was wir gemeinsam aufgebaut und gelernt haben, wäre ich heute nicht da, wo ich bin.

Ein besonderes Dankeschön geht an Damien Desfontaines (*https://desfontain.es/serious.html*), der mich zu Beginn des Verfassens dieses Buchs durch ein Bootcamp zum Thema Differential Privacy geführt hat. Damien, ich danke dir für die vielen Gespräche, für deine Beiträge zu diesem Thema und dafür, dass du ein bescheidener und wunderbarer Mensch bist. Deine Bereitschaft, dein Wissen zu teilen, deine Bemühungen, Open Source Differential Privacy in der Praxis nutzbar zu machen, und dein tolles Blog (*https://desfontain.es/*) sind von unschätzbarem Wert. Bleibe weiterhin so kämpferisch!

An die Technologen und guten Freundinnen und Freunde in meinem Leben, die mich gesund, motiviert und glücklich halten: Dr. Nakeema Stefflbauer (*https://www.nakeema.net*), Dr. Carma Lüdtke (*https://oreil.ly/t91bF*), Ellen König (*https://*

www.ellenkoenig.de), Christine Cheung (*https://www.xtine.net*) und Sandy Strong (*https://oreil.ly/Zs85P*). Ich habe so viel Glück, dass ich euch alle kenne – danke, dass ihr mich durch alle Höhen und Tiefen des Lebens in dieser verrückten Welt begleitet habt. Ohne eure Inspiration hätte ich nicht die nötige Chuzpe, ein solches Buch zu schreiben.

Meiner Mutter und unermüdlichen, unbezahlten Lektorin danke ich dafür, dass sie sich durch meinen Text gekämpft und ihren Ruhestand damit verbracht hat, meine Passivsätze auszubessern. Ich wette, du hättest nie gedacht, dass du das auch 30 Jahre später noch korrigieren würdest! Es hat nicht wirklich geholfen, dass ich Deutsch gelernt habe; das tut mir leid. Ich könnte nie all die Dinge in Worte fassen, für die ich dir dankbar bin, doch an dieser Stelle kann ich dir zumindest für die Buchkorrekturen danken.

Meinem Vater und Cathy danke ich dafür, dass sie mich angespornt und an meine Arbeit geglaubt haben. Auf der Veranda zu sitzen und auf den Fluss zu schauen, hat mir geholfen, den Kopf freizubekommen, während ich einige der schwierigsten Abschnitte dieses Buchs verfasst habe. Auch die Pausen, in denen ich mit den Welpen gespielt habe, spazieren gegangen bin und ein Glas Wein getrunken habe, haben geholfen!

An Dai und Rhys – ihr seid immer da, wenn es darum geht, mich zu motivieren – sowohl in den sozialen Medien als auch im echten Leben! Wie schön, dass ihr mir in Zeiten, in denen Projekte wie dieses Buch etwas entmutigend wirken, so viel positive Energie schenkt.

An meine Lektorin und meinen Lektor bei O'Reilly: Rita Fernando und Andy Kwan. Rita, vielen, vielen Dank für die ganzen Anregungen, Ratschläge und die Geduld, während ich herausgefunden habe, wie und worüber ich dieses Buch schreibe. Ich werde unsere Gespräche vermissen und hoffe, dass wir uns irgendwann einmal im »richtigen« Leben sehen können. Andy, du warst der Erste, der an dieses Buch geglaubt hat – danke, dass du ihm eine Chance gegeben hast!

An meine Fachgutachter Natalie Beyer (*https://www.lavrio.solutions*), Clarence Chio (*https://cchio.org*) und Timothy Yim (*https://oreil.ly/XkAgF*): Natalie, vielen Dank, dass du mir deine Sicht auf die Data Science gezeigt und mir Feedback gegeben hast. Das hat mir geholfen, die unverständlichen Stellen in diesem Buch zu vereinfachen, und das wird im Idealfall vielen Data Scientists dabei helfen, ihren Weg zu gehen. Clarence, ich bin ein großer Fan deiner Arbeit über Adversarial Machine Learning. Es war mir eine Ehre, deine durchdachten Beiträge und deine jahrelange Erfahrung auch in dieses Buch einfließen zu lassen. Timothy, deine Expertise hat dazu beigetragen, die Ratschläge in den ersten Kapiteln zu Governance und Einwilligungsworkflows zu verdeutlichen – vielen Dank dafür!

Ich danke auch meinen Kolleginnen und Kollegen bei Thoughtworks, die mich unterstützt haben, indem sie mir zugehört haben, wenn ich laut nachgedacht habe, die mich durch interessante Fragen und neue Ideen zum Nachdenken gebracht haben, die mir geholfen haben, mich weiterzubilden und zu arbeiten, indem sie mich auf meinem Weg ermutigt und mir Feedback gegeben haben, und die mir geholfen haben, meine Ideen zu dem zu entwickeln, was in diesem Buch steckt. Besonderer Dank gilt Chris Ford (*https://oreil.ly/eJOEG*), der ebenfalls als Fachgutachter fungierte, sowie Enrico Massi (*https://oreil.ly/nNNny*) und Lisa Junger (*https://oreil.ly/EKQn5*), die durch ihre regelmäßigen Unterhaltungen und ihr Fachwissen dazu beigetragen haben, die in diesem Buch dargelegten Sicherheitsprobleme greifbar und präzise wiederzugeben. Weiterer Dank geht auch an Clara Brünn (*https://oreil.ly/xmgYP*), die mir wertvolles Feedback und interessante Einblicke in ihre eigene Arbeit und ihre Erfahrung im Bereich der Data Science gegeben hat, sowie an Mitchell Lisle (*https://oreil.ly/16N7v*) und Menghong Li (*https://oreil.ly/oqe4z*), deren Interesse für Privacy Engineering viele neue Ideen in mir geweckt und zu der »Reconstruction Attack« auf die Datenbank des Repositorys des Buchs geführt hat – vielen Dank! Meiner »Nicht-Chefin« Emily Gorcenski (*https://oreil.ly/ViIc5*), die mir Unterstützung und Zeit zum Schreiben gab und mein Denken über die Verflechtung von Datenschutz und Strategie angeregt hat. Und ein herzliches Dankeschön an Sowmya Ganapathi Krishnan (*https://oreil.ly/rMA6q*), Nimisha Asthagiri (*https://oreil.ly/l8trh*) und Erin Nicholson (*https://oreil.ly/sVZmW*), deren eigene Leidenschaft für Sicherheits- und Datenschutztechnologien und wirklich erstaunliche neue Freundschaften mir auf dem langen Weg geholfen haben, dieses Buch von einer Idee in den Druck zu bringen.

An meine Fachautoren vielen Dank dafür, dass ihr mich motiviert habt und mich an euren Ideen, eurem Feedback und euren eigenen Wegen habt teilhaben lassen! Obwohl unsere engen Terminkalender uns nur wenige Treffen erlaubten, hat mir das Team dabei geholfen, die anfänglichen Schwierigkeiten beim Schreiben zu überwinden und wieder in einen geregelten Schreibfluss zu kommen.

An Freddie Hubbard und Beyoncé, deren Songs mir durch die frühen Morgenstunden und späten Nächte geholfen haben.

An meine Nichte Charlotte, an mein Patenkind Neorth, an Ragnar und Horik – ich hoffe, dieses Buch ist ein kleiner Tropfen einer Welle der Veränderung. Ich hoffe, dass ihr in einer Welt aufwachsen werdet, in der Privatsphäre ein Grundrecht für jeden ist, unabhängig davon, wer er ist oder wo er lebt.

KAPITEL 1

Data Governance und einfache Datenschutzansätze

Privacy ist ein großes und langlebiges Feld. Stellen Sie es sich wie eine alte Straße vor – voller interessanter Seitenstraßen und Abzweigungen, auf der man sich aber nur schwer zurechtfindet, wenn man den Weg nicht kennt. Dieses Kapitel soll Ihnen eine erste Orientierung auf dieser Straße bieten. In diesem Kapitel und im gesamten Buch helfe ich Ihnen, wichtige Abschnitte der Datenschutzlandschaft zu kartieren, und Sie werden Bereiche finden, in denen Sie mehr erfahren und vom ursprünglichen Weg abweichen wollen. Diese Landkarte in Ihrem Unternehmen anzuwenden, heißt, herausfinden, wer was tut, wer wofür verantwortlich ist und welche Anforderungen hinsichtlich des Datenschutzes in Ihrem Unternehmen bestehen.[1]

Den Begriff *Data Governance* (im engeren Sinne im Deutschen auch bekannt als Datenqualitätsmanagement) haben Sie vielleicht schon einmal oder auch Hunderte Male gehört, aber oft wird er nicht näher erläutert oder lässt einen gewissen Interpretationsspielraum zu. In diesem Kapitel erfahren Sie, wo sich Data Governance und Datenschutz für praktische Zwecke der Data Science überschneiden, und lernen relativ simple Ansätze zur Lösung von Datenschutzproblemen im Zusammenhang mit der Arbeit mit Daten kennen, wie z. B. die Pseudonymisierung. Darüber hinaus erfahren Sie, wie Data-Governance-Methoden wie die Dokumentation und Nachverfolgung der Datenhistorie – das sogenannte Data-Lineage-Tracking – dabei helfen können, Datenschutzprobleme zu identifizieren oder Methoden zur Implementierung des Datenschutzes zum richtigen Zeitpunkt zu implementieren.

1 In der deutschen Übersetzung des englischsprachigen Originals ist meist von *Unternehmen* die Rede, um Ihren Arbeitsplatz zu beschreiben. Je nachdem, ob Sie in einem kleinen agilen Data-Science-Beratungsunternehmen, einem großen Konzern, einer staatlichen Behörde bzw. Einrichtung oder auch in einer mittelgroßen gemeinnützigen Organisation arbeiten, sollen Sie sich gleichermaßen angesprochen fühlen und werden sicherlich ganz unterschiedliche Erfahrungen machen. Dieses Buch soll für alle Zielgruppen von Nutzen sein. Übernehmen Sie die Ratschläge und Erkenntnisse, wenden Sie Ihr eigenes Wissen über Ihre Tätigkeit an und bringen Sie sie mit Ihrer Unternehmensgröße und -kultur in Einklang.

> Wenn Sie bereits mit Data Governance vertraut sind oder in diesem Bereich arbeiten, empfehle ich Ihnen, dieses Kapitel nur zu überfliegen oder gänzlich zu überspringen. Sind Ihnen Governance und Datenmanagement jedoch noch nicht geläufig, werden in diesem Kapitel die Grundlagen gelegt, die Sie benötigen, um die fortgeschrittenen Methoden anzuwenden, die Sie in den späteren Kapiteln kennenlernen werden.

In diesem Kapitel werden Werkzeuge und Systeme vorgestellt, mit denen Sie sensible Daten identifizieren, nachverfolgen und verwalten können. Ohne diese Grundlage wird es schwierig sein, Datenschutzrisiken zu bewerten und entsprechende Bedenken auszuräumen. Es ist sinnvoll, mit der Governance zu beginnen, da sich der Datenschutz gut in Governance-Rahmen und -Paradigmen einfügt und diese Arbeitsbereiche in Datensystemen ineinandergreifen.

Data Governance: Was ist das?

Der Begriff *Data Governance* wird oft als »allumfassende« Art und Weise verwendet, wie wir über unsere Entscheidungen in Bezug auf Daten nachdenken, z.B. ob Sie einem Dienst erlauben, Sie zu kontaktieren, oder zu entscheiden, wer Zugriffsrechte auf eine bestimmte Datenbank hat. Doch was bedeutet der Begriff nun wirklich, und wie können Sie ihn in die Praxis umsetzen?

Data Governance bedeutet im wörtlichen Sinne, Daten zu »regieren«. Governance kann einerseits durch die Übertragung von Rechten erfolgen, die Menschen individuell und kollektiv besitzen. Diese Rechte werden an Bevollmächtigte übertragen, die Aufgaben und Verantwortlichkeiten für Personen übernehmen, die dafür nicht die Zeit, das Fachwissen oder das Interesse haben. Bei der Data Governance überträgt der Einzelne Rechte, wenn er Daten an ein Unternehmen oder eine Organisation weitergibt. Mutzen Sie eine Webseite, einen Dienst oder eine Anwendung, erklären Sie sich mit den Datenschutzbestimmungen, -bedingungen und -vereinbarungen einverstanden, die Ihnen zu diesem Zeitpunkt von diesen Datenverarbeitern (oder denjenigen, die die Daten erheben) auferlegt werden. Das ist vergleichbar mit der Tatsache, dass Sie in einem bestimmten Land leben und damit implizit zustimmen, sich an die dort geltenden Gesetze zu halten.

Data Governance hilft Ihnen dabei, zu steuern, wessen Daten Sie erheben (bzw. sammeln), wie Sie sie erheben und anreichern und was Sie anschließend mit den erhobenen Daten machen. Abbildung 1-1 veranschaulicht, in welchem Zusammenhang Datenschutz und Sicherheit mit Data Governance stehen – und zwar anhand einer imaginären Insel, auf der die Nutzer und ihre Daten sowohl durch Datenschutz- als auch durch Sicherheitsinitiativen (engl. *Security Initiatives*) angemessen geschützt sind. In der Illustration sind die sensiblen Daten in einem Turm platziert. Sicherheitsinitiativen werden durch Privacy by Design unterstützt.[2] Regulierung und Compliance bilden eine Art Graben, durch den die sensiblen Daten abgetrennt werden. Die Datenschutztechnologien, die Sie in diesem Buch kennenlernen werden, dienen als Brücke für die Nutzenden und die an den Daten Interessierten (*Data Stakeholders*), damit diese aus sensiblen Daten Erkenntnisse gewinnen und Entscheidungen treffen können, ohne die Privatsphäre einer oder eines Einzelnen zu verletzen.

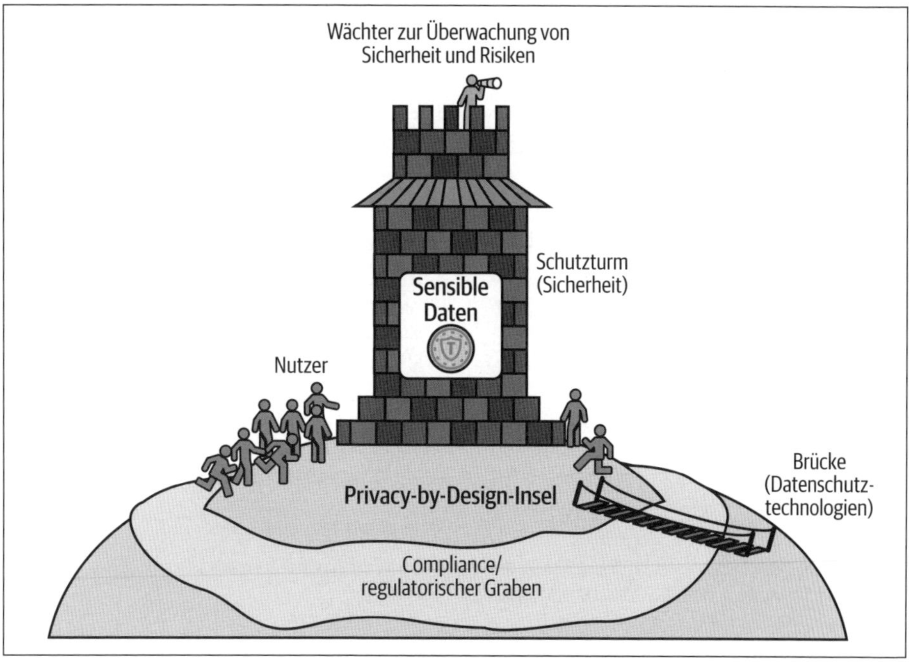

Abbildung 1-1: Data Governance veranschaulicht

Data Governance kann als eine Mischung aus Menschen, Prozessen und Technologien beschrieben werden. Unabhängig von der Größe Ihres Unternehmens existiert immer ein gewisses Maß an Data Governance, das erfüllt werden muss. In einem großen Unternehmen gibt es wahrscheinlich ein großes Team oder ein Gremium, das Standards erarbeitet, die dann in Form von Richtlinien und Verfahrensanweisungen umgesetzt und in die entsprechende technische Infrastruktur des Unternehmens implementiert werden müssen. Wenn Ihr Unternehmen klein ist, könnte dies die Aufgabe Ihres technischen oder juristischen Leiters sein. Sehen wir uns den technischen Bereich etwas genauer an, denn hier werden Sie wahrscheinlich gebeten, bei der Umsetzung dieser Richtlinien und Verfahrensanweisungen zu helfen und dafür zu sorgen, dass sie auch tatsächlich in die laufende Datenverarbeitung einfließen.

2 Privacy by Design steht für eine Reihe von Grundsätzen, die von Ann Cavoukian ausgearbeitet wurden und die sicherstellen sollen, dass die Architektur von Systemen und die Entwicklung von Softwarelösungen von Anfang an auf den Datenschutz bzw. den Schutz der Privatsphäre ausgerichtet sind. Den Ausdruck werden Sie häufig in Gesprächen mit erfahrenen Governance-Fachleuten hören. Ich empfehle Ihnen, sich die Zeit zu nehmen, diese Grundsätze durchzulesen und zu überlegen, wie sie sich auf Ihre eigene Arbeit mit Daten anwenden lassen. Sie finden diese Grundsätze in Kapitel 11.

Welche Elemente der Governance-Standards und -Richtlinien und deren Umsetzung in Technologie sind für Data Scientists von Bedeutung? Tabelle 1-1 umreißt wichtige Bereiche und damit verbundene Fragen innerhalb der Data Governance, mit denen Sie sich als Data Scientist auseinandersetzen werden.

Tabelle 1-1: Data Governance in der Data Science

Data Lineage/Datenhistorie	**Richtlinien und Bestimmungen**
Woher stammen die Daten?	Welche Gesetze oder internen Richtlinien gelten für diese Daten?
Wessen Daten sind das? Ist es möglich, mit ihnen Kontakt aufzunehmen?	Wo, wann und wie wurden die Daten erhoben?
Wurden diese Daten von jemand anderem erworben? Wenn ja, hat derjenige dokumentiert, wie sie verarbeitet wurden und wem sie gehören?	Welchen Bedenken hinsichtlich des Datenschutzes oder der Sicherheit müssen Sie bei der Verwendung dieser Daten Rechnung tragen?
Wie wurden die Daten durch die Verarbeitung verändert?	Wie lauteten die Datenschutzerklärung und die Nutzungsbedingungen zum Zeitpunkt der Erhebung bzw. Sammlung?
Sind die Metadaten, die Informationen zur Historie (*Lineage*) enthalten, leicht zugänglich und abzufragen?	Stammen die Daten von einem Dritten? Wenn ja, welche vertraglichen oder sonstigen Beschränkungen und Verpflichtungen bestehen für diese Daten?

Verlässlichkeit/Kenntnis der Daten	**Datenschutz und -sicherheit**
Welche Bedenken gibt es hinsichtlich des Einblicks in die Daten und Systeme (d. h. einschließlich der Datenerhebung, -verarbeitung und der nachgelagerten Systeme)?	Wie wird der Zugriff auf sensible Daten verwaltet und überwacht?
Ist die Dokumentation der Daten nachvollziehbar, und zwar bereits ab dem Zeitpunkt ihrer Beschaffung bzw. Erhebung?	Weiß das Unternehmen, ob und wann Daten unberechtigt abfließen? Wie?
Falls die Qualität der Daten beeinträchtigt ist, wissen Sie, wie Sie diese Probleme erkennen und beheben können?	Wer ist für die Verwaltung der Datenschutzkontrollen zuständig? Und wer ist für die Sicherheitskontrollen zuständig?
Gibt es eine Infrastruktur zur Datenspeicherung oder alte Datenspeicher, die nicht dokumentiert oder gar unbekannt sind?	Wenn sich jemand auf seine Datenrechte beruft (beispielsweise auf die DSGVO), gibt es dann ein gut dokumentiertes und verständliches System, um diese Rechte geltend zu machen?
Sind die Daten gut dokumentiert und verstanden? (»Kennen Sie Ihre Daten?!«)	Welche Technologien zum Schutz vor Datenverlust und zum Schutz der Privatsphäre setzen Sie ein und auf welche Weise?

Wahrscheinlich beschäftigen Sie sich bereits mit vielen dieser Fragen, da Daten ja ein wesentlicher Teil Ihrer Arbeit sind. Vielleicht haben Sie persönlich schon einmal darunter gelitten, dass Daten nicht dokumentiert wurden, dass Sie nicht verstanden haben, wie eine bestimmte Datenbank entstanden ist, und dass es Probleme mit den Labels und der Qualität der Daten gab. Ab jetzt haben Sie ein neues Wort, mit dem Sie diese Dinge beschreiben können: *Governance*!

Bei der Arbeit auf der Governance-Seite der Datenverwaltung bzw. des Datenmanagements geht es vor allem darum, wie Informationen über die Daten während ihres gesamten Lebenszyklus gesammelt und aktualisiert werden. Die rechtlichen, datenschutzrechtlichen und sicherheitsrelevanten Belange prägen diese Informationen und sorgen dafür, dass Governance-Entscheidungen und -Rahmenwerke Maßnahmen wie die Durchsetzung der Rechte von Einzelpersonen und die angemessene Nutzung von Daten vorantreiben. Wenn Ihre Daten nicht von Einzelpersonen stammen, gibt es möglicherweise andere Bedenken in Bezug auf urheberrechtlich geschützte Daten oder damit verbundene Sicherheitsbelange, die Einfluss auf Governance-Initiativen haben.

Wenn Sie sich konkret mit Data Governance befassen, denken Sie an Aufgaben wie die Dokumentation der sich ständig ändernden Datenflüsse in Ihrem Unternehmen. Das klingt zunächst einfach, ist es aber nicht.

Angenommen, Sie hätten einen riesigen Datenspeicher, der aus zehn verschiedenen Quellen gespeist wird, einige davon extern, andere intern. Wie können Sie anfangen, diese Daten zu verwalten? Wie würde eine skalierbare und einfach zu verwendende Lösung aussehen? Was passiert, wenn sich diese Datenflüsse ändern? Es mag ausreichend sein, nur den Code oder die Workflows zu dokumentieren, die tatsächlich ausgeführt bzw. verwendet werden, und sich ansonsten den Rest für die Zukunft aufzusparen. Doch wie gehen Sie mit Daten von Partnern oder anderen externen Datenerfassungssystemen um? Die Dokumentation dieser Daten muss koordiniert werden, damit die Rechts-, Datenschutz- und Risikoabteilungen sie für Audits und Risikobewertungen nutzen können. Dieser Prozess sollte nicht mit vorübergehenden Lösungen stückweise gelöst, sondern möglichst ganzheitlich angegangen werden.

Widmen wir uns zunächst der Frage, welche Daten im Sinne des praktischen Datenschutzes besonders schützenswert sind. Was ist unter sensiblen Daten zu verstehen, und wie können Sie sie identifizieren?

Sensible Daten identifizieren

Im Zusammenhang mit Datenschutz werden sensible Daten in der Regel als personenbezogene Daten oder einfach nur als persönlich identifizierende Daten definiert.[3] Darunter fallen Ihr vollständiger Name, Ihre E-Mail-Adresse, Ihr Geschlecht, Ihre Postanschrift, Ihre IP-Adresse, Ihr Profil in den sozialen Medien, Ihre Telefonnummer, Ihre Sozialversicherungsnummer oder andere nationale Identifikationsnummern, Ihre Kreditkartennummer, Ihr Geburtstag, Ihre Gesundheitsdaten oder auch biometrische Daten (z.B. Fingerabdrücke, Iris-Scan oder sogar Ihre Gangart (*https://oreil.ly/-ykxk*)!).

Alle diese Daten fallen unter die Kategorie der persönlich identifizierenden Daten, was viele als *persönlich identifizierende Informationen* (PII) bezeichnen. Dies sind

3 In Ihrem Unternehmen wird möglicherweise eine eigene Definition dazu verwendet, was unter sensiblen Daten zu verstehen ist, die von der in diesem Buch verwendeten Definition abweicht. Stellen Sie sicher, dass Sie intern die passenden Termini verwenden, wenn Sie das Thema ansprechen.

Daten, die sich spezifisch auf Ihre Person beziehen. Sie können allein oder in Kombination mit anderen über Sie verfügbaren Informationen verwendet werden, um Sie direkt zu identifizieren, indirekt zu identifizieren oder zu re-identifizieren. Dies sind die sensibelsten und am häufigsten regulierten Daten, da sie eine nahezu oder absolut eindeutige Identifizierung ermöglichen.

Die in diesem Buch verwendete Definition von sensiblen Daten erstreckt sich auf:

Persönlich identifizierende Daten
: Daten, die für eine bestimmte Person einmalig oder fast einmalig sind. Diese sind in der Regel im Rahmen von Richtlinien und Vorschriften definiert und können Informationen umfassen, die Sie vielleicht nicht erwarten, wie z. B. Ihre IP-Adresse, Ihr Geburtsdatum oder Ihren Arbeitsplatz.

Personenbezogene Daten
: Daten, die sich auf eine Person beziehen, aber nicht unter PII fallen. Dies kann alles sein, was mit der Person zu tun hat, einschließlich Interessen, Überzeugungen, Aufenthaltsorte sowie Online- und Offlineverhalten und -aktivitäten.

Urheberrechtlich geschützte und vertrauliche Daten
: Daten, die aus vertraglichen oder geschäftlichen Gründen als sensibel erachtet werden. Ihre Veröffentlichung würde eine Geschäftsbeziehung oder eine andere rechtliche Beziehung oder Vereinbarung gefährden.

Ich hoffe, dass dieses Buch Ihre Definition von sensiblen Daten erweitern wird. Halten Sie zum Beispiel den Standort Ihres Telefons für sensibel? Hängt dies davon ab, wo Sie sich befinden? Wenn Sie zu Hause sitzen, verrät Ihr Telefonstandort auch Ihre Postanschrift oder Ihren Wohnsitz, was wiederum eine persönlich identifizierende Information (PII) darstellt. Und wie verhält es sich, wenn Sie bei der Arbeit sind? Oder in einem Kinosaal? Oder im Haus eines guten Freunds?

Wie sieht es mit Ihrer politischen Orientierung und Ihren Interessen aus? Wie mit Ihrem Wahlverhalten? Und wie mit Ihren religiösen Ansichten und Praktiken? Was ist mit Ihren Freundschaften, Partnerschaften und anderen Kontakten? Und wie verhält es sich mit Ihrem Tagesablauf, den Nachrichten, der Musik und den Unterhaltungsangeboten, die Sie konsumieren, und wie mit den Endgeräten, die Sie besitzen?

Diese Fragen zeigen die Bandbreite unterschiedlicher Präferenzen bezüglich der Privatsphäre. Einige Menschen sind vielleicht damit einverstanden, den Standort ihrer Arbeit preiszugeben, oder sind sogar dazu angehalten, das zu tun. Andere sehen darin vielleicht einen Eingriff in ihre Privatsphäre. Während die eine Person sehr offen über ihre persönlichen Beziehungen, ihre politischen Ansichten und ihre religiösen Überzeugungen spricht, empfindet eine andere Person diese Themen vielleicht als sehr intim und vertraulich. Dies entspricht dem Konzept der kontextabhängigen Privatsphäre (*Contextual Privacy*) und dem der sozialen Dimension von Privatsphäre (*Social Privacy*), das in der *Einleitung* erörtert wurde. Hier greifen Vorschriften, die dem Einzelnen mehr Wahlmöglichkeiten hinsichtlich seiner Präferenzen in Bezug auf Privatsphäre einräumen und ihm die Möglichkeit geben, ebendiese den Datensammlern mitzuteilen, indem er seine Datenschutzeinstellungen und Einwilligungen ändert.

Das bedeutet aber auch, dass Sie, wenn Sie mit Daten arbeiten, die Bandbreite von Daten kennen, die als *sensibel* gelten. Sie sollten sich des zusätzlichen Privatsphärerisikos bewusst sein, das entsteht, wenn personenbezogene Daten auf eine neue Art und Weise miteinander verknüpft werden, durch die eine Person unbeabsichtigt identifizierbar wird. Wenn ich beispielsweise den ganzen Tag über Ihren Standort verfolge, würde ich wahrscheinlich erfahren, wo Sie arbeiten, wo Sie essen, was Sie täglich tun und wo Sie wohnen. Auch wenn ich nur Daten erheben würde, während Sie sich bewegen (d.h. Fahrdaten), könnte ich bereits einige dieser Merkmale identifizieren. Und selbst wenn ich lediglich dann Daten erheben würde, wenn Sie in Anwesenheit anderer Personen unterwegs sind, könnte ich wahrscheinlich immer noch Rückschlüsse auf Ihre Person ziehen, z.B. ob Sie mit Ihrer Familie oder einem Freund unterwegs sind oder ob Sie gern in einem bestimmten Geschäft einkaufen oder zu gewissen Zeiten auf einer bestimmten Strecke pendeln.

Ganz ähnlich haben Forscher gezeigt, dass aus einer Reihe von Facebook-Likes Rückschlüsse auf das Geschlecht, die sexuelle Orientierung und die politischen Ansichten gezogen werden können – und sogar auf den Familienstand Ihrer Eltern.[4] Dabei handelt es sich um Rückschlüsse, nicht notwendigerweise um Fakten. Es ist jedoch klar, dass das Onlineverhalten und das Verhalten in sozialen Netzwerken eindeutige Spuren hinterlässt und Muster offenbart, die die individuellen und privaten Eigenschaften einer Person offenlegen. Jeder Mensch, der Daten generiert, ist also möglicherweise identifizierbar.

Die Macht der Schlussfolgerung in Verbindung mit großen Informationsmengen kann Personen identifizieren, auch wenn dies nicht beabsichtigt ist. In der zielgerichteten Werbung (engl. *Targeted Advertising*) werden oft sensible Merkmale abgeleitet und ohne Zustimmung miteinander verknüpft, was zu Empfehlungen führt, die sensible Informationen wie die sexuelle Orientierung oder politische Ansichten preisgeben könnten. Je mehr Faktoren ein Werbetreibender bei der Auswahl von Zielgruppen einbezieht, desto eher könnte er fälschlicherweise eine einzelne Person oder eine sehr kleine Zielgruppe ansprechen. Handelt ein Werbetreibender in böswilliger Absicht, kann er die ihm vorliegenden Informationen nutzen, um herauszufinden, wie er diese Person gezielt ansprechen oder ihr ziemlich nahekommen kann.

Aus diesen Gründen könnte der Begriff *sensible Daten* jegliche personenbezogenen Daten umfassen, unabhängig davon, ob sie direkt einer Person zugeordnet werden können oder nicht. Personenbezogene Daten, insbesondere in großen Mengen oder in aggregierter Form, sind einer Person zuordenbar. Wenn ich in diesem Buch von sensiblen Daten spreche, beziehe ich mich nicht nur auf PII, sondern auch auf ein breiteres Spektrum personenbezogener Daten, die in Kombination mit anderen Informationen dazu verwendet werden könnten, eine Person oder eine kleine Gruppe von Personen zu identifizieren.

---

4 Diese Studie wurde von einigen der Forscher veröffentlicht, die später an Cambridge Analytica gearbeitet haben. Siehe Kosinki et al., »Private traits and attributes are predictable from digital records of human behavior« (*https://oreil.ly/ZZCnR*), 2013.

Die letzte Kategorie sensibler Daten bilden Daten, die aus nicht personenbezogenen Gründen urheberrechtlich geschützt oder vertraulich sind. Dabei kann es sich um Geschäftsgeheimnisse, geschützte Informationen über das Unternehmen, ein bestimmtes Produkt oder um Informationen handeln, die unter eine Geheimhaltungsklausel fallen. Das könnten Daten sein, die zwischen Mutter- und Tochtergesellschaften ausgetauscht werden und die aufgrund interner Vorschriften oder Vertraulichkeitsvereinbarungen geheim gehalten werden müssen. Oder es könnte sich um sensible interne Daten handeln, die, wenn sie nach außen dringen, der Konkurrenz einen Vorteil verschaffen oder das Unternehmen auf andere Weise gefährden würden. Auch diese Art von sensiblen Informationen profitieren von den Ansätzen und Technologien, die Sie in diesem Buch kennenlernen werden.

> Ich bin eine Befürworterin von Whistleblowing. Wenn Sie über Daten verfügen, von denen Sie glauben, dass sie öffentlich bekannt sein sollten, die aber als sensibel eingestuft werden, sollten Sie anhand der in diesem Buch vorgestellten Techniken darüber nachdenken, wie Sie diese Daten auf verantwortungsvolle und wohlüberlegte Art und Weise öffentlich machen oder an die zuständigen Behörden weitergeben können.

Der erste Schritt, um sensible Daten schützen zu können, besteht darin, sie auf verlässliche Weise zu identifizieren. Sobald die Daten identifiziert und als sensibel dokumentiert sind, können Sie ermitteln, wie sie am besten geschützt werden können.

Persönlich identifizierende Informationen (PII) identifizieren

Persönlich identifizierende Informationen (engl. *Personally Identifiable Information*, PII) fallen in den meisten Datenschutzvorschriften unter eine bestimmte rechtliche Kategorie, der bei der Umsetzung von Data Governance in einem Unternehmen bzw. einer Organisation besondere Aufmerksamkeit geschenkt werden muss. Wenn Ihr Unternehmen persönliche Daten – insbesondere Daten von Angestellten – sammelt, gelten für diese Daten oftmals besondere Anforderungen an die Data Governance. Meist mangelt es daran, persönlich identifizierende Daten zu dokumentieren oder zu kategorisieren, da sie oft in Textdateien, Logdateien oder anderen unstrukturierten Daten auftauchen, die oftmals schlecht dokumentiert sind.

Es gibt mehrere Tools, die speziell dafür entwickelt wurden, persönlich identifizierende Daten in unstrukturierten Daten mithilfe einer Vielzahl verschiedener Methoden zu finden. Zudem habe ich schon Teams gesehen, die ihre eigenen Tools und Systeme entwickelt haben, mit denen sie PII erfolgreich ausfindig machen können. Bei vielen Tools kommen relativ anfällige Methoden zum Einsatz, wie z.B. reguläre Ausdrücke (Zeichenketten zum Abgleichen von Mustern) oder die sogenannte String-Entropie (zum Auffinden von Schlüsseln für Programmierschnittstellen bzw. APIs, kryptografischen Schlüsseln oder Passwörtern). Darüber hinaus habe ich bereits Deep-Learning-Modelle entwickelt, mit denen ich PII in Nachrichtentexten identifizieren konnte. Je nach Anwendungsfall werden Ihre Ergebnisse mit diesen Ansätzen unterschiedlich ausfallen und sollten dementsprechend evaluiert werden.

> PII lassen sich nicht immer vollständig aufspüren – und das wird auch nie der Fall sein. Es ist wichtig, dass Sie mit Ihren Risikoteams (Datenschutz, Rechtsabteilung, Sicherheit) über diese Tatsache sprechen, egal ob Sie ein Toolkit zur Erkennung von PII kaufen oder Ihr eigenes entwickeln. Am sichersten ist es, Daten, die von Menschen eingegeben wurden, als äußerst sensibel zu behandeln (d.h. als PII), unabhängig davon, welche »Bereinigungsverfahren« angewandt wurden. Wenn Sie die von Menschen eingegebenen Daten nutzen möchten, ohne die mit PII verbundenen zusätzlichen Schutzmaßnahmen zu ergreifen, müssen Sie die Risiken korrekt identifizieren und sicherstellen, dass sie entsprechend berücksichtigt und überprüft werden.

Sollten Sie mit einem hohen Bestand an undokumentierten Daten arbeiten und befürchten, dass darin eine Menge PII enthalten sind, sollten Sie ein leicht zu verwendendes Open-Source-Tool zur Hand nehmen. Sobald Sie sich ein Bild davon gemacht haben, wie weit Sie damit kommen, können Sie entscheiden, ob Sie in einen fortschrittlicheren oder kostspieligeren Ansatz investieren sollten. Ich kann Ihnen Presidio von Microsoft (*https://oreil.ly/Tao7Z*) empfehlen, das auch einige grundlegende Pseudonymisierungsverfahren umfasst, die im weiteren Verlauf dieses Kapitels behandelt werden.

Der beste Ansatz für das Management und die Nachverfolgung von PII besteht darin, die Daten zu verfolgen, wenn sie eingehen, und diese Daten zu kennzeichnen bzw. zu labeln und zu verwalten, während sie das System durchlaufen, sodass Sie sie später nicht erst mühsam suchen bzw. aufspüren müssen. Eine der Möglichkeiten, wie Sie die Gewohnheit und Kultur der frühzeitigen und häufigen Erkennung von PII beginnen können, ist der Aufbau einer Dokumentationskultur rund um die Beschaffung und Verwendung von Daten. Tabelle 1-1 bietet Ihnen einen guten Ausgangspunkt. Um einen umfassenden Ansatz zu entwickeln, sollten Sie zahlreiche Bereiche Ihres Unternehmens einbeziehen, darunter das Sicherheitsteam, die für Informationen und Daten zuständigen Personen sowie die Infrastruktur- und IT-Abteilungen.

Datennutzung dokumentieren

Ein wesentlicher Bestandteil der Data Governance ist die Dokumentation Ihrer Daten, unabhängig davon, ob es sich um sensible Daten handelt oder nicht. Sollten Sie in einem größeren Unternehmen tätig sein, verfügen Sie möglicherweise auch über ein Klassifizierungssystem für Ihre Daten, bei dem bestimmte Richtlinien auf verschiedene Kategorien bzw. Klassen von Daten angewendet werden. Beispielsweise müssen Sie möglicherweise PII-Daten mit Tags und Labels versehen, um sicherzustellen, dass der Zugriff auf diese Daten eingeschränkt ist. In diesem Fall können Sie die Datenschutzklassifizierung als ersten Schritt in Ihrer Dokumentation nutzen.

Allerdings gehört zur Dokumentation weit mehr als die Klassifizierung sensibler Daten. In diesem Abschnitt erfahren Sie, wie Sie mit der Dokumentation der Daten beginnen können, wie Sie undokumentierte Daten finden können, wie Sie Informationen zu Herkunft (Lineage), Erhebung und Verarbeitung hinzufügen können und wann Sie eine Versionskontrolle der Daten einführen sollten. Viele dieser Systeme sind notwendig, um die Grundlage dafür zu schaffen, wie sensible Daten im Unternehmen verwendet und verwaltet werden. Auf diese Weise können Sie Anwendungsfälle erkennen, die sich für fortgeschrittene Datenschutztechnologien eignen, die Sie im weiteren Verlauf dieses Buchs kennenlernen werden.

Grundlagen der Datendokumentation

Daten müssen entsprechend der Art und Weise ihrer Nutzung dokumentiert werden. Versetzen Sie sich bei der Dokumentation von Daten in die Leserinnen und Leser – genau so, wie Sie es bei der Dokumentation von Code handhaben würden. Was wird der Adressat verstehen? Wie werden diese Personen die Dokumentation in ihrem täglichen Arbeitsablauf auffinden und darauf zugreifen? Wie werden sie die Dokumentation durchsuchen? Welche Wörter werden sie verwenden? Was sind die wichtigsten Informationen? Wie können Sie sie so prägnant und hilfreich gestalten, dass sie tatsächlich gelesen werden? Wie können Sie dafür Sorge tragen, dass sich die Daten möglichst selbst dokumentieren und leicht aktualisieren lassen?

Obwohl die Datendokumentation an sich nicht wirklich etwas Neues ist, ist sie auch keine weit verbreitete Praxis, vor allem nicht in Data-Science-Teams. Die Arbeit in der Data Science hat sich von forschungsorientierten Teams und analyseorientierten Dashboards hin zu Versuchen, Fehlern, agiler Entwicklung und Deployment-Standards verlagert. Umso wichtiger ist es, dass andere anhand einer gut geschriebenen Dokumentation verstehen, was in Datenworkflows und Experimenten vor sich geht.

Ähnlich wie bei der Versionskontrolle von Daten und Experimenten ermöglicht die Dokumentation von Daten anderen Teams, Datenquellen zu entdecken und zu nutzen, die ohne die richtige Dokumentation möglicherweise unübersichtlich oder schwer zu finden wären. In vielen Unternehmen sind die Datenquellen oft auf verschiedene Teams in unterschiedlichen Bereichen des Unternehmens verteilt oder mehrfach vorhanden. Es kann sich schon als schwierig erweisen, grundlegenden Zugang und Interoperabilität richtig zu gestalten, sodass die Erstellung der Dokumentation oft unter den Tisch fällt.

Doch das muss nicht zwangsläufig der Fall sein – vorausgesetzt, die Dokumentation wird als wesentlicher Bestandteil der Arbeit mit Daten angesehen. Hier sind einige Möglichkeiten, wie Sie das Datenmanagement oder die Geschäftsbereiche davon überzeugen können, dass es sich durchaus lohnt, mehr Zeit und Mühe in die Dokumentation von Daten zu investieren. Datendokumentation ...

- beschleunigt Datenexperimente, was zu neuen datengetriebenen Erkenntnissen und Entdeckungen führen kann.
- ermöglicht abteilungs- und teamübergreifende Zusammenarbeit.
- beschleunigt den Zugang zu Daten und deren Nutzung für alle Beteiligten.
- hilft dabei, unbekannte oder undokumentierte Daten zu entfernen.

- unterstützt Datenteams bei der Entscheidung, welche Daten für neue Vorhaben, Produkte und Modelle verwendet werden sollten.
- gibt den Produktteams Auskunft darüber, welche Daten zur Umsetzung neuer Ideen verfügbar sind.
- zeigt Analysten disparate Datensätze, die für neue Erkenntnisse und Reports genutzt werden könnten.
- verschafft den Compliance- und Audit-Teams einen guten Überblick und unterstützt sie bei neuen Maßnahmen zur Gewährleistung der Datensicherheit und des Datenschutzes.
- reduziert Compliance- und Datensicherheitsrisiken.

Data Governance kann in Ihrem Unternehmen nur gelingen, wenn es eine funktionierende und effektive Datendokumentation gibt. Eine ordnungsgemäße Dokumentation kann sogar in Identitätsmanagement- und Zugriffssysteme integriert werden, um Datenadministratoren, -eigentümern und -managern einfache Möglichkeiten zu geben, den Zugriff auf der Grundlage der Dokumentation zu gewähren bzw. zu entziehen.

> Um ein KI-getriebenes Unternehmen verantwortungsvoll zu gestalten, benötigen Sie eine zusätzliche Dokumentation, in der alle in den Daten enthaltenen Stereotype oder bekannten Verzerrungen bzw. Voreingenommenheiten (sogenannte Bias) aufgezeigt werden. Ich empfehle Ihnen, sich die Zeit zu nehmen, etwas über Data Cards (*https://oreil.ly/zPPZu*), also auf Deutsch »Datenkarten«, zu erfahren – eine Möglichkeit, Daten für nicht technische Nutzer zu dokumentieren. Wenn Ihr Team an Machine-Learning-Systemen arbeitet, die sich an Verbraucher richten, empfehle ich Ihnen, sowohl Data Cards als auch Model Cards (*https://oreil.ly/_5NL5*) (»Modellkarten«) zu verwenden, um sicherzustellen, dass die Systeme, die Sie zur Verfügung stellen, akkurat, fair und zuverlässig arbeiten!

Die Dokumentation kann Angaben zu einem der folgenden Abschnitte oder zu allen enthalten und über das hinausgehen, was in diesem Kapitel behandelt wird. Wenn Sie eine neue Dokumentation erstellen, sollten Sie herausfinden, was angesichts Ihrer Rahmenbedingungen am besten geeignet ist. Setzen Sie Prioritäten bei den für Ihr Unternehmen wichtigsten Abschnitten und gehen Sie von dort aus weiter vor.

Datenerhebung

Erläuterung und damit verbundene Fragen

Wer, wo, wann, warum und wie wurden die Daten erhoben? Eine Beschreibung, wann die einzelnen Datensätze gesammelt bzw. erhoben wurden, welches Team oder mit welcher Software die Erhebung verwaltet wurde, welche Verarbeitung nach der Erhebung durchgeführt wurde und warum die Sammlung bzw. Erhebung der Daten (engl. *Data Collection*) stattfand (d.h. unter welchen Umständen und mit welchem rechtlichen Hintergrund).

Beispiel

Ein Diagramm, das den Datenfluss zeigt, wobei dokumentiert wird, wann und von wem er implementiert wurde, sowie ein Snapshot der Daten zu diesem Zeitpunkt. Das Diagramm sollte auch Informationen über die Zustimmung der Stakeholder in den Rechts-, Datenschutz- und Compliance-Abteilungen enthalten – oder andere Gründe für ein berechtigtes Interesse an der Sammlung der Daten, falls keine Zustimmung erteilt wird.

Datenqualität

Erläuterung und damit verbundene Fragen

Wie wurden die Daten standardisiert (falls vorgenommen)? Welche Qualitätskontrollen wurden durchgeführt? Wie viele Nullwerte oder Extremwerte sind in den Daten enthalten? Wurden die Daten auf Duplikate oder Inkonsistenzen geprüft bzw. entsprechend aufbereitet? In diesem Abschnitt können Sie auch dokumentieren, wenn ein Schema oder eine Einheit geändert wurde.

Beispiel

Eine Analyse der Qualität der Daten für einen bestimmten Zeitraum, einschließlich der Häufigkeit von Nullwerten, der Standardisierung und Harmonisierung von Werten (d.h. Werten, die in Prozentwerte umgewandelt oder in Standardeinheiten umgerechnet werden) sowie Bias und Varianz der Daten. Eine detailliertere Analyse könnte Histogramme über zahlreiche Dimensionen beinhalten, die Kovarianz oder Korrelation zwischen Attributen aufzeigen oder auch Informationen zu Ausreißern oder Extremwerten liefern. Sollten sich die Daten innerhalb eines kurzen Zeitraums erheblich verändern, können Sie ein Monitoring und ein entsprechendes Alarm- bzw. Benachrichtigungssystem einsetzen.

> Alle diese Aspekte müssen einzeln und anschließend auch in ihrer Gesamtheit beachtet werden. Wenn Sie lediglich die Datenqualität testen, ohne den Datenschutz oder die Datensicherheit zu berücksichtigen, kann dies dazu führen, dass Sie versehentlich sensible Daten preisgeben. Stellen Sie sicher, dass Sie diese Governance-Mechanismen ganzheitlich anwenden und die verschiedenen Maßnahmen sorgfältig und vollständig integrieren.

Datensicherheit

Erläuterung und damit verbundene Fragen

Wie hoch ist das für diese Daten bestehende Sicherheitsrisiko? Welche Maßnahmen sollten ergriffen werden, wenn die Daten verwendet werden oder wenn darauf zugegriffen wird? Führen Sie eine Risikoanalyse in Bezug auf die Sensibilität der Daten und deren Infrastruktur, Architektur und Speicherdetails durch. Stellen Sie Informationen bereit, die anderen Teams (z.B. Security & Operations) helfen, das Risiko akkurat zu modellieren und zu bewerten und Entscheidungen bezüglich Zugriffsbeschränkungen zu treffen. Hier können Sie auch die Sicherheits- und Datenschutztechnologien dokumentieren, die zur Risikominderung eingesetzt werden. Diese Risikominderungen sollten ebenfalls dokumentiert werden, damit die Datenkonsumenten, d.h. die Personen, die die Daten verwenden, analysieren oder weiterverarbeiten werden, wissen, wie sie mit den Daten auf sinnvolle Weise arbeiten können. In Kapitel 4 erfahren Sie mehr darüber, wie Sie Sicherheitsrisiken bewerten, eindämmen und dokumentieren können.

Beispiel

Eine Evaluierung dazu, wie eine bestimmte Maßnahme zur Verringerung des Datensicherheitsrisikos beiträgt, und eine Empfehlung, sofern diese Schutzmaßnahme erfolgreich dazu beiträgt, das ermittelte Risiko zu verringern. Wenn die Maßnahme umgesetzt wird, sollte neben den erforderlichen Entscheidungsprotokollen auch Einzelheiten zur Umsetzung enthalten sein.

Data Privacy

Erläuterung und damit verbundene Fragen

Enthalten die Daten personenbezogene Informationen? Wenn ja, welches Privacy by Design (*https://oreil.ly/S13mS*) für rechtliche oder datenschutzrechtliche Vorgaben wurde durchgeführt, um sicherzustellen, dass die Daten ordnungsgemäß gehandhabt werden? Wenn PII oder personenbezogene Daten gespeichert werden, sollte die Dokumentation Informationen darüber enthalten, in wessen rechtlichen Zuständigkeitsbereich die Daten fallen und welche Datenschutzbestimmungen und Einwilligungsmöglichkeiten den Nutzern zum Zeitpunkt der Erhebung mitgeteilt wurden. Außerdem sollte eine klare Dokumentation aller Mechanismen zur Wahrung der Privatsphäre vorliegen, wobei der zugehörige Code und, wenn möglich, auch die Commit-Hashes angegeben bzw. verlinkt werden sollten. Stellen Sie sicher, dass alle personenbezogenen Daten als sensible Daten behandelt werden und dass die Schutzmaßnahmen angemessen dokumentiert werden.

Beispiel

Eine Auflistung aller Spalten, die personenbezogene Daten enthalten, sowie eine Spalte mit einem Zeitstempel, der angibt, wann die Daten auf der Grundlage der Richtlinie und der Gerichtsbarkeit, in der die Daten erhoben wurden, gelöscht werden sollen. Idealerweise ist die Löschung automatisiert.

Datendefinitionen

Erläuterung und damit verbundene Fragen

Wie sind die Daten aufgebaut? Wenn es sich um tabellarische Daten handelt, was bedeuten die Spaltennamen? Um welche Datentypen handelt es sich? Welche Maßeinheiten werden verwendet? Erläutern Sie die Bedeutung von Fachbegriffen und Codierungen, die in den Daten verwendet werden (z.B. Abkürzungen oder interne Zuordnungen). Beschreiben Sie die Datenfelder, Spaltennamen (falls vorhanden), Schlüssel und Werte, Codierungen, Maßeinheiten und sonstige Angaben, die einem neuen Nutzer der Daten dabei helfen, die Daten zu verstehen, die er verwendet. Wenn bestimmte Formatierungsstandards gewählt werden, wie z. B. die Darstellung des Datums gemäß ISO-Format, die Angabe der Uhrzeit im 24-Stunden-Format oder andere Standardeinheiten, sollten Sie Angaben dazu machen, wie diese Verarbeitung erfolgt, für den Fall, dass andere nach möglichen Fehlern suchen müssen oder sich die Verarbeitung ändert.

Beispiel
: Eine abfragbare und leicht zugängliche Liste aller Spalten mit ihren Beschreibungen und Datentypen. Für kategoriale Spalten beinhaltet dies auch eine leicht durchsuchbare tabellarische Darstellung, aus der hervorgeht, wie sie codiert sind.

Deskriptive Statistiken

Erläuterung und damit verbundene Fragen
: Wie sehen die gängigen deskriptiven Statistiken für einen Datensatz aus, z. B. Varianz, Verteilung, Mittelwert usw.? Wie sind die Daten hinsichtlich bestimmter wichtiger Merkmale verteilt? Gibt es Hinweise darauf, dass die Daten gewisse Verzerrungen aufweisen oder dass die Klassen unausgewogen verteilt sind? Zusammenfassende statistische Beschreibungen der Daten können in schriftlicher oder grafischer Form beigefügt werden, damit andere Personen schnell beurteilen können, ob die Daten ihren Anforderungen entsprechen. Eine interaktive Darstellung ist hier von großem Vorteil. Diese Informationen können sehr sensibel sein, sodass Sie sie nur nach Abwägung der Sicherheits- und Datenschutzrisiken, die mit der Gewährung des Zugriffs verbunden sind, veröffentlichen sollten. Wenn Sie sich inspirieren lassen möchten, sollten Sie sich das Tool Facets (*https://oreil.ly/tV1PK*) von Google ansehen.

Beispiel
: Ein Diagramm, aus dem die Perzentile numerischer Spalten hervorgehen (z. B. mithilfe von Box-Plots, im Deutschen auch als Kastengrafiken bekannt, bei denen Ausreißer entfernt wurden). Über eine dynamische Auswahl könnten auch andere Merkmale dargestellt werden, sodass Sie in dem Datensatz bestehende Korrelationen und Verzerrungen (Bias) selbst analysieren können.

Diese Aufzählung ist nicht erschöpfend. Sie kann Ihnen aber als Leitfaden dienen, wenn Sie in Ihrem Unternehmen mit der Dokumentation der Daten beginnen. Denken Sie daran, dass die Dokumentation nicht für Sie, sondern für die Datennutzenden bestimmt ist. Verwenden Sie daher Formulierungen, Visualisierungen und Beschreibungen, die für die Teams im gesamten Unternehmen verständlich sind, damit die Endnutzer die gesuchten Informationen finden und problemlos nutzen können.

Wie bei der Dokumentation von Code und Architektur werden Ihr Unternehmen und die Datennutzer von gut dokumentierten Daten profitieren. Projekte werden beschleunigt, die Art und Weise, wie das Unternehmen mit Daten arbeitet, wird standardisiert, und Herkunft sowie Qualität der Daten werden klargestellt. Das erleichtert die Entscheidungsfindung. Außerdem werden Datenschutz- und Sicherheitsfragen zu Beginn des Lebenszyklus der Daten und zu Beginn neuer Projekte geklärt – dann, wenn es am effektivsten ist!

Einführen einer Datendokumentation

Wenn Sie zum ersten Mal eine Dokumentation für Ihre Daten anlegen, sollten Sie ausprobieren, was am besten funktioniert, indem Sie kleinere Tests und Dokumentationen vornehmen und Feedback einholen. Hier sind ein paar weitere nützliche Tipps, die Ihnen dabei helfen:

Nutzererlebnis
: Wenn möglich, sollten Sie mit Experten in Kontakt treten, die sich mit Nutzererlebnis bzw. -erfahrung (UX) oder Produkten auskennen und Ihnen weiterhelfen können. Führen Sie Interviews mit Ihren Anwenderinnen und Anwendern durch und bringen Sie in Erfahrung, ob die Dokumentation von Nutzen ist. Überarbeiten und verbessern Sie die Dokumentation anhand dieses Feedbacks.

Standardisieren Sie erst, wenn erfolgreich erprobt
: Standardisieren Sie die vollständige Datendokumentation erst dann, wenn Sie ein System gefunden haben, das funktioniert und das Sie mit der Zeit auch pflegen und verbessern können.

Auf Genauigkeit achten
: Eine ungenaue Dokumentation ist oft schlimmer als gar keine Dokumentation, denn Ihre Nutzer denken, dass sie die Daten verstehen, was aber nicht der Fall ist. Wenn sie basierend auf diesem Missverständnissen Modelle erstellen oder Entscheidungen treffen, kann das in ein Desaster führen. Deshalb ist es wichtig, dass Sie eine nachhaltige Lösung entwickeln, die so einfach wie möglich zu pflegen ist.

Möglicherweise haben Sie Ihre Dokumentation bereits im Griff, aber ein quälendes Problem: undokumentierte Daten, von denen Sie nichts wissen. Es ist wichtig, dieses Problem in Angriff zu nehmen, denn undokumentierte Daten sind häufig sensibler Natur.

Unbekannte Daten aufspüren und dokumentieren

Unbekannte Daten sind Lücken in der Datendokumentation oder sogar im grundlegenden Wissen über die Daten und in deren Verständnis. Diese treten in großen Unternehmen dann zutage, wenn es an Best Practices mangelt, und zwar meist über viele Jahre hinweg. Daten aus früheren Anwendungen oder auslaufenden Produkten, Daten, die im Rahmen von Übernahmen oder Kooperationen gewonnen wurden, oder Daten, die vor langer Zeit gekauft wurden, häufen sich in Datenbanken oder Dateien an, die nicht dokumentiert sind. Mitunter werden diese Daten aktiv genutzt, ohne dass jemand weiß, wie sie dorthin gelangt sind oder wann sie gesammelt wurden. Zudem kommt es vor, dass Daten neu entdeckt werden und das Unternehmen sich über ihre Herkunft im Unklaren ist. Solch undokumentierte Daten können auch das Ergebnis von Verlust von Know-how sein – wenn Daten nicht dokumentiert wurden, bevor wichtige Mitarbeiter das Unternehmen verlassen haben.

Beim Umgang mit unbekannten Daten ist es wichtig, einen Prozess und eine Routine zu etablieren, damit die Daten nicht noch länger undokumentiert bleiben. Denn Daten, die Sie nicht kennen, die nicht verwaltet und nicht nachverfolgt bzw. getrackt werden, bergen große Risiken für den Datenschutz und die Sicherheit, wie Sie noch im Laufe dieses Kapitels und auch in Kapitel 4 erfahren werden. Im Folgenden schlage ich Ihnen einen Prozess vor, über den Sie gefundene unbekannte Daten untersuchen, dokumentieren und eine Entscheidung treffen können. Sie können dieses Vorgehen an Ihre Erfordernisse anpassen, indem Sie weitere Schritte hinzufügen oder klarere Anforderungen für jede Phase festlegen, wie z.B. den spezifischen Ort und die Technologie, die verwendet werden soll.

1. *Ermitteln Sie die mutmaßliche Herkunft.*
   Sehen die Daten wie bereits dokumentierte Daten des Unternehmens aus? Sind die Daten leicht über eine Suchmaschine zu finden (d.h., handelt es sich um öffentlich verfügbare Daten)? Weiß jemand in einem der verwandten Teams, woher die Daten stammen?
2. *Erkunden Sie die Daten.*
   Untersuchen Sie alle möglichen Datenquellen und setzen Sie sich mit anderen Teams und Abteilungen in Verbindung. Vielleicht kennt jemand die Herkunft der Daten oder sieht Ähnlichkeiten zu Daten, die er bereits verwendet hat. Gehen Sie den Inhalt der Daten auf mögliche Hinweise durch und dokumentieren Sie Ihre Erkenntnisse.
3. *Ermitteln Sie, wie sensibel die Daten sind.*
   Enthalten die Daten personenbezogene oder persönlich identifizierende Informationen? Können Sie das Datum, an dem die Daten erfasst wurden, anhand der entsprechenden Daten in der Datenbank oder dem Dokument ermitteln? Wenn es sich um personenbezogene Daten handelt, wie lassen sich diese Daten vor dem Hintergrund der Datenschutzerklärung Ihres Unternehmens einordnen? Gibt es eine bestimmte Einstufung in Bezug auf den Datenschutz oder die Vertraulichkeit, die beachtet und eingehalten werden sollte?
4. *Fangen Sie damit an, die Dokumentation an den Adressaten zu richten.*
   Wie können Sie eine Dokumentation erstellen, die von den Nutzerinnen und Nutzern gelesen und verwendet wird? Beginnen Sie damit, zu dokumentieren, wo die Daten gefunden wurden, was sie beinhalten und zu welchem Ergebnis Sie bezüglich der Herkunft und des Grads der Vertraulichkeit gekommen sind. Die Dokumentation sollte den Unternehmensstandards entsprechen sowie leicht auffindbar und zugänglich sein. An diesem Punkt sollten Sie die Entscheidungsträger des Datenmanagements einbeziehen, um die nächsten Schritte festzulegen.
5. *Löschen, archivieren oder pflegen?*
   Was sind die nächsten Schritte für die »jetzt bekannten« Daten? Um dies zu entscheiden, sollten Sie die betroffenen Parteien einbeziehen, einschließlich der Compliance- und Audit-Abteilungen, sofern diese in Ihrem Unternehmen vorhanden sind. Wenn die Daten nicht sensibel sind, sich nicht auf urheberrecht-

lich geschützte Details oder Personen beziehen und nützlich sind, können Sie sie wahrscheinlich einfach in die Dokumentation aufnehmen. Stellen Sie sicher, dass die Dokumentation gemeinsam genutzt und aktualisiert wird. Andernfalls können Sie die Daten archivieren, bis mehr Informationen verfügbar sind. Diese Option ist auch dann sinnvoll, wenn die Daten nicht mehr benötigt werden, Sie aber noch eine Weile warten möchten, bevor Sie sie löschen. Die Standards zur Datenminimierung im Bereich des Datenschutzes empfehlen die Löschung von Daten, insbesondere wenn sie personenbezogene Informationen enthalten und Sie nicht herausfinden konnten, unter welchen Umständen die Daten gesammelt wurden. Dennoch sollten Sie diese Entscheidung und die Untersuchung dokumentieren, bevor Sie die Daten löschen, damit Sie bei einer eventuellen Prüfung einen Nachweis haben. Ich würde fast immer dazu raten, Daten zu löschen, wenn sie zu alt und für datenwissenschaftliche oder geschäftliche Zwecke nicht mehr nützlich sind.

Wenn Sie sich Sorgen um unbekannte Daten in Ihrem Unternehmen machen, gibt es verschiedene Produkte, die Teams bei der Suche nach diesen Daten unterstützen. Diese Dienste bieten oft Scan-Software an, die Server durchsucht und versucht, Daten auch dort zu finden, wo man sie nicht vermuten würde. Wenn Sie jedoch Ihre Datenprozesse gut dokumentieren und in engem Austausch mit anderen Datenteams stehen, ist es ziemlich unwahrscheinlich, dass Daten ungenutzt und unentdeckt herumliegen.

Ein häufiges Problem mit unbekannten Daten ist, dass es sich um historische Daten aus Reports handelt, die häufig vor der Einführung von Data Science in Unternehmen von Entscheidungsträgern gesammelt und verwendet wurden. Wenn das Data-Science-Team oder die Ausrichtung auf Data Science in Ihrem Unternehmen noch relativ neu ist, könnte es sich lohnen, die von den Geschäftseinheiten verwendeten Reporting-Daten zu untersuchen, die in der Regel außerhalb Ihrer regulären Datenerfassungsmechanismen liegen. Beispielsweise könnte es diverse Tabellenkalkulationen oder andere Arten von dokumentenbasierten Reports geben, die jahrelang verwendet wurden, bevor bessere Kunden- oder Produktdaten zur Verfügung standen. Es kann auch Integrationen in Tools wie Mitarbeiter- oder Kundenverwaltungssystemen oder anderer Software geben, die Daten abrufen und sie auf internen Servern oder Dateisystemen speichern. Wenn Sie einem Team beitreten, das mit undokumentierten Datenquellen arbeitet, sollten Sie sich mit solchen Systemen vertraut machen.

Diese Praktiken haben sich manchmal aus einer »Schatten-IT« entwickelt, bei der sensible Daten aufgrund von Zugriffsbeschränkungen an viele verschiedene Speicherorte kopiert werden. Schatten-IT ist ein Begriff, der Vorgänge beschreibt, die sich außerhalb des IT-Managements oder des Zuständigkeitsbereichs befinden – oft als nützliche Abkürzung geschaffen – und die häufig zu einem Albtraum in Sachen Sicherheit und Auditing führen. Leider ist dieser Prozess nicht ungewöhnlich, da Mitarbeitende teils viele Stunden, Tage und Wochen damit verbringen, auf eine Zugriffsgenehmigung zu warten. Sobald der Zugriff gewährt wird, kopieren die Nutzer die Daten sofort oder entwickeln dafür automatisierte Verfahren, damit sie nicht erneut warten müssen. Ein Teil Ihrer Aufgabe wird es sein, diese Praktiken aufzudecken und bessere Datenschutztechnologien zu entwickeln, um die Zeit bis zum Datenzugriff zu verkürzen. Machen Sie Schluss mit der Schatten-IT und setzen Sie stattdessen auf transparente, nutzerfreundliche, gut dokumentierte und datenschutzfreundliche Zugriffssysteme!

> Bei der Suche nach unbekannten Daten und der Empfehlung, diese zu löschen, werden Sie auf unterschiedliche Reaktionen stoßen. Einige werden sich zurückhaltend, ängstlich oder sogar ablehnend verhalten. Für das Unternehmen ist es jedoch wichtig, sicherzustellen, dass die Rechte an den Daten zuverlässig und nachweisbar gewahrt werden, unabhängig davon, wie gut die Absichten auch sein mögen. Es gibt Datenteams, die der Meinung sind, dass Daten ohne Wenn und Aber gespeichert werden sollten. Diese Art von Datenhortung stellt den Datenschutz vor große Herausforderungen.

Anstatt die kulturellen und kommunikativen Probleme allein anzugehen, sollten Sie die Entscheidungsträger über die Risiken, die mit der Aufbewahrung unbekannter Daten verbunden sind, aufklären. Tabellenkalkulationen voller Kunden- oder Mitarbeiterinformationen sind wertvolle Vermögenswerte, die entweder von fähigen Daten- und Sicherheitsteams dokumentiert und verwaltet werden sollten, die Best Practices befolgen, oder gelöscht werden sollten, um nicht zur Zielscheibe für interne oder externe Sicherheitsrisiken zu werden. Wenn sich solche Reporting-Daten für die Beantwortung von Fragen als nützlich erweisen, sollten sie aufbewahrt, dokumentiert und geprüft werden. Auf diese Weise erhalten Sie bessere Einblicke und können gezieltere Entscheidungen treffen!

Bei undokumentierten Daten handelt es sich oft um in Systemen verwaiste Daten, die nicht oder nur unzureichend dokumentiert sind. Ähnlich wie die grundlegende Dokumentation, über die Sie bereits einiges gelernt haben, ist die Rückverfolgung von Daten und ihrer Herkunft (das Data-Lineage-Tracking) ein wichtiges Instrument für die Data Governance.

Data-Lineage-Tracking

Mithilfe von *Data Lineage* (manchmal auch *Data Provenance* genannt) können Sie rückverfolgen, woher die Daten stammen, wie sie dorthin gelangt sind und wie die Daten seit ihrem Eingang in das System verarbeitet wurden. Diese Informationen sind, wie Sie sich vorstellen können, für Data Scientists äußerst nützlich, um sich ein Bild von der Qualität, dem Inhalt und dem möglichen Nutzen der Daten machen zu können.

Die Informationen zur Datenhistorie ermöglichen es Ihnen, Fragen wie die folgenden zu beantworten:

- Wann wurden diese Daten erfasst? Woher stammen sie?
- Inwieweit darf ich diese Daten nutzen? Welche Art von Einwilligung wurde bei der Erhebung der Daten erteilt?

- Wie wurden diese Daten verarbeitet, bereinigt und aufbereitet (z. B. durch Entfernen von Nullwerten, Standardisierung von Maßeinheiten usw.)?
- Wo werden diese Daten sonst noch verarbeitet, und wo werden zugehörige Daten gespeichert?
- Was gilt es hinsichtlich der Qualität und der Herkunft der Daten zu bedenken?

Als die Unternehmen ihre Dateninfrastrukturen entwickelten, gab es leider oft keine geeigneten Systeme, um die Herkunft der Daten zu ermitteln. Das Hauptaugenmerk lag darauf, die Daten möglichst effizient einzuspeisen und zu speichern – und nicht darauf, sie rückzuverfolgen und festzustellen, wie sie verarbeitet wurden. Datensysteme gehen mit sogenannten technischen Schulden (engl. *Technological Debt*) einher. Selbst wenn Sie keine Informationen über die Datenhistorie (Lineage-Daten) haben, ist es nicht zu spät, damit zu beginnen.

Je nachdem, wie fortschrittlich Ihre Dateninfrastruktur und Ihre technischen Systeme sind, gibt es vielleicht schon gute Voraussetzungen, um die Data Lineage zu dokumentieren. Diese Informationen können aus Systemen wie Apache Spark (oder Beam, Flink, Kafka und Airflow) oder anderen Pipeline-Automatisierungssystemen abgerufen und in die von Ihnen verwendeten Dokumentations- oder Tracking-Systeme integriert werden. Falls Sie sich nicht sicher sind, inwiefern dies bereits der Fall ist, sollten Sie sich mit den Teams in Verbindung setzen, die für die Verwaltung von Datenkatalogen und Datenschemata zuständig sind. Ein Datenkatalog (engl. *Data Catalog*) ist ein Verzeichnis mit der Dokumentation von Datenquellen, die im gesamten Unternehmen verwaltet und zur Verfügung gestellt werden. Dazu gehören oft auch die Dokumentation der Daten, die Zugriffsanforderungen und sogar Hinweise darauf, wie die Daten verarbeitet und gespeichert werden, sowie Informationen zur Qualität. Wenn Ihr Unternehmen derzeit keine Daten katalogisiert bzw. keine Informationen zur Datenhistorie nachverfolgt, sollten Sie sich mit einer Gruppe von Datenexperten zusammensetzen und bestimmen, welcher Ansatz für den Anfang am besten geeignet ist.

Als Data Scientist haben Sie es vermutlich schon einmal mit einem Datensatz zu tun gehabt, bei dem Sie Zweifel daran hatten, dass die Daten valide sind. Sollte es tatsächlich zu Fehlern bei der Erfassung oder Verarbeitung gekommen sein, können Sie dies nur herausfinden, wenn Sie die Datenhistorie (die Data Lineage) der Daten sorgfältig tracken. Mit dem Wissen, wann und wo der Fehler aufgetreten ist, können Sie und andere Teammitglieder feststellen, wodurch er verursacht worden sein könnte und ob es sich um einen Bug handelt. Insbesondere bei Streaming- oder echtzeitnahen Systemen ist es unerlässlich, die Herkunft der Daten und ihre Verarbeitung nachzuverfolgen, da sich Fehler bei der Datenerfassung und -transformation sehr rasch auf Modelle oder andere nachgelagerte Produkte auswirken können.

> Es gibt inzwischen viele Tools, die Sie bei der Dokumentation Ihrer Daten, dem Lineage-Tracking und der Versionskontrolle unterstützen. Im Idealfall finden Sie ein geeignetes Toolset oder sogar ein einzelnes Tool, das Sie bei Ihren Governance-Bemühungen unterstützt. Obwohl ständig neue Produkte auf den Markt kommen, sind mir folgende Tools bekannt, die von Teams gut angenommen werden: DBT

(*https://oreil.ly/gBfKh*), CKAN (*https://ckan.org*), AWS Glue (*https://aws.amazon.com/glue*) und Tableau (mit seinem Data Catalog (*https://oreil.ly/rQzle*)).

Zur Überwachung von Änderungen in den Datenströmen empfehle ich Tools wie Great Expectations (*https://oreil.ly/F-SPq*), mit denen Sie Daten während des Vorgangs testen und feststellen können, ob es wesentliche Veränderungen gegeben hat. Great Expectations ermöglicht Ihnen, sogenannte *Data Unit Tests* zu schreiben, mit denen Sie überprüfen können, ob die Daten Ihren Erwartungen entsprechen. Sie können beispielsweise testen, dass ein bestimmter Wert kein Nullwert ist, ob ein Wert über oder unter einem bestimmten Wert liegt, ob ein Datumsstring richtig standardisiert wurde, oder auch, ob ein Wert ein String oder eine Ganzzahl (engl. *Integer*) ist. Diese Tests können – sofern sie von den Datenteams in geeigneter Weise durchgeführt werden – einen sofortigen Hinweis auf die oben genannten Bugs liefern.

Außerdem bietet Ihnen die Nutzung von Lineage-Daten klare Vorteile für den Datenschutz. In Kapitel 3 erfahren Sie noch mehr über die Rückverfolgung von Einwilligungen bzw. Einverständniserklärungen. Eine Pipeline für die Rückverfolgung von Daten zur Einwilligung von Nutzern und damit verbundenen Lineage-Daten könnte so aussehen wie in Abbildung 1-2. Zunächst wird dem Anwender eine Benutzeroberfläche angezeigt, auf der in verständlicher Form die einzelnen, fein abgestuften Datenschutzeinstellungen erklärt werden. Während die Daten erhoben werden, werden Einzelheiten zur Datenherkunft, z.B. wo, wann und wie die Daten erhoben wurden, als Datenbankfelder auf gleicher Ebene wie die Daten in die Datenstruktur aufgenommen statt als Anhang in einem separaten JSON-Dokument, das niemand verwendet.[5] Die Daten durchlaufen die üblichen Bereinigungs- und Transformationspipelines. Diese Daten werden dann im Hinblick auf Qualität und andere Governance-Standards analysiert. Darüber hinaus wird die Sensibilität der Daten und auch das Vorhandensein von PII auf halb automatische Weise analysiert. Dieser Schritt muss gegebenenfalls der erste Schritt sein, je nachdem, um welche Datenquelle es sich handelt und wie die Protokollierung bzw. das Logging in den Transformationsschritten erfolgt. Achten Sie bitte darauf, dass Sie keine sensiblen Daten loggen! Anschließend werden die Daten gespeichert, wobei die zusätzlichen Informationen in verknüpfbaren Datenstrukturen gespeichert werden. Dadurch wird sichergestellt, dass die zusätzlichen Governance-Daten leicht referenzierbar sowie stets auf dem neuesten Stand und mit den Nutzerdaten verknüpft sind, bis die Daten aus dem System entfernt werden.

5 Im Idealfall handelt es sich dabei entweder um eine separate, leicht verknüpfbare Tabelle, oder die Zeilen selbst haben zusätzliche Spalten oder Attribute, die das Auffinden erleichtern. In Kapitel 3 werden Sie noch ein konkretes Beispiel dafür kennenlernen.

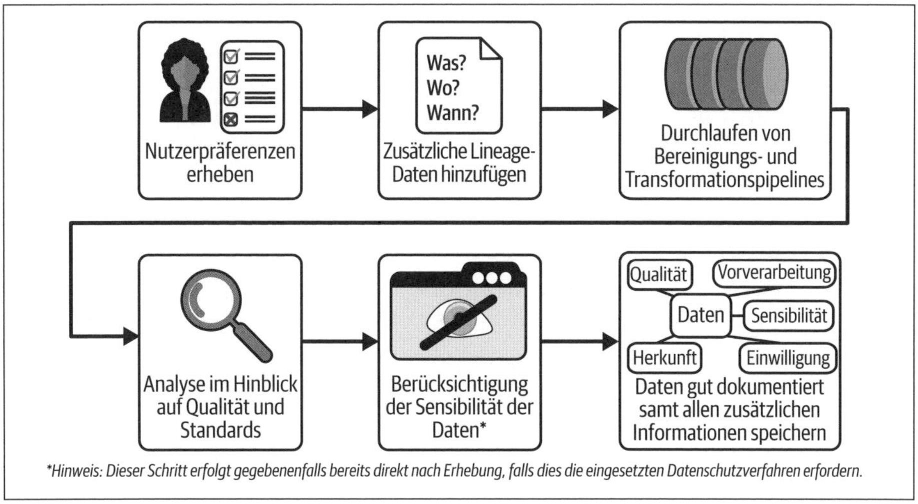

Abbildung 1-2: Eine Pipeline, mit der Daten zur Einwilligung und damit verbundene Lineage-Daten rückverfolgt werden können

Lineage adressiert auch die Gesetzgebung und Bestimmungen zur Datenhoheit, die im Laufe der Zeit immer mehr zuzunehmen scheinen. Diese Gesetze zielen darauf ab, die Daten von Einwohnerinnen und Einwohnern innerhalb eines bestimmten Hoheitsgebiets zu halten – z.B. die Daten von Bürgerinnen und Bürgern der EU auf einer Infrastruktur zu hosten, die sich in der EU befindet. Die Einführung von Datenhoheitskontrollen kann Ihre Rechts-, Compliance- und Sicherheitsteams bei der Überprüfung der Konformität Ihrer Dateninfrastruktur unterstützen.

Die Rückverfolgung der Datenherkunft und der Einwilligungen bedeutet zwar einen zusätzlichen Aufwand, vereinfacht aber die Fehlersuche und beschleunigt den späteren Zugriff auf die Daten. Wenn Sie eng mit einem Data-Engineering- oder Infrastrukturteam zusammenarbeiten, sollten Sie mit diesen klären, wie Sie den Arbeitsaufwand zur Einrichtung und Pflege der Lineage-Informationen untereinander aufteilen können. Genau wie bei Ihrer Datendokumentation sollten Sie sicherstellen, dass die Informationen lesbar, nachvollziehbar und nutzbar für die die Anwender sind. Wenn die Informationen in einer Datei gespeichert sind, in die niemand hineinschaut, lohnt es sich nicht, sie überhaupt zu erstellen und zu pflegen!

Versionskontrolle für Daten

In Ihrer täglichen Arbeit mit Daten werden Sie festgestellt haben, dass es immer wieder zu inkrementellen Änderungen an Daten kommt. Bei einem sehr großen Datensatz fallen diese Änderungen nicht auf. Sie haben jedoch erhebliche Auswirkungen auf Workflows, Analysen und Modelle, sei es, weil sich Datenerfassung und -transformation wesentlich verändert haben oder weil externe Faktoren die eingehenden Daten beeinflussen, z.B. während einer globalen Pandemie.

Genau an dieser Stelle kommt die Datenversionierung ins Spiel. Unter Datenversionierung versteht man die Möglichkeit, Versionen bzw. sogenannte Checkpoints für Ihre Daten zu erstellen, die an einen bestimmten Zeitpunkt gebunden sind. Ähnlich wie bei Systemen zur Versionskontrolle von Code (z. B. `git`) können Sie mit der Datenversionskontrolle alle Änderungen verfolgen, indem Sie zu einem bestimmten Zeitpunkt einen Snapshot bzw. einen *Commit* erstellen. Dieser kann dann mit früheren oder späteren Versionen verglichen werden, um nachzuvollziehen, wie sich die Daten verändert haben.

Ähnlich wie in der agilen Softwareentwicklung, bei der Tests, Continuous Integration (CI), Continuous Delivery (CD) und eine Versionskontrolle für Software zum Einsatz kommen, profitiert Data Science von einer Datenversionskontrolle. Stellen Sie sich vor, Sie könnten genau feststellen, wann eine Änderung oder ein Fehler aufgetreten ist, und so herauszufinden, warum ein Modell nicht wie erwartet arbeitet oder warum ein bestimmter Report oder ein Analysetool nicht mehr funktioniert.

Wenn Sie wissen, wie sich die von Ihnen gesammelten Daten im Laufe der Zeit verändern, kann dies für das Verständnis des Verhaltens oder der Systeme, die Sie modellieren, extrem hilfreich sein. Wie verändern sich die Nutzer Ihrer Anwendung im Laufe der Zeit? Wie haben sich die Ergebnisse Ihrer Experimente verändert? Welche Annahmen haben Sie ursprünglich in Bezug auf die Daten getroffen, und wie haben sich diese bewährt? Bei vielen der von Ihnen aufgeworfenen Fragen zu den Daten kann es von Vorteil sein, diese regelmäßig zu überprüfen, um die Daten selbst und ihre Veränderungen im Laufe der Zeit besser zu verstehen. Änderungen in der Software, an den Pipelines oder anderen Verarbeitungsschritten können zu erheblichen Veränderungen in den Daten und somit zu Fehlern in den Daten führen. Daher ist es wichtig, ein Monitoring der Daten und der Software vorzunehmen, da diese Veränderungen negative Auswirkungen auf andere Datenmodelle, Analysen und Systeme haben können.

Die Datenversionierung trägt auch zu Datenschutz und vertrauenswürdigen KI-Praktiken bei. Wenn Sie feststellen können, welche Daten für ein bestimmtes Modell verwendet wurden, wenn Sie die Zeitpunkte vor und nach der Löschung der Daten einer Person genau bestimmen können und wenn Sie Änderungen, die Sie zum Schutz der Privatsphäre vorgenommen haben, transparent nachweisen können, können Sie sicherstellen und überprüfen, dass die Daten im System verantwortungsvoll verwendet werden. Eine Versionskontrolle der Daten ermöglicht Ihnen, die Ergebnisse Ihrer Datenschutzmaßnahmen nachzuvollziehen, und unterstützt Sie bei der Beantwortung der oben genannten Fragen. Dies hilft Ihnen, die Ergebnisse im Fall eines Fehlers zu debuggen.

Wie sollten Sie nun mit der Versionierung der Daten beginnen? Es gibt zahlreiche Tools. Mithilfe der folgenden Fragen können Sie die für Sie geeigneten Tools finden:

- Wie verwaltet das Tool Snapshots und Checkpoints für die Daten? Dies sollte auf eine Weise geschehen, die sowohl programmierbar als auch leicht nachzuvollziehen ist. Wenn Sie Daten umgehend wiederherstellen müssen, möchten Sie sich nicht erst durch die Dokumentation wühlen!

- Beanspruchen die Snapshots bzw. Versionen möglichst wenig Speicherplatz? Wie können Sie den erforderlichen Speicherplatz verwalten? Ein eher unbedarfter Ansatz wäre, Ihre gesamte Datenbank jeden Tag zu kopieren und eine alte Kopie zu speichern. Das ist gut, wenn Sie über unbegrenzten Speicher und Platz verfügen und nur ein paar Hundert Zeilen haben, allerdings ist das eher die Ausnahme. Dementsprechend sollten Sie abwägen, wie viele Snapshots Sie speichern, wie viel zusätzlichen Speicherplatz und Rechenleistung diese benötigen und wann Sie ältere Snapshots löschen.
- Lässt sich die Software gut mit anderen Teams und deren Workflows integrieren? Wie bei allen Entscheidungen in Bezug auf Software sollten Sie sicherstellen, dass das, was für Ihr Team funktioniert, auch anderen Teams nützt, die mit den Daten arbeiten. Klären Sie mit den Data Engineers und den Softwareentwicklern, ob sie ebenfalls wissen, wie man Daten wiederherstellt. Sie sollten sicherstellen, dass sie sowohl die Programmierschnittstelle (API) als auch die verwendete Programmiersprache verstehen und wissen, wie das Tool verwendet wird.
- Können Sie sich vorstellen, wie dieses Tool zum Einsatz kommen würde? Geben Sie Ihrem Team die Möglichkeit, das Tool auszuprobieren, und formulieren Sie ein paar Fallbeispiele, mit denen Sie relevante Anwendungsfälle vorprogrammieren können. Wie würde eine Wiederherstellung von Daten nach einer Änderung des Schemas erfolgen? Wie kann beantwortet werden, welche Daten für ein bestimmtes Modell genutzt wurden, das trainiert und eingesetzt wurde? Was ist, wenn ein Löschungsantrag gemäß DSGVO eingeht und Sie nachweisen möchten, dass die Daten ordnungsgemäß gelöscht wurden? Nehmen Sie sich Zeit, um gemeinsam mit dem Datenteam eine umfassende Aufstellung zu erarbeiten, und stellen Sie sicher, dass die Anwendungsfälle, für die Sie die Daten verwenden möchten, gut verstanden werden und gegebenenfalls sogar programmiert wurden.
- Kann das Tool im Zusammenhang mit Data Lineage genutzt werden, um Daten für bestimmte Anwendungsfälle besser auswählen zu können? Wie Sie bereits in diesem Kapitel gelernt haben, können Sie mithilfe der Datenhistorie feststellen, ob ein bestimmter Datensatz für eine gegebene Aufgabe wirklich geeignet ist. Dank dieser Informationen und der Versionskontrolle können Sie Modelle und Experimente schneller erstellen, da Sie die Daten besser einschätzen und systematische Veränderungen bzw. Abweichungen in den Daten (engl. *Shifts*) so früh wie möglich aufdecken können.

Die Versionierung von Daten ist eng mit der Versionierung von Modellen verbunden. Die oben genannten Fragen können auch in Bezug auf die Auswahl von Tools für die Modellversionierung gestellt werden, und mehrere Open-Source-Bibliotheken bieten inzwischen beide Möglichkeiten an. Wie auch immer Ihr Vorhaben aussieht und wie auch immer Ihr Team am besten arbeitet – denken Sie darüber nach, die Versionierung von Daten und Modellen in Ihre normalen Workflows zu integrieren. Diese Praktiken sind aus der Softwareindustrie bekannt und können dazu beitragen, dass die Data-Science-Arbeit in Ihrem Unternehmen vorhersehbarer, fehlerfreier und besser verstanden wird. Ich würde jedem Team empfehlen, sie jetzt einzuführen und zusammen mit der Data Governance weiterzuentwickeln, auch wenn die ersten Jahre einen Lernprozess bedeuten.

Außerdem wird die Möglichkeit zur Versionskontrolle von Datensätzen zunehmend auch direkt in Data-Lake- und Data-Warehousing-Tools unterstützt. Wenn Ihr Unternehmen bereits umfassende Tools zum Datenmanagement einsetzt, sollten Sie zunächst prüfen, inwieweit diese unterstützt werden bzw. integrierbar sind, ehe Sie eine weitere Bibliothek einführen.[6]

Wie Sie wahrscheinlich wissen, ändert sich die Landschaft der Datentools relativ schnell. Daher ist es wichtig, dass Sie sich über neue Tools informieren und einige davon vergleichen, um herauszufinden, welches am besten für Ihre Zwecke geeignet ist! Verwenden Sie diese Fragen als Leitfaden für Ihre Bewertung und Ihre Auswahlkriterien und scheuen Sie sich nicht, einige Proof-of-Concept-Implementierungen durchzuführen, bevor Sie sich für ein bestimmtes Tool als Standard entscheiden.

Grundlegender Datenschutz: Pseudonymisierung beim Privacy by Design

Sie haben inzwischen gelernt, was Data Governance ist, wie Sie sensible Daten finden und bewerten, wie Sie Daten im Hinblick auf ihre Sensibilität dokumentieren und wie Sie mithilfe von Data-Lineage-Tracking und Versionskontrolle herausfinden, wenn sich etwas ändert. Damit sind Sie nun in der Lage, Datenschutztechniken für personenbezogene Daten auf gut dokumentierte und wiederholbare Weise anzuwenden.

Beginnen Sie mit einfachen Maßnahmen. Manchmal ist der einfachste Ansatz bereits die Lösung des Problems und kann viele interne und externe Bedenken ausräumen. Im weiteren Verlauf werden Sie noch erfahren, wie Sie ermitteln können, welche Datenschutztechnologien und -verfahren für die jeweiligen Risiken geeignet sind und welche Vorteile sich daraus ergeben (z. B. eine Erweiterung des Datenzugriffs).

Die *Pseudonymisierung* eignet sich hervorragend für grundlegende Datenschutzanforderungen, z. B. wenn Sie mit Daten arbeiten, die niemals jemandem außerhalb einer Gruppe vertrauenswürdiger Mitarbeitenden zugänglich gemacht werden sollen. Pseudonymisierung ist eine Methode, die es ermöglicht, »Pseudonyme« anstelle von echten Namen und Daten zu verwenden. Es gibt verschiedene Ansätze zur Pseudonymisierung, die in Tabelle 1-2 aufgeführt sind.

6 Wenn Ihr Unternehmen ein älteres On-Premise-System nutzt, das diese Funktionen nicht bietet, könnten Sie über eine einfache Lösung nachdenken, z. B. regelmäßige Snapshots von Daten, die für bestimmte Aufgaben verwendet werden können, und Tools, mit denen Sie die Snapshots bei Bedarf einfach laden oder austauschen können. Viele Versionierungstools, wie etwa DVC, erweitern auch ihre Unterstützung für selbst gehostete und On-Premise-Systeme.

Tabelle 1-2: Verschiedene Ansätze zur Pseudonymisierung

Pseudonymisierungsansatz	Beschreibung	Beispiel
Maskierung	Die Daten werden mit einer »Maske« versehen, d.h., die Werte werden meist durch eine Reihe von Standardwerten ersetzt.	888-23-5322 → <ID-NUMMER> oder <XXX-XX-5322>
Tokenisierung (tabellenbasiert)	Tokens, durch die eine eindeutige Identifizierung möglich ist, werden mittels einer Nachschlagetabelle, die eine Eins-zu-eins-Ersetzung ermöglicht, ersetzt.	Mondo Bamber → Fiona Molyn
Hashing	Die Daten werden mithilfe eines Hashing-Mechanismus weniger interpretierbar gemacht, können aber weiterhin zugeordnet werden.	foo@bar.com (*mailto:foo@bar.com*) → 32dz22945nzow
Formaterhaltende Verschlüsselung	Mithilfe eines Verschlüsselungs- oder eines anderen kryptografischen Verfahrens werden die Daten durch ähnliche Daten ersetzt. Oftmals können diese auch miteinander verknüpft werden.	(0)30 4344 3333 → (0)44 4627 1111

Wie Sie vielleicht schon in Tabelle 1-2 gesehen haben, können diese Ansätze die Qualität Ihrer Daten sowie die Privatsphäre des Einzelnen erheblich beeinträchtigen. Der Hashing-Mechanismus nimmt beispielsweise etwas, das leicht als E-Mail-Adresse zu erkennen ist, und wandelt es in etwas um, das nicht mehr interpretiert werden kann. Dadurch wird zwar ein Mindestmaß an Datenschutz gewährleistet, aber gleichzeitig die Möglichkeit genommen, nützliche Informationen abzuleiten (z.B. die Zuordnung von E-Mail-Konten anhand der Domain). Bei der Maskierung (engl. *Masking*) werden je nach Art der Implementierung entweder alle Informationen entfernt, die die Identifizierung einer Person ermöglichen, oder es verbleiben zu viele Informationen, die leicht mit anderen Datensätzen verknüpft werden können, um personenbezogene Informationen aufzudecken. Bei der tabellenbasierten Tokenisierung (engl. *Table-based Tokenization*) wird eine Lösung verwendet, die möglicherweise nicht mit Ihren Daten skaliert, aber eine geeignete und für Menschen lesbare Zuordnung ermöglicht, wenn Sie verschiedene Datensätze miteinander verknüpfen bzw. verlinken müssen.

Wie Sie noch in Kapitel 4 erfahren werden, ist die Verknüpfung (engl. *Linking*) von Daten, auch Daten-Linkage genannt, ein wesentlicher Angriffsvektor, mit dem die Identität einer Person ermittelt werden kann. Je mehr Daten Sie verknüpfen können, desto einfacher ist es, mithilfe dieser verknüpften Informationen auf die Person zu schließen oder ausreichend über sie zu erfahren, um eine konkrete Vermutung hinsichtlich der Identität anstellen zu können. Bei der formaterhaltenden Verschlüsselung (engl. *Format-preserving Encryption*) besteht weiterhin die Möglichkeit, Verknüpfung herzustellen, allerdings lässt sie sich besser skalieren, da ein auf kryptografischen Verfahren basierender bidirektionaler Standardmechanismus verwendet wird. Häufig lässt sich die Verknüpfbarkeit in festgelegten Zeitabständen beseitigen, indem die geheimen Schlüssel ausgetauscht werden. Dies kann im Rahmen interner Anwendungsfälle ausreichend Sicherheit bieten, vorausgesetzt, es werden geeignete Standardwerte verwendet. Wenn Sie Wert darauf legen, dass Ihre Daten verknüpfbar sind, sollten Sie auch die verschiedenen Techniken im Bereich Privacy-preserving Record Linkage (PPRL) (*https://oreil.ly/wjU2i*), d.h. datenschutzfreundlicher Verfahren zum Daten-Linkage, in Betracht ziehen, die neben diesen Pseudonymisierungsverfahren auch verschiedene wahrscheinlichkeitsbasierte Hashing-Verfahren umfassen.

In Tabelle 1-3 sind die Vor- und Nachteile der Pseudonymisierung zusammengefasst.

Tabelle 1-3: Die Vor- und Nachteile der Pseudonymisierung

Vorteil	Nachteil
Verknüpfbar (engl. *Linkable*): Pseudonymisierungstechniken lassen oft die Möglichkeit offen, Daten miteinander zu verknüpfen. Dies ist nützlich, wenn Sie Datensätze mit persönlichen Identifikatoren oder anderen Spalten mit sensiblen Attributen verknüpfen möchten.	Pseudonymisierung ist nicht mit Anonymisierung gleichzusetzen. Die Re-Identifizierung pseudonymisierter Daten durch Linkage Attacks ist eine der größten und beständigsten Bedrohungen für den Schutz der Privatsphäre und kann umso leichter durchgeführt werden, je mehr Daten verfügbar sind (mehr dazu in Kapitel 4).
Formaterhaltende Eigenschaft: Verschiedene Pseudonymisierungsverfahren ermöglichen Ihnen, das Format der Daten beizubehalten oder den ursprünglichen Zweck der Daten zu erkennen (handelt es sich z.B. um eine E-Mail?). Dies ist besonders dann von Vorteil, wenn Sie nicht genau wissen, woher die Daten ursprünglich stammen oder wie sie aufgebaut sind.	Alle Informationen, die in den pseudonymisierten Daten enthalten sind, erhöhen den Informationsgehalt und damit das Risiko, falls die Daten veröffentlicht oder versehentlich offengelegt werden. Wäre eine Datendokumentation ein besserer Ansatz, um das zugrunde liegende Schema zu verstehen?
Privacy-by-Design-Verfahren: Pseudonymisierung ist eine Alternative zur Verwendung von Rohdaten, die von Rahmenwerken wie Privacy by Design vorgeschlagen wird, insbesondere wenn es sich um sensible Daten handelt.	Simple Verfahren wie die Pseudonymisierung können ein falsches Gefühl der Sicherheit vermitteln, sodass die Wahrscheinlichkeit steigt, dass die Daten weitergegeben werden oder dass behauptet wird, die Daten seien »anonymisiert«, weil persönliche Identifikatoren entfernt bzw. pseudonymisiert wurden.

Meiner Erfahrung nach ist das Hauptargument gegen die Pseudonymisierung, dass sie fälschlicherweise das Gefühl vermittelt, dass die Daten sicher und geschützt seien. Ich habe erlebt, wie Teams mit Datenschutzlösungen Schwierigkeiten hatten und zu dem Schluss gekommen sind, dass eine Pseudonymisierung völlig ausreichend ist, da die Daten dadurch »anonymisiert« werden. Dabei handelt es sich leider um einen weitverbreiteten Irrtum. In Kapitel 2 erfahren Sie, was Anonymisierung tatsächlich bedeutet – und was nicht. Aber ich kann Ihnen versichern, dass keine noch so gute Pseudonymisierung Ihnen die gewünschte Anonymisierung bringen wird, sofern diese das empfohlene Verfahren ist.

Wenn Sie jedoch sicherstellen können, dass die Daten nur intern von einer begrenzten Anzahl von Personen verwendet werden, die gegebenenfalls einen privilegierten Zugang benötigen, könnte die Pseudonymisierung eine gute Lösung sein. Denkbar wäre dies z.B. für interne Vertriebs- oder Kundenbetreuungsteams, die Zugang zu bestimmten Kundendaten benötigen, aber wahrscheinlich nicht zu allen. Weitere

Anwendungsfälle könnten interne Business-Intelligence-(BI-) und Analyse-Dashboards sein, die Daten verknüpfen müssen, aber keinen direkten Zugriff auf sensible Informationen haben sollten.

In beiden Fällen gibt es jedoch klare Alternativen zur Pseudonymisierung. Denken Sie z.B. an ein BI-Dashboard, bei dem eine Übersicht der Bestellungen über mehrere Regionen hinweg dargestellt wird. Die dafür erforderlichen Abfragen zielen nur auf die aggregierten Werte der einzelnen Regionen ab, weshalb ein gewisses Maß an Datenschutz – sofern die Regionen eine gewisse Größe aufweisen – gewahrt bleibt. Oder stellen Sie sich ein Kundensupportsystem vor, bei dem nur die Felder sichtbar sind, die für die Ausführung der jeweiligen Aufgabe erforderlich sind.

Ich habe oft gesehen, dass Pseudonymisierung als Mechanismus verwendet wird, um Daten aus Produktionssystemen zu extrahieren und sie in Testumgebungen (zur Softwareentwicklung und für Analysetools) zu verwenden oder um etwaige Fehler in einem sicheren System zu loggen. Dies hat den Vorteil, dass die Daten den Daten in der Produktion stark ähneln, es sich aber nicht um die tatsächlichen Rohdaten, die in der Produktion verarbeitet werden, handelt. Es ist extrem riskant, diese Produktionsdaten in einer Testumgebung zu verwenden, denn sie sind nur wenig geschützt, und Testumgebungen sind häufig ungesichert. Wenn es bei einem Test auf die Merkmale der Produktionsdaten ankommt (z.B. bei Tests von Modellen), empfehle ich Ihnen, einen Weg zu finden, diese Merkmale synthetisch in Ihren Testdaten zu erzeugen, anstatt echte Produktionsdaten zu verwenden, die nur minimal geschützt sind.

Sollte die Pseudonymisierung von Ihren internen Stakeholdern befürwortet werden und Sie das Risiko als gering genug erachten, um sie zu verwenden, gibt es mehrere Tools und Bibliotheken, die Sie ausprobieren können. Sie finden im zum Buch gehörigen Repository (*https://github.com/kjam/practical-data-privacy*) ein Notebook, in dem ich Ihnen einige einfache und unterhaltsame Beispiele für Pseudonymisierung zeige.

An dieser Stelle stelle ich einen Beispielworkflow mit Hashicorp Vault (*https://oreil.ly/xvvlt*) vor. Hashicorp Vault ist ein Dienst, der von Infrastrukturteams zum anwendungsübergreifenden Management von Secrets verwendet wird. Bei der Verschlüsselung werden Daten in einen geheimen Code (den sogenannten Chiffretext) und wieder zurück (Klartext) übersetzt, um so einen sicheren Zugriff zwischen zwei oder mehr Parteien zu ermöglichen. Mit gemeinsam genutzten Protokollen und Verschlüsselungsalgorithmen können Nutzende die Dateien oder Nachrichten verschlüsseln, die nur für andere ausgewählte Clients zugänglich sind. Obwohl es verschiedene Verschlüsselungsverfahren gibt, haben alle die Fähigkeit gemeinsam, Daten mithilfe eines kryptografischen Schlüssels zu ver- und zu entschlüsseln. Dieser eindeutige Schlüssel ist eine zufällige Zeichenfolge, die speziell für die Verschlüsselungstransaktion erzeugt wird. Je mehr Bits und je komplexer das Verfahren, desto besser ist es. Dies ist ein gängiges Muster für den Aufbau von Microservices, bei denen viele Anwendungen und Dienste in Containern bereitgestellt werden und auf sensible Daten wie API-Schlüssel, Chiffrierschlüssel oder Identitätsdaten auf eine skalierbare und sichere Weise zugreifen müssen.

Wenn Sie das formaterhaltende Verfahren verwenden möchten, erstellen Sie zunächst ein Muster für einen regulären Ausdruck (engl. *Regular Expression*), das dem gewünschten Format entspricht. Ein regulärer Ausdruck für eine Kreditkartennummer könnte wie folgt aussehen:

```
\d{4}-\d{2}(\d{2})-(\d{4})-(\d{4})
```

Dieses Muster können Sie als Vorlage für eine bestimmte Transformation in Hashicorp hinterlegen und verschiedene Rollen zuweisen (d.h. festlegen, wer diese Transformation verwenden darf). Hashicorp unterstützt bereits unterschiedliche Arten der formaterhaltenden Verschlüsselung. Achtung! Manche dieser Methoden können rückgängig gemacht werden, andere nicht!

Jetzt können Sie die Transformation über das Kommandozeilen-Interface testen, und Sie werden sehen, dass Sie eine falsche, aber dem Muster nach gültige neu generierte Kreditkartennummer zurückerhalten:

```
$ vault write transform/encode/payments value=1111-2222-3333-4444

Key              Value
---              -----
encoded_value    1111-2200-1452-4879
```

Wenn Sie eine umkehrbare Methode verwendet haben, können Sie auch überprüfen, ob Sie den Wert mit der geeigneten Rolle und der entsprechenden Berechtigung korrekt entschlüsseln können:

```
$ vault write transform/decode/payments value=1111-2200-1452-4879

Key              Value
---              -----
decoded_value    1111-2222-3333-4444
```

> Da sich die API-Aufrufe ändern können, sollten Sie dies mit dem für Ihr Unternehmen zuständigen Infrastruktursupport für Hashicorp abklären. Ich empfehle Ihnen, einen Blick in die aktuelle Hashicorp-Dokumentation zu werfen, um herauszufinden, ob Hashicorp die richtige Lösung für Ihre Bedürfnisse im Bereich Pseudonymisierung ist.

Es gibt auch mehrere Open-Source-Bibliotheken, die formaterhaltende Verschlüsselung sowie andere Pseudonymisierungstechniken wie Hashing, Maskierung oder Tokenisierung unterstützen. Zum Zeitpunkt der Erstellung dieses Buchs sind unter anderem folgende Bibliotheken verfügbar, die eine gute Dokumentation und nützliche Funktionen bieten:

- Kodex von KIProtect (*https://heykodex.com*) verfügt über eine Open-Source-Community-Edition, die mehrere Pseudonymisierungstechniken unterstützt.[7]

7 Disclaimer: Ich war Mitgründerin von KIProtect und war an den ersten Implementierungen dieser Bibliothek beteiligt. Mittlerweile wirke ich jedoch nicht mehr an dem Unternehmen oder der Bibliothek mit.

- Die Python-basierte Format-preserving-Encryption-Bibliothek von Mysto (*https://oreil.ly/RKvpV*) ermöglicht Ihnen, verschiedene formaterhaltende Algorithmen über eine einfach zu bedienende Python-Schnittstelle aufzusetzen.
- Presidio von Microsoft (*https://oreil.ly/Tao7Z*) bietet Ihnen eine Reihe an Möglichkeiten zur Maskierung und Tokenisierung sowie Methoden, die es Ihnen ermöglichen, PII in Textdaten zu identifizieren.
- Private Input Masked Output (PIMO) (*https://oreil.ly/LDA_3*) nutzt eine Go-basierte Engine und verfügt über zahlreiche Vorlagen, mit denen Daten pseudonymisiert und maskiert werden können.

Wenn Sie sich mit den fortgeschrittenen Techniken und den potenziellen Gefahren, die in diesem Buch beschrieben werden, auseinandersetzen, werden Sie in der Lage sein, die Bedeutung von Risiko und Benutzerfreundlichkeit für Ihr Team und Ihre Arbeit besser einzuschätzen. Sie werden verstehen, wann Pseudonymisierung angemessen ist und wann es besser ist, das Problem mit einer fortschrittlicheren und schützenderen Technik anzugehen.

Zusammenfassung

In diesem Kapitel haben Sie erfahren, was Data Governance ist und wie Sie als Data Scientist davon Gebrauch machen können und sollten. Sie haben gelernt, wie Data Governance mit Data Science und Datenschutz zusammenhängt, z.B. wie Sie undokumentierte Daten aufspüren, sensible Daten identifizieren, die Datendokumentation verwalten und die Datenhistorie (Lineage) nachverfolgen können. Darüber hinaus haben Sie einige einfache Datenschutzansätze bei der Arbeit mit sensiblen Daten kennengelernt, wie z.B. die Pseudonymisierung.

Sie sollten nun das Gefühl haben, den ersten Schritt in die richtige Richtung gegangen zu sein. Sie sind dabei, sich einen Überblick über Privacy zu verschaffen und zu erkennen, was für Ihre Arbeit wichtig und relevant ist. Vielleicht haben Sie bereits Fragen dazu, wie Sie Datenschutzrisiken in der Praxis erkennen und handhaben können oder wie Sie sicherstellen können, dass Sie Datenschutztechniken auch wirklich effektiv einsetzen. Dann habe ich gute Nachrichten für Sie: Im nächsten Kapitel erfahren Sie, wie Sie diese Fragen mit wissenschaftlichen Methoden beantworten können. Widmen wir uns nun also der Differential Privacy!

KAPITEL 2

Anonymisierung

In diesem Kapitel erfahren Sie, was Anonymisierung ist, wie man sie einsetzt und was Sie beachten müssen, wenn Sie sie im Rahmen von Data Science verwenden. Gut möglich, dass Ihnen bereits einiges zum Thema Anonymisierung vorschwebt – dieses Kapitel könnte Ihre Vorstellungen von Anonymisierung durchaus auf den Kopf stellen bzw. ihnen widersprechen! Die Frage, wie Daten anonymisiert werden können, beschäftigt Forschende sowie Wissenschaftlerinnen und Wissenschaftler schon seit Jahrzehnten – und sorgt auch heute noch für Diskussionen zwischen Datenschutzfachleuten. In diesem Kapitel lernen Sie eine streng wissenschaftliche Definition von Anonymisierung kennen – nämlich die der sogenannten *Differential Privacy*. Auf dieser Grundlage können Sie das Problem mit modernsten Technologien angehen, und Sie lernen Werkzeuge kennen, die Sie in die Lage versetzen, strenge Datenschutzstandards einzuhalten, ohne dabei auf Qualität im Rahmen der datenwissenschaftlichen Arbeit zu verzichten.

Was ist Anonymisierung?

Eine *Anonymisierung* ist »die Entfernung von identifizierenden Informationen (aus etwas, wie z.B. aus elektronischen Daten), damit die ursprüngliche Datenquelle nicht ermittelt werden kann«.[1] Wenn Sie personenbezogene Daten anonymisieren, möchten Sie also sicherstellen, dass die Daten nicht auf eine bestimmte Person zurückgeführt werden können. Doch wie genau können Sie das bewerkstelligen?

In der Vergangenheit gab es zahlreiche Ansätze, von denen die meisten inzwischen überholt sind und durch neuere Erkenntnisse abgelöst wurden. Zu den ersten Ansätzen (zusammengefasst unter der Kategorie statistische Offenlegungskontrolle, engl. *Statistical Disclosure Control* (*https://oreil.ly/KfE-z*)) gehörte eine Reihe von inzwischen nicht mehr empfohlenen Methoden wie die Suppression, die Aggregierung und die Transformation von Daten zum Zweck der Anonymisierung. Diese Methoden ähneln frühen kryptografischen Chiffren. Sie verschleiern die ursprüngliche

1 Aus dem Merriam-Webster-Dictionary, abgerufen im Januar 2022.

Quelle, aber durch einen gezielten Angriff wäre es möglich, zusätzliche Informationen abzuleiten bzw. zu extrapolieren und möglicherweise sogar an die ursprüngliche Information zu gelangen.

Ähnlich wie bei der Entwicklung der Kryptoanalyse in der Kryptografie (die auch Kryptanalyse genannt wird) wurden im Laufe der Jahrzehnte neue Privacy-Angriffsmethoden entwickelt, mit denen die Schwachstellen in diesen simplen Ansätzen aufgezeigt wurden. Vermutlich sind Sie schon einmal auf »anonymisierte« Daten gestoßen, bei denen Techniken wie die folgenden angewandt wurden:

- Entfernen von bestimmten Spalten oder Merkmalen (z. B. Weglassen von Namen, Adressen, Geburtsdaten usw.)
- Zusammenfassen einzelner Attribute von Zeilen (z. B. »5 Personen in diesem Datensatz leben in einem bestimmten Postleitzahlenbereich«)
- Scrambling oder andere Methoden zur Transformation, um einzelne Merkmale zu verfremden (d. h., die Merkmale mehrerer Zeilen werden miteinander kombiniert, sodass keine der Zeilen ihre ursprünglichen Werte behält, die Gesamtverteilung der Werte jedoch unverändert bleibt)

Von einem sicherheitstechnischen Standpunkt aus mögen solche Verschleierungsmethoden, auch Obfuskationsmethoden genannt, interessant sein, doch leider sind sie nicht in der Lage, den Schutz der Privatsphäre zu gewährleisten.

Cynthia Dwork und einige ihrer Kolleginnen und Kollegen konnten nachweisen, dass die Veröffentlichung jeglicher Daten das Risiko einer Re-Identification Attack bzw. eines Informationsgewinns birgt.[2] In dem wegweisenden Artikel wird dies anhand eines Beispiels veranschaulicht. Angenommen, Sie wissen, dass eine Person zwei Zentimeter größer ist als die Durchschnittsgröße der Menschen in einem bestimmten Land. Plötzlich veröffentlicht eine Regierungsbehörde die durchschnittliche Körpergröße der Menschen in diesem Land. Damit kennen Sie nun die genaue Körpergröße dieser Person – und sie muss nicht einmal in dem Datensatz enthalten sein!

Die wichtigste Botschaft hierbei ist, dass Sie nicht wissen können, was ein Angreifer bereits über eine Person bzw. eine Gruppe von Personen weiß (oft als *Zusatzinformationen* [engl. *Auxiliary Information*] bezeichnet). Zu den Zusatzinformationen gehören nicht nur die heute verfügbaren Daten, sondern auch alle Daten, die in Zukunft noch bekannt werden können, sodass eine Abschätzung praktisch unmöglich ist. Dementsprechend können Sie nicht garantieren, dass eine Veröffentlichung von Informationen – ganz gleich, wie verschleiert oder unbedenklich sie zu sein scheinen – dazu führt, dass eine Person weder identifiziert werden kann noch Informationen über sie preisgegeben werden.

Sie könnten sich nun die Frage stellen, wozu eine Anonymisierung überhaupt gut sein soll. Wenn es keine Garantie dafür gibt, dass ein Angreifer keine Informationen

2 Siehe Dwork et al., Calibrating Noise to Sensitivity in Private Data Analysis, 2006 (*https://oreil.ly/DDRha*).

erlangen kann, warum sollten Sie dann überhaupt einen Versuch unternehmen? Obgleich Sie nicht garantieren können, dass ein Angreifer nichts erfährt, sollten Sie darüber nachdenken, wie Sie die Menge der Informationen, die in Erfahrung gebracht werden können, quantifizieren können. Das ist es, was Dwork und einige andere Forscherinnen und Forscher zu entwickeln begannen, nachdem sie bewiesen hatten, dass diese Methoden für die statistische Offenlegungskontrolle ein Irrtum waren.[3]

Da sie nachweisen konnten, dass eine anonymisierte Veröffentlichung von Daten, wie sie im Merriam-Webster-Dictionary definiert ist, in mathematischer und logischer Hinsicht nicht möglich ist, verlagerte sich das Problem von »Wie können wir Daten anonymisieren?« zu »Wie können wir den Verlust an Privatsphäre – den sogenannten Privacy Loss – quantifizieren, wenn Daten veröffentlicht werden?«. Sie wollten Wege finden, wie Forschende den Privacy Loss bei der Veröffentlichung von Daten messen können, anstatt zu garantieren, dass dieser Verlust nie eintreten wird. Das bedeutet, dass ein binäres Verständnis von Privacy – also entweder »an« oder »aus« – durch ein abgestuftes Verständnis von Privacy abgelöst wird.

Dies bedeutet auch für Sie einen grundlegenden Umdenkprozess. Der einzige Weg, einen vollkommenen Schutz der Privatsphäre garantieren zu können, besteht darin, alle Daten zu löschen oder sie gar nicht erst zu erheben. Ich bin zwar eine begeisterte Anhängerin der Datenminimierung, aber auch pragmatische Data Scientist. Um Probleme lösen zu können, sind Daten erforderlich. Wenn Sie Datenschutz im Sinne einer gewissen Bandbreite betrachten, können Sie sich darüber klar werden, worauf Sie Wert legen. In welchem Maße bin ich bereit, den Schutz der Privatsphäre einzuschränken, wenn ich eine Frage beantworten will? Wie viel Schutz der Privatsphäre kann ich gewährleisten und trotzdem noch nützliche Antworten auf meine Fragen erhalten?

Um Ihnen beim Nachdenken über diese Fragen und über Datenschutz verschiedener Ausprägungen zu helfen, habe ich ein kleines Diagramm erstellt (siehe Abbildung 2-1), das das mögliche Spektrum zwischen vollkommenem Schutz und maximalem Informationsgehalt von Daten illustriert. Ganz links besteht ein vollkommener Schutz von Daten, was im Umkehrschluss bedeutet, dass keinerlei Informationen mehr vorhanden sind – sämtliche Daten werden gelöscht. Ganz rechts ist der maximal mögliche Informationsgehalt von Daten zu verorten – die Daten unterliegen keinerlei Schutz (sofern sie überhaupt als sensibel einzustufen sind). Innerhalb dieses Spektrums stehen Ihnen unzählige Privacy-Technologien zur Verfügung, mit denen Sie einen angemessenen Grad an Datenschutz gewährleisten bzw. auch im Hinblick auf die Nützlichkeit der Daten für Ihre Analysen eine geeignete Balance finden können.

3 Neben dem zuvor erwähnten Forschungsartikel sollten Sie auch »Differential Privacy« von Dwork (Microsoft Research, 2006) (*https://oreil.ly/JGyXe*) und Dwork und Roths Veröffentlichung *The Algorithmic Foundations of Differential Privacy* (2014) (*https://oreil.ly/Bkt4H*) lesen. Diese ist online frei verfügbar.

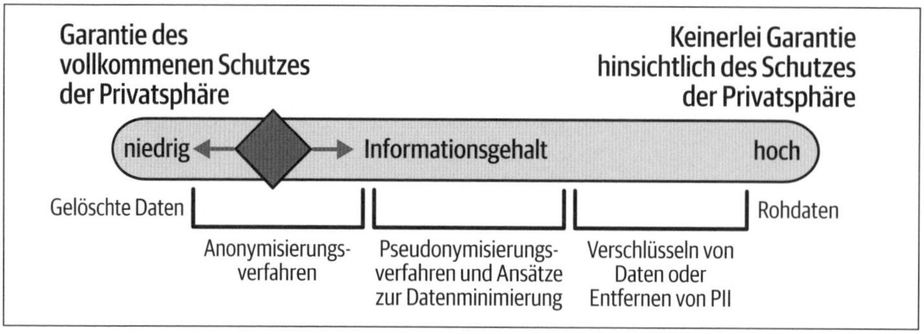

Abbildung 2-1: Mögliches Spektrum zwischen vollkommenem Schutz und maximalem Informationsgehalt von Daten

Auch wenn in Abbildung 2-1 die entsprechenden Ansätze jeweils einem bestimmten Grad zugeordnet sind, werden in diesem Kapitel auch Anonymisierungsverfahren vorgestellt, die mehr Informationen liefern können, sowie Pseudonymisierungsverfahren, bei denen mehr Informationen verloren gehen, als die Abbildung suggeriert. Sie ist weniger als Empfehlung à la »Verwenden Sie dies anstelle von jenem« gedacht, sondern eher als Denkanstoß dazu, dass es eine Reihe von Technologien und eine Bandbreite gibt, in der Sie zwischen einem hohen Informationsgehalt und dem Schutz Ihrer Daten abwägen müssen. Wenn Sie dieses Buch zu Ende gelesen haben, werden Sie zahlreiche Möglichkeiten kennengelernt haben, die Sie kombinieren können, um bei Ihrer Arbeit die richtige Balance innerhalb dieses Spektrums zu finden.

Mithilfe von Differential Privacy können Sie den Informationsgrad messen, um ein geeignetes Gleichgewicht innerhalb dieses Spektrums in Bezug auf Ihr vorliegendes Problem zu finden, und gleichzeitig den Schutz der Privatsphäre des Einzelnen garantieren (*Individual Privacy Guarantees*). Im Folgenden erfahren Sie, was genau unter Differential Privacy zu verstehen ist, sodass Sie eine bessere Vorstellung davon bekommen, welche Möglichkeiten Sie innerhalb dieses Spektrums haben.

Definition von Differential Privacy

Differential Privacy ist eine präzise und wissenschaftlich fundierte Definition der Offenlegung von datenschutzsensiblen Informationen. Sie begrenzt das Ausmaß des sogenannten Privacy Loss – also des Verlusts an Privatsphäre der betroffenen Personen –, der bei der Veröffentlichung von Daten entstehen kann. Sie bietet Ihnen die Möglichkeit, diesen Verlust an Privatsphäre (*Privacy Loss*) für jede einzelne Person in einem Datensatz zu quantifizieren. Diese Methode ist der heutige »Goldstandard« der Anonymisierung. Bei Differential Privacy werden die Grenzen im Hinblick auf die Offenlegung von Informationen durch bestimmte Parameter in der Definition festgelegt. Diese werden garantiert, wenn auf die Daten zugegriffen wird, sie abgefragt oder veröffentlicht werden. Sie werden durch Algorithmen (sogenannte *Mechanismen*) gewahrt, die so viele Informationen preisgeben, um aus den Daten genügend Informationen zu gewinnen, ohne zu viel über eine einzelne Person preiszugeben.

Ein wichtiger Unterschied zwischen Differential Privacy und früheren Ansätzen besteht darin, dass sich Differential Privacy auf den Prozess und nicht auf das Ergebnis konzentriert. Bei den bisherigen Methoden wurde versucht, die resultierenden Daten zu untersuchen, um festzustellen, ob sie ausreichend »anonymisiert« sind. Die Forschungsarbeit von Dwork et al. hat gezeigt, dass dieser Weg ein Trugschluss ist. Bei Differential Privacy geht man dazu über, die Garantien, die ein bestimmter Algorithmus bieten kann, zu quantifizieren, indem man die Informationen misst, die der Algorithmus selbst kontinuierlich freigibt. Wenn man sich auf den Prozess und den Algorithmus konzentriert, kann man auch dynamischere Systeme aufbauen, Algorithmen ändern und dennoch den Privacy Loss im Laufe der Zeit analysieren!

> Im Grunde genommen wird bei Differential Privacy zunächst eine bestimmte Bedingung definiert, die ein Algorithmus bzw. Mechanismus erfüllen muss, damit die Privatsphäre gewahrt bleibt. Später werden Sie lernen, wie Algorithmen diese strikte Definition tatsächlich erfüllen, indem sie gewisse Grenzen für den Beitrag jedes Einzelnen festlegen und ein behutsam gestaltetes Rauschen (engl. *Noise*) hinzufügen. In diesem Kapitel wird zunächst die ursprüngliche Definition erläutert und anschließend eine spielerische Implementierung vorgestellt. Es ist nicht unbedingt erforderlich, dass Sie die gesamte hier beschriebene Mathematik verstehen, aber es lohnt sich, wenn Sie sich damit vertraut machen. So können Sie besser nachvollziehen, warum diese Algorithmen funktionieren und datenschutzwahrende Ergebnisse liefern.

Die ursprüngliche Definition von Differential Privacy unterscheidet zwischen zwei Datenbanken D_1 und D_2, die sich um eine Zeile unterscheiden. Entweder wurde eine Zeile, die eine Person repräsentiert, hinzugefügt, oder es wurde eine Zeile aus der ersten Datenbank entfernt, um die andere Datenbank zu erstellen. Das Ziel ist, dass ein motivierter und informierter Angreifer nicht zu viele Informationen über die Person erhalten kann, deren Daten hinzugefügt oder entfernt wurden, und auch nicht feststellen kann, *ob* die Person hinzugefügt oder entfernt wurde. Es kommt ein Algorithmus (A) zum Einsatz, der die Antwort auf die Abfrage ausgibt. Dabei soll sichergestellt werden, dass die Antwort die folgende Definition erfüllt:

$$P[A(D_1) \in S] \leq exp(\varepsilon) \times P[A(D_2) \in S]$$

Anders ausgedrückt: Die Wahrscheinlichkeit P, dass ein Angreifer auf Basis der Antwort ($A(D_1)$ oder $A(D_2)$) feststellen kann, ob er mit der ersten oder der zweiten Datenbank interagiert, ist auf einen kleinen Wert e^ε beschränkt. Dabei steht e^ε für die Menge an Informationen, die ein engagierter Angreifer, der die Antwort auf eine Anfrage oder veröffentlichte Daten untersucht, im schlimmsten Fall erhält.

Im vorliegenden Szenario möchte der Angreifer Informationen sammeln, mit denen er feststellen kann, ob eine Person seiner Vermutung nach im vorliegenden Datensatz ($\in S$) enthalten ist oder nicht, und seine Vermutung auf der Grundlage der Antwort entsprechend anpassen. Die Aufgabe besteht darin, dieser Möglichkeit Grenzen zu setzen und dabei weiterhin auf Abfragen zu antworten. Das Ziel des Algorithmus ist es, die Menge an Informationen so hoch wie möglich zu halten, aber dennoch einen möglichst hohen Schutz der Daten zu gewährleisten.

Der Algorithmus (A) muss diese Beschränkungen einhalten, ganz gleich, welche Zeile hinzugefügt oder entfernt wurde. Wenn Sie Differential-Privacy-Algorithmen aufbauen, müssen Sie festlegen, welche Abfragen unterstützt werden. Genau hier zeigt sich die Schwierigkeit des Problems. Was ist, wenn es einen Ausreißer gibt? Was ist, wenn die Abfrage mehrere verschiedene Datenbanken mittels Join-Anweisungen miteinander verknüpft? Aus diesem Grund eignen sich speziell auf bestimmte Anwendungsfälle zugeschnittene Algorithmen für komplexe Probleme. Nur wenn Sie Ihre Abfrage präzise formulieren, können Sie herausfinden, welcher Algorithmus das richtige Gleichgewicht zwischen Privacy und Informationsgehalt bietet.

ε definiert die Grenze, bis zu der die Privatsphäre eines Einzelnen gewahrt bleibt. Schauen wir uns eine praktischere Definition an, um Ihnen zu verdeutlichen, wie Sie damit die bestmögliche Annäherung an eine Anonymisierung erreichen können.

Das Epsilon verstehen: Was ist der Privacy Loss?

Wenn Sie sich die vorherige Gleichung vor Augen führen, leistet das Epsilon eine ganze Menge Arbeit! Für jede Person in Ihrem Datensatz wird das Informationsleck (engl. *Information Leakage*) durch den Wert e^{ε} begrenzt. Doch was bedeutet das im Klartext?

Nehmen wir ein Beispiel aus der Praxis, um es konkreter zu machen. Angenommen, wir arbeiteten beide in demselben Unternehmen und ich möchte die Höhe Ihres Gehalts erfahren. Sie sind eine Neueinsteigerin, und ich habe einen Screenshot von einem firmeninternen Gehalts-Dashboard gemacht, das mir aus Transparenzgründen jeweils das Durchschnittsgehalt für eine Vielzahl von Positionen anzeigt. Nachdem Sie eingestellt wurden, habe ich meinen Screenshot mit dem aktualisierten Dashboard verglichen und versucht, herauszufinden, welche Position Sie innehaben und wie hoch Ihr Gehalt ist. Wenn das Durchschnittsgehalt für eine bestimmte Position um 1.000 Geldeinheiten gestiegen ist und ich eine ungefähre Ahnung davon hatte, wie viele Mitarbeitende diese Position bekleiden, könnte ich diese Information verwenden, um mittels Reverse Engineering Ihr Gehalt zu schätzen.

Ob ich diesen Angriff auf Ihre Privatsphäre erfolgreich durchführen kann, hängt von verschiedenen Faktoren ab: von meiner Annahme, dass das Dashboard aktualisiert wurde, von meiner Kenntnis darüber, wie viele Mitarbeiterinnen und Mitarbeiter die entsprechende Position besetzen, und von meiner Annahme, dass Sie die einzige neue Mitarbeiterin sind. Sollte ich unsicher sein, wie viele Personen diese Position innehaben oder wie genau die angezeigten Werte des Dashboards sind, nehme ich eine Schätzung des möglichen Fehlers mit auf. Anstatt hundertprozentig sicher zu sein, dass Ihr Gehalt einem bestimmten Wert entspricht, kann ich meine Vermutung nunmehr innerhalb eines Wahrscheinlichkeitsbereichs anpassen bzw. Ihr Gehalt als Wahrscheinlichkeitsverteilung betrachten (d.h., dass es mit hoher Wahrscheinlichkeit zwischen den Werten X und Y und mit einer geringen Wahrscheinlichkeit außerhalb dieses Wertebereichs liegt, also höher oder niedriger ist).

Anhand dieses Beispiels können Sie nachvollziehen, wie Sie die Grenzen, die Sie mit der Differential Privacy festlegen, interpretieren können. Es geht darum, zu bestimmen, wie viele Informationen ein Angreifer erlangen kann, und diese innerhalb eines bestimmten Wahrscheinlichkeitsbereichs einzuschränken bzw. zu halten. Wann wäre der Informationsgewinn (engl. *Information Gain*) »zu groß«? Wäre er zu groß, wenn ich meine anfängliche (A-priori-)Vermutung, dass sich eine bestimmte Person im Datensatz befindet, so anpassen könnte, dass die Wahrscheinlichkeit, richtig zu liegen, von 25 % auf 75 % steigt, nachdem ich eine Antwort gesehen habe?

Mithilfe des Satzes von Bayes können Sie die Definition von Differential Privacy aus der Sicht des Angreifers umformulieren, der versucht, etwas über den zugrunde liegenden Datensatz zu lernen.[4] Das A-posteriori- bzw. neue Wissen des Angreifers beruht auf den in der Antwort enthaltenen neuen Informationen. Der Angreifer versucht, auf Basis von Antwort A herauszufinden, ob die Datenbank D, mit der er interagiert, D_1 oder D_2 ist.

Die ursprüngliche (A-priori-)Vermutung des Angreifers wird durch $D = D_1$ dargestellt, die Informationen aus dem Ergebnis der Abfrage durch $A(D) = O$, wobei O die tatsächliche Antwort darstellt, die der Angreifer erhält. $P[A(D_1) = O]$ entspricht der Wahrscheinlichkeit, dass das Ergebnis von D_1 stammt, und die A-posteriori- bzw. aktualisierte Vermutung entspricht $P[D = D_1 | A(D) = O]$, was die Wahrscheinlichkeit darstellt, dass die Datenbank, mit der er interagiert, D_1 ist, gegeben (|) der Antwort, die er auf die Anfrage erhalten hat. Mittels des Satzes von Bayes kann die Formel für Differential Privacy umgeschrieben werden, um die neue (A-posteriori-)Vermutung in Abhängigkeit von der vorherigen (A-priori-)Vermutung zu definieren:[5]

$$P[D = D_1 | A(D) = O] = P[D = D_1] \times \frac{P[A(D_1) = O]}{P[A(D) = O]}$$

4 Zur Erinnerung: Der Satz von Bayes (*https://oreil.ly/qlsup*) definiert bedingte Wahrscheinlichkeiten auf der Grundlage von Beobachtungen und bekannten bzw. wahrscheinlichen Bereichen von Ereignissen. Mit dem Satz von Bayes können Sie A-posteriori-Wahrscheinlichkeiten (neue Vermutung bzw. beste Schätzung) berechnen und diese verwenden, um Ihre A-priori-Wahrscheinlichkeiten (alte Vermutungen bzw. beste Schätzungen) zu aktualisieren.

5 Sie müssen nicht unbedingt die bayessche Theorie studiert haben, um das Folgende zu verstehen. Es ist jedoch hilfreich, bei der Bestimmung des Informationsgewinns und des daraus resultierenden Privacy Loss über A-priori- und A-posteriori-Wahrscheinlichkeiten nachzudenken. Sollte dies neu für Sie sein, können Sie sich mit der Theorie dank zahlreicher Publikationen von O'Reilly und frei verfügbaren Onlineblogs, Lehrbüchern und Onlinevideokursen vertraut machen – suchen Sie sich das Angebot aus, das Sie anspricht!

Im vorliegenden binären Fall gilt $P[D = D_1] = 1 - P[D = D_2]$, da die Wahrscheinlichkeiten in Summe 1 ergeben müssen, da der Angreifer versucht, die Veränderung aus derselben Datenbank abzuleiten. Mit ein wenig Mathematik lässt sich die Gleichung wie folgt umformulieren:[6]

$$\frac{P[D = D_1]}{e^{\varepsilon} + (1 - e^{\varepsilon}) \times P[D = D_1]} \leq P[D = D_1 \mid A(D) = O] \leq \frac{e^{\varepsilon} \times P[D = D_1]}{1 + (e^{\varepsilon} - 1) \times P[D = D_1]}$$

Mit dieser Gleichung wird der potenzielle Informationsgewinn auf der Grundlage des Epsilons und der anfänglichen Vermutung des Angreifers (die auf Zusatzinformationen basiert) berechnet. Die Wahrscheinlichkeitsgrenzen (bzw. Grenzwerte) werden durch den von Ihnen gewählten Wert für Epsilon festgelegt (im Best-Case-Szenario niedriger, im Worst-Case-Szenario höher) und sind daher von entscheidender Bedeutung für den Betrieb eines auf Differential Privacy basierenden Systems.

Betrachten Sie die Gleichung nun einmal in grafischer Form in Abbildung 2-2, die auf einen einführenden Blogpost von Damien Desfontaines zum Thema Differential Privacy (*https://oreil.ly/_4Mhy*) zurückgeht.

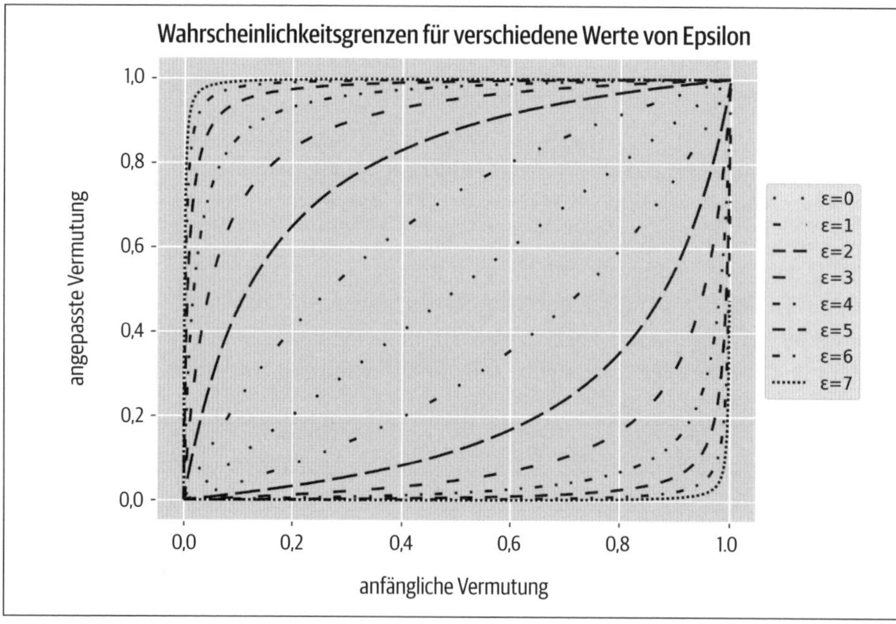

Abbildung 2-2: Den Informationsgewinn auf Basis von Epsilon schätzen

Damit Sie dieses Diagramm richtig interpretieren können, müssen Sie sich die x-Achse als potenzielle A-priori- bzw. Vorabinformation vorstellen, die man weder

6 Einen Beweis hierfür können Sie in Damien Desfontaines' Blogpost (*https://oreil.ly/_4Mhy*) nachvollziehen.

vorhersagen noch beeinflussen kann. Die y-Achse gibt an, wie viele Informationen ein Angreifer auf Basis seiner Vorabinformationen in Erfahrung bringen kann. Für jedes in der Legende angegebene Epsilon existieren Grenzwerte für Best- und Worst-Case-Szenarien, die Aufschluss darüber geben, wie viel mehr Gewissheit ein Angreifer auf der Grundlage einer bestimmten Vorabinformation aus einer Abfrageantwort erhalten kann, die Differential Privacy unterliegt. Aus dem Diagramm wird ersichtlich, dass bestimmte Werte von Epsilon zur Folge haben, dass die Antwort recht aufschlussreich ist, und es einem Angreifer möglicherweise erlauben, seine Vermutung schnell und mit einer höheren Gewissheit anzupassen.

Häufig wird empfohlen, einen kleinen Wert für Epsilon zu wählen, der nahe 1 oder sogar darunter liegt. Wie das Beispiel in Abbildung 2-2 zeigt, bleibt der Privacy Loss dadurch selbst im ungünstigsten Fall recht gering. Ein Epsilon von 1 hat beispielsweise zur Folge, dass ein Bayesscher Angreifer, bei dem die Wahrscheinlichkeit seiner anfänglichen Vermutung, richtig zu liegen, 0,5 (bzw. 50 %) beträgt, seine Vermutung infolge der Antwort nur so anpassen kann, dass sich die Wahrscheinlichkeit um maximal plus/minus 0,2 verändert.

Sie können die Veränderung für verschiedene Wahrscheinlichkeitswerte für die anfängliche Vermutung (die auf der im vorherigen Absatz hergeleiteten Gleichung beruhen) im Notebook testen, das sich im Repository des Buchs (*https://github.com/kjam/practical-data-privacy*) befindet. Aber beachten Sie, dass diese Gleichung das Worst-Case-Szenario berechnet, das zwar unwahrscheinlich, aber dennoch nicht ausgeschlossen ist. Wenn Sie später in diesem Kapitel einen Beispielmechanismus aufbauen, werden Sie lernen, wie man damit umgeht.

Wie können Sie Algorithmen implementieren, die dafür sorgen, dass diese Grenzwerte tatsächlich eingehalten werden? Kurz gesagt, dem Abfrageergebnis wird ein Rauschen (engl. *Noise*) basierend auf einer spezifischen und kalibrierten Verteilung hinzugefügt, das garantiert, dass das Informationsleck innerhalb dieser Wahrscheinlichkeitsgrenzen liegt. Das Rauschen folgt keiner gleichverteilten Zufallsverteilung, sondern wird aus einer anderen Verteilung gezogen, auf die ich im weiteren Verlauf noch näher eingehen werde. Mithilfe dieser Verteilung, aus der das Rauschen zufällig gezogen wird, können wir festlegen, welche Garantien für den Privacy Loss gelten sollen, und Szenarien für den bestmöglichen (Best Case), den ungünstigsten (Worst Case) und den durchschnittlichen Privacy Loss ermitteln.

Was Differential Privacy garantiert und was nicht

Ich hoffe, Sie haben inzwischen ein gewisses Grundverständnis für Differential Privacy entwickeln können. Darauf aufbauend, erfahren Sie nun, was sie garantiert und was nicht (siehe Tabelle 2-1).

Tabelle 2-1: Garantien im Rahmen von Differential Privacy

Differential Privacy ist ...	Differential Privacy ist nicht ...
Ein wahrscheinlichkeitsbasierter Ansatz zur Begrenzung des Informationsgewinns eines Angreifers bei der Veröffentlichung von Daten.	Ein Ansatz, der garantiert, dass kein Privacy Loss entsteht und dass jede und jeder immer »anonymisiert« ist.
Eine Möglichkeit, den Privacy Loss einer Person in einem veröffentlichten Datensatz zu quantifizieren und zu verfolgen bzw. zu tracken.	Ein Zauberstab, der auf jeden Data-Science-Anwendungsfall und dessen potenzielles Datenschutzrisiko angewandt werden kann.
Die beste Methode, die Experten kennen, um in einem Datensatz enthaltenen Personen eine glaubhafte Abstreitbarkeit (engl. *Plausible Deniability*) zu bieten.	Ein Ansatz, bei dem gar keine persönlichen Informationen in Erfahrung gebracht werden können (dies gilt insbesondere für gruppenspezifische Informationen).

Differential Privacy ist der beste den Fachleuten bekannte Ansatz, um den betroffenen Personen bzw. Teilnehmenden eine glaubhafte Abstreitbarkeit zu bieten und dennoch Datenanalysen durchführen zu können. Die Ergebnisse können sensible Informationen über die Beteiligten offenbaren, basierend auf ihrer Gruppenzugehörigkeit oder den Schlussfolgerungen der Studie. Wenn ich zum Beispiel weiß, dass Sie an einer Studie teilgenommen haben und die Studie gezeigt hat, dass 80 % der Frauen und der Teilnehmenden, die einer geschlechtlichen Minderheit angehören, schlechter bezahlt wurden als Männer, kann ich anhand Ihres Geschlechts darauf schließen, ob Sie fair bezahlt werden oder nicht. Durch Differential Privacy können Sie sich die Möglichkeit bewahren, zu sagen: »Das mag auf viele meiner Kolleginnen und Kollegen zutreffen, aber nicht auf mich im Besonderen.« Das ist Ihre glaubhafte Abstreitbarkeit!

Ein Vorteil dieser glaubhaften Abstreitbarkeit ist die Öffnung der Forschung zu sensiblen Themen wie der gerechten Entlohnung. Differential Privacy kann den Teilnehmenden bessere Datenschutzgarantien und sicherere Möglichkeiten bieten, ihre Daten für die Forschung zur Verfügung zu stellen und gleichzeitig die Offenheit von Daten und die Transparenz in der Forschung weiter zu unterstützen.

Ein weiterer Vorteil von Differential Privacy ist, dass Sie aufhören können, über Zusatzinformationen (engl. *Auxiliary Information*) zu diskutieren, und stattdessen über Wahrscheinlichkeiten und den Informationsgewinn auf der Grundlage des Mechanismus von Differential Privacy (A) argumentieren können. Das bedeutet, dass Sie nicht versuchen, herauszufinden, was jemand wissen könnte (unmöglich!), sondern stattdessen Ihr probabilistisches Verständnis nutzen, um realistische Datenschutzgarantien anzusetzen. Da Sie immer die maximale Veränderung berechnen können, die eine Veröffentlichung von Daten unter Berücksichtigung von Differential Privacy mit sich bringen würde, müssen Sie nicht explizit jede einzelne potenzielle Zusatzinformation berücksichtigen. Es käme einer Sisyphusarbeit gleich, alle möglichen Zusatzinformationen ermitteln zu wollen – deshalb ist das eine große Erleichterung!

> **Zusammenarbeit mit Rechtsexperten**
>
> Wenn Sie über die Anonymisierung oder die Weitergabe personenbezogener Daten diskutieren, sollten Sie stets im Austausch mit Rechtsexperten stehen. Sie sollten deren Ratschläge folgen und deren Definitionen von Anonymisierung beherzigen.
>
> In Kapitel 8 werden Sie einige bekannte Datenschutzvorschriften kennenlernen, deren Durchsetzung und rechtliche Rahmenbedingungen sich jedoch häufig ändern können und die im Laufe der Zeit oftmals verschärft werden. Die gute Nachricht ist, dass Differential Privacy von vielen Juristinnen und Juristen als »Goldstandard« angesehen wird, da es dem aktuellen Stand der Technik (»State-of-the-Art«) entspricht. Das bedeutet jedoch nicht, dass Sie bei der Beratung einen Freifahrtschein erhalten – Sie müssen immer noch einen Ansatz entwickeln, der Ihren rechtlichen und technischen Stakeholdern das nötige Vertrauen in Ihre Entscheidungen und Begründungen hinsichtlich der Veröffentlichung von Daten gibt.

Differential Privacy verstehen

Damit Sie ein besseres Verständnis dafür bekommen, wie Differential Privacy Ihre Daten tatsächlich schützt, möchte ich Ihnen einige Implementierungsbeispiele vorstellen. Dazu werden Sie zunächst einen realen Anwendungsfall analysieren und dann Ihren eigenen Mechanismus bauen und prüfen, welche Datenschutzgarantien er bietet.

Differential Privacy in der Praxis: Anonymisierung der Zensusdaten in den USA

Die Verfassung der Vereinigten Staaten von Amerika sieht alle zehn Jahre eine vollständige Volkszählung vor. Diese Zählung wird für zahlreiche wichtige Entscheidungen herangezogen, unter anderem für die Sitzverteilung im Kongress, die Verteilung von Finanzmitteln durch die Bundesregierung in Washington und die finanzielle Unterstützung einzelstaatlicher Initiativen. Um sicherzustellen, dass alle Personen korrekt, d.h. nur einmal, gezählt werden, sind enorme Anstrengungen erforderlich. Ebenso weitreichend sind die Auswirkungen auf die Privatsphäre.

In der Vergangenheit hat das US-amerikanische Volkszählungsamt (US Census Bureau) eine Reihe von »Verschleierungstechniken« (Obfuskationsmethoden genannt) genutzt, um eine »Anonymisierung« der Ergebnisse zu gewährleisten. Hierzu zählten Kombinationen aus Aggregierungsmethoden und eine Methode namens *Shuffling* (manchmal auch *Scrambling* genannt), bei der Haushalte unterschiedlicher Zensusblöcke miteinander gemischt wurden. Da bei diesen Methoden Informationen über einzelne Personen erhalten blieben, konnten persönliche Informationen auf eine Art und Weise nach außen dringen, mit der die damaligen Mitarbeiter des Census Bureau nicht gerechnet hatten.

Das Census Bureau hat mehrere Angriffe auf die Ergebnisse der Volkszählung 2010 durchgeführt, um festzustellen, inwieweit es Außenstehenden möglich ist, Haushalte in den veröffentlichten Daten zu re-identifizieren. Durch eine Reconstruction Attack mithilfe von Kombinationen aus Alter, Geschlecht und ethnischer Zugehörigkeit wurden die Daten in 38 % der Fälle korrekt re-identifiziert, nachdem sie mit externen Datenquellen kombiniert wurden.

Solche Quellen können zum Beispiel Datenbanken mit Verbraucherdaten, Datenbanken mit Wahl- oder Führerscheindaten und auch Datenbanken sein, die Versicherungsdaten umfassen. Die verfügbaren externen Quellen enthielten oft vollständige Angaben zur Identität (Namen, Adressen, Kontaktdaten und andere Detailangaben). Insbesondere bei kleineren Zensusblöcken gelang die Re-Identifizierung mit wesentlich größerem Erfolg. Angesichts der Tatsache, dass unzählige Daten kostenlos oder zu niedrigen Preisen zur Verfügung stehen – oder dass solche Angriffe von einem Unternehmen mit umfassendem Zugang zu Verbraucher- und Haushaltsdaten wie beispielsweise großen E-Commerce-Anbietern durchgeführt werden könnten –, ist diese Art von Angriff nicht nur möglich, sondern wird auch erfolgreich im Rahmen von Direktmarketingkampagnen und gezielter Werbung (engl. *Targeted Advertising*) eingesetzt.

Doch wie haben diese Reconstruction Attacks konkret funktioniert? Sie haben ein mathematisches Gleichungssystem erstellt und mithilfe eines Solvers potenzielle Kandidaten ermitteln können (weitere Einzelheiten finden Sie in diesem Artikel (*https://oreil.ly/AwIuL*)). Anschließend konnten sie aus diesen Kandidaten die wahrscheinlichsten ableiten, indem sie diese Informationen mit verschiedenen Verbraucherdatenbanken oder anderen Datensätzen zusammenführten, die infolge eines Datenlecks erworben werden konnten. Speziell in dünn besiedelten Regionen erwies sich der Ansatz als sehr effektiv (bis zu 72 % korrekt), auch wenn die Anzahl falsch-positiver Fälle relativ hoch war.[7] Wenn Sie nachvollziehen möchten, wie man mithilfe von Solver-Software eine Reconstruction Attack auf einen kleinen Beispieldatensatz durchführen kann, empfehle ich Ihnen, sich das Beispiel-Notebook meiner Kollegen Mitchell Lisle und Menghong Li anzusehen, das Sie im Repository des Buchs (*https://github.com/kjam/practical-data-privacy*) finden.

Infolgedessen beschloss das US Census Bureau, für den Zensus 2020 Differential Privacy einzusetzen. Die Aufgabe bestand darin, einen Datenworkflow zu konzipieren, der einerseits die Privatsphäre von 330 Millionen Menschen mittels Differential Privacy wahrt und andererseits ausreichend akkurate Ergebnisse für die mit der Volkszählung verbundenen wesentlichen Aufgaben liefert.

7 Schon bevor das US Census Bureau diese Methode veröffentlichte, wusste ich von mehreren Datenteams, die bayessche und andere statistische Verfahren einsetzten, um Direktmarketing auf der Grundlage von Zensusdaten in Kombination mit Verbraucherdatenbanken zu betreiben. Führen Sie sich vor Augen, was Sie bereits aus Kundendatenbanken ableiten können, insbesondere mithilfe von Filtermechanismen, die das bisherige Kauf- oder Surfverhalten beleuchten, um präzise Rückschlüsse auf das Einkommen, den Familienstand oder das Geschlecht zu ziehen, und kombinieren Sie diese Daten dann mit öffentlich zugänglichen Daten – äußerst aufschlussreich und ziemlich erschreckend, wenn Sie daran denken, welche Auswirkungen das haben kann! Weitere Informationen hierzu erfahren Sie in Kapitel 4.

Sie verfeinerten ihre Privacy-Parameter anhand von Beispieldaten und den Ergebnissen früherer Erhebungen und fanden so heraus, welches Maß an Rauschen und welche Verteilungen für ihre Anforderungen am besten geeignet waren. Dabei haben sie sich bemüht, die richtige Balance zwischen Datenschutz und Nutzbarkeit der Daten zu finden, bei der die Genauigkeit erhalten und gleichzeitig der grundlegende Schutz der Privatsphäre gewährleistet wird. Sie bauten eine Infrastruktur mit Apache Spark auf, um alle Ergebnisse zu berechnen, zu aggregieren und zu finalisieren. Die Ergebnisse sind auf der Homepage des US Census Bureau (*https://oreil.ly/xHWm_*) einsehbar.

Einen groben Überblick darüber, wie sie Differential Privacy implementiert haben, finden Sie in Abbildung 2-3. Sie begannen mit den obersten Bevölkerungsebenen (was sie als *Top-Down*-Ansatz bezeichnen), erstellten Histogramme bzw. skizzierten die Daten und fügten dann ein Rauschen hinzu (Differential-Privacy-Mechanismen für Histogramme), sodass die erstellten Histogramme von einem Rauschen überlagert wurden. Anschließend wiederholten sie diese Prozedur für jeden kleineren regionalen Datensatz und führten eine Überprüfung durch, um sicherzustellen, dass die aggregierten Statistiken auf jeder Ebene gleich waren. Eine interessante Eigenschaft von Daten, die mit Differential Privacy aufbereitet wurden, ist, dass sie beliebig oft nachbearbeitet werden können, ohne dass die Privacy-Garantien beeinträchtigt werden.

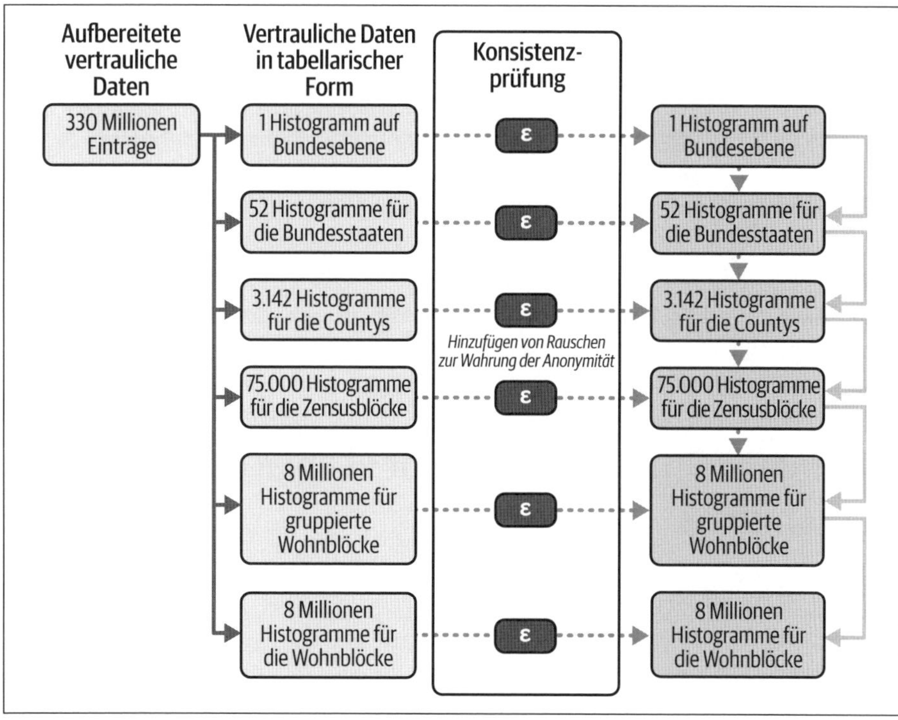

Abbildung 2-3: Differential Privacy bei der Volkszählung in den USA

Wenn Sie weitere Einzelheiten erfahren möchten, empfehle ich Ihnen, sich das Video von der Spark-Konferenz des US Census (*https://oreil.ly/kmMxV*) anzuschauen oder die Blogbeiträge auf der NIST-Homepage zum Thema Differential Privacy (*https://oreil.ly/BbSx_*) oder auch diese umfassende Folienpräsentation zum ursprünglichen Ansatz (*https://oreil.ly/TVKFW*) zu lesen.

Ein Kritikpunkt an der Verwendung von Differential Privacy für öffentlich zugängliche Daten ist, dass unterrepräsentierte Gruppen möglicherweise nicht ausreichend erfasst werden. Wenn es in einem bestimmten Zensusblock nur eine Person mit einer bestimmten ethnischen Zugehörigkeit gibt, ist es unwahrscheinlich, dass deren ethnische Zugehörigkeit im Histogramm dieser Wohngegend vertreten ist. Wie wirkt sich dieser Umstand auf die Bereitstellung von Bundesmitteln, die Neuaufteilung von Wahlbezirken usw. aus? Ist es besser, dafür zu sorgen, dass Sie in der Zählung berücksichtigt und dass Ihre persönlichen Daten offengelegt werden?

Derartige Fragen können nicht von einer einzelnen Person beantwortet werden, sondern sollten von der Branche als Ganzes und von jedem von uns als Data Scientist bei der Einführung von Systemen mit Differential Privacy berücksichtigt werden. Sich den Auswirkungen auf in Daten unterrepräsentierte Gruppen bewusst zu sein und sie zu verstehen, wird stets ein ernst zu nehmender Aspekt sein, der bei der Einführung von Privacy-Mechanismen bedacht werden muss. Personen, die unterrepräsentierten Gruppen angehören, sind auch in Bezug auf ihr Privatsphärerisiko stärker gefährdet als andere und haben im täglichen Leben oft weniger Möglichkeiten, ihre Privatsphäre zu schützen. Sie müssen den Zielkonflikt vollständig ausloten zwischen einerseits dem Gewähren von mehr Privatsphäre für unterrepräsentierte Gruppen als Schutz vor Angriffen und Ausbeutung und andererseits der Garantie, dass diese Gruppen nicht aus Ergebnissen verschwinden oder der Nutzen aus Ergebnissen (in diesem Fall für demokratische Prozesse) verloren geht. Ich werde diese Debatte noch in den Kapiteln 4 und 11 vertiefen. Außerdem empfehle ich Ihnen, die Beiträge von Aktivistinnen und Vordenkern in diesem Bereich zu verfolgen, zum Beispiel von Chris Gilliard (*https://oreil.ly/n4qy1*) und Ruha Benjamin (*https://oreil.ly/FAGuV*).

Damit Sie die technischen Aspekte des Problems besser verstehen und sicher sein können, dass Sie wohlüberlegte Entscheidungen treffen, werfen wir nun einen Blick darauf, wie Differential Privacy *tatsächlich* funktioniert!

Differential Privacy auf Basis des Laplace-Mechanismus

Die Theorie der Differential Privacy besagt, dass das Hinzufügen von Rauschen zu den Daten und/oder Abfrageergebnissen wirksam sein kann, um den Schutz der Privatsphäre von Individuen zu gewährleisten. Als Data Scientist ist es Ihr Ziel, so wenig Rauschen wie möglich hinzuzufügen und die richtige Balance zwischen dem Informationsgehalt von Daten und dem Schutz der Privatsphäre zu finden. Dazu müssen Sie die Anforderungen der Differential Privacy erfüllen und gleichzeitig herausfinden, wie Sie ein Ergebnis erhalten können, das genau genug ist, um einen Nutzen daraus zu ziehen.

Ein schon früh vorgeschlagener und auch heute noch häufig verwendeter Ansatz zur Maximierung des Informationsgehalts besteht darin, das Rauschen stichprobenartig aus einer Laplace-Verteilung zu ziehen. Auf diese Weise kann garantiert werden, dass die Privacy-Garantie hinsichtlich der Einhaltung von Epsilon mit einem möglichst geringen Maß an Rauschen einhergeht. Warum diese Methode so gut geeignet ist, können Sie im Folgenden anhand ihrer Eigenschaften nachvollziehen.

Die Laplace-Verteilung besitzt, wie Sie in Abbildung 2-4 sehen können, ähnliche Eigenschaften wie die Exponentialverteilung und wird manchmal auch als *Doppelexponentialverteilung* oder *zweiseitige Exponentialverteilung* bezeichnet.

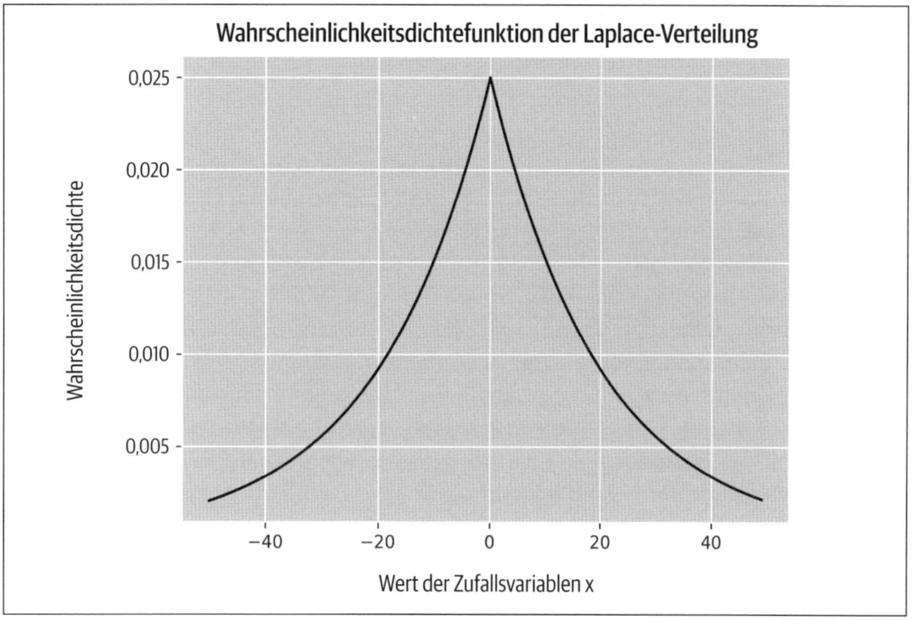

Abbildung 2-4: Eine Dichtefunktion der Laplace-Verteilung

Die Wahrscheinlichkeitsdichtefunktion lautet wie folgt:

$$\frac{1}{2b} exp\left(\frac{-|x-\mu|}{b}\right)$$

Hierbei entspricht μ dem Lageparameter bzw. dem Mittelwert. An dieser Stelle deckt sich die Dichtefunktion der Laplace-Verteilung mit der der Exponentialverteilung (und hat dort auch ihren Scheitelpunkt). *b* entspricht dem Skalen- bzw. Streuungsparameter der Verteilung. In Abbildung 2-5 können Sie nachvollziehen, wie sich die Streuung der Verteilung infolge der Anpassung des Streuungsparameters verändert.

Wenn Sie diese Verteilung als Grundlage für das Rauschen verwenden und $\mu = 0$ wählen, werden Sie feststellen, dass das Rauschen mit großer Wahrscheinlichkeit relativ gering ausfällt. Dadurch bleiben die Informationen gut erhalten. Es besteht jedoch immer die Möglichkeit, dass das Rauschen aus den Rändern der Verteilung gezogen wurde (d.h. weiter von dem Wert 0 entfernt ist), wodurch eine glaubhafte Abstreitbarkeit gewährleistet wird. Bei Betrachtung der Daten sollte dementsprechend nicht erkennbar sein, aus welchem Teil der Verteilung das Rauschen gezogen wurde.

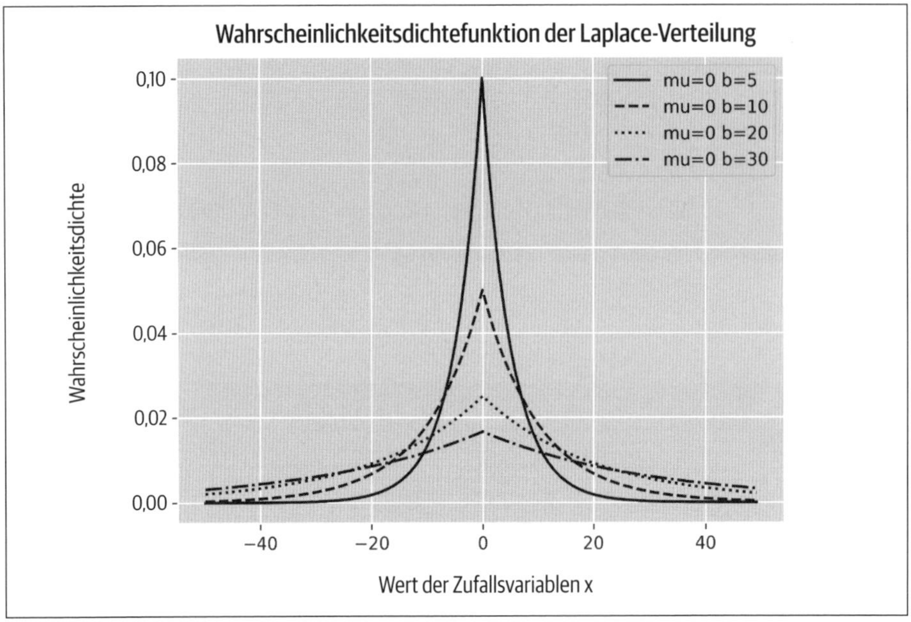

Abbildung 2-5: Laplace-Verteilung: verschiedene Werte für den Streuungsparameter im Vergleich (bei gleichbleibendem Lageparameter)

Werfen wir nun einen Blick darauf, wie dies bei einem auf Differential Policy basierenden Mechanismus funktionieren könnte. Ziel ist es, das Rauschen auf eine Weise hinzuzufügen, die sicherstellt, dass jedes Individuum geschützt wird. Eine Möglichkeit wäre, ein Laplace-verteiltes Rauschen zu Ihrem Abfrageergebnis hinzuzufügen. Ich werde Ihnen jedoch auf einfache Weise zeigen, warum das nicht funktioniert.

> Die Codebeispiele in diesem Kapitel stellen relativ simple Implementierungen von Differential-Privacy-Mechanismen dar und sind nicht sicher! Bitte verwenden Sie sie nicht im Rahmen eines realen Anwendungsfalls. Wenn Sie diese Mechanismen von Grund auf neu implementieren, werden Sie ein besseres Verständnis ihrer Funktionsweise entwickeln. In realen Systemen können subtile Fehler auftreten und Privacy-Garantien aushebeln (siehe Kapitel 4 für weitere Informationen). Im Allgemeinen ist die Entwicklung Ihres eigenen Differential-Privacy-Systems vergleichbar mit der Entwicklung Ihrer eigenen Kryptografie – Sie sollten sie nur dann in Angriff nehmen, wenn Sie eine Expertin oder ein Experte darin sind, und auch dann sollten Sie Ihre Arbeit von anderen Experten überprüfen lassen!

Differential Privacy auf Basis des Laplace-Mechanismus: ein simpler Ansatz

Im vorliegenden Beispiel geht es um einen generierten Datensatz, der Alters- und Gehaltsinformationen enthält. Den entsprechenden Code finden Sie im Code-Repository des Buchs auf GitHub (*https://github.com/kjam/practical-data-privacy*) und können ihn selbst ausführen.

Das Ziel ist, dass die Daten abgefragt werden können, aber dennoch die Privatsphäre geschützt wird. Im weiteren Verlauf des Kapitels werden Sie einen Differential-Privacy-Mechanismus von Grund auf neu entwickeln. Dabei werden Sie einiges Interessantes über diese Mechanismen lernen und unterwegs auf ein paar Probleme stoßen.

Eine simpler Differential-Privacy-Mechanismus mit einem Laplace-verteilten Rauschen könnte in Python wie folgt implementiert werden:

```
epsilon = 1.1

def naive_laplace_dp_mechanism(value, epsilon):
    # Diese Funktion bitte auf keinen Fall verwenden :)
    orig_value = value
    value =  np.random.laplace(value, 1/epsilon) # Gleich mehr dazu!
    print("Rauschen: {}".format(value - orig_value))
    return value
```

Im vorliegenden Codebeispiel wird ein Wert stichprobenartig aus einer Laplace-Verteilung, die durch einen bestimmten Wert für Epsilon charakterisiert wird, gezogen. Doch was steckt hinter dieser Berechnung?

```
np.random.laplace(value, 1/epsilon)
```

`value` steht hier für den Wert von μ, der dem Lageparameter der Laplace-Verteilung entspricht und Auskunft darüber gibt, um welchen Wert die Verteilung zentriert ist (Mittelwert). Im vorliegenden Fall legen Sie fest, dass der Lageparameter dem Inputwert gleicht, was bedeutet, dass der gezogene Wert mit sehr großer Wahrscheinlichkeit in der Nähe des Inputwerts liegt (da sich dort der größte Teil der Wahrscheinlichkeitsmasse befindet und die Dichtefunktion um den Wert zentriert ist).

`epsilon` entspricht dem Wert von Epsilon, der Ihre Garantien im Rahmen der Differential Privacy definiert. Hier haben Sie `epsilon=1.1` vorgegeben.

Aus der NumPy-Dokumentation geht hervor, dass die Methode `np.random.laplace` den Lageparameter (μ) und den Streuungsparameter (b) als Argumente voraussetzt. Dementsprechend haben Sie als Streuungsparameter den Wert `1/epsilon` gewählt. Im Folgenden werden wir untersuchen, ob `1/epsilon` eine vernünftige Wahl darstellt.

Auf Basis des im Notebook zufällig gezogenen Werts kann ich nun den Mittelwert für das Alter der Personen im Datensatz ermitteln:

```
laplace_dp_mechanism(np.mean(ages), epsilon)
```

Als ich die Codezeile ausgeführt hatte, erhielt ich das folgende Ergebnis. Bei Ihnen werden die Werte anders ausfallen:

```
Rauschen: 1.277692233946226
46.55769223394623
```

Das »Durchschnittsalter« liegt also bei 46,6 Jahren.

In diesem einfachen Beispiel habe ich explizit eine `print`-Anweisung hinzugefügt, um zu zeigen, wie stark das hinzugefügte Rauschen ist. Bei einer echten Implementierung würden Sie diese Information niemals einsehen oder direkt aus einem Mechanismus ableiten können, da das sofort gegen die Privacy-Garantien verstößt. Damit die Privatsphäre gewahrt bleibt, müssen Sie Ihren Nutzern und auch sich selbst gegenüber geheim halten, wie viel Rauschen hinzugefügt wurde. Andernfalls würden Sie die Informationen und den probabilistischen Mechanismus, durch den Differential Privacy erst ermöglicht wird, direkt preisgeben. Da niemand genau weiß, wie viel Rauschen hinzugefügt wurde, können Sie die Privatsphäre wahren und den Personen eine glaubhafte Abstreitbarkeit bieten! Da es sich hier um ein rein fiktives Beispiel handelt, das sonst in keinem realen System verwendet werden würde, können Sie sich auch die inneren Abläufe ansehen und so ein besseres Verständnis entwickeln.

Doch kann das so wirklich richtig sein? Das hinzugefügte Rauschen und der Streuungsfaktor `1/epsilon` scheinen relativ klein zu sein, um so etwas wie einem Durchschnittsalter über eine größere Bevölkerungsgruppe angemessen Rechnung zu tragen. Aus Abbildung 2-6 können Sie erkennen, dass die überwiegende Mehrheit der Werte für das Rauschen zwischen –2 und 2 liegt.

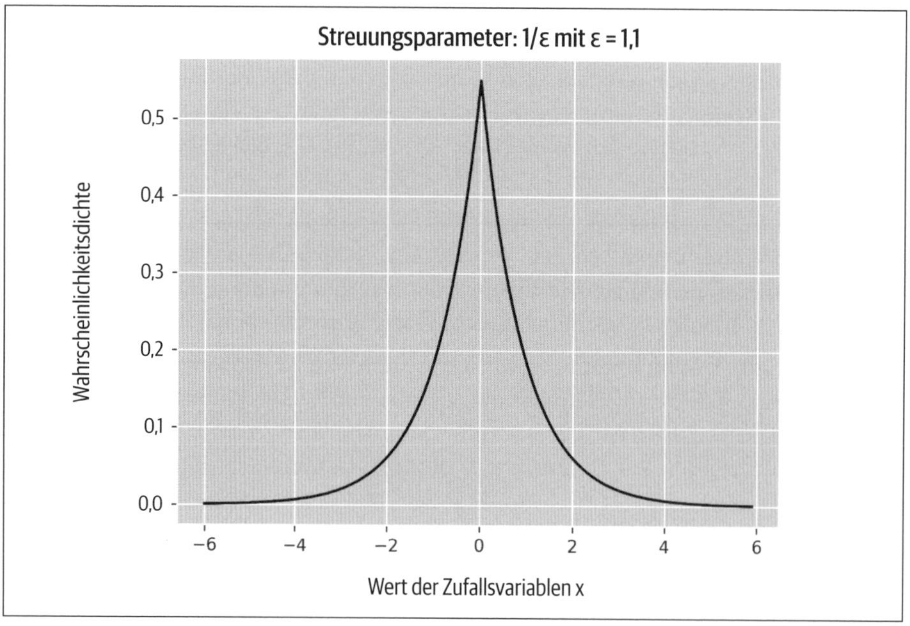

Abbildung 2-6: Die Auswirkung des Streuungsfaktors »1/epsilon«

Was aber, wenn mein Alter bedeutend niedriger oder höher als das Durchschnittsalter ist? Dadurch könnte sich das berechnete »Durchschnittsalter« (d.h., nachdem Rauschen hinzugefügt wurde) gegebenenfalls so stark verschieben, dass es etwas über mein Alter verrät. Sie können mit dem Beispiel-Notebook aus dem Repository des Buchs experimentieren und herausfinden, wie sich der Mittelwert ändert, wenn Sie Ausreißer hinzufügen, und wie viele Informationen dadurch preisgegeben werden!

Es scheint, als habe ich hier etwas Gefährliches entwickelt. Deshalb sollte die Sensitivität eingehend untersucht werden, um festzustellen, was möglicherweise falsch gelaufen ist.

Sensitivität und Fehler

Als ich `1/epsilon` gewählt habe, um die Streuung der Laplace-Verteilung vorzugeben, habe ich auch einen weiteren Parameter festgelegt, nämlich die Sensitivität (engl. *Sensitivity*) des Differential-Privacy-Mechanismus. Die Sensitivität quantifiziert, wie stark sich das Abfrageergebnis infolge einer Änderung des zugrunde liegenden Datensatzes maximal ändert. Damit die Definition von Differential Privacy zutrifft, müssen Sie hinsichtlich eines Datensatzes sowohl die Situation vor als auch nach dem Hinzufügen oder Entfernen einer Person berücksichtigen und die Änderung der Abfrageergebnisse infolge des Hinzufügens oder Entfernens einer Person entsprechend beschränken.

Mit der Sensitivität wird ermittelt, wie stark sich ein Wert – höchstens – ändern kann, wenn eine Person hinzugefügt oder entfernt wird. Am einfachsten können Sie dies nachvollziehen, wenn Sie sich den Unterschied zwischen einer Zählung und einer Summenbildung vor Augen führen (gute Nachrichten, denn Sie brauchen beides, um einen Durchschnitt zu berechnen!).

Angenommen, ich bin 81 Jahre alt. Wenn ich dem Datensatz hinzugefügt werde und Sie anschließend eine Abfrage vornehmen, um die Anzahl der Mitarbeitenden, die älter als 40 Jahre sind, zu ermitteln, hat sich dieser Wert um 1 erhöht. Wenn Sie jedoch das Durchschnittsalter berechnen, bewirke ich, dass sich der Teil der Durchschnittsermittlung, in dem die Summe gebildet wird, um 81 verändert (d.h. der Zähler, da Durchschnitt = Summe / Anzahl)! Um einen angemessenen Schutz der Privatsphäre bei der Berechnung des Durchschnittsalters zu gewährleisten, müssen Sie daher herausfinden, wie hoch die Sensitivität bei der Summenbildung ausfällt.

Bei einigen Abfragen (wie z.B. einer Summenbildung) gibt es mathematisch gesehen keine Grenzen für den Sensitivitätswert, d.h., es gibt weder eine Ober- noch eine Untergrenze für den individuellen Beitrag. Genau wie im Beispiel des Dashboards würde die Gesamtsumme aller Gehälter umfangreiche Informationen preisgeben, sobald ein weiteres Gehalt hinzuaddiert wird. Wenn den Daten kein beträchtliches Ausmaß an Rauschen hinzugefügt wird, kann ich das Gehalt einer neuen bzw. ehemaligen Mitarbeiterin leicht abschätzen! Dazu muss ich lediglich wissen, wie hoch die ursprüngliche Gehaltssumme war, und herausfinden, wie sie sich verändert hat, nachdem die Person eingestellt wurde bzw. das Unternehmen verlassen hat.

Ein weiteres gutes Beispiel dafür, wann der Sensitivität keine Grenzen gesetzt sind, ist die Abfrage des Mindest- oder Höchstwerts. Es mag zwar unwahrscheinlich sein, dass sich das Abfrageergebnis ändert, wenn Sie einen beliebigen Nutzer hinzufügen oder entfernen. Doch wenn dies der Fall ist, haben Sie – auch unabhängig vom Ausmaß des hinzugefügten Rauschens – wieder eine sehr präzise Schätzung des zugrunde liegenden Werts, was einen schwerwiegenden Eingriff in die Privatsphäre der betreffenden Person bedeuten würde.

Wenn eine Abfrage eine unbegrenzte Sensitivität hat, müssen Sie anders vorgehen als bei Abfragen, deren Sensitivität Sie ermitteln können. Eine Lösung ist, Abfragen mit unbegrenzter Sensitivität nicht zu beantworten bzw. zuzulassen. Eine andere Möglichkeit besteht darin, Grenzwerte festzulegen und die zulässigen Antworten künstlich auf einen bestimmten Wertebereich zu begrenzen. Dabei wird angenommen, dass sich keine Person außerhalb dieser Grenzwerte befindet. Falls doch, wird ihre Existenz in der Antwort auf die Abfrage kaschiert, indem ihr Wert so geändert wird, dass er innerhalb der Grenzwerte liegt.

Bei einigen Abfragen ist die Sensitivität ziemlich eindeutig und begrenzt. Wenn Sie beispielsweise die Anzahl der Nutzerinnen und Nutzer zählen möchten, sollte jeder Nutzer nur einmal gezählt werden. Er kann das Ergebnis dementsprechend nur um 1 beeinflussen – daher ist die Sensitivität 1, unabhängig davon, wer die Person ist. Wenn Sie ein Bewertungssystem erstellen und jeder Nutzer seine Bewertung nur auf einer Skala von 0 bis 5 vornehmen kann, beträgt die Sensitivität einer einzelnen Bewertung 5. Ähnlich wie bei der künstlichen Begrenzung des Höchst- und Mindestbeitrags eines jeden Nutzers gibt es gewisse Anwendungsfälle, die sich sehr gut eignen, um die Sensitivität möglichst genau zu bestimmen.

Wenn Sie die Sensitivität analysieren, sollten Sie auch mögliche Fehler im Blick haben. Legen Sie eine bestimmte Verteilung für das Rauschen zugrunde, haben Sie die Möglichkeit, den Einfluss von Fehlern beim Einfügen abzuschätzen und zu untersuchen, wie sich dies auf den relativen Fehler auswirkt, d.h. den Gesamtfehler geteilt durch den tatsächlichen Wert. Sie können eine Schätzung des Fehlers auf der Grundlage der gewählten Verteilung und ihrer Streuung vornehmen und plausible Ergebnisse modellieren, indem Sie die Verteilung unter Verwendung ähnlicher nicht privater Datenquellen reproduzieren und damit experimentieren. Auf diese Weise können Sie sicherstellen, dass Sie die Auswirkungen eines Fehlers auf die spätere Analyse richtig einschätzen können. Im Code-Repository des Buchs finden Sie einige Experimente, die diesen Ansatz veranschaulichen.

Wie sollten Sie vor dem Hintergrund dieser Überlegungen die Abfrage zur Durchschnittsbildung anpassen, um Differential Privacy tatsächlich angemessen anzuwenden? Wie wirkt sich die Durchschnittsbildung auf die Sensitivität aus? Sie müssen Grenzwerte für das Alter festlegen, damit Sie für die Summenbildung einen akzeptablen Wert für die Sensitivität erhalten.

Die Auswahl sinnvoller Grenzwerte hängt von der Altersstruktur im Datensatz ab, was wiederum eine sensible Information darstellen kann. Wie lässt sich dieses Problem lösen?

Im vorliegenden Fall bezieht sich die Datenbank auf die Belegschaft eines Unternehmens. Daher kann es sinnvoll sein, das Alter auf einen Bereich zwischen 20 und 70 Jahren zu beschränken. Wenn Sie über weitere nützliche Informationen verfügen – z.B. wie der Einstellungsprozess abläuft oder wie hoch das übliche Renteneintrittsalter in der Branche ist –, können Sie diese bei der Berechnung dieser Werte verwenden und die Grenzen entsprechend niedriger oder höher ansetzen. Beachten Sie, dass die Sensitivität auch durch die Grenzwerte selbst beeinflusst wird und damit das Ausmaß des Rauschens. Je weiter die Grenzwerte auseinanderliegen, desto mehr Rauschen wird erzeugt. Die Entscheidung, die Sie hier treffen, ist sehr wichtig, da Sie entscheiden, inwieweit Sie den Schutz der Privatsphäre gegen den Informationsgehalt der Daten abwägen.

Wenn Sie sich für eine Altersspanne zwischen 20 und 70 Jahren entscheiden, können Sie die Daten wie folgt eingrenzen:

```
def filter_bounds(value, lower_bound, upper_bound):
    if value < lower_bound:
        return lower_bound
    elif value > upper_bound:
        return upper_bound
    return value

bounded_ages = [filter_bounds(age, 20, 70) for age in ages]
```

Nun können Sie beantworten, wie hoch die Sensitivität der beiden vorherigen Abfragen ist! Die Zählung (bzw. Ermittlung der Anzahl) weist eine Sensitivität von 1 auf, und die der Summenbildung beträgt jetzt 50. Dementsprechend müssen Sie im Rahmen Ihrer Differential-Privacy-Implementierung immer dafür Sorge tragen, dass Sie die -Funktion anwenden, wenn neue Personen in den Datensatz aufgenommen werden.

Allerdings werden nun zwei Berechnungen vorgenommen und nicht nur eine. Da bei Ihrer Differential-Privacy-Implementierung das gesamte Epsilon für eine Abfrage verwendet wird, müssen Sie Ihren Ansatz so anpassen, dass Sie mehr als eine Abfrage verarbeiten können. Dazu ist es erforderlich, sowohl den Privacy Loss als auch das Epsilon über mehrere Abfragen hinweg nachzuverfolgen. Hierfür sind sogenannte Privacy Budgets geeignet, auf die ich im Folgenden näher eingehe.

Privacy Budgets und deren Aufteilung

Differential Privacy wurde entwickelt, damit Fragen auf Basis von Daten beantwortet werden können und dabei gleichzeitig der Schutz der Privatsphäre der betroffenen Individuen gewährleistet wird. Bisher habe ich Ihnen jedoch nur gezeigt, wie Sie eine einzelne Frage mittels eines simplen Differential-Privacy-Mechanismus beantworten können. Was aber, wenn Sie mehrere Fragen zu den Daten beantworten möchten? Wie verhält es sich, wenn Sie die Datenbank mithilfe von Differential Privacy für externe Abfragen freigeben möchten? Differential Privacy erlaubt es Ihnen, den Privacy Loss nachzuverfolgen und zu quantifizieren, aber *wie*?

Eine bemerkenswerte Eigenschaft von Differential Privacy ist, dass der Wert von Epsilon (ε) dem Privacy Loss für eine bestimmte Antwort entspricht. Der Wert ist für jede Anfrage individuell, aber dennoch zusammensetzbar, das heißt, wenn Sie zwei Anfragen beantworten und den gesamten Privacy Loss ermitteln möchten, müssen Sie lediglich deren Epsilon-Werte addieren!

Was bedeutet das für die Praxis?

- Eine Möglichkeit, diesen Privacy Loss nachzuverfolgen, stellt das sogenannte *Privacy Budget* dar. Für eine bestimmte Anzahl von Abfragen kann ich mein Gesamt-Epsilon entsprechend aufteilen bzw. »budgetieren«. Auf diese Weise kann ich sowohl den Informationsgewinn bzw. -zuwachs als auch den Privacy Loss einer Person nachvollziehen, wenn mehrere Abfragen auf die Daten erfolgen. Wie Sie bereits erfahren haben, ändert sich der Informationsgewinn und der daraus resultierende Privacy Loss, wenn Sie das Epsilon verändern.
- Jede Abfrage kann einen unterschiedlichen Teil des gesamten Epsilons (Privacy Budget) verwenden, sodass Sie entlang des möglichen Spektrums an Informationsgehalt von Daten und des Schutzes der Privatsphäre eine Auswahl treffen können. Sie könnten sich beispielsweise dazu entschließen, im Gegensatz zu mir einen größeren Teil des Epsilons für eine bestimmte Abfrage zu verwenden als für die anderen. Wenn ich also die Abfragen im Voraus kenne – oder wenn ich alle Daten auf einmal freigebe –, möchte ich das Budget bei jeder einzelnen Abfrage vielleicht anders zuweisen. Bei der US-amerikanischen Volkszählung wurde beispielsweise ein größerer Teil des Budgets für kleinere Gebiete (wie Straßenblöcke) und ein geringerer Teil auf nationaler Ebene zugewiesen. Um die richtige Wahl zu treffen, können Sie sich am relativen Fehler orientieren!

Sehen wir uns einmal an, wie das funktionieren könnte, indem wir nun das Durchschnittsalter ermitteln.

Zur Berechnung des Altersdurchschnitts benötigen Sie sowohl die Gesamtsumme des Alters aller Personen als auch die Gesamtanzahl der Personen (Zählung), die Sie jeweils unter Berücksichtigung von Differential Privacy ermitteln müssen. Wie bereits erläutert, kann sich die Anzahl (Zählung) höchstens um 1 ändern, wenn Sie eine Zeile hinzufügen oder löschen. Dementsprechend können Sie die Sensitivität auf 1 festlegen.

Als Nächstes müssen Sie die Summe berechnen. Sie haben bereits eine Technik namens *Clamping* kennengelernt, als Sie die Funktion `filter_bounds` angewandt haben, um die Summenbildung auf eine adäquate Weise vorzunehmen. Mithilfe von Clamping können Sie eine künstliche Unter- und Obergrenze für die Werte definieren und dadurch die Sensitivität auf deterministische Weise begrenzen.

Sie könnten Ihr Epsilon ganz einfach auf beide Abfragen aufteilen, d. h., jedes Epsilon entspräche einem Wert von 0,5. Nun sind Sie so weit, dass Sie den Durchschnitt mit Differential Privacy berechnen können. Experimentieren Sie in den Notebooks im Code-Repository des Buchs, um verschiedene Ansätze auszuprobieren.

Sie müssen auch Ihren Differential-Privacy-Mechanismus dahin gehend anpassen, dass er die Sensitivität einbezieht. Der Streuungsfaktor `1/epsilon` wird jetzt zu `sensitivity/epsilon`, was verdeutlicht, warum 1 eine schlechte Wahl im Rahmen der Durchschnittsbildung war! Abfragen, die eine höhere Sensitivität aufweisen, weisen auch eine größere Streuung auf, was wiederum bedeutet, dass ein größeres Ausmaß an Rauschen erforderlich ist, um den Schutz der Privatsphäre zu gewährleisten (siehe Abbildung 2-5). Klasse!

```
def laplace_dp_mechanism(value, epsilon, sensitivity):
    # Diese Funktion bitte auf keinen Fall verwenden :)
    orig_value = value
    value =  np.random.laplace(value, sensitivity/epsilon)
    # Hier wird deutlich, warum 1 eine schlechte Wahl war!
    print("Rauschen: {}".format(value - orig_value))
    return value


epsilon_for_sum = 0.5
epsilon_for_count = 0.5
summed_ages = laplace_dp_mechanism(np.sum(bounded_ages),
                                   epsilon_for_sum, sensitivity=50)
count_ages = laplace_dp_mechanism(len(bounded_ages),
                                  epsilon_for_count, sensitivity=1)
summed_ages / count_ages
```

Als ich diesen Code ausgeführt habe, erhielt ich Folgendes:

```
Rauschen: -53.24175804583501
Rauschen: 1.928454653399541

43.88135047434459
```

Der tatsächliche Mittelwert des ursprünglichen Altersdatensatzes, bei dem das Alter nicht eingegrenzt war, beträgt 45,28. Im Ergebnis liegt also ein relativer Fehler (hinzugefügtes Rauschen geteilt durch den tatsächlichen Mittelwert des unverfälschten Datensatzes) in Höhe von etwa –0,03 vor. Je nachdem, wofür Sie das Ergebnis verwenden oder ob es sich auf verwandte Abfragen auswirkt, kann der Fehler als akzeptabel oder auch als zu groß angesehen werden.

> Im Repository des Buchs (*https://github.com/kjam/practical-data-privacy*) finden Sie noch weitere einfach gehaltene Beispiele zur Anwendung von Differential Privacy! Darüber hinaus gibt es eine Reihe zusätzlicher mit dem Inhalt des Kapitels im Zusammenhang stehender Berechnungen und Erklärungen sowie einige Notebooks, die Ihnen als Einstieg zu anderen verwandten Konzepten dienen können (z.B. lokale Differential Privacy und Debiasing von Differential-Privacy-Ergebnissen). Zudem stehen Ihnen zu den meisten Kapiteln Notebooks zur Verfügung, die Sie im weiteren Lernprozess unterstützen!

Eben haben Sie Ihr Budget auf beide Abfragen im gleichem Verhältnis aufgeteilt. Stattdessen könnten Sie das Budget wie jede andere begrenzte Ressource betrachten und es entsprechend aufteilen. Beispielsweise könnten Sie mehr Budget für Abfragen bereitstellen, die für Ihr Endergebnis bzw. das, was Sie berechnen wollen, wichtiger sind.

Am besten machen Sie sich nun mithilfe von Beispieldaten selbst ein Bild davon, wie sich diese Budgetierung auswirkt. Nutzen Sie hierfür die Beispiele im Repository und nehmen Sie einen beliebigen Datensatz zur Hand, auf den Sie Zugriff haben. Wie verhalten sich Ihre Daten, wenn Sie diese Mechanismen anwenden? Was funktioniert gut, und was sollten Sie überdenken?

> Sie fragen sich nun vielleicht, wie Sie bei der Implementierung von Differential Privacy die Budgets nachverfolgen können. Die gute Nachricht ist, dass Sie eine Bibliothek verwenden können, die dies automatisch für Sie erledigt und Ihnen zudem verschiedene Optionen bietet, mit denen Sie Fehler auf ein Minimum reduzieren können. Das Wichtigste ist jedoch, dass Sie jetzt wissen, wie Sie Ihr begrenztes Budget aufteilen und bestmöglich nutzen können. In Kapitel 3 werden Sie eine Bibliothek verwenden, die genau das tut!

Weitere Mechanismen erkunden: Differential Privacy mittels des gaußschen Rauschens

Wenn Sie über die Einrichtung von Budgets, die Nachverfolgung und das Deployment von Differential-Privacy-Systemen nachdenken, fragen Sie sich vielleicht auch, ob es neben der Laplace-Verteilung noch weitere Verteilungen gibt, die eine Differential Privacy gewährleisten können. Als Data Scientist ziehen Sie es vielleicht vor, mit etwas Vertrauterem als der Laplace-Verteilung zu arbeiten – etwa mit der Normalverteilung.

Die gute Nachricht ist: Sie können eine Normalverteilung (bzw. gaußsche Verteilung) verwenden, um »Differential-Privacy-Rauschen« mit Differential-Privacy-Garantien zu erzeugen. Auf diese Weise kommen Ihnen alle Vorteile, die Sie bei der Verwendung einer Normalverteilung haben, zugute. Außerdem profitieren Sie davon, Ergebnisse besser erklären und Abfrageergebnisse mithilfe vertrauter Tools und Mechanismen von dem hinzugefügten Rauschen bereinigen (De-Bias) zu können.

Zur Nutzung von gaußschem Rauschen ist es zunächst erforderlich, Differential Privacy weniger strikt zu definieren. Bei dieser Definition wird der ursprünglichen Definition ein kleiner Wert, Delta, hinzugefügt, wodurch es möglich wird, die Wahrscheinlichkeitsgrenzen zu lockern. Durch das Delta wird ein unwahrscheinliches Ergebnis berücksichtigt, das ein »katastrophales Versagen« (engl. *Catastrophic Failure*) bzw. ein sogenanntes Distinctive Event bedeuten kann.[8]

---

8 Der Grund, warum ein zusätzliches Delta für ein gaußsches Rauschen benötigt wird, liegt darin, dass sich die Wahrscheinlichkeitsverteilung signifikant unterscheidet, wodurch die Wahrscheinlichkeit bzw. das Risiko, bei Abgabe einer Antwort mehr Informationen zu enthüllen, im Vergleich zu einem Laplace-verteilten Rauschen zunimmt. Wenn Sie sich eingehender mit diesem Phänomen befassen möchten, empfehle ich Ihnen, sich den Blogbeitrag von Desfontain (*https://oreil.ly/JpmCr*) zu diesem Thema durchzulesen.

$$Pr[A(D_1) \in S] \leq exp(\varepsilon) \times Pr[A(D_2) \in S] + \delta$$

Welchen Wert sollten Sie vernünftigerweise für Delta (Fehlerspanne) wählen? Angenommen, Ihr Wert für Delta ist so ausgestaltet, dass er es Ihrer Implementierung erlaubt, im Grunde *alle* Informationen bezüglich einer geringen Anzahl an Zeilen freizugeben, solange der Wert von Delta nicht überstiegen wird – und zwar ohne dass Sie zusätzliches Rauschen hinzufügen. Angenommen, Sie haben eine Datenbank mit einer Million Zeilen vorliegen und geben eine einzelne Zeile im »Klartext« frei (d.h. ohne jegliche Änderungen bzw. Anpassungen). Wenn der Wert Ihres Deltas $\frac{1}{10^{-9}}$ oder größer ist, können Sie im vorliegenden Fall also von Differential Privacy sprechen (nur ein Scherz, bitte nicht!). Deshalb wird empfohlen, den Wert von Delta kryptografisch klein zu wählen bzw. mindestens kleiner als 1/Gesamtanzahl der Zeilen, damit ein derartiges unerwünschtes Verhalten ausgeschlossen ist.

Wie funktioniert diese Lockerung und die Verwendung von gaußschem Rauschen in der Praxis? Wenn Sie mit einem gaußschen Mechanismus arbeiten, müssen Sie zunächst die Differential-Privacy-Garantien festlegen.

Die folgende Definition für einen gaußschen Mechanismus gilt nur für Epsilon < 1 und fügt mehr Rauschen hinzu, als Sie eigentlich benötigen bzw. möchten, da sie auf dem ursprünglichen Forschungsbeitrag basiert. Der empfohlene Weg, um gaußsches Rauschen hinzuzufügen, ist »analytisches« gaußsches Rauschen, das in dem Artikel von Balle und Wang, »Improving the Gaussian Mechanism for Differential Privacy: Analytical Calibration and Optimal Denoising« (*International Conference on Machine Learning*, 2018), erläutert wird. Es gibt auch einen Blogbeitrag, in dem einige der Eigenschaften beschrieben werden (*https://oreil.ly/g5jhq*). Da dieser Mechanismus eine kompliziertere Formel beinhaltet, werden Sie im Folgenden eine vereinfachte Version verwenden, um zunächst ein Gefühl für den Mechanismus zu bekommen. In Kapitel 3 werden Sie dann auf eine Bibliothek zurückgreifen, mit der Sie gaußsches Rauschen auch auf effiziente Weise hinzufügen können.

Ein gaußscher Mechanismus (ε, δ) garantiert Differential Privacy, wenn er die folgende Bedingung erfüllt und der Wert von Epsilon < 1 ist:

$$F(x) = f(x) + N(\sigma^2)$$

wobei

$$\sigma^2 = \frac{2s^2 log\left(\frac{1.25}{\delta}\right)}{\varepsilon^2}$$

$N(\sigma^2)$ entspricht einer Normalverteilung mit einem Mittelwert von 0 mit einer Varianz von σ^2. Hierbei steht *s* für die Sensitivität.

Beachten Sie, dass Sie jetzt auch Delta berücksichtigen müssen, was bei der Laplace-Verteilung nicht der Fall war. Das liegt daran, dass das Laplace-verteilte Rauschen die sogenannte (ε, 0)-Differential-Privacy erfüllt, bei der Delta gleich 0 ist – bei der Normalverteilung ist dies hingegen nicht der Fall.

Sie wissen jetzt, dass der Wert von Delta theoretisch »kryptografisch klein« sein sollte (was als $\leq 2^{-30}$ definiert ist). Da Sie einen Differential-Privacy-Mechanismus und keine trickreiche Freigabe einer Zeile vornehmen, können Sie diese Vorgabe etwas lockern. Eine gute Wahl für den Wert von Delta liegt irgendwo zwischen $1/n$, wobei n der Anzahl der Zeilen entspricht, und $2^{-30} \approx 9 \times 10^{-10}$, wobei zu beachten ist, dass Ihnen ein kleinerer Wert stets ein höheres Maß an Schutz bzw. eine höhere Garantie bietet.

Legen wir nun einen Wert fest, mit dem Sie für Ihren Alters- und Gehaltsdatensatz beginnen. $\delta = 10^{-5}$ scheint ein geeigneter Wert zu sein, da er zwischen den empfohlenen Grenzwerten liegt. Mit dem gewählten Wert für Delta können Sie nun einen auf der Normalverteilung basierenden Differential-Privacy-Mechanismus berechnen und anwenden und Ihre Ergebnisse mit denen des Laplace-Mechanismus vergleichen. Doch zunächst sollten wir uns noch genauer damit befassen, wie sich diese Mechanismen auf den von Ihnen hinzugefügten Fehler auswirken.

Laplace-verteiltes und gaußsches Rauschen im Vergleich

Bevor Sie Laplace-verteiltes und gaußsches Rauschen miteinander vergleichen und beurteilen können, sollten Sie sich noch einmal die Grundlagen zur Sensitivität vergegenwärtigen. Beiden Mechanismen liegen unterschiedliche Konzepte von Sensitivität zugrunde. Bisher haben Sie Sensitivität so kennengelernt, dass sie aussagt, in welchem Ausmaß eine einzelne Person einen bestimmten Wert beeinflussen kann.

Es gibt jedoch noch eine andere Variante von Sensitivität, die Sie bei der Verwendung von Differential Privacy berücksichtigen müssen. Es geht nicht nur darum, wie stark eine Person einen Wert beeinflussen kann. Es geht vielmehr darum, wie oft und wie stark eine Person Werte in den von Ihnen veröffentlichten Daten bzw. den von Ihnen beantworteten Abfragen beeinflussen kann.

Verdeutlichen wir das anhand eines konkreten Beispiels. Sie arbeiten mit der Personalabteilung zusammen, um gemeinsam zu analysieren, ob es in bestimmten Teams oder Abteilungen Probleme gibt, die die Führungsebene angehen muss. Ihr Ziel ist es, die Personen zu schützen, die zu diesen Problemen beitragen. Die Führungsebene möchte die Problemfelder im Auge behalten und entsprechende Prioritäten setzen. Deshalb sollen Sie die durchschnittliche Anzahl an Beschwerden pro Team und/oder Abteilung und die durchschnittliche Zeit, die bis zur Klärung dieser Beschwerden vergeht, ermitteln.

Zunächst müssen Sie eine Ober- und eine Untergrenze (*Clamping Bounds*) festlegen, da die Anzahl der Beschwerden pro Monat 0 bis unendlich sein kann. Sie entscheiden sich für eine Spanne von 0 bis 10. Außerdem möchten Sie die durchschnittliche Zeit, die bis zur Klärung dieser Beschwerden vergeht, in eine Spanne von 0 bis 5 einteilen (z.B. könnte 0 für ein Ticket stehen, das noch am selben Tag von einer Mitarbeiterin in der Personalabteilung abgearbeitet wurde, die es entgegengenommen hat, und 5 für ein Ticket, das nach 30 Tagen noch nicht erledigt wurde). Dadurch können länger andauernde Probleme hervorgehoben und möglichen *False Positives*, bei denen jemand die Beschwerde falsch eingestuft haben könnte, weniger Bedeutung zugemessen werden.

Bezogen auf Ihre bisherige Definition von Sensitivität bedeutet dies, dass Sie hinsichtlich der von Ihnen berechneten Statistiken zu den Beschwerden vermutlich eine Sensitivität von 5 × 10 benötigen, damit Sie eine Person angemessen schützen können, sollte diese mehrere Beschwerden eingereicht haben, die lange ungelöst bleiben.

Anders ausgedrückt, bedeutet dies, dass das Rauschen und der Fehler sich proportional zur Anzahl der Statistiken verhalten, die eine einzelne Person beeinflussen kann. Um die Korrelation zwischen mehreren Features (bzw. hier Statistiken) zu berechnen, müssten Sie, wenn eine einzelne Person mehrere Datenpunkte beitragen kann, jedes Mal das Worst-Case-Szenario bzw. die größtmögliche Sensitivität in Betracht ziehen.

Es gibt jedoch Methoden, die Ihnen dazu verhelfen, dass Ihr Fehler kleiner ausfällt! Stellen Sie sich hierzu einen mehrdimensionalen Vektorraum vor. Ihnen liegt die anfängliche »unverrauschte« Vektordarstellung des wahren Ergebnisses aller Abfragen vor. Um einen passenden Differential-Privacy-Mechanismus hinzuzufügen, müssen Sie eine angemessene Sensitivität ansetzen. Wie können Sie in diesem mehrdimensionalen Raum so viel Rauschen hinzufügen, dass dieses Rauschen zur Sensitivität der einzelnen Abfragen passt und gleichzeitig so gering wie möglich gehalten wird?

Bei Laplace-Mechanismen verwendet man zur Optimierung und Minimierung des Fehlers und des Rauschens die Manhattan-Distanz bzw. L_1-Norm (engl. *Manhattan Distance*). Bei gaußschen Mechanismen kann man hingegen den euklidischen Abstand (engl. *Euclidean Distance*) nutzen, da das Rauschen, das hinzugefügt wird, das gleiche ist, das man bei einem normalverteilten Fehler erwarten würden. Bei gaußschem Rauschen ist der Fehler normalverteilt und lässt sich am besten mit dem euklidischen Abstand bzw. der L_2-Norm berücksichtigen.

Um die Manhattan-Distanz bzw. die L_1-Norm im Vektorraum zu ermitteln, muss folgende Berechnung vorgenommen werden:

$$\| x \|_1 = \sum_{i=1}^{N} |x_i|$$

Um den euklidischen Abstand bzw. die L_2-Norm im Vektorraum zu ermitteln, wiederum die folgende Berechnung:

$$\| x \|_2 = \sqrt{\sum_{i=1}^{N} |x_i|^2} = \sqrt{x^T x}$$

Diese Unterschiede in Bezug auf Fehler und Rauschen lassen sich im zweidimensionalen Raum anhand eines Vergleichs der L_1- und L_2-Norm von zwei Punkten veranschaulichen (siehe Abbildung 2-7).

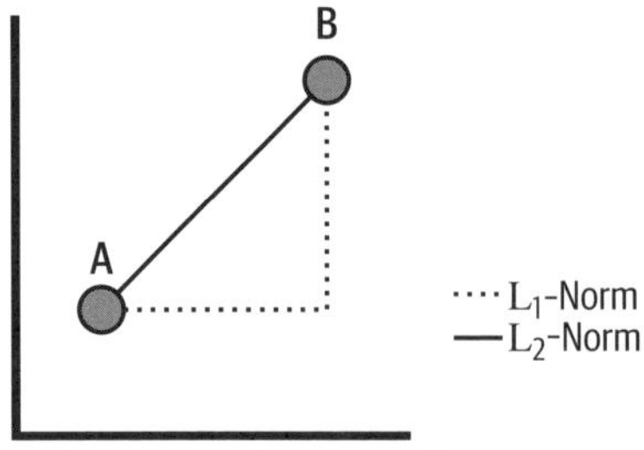

Abbildung 2-7: Vergleich zwischen L_1- und L_2-Norm

In Abbildung 2-7 wird deutlich, warum die Methoden ihre Namen haben. Bei der Manhattan-Distanz wird die Distanz wie Straßen in Manhattan, das ein rasterförmiges Stadtdesign hat, behandelt. Beim euklidischen Abstand wird der kürzeste Abstand zwischen zwei Punkten (hier die Hypotenuse) mittels geometrischer Methoden ermittelt.

Um zu dem konkreten Beispiel für das Hinzufügen von Rauschen zu den Beschwerden zurückzukehren: Wenn Sie Laplace-verteiltes Rauschen verwenden und eine Mitarbeiterin 10 oder mehr Beschwerden einreicht, die unerledigt bleiben, müssen Sie für ihr Rauschen die Manhattan-Distanz als Streuungsfaktor verwenden. Das bedeutet, dass Sie für das Rauschen 5×10 als Streuungsfaktor einsetzen. Wenn Sie hingegen gaußsches Rauschen verwenden, nutzen als Streuungsfaktor $5 \times \sqrt{10}$. An dieser Stelle wird deutlich, wie wichtig es ist, zu verstehen, wie eine Nutzerin bzw. ein Nutzer zu mehreren Statistiken beiträgt!

Als Faustregel können Sie sich merken, dass sich die Streuung von Laplace-verteiltem Rauschen proportional zur Anzahl der Statistiken, die eine Person beeinflussen kann (k), verhält, während gaußsches Rauschen mit der Quadratwurzel aus k skaliert. Wenn also die Sensitivität hoch ist und eine Person eine ganze Reihe von Ergebnissen beeinflussen kann, ist gaußsches Rauschen besser geeignet.

Was bedeutet das in der Praxis? Fügen wir dem Datensatz mit den Gehalts- und Altersangaben etwas Rauschen hinzu und sehen wir uns die Ergebnisse an. Zur Berechnung des Mittelwerts verwenden Sie jetzt gaußsches anstelle von Laplace-verteiltem Rauschen. Diese einfache Implementierung beinhaltet nicht die Optimierungen, die Sie mit dem euklidischen Abstand vornehmen können, da es sich um ein Beispiel handelt, das nur Anschauungszwecken dient und nicht in einem realen Anwendungsfall verwendet werden sollte. In dem Notebook, das sich mit gaußschem Rauschen befasst, finden Sie einen Vergleich, mit dem Sie Ihr Verständnis spielerisch vertiefen können. Darüber hinaus werden Sie in Kapitel 3 eine Bibliothek verwenden, in der die neuesten Techniken bereits implementiert sind:

```
count_epsilon = 0.20
sum_epsilon = 0.79
delta=10**-5


def gaussian_dp_mechanism(value, epsilon, sensitivity=sensitivity):
    # Bitte verwenden Sie diese Funktion nicht in realen Anwendungs-
    # fällen - sie ist anfällig gegenüber bekannten Angriffen.
    # Verwenden Sie stattdessen eine anerkannte und geprüfte
    # Open-Source-Bibliothek für Differential Privacy.
    orig_value = value
    gauss_scale = sqrt((2*sensitivity**2*log(1.25/delta))/epsilon**2)
    value =  np.random.normal(value, gauss_scale)
    print("Rauschen: {}".format(value - orig_value))
    return value

summed_ages = gaussian_dp_mechanism(np.sum(bounded_ages),
                                    sum_epsilon, sensitivity=50)
count_ages = gaussian_dp_mechanism(len(bounded_ages),
                                    count_epsilon, sensitivity=1)

mean_age = summed_ages / count_ages
mean_age
```

Wenn ich den Code ausführe, um zu sehen, wie viel Rauschen hinzugefügt wird, erhalte ich das folgende Ergebnis:

```
Rauschen: 332.0995166206894
Rauschen: 25.527328637215277

38.7015287377063
```

Das tatsächliche Durchschnittsalter für den ursprünglichen Datensatz beträgt 45,28, woraus sich ein relativer Fehler von etwa 0,15 ergibt. Das ist etwa das Fünffache des relativen Fehlers des Laplace-Mechanismus, allerdings unter Verwendung eines kleineren Werts für Epsilon (0,99 gegenüber 1,1). Es ist schwierig, einen Eins-zu-eins-Vergleich anzustellen, da Sie die einfachsten Versionen dieser Mechanismen implementiert haben und es Optimierungen gibt, die Sie noch nicht vorgenommen haben. Außerdem ändert sich das Rauschen jedes Mal, wenn Sie das Experiment durchführen (was so beabsichtigt ist!). Abgesehen davon hatten Sie das Vergnügen, sich von Grund auf mit den verschiedenen Stellschrauben vertraut zu machen, an denen man bei Mechanismen zur Gewährleistung von Differential Privacy drehen kann.

Sie sollten nun über eine fundierte Entscheidungsgrundlage verfügen, um die richtigen Entscheidungen treffen zu können. Es würde den Rahmen sprengen, alle Methoden zu behandeln, die Sie verwenden könnten, aber Sie haben ein gutes Grundlagenwissen, um zu beurteilen, inwieweit Sensitivität, Rauschen und Fehler miteinander zusammenhängen.

Differential Privacy in der Praxis: Debiasing von Differential-Privacy-Ergebnissen

Wenn Sie Daten verwenden, auf die Differential Privacy angewandt wurde, verwenden Sie im Wesentlichen Daten, die einen höheren Fehler aufweisen. Sie sollten sich Gedanken darüber machen, wie Sie die Ergebnisse, die Sie erhalten, intelligent nutzen können. Was können Sie tun, um die durch Differential Privacy verursachten Fehler zu reduzieren?

Wie sich das Rauschen wieder verringern lässt (engl. *Noise Reduction*), ist ein seit Langem bestehendes Forschungsgebiet für Statistiker und Data Scientists gleichermaßen. Jüngste Innovationen wie Diffuser und Stable Diffusion (*https://oreil.ly/UYZX3*) haben Techniken der Rauschreduzierung auf neue Probleme angewandt, sodass »verrauschte« Bilder oder Audiodaten zu realistischen Inhalten »entrauscht« werden können. Es wäre interessant, diese Methoden auf Ergebnisse anwendbar zu machen, bei denen Differential Privacy zur Anwendung kam, d. h. zu lernen, wie das im Rahmen der Differential Privacy hinzugefügte Rauschen vorhergesagt werden kann und wie es entfernt werden kann. Da Sie niemals eine hundertprozentige Genauigkeit erreichen können – es sei denn, der Mechanismus ist falsch implementiert –, könnten Sie die Ergebnisse ohne Bedenken »entrauschen« und dabei die Privacy-Garantien aufrechterhalten, da sich die Gewissheit des Angreifers nicht ändert (d. h., beim Debiasing des Rauschens kann weder garantiert werden, dass die Ausgabe dem ursprünglichen Wert entspricht, noch kann dies jemand beweisen, es sei denn, er inspiziert den Mechanismus zur Laufzeit, was strengstens untersagt ist).

Sie könnten auch mithilfe des bayesschen Denkens (engl. *Bayesian Reasoning*) Annahmen über die Abfragen und deren tatsächliche Ergebnisse aufstellen. Um diese Annahmen zu modellieren, könnten Sie eine bayessche Bibliothek wie *PyMC3* verwenden und eine Reihe von Experimenten durchführen. Wenn Sie Ihre A-priori-Wahrscheinlichkeiten richtig bestimmen, dokumentieren und modellieren, können Sie sehen, ob sich Ihre Experimente mit dem Verhalten der Datenquelle, die Differential Privacy unterliegt, decken. Scheint Ihr Modell falsch zu sein, bedeutet das wahrscheinlich, dass Sie Ihre A-priori-Wahrscheinlichkeiten anpassen müssen!

Ein Grund, gaußsches Rauschen zu bevorzugen, ist die Tatsache, dass bei wissenschaftlichen Untersuchungen häufig von normalverteilten Fehlern ausgegangen wird. Welche Fehlernormalisierung oder -korrektur Sie auch immer in Ihrem anfänglichen Design und Ihrer Argumentation berücksichtigt haben – sie funktioniert in der Regel gut, wenn Sie gaußsches Rauschen verwenden.

In diesem Kapitel habe ich die Begriffe *Rauschen* und *Fehler* gelegentlich synonym verwendet. Das war durchaus Absicht. Ich wollte damit verdeutlichen, dass Daten bereits einen gewissen Anteil an Fehlern und Rauschen enthalten. Es gibt keine »Ground Truth« bzw. keine »reinen Daten«. Somit verändern Sie eine bereits fehlerbehaftete Version der Realität zu einer anderen, wenn Sie mittels Differential Privacy künstliches Rauschen hinzufügen.

Ein weiterer guter Grund, gaußsches Rauschen für die Data Science in Betracht zu ziehen, sind die Eigenschaften, die eine Normalverteilung aufweist. Wenn Ihr Datensatz – oder zumindest bestimmte Variablen im Datensatz – ebenfalls normalverteilt sind, erhalten Sie wiederum eine normalverteilte Größe. Außerdem haben Normalverteilungen günstige Eigenschaften im Hinblick auf lineare Algebra und maschinelles Lernen, z. B. wenn Sie lineare oder affine Transformationen auf Matrizen oder Vektoren anwenden müssen.

Die derzeitigen Ansätze zu Differential Privacy werden immer noch weiterentwickelt und erforscht, und es können jederzeit neue hinzukommen. Um Ihre Entscheidungen im Rahmen Ihrer Anwendungsfälle bestmöglich treffen zu können, sollten Sie versuchen, das große Ganze im Auge zu behalten und ein Verständnis dieser Technologie zu entwickeln. Als Entscheidungshilfe lohnt es sich, einen abstrakteren, theoretischen Blick auf Differential Privacy zu werfen.

Sensitivität und Privacy Units

Bisher haben Sie die Definition der Sensitivität auf eine hinzugefügte Person bzw. gelöschte Person bezogen. Dies wird auch als *Privacy Unit*, im Deutschen also sinngemäß »Datenschutzeinheit«, bezeichnet. Es gibt Fälle, in denen eine Person als Privacy Unit für das Privacy-Problem, das Sie zu lösen versuchen, ungeeignet ist.

Was ist, wenn ein Gerät von mehreren Nutzern verwendet wird (z. B. ein Auto, ein Home-Assistent oder ein WLAN-Router)? Dann möchten Sie wahrscheinlich sicherstellen, dass das entsprechende Gerät die Privatsphäre aller Nutzer wahrt, sodass der Unterschied zwischen D_1 und D_2 vom Gerät abhängt.

Wenn Sie das Verhalten von Nutzern über einen längeren Zeitraum hinweg untersuchen möchten, z. B. den Browser- oder Standortverlauf oder die Kaufhistorie, werden Sie auf ein weiteres Problem stoßen. Führen Sie über einen längeren Zeitraum mehrere Abfragen auf derartige Daten durch, würde Ihr Privacy Budget wahrscheinlich ausgeschöpft werden, ohne dass es Ihnen möglich wäre, eine aussagekräftige Analyse anzustellen. In diesem Fall könnten Sie das Differential Privacy Budget auf einen bestimmten Zeitraum begrenzen, das nach Ablauf dieses Zeitraums wieder zurückgesetzt wird. Oder Sie könnten sich dafür entscheiden, dass ein Nutzer nicht alle Aktionen, die möglich wären, durchführen kann, sondern nur bestimmte, für die Sie den Schutz der Privatsphäre gewährleisten (wobei Sie dann versuchen, die Privatsphäre pro Klick bzw. pro Aktion zu schützen).[9] Dieser Schutz verringert sich natürlich, wenn die Daten auf einer kleineren Ebene (*Privacy Unit*) veröffentlicht werden, z. B. wenn der Schutz der Privatsphäre nur für einen Tag oder eine Woche oder für einen Klick oder eine andere Aktion gewährleistet wird anstatt für alle Aktionen, die ein Nutzer ausführen kann. Wenn ein Angreifer über zusätzliche Informationen verfügt, kann er die Ergebnisse der Abfragen bzw. die veröffentlichten

9 Ein Beispiel hierfür ist Facebooks Veröffentlichung von Nutzeraktivitäten (*https://oreil.ly/jHFez*), die über einen Differential-Privacy-Mechanismus erstellt wurde, der auf der Ebene von Einzelaktionen ansetzt (engl. *Action-level Differential Privacy Mechanism*).

Daten, die dieser Form von Differential Privacy unterliegen, dazu verwenden, seine Vermutung mit der Zeit noch mehr zu stützen. Zudem hat sich gezeigt, dass äußerst aktive Nutzer (sogenannte Superuser) trotz Differential-Privacy-Mechanismen besonders stark gefährdet sind und in den Ergebnissen identifiziert werden können.

> Wenn Sie eine Anonymisierung durchführen, um der Datenschutzgesetzgebung zu entsprechen – wie z. B. Differential Privacy zur Anonymisierung von Daten im Rahmen der DSGVO anzuwenden –, ist es besonders wichtig, diese Entscheidungen mit Ihrem juristischen Team zu besprechen (mehr dazu in Kapitel 8). Wenn Sie gewillt sind, neuartige Ansätze zu implementieren, kann ein Blick in die Fachliteratur zu einem bestimmten Algorithmus oder Anwendungsfall, der Ihnen vorschwebt, eine nützliche Implementierung zutage fördern, die Ihren Anforderungen an den Datenschutz am besten gerecht wird.[10]

In Kapitel 3 werden Sie sich noch mit einer der nützlichsten Open-Source-Bibliotheken für Differential Privacy vertraut machen, wodurch Ihnen die in der Praxis angewandten Ansätze besser greifbar werden sollten. Dennoch dürften Sie sich im Moment vielleicht fragen, ob es nicht noch weitere Definitionen von Anonymisierung gibt. Möglicherweise haben Sie ja schon mal von k-Anonymity (bzw. k-Anonymität) gehört? Sehen wir uns einmal an, worum es sich dabei handelt und warum nicht mehr empfohlen wird, sie zu verwenden.

Wie steht es mit k-Anonymity?

k-Anonymity ist ein älterer Anonymisierungsansatz, der von der Informatikerin Latanya Sweeney (*https://latanyasweeney.org*) entwickelt wurde, nachdem sie nachgewiesen hatte, dass sie die vom Bundesstaat Massachusetts freigegebenen Krankenakten de-anonymisieren kann. Der damalige Gouverneur William Weld hatte zuvor vorgeschlagen, alle staatlichen Krankenakten zur öffentlichen Einsichtnahme freizugeben, und dabei erklärt, sie seien ordnungsgemäß anonymisiert worden. Nachdem sie die veröffentlichten Krankenakten mit leicht zu beziehenden Daten aus dem Wählerverzeichnis zusammengeführt hatte, war es Sweeney möglich, Welds Krankenakten unter Hinzuziehung von Alter, Postleitzahl und Geschlecht herauszufiltern bzw. zu identifizieren. Daraufhin hat sie ihm seine Krankenakten zugeschickt, was ihn dazu veranlasste, die freigegebenen Daten zurückzuziehen.

10 Wenn Sie sich auf dem Gebiet der Differential Privacy über interessante Forschungsbeiträge oder neue Entwicklungen informieren möchten, sollten Sie einen Blick auf Fachkonferenzen werfen, die sich mit dem Thema Privacy befassen, wie z. B. dem Privacy Enhancing Technologies Symposium (PETS) (*https://oreil.ly/iC9v4*), der USENIX Conference on Privacy Engineering Practice and Respect (PEPR) (*https://oreil.ly/DeHye*) oder Privacy-preserving-Machine-Learning-(PPML-)Konferenzen wie der von der Association for Computational Linguistics (ACL) (*https://oreil.ly/m0s1t*) oder der International Association for Cryptologic Research (IACR) (*https://oreil.ly/H8iON*). Abgesehen davon ist der Datenschutz heute ein wichtiges Thema für alle Technologinnen und Technologen, daher werden auf vielen verschiedenen Konferenzen immer wieder neue Forschungsartikel vorgestellt.

k-Anonymity wurde ursprünglich entwickelt, um diese Art von Linkage Attacks zu verhindern. Bei k-Anonymity werden Personen mit ähnlichen sensiblen Merkmalen bzw. Attributen (wie Alter, Postleitzahl und Geschlecht) gruppiert, und Gruppen, die weniger als k Personen enthalten, werden nicht veröffentlicht. Wenn Sie zum Beispiel eine Tabelle hätten, die wie Tabelle 2-2 aussieht:

Tabelle 2-2: Ursprünglicher Datensatz

Alter	Postleitzahl	Diagnose
54	11189	Covid-19
44	11188	gewöhnliche Grippe
22	11187	Covid-19
25	11189	Covid-19
44	34555	Covid-19
72	34555	Covid-19
66	34556	gewöhnliche Grippe
77	34555	gewöhnliche Grippe
78	11189	gewöhnliche Grippe
75	33444	Covid-19

würden Sie sie so anpassen, dass Sie wie Tabelle 2-3 aussieht und dabei k = 2 wählen.

Tabelle 2-3: Der Datensatz mit k = 2

Alter	Postleitzahl	Diagnose
40-60	1118*	Covid-19
40-60	1118*	gewöhnliche Grippe
20-40	1118*	Covid-19
20-40	1118*	Covid-19
60+	3455*	Covid-19
60+	3455*	gewöhnliche Grippe
60+	3455*	gewöhnliche Grippe

Sie sehen, dass Sie die Größe der Gruppen teilweise noch weiter gefasst haben, um eine höheres Maß an Privatsphäre zu gewährleisten und sicherzustellen, dass eine einzelne Person nicht identifiziert werden kann. Außerdem haben Sie einige Zeilen weggelassen, sodass k = 2 gilt und somit keine Einzelpersonen mehr in der Tabelle enthalten sind. Ist die Privatsphäre damit nun geschützt?

Wenn ich mir ziemlich sicher bin, dass Sie in dem Datensatz enthalten sind, dass Sie Mitte 20 sind und dass Sie eine Postleitzahl haben, die mit 1118 beginnt, kann ich sofort ableiten, dass Sie wahrscheinlich Covid-19 hatten, weil in diesem Datensatz

100 % der 20- bis 40-Jährigen mit dieser Postleitzahl eine positive Diagnose hatten. Doch genau das wollten Sie eigentlich verhindern. Informationen wie diese wurden in mehreren k-anonymisierten Datensätzen ausgenutzt, darunter ein veröffentlichter edX-Datensatz, der mithilfe von LinkedIn-Daten re-identifiziert wurde (*https://oreil.ly/gTcKg*).

Angesichts der Tatsache, dass es infolge dieser Schwachstellen zu bekannten Angriffen kam, schlugen die Forscher eine neue Methode vor, die in Verbindung mit k-Anonymity verwendet werden kann: *l-Diversity* (die im Deutschen auch als l-Vielfalt bezeichnet wird). l-Diversity besagt, dass es auch bei verwandten sensiblen Merkmalen eine Varianz geben muss, damit der Prozess von k-Anonymity nicht zu homogenen Gruppen führt, in denen sensible Merkmale ungewollt offengelegt werden.

Leider verursachte l-Diversity zusätzliche Probleme bei der Verwendung der Daten. Im Zuge der Bildung der Gruppen könnten die Daten verzerrt werden, sodass sie für Methoden wie maschinelles Lernen oder statistische Inferenz unbrauchbar wären und unausgewogene Gruppen entstehen würden, die für die eigentlichen Daten nicht mehr repräsentativ wären. Was wäre zum Beispiel, wenn Sie einen Wert von k = 2 und einen Wert von l = 2 festlegten? Im Endeffekt würden Sie dann nur noch die Zeilen erhalten, die in Tabelle 2-4 aufgeführt sind.

Tabelle 2-4: Der Datensatz mit k = 2 und l = 2

Alter	Postleitzahl	Diagnose
40-60	1118*	Covid-19
40-60	1118*	gewöhnliche Grippe
60+	3455*	Covid-19
60+	3455*	gewöhnliche Grippe
60+	3455*	gewöhnliche Grippe

Dadurch stehen Ihnen jetzt nicht nur weniger Informationen und Daten zur Verfügung, sondern Ihr Datensatz wurde auch verfälscht. Die Inzidenz der gewöhnlichen Grippe fällt nun höher aus als die von Covid-19, was im vollständigen Datensatz nicht der Fall ist.

Zur Lösung dieses Problems wurde t-Closeness (seltener auch als t-Nachbarschaft bezeichnet) vorgeschlagen, die besagt, dass die l-diversen Gruppen eine t-Closeness zur Verteilung dieser Attribute in der Gesamtpopulation aufweisen müssen. Daher müssen Sie jetzt Gruppen erstellen, die die Verteilung dieser verwandten Attribute in der Gesamtpopulation besser widerspiegeln. Mal sehen, wie sich das auf unsere Tabelle auswirkt (siehe Tabelle 2-5).

Tabelle 2-5: Der Datensatz mit k = 2, l = 2 und t-Closeness

Alter	Postleitzahl	Diagnose
keiner	keiner	keiner

Ja, genau so! Es ist nicht möglich, Daten zu veröffentlichen und gleichzeitig diese Anforderungen zu erfüllen.

Ich denke, Ihnen ist klar geworden, welche Einschränkungen es gibt. k-Anonymity ist so, als würde man Ihren Datensatz mit einer Axt bearbeiten, obwohl ein Meißel für Ihre Zwecke eigentlich besser geeignet wäre. k-Anonymity bietet keine Möglichkeit, Datenschutzgarantien zu quantifizieren, muss bei jedem Datensatz individuell angepasst werden, benötigt viel Rechenleistung, um richtig implementiert zu werden, und fügt dem Datensatz zahlreiche Verzerrungen (engl. *Bias*) hinzu. Anders als bei Differential Privacy gibt es keine Möglichkeit, zu ermitteln, inwieweit ein Angreifer Informationen in Erfahrung bringen kann, oder Rückschlüsse auf den Privacy Loss einzelner Personen im Datensatz zu ziehen. Daher wird es heutzutage im Allgemeinen nicht mehr zur Anonymisierung von Daten verwendet bzw. nicht mehr empfohlen.

> Möglicherweise haben Sie sich bereits Gedanken über synthetische Daten gemacht. Ich werde die möglichen Verwendungszwecke synthetischer Daten noch in Kapitel 10 erläutern. Bislang war es schwierig, synthetische Daten mit realistischen Eigenschaften zu generieren, ohne dass dafür reale Daten als Grundlage verwendet werden, was jedoch unter Umständen zu einem Leakage von Informationen führen kann. Beispielsweise bietet Gretel.ai Möglichkeiten, synthetische Daten aus realen Daten zu generieren und dabei gleichzeitig Differential Privacy anzuwenden (*https://oreil.ly/bcZun*). In Kapitel 4 erfahren Sie mehr darüber, welche Risiken für die Privatsphäre mit der Generierung realistischer synthetischer Daten auf Basis realer Daten verbunden sind, wenn keine Differential Privacy zum Einsatz kommt.

Zusammenfassung

In diesem Kapitel haben Sie eine genaue und wissenschaftliche Definition von Privacy kennengelernt, und zwar von Differential Privacy, der derzeit führenden Lösung zur Anonymisierung. Sie haben einfach gehaltene Mechanismen implementiert und verschiedene Arten von Rauschen verglichen, ein eigenes Privacy Budget erstellt und eine erste Vorstellung davon entwickelt, wie Differential Privacy in der Praxis umgesetzt wird. Sie können nun nachvollziehen, wie schwierig es ist, umfassende Mechanismen zu entwickeln, die komplexe Themen wie Sensitivität adressieren und die richtige Balance zwischen dem Schutz der Privatsphäre und dem Informationsgehalt von Daten zu wahren. Darüber hinaus haben Sie auch frühere Ansätze einer Bewertung unterzogen und herausgefunden, dass diese nur selten zu empfehlen sind.

Ich hoffe, Sie können der Komplexität der im Zusammenhang mit Privacy auftretenden Probleme inzwischen etwas abgewinnen. Im nächsten Kapitel werden Sie Ihr neu erworbenes Wissen über Governance, Datenschutz und Differential Privacy auf reale Systeme anwenden und dabei verfügbare Bibliotheken nutzen.

KAPITEL 3

Datenschutz in Datenpipelines integrieren

Nachdem Sie verschiedene Ansätze zur Pseudonymisierung und Anonymisierung kennengelernt haben, werden wir uns nun damit beschäftigen, wie Sie diese Ansätze direkt in die üblichen Datenworkflows integrieren können. Pipelines und andere groß angelegte Dateninfrastrukturen stellen einen nachhaltigen und erweiterbaren Ansatz dar, mit dem sich Datenschutz in Ihre Datenarchitektur integrieren lässt. Datenschutzmethoden lassen sich skalieren, wenn sie von einem multidisziplinären Expertenteam ausgearbeitet und von einem Team implementiert werden, das nicht nur Datenschutztechnologien versteht, sondern auch die Infrastruktur des Unternehmens. So gelangen Sie von Stückwerk zu leicht wartbarem Privacy by Design.

In diesem Kapitel erfahren Sie, wie Sie Datenschutztechnologien in die datenverarbeitende Infrastruktur und Software einbinden können.[1] Ich gebe Ihnen auch Tipps für die Zusammenarbeit mit Data-Engineering-Teams (falls Sie noch keinem angehören). Abschließend werden Sie lernen, wie Datenschutz in Datenerhebungsmethoden integriert werden kann und wie Differential Privacy sich als Teil einer entsprechenden Pipeline darstellt.

Datenschutz in Datenpipelines integrieren

In Kapitel 1 haben Sie sich mit den Grundlagen der Data Governance befasst und gelernt, wie grundlegende Datenschutzmaßnahmen anzuwenden sind. In Kapitel 2 haben Sie Anonymisierungs- und Differential-Privacy-Methoden kennengelernt. Nachdem Sie nun die Grundbausteine des Datenschutzes verinnerlicht haben, ist es Zeit, mit ihnen zu experimentieren und sie anschließend zu automatisieren und in einer realen Dateninfrastruktur zu skalieren.

Bevor Sie damit beginnen, Datenschutz in diese Workflows zu integrieren, sollten Sie die Risiken sorgfältig bewerten, die Daten (so gut es geht) dokumentieren, den Anwendungsfall einschätzen, die Sensitivität der Daten ermitteln und Ihr Vorhaben in Bezug auf die Verarbeitung und den Datenschutz für andere darlegen. Mithilfe

1 Falls Sie normalerweise nicht im Bereich Data Engineering arbeiten oder für die Infrastruktur zuständig sind, empfehle ich Ihnen, sich anhand von Büchern, Videos oder Blogbeiträgen über Datenpipelines und Datenarchitektur mit den Grundlagen vertraut zu machen.

des in Kapitel 1 beschriebenen Vorgehens haben Sie die Governance und die Sensitivität der Daten bestimmt und wissen jetzt, welche Methoden im Rahmen der Datenerhebung, -nutzung und -transformation erforderlich sind. Unabhängig davon, ob Sie eine Maskierung, eine Pseudonymisierung oder Differential Privacy verwenden, können Sie diese Schritte befolgen, wenn Sie Ihre Datenschutzmaßnahmen in Pipelines integrieren wollen.

Geeignete Datenschutzmaßnahmen konzipieren

Sie haben vielleicht Hunderte oder Tausende von Data-Engineering-Jobs, die täglich ausgeführt werden. Unabhängig davon, in welchem Umfang Daten in Ihrem Unternehmen verarbeitet werden, sollten Sie allen Beteiligten klar darlegen, welche Datenschutzmaßnahmen Sie für die verschiedenen Datentypen, die Sie verarbeiten, ergreifen werden. Sind Sie sich nicht sicher, welche technischen Datenschutzmaßnahmen Sie ergreifen sollten, fangen Sie am besten klein an (z.B. indem Sie sensible Felder maskieren bzw. unkenntlich machen) und probieren erst einmal verschiedene aus. Ihr Ziel ist es, den goldenen Mittelweg für Ihre Daten zwischen einem möglichst hohen Informationsgehalt und einem angemessenen Datenschutz zu finden, um so sicherzustellen, dass sie den Zweck, für den sie erhoben wurden, erfüllen und gleichzeitig die Privatsphäre der betroffenen Personen geschützt wird. Es ist immer eine schlechte Idee, persönliche bzw. sensible Daten zu erheben, die komplett ungenutzt bleiben!

Sehen wir uns an, wie Sie am besten vorgehen können und welche Fragen Sie sich stellen müssen, um beurteilen zu können, ob Ihre Maßnahmen dem jeweiligen Anwendungsfall gerecht werden:

Bestimmung des Zwecks und des Anwendungsfalls
: Welchen Zweck verfolgen Sie mit der Erfassung dieser Daten? Wer wird sie verwenden und wofür? Bestimmen Sie Ihre Anwendungsfälle gemeinsam mit den internen oder den Endnutzerinnen und -nutzern. Wenn Sie sich nicht sicher sind, warum die Daten erhoben oder wofür Sie verwendet werden, müssen Sie gemeinsam mit anderen abwägen, ob es das Risiko wert ist, die entsprechenden Daten zu erheben, wenn diese vielleicht nie gebraucht werden. Beschäftigen Sie sich mit dem Konzept der Datensparsamkeit (*https://oreil.ly/SK8Xq*) (engl. *Data Minimization*) und folgen Sie diesem; es ist der bestmögliche Mechanismus zum Schutz der Privatsphäre. Für Ihre erste Implementierung sollten Sie einen Anwendungsfall auswählen, der ein vergleichsweise hohes Datenschutzrisiko birgt.

Größtmöglicher Datenschutz
: Ausgehend von Ihrem anfänglichen Anwendungsfall, wie viel Datenschutz können Sie bieten, ohne dass Ihre Arbeit beeinträchtigt wird? Oftmals ist es sinnvoll, verschiedene Datenschutztechnologien zu erproben und sich die Ergebnisse anzusehen. Damit keine Daten verloren gehen, sollten Sie einen temporären, sicheren internen Speicher oder eine Stichprobe der Daten erstellen, auf den bzw. die keine Datenschutzmethoden angewandt wurden. Testen Sie

verschiedene Methoden und lassen Sie das Team bzw. die Personen, die die Daten verwenden, einen Blick darauf werfen, um zu sehen, ob sie noch einen ausreichend hohen Nutzen aus den Daten ziehen können. Wenn es geht, sollten Sie mit einem möglichst hohen Maß an Datenschutz beginnen (d.h. Löschen von Feldern, Maskierung und/oder Differential Privacy). Ähnlich wie bei der Entwicklung eines neuen Produkts sollten Sie erst herausfinden, was der Kunde braucht, und ihm nicht einfach das geben, wonach er fragt.

Zum einen könnten Sie als Datenschutzexperte Möglichkeiten erkennen, wie deren Bedürfnissen auf eine datenschutzfreundlichere Weise entsprochen werden kann. Zum anderen könnten sich die Datennutzer zu sehr auf ihre eigene Analyse konzentrieren und ihre eigenen Interessen nicht mit den Rechten der Betroffenen in Einklang bringen. Wie immer gilt: Suchen Sie das Gespräch! Schon nach wenigen Gesprächsrunden werden Sie für sich und Ihr Team herausfinden, welche Maßnahmen für welche Arten von Aufgaben geeignet sind. Sie werden auch neue Bibliotheken und Ansätze kennenlernen, wenn diese im Rahmen Ihrer Experimente erprobt werden.

Übertragen auf andere Anwendungsfälle

Welche anderen Aufgaben, Anwendungsfälle oder Datenkonsumenten hätten die gleichen oder ähnliche Anforderungen, wenn für das erste Projekt ein angemessenes Gleichgewicht zwischen Schutz und Nützlichkeit der Daten gefunden wurde? Sofern Ihr Unternehmen über eine Datenklassifizierung verfügt, die an die Einwilligung oder Nutzung gebunden ist, sollten Sie mit Anwendungsfällen beginnen, die dieselben Klassifizierungs- bzw. Nutzungsanforderungen erfüllen. Verwenden Sie einen agilen Ansatz, bei dem Sie diese kleinen Änderungen einführen und nach und nach einen weiteren Anwendungsfall oder eine weitere Aufgabe berücksichtigen. Auch Ihre Datenkonsumenten (bzw. Endnutzer) werden nach und nach lernen und möglicherweise andere Bedürfnisse haben, die kleinere Anpassungen erfordern. Wenn sich ein Ansatz über mehrere Teams und ähnliche Anwendungsfälle hinweg bewährt, kann er als Standardmethode oder Standardansatz eingeführt werden. Dies kann dokumentiert und an neue Mitarbeitende in den Bereichen Data Engineering und Data Privacy weitergegeben werden. Für den Fall, dass der Ansatz aus irgendeinem Grund nach einiger Zeit nicht mehr funktioniert, sollte sichergestellt werden, dass die Datenkonsumenten oder Endnutzer über die Änderungen informiert werden.

Erproben, lernen und anpassen

Wenn neue Datenschutztechnologien verfügbar werden oder wenn die Kompetenzen im Bereich Datenschutz im Team ausgebaut wurden, sollten Sie überlegen, an welchen Stellen Sie Optimierungen und Anpassungen vornehmen können. Der Bereich wächst und verändert sich stetig. Ein paar Ihrer Teammitglieder sollten stets über neue Entwicklungen informiert bleiben. Liegt eine neuere Version einer Bibliothek vor, die Sie verwenden? Wenn ja, welche neuen Funktionen bietet sie? Bringt ein neues Teammitglied gegebenenfalls spezielle Fachkenntnisse mit, oder wurde ein neuer Privacy Engineer eingestellt? Wie lassen sich ihre Empfehlungen sinnvoll in die Workflows einbinden? Beurteilen Sie geplante Änderungen der Datenschutzrichtlinien und anderer Data-Governance-Maßnahmen im Unternehmen und arbeiten Sie gemeinsam an neuen Richtlinien, Standards und Implementierungen. Wenn Sie Datenschutz im Kontext zukünftiger Entwicklungen betrachten, können Sie sicherstellen, dass Ihre Datenschutzmaßnahmen sowohl aktuell als auch in Zukunft angemessen sind.

> Sie haben bereits in Kapitel 2 gelernt, dass Differential Privacy eine strenge Definition von Privacy ist, die eine belegbare Garantie bietet. Alle anderen Verfahren sind daher weniger sicher und weniger empfehlenswert. In Bezug auf den Datenschutz in der Praxis werden Sie wahrscheinlich Methoden verwenden müssen, die nicht so sicher und streng sind wie Differential Privacy. Mein Anliegen ist, dass Sie das in diesem Buch erworbene Wissen nutzen, um sich für die sicherste Methode zu entscheiden, mit der Sie Ihre Arbeit erledigen können. Wenn das bedeutet, dass Sie statt Differential Privacy lediglich ein Feld entfernen, dann ist es auch Ihre Aufgabe, dafür zu sorgen, dass Ihr Team und andere, die die Daten verwenden, das damit verbundene Risiko verstehen.

Sobald Sie die Maßnahmen gefunden haben, die für Ihre Anwendungsfälle geeignet sind, ist es an der Zeit, diese in allen Arbeitsabläufen bzw. Workflows zu verankern. Doch bevor Sie dazu übergehen, möchte ich Ihnen zeigen, wie Sie Datenflüsse aufbauen können, die auf alle Beteiligten abgestimmt sind.

Die Nutzerinnen und Nutzer besser einschätzen können

Wer bezieht am Ende Ihrer Pipeline die Daten? Welche Anforderungen hat diese Person in Bezug auf Datenschutz und -qualität? Herauszufinden, wer Ihr »Datenkonsument« ist, ist ein wesentlicher Aspekt, der beim Aufbau besserer und nützlicherer Pipelines berücksichtigt werden muss.

Wenn Sie deren Bedürfnisse und Anwendungsfälle kennen, werden Sie besser verstehen, wie Sie den Datenschutz am besten gewährleisten und wie Sie Kontrollmechanismen einrichten können, die sicherstellen, dass alles wie geplant funktioniert.

Wie Sie bereits in Kapitel 2 erfahren haben, setzt die Anwendung von Differential Privacy ein gutes Verständnis der Daten, des Anwendungsfalls und der damit verbundenen Sensitivität voraus. Jeder dieser Faktoren wird sich im Laufe der Zeit ändern. Durch regelmäßige Rücksprachen mit den Datenkonsumenten können Sie sich vergewissern, dass die der Differential Privacy unterliegenden Daten immer noch den Erwartungen und Anforderungen des Teams bzw. der Konsumenten entsprechen. Wenn sich dies ändert oder wenn sich die zugrunde liegende Verteilung grundlegend ändert (z. B. infolge einer Änderung der Software oder Anwendung, mit der die Daten erzeugt werden, oder einer systematischen Veränderung der Grundgesamtheit), sollte der Differential-Privacy-Mechanismus entsprechend umgestaltet werden. Dies kann so einfach sein wie die Anpassung der Grenzwerte (*Clamping*

Bounds), der Sensitivität, der Privacy Units oder des Epsilons oder auch so komplex wie die Entwicklung eines neuen Algorithmus.

Genauso wichtig ist es, zu kommunizieren, dass sich die Daten, die die Konsumenten sehen werden, aufgrund des eingeführten Datenschutzes verändern. Im Idealfall handelt es sich dabei um regelmäßige Gespräche, da das Team, das die Datenschutzmaßnahmen einführt, diese an die Bedürfnisse des Unternehmens sowie der Compliance- und Rechtsabteilung und anderer Interessengruppen anpasst. Den Nutzern beizubringen, wie sie Daten verwenden können, die Datenschutzmaßnahmen unterzogen wurden, gehört mittlerweile zu den erforderlichen Fähigkeiten der Privacy- und Datenteams. Entscheidend für den Erfolg oder Misserfolg Ihrer Datenschutzinitiativen wird sein, dass dieses Gespräch reibungslos abläuft und dass alle Beteiligten das Gefühl haben, Fragen stellen und experimentieren zu können.

Ich persönlich finde es sehr wichtig, Menschen dort abzuholen, wo sie sich in Bezug auf ihre Nutzererfahrung befinden. Wenn Sie einen Analysten oder einen Informatiker ansprechen, der 20 Jahre lang auf eine bestimmte Art und Weise gearbeitet hat, und Sie dies nun ändern möchten, sollten Sie sich überlegen, wie Sie die Umstellung möglichst reibungslos gestalten können. Möglicherweise haben diese Menschen jahrelang die gleichen Methoden angewandt. Zudem sollten Sie sicherstellen, dass ihre Arbeit dadurch nicht gestört wird und dass Sie darauf hinwirken, dass sie neue Datenschutztechnologien annehmen. Nehmen Sie kleine, kaum wahrnehmbare Änderungen vor, gehen Sie die Änderungen Schritt für Schritt an, hören Sie sich ihre Bedenken an und beziehen Sie sie in den Aufbau und die Planung ein. Holen Sie während des Prozesses immer wieder Feedback dazu ein, ob alles ordnungsgemäß funktioniert. Bereits eine geringfügige Verbesserung der psychologischen Sicherheit (bzw. des Gefühls von Sicherheit) kann sehr viel bewirken!

Dank dieser Bemühungen werden Sie auch herausfinden, wie Sie kleine Teile der Arbeit in Ihre Pipelines integrieren können.

Datenschutz in Datenpipelines integrieren

Wenn Sie damit beginnen, Ihre Datenschutzmaßnahmen zu automatisieren (*Privacy Engineering*), sollten Sie versuchen, sie direkt in Ihre Systeme einzubetten, und nicht jedes Mal aufs Neue benutzerdefinierte Funktionen erstellen. Zu Beginn sollten Sie einen Schritt zurücktreten und prüfen, ob es ganzheitliche Lösungen gibt, mit denen Sie sie in Ihr System integrieren können, sobald sich ein Ansatz, den Sie ausprobiert haben, bewährt hat.

Eine Möglichkeit besteht darin, kleine Softwarepakete in der von Ihnen verwendeten Programmiersprache oder Plattform zu erstellen, die diese Schritte ausführen. Wenn Sie bereits Tools einsetzen, die verschiedene Privacy-Funktionen von Haus aus unterstützen (wie Apache Beam (*https://oreil.ly/24cOE*), das eine Unterstützung für Differential Privacy bietet), greifen Sie auf diese zurück, wann immer es möglich ist! Sollten Sie Spark verwenden, können Sie auch die Tumult-Analytics-Bibliothek (*https://oreil.ly/fNrKw*) (die im Laufe dieses Kapitels noch vorgestellt wird) oder das PipelineDP-Projekt (*https://oreil.ly/jA1Xs*) nutzen. Entwickeln Sie nur dann eigene Lösungen, wenn ein Anwendungsfall so spezifisch ist, dass dies unumgänglich ist – z.B. wenn ein Team eine ganz spezielle Art formaterhaltender Verschlüsselung verwenden muss.

Sie sollten nicht nur die Datenschutztechnologien direkt in der Pipeline einsetzen, sondern auch testen und überprüfen, ob die Dinge so funktionieren, wie Sie es erwarten.

Testen und validieren

Sicherlich testen Sie Ihre Pipelines bereits, oder? Dies gehört schon seit vielen Jahren zu den bewährten Verfahren, die es Ihnen ermöglichen, die Funktionsweise besser zu verstehen und zu validieren. Zusätzlich zu Unittests oder Integrationstests ist es für die Beurteilung des Zustands Ihres Systems unerlässlich, auch die übertragenen Daten zu testen.

Ich nutze hierfür Great Expectations (*https://greatexpectations.io*), das bereits seit Längerem das Tool meiner Wahl ist. Es hat eine recht intuitive Oberfläche, über die Sie sowohl vordefinierte »Expectations« verwenden als auch neue bauen können. Stellen Sie sich das wie eine statische Analyse Ihrer Daten vor: Bestehen die Daten den *Smell Test*?[2] Wenn nicht, sollten Sie die Daten kennzeichnen oder den gesamten Prozess unterbrechen. Auf diese Weise können Sie Rechenkosten sparen und Fehler im System oder in den Pipelines schneller erkennen und beheben.

Was sollten Sie mit einem Tool wie Great Expectations letztlich testen, um in Erfahrung zu bringen, ob Sie sich datenschutzkonform verhalten? Nun, Sie könnten testen, ob bestimmte Felder vorhanden sind bzw. gelöscht wurden, wenn Sie Felder nach Anwendung des Datenschutzmechanismus hinzugefügt haben bzw. wenn Sie erwarten, dass bestimmte sensible Felder gelöscht oder nicht aufgenommen werden. Sie können auch testen, ob die Grenzwerte, die Sie im Rahmen der Differential Privacy getroffen haben (*Clamping Bounds*), wie erwartet funktionieren. Sie können sogar ziemlich ausgeklügelte Tests entwickeln, mit denen Sie sicherstellen können, dass bestimmte Felder gehasht bzw. verschlüsselt sind (indem Sie die Entropie von Zeichenketten überprüfen) oder dass gewisse Maskierungstokens in Feldern vorhanden sind, in denen sie zu erwarten sind.

Um diese Grundprinzipien und Standards praxisnäher zu verdeutlichen, erfahren Sie nun anhand eines Beispiels, wie Sie sie umsetzen können.

2 Ein Smell Test (*https://oreil.ly/rnO2I*) bedeutet in der Informatik, dass die Qualität des Codes bewertet wird. Damit soll beurteilt werden, ob die Datenschutzstandards ordnungsgemäß durchgesetzt und im gesamten Unternehmen und in den zahlreichen Datenströmen angewandt werden.

Datenschutz und Data Governance in Pipelines integrieren

Sie sind jetzt bereit, den ersten Anwendungsfall bzw. mehrere Anwendungsfälle zu entwickeln. Um Ihre getesteten und genehmigten Datenschutztransformationen in eine Produktionsumgebung zu bringen, müssen Sie sicherstellen, dass sie zu Ihren aktuellen Datenworkflows passen und ordnungsgemäß implementiert und getestet werden.

Sehen wir uns ein konkretes Beispiel an, bei dem es um den Austausch von Daten zwischen verschiedenen Abteilungen in einem Unternehmen geht.

Ein Beispiel für einen Workflow zur gemeinsamen Nutzung von Daten

Es ist üblich, Daten innerhalb eines Unternehmens oder sogar innerhalb verschiedener Unternehmen gemeinsam zu nutzen. Wie können Sie dies auf sichere und datenschutzfreundliche Weise tun? Sie verfolgen zwei Ziele: zum einen die Wahrung der Privatsphäre der Nutzer bzw. Mitarbeitenden und zum anderen den Bedürfnissen der Datenkonsumenten gerecht zu werden. Sie haben sich mit internen Expertinnen und Experten beraten, um das Datenschutz- und Sicherheitsrisiko zu analysieren und das erforderliche Schutzniveau zu bestimmen.

Angenommen, Sie arbeiten bei einem Unternehmen, das nachhaltige Schokolade produziert, und verfügen über Einkaufsdaten von Kunden, die über die Webseite bestellt haben. Die Marketingabteilung möchte diese Daten nutzen, um die Effektivität ihrer Kampagnen auf Basis der Anwendergruppe (*User-by-User*) zu messen.[3]

Nachdem Sie den Anwendungsfall erst einmal analysiert haben, legen Sie sich in einem Plan zurecht, wie die Daten am besten transformiert werden sollten, sodass einerseits ein angemessener Datenschutz gewährleistet ist und andererseits ausreichend Nutzen aus den Daten gezogen werden kann. Ihr Plan sieht dabei wie folgt aus:

- Sie entfernen sämtliche persönlichen Identifizierungsmerkmale mit Ausnahme der Kundennummer, die mittels eines Hashing-Verfahrens verschlüsselt wird. Auf diese Weise stellen Sie sicher, dass Sie die entsprechenden Kundennummern erneut ermitteln können, falls das Marketingteam mit spezifischen Fragen auf Sie zurückkommt.
- Wenn die Sitzung eines Nutzers einer Kampagne zugeordnet werden kann, dann behalten Sie die Kampagneninformationen bei, andernfalls lassen Sie das Feld leer.

3 Daten auf Ebene von Nutzern auszuwerten, ist im Hinblick auf den Datenschutz nie eine gute Idee, jedoch gängige Praxis in Marketingabteilungen. Wenn derartige Anliegen im Rahmen Ihrer Arbeit an Sie herangetragen werden, müssen Sie für sich selbst entscheiden, welchen Rat Sie am besten geben. Meiner Meinung nach lassen sich Marketingfragen meist auf Basis von aggregierten Daten beantworten (die je nach Zielgruppe und Weiterverbreitung sogar von einer zusätzlichen Differential Privacy profitieren könnten).

- Sie behalten sowohl den Ort als auch das Bundesland, die für die Rechnungsstellung angegeben wurden, bei. Dies wurde von der Marketingabteilung ausdrücklich so gewünscht, damit die im Zusammenhang mit ihren Kampagnen stehenden Fragestellungen besser beantwortet werden können.
- Sie führen die vorliegenden Auftragsdaten zusammen und verdichten sie, um die Bestellmenge (Anzahl der Bestellungen) und den Bestellwert (Summe aller Bestellungen) pro Kundin bzw. Kunden zu ermitteln.
- Sie schließen Ausreißer aus, die einen außergewöhnlich hohen oder niedrigen Kundenwert (*Customer Value*) haben (falls gewünscht, erstellen Sie der Marketingabteilung eine schriftliche Zusammenfassung der Ausreißer).

Umreißen wir einmal, wie dies in einem Workflow aussehen könnte. Der Pseudo-Python-Code sähe etwa wie folgt aus:

```
order_dataframe.drop(['street_address', 'first_name',
                      'last_name',...])
browser_dataframe.drop(['ip_address', 'browser_Nutzer_agent',...])

order_campaign_df = order_dataframe.merge(browser_dataframe,
                    how='inner', on=['order_id'])

# Hier würden Sie einen Chiffrierschlüssel verwenden, der auf sichere
# Weise für diesen speziellen Auftrag generiert und gespeichert wurde.
# Der Schlüssel wird nur für die Dauer der
# Analyse der Daten vorgehalten und dann gelöscht.
order_campaign_df.Nutzer_id.map(lambda x: encrypt(x, key))

order_campaign_df = order_campaign_df.groupby('order_id').agg(
    {'campaign_uri': 'first',
     'Nutzer_id': 'first',
     'city': 'first',
     'state': 'first'
     'total': 'sum',
     'num_items': 'count',
    })

order_campaign_df = order_campaign_df.total.map(remove_outliers)

# Anschließend exportieren und samt Verarbeitungsdetails bereitstellen!
```

Ein funktionierendes Beispiel für diesen Arbeitsschritt finden Sie im entsprechenden Jupyter Notebook im Repository des Buchs (*https://github.com/kjam/practical-data-privacy*). Passen Sie das Beispiel einfach an das Framework und die Programmiersprache an, die in Ihrem Unternehmen verwendet werden.

Woher wissen Sie jedoch, ob die Pipeline auch richtig funktioniert? Klar, Sie testen sie!

Hierfür verwenden wir ein paar *Expectations* aus der Great-Expectations-Bibliothek. Als Erstes sollten Sie die Great-Expectations-Bibliothek in Ihr Notebook importieren und so einrichten, dass Sie Daten direkt aus dem Pandas-Dataframe abfragen können:

```
import great_expectations as ge
context = ge.get_context()
```

Als Nächstes sollten Sie sich ein Bild davon machen, welche Expectations verfügbar sind, indem Sie einen erweiterten Dataframe erstellen, in dem zusätzlich die Expectations berücksichtigt sind. Verwenden Sie dazu die Tabulator-Autovervollständigungsfunktion, indem Sie im Jupyter Notebook `expect` eintippen und dann die Tabulatortaste drücken. Ihnen wird eine lange Liste angezeigt, durch die Sie navigieren können:

```
ge_df = ge.from_pandas(summary_by_order)
ge_df.expect #  Drücken Sie nun die Tabulatortaste!
```

Mit der folgenden Funktion können Sie testen, ob Sie alle Ausreißer in der Spalte `total_price` entfernt haben. Sie könnten alternativ auch Perzentil-, Maximal- oder Minimalwerte oder auch Standardabweichungen zugrunde legen.

```
ge_df.expect_column_values_to_be_between('total_price', 1500, 27000)
```

Normalerweise würden Sie anschließend weitere Expectations von Hand hinzufügen, es gibt jedoch auch die Möglichkeit, einen Profiler aus der Great-Expectations-Bibliothek zu verwenden und eine Reihe von Expectations automatisch auf Basis der Daten erstellen zu lassen. Wenn Sie mit der Datenexploration fertig sind, müssen Sie die Expectations speichern und die Pipeline so einrichten, dass sie als ein Verarbeitungsschritt ausgeführt werden. Weitere Informationen zur Einrichtung der Pipeline sowie zahlreiche Anleitungen finden Sie in der Dokumentation der Great-Expectations-Bibliothek (*https://docs.greatexpectations.io*):

```
ge_df.get_expectation_suite(discard_failed_expectations=False)

# Hier können Sie überprüfen, ob die Expectations
# Ihren Anforderungen entsprechen!
# Anschließend speichern Sie sie in einer JSON-Datei und richten Ihr
# System so ein, dass es die Daten während der Verarbeitung
# mithilfe dieser Datei und GE testet!

import json
with open("order_summary_for_sharing_expecation_file.json", "w") as my_file:
    my_file.write(
        json.dumps(ge_df.get_expectation_suite().to_json_dict())
    )
```

Nun können Sie sicher sein, dass Sie gewarnt werden, wenn etwas nicht funktioniert. Erkundigen Sie sich während der ersten Durchläufe bei Ihren Datenkonsumenten, ob ihre Analyse ohne Probleme verläuft. Konnten sie Veränderungen im Rahmen ihrer Analyse oder Verarbeitung feststellen? Haben sie mit ihren Datenkonsumenten bzw. den Personen, die deren Analysen verwenden, gesprochen? Ich empfehle Ihnen, in der ersten Woche täglich und im folgenden Monat einmal wöchentlich nachzufragen. Sorgen Sie dafür, dass sich jemand aus dem Team die von Great Expectations erstellten Gesamtstatistiken im Rahmen eines wöchentlichen Zustandsberichts für alle Pipelines ansieht und darauf hinweist, wenn erhebliche Abweichungen zu verzeichnen sind, die eine weitere Untersuchung erfordern würden.

Sie sollten ein Warnsystem einrichten, das auf Fehler hinweist, die nicht auftreten sollten, und sicherstellen, dass die Teammitglieder die Warnmeldungen erhalten und auch wissen, wie sie die Fehler beheben können.

Betrachten wir nun eine andere Art von Anwendungsfall, anhand dessen wir uns näher mit Data Governance in Pipelines befassen. Wie kommen Sie überhaupt an die Auftrags- und Sitzungsinformationen?

Informationen zur Datenherkunft und Einwilligung im Rahmen der Datenerhebung zusätzlich erfassen

In Kapitel 1 haben Sie erfahren, wie wichtig es ist, bei der Erhebung von Daten die Einwilligung einzuholen und sie mit den Daten zu verknüpfen. Diese Art der Datenerhebung zu automatisieren und so zu strukturieren, dass sie einfach zu handhaben ist, bestimmt maßgeblich den Erfolg der Integration des Datenschutzes in die Datenerhebung.

Idealerweise sollte die Einwilligung nicht nur für die Erhebung, sondern auch für den Gebrauch der Daten eingeholt werden. Allerdings sind die meisten Systeme und Schnittstellen derzeit nicht so gestaltet. In der Regel wird den Nutzerinnen und Nutzern eine Reihe von Daten, die erfasst werden, aufgelistet, und umfangreiche Nutzungsbedingungen bzw. eine Datenschutzerklärung werden angezeigt. Diese sind jedoch eher pauschal gehalten, als dass sie konkrete Verwendungszwecke aufzeigen, die ein Nutzer dann aus- oder abwählen (Opt-in bzw. Opt-out) kann.

Wenn Sie in einem Unternehmen arbeiten, das eine alternative Herangehensweise an Datenschutz anstrebt, könnten Sie Ihre Datenschutzerklärung und Datenerhebung auch anders gestalten, beispielsweise wie in Abbildung 3-1 dargestellt. Wenn eine Nutzerin die Anwendung bzw. Webseite zum ersten Mal öffnet, werden die Voreinstellungen geladen, und die Benutzeroberfläche wird eingeblendet. Die Voreinstellungen sollten so gewählt werden, dass sie einen möglichst hohen Schutz der Privatsphäre gewährleisten und dass nur zwingend erforderliche Daten erhoben werden, während alle anderen Einstellungen deaktiviert sind. Wenn neue Funktionen hinzugefügt bzw. die Daten in anderer Weise als zuvor verarbeitet werden, wird die Nutzerin dazu aufgefordert, ihre Einstellungen anzupassen. Darüber hinaus kann sie auch entscheiden, ob die Daten nur lokal gespeichert werden sollen, d.h. nur auf dem Gerät, und nicht an einen zentralen Server oder eine Anwendung weitergegeben werden, es sei denn, es ist für die Funktionalität unbedingt erforderlich (mehr dazu in Kapitel 6).

Wenn Sie den Verwendungszweck bzw. Anwendungsfall ändern oder die Daten auf eine neue Art und Weise verwenden möchten, z.B. mit einem neuen Machine-Learning-Modell, würden Sie dies den Nutzern mitteilen und diese explizit darum bitten, dem neuen Verwendungszweck zuzustimmen.

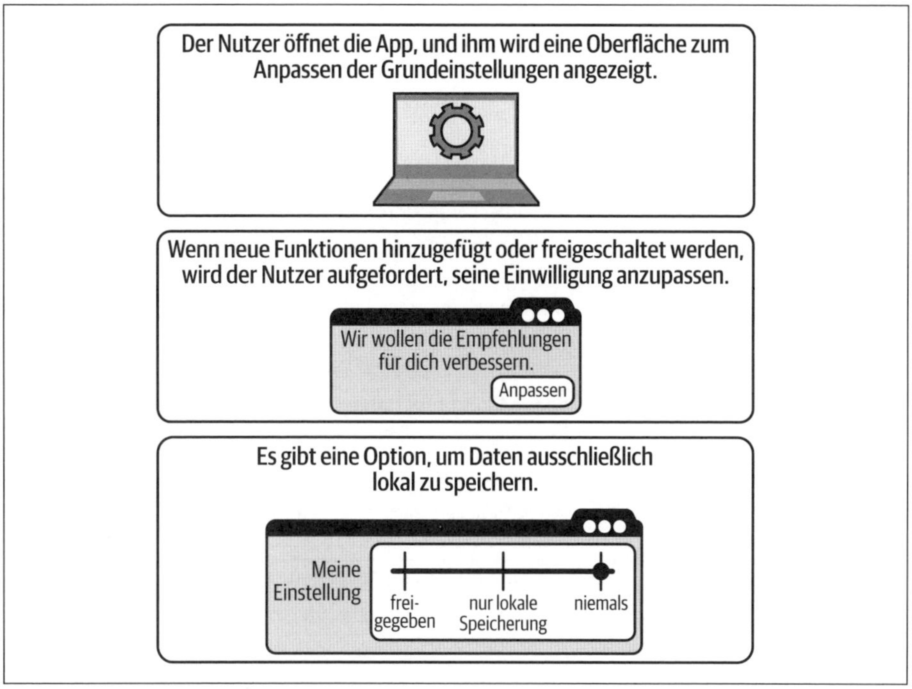

Abbildung 3-1: Datenschutzfreundliche Einverständniserklärung im Rahmen der Erhebung von Daten

Als weitere benutzerfreundliche Option können Sie den Nutzerinnen und Nutzern eine Benutzeroberfläche zur Verfügung stellen, über die sie sämtliche von ihnen festgelegten Einwilligungen für die verschiedenen Verwendungszwecke abrufen und separat aus- oder abwählen können. Das könnte etwa so aussehen wie in Abbildung 3-2. Auf dieser Benutzeroberfläche wird angegeben, welche Daten für die einzelnen Verwendungszwecke bzw. Anwendungsfälle benötigt werden, wobei das verwendete Vokabular leicht verständlich ist. Dem Nutzer wird eine Reihe von Wahlmöglichkeiten eingeräumt, darunter die Möglichkeit, Daten zu anonymisieren oder auf dem Endgerät zu speichern.

Es wurde intensiv erforscht, wie sich die Gestaltung von Benutzeroberflächen auf die Benutzererfahrung (*User Experience*, UX) auswirkt, um bessere Benutzeroberflächen für den Datenschutz zu entwickeln – wie beispielsweise das Ethical Design Framework von ind.ie (*https://oreil.ly/Oqzox*) oder auch Privacy UX (*https://oreil.ly/o0cO5*). Ebenso wurde untersucht, was nicht zu empfehlen ist – wie im Fall der Studie der Universität Ulm zu schlechten Design-Patterns im Bereich des Datenschutzes (*https://oreil.ly/qrmP1*).

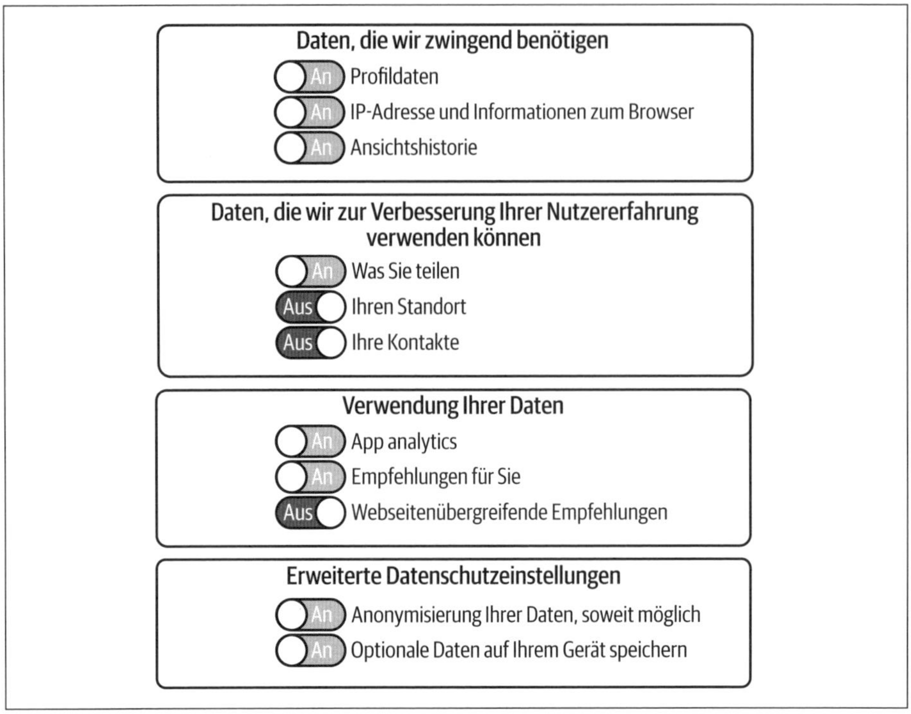

Abbildung 3-2: Benutzeroberfläche, mit der die Einwilligungen gezielt verwaltet werden können

Wenn es in Ihrem Unternehmen Customer-Experience-Designer gibt, lohnt es sich, mit ihnen ins Gespräch zu treten, um herauszufinden, wie Workflows angeglichen und Einwilligungen besser eingeholt und klarer kommuniziert werden könnten.[4] Als Nutzer solcher Benutzeroberflächen wissen Sie, dass es einem bedeutend leichter fällt, seine Zustimmung zu geben, wenn klar ist, wofür die Daten verwendet werden und warum – und wenn es eine Möglichkeit gibt, diese Einstellungen zu überprüfen. Das ist auch eine wesentliche Anforderung der DSGVO (mehr dazu in Kapitel 8).

Selbst wenn Sie die Einholung der Einwilligung nicht sinnvoll umgestalten können, sollten Sie festhalten, zu welchen Daten Ihnen zum Zeitpunkt der Datenerhebung eine Einwilligung vorliegt. Die gesetzlichen Rahmenbedingungen sind bekanntermaßen dynamisch. Wenn Sie wissen, welche Datenschutzbestimmungen zum Zeitpunkt der Erhebung der Daten zugrunde lagen, können Sie zu einem späteren Zeitpunkt besser darüber entscheiden, wie Sie die Daten verwenden, aufbewahren oder auch möglichst sparsam einsetzen.

Wie würde eine datenschutzfreundliche Einwilligung und Erhebung von Daten in der Praxis aussehen? Skizzieren wir zunächst die Anforderungen an die Datenerhe-

4 Ich empfehle Ihnen, Vitaly Friedmans Beitrag »Privacy UX: Better Cookie Consent Experiences« im Smashing Magazine (*https://oreil.ly/HE4NK*) zu lesen und sich mit Ihrem UX-Team darüber zu beraten, welche Änderungen in Ihrem Unternehmen vorgenommen werden sollten.

bung und erarbeiten wir ein Schema, das im Hinblick auf künftige Datenschutzanforderungen geeignet ist. Beispielsweise könnten Sie folgende Daten erheben:

- Version der Datenschutzerklärung
- Aufbewahrungsdauer
- Datum, an dem der Nutzer die Datenschutzerklärung akzeptiert hat
- vereinbarter Zweck der Verarbeitung (d.h. aus welchem Grund werden diese Daten erhoben?)
- Version der allgemeinen Nutzungsbedingungen
- Ortsansässigkeit der betroffenen Personen
- Nutzungspräferenzen (z.B. die Verwendung von Daten für einen bestimmten Dienst, aber nicht für verwandte Partnerdienste, oder die Verwendung von Daten für Machine-Learning-Verfahren, aber keine Weitergabe an andere Unternehmen)
- Details zur Herkunft der Daten

Denken Sie daran, dass eine Software erst dann wirklich entwickelt ist, wenn sie ausreichend getestet und validiert wurde. Wie können Sie also sicherstellen, dass die Einwilligungsdaten ordnungsgemäß erfasst wurden und nachverfolgt werden können?

Im Folgenden sehen Sie ein Beispiel für eine Schemaüberprüfung, mit der Sie sicherstellen können, dass die entsprechenden Daten ordnungsgemäß erfasst und gespeichert werden. In diesem Beispiel wird die Syntax von Apache Avro (*https://avro.apache.org*) genutzt, mit dem Sie ebenfalls das Datenschema testen und Datenstrukturen in Pipelines validieren können:

```
{"namespace": "example.avro",
 "type": "record",
 "name": "Nutzer Consent Data",
 "fields": [
     {"name": "Nutzername", "type": "string"},
     {"name": "policy_version",  "type": "float"},
     {"name": "retention_months", "type": "int"},
     {"name": "agreement_date", "type": "datetime"},
     {"name": "processing_purposes", "type": "array",
                                      "items" : "string",
                                      "default": []},
     {"name": "terms_version",  "type": "float"},
     {"name": "data_localities", "type": "array", "items" : "string",
                                     "default": ["us-aws-east"]},
     {"name": "usage_detail__location_on", "type": "bool"},
     {"name": "usage_detail__location_ml", "type": "bool"},
     {"name": "usage_detail__location_analytics", "type": "bool"},
     {"name": "usage_detail__location_sharing", "type": "bool"},
     {"name": "usage_detail__actions_on", "type": "bool"},
     {"name": "usage_detail__actions_ml", "type": "bool"},
     {"name": "usage_detail__actions_analytics", "type": "bool"},
     {"name": "usage_detail__actions_sharing", "type": "bool"},
     {"name": "provenance_location", "type": "string"},
                        /* Anwendung oder Website usw. */
 ]
}
```

Im vorliegenden Beispiel wurden die Felder für die Nutzungsdaten eingeebnet, wodurch sich die Daten leicht anhand der verschiedenen Arten von Einwilligungen filtern lassen. Auf diese Weise können die im Zusammenhang mit Machine Learning genutzten Continuous-Integration-Pipelines automatisch die Nutzer auswählen, die ihr Einverständnis gegeben haben, und diese Daten sofort für Analysen oder zum Trainieren von Modellen bereitstellen.

Außerdem liegen Ihnen nun Daten vor, die Aufschluss darüber geben, wie lange die Daten gemäß den Bestimmungen aufbewahrt werden dürfen und wann die Einwilligung erteilt wurde. Somit können Sie Daten, die in Kürze nicht mehr aufbewahrt werden dürfen, ganz einfach als Batches zusammenfassen und anonymisieren oder auch löschen. Dementsprechend sollten Sie den Aufbau der Pipelines frühzeitig angehen, ehe die Aufbewahrungsfrist abläuft. Wenn Sie die Daten aufbewahren möchten und mit der Rechtsabteilung vereinbart haben, Differential Privacy als Anonymisierungsmechanismus anzuwenden (siehe Kapitel 8), bedeutet dies, dass Sie Differential Privacy als festen Bestandteil in Ihre Datenworkflows integrieren müssen. Nehmen wir das einmal genauer unter die Lupe!

Differential-Privacy-Bibliotheken in Pipelines verwenden

Wenn Sie sich dazu entschließen, Differential Privacy in bestehenden oder neuen Pipelines zu implementieren, sollten Sie eine Bibliothek verwenden, die eine gute Unterstützung bietet und sich in die Technologie, die Sie derzeit verwenden, integrieren lässt. Sollten Sie bereits Apache Beam auf der Google Cloud Platform verwenden, empfehle ich Ihnen, die dort bereitgestellten Codelab-Notebooks (*https://oreil.ly/IKHm4*) auszuprobieren und die verschiedenen Möglichkeiten zu erkunden, die sich Ihnen bieten, wenn Sie Differential Privacy implementieren möchten.

Wenn Sie Spark verwenden, empfehle ich die Tumult-Analytics-Bibliothek (*https://oreil.ly/idW3D*), die speziell darauf ausgerichtet ist, datenschutzkonforme Verfahren zu unterstützen, und auch eine Vielzahl weiterer Funktionen bietet.

> Die Tumult-Analytics-Bibliothek war zum Zeitpunkt des Verfassens dieses Buchs noch relativ neu. Sie sollten daher in der Dokumentation (*https://oreil.ly/gI2ia*) nachsehen, ob sich etwas geändert hat. Die Notebooks aus dem Repository des Buchs werden regelmäßig aktualisiert, weshalb Sie die Bibliothek am besten dort untersuchen sollten.

Probieren wir die Differential-Privacy-Bibliothek von Tumult Analytics einmal aus, um zu sehen, wie sie im Rahmen Ihres gewohnten Workflows eingesetzt werden kann. Verwenden Sie dazu einen anderen Datensatz, auf den in der Tumult-Dokumentation (*https://oreil.ly/gI2ia*) verwiesen wird, oder nutzen Sie einfach direkt den Datensatz aus dem Code-Repository dieses Buchs.

Starten Sie zunächst eine Spark-Session und initiieren Sie ein Differential Privacy Budget. Dabei verwenden Sie einen Wert für Epsilon von 1,1:

```
session = Session.from_dataframe(
    privacy_budget=PureDPBudget(epsilon=1.1),
    source_id="members",
    dataframe=members_df,
    protected_change=AddOneRow(),
)
```

Bei diesem Datensatz handelt es sich um eine Liste von Bibliotheksmitgliedern. Sehen wir uns zunächst an, welche Spalten der Datensatz umfasst:

```
members_df.columns
```

Die Ausgabe ist wie folgt:

```
['id',
 'name',
 'age',
 'gender',
 'education_level',
 'zip_code',
 'books_borrowed',
 'favorite_genres',
 'date_joined']
```

Angenommen, Sie möchten wissen, ob es eine Korrelation zwischen der Anzahl der ausgeliehenen Bücher und dem Bildungsniveau gibt. Um in der Tumult-Analytics-Bibliothek mit kategorialen Spalten arbeiten zu können, müssen Sie zunächst ein KeySet (*https://oreil.ly/4vHVJ*) erstellen und vorgeben, welche verschiedenen Ausprägungen Sie für die entsprechende kategoriale Variable erwarten, die sie zur Gruppierung heranziehen möchten:

```
edu_levels = KeySet.from_dict({
    "education_level": [
        "up-to-high-school",
        "high-school-diploma",
        "bachelors-associate",
        "masters-degree",
        "doctorate-professional",
    ]
})

edu_average_books_query = (
    QueryBuilder("members")
    .groupby(edu_levels)
    .average("books_borrowed", low=0, high=100)
)
edu_average_books = session.evaluate(
    edu_average_books_query,
    privacy_budget=PureDPBudget(0.6),
    # Ich spare etwas Budget für später auf, weshalb ich jetzt
    # nur 0,6 meines Epsilons aufwende (insgesamt 1,1).
)
edu_average_books.sort("books_borrowed_average").show(truncate=False)
```

Hierbei erstellen die Tumult-Klassen `KeySet` und `QueryBuilder` (*https://oreil.ly/-DcfZ*) eine Abfrage, die Differential Privacy garantiert. Der Code ist in diesem Beispiel so ausgestaltet, dass die Anzahl der ausgeliehenen Bücher auf einen Wertebereich zwischen 0 und 100 begrenzt ist. Dabei handelt es sich um die sogenannten *Clamping Bounds*, die Sie in Kapitel 2 kennengelernt haben. Damit die Abfrage ausgewertet werden kann, müssen Sie der Bibliothek mitteilen, wie viel Sie von Ihrem Privacy Budget dafür aufwenden möchten. Als ich die Abfrage ausgeführt habe, erhielt ich die folgende Ausgabe. Ihre Ausgabe wird aufgrund der Anwendung von Differential Privacy anders ausfallen:

```
+---------------------+---------------------+
|education_level      |books_borrowed_average|
+---------------------+---------------------+
|doctorate-professional|18.929587482219063   |
|masters-degree       |19.1402224030377     |
|bachelors-associate  |19.173858890761228   |
|up-to-high-school    |19.361286812215194   |
|high-school-diploma  |19.57674149725407    |
+---------------------+---------------------+
```

In diesem Datensatz ist kein eindeutiger Zusammenhang zwischen dem Bildungsniveau und der Anzahl der ausgeliehenen Bücher zu erkennen. Das Ausleihverhalten der Bibliotheksmitglieder scheint nicht wesentlich von diesem Merkmal abzuhängen. Möglicherweise ist auch die Spanne der Clamping Bounds zu hoch angesetzt, weshalb es eine Überlegung wert ist, sie in künftigen Abfragen anzupassen.

Gehen wir nun der Frage nach, ob die Personen in Abhängigkeit von ihrer Bildung und ihrem Alter ein unterschiedliches Ausleihverhalten aufweisen. Zunächst müssen Sie (mittels Binning) Altersklassen (*https://oreil.ly/ihlxx*) erstellen, nach denen Sie anschließend gruppieren können:

```
age_binspec = BinningSpec([10*i for i in range(0, 11)])

age_bin_keys = KeySet.from_dict({
    "age_binned": age_binspec.bins()
})

binned_age_with_filter_query = QueryBuilder("members")\
      .filter("education_level='masters-degree' or"\+
              "education_level='doctorate-professional'")\
      .bin_column("age", age_binspec)\
      .groupby(age_bin_keys)\
      .average("books_borrowed", low=0, high=22)

session.evaluate(binned_age_with_filter_query,
                 privacy_budget=PureDPBudget(0.4)).show(truncate=False)
```

Ich erhielt die folgende Ausgabe, als ich den Code ausgeführt habe:

```
+----------+---------------------+
|binned_age|books_borrowed_average|
+----------+---------------------+
|100-109   |-2.0                 |
|80-89     |11.476923076923077   |
|40-49     |11.034418604651163   |
|30-39     |11.501822600243013   |
|70-79     |11.256830601092895   |
```

```
|20-29     |11.08816705336427    |
|50-59     |11.599250936329588   |
|10-19     |14.0                 |
|90-99     |-24.0                |
|60-69     |10.970472440944881   |
|0-9       |19.0                 |
+----------+---------------------+
```

Großartig! In einigen dieser Spalten ist eine Menge Rauschen infolge der Differential Privacy zu erkennen, denn manche Werte sind sogar negativ. Was ist schiefgelaufen? Bei der Filterung nach dem Alter wurde nicht berücksichtigt, dass einige der Altersklassen wahrscheinlich unterrepräsentiert sind. Die Wahrscheinlichkeit, dass ein Achtjähriger einen Master-Abschluss vorweisen kann, ist äußerst gering.

Das Beispiel lehrt Sie: Wenn Sie mit Differential Privacy arbeiten, müssen Sie sich Gedanken über Ihre Daten machen und Ihre Abfragen und Hypothesen klären, um Ihre Analyse zu planen, bevor Sie einen Code ausführen. Im vorliegenden Beispiel wäre es sinnvoll gewesen, zunächst eine Abfrage durchzuführen, mit deren Hilfe Sie sich einen Überblick über die verschiedenen Altersklassen verschaffen können, oder eine Grafik zu erstellen, mit der Sie ermitteln können, welche Altersklassen vorhanden sind (mit oder ohne Anzahl). So können Sie sich erst mal ein besseres Bild von Ihren Daten machen, bevor Sie die eigentlichen Abfragen formulieren. Wenn Sie die Tumult-Analytics-Bibliothek verwenden, können Sie mit einem unbegrenzten Privacy Budget beginnen, um herauszufinden, wie sich geringfügige Änderungen des Epsilon-Werts auf Ihre Ergebnisse auswirken. Wie Sie Differential Privacy und andere Mechanismen im Rahmen des gesamten Data-Science-Prozesses angehen können, erfahren Sie in Kapitel 5.

Datenzugriff und Differential Privacy

In einem Szenario, in dem Differential Privacy in großem Umfang eingesetzt wird, könnten Sie am Ende verschiedene Zugriffsmöglichkeiten einrichten, die unterschiedliche Privacy-Garantien bieten. Hier sind ein paar Szenarien, die Sie durchdenken sollten:

Zugriffsbeschränkungen mit Differential Privacy
: Der unternehmensweite Zugriff auf Daten erfolgt nur über Differential Privacy unterliegenden Abfragen, erlaubt aber einer begrenzten Anzahl von Mitgliedern des Datenteams den Zugriff mit einem sehr großen Wert für Epsilon oder ganz ohne Differential Privacy.

Datenweitergabe an Dritte mit Differential Privacy
: Verwenden Sie für sämtliche mit Dritten geteilten Daten einen Differential-Privacy-Mechanismus.

Differential Privacy für Data-Science-Workflows
: Binden Sie Differential Privacy an einen bestimmten Teil des Data-Science-Workflows – jedoch erst nachdem Sie eine erste explorative Datenanalyse (engl. *Exploratory Data Analysis*, EDA) durchgeführt und die Daten besser kennengelernt haben. Denken Sie daran, dass Sie herausfinden möchten, wie Sie die

Daten besser schützen können, während Sie gleichzeitig den Nutzerinnen und Nutzern ermöglichen, sie zu analysieren und wichtige Fragen zu beantworten!

Probieren Sie aus, welche Lösung für Ihr Unternehmen am besten geeignet ist, und beurteilen Sie dabei, inwieweit Sie den Schutz und den Informationsgehalt der Daten austarieren sollten, um sicherzustellen, dass sie zwar geschützt sind, aber der Zugriff auf sie dennoch etwas bringt.

Weitere Abfragebeispiele mit diesem Datensatz und der Bibliothek finden Sie im Repository des Buchs. Sie können die Bibliothek auch mit Ihrem eigenen Datensatz ausprobieren. Solange Sie sie nur ausprobieren wollen, können Sie Ihr Privacy Budget auf unendlich setzen, in der Realität müssen Sie jedoch einen Wert für Epsilon festlegen und sich überlegen, wie Sie Ihr Budget aufteilen. Wenn Sie eine ähnliche Fehlermeldung wie die folgende sehen:

```
RuntimeError: Cannot answer query without exceeding privacy budget:
it needs approximately 0.100, but the remaining budget
is approximately 0.000 (difference: 1.000e-01)
```

... wissen Sie, dass Ihr zugewiesenes Budget nicht dafür ausreicht, dass die Anfrage beantwortet wird.

Ich empfehle Ihnen dringend, einen Beispieldatensatz herzunehmen und sich selbst ein Bild von den Möglichkeiten der Tumult-Bibliothek oder einer anderen bewährten Open-Source-Bibliothek für Differential Privacy zu machen! Tumult ist nicht die einzige Bibliothek, die mit Spark kompatibel ist. Sie können auch *PipelineDP* verwenden, das von einigen Google-Mitarbeitern gemeinsam mit der OpenMined-Community (*https://www.openmined.org*) gepflegt wird. Im entsprechenden GitHub-Repository (*https://oreil.ly/Xjk4z*) finden Sie Beispiele, die Ihnen den Einstieg erleichtern.

> Nicht jede Bibliothek verfügt über sogenannte End-to-End-Differential-Privacy-Garantien. Deshalb erweist es sich in anderen Bibliotheken oft als kompliziert und fehleranfällig, das Budget zu nachzuverfolgen und zuzuweisen. Insbesondere für den Einstieg in die Differential Privacy empfehle ich Ihnen, auf Bibliotheken zurückzugreifen, die das Management des Budgets für Sie übernehmen.

Einen eigenen Differential-Privacy-Mechanismus aufzubauen und das Privacy Budget nachzuverfolgen, kann, wie Sie in Kapitel 2 gelernt haben, sehr aufwendig sein und mit komplexen Sonderfällen und Fehlern einhergehen. Zum Glück steht die Data Science gerade am Anfang einer neuen Ära, in der Open-Source-Bibliotheken die nötige Unterstützung bei dieser Aufgabe bieten. Da Sie bereits Ihren eigenen simplen Mechanismus aufgebaut haben und dabei nachvollziehen konnten, wie er intern funktioniert, ist Ihnen bewusst, wie Sie Ihr Budget einsetzen und sicherstellen können, dass die Privacy-Garantien für alle Beteiligten nachvollziehbar sind. Sie sollten zudem auch den nachfolgenden Empfängern mitteilen, wie die Daten verarbeitet wurden, damit diese den hinzugefügten Fehler besser verstehen und berücksichtigen können.

Sie fragen sich vielleicht, ob Sie Differential Privacy auch direkt bei Erhebung der Daten anwenden können. In der Tat gibt es dafür eine ganze Reihe von Möglichkeiten. Sehen wir uns an, wie sich Daten im Rahmen der Erhebung anonymisieren lassen!

Daten anonymisiert erheben

Nachdem Sie nun in der Lage sind, quelloffene und geprüfte Differential-Privacy-Bibliotheken in Ihren Pipelines zu verwenden, könnten Sie darüber nachdenken, Daten in anonymisierter Form zu erheben. In diesem Zusammenhang ergeben sich einige neue Überlegungen, wie z.B. die Frage, woher Sie wissen können, wie hoch die Sensitivität der Daten ist, wenn Sie nicht darauf zugreifen können? Und wie können Sie garantieren, dass sie geschützt sind, wenn sie bereits vor der Erfassung anonymisiert werden?

Nehmen wir einmal unter die Lupe, wie Apple seinen ersten datenschutzfreundlichen Emoji-Sampler implementiert hat, um herauszufinden, wie lokale Differential Privacy funktioniert (im Vergleich zur zentralen Differential Privacy, die Sie in Kapitel 2 kennengelernt haben).

Datenerhebung unter Anwendung von Differential Privacy bei Apple

Apple war eines der ersten Unternehmen, das lokale Differential Privacy (ein Differential-Privacy-Mechanismus, der angewandt wird, bevor die Daten erfasst und zentral gespeichert werden) auf Ebene des Internets eingesetzt hat. Das Unternehmen verfügt über ein Team aus Wissenschaftlerinnen und Wissenschaftlern sowie Entwicklern, die sich speziell mit Datenschutzsystemen befassen, und hat sich als Marke und Unternehmen dazu entschlossen, dass Datenschutz ein wichtiges Unterscheidungsmerkmal für seine Produkte darstellen soll.

Apple wollte seine Vorschläge für Emojis verbessern und herausfinden, welche Emojis in unmittelbarer Nähe eines bestimmten Texts vorkommen – jedoch ohne dass dabei private Textdaten an seine Server gesendet werden. Im Unternehmen war man überzeugt, dass die Häufigkeit der Emojis und die angrenzenden Tokens ausreichen würden, um das Problem zu lösen, und daher begann man damit, dies unter Anwendung von Differential Privacy für iOS-Geräte zu implementieren.

In dem ersten Artikel, den Apple zu seinen Differential-Privacy-Mechanismen (*https://oreil.ly/AtH_I*) veröffentlichte, sind mehrere praktische Grafiken enthalten, die sehr gut veranschaulichen, wie Differential Privacy auf Ebene von Geräten vor Erfassung der Daten funktioniert. Nach Anwendung des Differential-Privacy-Mechanismus werden die Daten an die Apple-Server gesendet.

Dabei wird dem Emoji das vorgegebene Rauschen direkt auf dem jeweiligen Endgerät hinzugefügt (siehe Abbildung 3-3). Wenn Sie ein iOS-Gerät nutzen, können Sie auf Ihrem Smartphone nachsehen, welche Werte für Epsilon verwendet werden, indem Sie zu *Einstellungen/Datenschutz & Sicherheit/Analyse & Verbesserungen* gehen und sich die Analytics-Daten in den Einträgen ansehen, die mit *DifferentialPrivacy* beginnen. Nachdem das Rauschen hinzugefügt wurde, wird nun eine Emoji-Darstellung, auf die zuvor Differential Privacy angewandt wurde, an die Apple-Server gesendet, wobei die IP-Adresse und Informationen, aus denen hervorgeht, woher die Daten stammen, verworfen werden. Die Ergebnisse werden als statistische Verteilung verdichtet, mit der anschließend mithilfe des Streuungsparameters und der (nur Apple bekannten) verwendeten Differential-Privacy-Parameter das Rauschen entfernt werden kann. In den Abbildungen 3-3 und 3-4 ist die gesamte Pipeline dargestellt.

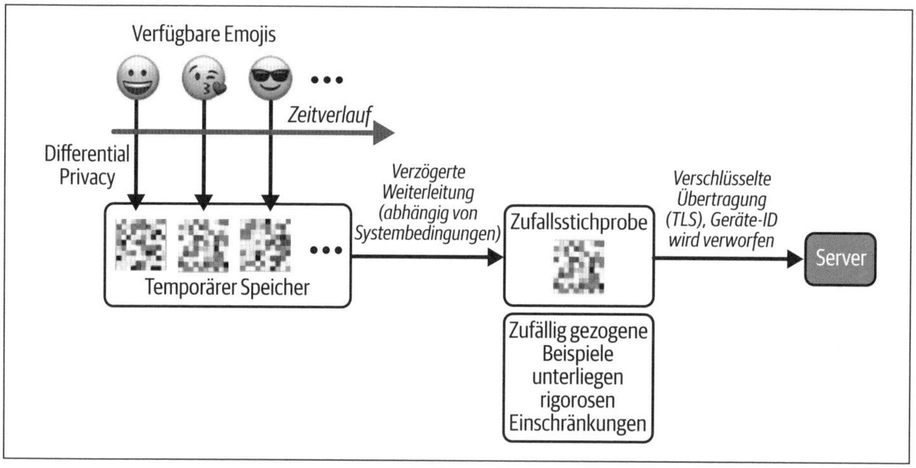

Abbildung 3-3: Die unter Anwendung von lokaler Differential Privacy erhobenen Emoji-Daten von Apple

In Abbildung 3-4 können Sie erkennen, dass der Differential-Privacy-Mechanismus gleich am Anfang direkt auf dem Gerät angewandt wird (auch in Abbildung 3-3 gezeigt). Wenn die anonymisierten Daten dann an den Server gesendet werden, wird die IP-Adresse verworfen, sodass niemand die Daten direkt zu einer bestimmten Person zurückverfolgen bzw. ihr zuordnen kann, da dadurch alle durch Differential Privacy erzielten Privacy-Garantien sofort zunichtegemacht würden. Intern verwendet Apple einen Ingestor (zum Einspeisen der Daten) und einen Aggregator, die die eingehenden Daten transformieren und für Analysezwecke zusammenfassen. Schließlich gibt es noch interne Dashboards und Auswertungen, die vom Datenteam und den Anwendungsentwicklern genutzt werden. Jede der gestrichelten Linien stellt eine Trust Boundary, sozusagen eine Vertrauensgrenze, dar. Wenn diese im Zuge der Verarbeitung verletzt wird oder wenn ein interner Mitarbeiter die Daten zurückverfolgen kann, verlieren die Privacy-Garantien ihre Gültigkeit.

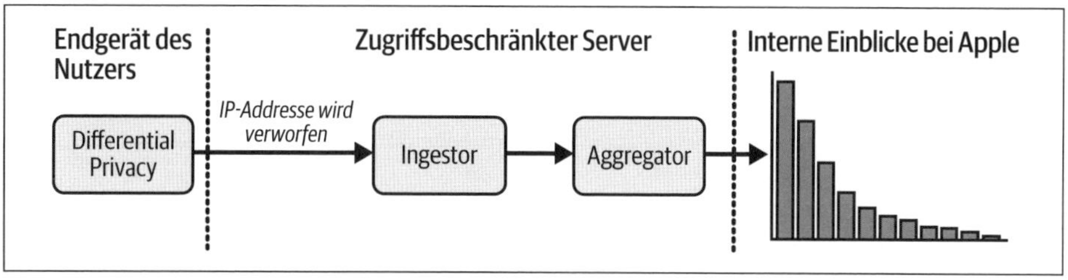

Abbildung 3-4: Die Pipeline für Apples Emoji-Datenerhebung

Was ist eine Trust Boundary?

Eine Trust Boundary ist eine Art Grenze, an der sich die Sicherheit grundlegend ändert. In der Regel bedeuten diese Grenzen, dass die Nutzer und Betreiber eines Bereichs jeweils keinen Zugriff auf den Bereich des anderen haben sollten. Hier ein paar Beispiele, die die Definition verdeutlichen:

Von außen nach innen
: Wenn eine Nutzerin Daten in ein Anwendungsformular eingibt und diese an den Anwendungsserver schickt, überschreitet sie eine Trust Boundary. Bevor der Server ordnungsgemäß antwortet, muss sichergestellt werden, dass die Anfrage korrekt formuliert und validiert ist und keine bösartigen Befehle (z.B. eine SQL-Injection-Attack) enthält. Dies muss unter Aufsicht der Server- und Anwendungsadministratoren geschehen.

Aus sicherer Umgebung zu weniger sicher
: Wenn Sie Daten von einer sicheren, durch bestimmte Standards regulierten Architektur in eine weniger sichere verschieben, überschreiten Sie ebenfalls eine Trust Boundary. Hierbei kann es sich um den Transfer von einem lokalen System in die Cloud oder von einem stark geschützten Bereich der Architektur in einen weniger geschützten Bereich handeln.

Nachgelagerte Datenströme
: Wenn Sie Datenworkflows aufbauen, gibt es möglicherweise mehrere Datenkonsumenten. Diese haben oft unterschiedliche Zugriffsrechte sowie Zielgruppen, was bedeutet, dass diese Datenströme auch über Trust Boundaries hinweg operieren. Daher ist es wichtig, zunächst zu durchdenken, wo die Trust Boundaries bei Ihren Datenworkflows liegen könnten, um so besser bestimmen zu können, an welchen Stellen Sie Datenschutzkontrollen und -technologien einsetzen sollten.

Sobald die Ausführung der Pipeline beendet ist, sind die resultierenden Analysen interpretierbar. Das bedeutet, dass jeder Nutzer glaubhaft abstreiten kann, welche Emojis er nutzt. Dem für die Entwicklung der Tastatur zuständigen Team liegen nun aber Informationen vor, mit deren Hilfe es passendere Vorschläge für Emojis für die verschiedenen Sprachversionen der Tastatur machen kann. Wie die Analysen des

Beitrags zeigen, gibt es zwischen französisch- und englischsprachigen Tastaturbenutzern tatsächlich einen Unterschied in der Beliebtheit bestimmter Emojis (siehe Abbildung 3-5).

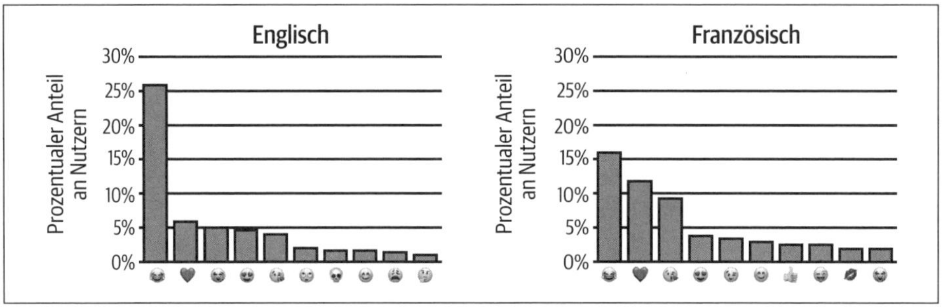

Abbildung 3-5: Analyse zur Verwendung von Emojis auf der Tastatur nach Anwendung von Differential Privacy

Dieser Ansatz kann sinnvoll sein, wenn Sie Daten auf der Ebene von Geräten erheben können und ein paar einfache Diagramme erstellen oder mehr über die zugrunde liegenden Verteilungen erfahren möchten. Er ist jedoch aufgrund des Rauschens, das auf individueller Ebene hinzugefügt wird – wie Sie im nächsten Abschnitt erfahren werden –, nur praktikabel, wenn er in großem Maßstab verfolgt wird.

Das Differential-Privacy-Team von Apple veröffentlicht regelmäßig seine neuesten Forschungsergebnisse (*https://oreil.ly/20UxD*), die für Sie von Interesse sein könnten, sollten Sie erwägen, Differential Privacy auf der Ebene von Endgeräten zu implementieren.[5]

Gibt es noch weitere Möglichkeiten, Datenschutz direkt im Rahmen der Erhebung von Daten zu integrieren? Bei Google wurde ein Ansatz entwickelt, der anschließend jedoch wieder eingestellt wurde. Dennoch handelt es sich dabei um ein lehrreiches Anwendungsbeispiel.

Warum bei Chrome der ursprüngliche Differential-Privacy-Ansatz im Rahmen der Datenerhebung eingestellt wurde

Das im Jahr 2014 von Google eingeführte Differential-Privacy-System RAPPOR war eines der ersten, das erfolgreich in großem Maßstab deployt wurde. Sie können sich noch immer die Details zur Implementierung (*https://oreil.ly/sqy3M*) und sogar den

5 Auch wenn Apple in Bezug auf die Einführung von Datenschutztechnologien marktführend ist, bedeutet das nicht, dass es nicht auch Beispiele gibt, in denen das Unternehmen bei der Erhebung von Daten den gleichen Weg wie viele andere Tech-Unternehmen einschlägt. Ein zum Zeitpunkt des Verfassens dieses Buchs laufender Rechtsstreit stellt das Marketing von Apple, das den Schutz der Daten betont, infrage (*https://oreil.ly/gysAJ*). Es wird argumentiert, dass es nicht wirklich möglich ist, die Weitergabe aller Daten zu unterbinden. In diesem Buch erfahren Sie, wie Sie Ihre Nutzerinnen und Nutzer auf einvernehmlichere Weise darüber informieren können, dass ihre Daten gespeichert werden, wie Sie Nutzer durch eine datenschutzfreundliche Gestaltung stärker in den Vordergrund stellen und wie Sie sie besser in die Lage versetzen, selbst über ihre Daten zu bestimmen.

Code (*https://oreil.ly/bqz1o*) ansehen, indem Sie einen Blick auf das frei zugängliche Repository oder die Dokumentation werfen.

RAPPOR wurde mit dem Ziel entwickelt, sensible Daten aus Chrome-Browsern zu erfassen, ohne dabei die Privatsphäre zu verletzen. Zu diesem Zweck implementierten die Teams in einer ihrer Bibliotheken eine Randomized-Response-Technik, die dazu diente, grundlegende Statistiken in Form von Bitstrings zu erheben. Dabei könnten die Chrome-Entwickler an einer ganzen Reihe von Ereignissen oder Metriken interessiert gewesen sein, z. B. ob ein bestimmtes Add-on verwendet wurde oder ob ein bestimmter Fehler aufgetreten ist, oder an gewissen Informationen bezüglich des Browserverlaufs des Nutzers.

Zunächst sollten wir noch klären, was unter einer Randomized Response bzw. einer randomisierten Antwort (*https://oreil.ly/EPUBT*) verstanden wird. Die Technik wurde erstmals im Jahr 1965 von Umfrageforschern vorgeschlagen, als diese Personen zu sensiblen Themen befragen sollten und darauf angewiesen waren, ehrliche Antworten zu erhalten. Mithilfe dieser Methode, die auch einen Differential-Privacy-Mechanismus darstellt, konnten sie den befragten Personen eine glaubhafte Abstreitbarkeit garantieren.

In einem Beispiel, in dem die Randomized Response auf Basis eines Münzwurfs erfolgt, sähe die Methode folgendermaßen aus:

1. Eine Person bekommt eine sensible Frage gestellt und beantwortet die Frage, indem sie eine Münze wirft.
2. Falls die Münze Zahl zeigt, antwortet sie unabhängig davon, ob es stimmt, mit »Ja«.
3. Zeigt die Münze Kopf, antwortet sie wahrheitsgemäß.[6]

Der hier zum Tragen kommende Differential-Privacy-Mechanismus geht offenbar mit einem recht niedrigen Wert für Epsilon und einem hohen Maß an Rauschen einher! Wollten Sie den Bias des Ergebnisses korrigieren, würden Sie davon ausgehen, dass etwa die Hälfte der Ja-Antworten falsch ist, und diese außen vor lassen. Sollten Ihnen mehr Informationen über die Grundgesamtheit vorliegen, könnten Sie Ihre Annahme noch verfeinern. Wenn Sie mehr erfahren und experimentieren möchten, finden Sie im Code-Repository des Buchs (*https://github.com/kjam/practical-data-privacy*) ein Notebook mit einem ausführlicheren Leitfaden und weiterführenden Links.

RAPPOR setzt einen dreiteiligen Workflow ein, mit dem die Metriken von einem lokalen Rechner über einen längeren Zeitraum hinweg weitergeleitet werden, während gleichzeitig Differential-Privacy-Garantien geboten werden. Diese Garantien sind ähnlich wie bei der Randomized-Response-Technik. Im Wesentlichen werden die Antworten in Form einer Folge von Bits codiert. Jede dieser Antworten war mit ei-

6 Es gibt verschiedene Varianten von Randomized-Response-Techniken, darunter welche, bei denen Würfel oder Karten zum Einsatz kommen oder bei denen eine Münze ein zweites Mal geworfen wird. Der Kürze halber stelle ich Ihnen hier aber nur die einfachste Version vor. Wenn Sie jedoch mehr darüber erfahren möchten, empfehle ich Ihnen, sich mit Randomized-Response-Techniken zu beschäftigen, die bei Umfragen zum Einsatz kommen.

nem kleinen Datenpunkt verbunden. Die Bitfolge wurde dann zu einem Bloom-Filter gehasht. Dieser Filter durchläuft einen Randomized-Response-Prozess und wird als permanenter Datenspeicher auf dem Endgerät gespeichert. Anschließend wird ein Array von Bits vorbereitet, das zusätzlich mit Rauschen versehen wird. Auf diese Weise soll verhindert werden, dass jemand im Laufe der Zeit die dauerhaft auf dem Filter-Array gespeicherten Antworten in Erfahrung bringen kann.

Die in dem ursprünglichen Beitrag verwendete Abbildung ist sehr aufschlussreich (siehe Abbildung 3-6). Die permanente RAPPOR-Antwort (*B*') wird gespeichert und die derzeitige randomisierte Antwort zusätzlich mit Rauschen versehen, um lokale Differential-Privacy-Garantien zu bieten. Die senkrechten Linien entsprechen jeweils einem Bit. Dementsprechend können Sie von der Nachricht bis zum Bericht nachvollziehen, wie diese Kombination aus Informationen (ursprüngliche Nachricht) und Rauschen (permanenter Bloom-Filter und randomisierte Antwort) vonstattengeht. Welche Bits wurden gesendet und welche nicht?

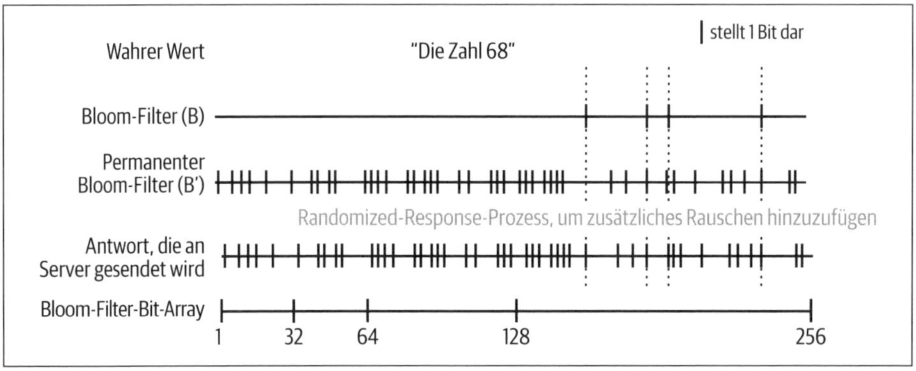

Abbildung 3-6: Wie Daten von RAPPOR gesendet werden

Google hat das Projekt im Jahr 2014 als Open Source zur Verfügung gestellt und 2016 die Aktualisierung des Projekts dann eingestellt. Doch warum?

Der relative Fehler von Randomized-Response-Methoden ist im Vergleich zu anderen Methoden der zentralisierten Differential Privacy (wie in Kapitel 2) ziemlich hoch. Um bei Randomized-Response-Methoden halbwegs akkurate Ergebnisse zu erzielen, müssen Sie nicht nur große Mengen an Daten sammeln, sondern auch einen beträchtlichen Fehler in den Daten einkalkulieren.

Um Differential-Privacy-Garantien in einem zentralisierten Modell mit Laplace-verteiltem Rauschen zu erhalten, wird der Streuungsparameter für die Verteilung und das resultierende Rauschen auf den Wert Sensitivität /ε für eine Gesamtanzahl an Datenpunkten (k) gesetzt. Um die gleichen Garantien für einen lokalen Differential-Privacy-Mechanismus zu erhalten, muss man den Fehler in Höhe von Sensitivität /ε für *jeden* Nutzer und *jede* Nutzerin hinzuaddieren. Das bedeutet, dass der relative Fehler für lokale Differential Privacy mit der Anzahl der Nutzer ungefähr um den Faktor $\frac{1}{\sqrt{k} \times \epsilon}$ zunimmt, was eine deutlich stärkere Zunahme darstellt als die des relativen Fehlers in einem zentralisierten Modell, bei der der Faktor ungefähr $\frac{1}{k \times \epsilon}$ ist.

Wenn Sie Ihren Nutzern lokale Differential Privacy bieten möchten (wie es RAPPOR tat und wie es Apple bei seiner Datenerfassung tut), müssen Sie sich darüber im Klaren sein, dass der Fehler im Laufe der Zeit relativ groß ausfällt. Vermutlich war die vom Chrome-Team angestrebte Datenanalyse mit einem derart großen Fehler schlichtweg nicht möglich, weshalb das System schließlich nicht mehr gepflegt wurde und heute auch nicht mehr verwendet oder unterstützt wird.

Was können Sie hieraus lernen? Vergewissern Sie sich, dass Sie genau wissen, was Sie mit den Daten anstellen und wie Sie sie im Laufe der Zeit analysieren wollen, ehe Sie Zeit und Ressourcen in die Entwicklung einer Differential-Privacy-Lösung investieren, die nicht auf Ihre Analyse zugeschnitten ist. Zum Zeitpunkt des Verfassens dieses Buchs ist das mit einer lokalen Differential Privacy einhergehende Rauschen meist zu groß, um noch eine aussagekräftige explorative Analyse durchführen zu können – es sei denn, man ist sich darüber genau im Klaren, was man herausfinden möchte (wie im Fall der Emoji-Analyse von Apple).

> Google hat daraufhin die Prochlo-Methode (*https://oreil.ly/-z4dX*) entwickelt, die seine Verarbeitungsinfrastruktur, Trust Boundaries, ein gewisses Maß an Rauschen und Verschlüsselung nutzt, um Differential-Privacy-Garantien im Rahmen der Datenerhebung zu bieten. Es lohnt sich, den Artikel zu lesen, um nachzuvollziehen, wie bei Differential-Privacy-Garantien im großen Maßstab die Ideen von lokaler und zentraler Differential Privacy miteinander kombiniert werden können, um eine entsprechende Lösung zu implementieren. Diese Art von Lösung kann allerdings nur dann umgesetzt werden, wenn Ihre Architektur fest definierte Trust Boundaries unterstützen kann!

Dieses Beispiel zeigt noch einmal deutlich, wie wichtig es bei der Entwicklung eines angemessenen Privacy-Engineering-Systems ist, mit den Stakeholdern zusammenzuarbeiten. Nur so können Sie den hinzugefügten Fehler richtig erklären, Fragen erläutern, falls sie beantwortet werden können, und herauszufinden, was für eine langfristige Strategie am besten geeignet ist.

In diesem Kapitel haben Sie erfahren, wie Sie Ihre Workflows um Governance und Differential Privacy erweitern können. Sie arbeiten jedoch nicht allein. Wie können Sie einen teambasierten Ansatz entwickeln und im gesamten Unternehmen Unterstützung gewinnen?

Zusammenarbeit mit dem Data-Engineering-Team und Führungskräften

In relativ großen Unternehmen sind Data-Science- und Data-Engineering-Teams meist voneinander unabhängig. Meiner Meinung nach ist das eine bedauerliche Entwicklung, denn die beiden Teams sind zwangsläufig miteinander verflochten. Wenn keine Kommunikation zwischen Data Engineers, Data Scientists und Data Managers bzw. Data Stewards besteht, können die Daten auch nicht optimal genutzt werden. Darunter leiden ebenfalls die Entscheidungen, die im Zusammenhang mit Daten und Datenschutz getroffen werden. Die Datenschutzmethoden funktionieren nur dann in allen Teilen des Unternehmens, wenn die Führungsebene und das gesamte Datenteam die Standards und Methoden kennen und verstehen, wie sie sich auf die Daten sowie die Arbeit mit den Daten auswirken und warum sie so wichtig sind.

Wenn in Ihrem Unternehmen die Abteilungen, die bei diesen Themen zusammenarbeiten müssen, isoliert voneinander arbeiten, versuchen Sie, eine Brücke zu schlagen. Schon mit wenig Aufwand kann die Kommunikation erheblich verbessert werden.

Verantwortung teilen

Die Automatisierung von Datenworkflows ist nicht nur die Aufgabe von Data-Engineering- oder Data-Management-Teams. Vielmehr ist es auch die Aufgabe von Data Scientists, konkret zu bestimmen, welche Fragestellungen von Bedeutung sind und welche Daten benötigt werden, um diese beantworten zu können.

Das Data-Science-Team muss die geschäftlichen Anforderungen und Zielsetzungen umreißen und sie so gut verstanden haben, dass es Produktentscheidungen oder Features, die das Data-Science-Team benötigt, frühzeitig erkennen kann. Die Data-Science-Experten sollten mögliche Lücken in der aktuellen Datenerhebung vorhersehen und andere Teams, die die Erhebung und Software verwalten, anleiten, diese Lücken zu schließen. Wenn Sie zu einem Data-Science-Team gehören, ist dies auch ein guter Zeitpunkt, um Anregungen für mögliche Datenschutzanforderungen im Zuge der Erhebung von Daten zu geben.

Die Qualität, Interoperabilität und Standardisierung von Daten ist Teil der Data Governance und sollte unabhängig von der Größe eines Unternehmens teamübergreifend koordiniert werden. Dafür sollten Unternehmen ein Governance-Gremium, einen Ausschuss oder eine Gruppe einrichten und die Standards und Richtlinien regelmäßig auf der Grundlage des Feedbacks seitens der Community anpassen. Dank Ihrer erworbenen Kenntnisse in den Bereichen Data Governance und Data Privacy können Sie bei diesen Gesprächen Unterstützung leisten und als Bindeglied zwischen den verschiedenen Bereichen des Unternehmens fungieren.

Ein multidisziplinäres Datenteam sollte Daten regelmäßig testen und überprüfen, um sicherzustellen, dass die Standards und Richtlinien eingehalten werden und dass sie den Anforderungen aller Beteiligten entsprechen. Schließlich möchten Sie sicherlich nicht erleben, dass ein zusätzliches Feld, das Sie angefordert hatten, in den letzten sechs Monaten nicht erhoben wurde oder dass das Format eines anderen Felds nicht nachvollziehbar ist und Ihnen deshalb nicht weiterhilft. Stellen Sie sicher, dass Pipelines und andere Verarbeitungsschritte stets getestet werden (wie das, was Sie zuvor in diesem Kapitel implementiert haben) und dass sie regelmäßig anhand der Inputdaten aller Nutzer aktualisiert werden.

Insbesondere in größeren Unternehmen ist es wichtig, dass Sie Ihre Arbeit dokumentieren und so eine einheitliche Vorgehensweise und Kommunikation gewährleisten. Im Folgenden erfahren Sie, wie Sie dies für Privacy-Workflows umsetzen können.

Workflows zur Dokumentation von Datenschutzmaßnahmen und -empfehlungen erstellen

Gut dokumentierte Systeme sind einfacher zu verwenden, zu betreiben und zu verwalten. Das heißt, wenn Sie bereits in einem gemeinsamen Repository arbeiten und die Jobs als Teil dieses Repositorys klar dokumentiert sind, sollte es ein Leichtes sein, dieser Dokumentation einen Abschnitt hinzuzufügen, in dem die Datenschutzanforderungen und -empfehlungen erläutert werden!

Sie haben in Kapitel 1 bereits viele Tipps erhalten, wie Sie Ihre Daten dokumentieren können. Im Folgenden erhalten Sie einige zusätzliche Anregungen, wie Sie die Dokumentation in Ihren normalen Arbeitsablauf integrieren können:

- Fügen Sie Ihren Code-Repositories und Notebooks eine Datenschutzdokumentation hinzu.
- Legen Sie dar, wie Datenschutztechniken in einer internen Wissensdatenbank verwendet werden können.
- Halten Sie eine Reihe von internen Vorträgen zu den Themen, die Sie in diesem Buch lernen.
- Ermutigen Sie zu Beiträgen und Pull Requests zu internen Repositories für das Datenschutzmanagement.
- Fügen Sie der Definition of Done (*https://oreil.ly/KJ1dw*) Ihres Teams den Schritt »Datenschutzmaßnahmen vollzogen« hinzu.
- Planen Sie eine Arbeitsgruppe und arbeiten Sie dieses Buch, das Repository des Buchs und relevante Forschungsergebnisse durch. Halten Sie Ihre Arbeit schriftlich fest!

Wenn Sie einige gute Beispiele für Workflows haben, bei denen adäquate Datenschutzmaßnahmen hinzugefügt wurden, stellen Sie sicher, dass diese ordnungsgemäß dokumentiert sind. Verweisen Sie dann auf diese Beispiele oder halten Sie einen kurzen internen Vortrag darüber, wie Sie es gemacht haben. Häufig reicht es aus, den Leuten ein paar gute Beispiele an die Hand zu geben, mit denen sie sich vertraut machen können, und einen Ansprechpartner zu haben, an den sie sich bei Fragen wenden können. All diese Maßnahmen tragen dazu bei, die Dokumentation der Data Governance zu verbessern und in Ihrem Unternehmen eine eigene Datenschutzkultur zu schaffen.

Datenschutz als zentrales Wertversprechen

Sie werden es wesentlich leichter haben, wenn der Datenschutz von zahlreichen Teammitgliedern – bzw. dem gesamten Unternehmen – als ein zentrales Wertversprechen (engl. *Core Value Proposition*) gesehen wird. Wenn Ihnen dieser Gedanke neu ist, sollten Sie überlegen, welche Teile Ihres Produkts oder Angebots mit dem Thema Datenschutz in Verbindung stehen und welchen Wert die Integration des Datenschutzes für Ihr Unternehmen insgesamt hätte.

Sofern Sie mit Verbraucherdaten arbeiten, liegt dies auf der Hand. Wenn Sie Ihren Kunden eine stärkere Datenschutzgarantie bieten, trägt dies wesentlich dazu bei, Vertrauen aufzubauen und eine Marke zu schaffen, die von den Menschen positiv wahrgenommen wird. Indem Sie öffentlich über Ihre Bemühungen sprechen, schaffen Sie nicht nur dieses Vertrauen, sondern könnten auch neue Talente anziehen, die in einem Umfeld arbeiten möchten, in dem der Datenschutz ernst genommen wird.

Die Vorteile liegen auch dann auf der Hand, wenn Sie im Business-to-Business-Bereich (B2B) oder nur mit internen Daten arbeiten. Wenn Sie mit internen Daten auf eine datenschutzgerechte Art und Weise arbeiten, bedeutet das für Ihre Mitarbeitenden und Sie selbst einen weniger starken Eingriff in die Privatsphäre. Zudem werden sicherlich auch Ihre B2B-Kunden, deren Daten Sie verwalten, die zusätzlichen Bemühungen, Privacy by Design zu gewährleisten, zu schätzen wissen und diese Botschaft vielleicht an ihre Kunden weitergeben. Nicht zuletzt kann es auch der Fall sein, dass das Unternehmen selbst diese Themen als normalen Bestandteil des Geschäftsalltags betrachtet.

Eine Datenschutzkultur aufzubauen, in der die in diesem Buch aufgeworfenen Fragen zu einem selbstverständlichen Teil der Gespräche rund um das Thema Daten werden, ist ein langjähriger Weg. Wie beim Aufbau einer Sicherheitskultur wird es sicherlich einige Personen geben, die sich sofort für das Thema begeistern können (wie Sie vielleicht?) und andere darauf aufmerksam machen.

> Die Sicherheitscommunity hat großartige Arbeit beim Aufbau von Unternehmenskulturen geleistet. Wenn Sie eine Brücke zu den Sicherheitsexpertinnen und -experten in Ihrem Unternehmen schlagen und in Erfahrung bringen können, wie es ihnen gelingt, Sicherheit in die Unternehmenskultur zu integrieren und Befürworter im gesamten Unternehmen zu gewinnen, können Sie herausfinden, wie Sie dies auch beim Datenschutz erreichen können. Wie Sie feststellen werden, sind die Sicherheitsbeauftragten oft dazu bereit, sich im Rahmen ihrer normalen Aufklärungsarbeit für Datenschutz stark zu machen.[7]

Letztlich geht es darum, sicherzustellen, dass sich möglichst viele Menschen aus verschiedenen Blickwinkeln mit diesen Themen befassen. Das heißt nicht, dass sich alle daran beteiligen müssen, aber es sollten ausreichend viele sein, damit keine Dinge durch die Maschen rutschen und im Deployment oder in der Nähe des Deployments landen, ohne dass jemand zuvor den Schutz der Daten bedacht hat.

Zusammenfassung

In diesem Kapitel haben Sie gelernt, wie Sie den Datenschutz in Pipelines automatisieren können, indem Sie zunächst die Datenschutzanforderungen des Systems analysieren und nach geeigneten Stellen suchen, an denen Sie Datenschutz berücksichtigen können. Herzlichen Glückwunsch! Damit sind Sie einen wichtigen Schritt in

7 Weitere Tipps zum Aufbau einer Datenschutzkultur finden Sie in Kapitel 15 des Buchs *Agile Application Security* von Laura Bell et al. (O'Reilly, 2017) (*https://oreil.ly/YNS4v*).

Richtung Integration des Datenschutzes in Ihre Datenworkflows und Produkte gegangen.

Dabei haben Sie gelernt, wie Arbeitsabläufe und Workflows datenschutzgerecht gestaltet werden können. Außerdem haben Sie neue Datenschutz- und Data-Governance-Technologien an verschiedenen Stellen der Pipeline implementiert. Sie hatten die Gelegenheit, eine Differential-Privacy-Bibliothek auszuprobieren, die Sie in Spark-basierte Systeme integrieren können. Sie haben lokale Differential Privacy und Differential-Privacy-Mechanismen, die im Rahmen der Erfassung von Daten zum Einsatz kommen können, kennengelernt. Darüber hinaus haben Sie sich damit beschäftigt, wie Sie teamübergreifend und unternehmensweit zusammenarbeiten können, damit das Bewusstsein für den Datenschutz in allen Teams, die für das Management von Datenworkflows verantwortlich sind, gestärkt wird.

Im nächsten Kapitel erfahren Sie mehr über Angriffe auf die Privatsphäre. Dadurch erhalten Sie eine bessere Vorstellung davon, wovor Sie sich schützen wollen, und können besser nachvollziehen, welche Risiken für die Privatsphäre (bzw. auch hinsichtlich des Datenschutzes) bestehen.

KAPITEL 4
Angriffe auf die Privatsphäre

In diesem Kapitel werden Sie sich in die Lage eines Security Analyst und eines Angreifers oder einer Angreiferin versetzen. Bei proaktiven Datenschutz- und Sicherheitsmaßnahmen verfolgen Sie einen zyklischen Ansatz, bei dem Sie Zeit damit verbringen, sich potenzielle Bedrohungen und Angriffe vorzustellen und dann zu ermitteln, wie Sie sich vor ihnen schützen können. Sicherheit kann jedoch immer nur für einen begrenzten Zeitraum gewährleistet werden, da sich die Bedrohungen weiterentwickeln und sich Ihr System verändert, d. h., es handelt sich um einen fortlaufenden Prozess.

Nachdem Sie die ersten Schutz- und Gegenmaßnahmen getroffen haben, stehen in der Regel noch weitere Schritte an. Da sich die Sicherheit ständig weiterentwickelt und neue Bedrohungen auftauchen, bietet Ihnen dieses Kapitel eine gute Einführung in die Thematik. Sie sollten sich jedoch stets auf dem Laufenden halten und Forschungsergebnisse, Trends und neue Bedrohungen im Auge behalten.

Angriffe auf die Privatsphäre: eine Analyse gängiger Angriffsvektoren

Um wie ein Security Analyst zu denken, ist es wichtig zu wissen, was möglich und was wahrscheinlich ist und wie man sich am besten proaktiv auf potenzielle Angriffe vorbereitet, statt reaktiv zu handeln. In diesem Abschnitt werden Sie bekannte Angriffsvektoren analysieren, bei denen es sowohl Forschern als auch neugierigen Menschen, die sich mit Daten befassen, gelungen ist, sensible Informationen zu enthüllen, die eigentlich geheim bleiben sollten. Nachdem Sie sich näher mit diesen Angriffen befasst haben, werden Sie die gängigsten Methoden zur Offenlegung sensibler Daten besser verstehen und in der Lage sein, Ihre Daten vor diesen Angriffen zu schützen.

Der Netflix-Prize-Angriff

Wahrscheinlich gehen Sie davon aus, dass Ihr Onlineverhalten ziemlich normal ist und Ihnen nicht persönlich zugeordnet werden kann. Auch wenn einige Ihrer Verhaltensweisen eher alltäglich sind, etwa eine Gmail-Adresse zu haben, einen beliebten Beitrag zu liken oder ein beliebtes Video anzuschauen, dürfte es dennoch bestimmte Zusammenhänge geben, die Sie eindeutig identifizieren.[1] Ihre Interessen, Ihr Standort, Ihre demografischen Daten und die Art und Weise, wie Sie mit der Welt und anderen interagieren, machen Sie unverwechselbar, insbesondere über einen längeren Zeitraum betrachtet. Sehen wir uns an, wie dies möglich ist, indem wir einen Angriff auf den Netflix-Prize-Datensatz untersuchen.

Im Jahr 2007 veranstaltete Netflix einen Wettbewerb, den sogenannten Netflix Prize, bei dem der beste Empfehlungsalgorithmus zur Vorhersage von Nutzerbewertungen gesucht wurde. Im Rahmen des Wettbewerbs gab Netflix eine »zufällige« Stichprobe von Nutzerdaten und -bewertungen weiter, die »anonymisiert« waren.[2] Der Datensatz enthielt 100.480.507 Einträge von 480.189 Nutzerinnen und Nutzern. Die Daten wurden geschützt, indem »Identifikatoren« entfernt und durch pseudonyme Identifikationsnummern ersetzt wurden, sodass die Teilnehmenden anhand dieser individuellen Identifikationsnummern einsehen konnten, welche Inhalte ein bestimmter Nutzer bewertet hatte.

Die beiden mit dem Thema Datensicherheit vertrauten Forscher Arvind Narayanan und Vitaly Shmatikov von der University of Texas, Austin, fragten sich, ob die Personen in diesem Datensatz de-anonymisiert (bzw. re-identifiziert) werden könnten. Sie begannen damit, die Nutzer des Datensatzes auszuwerten und diejenigen zu identifizieren, die in der Stichprobe überrepräsentiert waren.[3]

Anschließend konnten sie die aktivsten Nutzer des Datensatzes mit einem Datensatz abgleichen, den sie durch Scraping von der bekannten Filmwebseite IMDB gewonnen hatten. Sie beschränkten ihre Suche auf einen kurzen Datumsbereich, der mit den Daten des Netflix-Datensatzes übereinstimmte. Auf diese Weise konnten sie ähnliche Bewertungen für denselben Inhalt finden und feststellen, welche Personen im Netflix-Datensatz auch Profile auf IMDB hatten, da ihre Bewertungen übereinstimmten.

Abbildung 4-1 gibt Aufschluss darüber, wie hoch die Wahrscheinlichkeit einer Verknüpfung (engl. *Linkage*) bzw. einer Re-Identifizierung auf der Grundlage dieser Technik war. Die in der Legende angegebenen Zeitspannen beziehen sich auf den Zeitraum (in Tagen), der jeweils zur Verknüpfung der Bewertungen im Netflix-Datensatz mit den Online-Bewertungen angesetzt wurde. Für jeden der Bereiche auf der x-Achse können Sie die Wahrscheinlichkeit ablesen, eine bestimmte Person auf

1 Natürlich sind Ihre eigenen Gmail-Kontodaten definitiv einmalig! Was ich hier meine, ist, dass die Nutzung von Gmail an sich nicht einzigartig ist.

2 Zur Erinnerung: Wenn Sie Daten veröffentlichen, sollten Sie sich vorher genau überlegen, wie Sie sie schützen und wie Sie das Verfahren beschreiben, das zum Schutz der Daten verwendet wird. Die Behauptung, etwas sei anonymisiert, führt dazu, dass sich Sicherheits- und Datenschutzforscher aufgefordert fühlen werden, das Gegenteil zu beweisen.

3 Dies wirft in der Tat die Frage auf, wie zufällig die Stichprobe zu Beginn war und ob Netflix die Daten vorverarbeitet hat, um die Gruppe der besonders aktiven Nutzer zu segmentieren. Wie Sie bereits aus Kapitel 2 wissen, sind Ausreißer einem größeren Risiko ausgesetzt, identifiziert zu werden.

Basis der Anzahl der online gefundenen Bewertungen zu finden, z.B. wenn drei von vier Bewertungen, die im Datensatz waren, auch online gefunden werden konnten.

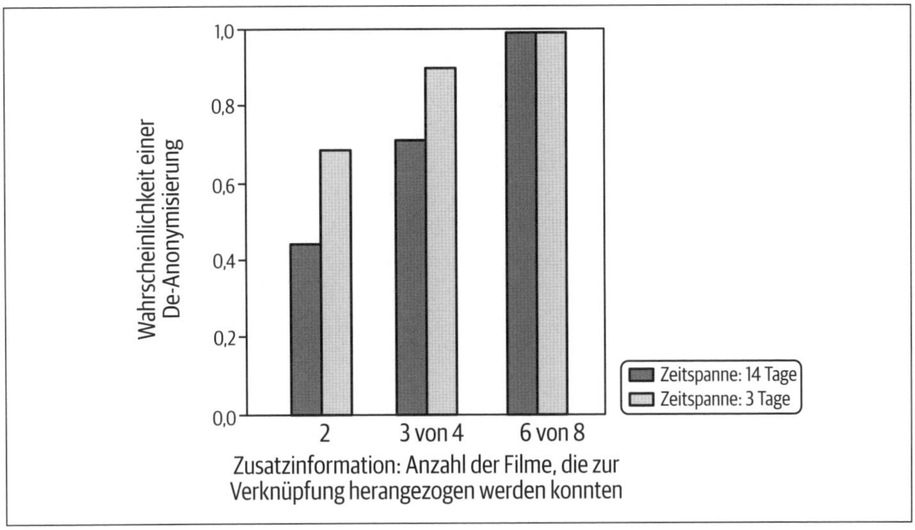

Abbildung 4-1: Wahrscheinlichkeiten für eine erfolgreiche Reconstruction Attack auf den Netflix-Prize-Datensatz

Einige Nutzer ändern auf jeder Website ihren Nutzernamen oder verwenden Pseudonyme, die nur schwer mit ihrer echten Identität in Verbindung gebracht werden können. Andere wiederum nutzen wohlbekannte Muster, zum Teil sogar ihre echten Namen. Dadurch, dass ihr IMDB-Profil oder ihr Nutzername zusätzliche Informationen über sie preisgibt (z.B. einen Vornamen, einen Ort, oder sie haben noch andere Profile, die weitere Informationen enthalten), kann ein Angreifer diese Person relativ problemlos identifizieren.

Sie denken jetzt vielleicht: »Ja, und? Sie haben die Filme öffentlich bewertet, warum sollte ich mich um ihre Privatsphäre sorgen?« Dafür gibt es einige Gründe. Erstens sind die meisten Benutzer nicht in der Lage, das eigene Risiko in Bezug auf ihre Privatsphäre richtig einzuschätzen. Das bedeutet, dass sie ihr Risiko, bestimmte Inhalte in einem öffentlichen Forum oder einem anderen Dienst zu veröffentlichen, möglicherweise stark unterschätzen. Es kann auch sein, dass sie einige der Videos, die sie privat auf Netflix angesehen haben, gar nicht gepostet haben, diese nun aber der Öffentlichkeit zugänglich waren, weil Netflix diese Bewertungen veröffentlicht hat. Wie Sie aus der *Einleitung* über die Arbeit von Helen Nissenbaum und danah boyd wissen, kaschiert die Technologie den Kontext und die Wahlmöglichkeiten der Nutzer, sodass sie oft unsicher sind bzw. ihnen unklar ist, welches Risiko sie eingehen und wie sie die Kontrolle über ihre eigene Privatsphäre behalten können. Eine absolutistische Sichtweise würde es erfordern, niemals etwas öffentlich zu posten, dafür aber in Kauf zu nehmen, dass die Menschen den Nutzen und die Freude an der Technologie verlieren. Auch wenn dies die einzig sichere bzw. private Option ist, kann sie deshalb nur zum Scheitern verurteilt sein.

Zweitens können Nutzerinnen und Nutzer nicht vorhersehen, ob ihre Daten in Zukunft veröffentlicht werden oder ob es zu einem Datenleck kommt und welche Auswirkungen dies auf frühere Entscheidungen hat. Wenn die Nutzer nicht in einem Land wie der EU leben, in dem sie das Recht auf Vergessenwerden haben oder die Löschung ihrer Daten verlangen können, bleiben viele ihrer Onlineaktivitäten auf unbestimmte Zeit gespeichert. In einigen Fällen sind sich die Nutzer nicht darüber bewusst, dass ihre Daten öffentlich zugänglich sind, z.B. wenn die Website kein Privacy by Design verwendet und die Beiträge daher standardmäßig für jeden sichtbar sind. In manchen Fällen werden die Daten illegal über eine Sicherheitslücke gewonnen oder als sogenannte Walled-Garden-Daten, die ohne Zustimmung zu Zwecken des Weiterverkaufs oder zu anderweitiger Verwendung erhoben werden (*https://oreil.ly/NRHq-*). Zudem werden die Nutzer manchmal dazu verpflichtet, ihre Daten zur Verfügung zu stellen, z.B. für Gesundheitsdienstleister, für eine Regierung oder am Arbeitsplatz. Solange keine Einwilligung zusammen mit den Daten eingeholt wird, kann niemand wissen, unter welchen Bedingungen die Daten erhoben oder veröffentlicht werden.

Nicht zuletzt ist Ihre Verantwortung – als der- oder diejenige, der oder die über die Daten verfügt – vergleichbar mit der Verantwortung derjenigen, die mit dem Bau öffentlicher Infrastrukturen betraut sind. Sie müssen Vorkehrungen treffen, um alle zu schützen, nicht nur diejenigen, die am vorsichtigsten sind. Wenn Sie das Eigentum an Daten von Einzelpersonen übernehmen, ist es Ihre Pflicht, verantwortungsvolle Entscheidungen zu treffen. Dazu gehört auch der Schutz aller Nutzer, selbst derjenigen, die sich im öffentlichen Raum aktiv beteiligen. Das trägt auch dazu bei, dass im Internet und in anderen öffentlichen Räumen ein gemeinschaftliches Miteinander gepflegt wird.

Wer diese Arten von Angriffen ganz allgemein betrachtet, kann herausfinden, wie er sich vor ihnen schützen kann, wenn er Daten veröffentlicht. Der Netflix-Datensatz ist ein gutes Beispiel dafür, wie wirkungsvoll es sein kann, Daten miteinander zu verknüpfen (*Linkage Attack*) oder Individuen aufgrund ihrer individuellen Charakteristika zu identifizieren (*Singling Out Attack*). Beide Formen stellen häufig vorkommende Angriffsvektoren dar, die Sie kennen und vor denen Sie sich schützen sollten.

Linkage Attacks

Bei Linkage Attacks wird mehr als eine Datenquelle verwendet, und diese werden miteinander verknüpft, um Personen zu re-identifizieren oder um an mehr Informationen zu gelangen und somit Personen identifizieren zu können. In der Regel sind Linkage Attacks erfolgreich, wenn die Angreifer über eine zusätzliche Datenquelle verfügen, die sich leicht mit einem anderen Datensatz in Verbindung bringen lässt, so wie es beim Netflix Prize und dem IMDB-Datensatz der Fall war. Was die möglichen verfügbaren Datensätze angeht, müssen Sie sowohl private als auch öffentlich zugängliche Datensätze in Betracht ziehen. Dazu können – oder besser sollten – auch Datenbanken gehören, von denen Sie wissen, dass sie in letzter Zeit oder in der Vergangenheit angegriffen worden sind.

Ein Ansatz, um einzuschätzen, ob es zu einer Linkage Attack kommen könnte, besteht darin, aktiv nach potenziellen Datenquellen zu suchen, die andere in Verbindung mit den Daten verwenden könnten, die Sie der Öffentlichkeit zugänglich machen möchten. Gibt es öffentliche Webseiten, die eingesehen oder »gescrapt« werden können und die es einer Person ermöglichen, auf einfache Weise an Informationen zu gelangen, die sie für eine Linkage Attack verwenden könnten? Gibt es frei zugängliche Datenquellen, die leicht mit den von Ihnen bereitgestellten Daten verknüpft werden könnten? Oder gab es in letzter Zeit größere Datenlecks, bei denen Daten möglicherweise dazu missbraucht wurden, Personen zu verknüpfen und sie dadurch zu kompromittieren?

> Wie Sie bereits im Zusammenhang mit Differential Privacy in Kapitel 2 erfahren haben, ist es nicht nur mühsam, sich alle denkbaren Zusatzinformationen vorzustellen, sondern auch wenig erfolgversprechend. Sie werden leider nie genau wissen, welche Daten ein Angreifer kennt oder welche ihm zur Verfügung stehen. Allerdings können Sie selbst bestimmen, welche Daten Sie herausgeben und an wen!

Ein anderer Ansatz besteht darin, sicherzustellen, dass alle Daten, die der Öffentlichkeit zugänglich gemacht werden, hinsichtlich des Datenschutzes dem neuesten Stand der Technik unterliegen, z. B. Differential Privacy. Sie können auch festlegen, dass dies für alle Daten erforderlich ist, die an Dritte oder an Partner weitergegeben werden, oder sogar für Daten, die innerhalb Ihres Unternehmens weitergegeben werden. Dadurch können Sie, wie Sie in Kapitel 2 gelernt haben, ebenfalls verhindern, dass Zusatzinformationen genutzt werden können, die erst zu einem späteren Zeitpunkt veröffentlicht werden.

Eine Möglichkeit, festzustellen, ob Ihre Daten leicht zu verknüpfen sind, besteht darin, die Einzigartigkeit Ihres Datensatzes und der Datenpunkte selbst zu bestimmen. Mithilfe einer Kardinalitätsanalyse, wie sie in Googles KHyperLogLog-Forschungsartikel (*https://oreil.ly/MSc1L*) verwendet wird, können Sie feststellen, ob Ihre Daten gut verknüpfbar sind.

Teil des Problems ist, dass Datensätze oft sehr umfangreich sind. Wenn riesige Datenmengen erhoben werden, die nicht ordnungsgemäß als personenbezogene Daten gekennzeichnet sind, oder wenn Governance und Dokumentation nicht ordnungsgemäß umgesetzt wurden, ist die Privatsphäre der Betroffenen ernsthaft in Gefahr. Wie können Sie feststellen, welche Daten re-identifizierend sind?

Hierbei kann Ihnen die Kardinalitätsanalyse behilflich sein. Wenn Ihnen ein großer Datensatz vorliegt, sind es die vielen unverwechselbaren Kombinationen dieser Datenpunkte, die Informationen über eine Person preisgeben können, wie z. B. die Gerätekennung, der Standort, der Webauftritt oder der bevorzugte Musikdienst. Diese zahlreichen kleinen Punkte sind vordergründig nicht sichtbar, was es schwierig macht, die einzelnen Punkte als einzigartig zu erkennen.

Angenommen, Sie hätten eine ganze Reihe verschiedener Variablen in Ihren Logdateien oder in Datensätzen, die zwar personenbezogene Informationen enthalten, aber nicht unbedingt identifizierend sind. Sie möchten untersuchen, ob diese Daten latente Datenschutzrisiken bergen, indem Sie feststellen, ob die Variablen selbst oder Kombinationen davon identifizierend sind. Bei den von den Forschern verwendeten Variablen handelte es sich jedoch um solche Merkmale wie Browseragenten, protokollierte Anwendungseinstellungen und andere Anwendungs- oder Browserdetails.

Sie interessieren sich dafür, ob es Identifikatoren gibt, die eindeutig zugeordnet werden können, und welche Kombinationen von Identifikatoren wahrscheinlich oder sicher eindeutig zugeordnet werden können. Dazu haben die Forscher eine zweiteilige Datenstruktur entwickelt, die zwei unterschiedliche Hashing-Mechanismen miteinander kombiniert. Der erste ist ein K-Min-Hashing-Mechanismus, der die Wahrscheinlichkeitsdichte des Datensatzes und damit seine Einzigartigkeit anhand der Distanz zwischen den K kleinsten Hashwerten bestimmt. Gleichzeitig werden die Variablen und die zugehörigen eindeutig zuordenbaren Nutzerkennungen einem HyperLogLog- (*https://oreil.ly/mcvxp*) bzw. einem HyperLogLog++-Mechanismus übergeben, mit denen die Kardinalität auf sehr effiziente Weise geschätzt wird. Durch die Kombination dieser beiden leistungsstarken Mechanismen konnten die Forscher eine schnelle und effiziente Methode entwickeln, mit der Variablen, die nicht sehr eindeutig waren, und Variablen, die viele Nutzer gemeinsam hatten, schnell ausgeschlossen werden können.[4]

Darüber hinaus können KHyperLogLog-Datenstrukturen miteinander kombiniert werden. Dadurch lässt sich prüfen, inwieweit verschiedene Kombinationen von Variablen die Privatsphäre des Nutzers gefährden. Mit dieser zweistufigen Struktur können sie auch dazu verwendet werden, echte PII-Daten mit diesen »pseudonymisierten« Daten zu vergleichen und zu überprüfen, ob einige Variablenkombinationen als eindeutige Identifikatoren fungieren. Bei Google konnten im Rahmen der eigenen Verwendung des Algorithmus Mängel in Bezug auf den Datenschutz festgestellt und behoben werden, z. B. wurde die Einstellung des Lautstärkereglers des Mobiltelefons mit einer zu hohen Genauigkeit gespeichert.

Auf der Grundlage dieser Informationen können Sie entweder die Empfehlung aussprechen, dass die unterschiedlichen Quellen mit diesen einzigartigen Kombinationen von Variablen niemals kombiniert werden sollten, oder Sie können geeignete Datenschutz- und Sicherheitsvorkehrungen treffen, um das Risiko von Re-Identification Attacks oder fälschlichen Verknüpfungen zu verringern. Das ist insbesondere für die automatisierte Datenverarbeitung oder das Training großer Deep-Learning-Modelle relevant, bei denen die Verknüpfungen ohne menschliches Zutun erkannt und von Algorithmen oder anderen automatischen Systemen genutzt werden könnten.

Diese Form der Kardinalitätsanalyse hilft Ihnen ebenfalls, um festzustellen, wie wahrscheinlich es ist, dass ein bestimmter Nutzer herausgegriffen bzw. ausgeson-

4 Wenn Sie Lust und Zeit haben, lesen Sie den Artikel »KHyperLogLog: Estimating Reidentifiability and Joinability of Large Data at Scale« (*https://oreil.ly/MSc1L*), oder werfen Sie einen Blick auf eine visuelle Darstellung des KHyperLogLog-Algorithmus (*https://oreil.ly/tVuzZ*), um mehr darüber zu erfahren, wie dies im Detail funktioniert.

dert werden kann (engl. *singling out*). Betrachten wir nun einmal, welche Art von Angriffen möglich sind, wenn eine Person in einer bestimmten Gruppe tatsächlich leicht zu identifizieren ist.

Singling Out Attacks

Singling Out Attacks beruhen darauf, dass eine Person aus einem veröffentlichten Datensatz ausgesondert (engl. *singling out*) wird und dann versucht wird, weitere Informationen über diese Person mithilfe desselben Datensatzes oder über andere Quellen zu sammeln. Diese Angriffe können auch in umgekehrter Richtung durchgeführt werden, indem Informationen über eine Person in einen veröffentlichten Datensatz eingebracht werden und versucht wird, abzuleiten, ob diese Person enthalten ist und identifiziert werden kann.

Gehen wir jeweils ein Beispiel für beide Möglichkeiten durch.

Angenommen, Sie sind ein Data Scientist, der eine Datenbank abfragt, die auf simple Weise anonymisiert wurde. Sie möchten das Gehalt einer bestimmten Frau herausfinden, von der Sie wissen, dass sie die einzige Frau im Unternehmen ist, die älter als 60 Jahre ist. Wenn die Datenbank es Ihnen erlaubt, »aggregierte« Antworten bzw. Ergebnisse zu erhalten, ohne dass diese zusätzlich durch Differential Privacy geschützt werden, können Sie eine Reihe von Abfragen durchführen, die auf diese Frau abzielen, und dadurch ihr Gehalt aufdecken. Dafür könnten Sie zum Beispiel das Gehalt aller Frauen, die älter als 60 Jahre alt sind, abfragen und würden somit direkt ihr Gehalt offenlegen. Wenn die Datenbank besser geschützt ist, aber immer noch keinen Schutz gegen Singling Out Attacks bietet, könnten Sie zwei Abfragen durchführen – eine, um die Gehälter aller Arbeitnehmerinnen und Arbeitnehmer über 60 Jahre zu erhalten, und eine, um die Gehälter aller männlichen Arbeitnehmer über 60 Jahre zu erhalten – und ihr Gehalt anhand der Differenz zwischen den beiden Abfragen ermitteln.

Eine weiteres echtes Beispiel ist die Re-Identifizierung von Prominenten im Taxi-Datensatz von New York City. Der Datensatz wurde im Jahr 2014 im Rahmen eines Freedom-of-Information-Act-(FOIA-) (*https://www.foia.gov*)Antrags der Öffentlichkeit zugänglich gemacht. Ein Data Scientist stellte in dem Datensatz ein seltsames Muster fest, bei dem sich die pseudonyme Kennung mehrerer Taximarken (sogenannte Taxi-Medaillons) wiederholte und manchmal dasselbe Taxi zur selben Zeit an verschiedenen Orten angezeigt wurde. Das ist natürlich nicht möglich, doch es lieferte einen wichtigen Anhaltspunkt. Der Data Scientist hat daraus geschlossen, dass es sich bei diesem Wert in Wirklichkeit um einen Nullwert handelte, bei dem die Angabe des Medaillons fehlte.

Dank dieser Entdeckung war der Data Scientist mittels Reverse Engineering in der Lage, den verwendeten Hashing-Mechanismus zu entschlüsseln (was einfach war, da kein Salt hinzugefügt wurde)![5] Die übrigen Daten konnte er mithilfe einer Rainbow-Tabelle (*https://oreil.ly/tzFh9*) problemlos wiederherstellen.

Nachdem der Datensatz veröffentlicht worden war, wurde er innerhalb kürzester Zeit mit Paparazzi-Fotos von Prominenten verlinkt, die aus Taxis ausstiegen, da die Kennung des Medaillons auf vielen Fahrzeugteilen des Taxis sichtbar sein muss – den Türen, dem Heck, dem Nummernschild usw. In einem Artikel des Gawker-Magazins (*https://oreil.ly/yCp2u*) wurde enthüllt, wie viel Trinkgeld diverse Prominente gegeben haben, da die Daten nun leicht verknüpfbar waren. Das ist ein hervorragendes Beispiel dafür, wie eine schlecht anonymisierte Datenquelle mit zusätzlichen Informationen angereichert werden kann, um eine Linkage Attack oder auch eine Singling Out Attack durchzuführen. Während Ihnen die Privatsphäre von Prominenten vielleicht nicht allzu wichtig ist, bedeutet dies aber gleichzeitig, dass auch jede andere Person, die aus einem Taxi steigt, auf einem Foto identifizierbar ist. Inwieweit die Privatsphäre gewahrt bleibt, hängt im Allgemeinen davon ab, wie gut sie geschützt ist. Lässt man es zu, dass die Privatsphäre einzelner Personen (hier: Prominenter) verletzt wird, wird auch der Schutz der Privatsphäre für alle untergraben.

Singling Out und Linkage Attacks sind jedoch nicht die einzigen Arten von Angriffen auf die Privatsphäre. Sensible Informationen gibt es überall, und selbst wenn Sie aggregierte Daten mit einem gewissen Schutz veröffentlichen, können Sie versehentlich sensible Details preisgeben. Gehen wir nun also der Frage nach, wie bei aggregierten Daten Informationen preisgegeben werden könnten.

Der Strava-Heat-Map-Angriff

Im Jahr 2018 veröffentlichte die Sport-Tracking-App Strava eine weltweite Aktivitätskarte. Sie ermöglichte Nutzerinnen und Nutzern sowie auch sonstigen Interessierten, verschiedene sportliche Aktivitäten (Joggen, Radfahren, Wandern) aus der ganzen Welt nachzuvollziehen. Gleichzeitig rühmte sich Strava damit, dass die Daten anonymisiert würden. Es dauerte weniger als einen Tag, bis interessante, weniger bevölkerte Gebiete auf der Karte in den sozialen Medien besondere Beachtung fanden. Während Strava in Nordamerika sowie West- und Mitteleuropa eine große Anwenderbasis aufwies, gab es in Afrika und dem Nahen Osten nicht sonderlich viele Nutzer. Dennoch gab es auch dort Routen, die sehr aktiv genutzt wurden. Bei näherer Betrachtung dieser Routen wurden die Umrisse von bisher nicht ausgewiesenen Militärstützpunkten der USA und der NATO sichtbar, die eigentlich geheim bleiben sollten.

Abbildung 4-2 zeigt einen Screenshot von Strava, in dem ein US-Militärstützpunkt in Afghanistan zu sehen ist. Dieser und ähnliche Stützpunkte wurden in den Tagen und Wochen nach der Veröffentlichung der globalen Heatmap aufgedeckt, was in einem Twitter-Thread eines sicherheitsbewussten Twitter-Nutzers (@Nrg8000) (*https://oreil.ly/ZFX8h*) und mehreren Antworten hervorgehoben wurde. An dem Tag, an

5 Salt sind zufällige Daten, die zum Schutz von Einweg-Hashwerten (engl. *One-Way Hashes*) vor Rainbow- bzw. Regenbogentabellen oder vorberechneten Angriffen verwendet werden. Um zu gewährleisten, dass Einweg-Hashwerte sicher sind, benötigen Sie eine kryptografisch sichere Pseudozufallsgenerierung, die durch ein Salt herbeigeführt wird, vorausgesetzt, die verwendete kryptografische Bibliothek wird gut gepflegt.

dem die Karte veröffentlicht wurde, machten verschiedene Berichte darauf aufmerksam, dass die Ausreißer – d.h. die Daten von Strava-Nutzern in Afrika und dem Nahen Osten – militärische Geheimnisse von mehr als einem Staat enthüllt hatten.

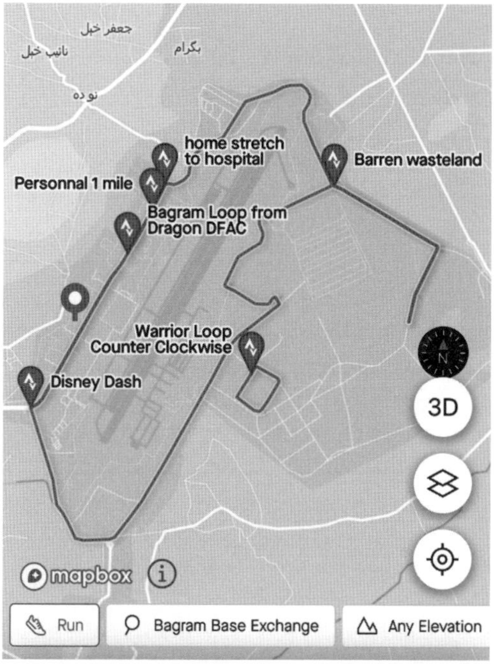

Abbildung 4-2: Die Militärbasis Bagram in der Strava-App

Dieser Fall zeigt eindrucksvoll, wie sensible Daten versehentlich mit anderen sensiblen Daten verknüpft werden können. Hier sind über persönliche Daten von Soldaten der USA und der NATO vertrauliche Informationen über Militärbasen und Operationen durchgesickert. Es zeigt auch, wie die Privatsphäre des Einzelnen (*Individual Privacy*) mit der Privatsphäre einer Personengruppe (*Group Privacy*) zusammenhängt. Im vorliegenden Beispiel führt die Exposition der individuellen Privatsphäre in Kombination mit der Kenntnis der Gruppenzugehörigkeit zur Preisgabe zusätzlicher Informationen (in diesem Fall sogar vertraulicher Informationen).

Individual Privacy, wie sie in Kapitel 2 besprochen wurde, ermöglicht Ihnen, den Schutz der Privatsphäre für eine bestimmte Person zu garantieren. Differential Privacy quantifiziert diese Garantien und hält sie innerhalb eines bestimmten Bereichs, den Sie festlegen und überprüfen können.

Group Privacy bezieht sich auf die Fähigkeit, die Privatsphäre für eine größere Gruppe zu gewährleisten. Dies könnte ähnlich sein wie die Erweiterung der Privacy Unit unter Differential-Privacy-Bedingungen, sodass sie eine größere Anzahl von Personen abdeckt (wie einen Haushalt bei einer Volkszählung). Aber wie Sie sich vielleicht vorstellen können, wäre es unglaublich schwierig, alle Mitglieder einer bestimmten Berufsgruppe, eines bestimmten Geschlechts oder einer bestimmten ethnischen Herkunft zu erfassen, wenn diese einen großen Teil der Bevölkerung ausmachen.

Selbst wenn Sie den Schutz der Privatsphäre für den Einzelnen gewährleisten können, kommt es häufig vor, dass Informationen über Gruppen »durchsickern«. In gewisser Weise ist das großartig, denn das ist die Stärke von Data Science und Statistik! Daten zu untersuchen, sie über Gruppen hinweg zu vergleichen sowie Schlussfolgerungen zu ziehen – und dabei gleichzeitig noch strenge Privacy-Garantien für den Einzelnen zu wahren –, ist äußerst nutzbringend.

Das Strava-Beispiel zeigt, wie eine Ballung von Nutzerinnen und Nutzern an einem bestimmten sensiblen Ort vertrauliche Informationen offenlegen kann. Aber es gibt auch andere Beispiele, bei denen Daten, die auf freiwillige und datenschutzfreundliche Weise erhoben wurden, gruppenspezifische Informationen enthüllten. Im Zusammenhang mit einem Rechtsstreit gegen Google bezüglich der Unterbezahlung von Frauen und Personen mit nicht binärer Geschlechtsidentität im Vergleich zu ihren männlichen Kollegen wurden intern Daten über ein Google-Formular erhoben (*https://oreil.ly/VpIxZ*). In dem Formular wurde um die freiwillige Angabe der sogenannten Engineering Grade (ein Einstufungssystem bei Google), des Geschlechts sowie des Gehalts und der zusätzlichen Boni, die im Vorjahr gezahlt wurden, gebeten.[6]

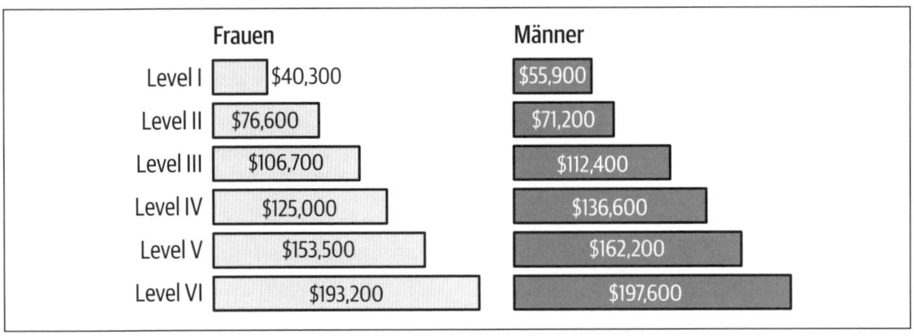

Abbildung 4-3: Googles freiwillige Datenerhebung offenbart bei aggregierter Betrachtung ein Gehaltsgefälle.

Bei aggregierter Betrachtung geht aus diesen Daten ein deutliches Gehaltsgefälle zwischen männlichen Angestellten und ihren weiblichen Kolleginnen sowie den Angehörigen geschlechtsspezifischer Minderheiten bei den verschiedenen Einstufungen hervor. Abbildung 4-3 bietet Ihnen ein genaues Bild davon, wie groß diese Ungleichheit ausgefallen ist, und kam vor Gericht als Beweismittel zum Einsatz. Auf jeder Stufe, mit Ausnahme von Level II, wurden Frauen und Angehörige ge-

6 Diese Art der Datenerhebung bietet keine strengen Privacy-Garantien wie Differential Privacy. Es handelte sich um eine freiwillige Angabe, und die Verantwortlichen haben die ihnen zur Verfügung stehenden Möglichkeiten ausgeschöpft, um den Fragebogen so auszugestalten, dass die Privatsphäre der Teilnehmenden möglichst geschützt bleibt. Für diese Art von Anwendungsfällen wäre es wünschenswert, wenn eine Infrastruktur geschaffen würde, die Anonymität und Differential Privacy gewährleistet und zugleich die Möglichkeit bietet, sensible Daten dafür zu nutzen, für mehr Gleichberechtigung und Fairness einzutreten.

schlechtsspezifischer Minderheiten schlechter bezahlt als ihre männlichen Kollegen.[7]

An dieser Stelle kann festgehalten werden, dass der Schutz der Privatsphäre von Gruppen (Group Privacy) manchmal unerwünscht sein kann, da man gegebenenfalls Entscheidungen auf der Grundlage persönlicher Merkmale treffen möchte. Im Fall der Geheimnisverletzung bei den Strava-Nutzern wäre es jedoch sinnvoll gewesen, den Nutzern die Möglichkeit einzuräumen, sich bewusst für diese Art des Trackings zu entscheiden (Opt-in), anstatt standardmäßig ein Opt-in zu implementieren. Strava hat diese Option später durch eine Opt-out-Option ersetzt, jedoch erst nachdem bereits geheime Informationen durchgesickert waren. Dies ist ein gutes Beispiel dafür, wie Ihnen die Prinzipien von Privacy by Design helfen können, Voreinstellungen und Einwilligungsoptionen zu wählen, die sicher sind!

Eine andere spannende Form von Angriff auf die Privatsphäre und die Gruppenzugehörigkeit ist die sogenannte *Membership Inference Attack*.

Membership Inference Attack

Was wäre, wenn ich Ihnen sagte, dass ich feststellen kann, ob Ihre Daten zum Trainieren eines Modells verwendet wurden. Das mag vielleicht keine Rolle spielen, wenn Daten von Milliarden von Menschen zum Trainieren des Modells verwendet wurden. Aber es wäre sicherlich nicht ganz unbedeutend für Sie, wenn der Trainingsdatensatz wesentlich kleiner wäre und wenn die Tatsache, dass Sie in dem Datensatz enthalten sind, etwas Bestimmtes über Sie, wie z.B. Ihre sexuelle Orientierung, Krankheiten oder andere gesundheitsbezogene Informationen, Ihren finanziellen Hintergrund usw., verraten würde.

Bei einer Membership Inference Attack versucht der Angreifer, in Erfahrung zu bringen, ob eine bestimmte Person in den Trainingsdaten enthalten war. Wenn ein Modell nur mit einem relativ kleinen Datensatz trainiert wird oder wenn eine gewisse Person einen Ausreißer darstellt, könnte diese Person besonders gefährdet sein.

Reza Shokri hat Membership Inference Attacks im Jahr 2016 (*https://oreil.ly/DKAvU*) entdeckt. Die Vorgehensweise ist wie folgt: Der Angreifer trainiert ein sogenanntes Schattenmodell (engl. *Shadow Model*), d.h. ein Modell, das dem echten Modell so nahe wie möglich kommen soll. Dies spiegelt das Vorgehen beim Transfer Learning (*https://oreil.ly/pR9qc*) wider, bei dem es darum geht, Informationen eines Modells zu übernehmen, sodass ein anderes relativ schnell trainiert werden kann –

7 Diese Daten wurden im Jahr 2017 veröffentlicht, wobei sie bereits zuvor erhoben wurden. Mehrere andere Studien und Initiativen, die in großen US-Technologieunternehmen durchgeführt wurden, haben ähnliche Gehaltsunterschiede oder andere Faktoren aufgedeckt, durch die Frauen und Angehörige geschlechtsspezifischer Minderheiten benachteiligt werden – wie zum Beispiel eine Überrepräsentierung in Junior-Positionen. Einige aktuellere Studien zeigen jedoch, dass sich dieser Trend umkehrt. Frauen und Angehörige geschlechtsspezifischer Minderheiten verdienen in höheren Positionen inzwischen mehr als ihre männlichen Kollegen, doch in den Juniorpositionen sind diese nach wie vor überrepräsentiert. Wenn solche Daten in einer einvernehmlichen und datenschutzfreundlichen Weise analysiert werden, kann dies dazu beitragen, eine unfaire und ungleiche Behandlung aufzudecken und festzustellen, ob Maßnahmen zur Förderung von Vielfalt und Gleichberechtigung greifen.

in der Regel in einem ähnlichen Bereich. Zum Beispiel beschleunigt die gemeinsame Nutzung von Ausgangsgewichten und Schichten bei großen Computer-Vision-Modellen meist das Training. Außerdem gibt es noch eine dem Generative Adversarial Network (GAN) ähnliche Architektur (*https://oreil.ly/TznAI*), bei der ein Diskriminator trainiert und verwendet wird, um festzustellen, ob eine Person (in Vektorform) im Trainingsdatensatz enthalten war oder nicht. Dieser Diskriminator leitet aus dem Output (bzw. der Ausgabe) des Modells selbst ab, ob ein bestimmter Datenpunkt in den Trainingsdaten enthalten war.[8] Die vollständige Architektur können Sie in Abbildung 4-4 nachvollziehen. Es werden mehrere Schattenmodelle trainiert, deren Ergebnisse in das *Attack Training Set* aufgenommen werden, das dann als Trainingsdatensatz für den Diskriminator dient.

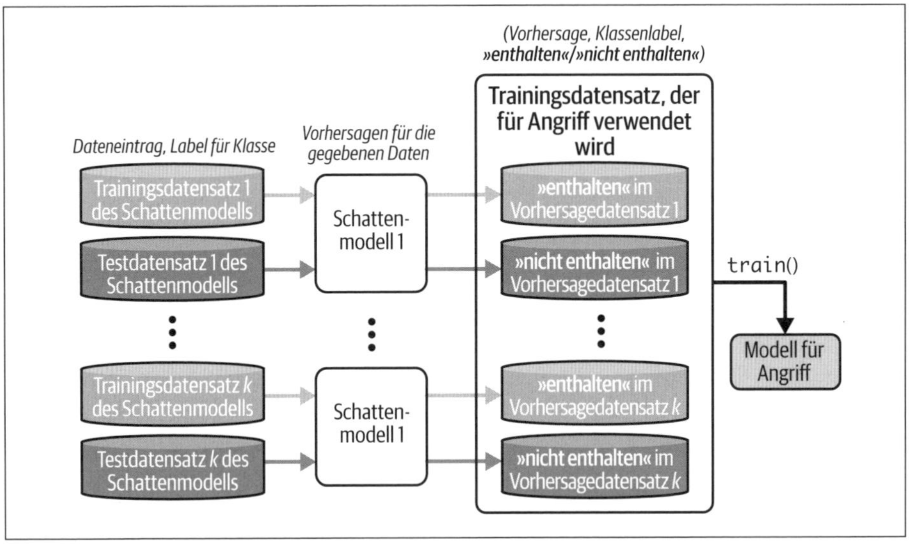

Abbildung 4-4: Eine Architektur, die bei Membership Inference Attacks verwendet wird

Sie können sich wahrscheinlich denken, was dabei herauskommt! Wenn sich ein Modell zu sehr an die zugrunde liegenden Trainingsdaten anpasst (engl. *Overfitting*) oder wenn ein Ausreißer (bzw. die mit ihm verbundene Person) bestimmte Informationen über sich selbst in das Modell einfließen lässt, werden die Wahrscheinlichkeiten für den Trainings- und den Testdatensatz stark voneinander abweichen. Dies gilt insbesondere für Ausreißer, für Modelle, die auf einem kleinen Datensatz trainiert wurden, und für Modelle, deren Generalisierungsfähigkeit schlecht ist.

8 Falls GANs für Sie neu sind: Die Grundidee ist, dass sie zwei Machine-Learning-Modelle haben. Das eine versucht, eine Entscheidung auf der Grundlage des Outputs des anderen zu treffen, mit der versucht wird, den Fehler des ersten Modells zu korrigieren. GANs werden verwendet, um verschiedenste Arten von Inhalten und Medien zu generieren – von mithilfe von Machine Learning generierten Kunstwerke bis hin zu generierten Texten, Bildern oder Videos, einschließlich Inhalten wie Deep Fakes.

> Membership Inference Attacks verdeutlichen, wie wichtig es ist, dass Modelle gut generalisieren und wie sich Ausreißer auf das oder die resultierenden Modelle auswirken können. Datenschutztechniken und -technologien können dazu beitragen, den Einfluss von Ausreißern zu verringern und eine Generalisierung zu fördern. Ihr Ziel als Data Scientist ist es, dafür zu sorgen, dass Ihre Modelle leistungsfähig sind und dass diese Form der Preisgabe von persönlichen Informationen vermieden wird. In Kapitel 5 werden Sie erfahren, wie Sie Modelle unter Verwendung von Differential Privacy mit Daten, die auch persönliche Informationen enthalten, trainieren können.

Gehen wir die für eine Membership Inference Attack erforderlichen Schritte durch:

1. Geeignete Trainingsdaten müssen entweder aus dem Modell selbst (durch sequenzielles Abfragen möglicher Inputdaten) oder aus verfügbaren öffentlichen oder privaten Datensätzen, zu denen der Angreifer Zugang hat, gesammelt werden.
2. Der Angreifer erstellt mehrere Schattenmodelle, die das Modell imitieren sollen (d.h., sie erhalten ähnliche Inputdaten und erzeugen ähnliche Outputdaten wie das Zielmodell). Diese Schattenmodelle sollten so konzipiert sein, dass sie eine hohe Genauigkeit (Precision) und einen hohen Recall bei Stichproben aus den gesammelten Trainingsdaten aufweisen. Da der Angriff darauf abzielt, für jedes Schattenmodell unterschiedliche Trainings- und Testdatensätze zu verwenden, muss für diesen Schritt eine ausreichende Menge an Daten zur Verfügung stehen.
3. Nachdem die Schattenmodelle trainiert wurden, werden die Vorhersagen für Beispiele aus anderen Datensätzen, die nicht zum Training der Modelle herangezogen wurden, sowie für Beispiele aus dem Trainingsdatensatz, mit dem die Schattenmodelle trainiert wurden, erfasst. Diese bilden dann den Trainingsdatensatz für den Diskriminator.
4. Der Angreifer trainiert nun einen Diskriminator mit dem neuen Trainingsdatensatz. Der Diskriminator wird verwendet, um die von ihm anvisierte API zu analysieren und festzustellen, ob ein bestimmter Datenpunkt in dem angegriffenen Modell enthalten ist, indem die Outputdaten des Modells durch den Diskriminator ausgewertet werden. Diese Angriffe können daher durchgeführt werden, ohne dass ein vollständiger Zugriff auf das Modell erforderlich ist, d.h. in einer *Closed-Box*-Umgebung.

Shokri und seine Forschungskollegen haben getestet, wie erfolgreich diese Angriffe bei den Machine-Learning-Systemen von Amazon und Google Cloud sowie einem eigenen lokalen Modell waren. In ihren Experimenten erreichten sie eine Treffergenauigkeit (engl. *Accuracy*) von 74 % bei Amazons Machine Learning as a Service und eine Treffergenauigkeit von 94 % bei Googles Machine Learning as a Service. Somit konnten sie eindeutig aufzeigen, dass bei den Machine-Learning-Anwendungen private Informationen preisgegeben werden. In einer noch aktuelleren Studie (*https://oreil.ly/Ijzl7*) waren die Forscher in der Lage, diesen Angriff innerhalb dezentraler Systeme, bei denen die Privatsphäre geschützt bleiben soll, auszuführen, wie

z. B. beim Federated Learning (siehe Kapitel 6). Diese Art von Machine-Learning-Architektur wird von Google und anderen großen Unternehmen unterstützt und ermöglicht die Nutzung privater Daten in einem sicheren und datenschutzfreundlichen Machine-Learning-System. Inzwischen hat Shokris Forschungsgruppe eine Open-Source-Bibliothek (*https://oreil.ly/1Ftx5*) veröffentlicht, mit der es möglich ist, das Risiko, dass im Rahmen von Membership Inference Attacks Informationen nach außen dringen, zu bemessen.

> Empfehlungssysteme (engl. *Recommender Systems*) werden immer stärker personalisiert – basierend auf demografischen Informationen, der Höhe des Vermögens und anderen sensiblen Merkmalen. Bei Modellen, die auf Basis einer kleinen Population trainiert wurden, kann ein Angreifer, der gewisse Informationen über eine Person kennt, herausfinden, ob diese Person zuvor in dem Trainingsdatensatz enthalten war, sofern es ihm gelingt, die entsprechenden Input-Features zu imitieren. Gleiches gilt auch für andere Informationen, die zur Bestimmung der Population der Trainingsdaten zugrunde gelegt werden könnten, wie z. B. das Geschlecht, das Alter, die ethnische Zugehörigkeit, den Wohnort, den Aufenthaltsstatus, die sexuelle Orientierung, die politische Zugehörigkeit oder die Kaufpräferenzen.

In einer späteren Studie fanden Shokri und mehrere andere Forscher heraus, dass Modellerklärungen private Informationen preisgeben (*https://oreil.ly/WFJlc*) können, insbesondere bei Ausreißern. Dabei haben sie zur Erklärung (bzw. Erläuterung), warum ein Modell zu einer bestimmten Vorhersage oder einem bestimmten Ergebnis kam, die gängigen Standardmethoden herangezogen. Sie kamen zu dem Schluss, dass diese Erklärungen vor allem Informationen über Ausreißer preisgaben. Je mehr sensible Daten ein Modell zur Entscheidungsfindung heranzieht, desto wahrscheinlicher ist es, dass diese Art von Verhalten auftritt.

Diese erhöhte Granularität und Sensibilität des Modells birgt auch andere Risiken, z. B. dass sensible Merkmale von Personen eingesehen werden können, die Interesse daran zeigen, welche Art von Personen in den Trainingsdaten enthalten waren.

Auf sensible Merkmale zurückschließen

Membership Inference Attacks können generell dazu verwendet werden, Merkmale bestimmter Gruppen, die in der Trainingsdatenpopulation vertreten sind, zu analysieren, was als *Attribute Privacy Attack* (*https://oreil.ly/OENQ1*) bezeichnet wird. Hierbei möchte der Angreifer etwas über die zugrunde liegende Population herausfinden und verwendet dabei denselben Ansatz, um im Hinblick auf mögliche Personengruppen, die im Trainingsdatensatz enthalten sein könnten, verschiedene Theorien zu testen.

Bei dieser Art von Angriff werden sensible Daten von Personengruppen aufgedeckt. Wenn Sie ein Modell auf der Grundlage Ihrer eigenen Nutzerbasis trainieren und diese Nutzer überwiegend aus bestimmten Regionen stammen, bestimmte persönliche Merkmale aufweisen oder einer kleinen Zielgruppe angehören, die ein bestimmtes Merkmal gemeinsam haben, wie z.B. ihre Surf- oder Kaufgewohnheiten, dann könnten diese Informationen jedem zur Verfügung stehen, der Zugriff auf den Endpunkt des Modells hat, sofern diese Merkmale über die Input-Features oder das Verhalten des Modells offengelegt werden können. An diesem Punkt würde es sich nicht nur um einen Angriff auf die Privatsphäre handeln, sondern wahrscheinlich auch um ein Datenleck, bei dem vertrauliche Informationen preisgegeben werden!

Das ist jedoch nicht die einzige Art und Weise, wie sensible Merkmale an die Öffentlichkeit gelangen können. Eine Studie aus dem Jahr 2013 (*https://oreil.ly/wtdqw*) zeigte, dass Facebook-Likes in hohem Maße Rückschlüsse auf persönliche Merkmale wie die sexuelle Orientierung, das Geschlecht, die politische Einstellung oder den Konsum von Drogen zulassen. Die Studie wurde an der Cambridge University durchgeführt. Einer der Forscher arbeitete später für Cambridge Analytica, das diese Art von Mustern dazu genutzt hat, das Wahlverhalten zu manipulieren.[9]

Das zeigt noch einmal deutlich, wie wichtig die aus der Differential-Privacy-Forschung gewonnenen Erkenntnisse sind. Es ist äußerst schwierig, zu bestimmen, welche Merkmale ein potenzieller Angreifer finden, verwenden oder verknüpfen könnte. Die Studie dient als Beispiel dafür, wie aufschlussreich scheinbar harmlose Datenpunkte – wie Facebook-Likes oder das Suchverhalten im Internet – sein können. Wann immer Sie Daten von Menschen sammeln, müssen Sie sich der Tatsache bewusst sein, dass diese Daten andere sensible Merkmale preisgeben könnten.

Deshalb ist es wichtig, alle über Menschen gesammelten Daten so zu behandeln, als seien sie möglicherweise sensibel, und die in diesem Buch beschriebenen Techniken zusammen mit Ihren weiteren Nachforschungen und Experimenten zu nutzen, um so die Daten und die betroffenen Personen zu schützen.

> Dass Modelle dazu imstande sind, sensible oder persönliche Merkmale aus scheinbar unsensiblen Datenpunkten zu erlernen, trägt erheblich dazu bei, dass sie sich unfair und diskriminierend verhalten. Wenn das resultierende Modell sensible Merkmale lernt, die aus den Korrelationen in den Trainingsdaten hervorgehen, reproduzieren diese Modelle gesellschaftliche Vorurteile und verstärken die systemimmanente Repression bestimmter Personengruppen. Diese Problematik geht über den Rahmen von Privacy und den des Buchs hinaus. Ich empfehle Ihnen jedoch, sich mit dem Buch *Algorithms of Oppression* von Safiya Umoja Noble (NYU Press, 2018) zu befassen und den Beiträgen von Timnit Gebru bzw. dem Team des DAIR Institute (*https://www.dair-institute.org*) sowie der Algorithmic Justice League (*https://www.ajl.org*) zu folgen, um mehr darüber zu erfahren.

9 Cambridge Analytica schaltete politische Anzeigen auf Plattformen wie Facebook (*https://oreil.ly/ANM31*), die darauf abzielten, die Wähler beim britischen Brexit-Referendum und bei den US-Präsidentschaftswahlen 2016 zu beeinflussen. Es lässt sich nur schwer abschätzen, wie erfolgreich diese gezielten Werbeanzeigen wirklich waren. Für das Profiling wurden jedoch persönliche Merkmale wie das Wahlverhalten und die politische Einstellung verwendet, die aus Facebook-Likes und Profildaten abgeleitet wurden.

Andere Leakage Attacks auf Modelle: Memorierung

Ein Problem im Zusammenhang mit der Art und Weise, wie Modelle lernen, besteht darin, dass sie Informationen memorieren bzw. speichern (engl. *Memorizing*) bzw. unbeabsichtigt speichern können. Dies kann vor allem dann leicht passieren, wenn es sich bei den Beispielen um Ausreißer handelt. Außerdem tritt das Problem auf, wenn ein bestimmtes Beispiel, das sensible Informationen enthält, mehrfach vorkommt. Dieses Phänomen steht in direktem Zusammenhang mit der Anzahl der Parameter bzw. der Größe des Modells (je größer die Anzahl der Modellparameter, desto besser das Erinnerungsvermögen). Die Ergebnisse der Studie »The Secret Sharer: Evaluating and Testing Unintended Memorization in Neural Networks« (*https://oreil.ly/AAhWH*) belegen dies, aber auch mehrere andere Forschungskreise konnten diese Beobachtungen zur gleichen Zeit bestätigten.

Carlini et al. konnten mit der Secret-Sharer-Studie zeigen, dass große Modelle dazu neigen, sich zu stark an den Trainingsdatensatz anzupassen, und sich bestimmte Teile der Daten merken. In dem Fall war es ein großes Sprachmodell, das speziell auf den Enron-E-Mail-Datensatz trainiert wurde und sich geheime Tokens, die im Datensatz enthalten waren (wie Kreditkartennummern, Sozialversicherungsnummern usw.), einprägen konnte. Ich gehe davon aus, dass Google dieses Verhalten auch bei anderen, nicht öffentlich zugänglichen und nicht für Forschungszwecke verwendeten Datensätzen feststellen konnte, was wiederum Anlass dazu gab, diese Studie zu veröffentlichen.

Je größer also die Modelle werden – und dem sind offenbar keine Grenzen gesetzt –, desto größer ist die Wahrscheinlichkeit, dass sie sich gewisse Dinge einprägen und sich übermäßig an die Daten anpassen. Dies ist insbesondere bei Ausreißern der Fall, sei es aufgrund ihrer Charakteristika und/oder aufgrund der Häufigkeit, mit der sie im Datensatz vorkommen.

Dieses Verhalten kann auch bei synthetischen GANs beobachtet werden, wie der Forschungsbeitrag This Person (Probably) Exists (*https://oreil.ly/F0J8G*) eindrucksvoll gezeigt hat. Bei dieser Studie wurde festgestellt, dass bei GANs, die auf personenbezogenen Daten beruhen, in vielen Fällen tatsächlich auf den Ausgangsdatensatz geschlossen werden kann. Dies war zum Beispiel der Fall bei den Gesichtsbildern, die man sich auf der Webseite This Person Does Not Exist (*https://thispersondoesnotexist.com*) generieren lassen kann. Zudem gab es noch zahlreiche weitere Fälle, bei denen professionelle Models dafür bezahlt wurden, sich ablichten zu lassen. Später musste man feststellen, dass diese Fotos dazu verwendet wurden, künstliche »Fake-Influencer« zu kreieren. Die ursprünglichen menschlichen Models konnten ihre eigenen Gesichts- und Körperpartien bei diesen synthetischen Influencern wiedererkennen. Die Personen existieren also tatsächlich, ebenso wie die Teile von ihnen, die ohne ihre ausdrückliche Zustimmung bei den künstlichen Influencern wiederzuerkennen sind. Ich bezeichne diese Art von GANs gerne als *Data Washing*, da durch Machine Learning die dahinterstehende Person, deren Urheberrechte und die Personenzuordnung beseitigt werden. Vermeintlich entsteht hier eine völlig neue Kreation – doch wie Sie nun wissen, ist dies nicht wirklich der Fall.

Die Anzahl dieser Modelle nimmt wöchentlich zu, sodass es schwierig wird – und es ist schwierig –, den Überblick zu behalten. Sollten Sie schon einmal eines der großen GPT-basierten Modelle wie ChatGPT verwendet haben, dann empfehle ich Ihnen, den Chatbot nach Informationen über eine Ihnen bekannte Person zu befragen, von der Sie glauben, dass sie in den gescrapten Trainingsdaten enthalten sein könnte, die aber nicht so bekannt ist, dass man davon ausgehen könnte, dass sie in den zahlreichen Trainingsdatenquellen enthalten ist. Fragen Sie das Modell, wer diese Person ist, und vergleichen Sie die Antwort mit dem Text auf der Homepage der Person, auf Wikipedia oder in sozialen Medien. Sie werden überrascht sein, wie gut die »KI« die Formulierungen dieser Ausreißer einfach »nachplappert«.

Data Exfiltration Attacks auf ChatGPT und andere LLMs

Es wird zunehmend erforscht, inwieweit Informationen aus großen Sprachmodellen (engl. *Large Language Models*, LLMs) und multimodalen Modellen (engl. *Multimodal Models*, MMMs) extrahiert werden können – insbesondere bei Modellen, bei denen die Anzahl der Modellparameter sehr groß ist. Im Zuge dessen konnte gezeigt werden, dass ChatGPT mithilfe eines »Poem«-Angriffs dazu gebracht werden kann, persönlich identifizierende Informationen auszugeben, indem es aufgefordert wird, das Wort Poem immer wieder zu wiederholen (mit dem Prompt »repeat the word poem forever«) (*https://www.wired.com/story/chatgpt-poem-forever-security-roundup/*).

Dieser Ansatz wurde von Nasr et al. (*https://arxiv.org/abs/2311.17035*) entdeckt, als sie untersucht haben, inwieweit neuronale Netze Informationen aus den Trainingsdaten memorieren (engl. *memorize*). Auf der Grundlage einiger älterer Forschungsarbeiten von Vitaly Feldman – der zum damaligen Zeitpunkt bei Google Brain arbeitete und inzwischen bei Apple tätig ist – (*https://arxiv.org/abs/1906.05271*) wurde der theoretische Beweis erbracht, dass ein großes Deep-Learning-Modell bei einer sogenannten *Long-Tail-Verteilung* die im »Long Tail« der Verteilung befindlichen Trainingsbeispiele nutzt, um zu einem späteren Zeitpunkt (beim Testdatensatz oder im Rahmen von Vorhersagen) auf ähnliche Beispiele *verallgemeinern* zu können. Von einer Long-Tail-Verteilung spricht man, wenn es Gruppen bzw. Kategorien von Trainingsbeispielen gibt, von denen jeweils nur sehr wenige Beispiele enthalten sind, es dafür aber sehr viele solcher Gruppen im Trainingsdatensatz gibt.

Verschiedene Forschungsgruppen waren anschließend in der Lage, dieses Memorierungsverhalten nachzuweisen und mithilfe einer Reihe von Ansätzen sogar Trainingsdaten aus den Modellen zu extrahieren, unter anderem indem sie das Modell bestimmte Texte bzw. Kombinationen von Texten, die in den Trainingsdaten enthalten waren, wortwörtlich wiedergeben (*https://arxiv.org/abs/2202.07646*) und Bilder von Personen reproduzieren ließen, deren Bilder in den Trainingsdaten enthalten waren (*https://arxiv.org/abs/2301.13188*). Bei Textdaten können derartige Arten von Angriffen mithilfe einer Metrik namens *k-eidetic Memorization* quantifiziert werden, wobei k die Anzahl der Tokens aus den Trainingsdaten angibt, die ein Modell memoriert hat und die aus diesem extrahiert werden können. Insbesondere bei über- bzw. hyperparametrisierten Modellen, bei denen die Anzahl der Parameter größer ist als die Anzahl an Trainingsbeispielen, ist dieses Memorierungsverhalten besonders stark ausgeprägt.

Die Forschungsergebnisse haben Anlass zur Annahme gegeben, dass große Modelle mindestens zwei Arten von Trainingsdaten memorieren: zum einen Texte bzw. Bilder, die mehrfach in den Trainingsdaten enthalten sind, und zum anderen Beispiele, die aus dem *Long Tail* einer Datenverteilung stammen, deren Memorierung die Generalisierungsfähigkeit des Modells erhöht, da diese Besipiele einen von nur wenigen Datenpunkten einer bestimmten Gruppe, Kategorie bzw. »Region« im hochdimensionalen Raum darstellen. Neueste Forschungsergebnisse zeigen, dass etwa 30 % der in den Trainingsdaten wiederholt vorkommenden Text- bzw. Multimedia-Daten von diesen großen Modellen (LLMs und MMMs) memoriert werden können. Allerdings wird ein Teil der memorierten Daten eines Sprachmodells möglicherweise nicht von der Metrik k-eidetic Memorization erfasst, da die extrahierte Token-Sequenz nicht identisch mit den Trainingsdaten, aber dennoch sehr ähnlich ist. Dies ist vermutlich auf Unterschiede bei der Suche und Vervollständigung von Tokens zurückzuführen. Wenn in einer Architektur zum Beispiel Beam Search (*https://en.wikipedia.org/wiki/Beam_search*) (eine Suchstrategie, die auf der Graphentheorie basiert) verwendet wird, um die nächsten Tokens eines Texts (bzw. die nächsten Token-Sequenzen verschiedener Beams, d.h. möglicher Pfade) vorherzusagen, kann dies – je nachdem, welcher Beam bzw. Pfad von dem Modell gewählt wird – zu ähnlichen Texten führen, die sich jedoch insbesondere in der Mitte des Texts leicht vom memorierten Text unterscheiden. Dementsprechend ist es schwierig, Angriffe, bei denen Beam Search zum Einsatz kommt, mit der k-eidetic-Memorization-Metrik nachzuweisen (bzw. solche Angriffe zu reproduzieren), da Beam Search dazu führt, dass sich ein Teil der Tokens von den ursprünglichen Texten, die in den Trainingsdaten enthalten sind, unterscheidet, auch wenn das Modell die Texte in Wirklichkeit memoriert hat. Derartige Angriffe werden auch in Zukunft Gegenstand der Forschung sein und wahrscheinlich noch an Bedeutung gewinnen, da Wissenschaftler im Laufe der nächsten Jahre weiter erforschen werden, welche weiteren potenziellen Angriffsvektoren denkbar sind und wie es zu einer Extraktion von Information kommen kann bzw. wie erkannt werden kann, dass derartige Informationen abgespeichert bzw. memoriert wurden.

Bei derzeit erforschten Angriffen kommen Techniken zum Einsatz, die z.B. auf der Perplexität bzw. der logarithmierten Länge der Tokens eines Prompts (*Log-Perplexity*) (ähnlich der Secret-Sharer-Angriffsmethode) basieren oder auch darauf, wie stark der »Einfluss« eines in dem Trainingsdatensatz enthaltenen Datenpunkts auf das Modell selbst (*https://pluskid.github.io/influence-memorization/*) ist. Wie stark der Einfluss eines einzelnen Datenpunkts ist, hängt eng damit zusammen, wie viel das Modell aus diesem lernt, wenn er beim Training verwendet wird, und kann als eine Art Shapley-Wert (aus der Spieltheorie) (*https://en.wikipedia.org/wiki/Shapley_value*) betrachtet werden. Anders ausgedrückt, können Sie sich dies als die Menge an neuen Informationen vorstellen, die das Modell auf der Grundlage dessen gelernt hat, was es bisher »gesehen« hat (und die daher je nachdem, welche anderen Trainingsdaten genutzt, welche Sampling-Methode gewählt und wie die Trainingsbatches gewählt bzw. gesampelt wurden, variiert).

Dieses Phänomen ist auch eng verbunden mit der »Generalization Gap« (*https://blog.research.google/2019/07/predicting-generalization-gap-in-deep.html*), d.h. damit, wie gut ein Modell auf neuen, zuvor noch unbekannten Daten im Vergleich zu den Trainingsdaten abschneidet (die in dem Forschungsbeitrag mithilfe des Testdatensatzes quantifiziert wird). Eine fortlaufende Studie mehrerer Wissenschaftler, die sich mit der Messung und Schätzung von Rand- bzw. Marginalverteilungen (engl. *Margin Distributions*) befassen (die sich, vereinfacht ausgedrückt, als Abstand zwischen Datenpunkten und Entscheidungsgrenzen in einem hochdimensionalen Raum definieren lassen), könnte dabei helfen, festzustellen, wie gut ein Modell generalisiert und – was insbesondere für den Datenschutz relevant ist – wie viele Trainingsdaten memoriert worden sind. In diesem Zusammenhang könnten ebenfalls noch Metriken entwickelt werden, mit denen sich beurteilen lässt, wie stark die Memorierfähigkeit eines Modells ausgeprägt ist und wie wahrscheinlich es ist, dass ein bestimmtes Trainingsbeispiel memoriert wird. Wenn Sie sich bereits mit *Support Vector Machines* (SVMs) beschäftigt haben, dürften Sie sich mit Randverteilungen auskennen und eine gewisse Vorstellung davon haben, wie sich dies auf ein überparametrisiertes Deep-Learning-Modell auswirken könnte.

Wenn es darum geht, die Vertraulichkeit der Trainingsdaten in einem großen Deep-Learning-Modell – insbesondere in Modellen, die stark überparametrisiert sind – zu gewährleisten, verheißt dies jedoch nichts Gutes. Ansätze wie Differential Privacy oder Ausreißer bzw. ungewöhnliche Beispiele zu entfernen, könnten zur Regularisierung von Modellen beitragen und so den Schutz der Privatsphäre verbessern und die Memorierfähigkeit verringern. Bislang (Stand März 2024) haben diese Ansätze jedoch noch nicht zu Modellen geführt, die genauso leistungsfähig sind wie Modelle, bei denen der Schutz der Privatsphäre keine Berücksichtigung findet.

Diese großen Modelle speichern also definitiv einen Teil ihrer Trainingsdaten und sollten daher als potenziell sensibel behandelt werden, wenn sie mit sensiblen Daten trainiert wurden. Angesichts aktueller und vergangener Angriffe, bei denen Daten extrahiert werden konnten, ist bei der Verwendung großer Modelle in Produktionsumgebungen Vorsicht geboten. Die Frage, ob einige der bekannteren Modelle (wie z.B. ChatGPT) aufgrund von Datenschutz- und/oder Urheberrechtsansprüchen bezüglich der im Trainingsdatensatz enthaltenen und gespeicherten Daten komplett neu trainiert werden müssen, ist im Moment noch offen. Derzeit sind mehrere Gerichtsverfahren gegen die Betreiber dieser Modelle anhängig, unter anderem eine Klage der New York Times gegen OpenAI und Microsoft (*https://www.nytimes.com/2023/12/27/business/media/new-york-times-open-ai-microsoft-lawsuit.html*) aufgrund unlauterer Nutzung ihrer Daten (d.h. Verletzung des Urheberrechts).

Inzwischen dürfte Ihnen bewusst geworden sein, wie wertvoll und zugleich heikel trainierte Modelle sein können. Nun werden wir uns genauer damit befassen, wie es Angreifern gelungen ist, Modelle aus Produktionssystemen zu stehlen.

Model-Stealing Attacks

Modelle werden ein zunehmend wertvolles Gut, und mit zunehmender Integration in Produktionssysteme werden sie mehr und mehr an den Rand der Infrastruktur gebracht. Dort werden sie entweder über das Internet öffentlich zugänglich gemacht oder direkt auf den Endgeräten der Nutzer deployt, wie etwa Laptops, Smartphones und Haushaltsgeräte. Dadurch erhöht sich ebenfalls zunehmend das Risiko einer Model-Stealing Attack. Hierbei ist der Angreifer in der Lage, entweder das Modell selbst oder eine hinreichend genaue Näherung zu erlangen, die er anschließend für eigene Machine-Learning-Anwendungen nutzen oder aus dem er weitere Einzelheiten gewinnen kann.

Warum ist das ein Problem? Nun, wenn das Modell sensible oder urheberrechtlich geschützte Informationen enthält oder als Vermögenswert des Unternehmens angesehen wird, ist diese Art von Angriff genauso schlimm wie ein Geld- oder Datendiebstahl aus Ihrem Unternehmen! Ist das Modell bereits als Open Source verfügbar oder handelt es sich um ein feingetuntes Modell, das auf einem großen Open-Source-Modell aufbaut, ist das Risiko bzw. die Gefahr wesentlich geringer.

Wie funktionieren solche Angriffe? Einer der ersten Artikel, in dem diese Art von Angriffen beschrieben wird, wurde im Jahr 2016 von Florian Tramèr et al. (*https://oreil.ly/C9DE0*) veröffentlicht. Die Forschungsgruppe war in der Lage, mehrere Modelle mit den damals verfügbaren APIs von Amazon und Google Cloud zu trainieren. Sie konnten einen Datensatz zusammenstellen, der die Daten, mit denen die entsprechenden Modelle trainiert wurden, abbildet. Sie haben eine Reihe von API-Anfragen gestellt und konnten ihre Anfragen so optimieren, dass sie im Rahmen der Suche den Wertebereich auf die Inputdaten eingrenzen konnten. Diese Datenpunkte haben sie gespeichert und einen Trainingssatz erstellt, mit dem sie eine Vielzahl von Modellen entwickelt haben. Anschließend wurde in regelmäßigen Zeitabständen ein Feintuning des Modells vorgenommen, um sicherzustellen, dass das Modell genau mit dem Produktionssystem übereinstimmt.

> Vor einiger Zeit habe ich einen O'Reilly-Live-Kurs abgehalten, in dem ich einige dieser Angriffe vorgestellt habe. Die entsprechenden Beispiel-Notebooks (*https://oreil.ly/4I_46*) (und auch noch weitere (*https://oreil.ly/irvSK*)) finden Sie online. Wenn Sie einen ganz bestimmten Anwendungsfall ausprobieren möchten, empfehle ich Ihnen, sich zunächst auf GitHub umzusehen. Dort sind zahlreiche Implementierungen verfügbar, die für verschiedene Architekturen bzw. Programmiersprachen aktuell gehalten werden.

Wenn Modelle direkt auf dem Endgerät deployt werden, können die Anwenderinnen und Anwender das Verhalten des Modells noch einfacher überprüfen und Anfragen in einer Umgebung mit geringer Latenz durchführen. Mehrere (*https://oreil.ly/50xHz*) Forscher (*https://oreil.ly/Xhv1w*) und auch Enthusiasten (*https://oreil.ly/NdMH-*) haben sich mit Modellen beschäftigt, die an Android- und iOS-Geräte ausgeliefert werden, und untersucht, wie sich Gewichtung und Architektur des Modells mittels Reverse Engineering rekonstruieren lassen. Solche Modelle zu schützen, ist immer noch ein ungelöstes Problem. Es gibt verschiedene Vorschläge, beispielsweise Differential Privacy im Rahmen des Modelltrainings zu verwenden (siehe Kapitel 5), die Modellarchitektur mithilfe von Transfer Learning und Distillation zu verbergen oder mehrere Modelle als Teil eines Gesamtprozesses zu verwenden und nur die Modelle auszuliefern, die direkt auf dem Endgerät ausgeführt werden müssen. Unter Umständen eignet sich auch das Federated Learning, bei dem das Modell von allen Geräten geteilt wird (siehe Kapitel 6). Da sich auf diesem Forschungsgebiet viel tut, empfehle ich Ihnen, nach neueren Forschungsergebnissen Ausschau zu halten und diese Problematik offen mit den Sicherheits- und Datenschutzexperten in Ihrem Unternehmen zu besprechen, um zu ermitteln, welche Schutzmaßnahmen geeignet sind.

In ähnlicher Weise werden bei Model Inversion Attacks Modelle ausgenutzt, um einen einzelnen Benutzer ins Visier zu nehmen. Im Jahr 2015 gelang es Forscherinnen und Forschern, verrauschte Bilder aus Gesichtserkennungsmodellen zu erhalten (*https://oreil.ly/72pkx*), auf denen die zugrunde liegende Fotos halbwegs zu erkennen waren. Die einzigen Daten, die für diesen Angriff benötigt wurden, waren die Klasse bzw. Kategorie, die das Modell vorhersagen sollte (engl. *Target Class*), und ein Zugang zur API, mit der die Vorhersagen des Modells bereitgestellt wurden. Sie haben dabei eine Suchmethode verwendet, die darauf abzielte, die maximal mögliche Aktivierung der Gewichte herbeizuführen, sodass sie näher an die optimalen Inputwerte herankamen – in diesem Fall dem Gesicht einer Person. In Abbildung 4-5 sehen Sie einen Vergleich zwischen dem extrahierten und dem tatsächlichen Bild. Das extrahierte Bild wurde mithilfe eines Open-Source-Repositorys generiert, mit dem der Ansatz des ursprünglichen Forschungsartikels reproduziert werden kann (*https://oreil.ly/PLZ5y*).

Abbildung 4-5: Ein verrauschtes Gesicht, das im Rahmen einer Model Inversion Attack extrahiert wurde (links), und das Foto des Geschädigten, das im Trainingsdatensatz enthalten war (rechts). Der Angreifer kennt lediglich den Namen der Person, und er hat Zugang zu einem Gesichtserkennungssystem, das einen Konfidenzwert für die jeweilige Kategorie liefert.

Wenn ein Modell mit einem sehr hohen Risiko verbunden ist, sollte es als besonders schützenswert behandelt und durch mehrere Schutzebenen abgesichert werden. Dabei muss die Nutzbarkeit des Systems mit dem Schutz des Modells in Einklang gebracht werden. Dies lässt sich am besten durch den Einsatz bestimmter Datenschutztechnologien erreichen. In Kapitel 6 erfahren Sie mehr darüber, wie Sie Teile Ihrer Modelle direkt auf die Endgeräte bringen und sie dabei stets aktuell und sicher halten können.

Informationen aus Prompts und zusätzlichen Dokumenten extrahieren

Eine weitere Art von Angriffen, die sich als erfolgreich gegenüber LLMs und anderen MMMs erwiesen hat, besteht darin, Informationen aus Prompts sowie aus zusätzlichen Datenquellen und Dokumenten zu extrahieren, die dem LLM entweder über Plug-ins oder über Datenbanken zur Verfügung gestellt bzw. hinterlegt werden, wie dies z. B. bei einer typischen Retrieval-Augmented-Generation-(RAG-)Architektur der Fall ist. Bei einer *RAG-Architektur* wird ein LLM zusammen mit einem Prompt und einer Abfrage des Anwenders verwendet, um ein Dokument bzw. eine Reihe von Dokumenten zu durchsuchen bzw. abzurufen, in denen relevante Informationen enthalten sind. Diese Dokumente können dann dem Anwender angezeigt oder noch weiter abgefragt werden, um auf Basis des LLM bzw. MMM Informationen aus den Dokumenten zu extrahieren.

Sie haben vielleicht schon Beispiele für diese Art von Angriffen in den sozialen Medien gesehen, bei denen diverse nicht besonders gut gestaltete Chatagenten fröhlich die Anweisungen wiederholen, die als Teil des Prompts gegeben wurden. Diese Art von Angriffen hat sich so weit verbreitet, dass es ein ganzes GitHub-Repository mit Prompts gibt, die geleakt werden konnten (*https://github.com/linexjlin/GPTs*) – und das Repository listet noch nicht einmal alle Prompts auf, die extrahiert werden konnten.

Darüber hinaus wurden noch weitere Angriffe über Plug-ins und schlecht konzipierte LLM- und MMM-Systeme entwickelt, was größtenteils neugierigen Anwenderinnen und Anwendern sowie Sicherheitsforschern zu verdanken ist. Beispielsweise haben Forscher der University of Washington eine ziemlich umfassende Übersicht verschiedener Arten von Plug-in-Attacks gegen LLM-Systeme (*https://arxiv.org/abs/2309.10254*) erstellt, in der Angriffe wie Prompt-Hijacking, Manipulation von Anwendern, Diebstahl von Plug-in-Daten und andere mögliche Angriffsvektoren mit Beispielen beschrieben werden. Es gab auch viele dokumentierte Angriffe, bei denen zusätzliche Informationen, die einem LLM- oder MMM-System wie z. B. einer RAG-Architektur vorgegeben wurden, abgegriffen werden konnten. Ein besonders alarmierendes Beispiel im Hinblick auf den Datenschutz war ein Fall, in dem es gelang, konkrete Gehalts-, Personal- und Unternehmensinformationen aus dem Chatbot Levels.fyi zu extrahieren (*https://twitter.com/kanateven/status/1722762002475475426*), die dem RAG-System als Excel-Dokument zur Verfügung gestellt wurden, ohne dass entsprechende Datenschutzvorkehrungen getroffen wurden.

Es sind noch weitere Formen von Angriffen auf die Privatsphäre denkbar, bei denen die Schnittstelle des RAG ein Risiko darstellt, da es gegebenenfalls schwierig ist, den Zugriff auf sensible Daten zu schützen. Stellen Sie sich beispielsweise einen Chatbot vor, der eine Schnittstelle zu einer Datenbank mit personenbezogenen Informationen hat. Wenn Sie die Informationen in natürlicher Sprache abfragen und eine bestimmte Person (absichtlich oder unabsichtlich) herausfiltern (*single out*) können, indem Sie Ihre Abfrage auf verschiedene Arten geschickt formulieren, stellt dies für den Dateneigentümer ein erhebliches Risiko dar, und zwar im Hinblick auf die Frage, ob die Person, die die Schnittstelle verwendet, zu deren Verwendung berechtigt ist und wie man sich gegen solche Abfragen schützen kann. Bei der Verwendung eines Chatbots mit einer solchen Schnittstelle ist es schwierig, einen Angriff auf die Privatsphäre im Vergleich zu einer normalen Abfrage zu erkennen (z. B. »Gib mir alle Personen aus Postleitzahl X aus, die in der letzten Woche auch Produkt Y gekauft haben«).

Es gibt bisher noch keine festen oder gar standardisierten Schutzmaßnahmen, mit denen diese Exfiltration Attacks in einem größeren Umfang verhindert werden könnten, und wahrscheinlich werden künftig noch weitere Angriffsvektoren entdeckt. Damit das RAG-System sicher genutzt werden kann und weder die in einem Prompt enthaltenen Informationen noch die im System hinterlegten privaten Informationen in falsche Hände geraten können, sollte sichergestellt werden, dass derartige Informationen in den hinterlegten Dokumenten bzw. Quellen bereits unkenntlich gemacht wurden oder der Zugang zum System auf die entsprechende Zielgruppe beschränkt wurde. Beispielsweise könnten Sie eine Pseudonymisierung Ihrer Textdokumente vornehmen, sodass private Informationen, die das LLM nicht an Nutzerinnen und Nutzer ausgeben soll, entfernt werden. Oder Sie könnten dafür sorgen, dass Ihr Nutzerkreis nur aus einer kleineren Gruppe von Personen besteht, die ohnehin Zugang zu den Dokumenten und allen darin enthaltenen Informationen haben, und dass das RAG-System diesen Nutzern lediglich eine weitere Schnittstelle zu den Datenquellen bietet. Sie sollten auf jeden Fall keine öffentlich zugängliche Schnittstelle zu Informationen anbieten, die Sie auch nur ansatzweise als sensibel einstufen würden, wie z. B. Ihre Prompt-Anweisungen, Ihre Trainingsdaten und alle weiteren Dokumente, auf die das System Zugriff hat.

Wenn also Datenschutztechnologien bzw. Privacy-Mechanismen dabei helfen können, Modelle zu entwickeln, die weniger Informationen preisgeben, ist es dann möglich, diese Mechanismen anzugreifen? Im Folgenden werden wir uns ansehen, wie Forscherinnen und Forscher nachweisen konnten, dass es möglich ist, Privacy-Mechanismen selbst anzugreifen.

Angriffe auf Privacy-Mechanismen

In Kapitel 2 habe ich bereits darauf hingewiesen, dass auch Angriffe auf Differential-Privacy-Mechanismen möglich sind. Gehen wir nun etwas eingehender auf verschiedene Arten von Angriffen ein, die durchgeführt wurden, und darauf, wie sich diese Angriffe durch die Verwendung entsprechender Bibliotheken verhindern lassen.

Im Jahr 2012 war Ilya Mironov in der Lage, erstmals einen Angriff auf einen Differential-Privacy-Mechanismus durchzuführen, der die Laplace-Verteilung nutzte (*https://oreil.ly/fgZDr*). Er basierte auf der Funktionsweise von Gleitkommasystemen. Wenn

Werte aus einer Laplace-Verteilung gezogen werden, wird im Grunde versucht, einen stetigen Raum zu modellieren – doch so funktionieren Computer eigentlich nicht. Forscher konnten nachweisen, dass Rechner, die mit Gleitkommaberechnungen arbeiten, dazu neigen, Zufallszahlen auf vorhersehbare Weise zu ziehen bzw. zu generieren. Wenn man bedenkt, dass jemand einen Code schreiben muss, der Entropie erzeugt, ergibt dies durchaus Sinn – im Allgemeinen eignen sich Computer nicht besonders gut als Quelle für echte Entropie.

Bei dieser Art von Angriff beobachtet der Angreifer zunächst mehrere Abfrageergebnisse für einen bestimmten Differential-Privacy-Mechanismus und versucht anschließend, festzustellen, ob sie aus einer Zufallsverteilung stammen oder nicht. Wenn der Angreifer die Art der Verteilung kennt (z.B. Laplace- oder Gauß-Verteilung) und im Rahmen des Mechanismus nicht noch ein zusätzlicher Zufallsprozess berücksichtigt wird, sondern stattdessen auf Built-in-Funktionen von Bibliotheken für Zufallsstichprobenverfahren zurückgreift, kann ein Angriff durchaus zum Erfolg führen.

Diese Art von Angriff lässt sich jedoch verhindern, indem zusätzlich zum zufälligen Rauschen noch ein Nachbearbeitungsschritt (engl. *Post-Processing*) durchgeführt wird. Dieser Nachbearbeitungsschritt sollte direkt in der Bibliothek integriert sein, einem Peer Review unterzogen und auditiert worden sein sowie Methoden verwenden, die unabhängig von dem verwendeten Computer funktionieren.[10]

> Erfolgreiche Angriffe auf k-Anonymity und auch auf andere wenig wirksame Anonymisierungsmechanismen sind so alltäglich, dass ihnen in der Öffentlichkeit nur wenig Beachtung geschenkt wird. Sie können sich allerdings recht einfach über die neuesten Forschungsergebnisse informieren, indem Sie auf arXiv.org (*https://arxiv.org/*) als Suchbegriff »re-identification« eingeben. Außerdem empfehle ich Ihnen, nachzuvollziehen, wie es Aloni Cohen gelang, einen mit k-Anonymity »anonymisierten« Datensatz eines Anbieters von Onlinebildungsangeboten (EdX) (*https://oreil.ly/t3I3v*) erfolgreich anzugreifen.

Darüber hinaus hat sich gezeigt, dass auch sogenannte Timing Attacks erfolgreich gegen Differential-Privacy-Mechanismen eingesetzt werden können. Dabei misst der Angreifer die Zeit, die zur Beantwortung einer Anfrage benötigt wird, und erstellt dann ein statistisches Modell, mit dessen Hilfe er bestimmen kann, aus welchem Bereich der Verteilung, die dem Rauschen zugrunde liegt, gezogen wurde. Timing Attacks sind bei rechenintensiven Operationen, etwa in der Kryptografie, stark verbreitet. Sie sind besonders schwer zu verhindern, wenn das Ziel darin besteht, möglichst kurze Antwortzeiten zu erreichen.

Die bisher beschriebenen Angriffsvektoren decken keinesfalls alle möglichen Angriffsarten, die auf Daten oder Machine-Learning-Systeme abzielen, ab! Aber sie sollten Ihnen dennoch vor Augen geführt haben, dass Sie stets wachsam sein müssen

10 Wenn Sie mehr über diese Ansätze erfahren möchten, empfehle ich Ihnen, einen Blick auf den Ansatz von Tumult Labs (*https://oreil.ly/6SG26*) oder einen Artikel von Google (*https://oreil.ly/Sdwqy*) zu werfen, in dem beschrieben wird, wie Rauschen auf sichere Weise erzeugt werden kann.

und vorausschauend agieren sollten. Ich hoffe, Sie haben nun eine grundlegende Vorstellung davon, worauf Sie achten müssen und wie Sie die gängigsten Arten von Angriffen einschätzen können.

> Sie haben noch nicht einmal angefangen, an der Oberfläche anderer Arten von Angriffen auf Machine-Learning-Modelle zu kratzen, wie z.B. Adversarial Attacks, bei denen versucht wird, das Modell zu einem bestimmten Ergebnis zu »verleiten«, oder Poisoning bzw. Byzantine Attacks, bei denen dafür gesorgt wird, dass Modelle einer gewissen systematischen Veränderung (Drift) unterliegen. Wenn Sie sich einen guten Überblick über diesen Bereich verschaffen möchten, rate ich Ihnen, als Einstieg den Artikel »Wild Patterns« von Battista Biggio et al. (*https://oreil.ly/cHZxg*) zu lesen und anschließend nach den aktuellsten Veröffentlichungen auf ArXiv zu suchen! Es gibt auch einige interessante Konferenzen, wie z.B. die AI and Security Conference der Association for Computing Machinery (ACM) (*https://aisec.cc*) und den ML Safety Workshop der NeurIPS-Konferenz (*https://oreil.ly/Ajcg0*).

Im nächsten Abschnitt lernen Sie die Grundlagen der Datensicherheit kennen, die Ihnen einen Überblick verschaffen sollen, sofern Ihnen das Thema noch nicht so geläufig ist. Sie werden sehen, wie die Zusammenarbeit mit Datensicherheitsexperten dazu beiträgt, Angriffe abzuwehren und damit verbundene Risiken zu handhaben sowie den Datenschutz und die Sicherheit bei Ihrer datenwissenschaftlichen Arbeit zu gewährleisten.

Datensicherheit

Das Thema Datensicherheit (engl. *Data Security*) überschneidet sich relativ stark mit den Themen Datenschutz und Data Governance. Sicherheit ist ein wesentlicher Aspekt der Data Governance – sei es, dass der Zugriff auf Daten beschränkt wird, sei es, dass eine unsichere oder fragwürdige Nutzung von Daten verhindert wird, sei es, dass Sicherheitskontrollen für sicherere Daten eingeführt werden, oder sei es, dass im Fall von Problemen (etwa wenn Daten preisgegeben oder gestohlen werden) Hilfe zur Verfügung steht. Wenn Daten an die Öffentlichkeit gelangen, ist natürlich auch der Datenschutz betroffen. Die beiden Bereiche ergänzen sich also, sind aber keineswegs deckungsgleich.

Auch wenn diese Systeme und Prozesse in der Regel nicht in den Zuständigkeitsbereich des Data-Science-Teams fallen, sollten Sie sich mit ihnen auskennen und in Gesprächen darauf eingehen können. Denn wenn Sie sensible Daten verwalten und pflegen, werden Sie unweigerlich mit dem Thema in Berührung kommen. Darüber hinaus kann es Ihnen helfen, potenzielle Angriffe besser zu antizipieren und die von Ihnen verwendeten Daten zu schützen.

Bei Datensicherheit geht es fast immer um die drei Grundsätze der Informations- bzw. Datensicherheit, die auch als CIA-Prinzip (engl. *CIA Triad*) bezeichnet werden und für Folgendes stehen:

Vertraulichkeit (engl. Confidentiality)

Daten, die als sensibel oder vertraulich einzustufen sind, werden nur den Personen zugänglich gemacht, die auch wirklich Zugriff auf die Daten haben sollten. Andere Personen – sowohl innerhalb als auch außerhalb des Unternehmens – haben keinerlei Zugriff auf diese Daten.

Integrität (engl. Integrity)

Den Daten kann vertraut werden. Sie sind korrekt und wurden weder intern – d.h. durch Nachlässigkeit – noch extern – d.h. durch Manipulation – verfälscht.

Verfügbarkeit (engl. Availability)

Die Daten und die damit verbundenen Dienste stehen in einer für den jeweiligen Zweck geeigneten Form zur Verfügung. Dies ist in der Regel mit Vereinbarungen wie *Service Level Agreements* (SLAs) oder *Service Level Objectives* (SLOs) verbunden, in denen Metriken in Bezug auf die Verfügbarkeit festgelegt werden.

Diese Ziele werden natürlich von den meisten Datenteams verfolgt, aber ihr Schwerpunkt liegt auf potenziellen böswilligen Aktivitäten oder Akteuren, die entweder außerhalb oder innerhalb des Unternehmens angesiedelt sind (auch als *interne Bedrohungen*, engl. *Internal Threats*, bezeichnet).

Abbildung 4-6 stellt einige der Überschneidungen zwischen diesen Bereichen der Datensicherheit aus der Sicht der Data Science dar. Auch wenn die Darstellung nicht erschöpfend ist, bietet sie doch eine gute Orientierungshilfe und sollte eine Vorstellung davon vermitteln, wie sich diese Bereiche überschneiden.

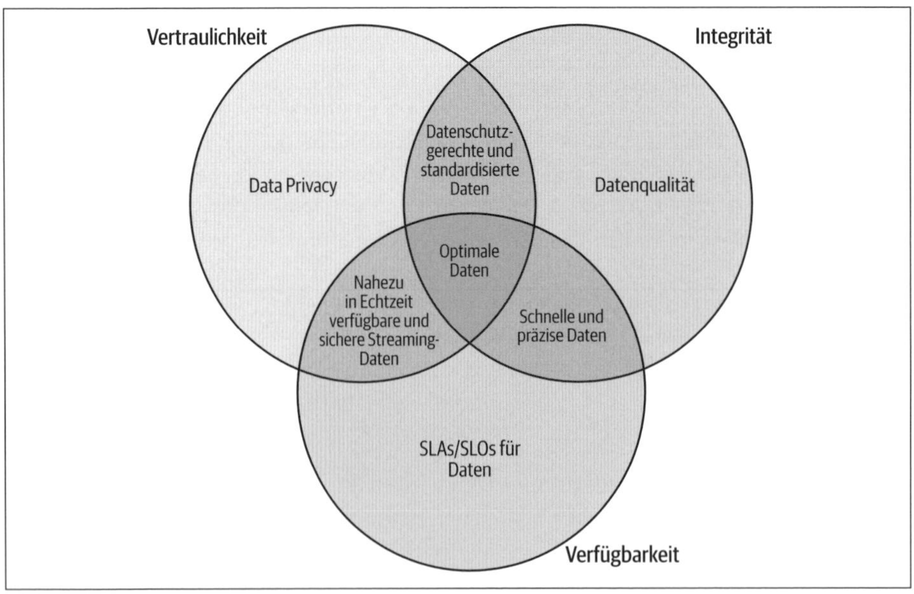

Abbildung 4-6: Die Grundsätze der Datensicherheit in der Data Science

Datensicherheitsexperten haben verschiedene wichtige Anliegen in Bezug auf die Verwaltung von Daten, die Umsetzung von Data Governance und die Unterstützung von Datenschutzinitiativen. In den folgenden Abschnitten lernen Sie die wichtigsten Komponenten und Technologien kennen, die Ihnen bei der Arbeit mit Sicherheitsexperten an solchen Systemen begegnen werden. Außerdem gebe ich Ihnen Tipps dazu, wie Sie die Zusammenarbeit verbessern können.

Zugriffskontrolle

Zugriffskontrollsysteme, die oft mit Authentifizierungs- und Identitätsanbietern wie Microsoft Active Directory, Google Single-Sign-On (SSO) und AWS Identity and Access Management (IAM) gekoppelt sind, ermöglichen Administratoren, zu steuern, wer auf welche Daten in welcher Form Zugriff hat. Mit diesen Systemen können Sie Gruppen von Personen und/oder Diensten bilden, die über die erforderlichen Zugangsdaten zur Authentifizierung (engl. *Authentication Credentials*) verfügen, um auf Daten zuzugreifen, sie zu lesen, zu ändern oder zu ergänzen. Es gibt mehrere Gründe, warum diese Form der Zugriffskontrolle Sinn ergibt. Beispielsweise kann es sinnvoll sein, den Schreibzugriff auf Daten zu sperren, wenn ein Dienst von einem böswilligen Akteur kompromittiert wurde und ihn zur Manipulation von Daten nutzen könnte (z.B. durch Verschlüsselung im Rahmen einer Ransomware Attack). Darüber hinaus kann es ein erhebliches Sicherheitsrisiko darstellen, wenn ein böswilliger Akteur Lesezugriff auf bestimmte Daten erhält.

Beispielsweise könnte ein Dienst eine API für ein Machine-Learning-Modell zum Abrufen von Daten zum Trainieren und Testen sein. Dieser Dienst benötigt nur Lesezugriff, da er die Daten nicht ändern muss und auch nicht sollte.

Oder Sie haben beispielsweise eine Datenbank mit personenbezogenen Daten, die Sie besser schützen möchten als andere Datenbanken. Sie könnten Zugriffskontrollen für eine kleinere Gruppe von Personen einrichten und integrierte Sicherheitsfunktionen verwenden, um sicherzustellen, dass jeder Zugriff protokolliert wird und dass bei allen Abfragen bestimmte Felder mit unkenntlich gemachtem Inhalt zurückgegeben werden. Pseudonymisierungstechniken (siehe Kapitel 1), wie z.B. Maskierung, oder idealerweise die Verwendung von Differential Privacy (siehe Kapitel 2) würden einen zusätzlichen Schutz beim Zugriff bieten und auch einen besseren Audit Trail ermöglichen, wenn ein Datenleck vermutet wird.

Schutz vor Datenverlust

Data-Loss-Prevention-Technologien messen ein- und ausgehende Datenströme an System- oder Netzwerkschnittstellen, um festzustellen, ob sensible Daten eine vertrauenswürdige Umgebung verlassen. Sie werden häufig von Datensicherheitsexperten eingesetzt, um einen zusätzlichen Schutz für sensible Daten zu bieten und Angriffe abzuwehren, die auf Datenexfiltration abzielen, was bedeutet, dass jemand versucht, Daten auf nicht autorisierte Weise zu exportieren oder zu übertragen. Ein böswilliger Akteur könnte in das Netzwerk eindringen, um Dateien und Daten zu stehlen. Ebenso gefährlich kann eine interne Bedrohung sein, z.B. wenn ein Mitarbeiter Daten an Dritte oder ein anderes Gerät exportiert und diese dann unbefugt verwendet werden. Die interne Weitergabe von Informationen muss nicht einmal vorsätzlich oder böswillig geschehen, etwa wenn durch »Schatten-IT« die interne Weitergabe sensibler Daten zur Normalität geworden ist (obwohl sie nach wie vor verboten ist!).

Mit Data-Loss-Prevention-Technologien können diese Datenströme häufig durch eine Analyse der Netzwerkaktivitäten und der Header oder Metadaten der Netzwerkpakete erkannt werden. Viele führende Lösungen beinhalten statistische und/ oder Machine-Learning-Modelle. Als Data Scientist sind Sie in der Lage, aus einem anormalen Netzwerkverhalten (z.B. Gigabytes an Daten, die an eine neue IP-Adresse geleitet werden, oder Daten, die zu ungewöhnlichen Zeiten übertragen werden) zu schließen, dass etwas nicht stimmt. Je nachdem, wie das Netzwerk aufgebaut ist und verwaltet wird, ist es auch möglich, eine Deep Packet Inspection durchzuführen, die es Netzwerkadministratoren und Data-Loss-Prevention-Technologien ermöglicht, ein besseres Bild davon zu bekommen, was *genau* über das Netzwerk übertragen wird.

Wenn Ihr Unternehmen Data-Loss-Prevention-Technologien einsetzt, ist es wichtig, dass das Datenteam weiß, wo und wie diese eingesetzt werden, damit neue Datendienste, die Sie entwickeln, nicht als potenziell bösartig eingestuft werden. Wenn Sie sich weiter mit Data Loss Prevention beschäftigen wollen, könnte es auch für Sie interessant sein, mehr über die verwendete Technologie zu erfahren. Möchten Sie im Allgemeinen mehr über Data-Loss-Prevention-Technologien erfahren, empfehle ich Ihnen, sich den entsprechenden Abschnitt in der Dokumentation von Google Cloud (*https://cloud.google.com/dlp*) durchzulesen.

Zusätzliche Sicherheitsvorkehrungen

In den meisten Unternehmen sind heute zusätzliche Sicherheitsvorkehrungen, die über die grundlegenden Zugriffskontrollmechanismen hinausgehen, üblich. Sie reichen von der Verschlüsselung aller Daten während der Speicherung (engl. *Encryption at Rest*) und der Sicherstellung, dass die Chiffrierschlüssel regelmäßig ausgetauscht werden, über die Änderung von Serverzugriffspunkten bis hin zu Netzwerkbeschränkungen oder Cloud-Identitätsdiensten wie Amazons Identity and Access Management (IAM). Ziel dieser zusätzlichen Schutz- und Abwehrmaßnahmen ist die Verringerung des Risikos eines internen oder externen Angriffs.

Im Fall eines Eindringens in Server, Netzwerk oder System erschweren sie den Zugang zu Daten. Wohlmeinende Akteure wie Entwicklerteams, Data Scientists und Data Analysts beschweren sich jedoch häufig über diese Vorkehrungen, da sie einige zusätzliche Schritte im Rahmen ihrer Arbeit erfordern.

Sie tragen jedoch dazu bei, dass der Zugriff auf die Daten in adäquater Weise erfolgt. Je wertvoller die Daten sind, desto mehr Kontrollmechanismen und Schutzmaßnahmen sollten für sie vorgesehen werden. Gehen Sie mit gutem Beispiel voran und setzen Sie sich für diese Maßnahmen, die auch zu einem verbesserten Datenschutz beitragen, ein. Die meisten Technologen haben diese grundlegenden Datensicherheitsmaßnahmen, wie die Verwendung von Authentifizierungssystemen, Schlüsselmanagement oder die Überprüfung von Zugriffsrechten, bereits angewandt und verinnerlicht – und auch Datenspezialisten müssen lernen, damit umzugehen. Vielleicht werden Sie sich eines Tages auf Datenschutz und -sicherheit spezialisieren und diese Systeme sogar vorschlagen und implementieren.

Threat Modeling und Incident-Response-Pläne

Sicherheitsexperten verwenden im Rahmen der Bewertung von Sicherheitsrisiken meist Threat Modeling und Incident-Response-Pläne. Dies geschieht in der Regel durch die Teams für Informationssicherheit (Infosec) in Zusammenarbeit mit den zuständigen Compliance-, Audit- oder Rechtsexperten.

Threat Modeling (d.h. die Modellierung möglicher Bedrohungen bzw. Gefährdungen) besteht darin, die aktuellen Prozesse, Datenströme und Abläufe abzubilden und dann zu überlegen, wie böswillige Akteure die Infrastruktur angreifen oder Mitarbeitende dazu bringen könnten, ihnen Zugang zu gewähren oder die Dienste für nicht beabsichtigte Zwecke zu nutzen. Wenn es effektiv durchgeführt wird, ist dies eine fortlaufende und agile Aufgabe, die dazu beiträgt, dass Daten, Anwendungen und Menschen so sicher wie möglich sind.

> Ich hatte die Gelegenheit, mit großartigen Sicherheitsexperten zusammenzuarbeiten. Dabei habe ich die Erfahrung gemacht, dass diese bereit waren, mehr über Themen zu lernen, mit denen ich mich auskenne, wie Daten und Machine Learning, und ihr Wissen über Themen wie Threat Modeling mit mir zu teilen. Das Sicherheitsteam in Ihrem Unternehmen weiß wahrscheinlich viel mehr über die Arten von Angriffen, die auf die Systeme in Ihrem Unternehmen abzielen, und ist wahrscheinlich bereit, Ihnen mehr dazu beizubringen. Dieses Wissen wird Ihnen helfen, interne und externe Risiken und Bedrohungen besser einzuschätzen. Um sich einen schnellen Überblick über das agile Threat Modeling zu verschaffen, empfehle ich Ihnen den Beitrag »Agile Threat Modeling« von Jim Gumbley (*https://oreil.ly/ygpiU*).

Der Begriff *Incident Response* bezieht sich auf die geplanten Maßnahmen, die zu ergreifen sind, sobald ein Sicherheitsvorfall entdeckt wird, z.B. ein Eindringen in Ihr Netzwerk, ein Datenleck oder auch wenn andere Informationen nach außen gelangt sind. Ein Vorfall kann sehr klein sein, etwa wenn jemand einen Benutzernamen oder eine E-Mail-Adresse in internen Logdateien gespeichert hat. Er kann aber auch sehr groß sein – wie die Veröffentlichung vollständiger Anmeldedaten in einem öffentlich zugänglichen Repository oder der Zugang zu einer Datenbank aufgrund eines unzureichenden oder nicht vorhandenen Passworts! Leider passieren solche Vorfälle immer wieder, was zum Teil daran liegt, dass viele Entwickler und Data Scientists nicht ausreichend über »Sicherheitshygiene« informiert sind – ein Begriff, der von Sicherheitsexperten verwendet wird, um Risikobewusstsein und Best Practices zu umschreiben.

Zwischenfälle passieren. Wenn sie auftreten, sollte Ihr Team bereits mehrere Incident-Response-Pläne ausgearbeitet haben und wissen, was zu tun ist. Diese Pläne werden von Sicherheitsexperten erstellt, oft in Zusammenarbeit mit anderen Teams, die die betroffenen Plattformen und/oder Dienste entwickeln und warten. Datenschutzfachleute erstellen häufig auch einen Plan für den Fall einer Datenpanne (*Data Breach Response Plan*), der für ihre Arbeit besonders nützlich sein kann und häufig Teil von Incident-Response-Plänen ist.

Wenn Sie einen Vorfall entdecken, holen Sie erst einmal tief Luft – berühren Sie nichts und nehmen Sie Kontakt mit der Sicherheitsabteilung auf. Diese muss möglicherweise forensische Beweise sammeln, um festzustellen, auf welche Dienste und Speicher zugegriffen wurde und welche Auswirkungen dies hatte, und um zu versuchen, den Einstiegspunkt, die Änderung von Berechtigungen und andere zurückgelassene Beweise zu ermitteln. Stellen Sie sich das Ganze wie einen Tatort vor, an dem jeder Fingerabdruck und jeder Fleck zählt! Erst wenn Sie grünes Licht für die Abschaltung von Diensten oder die Behebung des Problems erhalten haben, sollten Sie versuchen, den Vorfall einzudämmen. Möglicherweise müssen Sie ein Passwort aktualisieren, einen Schlüssel austauschen oder die Netzwerkrichtlinien ändern, wenn Daten nach außen gelangt sind. Natürlich möchte niemand von einem Vorfall betroffen sein, aber ein Plan im Voraus kann dazu beitragen, dass solche Vorfälle weniger chaotisch ablaufen und weniger Fehler passieren. Ich empfehle Ihnen, mit Ihrem Sicherheitsteam zusammenzuarbeiten, um einen Incident-Response-Plan auszuarbeiten, der Ihre Bedenken hinsichtlich des Schutzes der von Ihnen verwendeten Daten berücksichtigt.

Angriffe mithilfe von Eintrittswahrscheinlichkeiten bewerten

Mit welchen Ergebnissen können Sie vernünftigerweise rechnen, wenn Sie Ihre Abfragemechanismen, Ihre APIs und Ihre Modelle vor Angriffen schützen wollen? Wie können Sie beurteilen, ob Ihre Daten *ausreichend* geschützt und gesichert sind?

Genau diese Fragen stellen sich Sicherheitsexperten tagtäglich. Generell wird empfohlen, die Schutzmaßnahmen an der Eintrittswahrscheinlichkeit und den möglichen Auswirkungen der Bedrohungen auszurichten. Lassen Sie uns daher zunächst einen Blick darauf werfen, wie man dieses Problem mithilfe von Wahrscheinlichkeiten (*Probabilistic Reasoning*) angehen kann.

Ein »durchschnittlicher« Angreifer

Gibt es so etwas wie einen durchschnittlichen Angreifer? Nun, gibt es denn in Ihrer Zielgruppe einen »durchschnittlichen Anwender«? Wahrscheinlich nicht!

Sie können Ihre Anwenderinnen und Anwender vielleicht in Gruppen zusammenfassen und einen Durchschnitt für jeden »Typ« von Anwender ermitteln (z. B. Superuser oder Betatester bzw. frühzeitige Anwender). Allerdings entsprechen Menschen nur selten dem Durchschnitt. Daher greift die Idee eines durchschnittlichen Angreifers zu kurz.

Aber könnten Sie gegebenenfalls Daten heranziehen, mit denen Sie ermitteln können, was Sie von einem »typischen« Angreifer erwarten können, und in Ihrem Unternehmen eine auf Wahrscheinlichkeiten basierende Bewertung möglicher Angriffe vornehmen? Auf jeden Fall!

Wenn Sie beim Threat Modeling beteiligt sind, identifizieren und ordnen Sie potenzielle Angriffsvektoren nach ihrem Schadensausmaß (z.B. nach finanziellem Risiko oder Rufschädigung bzw. Imagegewinn) und nach ihrer Eintrittswahrscheinlichkeit. Hierbei kann es hilfreich sein, sich gut mit Wahrscheinlichkeitsrechnung auszukennen. Je nachdem, wie die Daten in Ihrem Unternehmen beschaffen sind, können Sie gegebenenfalls belastbare Informationen aus ihnen ziehen, mit denen Sie Ihre Überlegungen bezüglich anzusetzender Eintrittswahrscheinlichkeiten untermauern können.

Ohne Datengrundlage sind wir Menschen nicht besonders gut darin, Wahrscheinlichkeiten abzuschätzen. In einer Studie konnte sogar nachgewiesen werden, dass selbst Sicherheitsexperten bei der Bewertung von Risiko und Eintrittswahrscheinlichkeit eines bestimmten Szenarios zu unterschiedlichen Ergebnissen kommen, wenn sie dasselbe Szenario erneut bewerten sollen. Abbildung 4-7 zeigt Daten aus einer Studie, in der Douglas Hubbard und sein Forschungsteam Expertinnen und Experten baten, dieselben Szenarien über einen bestimmten Zeitraum hinweg zu beurteilen. Da Experteneinschätzungen oft als einziger Datenpunkt für die Risikobewertung herangezogen werden, wollte die Forschungsgruppe herausfinden, ob die Experten die Szenarien immer ähnlich bewerten. Wäre dies der Fall, würde man eine perfekte Diagonale durch den Ursprung erkennen, d.h., die Werte der x-Achse stimmen immer mit denen der y-Achse überein. Stattdessen ist deutlich zu erkennen, dass die Bewertung im Zeitverlauf häufig variiert, selbst wenn sie von ein und demselben Experten für ein und dasselbe Szenario vorgenommen wird.[11] Folglich ist der Ansatz, mit dem Unternehmen derzeit Risiken beurteilen, in wesentlichen Maße inkonsistent.

11 Das Buch von Douglas Hubbard und Richard Seiersen, *How to Measure Anything in Cybersecurity Risk* (Wiley, 2016), vermittelt einen guten Überblick darüber, wie die Sicherheitscommunity an die datengestützte Risikobewertung herangeht. Auch wenn die empfohlenen Methoden im Vergleich zu den heutigen Methoden der Datenanalyse und Wahrscheinlichkeitsrechnung etwas veraltet sind, wird der grundlegende Ansatz ein besseres Verständnis dafür vermitteln, wie Cybersicherheitsexperten in ihrer täglichen Arbeit mit der Bewertung einer großen Anzahl potenzieller Risiken auf der Grundlage weniger Daten umgehen.

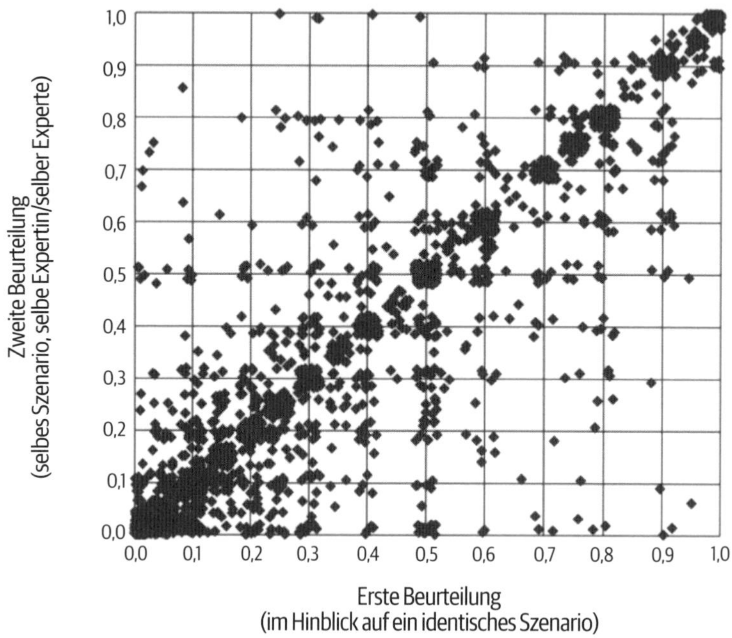

Abbildung 4-7: Die Ergebnisse von Hubbards Studie, bei der Experten wiederholt das Risiko für ein bestimmtes Szenario beurteilen (und es teils unterschiedlich einschätzen)

Ähnlich problematisch ist die »Durchschnittsbildung« bzw. »Mittelwertbildung« von Risiken. Wenn Sie quantifizieren möchten, wie gut Sie Ihre Daten schützen, und dabei das durchschnittliche Risiko zugrunde legen, werden gefährdete Personengruppen unverhältnismäßig stark exponiert. Sie riskieren, wie in einem Artikel von DifferentialPrivacy.org (*https://oreil.ly/HU3YO*) treffend beschrieben, dass Ausreißer aufgrund ihrer ohnehin schon vulnerablen Position in der Datenverteilung besonders gefährdet sind, wenn Sie Annahmen über das Datenschutzrisiko treffen, die Sie aus dem durchschnittlichen Risiko ableiten.

Warum sollte man also auf der Grundlage von Wahrscheinlichkeiten über Datenschutz- und Sicherheitsrisiken nachdenken? Schauen wir uns an, wie Risiken heutzutage quantifiziert werden (eben nicht durch Mittelwertbildung) und in welchen Bereichen Data Science nützlich sein kann.

Risiken bewerten und Bedrohungen einschätzen

Möglicherweise kennen Sie bereits die altbewährte Risikomatrix, mit der versucht wird, Risiken in verschiedene Niveaus einzuteilen und festzulegen, welche Maßnahmen entsprechend dem ermittelten Risiko ergriffen werden sollten. Die Idee hinter diesem System ist an sich großartig. Allerdings handelt es sich bei den Angaben häufig nicht um Einschätzungen, die konsistent, quantifizierbar und realistisch sind, da sie oftmals mit persönlichen Sichtweisen einhergehen und mit großer Unsicherheit behaftet sind.

Ihre Aufgabe als Data Scientist ist es, durch Beobachtungen, Experimente und wissenschaftliche Analysen die Unsicherheit in der Bewertung zu reduzieren. In manchen Fällen gelingt dies, und Sie entwickeln ein Wahrscheinlichkeitsmodell, das die Realität relativ gut abbildet. In anderen Fällen gelingt es nicht, und man kann nur abschätzen, wie groß die zu erwartende Unsicherheit ist (oder man experimentiert weiter!).

Ihr Data-Science-Toolkit kann bei der Beurteilung von Bedrohungen und der Einschätzung von Risiken helfen, jedoch nur dann, wenn historische Daten zur Verfügung stehen. Sind keine Fachleute vorhanden, die bei der Erstellung von Modellen helfen können, oder ist die Unsicherheit groß und es liegen nur wenige Informationen vor, werden Sie wahrscheinlich keinen wesentlichen Beitrag leisten können.

Allerdings ist in den Sicherheitscommunitys ein wachsender Druck zu verzeichnen, Risikoszenarien zu erstellen, die sich besser quantifizieren lassen. Hierbei können Sie helfen, die Frage so zu modellieren, dass sie beantwortbar ist. Eine Möglichkeit wäre, die abhängigen und unabhängigen Variablen eines Modells, das eine komplexe Fragestellung oder Bedrohung abbildet, durchzugehen und zu ermitteln, welche Variablen sich häufig ändern und welche eher unverändert bleiben. Möglicherweise gibt es auch bereits frei zugängliche oder interne Daten, die dabei helfen könnten, die Verteilung dieser Variablen im Zeitverlauf einzuschätzen.

> In der Sicherheitsforschung haben sich Modellierungsversuche als recht nützlich erwiesen. Ein großartiges Beispiel dafür ist der Forschungsbeitrag, in dem erstmals Rowhammer aufgedeckt wurde (*https://oreil.ly/oQv9n*), eine Möglichkeit, bei der der dynamische Speicher so ausgenutzt wird, dass Daten Ihrer »Nachbarn« in einem großen Rechenzentrum ausgelesen werden können. Dabei hat sich gezeigt, dass dieser Angriffsvektor – von dem man bis dahin annahm, dass er relativ selten vorkommt – bedeutend häufiger auftritt. Dementsprechend kann die Durchführung von datengestützten Sicherheitsexperimenten im Rahmen der Beurteilung von Bedrohungen dazu beitragen, dass diese Modelle realitätsnah sind.

In der Data Science sind die wichtigsten Risiken, die es in die Bewertung einzubeziehen gilt, der Zugriff auf die Daten, die Dateninfrastruktur und die Modelle. Im Folgenden finden Sie einige Maßnahmen, mit denen Sie sicherstellen können, dass Sie über einen angemessenen Schutz verfügen.

Vorkehrungen für die Datensicherheit, die auch dem Schutz der Privatsphäre dienen können

Nachdem Sie nun ein besseres Verständnis von Datensicherheit gewonnen haben, können Sie auch besser Entscheidungen dazu treffen, welche Bereiche der Datensicherheit Sie in Ihre Arbeit einbeziehen möchten. In diesem Abschnitt stelle ich Ihnen vor allem die Schutzmaßnahmen vor, die für die Arbeit in den Bereichen Data Science und Machine Learning wichtig sind – aber das Spektrum ist natürlich weitaus größer. Meine Ausführungen sollen Ihnen also einen Anhaltspunkt geben und keine vollumfängliche Auflistung sein.

Die Websicherheit-Basics anwenden

Da Daten bei der Arbeit mit Daten häufig über Endpunkte und APIs bereitgestellt werden, ist es wichtig, zu verstehen, wie auf diese zugegriffen wird, sich von bereits etablierten Ansätzen inspirieren zu lassen und diese gegebenenfalls zu übernehmen.

Seit vielen Jahrzehnten skizziert das *Open Web Application Security Project* (OWASP) (*https://owasp.org*), welche Bedrohungen für Webanwendungen und Webseiten die größten sind. OWASP zeigt auch entsprechende Schutzmaßnahmen (*https://oreil.ly/FMgtB*) auf, insbesondere wie sich API-Endpunkte durch die Einrichtung von Zugriffskontrollen und Validierung von Inputdaten schützen lassen. Diese Kontrollen sollten von jedem in Betracht gezogen werden, der eine Modell-API erstellt, die direkt oder indirekt den Nutzern zur Verfügung gestellt wird.

Eine weitere nützliche Maßnahme besteht darin, sicherzustellen, dass alle Ihre Endpunkte, über die Modelle oder Daten abgerufen werden, gründlich getestet werden. Überlegen Sie gemeinsam mit den Softwareentwicklern und -entwicklerinnen, welche Arten von Angriffen auf die eingesetzten Modelle denkbar sind, z.B. Adversarial Attacks, Poisoning Attacks oder die in diesem Kapitel beschriebenen Arten von Angriffen.

Wenn Sie ein Modell für die sofortige Nutzung freigeben, sollten Sie die Anzahl der Zugriffe innerhalb eines bestimmten Zeitraums begrenzen (*Rate Limiting*) und die Identität Ihrer Nutzer überprüfen, indem Sie einen Anmeldevorgang voraussetzen, bei dem die Nutzer zunächst verifizieren müssen, dass es sich bei ihnen um eine reale Person handelt. Wenn es nicht möglich ist, Rate Limiting anzuwenden, sollten Sie sicherstellen, dass Sie die eingegebenen Daten validieren und bei ungültigen Abfragen bzw. Anfragen eine entsprechende Antwort zurücksenden, ohne dass weitere Informationen preisgegeben werden.

Und, wenn möglich, verbinden Sie Ihre Modelle bzw. Ihre Abfrageschnittstellen nie direkt mit dem (öffentlich zugänglichen) Internet. Besser ist es, eine Zugriffskontrolle mit Identitätsprüfung vorzusehen oder Ihr Modell in mehrere Inputprozesse einzubetten, sodass Daten aus dem Internet nur eine von vielen Datenquellen darstellen bzw. niemals direkten Einfluss auf die Inputdaten Ihres Modells haben.

Trainingsdaten und Modelle schützen

Sie haben in diesem Kapitel bereits erfahren, dass es beim Schutz im Rahmen von Machine Learning nicht nur darum geht, das Modell selbst zu schützen, sondern auch die Infrastruktur, mit deren Hilfe Sie Ihre Modelle erstellen und trainieren.

Halten Sie sich einmal vor Augen, wie Ihre genutzte Software und Dependencies verifiziert werden. Auch im Hinblick auf die Daten, die in Ihre Modelle eingespeist werden, müssen Sie sicherstellen, dass sie angemessen geschützt sind. Daher sollten Sie Ihre Machine-Learning-Systeme und Ihre Datenworkflows so weit wie möglich automatisieren und sicherstellen, dass diese im Hinblick auf Datenschutz und -sicherheit sorgfältig konzipiert und getestet sind.

Die Zielsetzung bei der Nutzung von Daten ist von Unternehmen zu Unternehmen unterschiedlich. Im Folgenden werden einige Fragen erläutert, die bei der Konzeption zu berücksichtigen sind:

- Enthält der Datenverkehr personenbezogene Daten? Was haben Sie unternommen, um möglichen Datenschutzverletzungen entgegenzuwirken?
- Sind Sie mit den Vorschriften Ihres Unternehmens so weit vertraut, dass Sie geeignete Schutzmaßnahmen ergreifen können? Wenn nicht, wen könnten Sie bitten, Sie bei der Umsetzung der rechtlichen Anforderungen in technische Konzepte zu unterstützen?
- Werden durch diesen Datenverkehr Trust Boundaries überschritten? Wenn ja, wie begegnen Sie diesen Sicherheitsrisiken?
- Haben Sie im Rahmen des Workflows Tests durchgeführt, die sicherstellen, dass die Schutzmaßnahmen auch tatsächlich greifen?
- Haben Sie mit den Datenkonsumenten geklärt, welche Anforderungen diese hinsichtlich Datenqualität und -analyse haben, um die Daten weiterhin nutzen zu können?
- Haben Sie die Annahmen und Governance-Anforderungen dokumentiert, sodass andere diesen Workflow leicht nachvollziehen können?
- Können Sie Integrationstests durchführen, bei denen in regelmäßigen Abständen Daten stichprobenartig abgefragt werden, um sicherzustellen, dass das System wie erwartet funktioniert?
- Haben Sie alle Schritte so weit wie möglich automatisiert und gleichzeitig eine für Menschen verständliche Dokumentation hinterlegt, damit andere die Datenschutz- und Sicherheitsmaßnahmen überprüfen oder auch anpassen können, sobald sich etwas ändert?
- Wissen Sie, was zu tun ist, wenn etwas nicht mehr richtig funktioniert?

Zusätzlich zur Klärung dieser Aspekte sollten Sie auch eine geeignete Versionskontrolle für Ihre Workflows implementieren und feststellen, ob die Versionskontrolle für die resultierenden Datensätze oder Modelle angemessen ist (siehe Kapitel 1). Wenn Sie sicherstellen, dass Ihre Workflows eine selbstdokumentierende Data Lineage und Data Governance unterstützen, ist dies bereits ein großer Schritt in Richtung Data Governance (siehe Kapitel 1). Dies trägt auch dazu bei, dass Maßnahmen, die zur Datensicherheit und zum Datenschutz beitragen, schneller umgesetzt und mitgetragen werden, da die Systeme gut verstanden werden.

Sie haben nun alles getan, was Sie auf Basis Ihres Wissens über die Bedrohungen und das regulatorische Umfeld tun können. Sie sind sich aber sicher bewusst, dass sich diese ständig ändern! Deshalb müssen Sie sich stets über neue Angriffe und Bedrohungen auf dem Laufenden halten. Wie können Sie sich am besten über neue Angriffsmethoden informieren?

Über neue Angriffe auf dem Laufenden bleiben

Im Bereich des Machine Learning und der Data Science gibt es bekanntermaßen ständig neue Entwicklungen. Es ist unwahrscheinlich, dass Sie die Zeit haben werden, alle Veröffentlichungen zu diesen Themen zu lesen oder jede Konferenz zu besuchen, insbesondere wenn das Interesse an diesen Themen weiter zunimmt. Wie hält man sich also auf dem Laufenden und behält den Überblick?

Zum Thema Sicherheit empfehle ich Ihnen, sich über einige der führenden Konferenzen zu informieren, die mittlerweile auch spezielle Themen im Bereich Datenschutz und Sicherheit anbieten. Zum Beispiel gibt es auf der seit Langem stattfindenden DEFCON-Konferenz inzwischen einen eigenen Schwerpunkt für KI-gestützte Angriffe namens AI Village (*https://aivillage.org*).

Zudem gibt es mit OpenMined (*https://www.openmined.org*) eine großartige Community, die sich mit Datenschutztechnologien beschäftigt. Ihre Slack-Gruppen sowie ihre Kurse und Konferenzen sind ausschließlich auf Datenschutzthemen ausgerichtet, die mit Data Science und Machine Learning in Zusammenhang stehen.

Darüber hinaus könnten für Sie auch noch einige Newsletter und Blogs interessant sein, darunter auch meiner! Hier ist eine kurze Liste:

Probably Private (https://probablyprivate.com)
: Mein Newsletter rund um das Thema Datenschutz und seine Berührungspunkte mit Data Science, der auch aktuelle Informationen zu den in diesem Buch behandelten und verwandten Themen enthält.

Upturn (http://www.upturn.org)
: Ein Newsletter, der sich mit dem Thema Gerechtigkeit und Datenschutz in der IT-Branche beschäftigt.

Bruce Schneier zum Thema Sicherheit (https://www.schneier.com)
: Ein Fachblog zum Thema Sicherheit, der eine Vielzahl von Sicherheitsthemen behandelt.

Lukasz Olejnik mit einer kritischen Auseinandersetzung mit Themen aus Cybersicherheits-, Datenschutz- und Digitalpolitik (https://blog.lukaszolejnik.com)
: Das Blog umfasst Themen wie Sicherheit, Datenschutz, Webtechnologien und Digitalpolitik.

Das Daily Dashboard von IAPP (https://iapp.org/news/daily-dashboard)
: Hier gibt es tägliche Updates von der International Association of Privacy Professionals (IAPP).

> Ich würde Ihnen vor allem empfehlen, Ihre Leidenschaft und Nische in der Community zu finden und Forschern und Organisationen zu folgen, die auf diesem Gebiet interessante Arbeit leisten. So bleibt man eher auf dem Laufenden, als wenn man die Arbeit von Freunden verfolgt.

Sollten Sie einmal etwas Wichtiges verpassen, wird es wahrscheinlich im Rahmen Ihrer Arbeit zur Sprache kommen. Wenn es Ihnen gelungen ist, eine Beziehung zu Ihren Infosec-Kollegen aufzubauen, werden diese Sie in der Regel auf dem Laufenden halten, wenn es für Sie von Interesse ist.

Zusammenfassung

In diesem Kapitel haben Sie eine Vielzahl verschiedener Angriffe auf die Privatsphäre kennengelernt – Angriffe, die darauf abzielen, zusätzliche Informationen aus den Daten zu gewinnen, Angriffe auf Machine-Learning-Modelle und Angriffe, die sich gegen Datenschutzmaßnahmen selbst richten. Sie haben auch erfahren, wie wichtig es ist, mit Sicherheitsexperten und -expertinnen zusammenzuarbeiten, wenn es um Datenschutzrisiken und deren Verhütung geht.

Sicherheit ist ein Bereich, der sich ständig weiterentwickelt – bis zur Veröffentlichung dieses Buchs werden neue Angriffsformen entwickelt und durchgeführt worden sein. Betrachten Sie dieses Kapitel als Ausgangspunkt, um Ihr Verständnis von Datenschutz und Sicherheitsrisiken zu vertiefen, während Sie gleichzeitig am wirksamen Schutz Ihrer Daten arbeiten.

Im nächsten Kapitel werden wir uns näher mit der Frage befassen, wie der Schutz der Privatsphäre im Zusammenhang mit Machine Learning und Data Science gewährleistet werden kann.

KAPITEL 5

Machine Learning und Data Science datenschutzkonform gestalten

In Kapitel 4 haben Sie verschiedene Arten von Angriffen kennengelernt, darunter auch Angriffe auf Machine-Learning-Modelle selbst. Gegebenenfalls haben Sie noch nie darüber nachgedacht, wie man Machine-Learning-Modelle so schützen kann, dass sie keine private Informationen preisgeben. Vielleicht vermuten Sie oder haben schon einmal gehört, dass eine Regularisierung von Modellen und deren Generalisierungsfähigkeit dieses Risiko für die Privatsphäre beseitigen würden. Das ist leider nicht der Fall, insbesondere dann nicht, wenn Modelle sehr groß sind und etliche Parameter aufweisen.

In diesem Kapitel erfahren Sie, wie Sie Machine-Learning-Workflows so anpassen können, dass eine Anonymisierung der zugrunde liegenden Daten gewährleistet werden kann. Zudem erhalten Sie einen Einblick in die Forschung auf dem Gebiet des datenschutzkonformen[1] Machine Learning (*Privacy-preserving Machine Learning*, PPML) und Data Science. Da sich dieses Gebiet schnell entwickelt und viel Forschung betrieben wird, sollten Sie die wichtigsten Konzepte verstehen und in der Lage sein, die heute führenden Methoden zu vergleichen. Sie werden eine Open-Source-Bibliothek ausprobieren, mit der Sie direkt loslegen können, und untersuchen, wie Sie die in den vorangegangenen Kapiteln erlernten Methoden in Ihre normalen datenwissenschaftlichen Experimente und Workflows integrieren können. Dadurch lernen Sie, wie Sie Schutzmaßnahmen evaluieren und den besten Ansatz für Ihren Anwendungsfall bestimmen können.

1 Die meisten Durchsetzungsmaßnahmen im Rahmen der DSGVO haben sich auf eindeutige Verstöße bei der Datenerhebung und -nutzung konzentriert, aber es wird erwartet, dass sie sich mit der Ausweitung der Durchsetzung auch auf potenzielle neue Bedrohungen wie die Nutzung und Verarbeitung von Daten im Zusammenhang mit Machine Learning und KI erstrecken werden. Da es sich bei PPML um ein neues Forschungsgebiet und eine relativ neue Methode handelt, gibt es noch keine klaren Richtlinien für den Aufbau DSGVO-konformer Modelle. Die DSGVO fordert jedoch, dass der »Stand der Technik« berücksichtigt wird, um die Anforderungen des Datenschutzes mit den Anforderungen der Datennutzung in Einklang zu bringen. Aus diesem Grund konzentriert sich dieses Kapitel darauf, Ihnen die aktuellen Best Practices zu vermitteln und Ihnen eine Grundlage zu bieten, mit den neuen Entwicklungen Schritt halten zu können, während sich das Forschungsgebiet weiterentwickelt. Wie bei allen in diesem Buch vorgestellten Methoden sollten Sie sich bei den juristisch Verantwortlichen und Datenschutzbeauftragten Ihres Unternehmens erkundigen, ob der jeweilige Ansatz konform ist oder nicht.

Privacy-preserving Machine Learning (PPML)

Beim Machine Learning ist es aufgrund des bereits vorhandenen Workflows relativ einfach, Techniken zum Schutz der Daten einzubinden. Bei den meisten Machine-Learning-Anwendungen ist es üblich, die Daten zu untersuchen, die zu verwendenden Variablen zu bereinigen bzw. aufzubereiten, die Features vorzubereiten und das Modell zu trainieren und zu testen. Da Data-Science-Fachleute in sämtlichen Phasen dieses Prozesses stark involviert sind, ist es problemlos möglich, in jeder Phase mit verschiedenen Techniken zu experimentieren.

Das sogenannte Privacy-preserving Machine Learning (PPML) ist ein Bereich des Machine Learning, in dem erforscht wird, wie Technologien in Machine-Learning-Workflows integriert werden können, mit denen sich ein besserer Datenschutz gewährleisten lässt bzw. die Privatsphäre besser gewahrt werden kann. Beispielsweise könnte Differential Privacy in den Machine-Learning-Workflow integriert werden, oder es könnten andere Wege beschritten werden, um ein Gleichgewicht zwischen Datenschutz und Nutzen bei der Lösung von Machine-Learning-Problemen zu erreichen.

Wissenschaftliche Untersuchungen haben gezeigt, dass Techniken, die zur Wahrung der Privatsphäre beitragen, die Generalisierungsfähigkeit von Modellen verbessern können (*https://oreil.ly/rywNM*). Das ist einleuchtend, wenn man sich das Problem der Überanpassung (engl. *Overfitting*) vor Augen führt. Modelle sollten sich nicht die persönlichen Merkmale einer einzelnen Person oder sogar einer kleinen Gruppe von Ausreißern merken. Vielmehr sollten sie eine sinnvolle Verallgemeinerung des verfügbaren Merkmals- bzw. Feature-Raums und dessen Abbildung auf den Entscheidungsraum liefern. In einer perfekten Welt wären alle Modelle datenschutzkonform, weil sie einen allgemeinen Ansatz gelernt haben, der die Realität abbildet.

Doch die Welt ist nicht immer perfekt. Daher sollten wir untersuchen, wie Sie Ihr neu erworbenes Wissen im Rahmen von Machine Learning anwenden können.

Techniken zur Wahrung der Privatsphäre in einem typischen Data-Science- bzw. ML-Workflow

Wenn Sie sich mit einem Problem im Bereich des Machine Learning befassen, sollten Sie das mögliche Spektrum zwischen perfektem Schutz und maximalem Informationsgehalt Ihrer Daten abwägen und genau bestimmen, welche Informationen erforderlich sind, um ein Modell bestmöglich zu trainieren und gleichzeitig ein gewisses Maß an Datenschutz zu gewährleisten.

In diesem Abschnitt sehen wir uns zwei gängige Arbeitsschritte des Machine-Learning- bzw. Data-Science-Workflows genauer an: die explorative Datenanalyse (engl. *Exploratory Data Analysis*, EDA), in deren Rahmen Sie die Daten mit verschiedenen Methoden untersuchen, um herauszufinden, ob und inwiefern sie für Ihren Anwendungsfall geeignet sind, sowie die Vorbereitung der Features (engl.

Feature Preparation)[2], ein Schritt im Rahmen der Vorbereitung der Daten vor dem eigentlichen Machine-Learning-Prozess. Auf diese Arbeitsschritte folgen für gewöhnlich das Training und die Evaluierung des Modells, die im weiteren Verlauf dieses Kapitels behandelt werden.

Explorative Datenanalyse

Betrachten wir zunächst den Teil der explorativen Datenanalyse, in dem es darum geht, die Daten einzuschätzen und anschließend zu bestimmen, welche Daten zum Trainieren eines bestimmten Modells geeignet sein könnten. Hierzu müssen Sie die vorliegenden Daten zunächst besser kennenlernen, herausfinden, was für Ihre Analyse bzw. Ihre Machine-Learning-Aufgabe nützlich sein könnte, und Beziehungen zwischen den in Ihrem Datensatz enthaltenen Variablen aufdecken. Häufig wird hierzu auf Basis der Korrelation von Inputvariablen (bzw. deren Linearkombinationen) mit verschiedenen potenziellen Zielvariablen (engl. *Target Variables*) oder auf Basis des Informationsgewinns (engl. *Information Gain*) bzw. von Gleichungen zur Transinformation (engl. *Mutual Information Equations*) ermittelt, welche Informationen zum Trainieren eines performanteren Modells herangezogen werden könnten.

Wenn Sie vielleicht noch aus Kapitel 3 wissen, würde eine Berücksichtigung von Differential Privacy im Rahmen der explorativen Datenanalyse – oder auch des Feature Engineering – erfordern, dass eine lokale Differential Privacy angewandt wird, da vermutlich jeder Datenpunkt eine Person darstellt. Allerdings könnte eine Person auch mehrere Datenpunkte beisteuern, was die Sensitivität weiter erhöhen würde. Zu jedem einzelnen Tensor und/oder Datenpunkt müsste ein ausreichendes Maß an Rauschen hinzugefügt werden, was wiederum dazu führte, dass die Daten ein zu hohes Maß an Rauschen enthalten würden, um sie im Rahmen der explorativen Datenanalyse noch adäquat auswerten zu können.

Das ist eine der Zwickmühlen, wenn Analysen datenschutzkonform (*Privacy Preserving Data Analysis*) vonstattengehen sollen: Sie müssten erst die Daten beurteilen, um darüber entscheiden zu können, welche Datenschutzmaßnahmen am geeignetsten sind, aber um die Daten beurteilen zu können, müssen Sie sie überhaupt erst einmal einsehen können! In der Praxis empfiehlt es sich daher, eine kleine Gruppe von Data Scientists und Data Analysts zu bestimmen, denen Einblick in eine repräsentative Stichprobe der vorliegenden Daten gewährt wird. Deren Aufgabe ist es, hinreichende Analysen durchzuführen, um die Daten besser zu beurteilen und entsprechende Privacy-Mechanismen vorzubereiten. Mit ihren Empfehlungen schaffen sie dann die Möglichkeit für andere, auf die Daten zuzugreifen – entweder über einen Differential-Privacy-Mechanismus oder eine Reihe von Tools oder Schutzmaßnahmen, die angewandt werden, bevor die Daten veröffentlicht oder von einem größeren Personenkreis verwendet werden.

2 Anm. d. Übersetzers: Diese werden – je nach fachlichem Hintergrund – auch als Feature-Vektoren, Merkmale, Merkmalsvektoren oder unabhängige Variablen bezeichnet.

Bei Daten, bei denen Sie glauben, dass eine Anonymisierung mittels Differential Privacy am besten geeignet ist, würden Sie zunächst eine ungeschützte Datenanalyse durchführen, um geeignete Grenzwerte, den Wert für Epsilon und die Verteilung, die Sie für das Rauschen zugrunde legen, zu bestimmen sowie zu entscheiden, welche Bibliothek zum Einsatz kommen soll. Anschließend können Sie verschiedene Ansätze ausprobieren und – ehe die Daten einem breiteren Publikum zugänglich gemacht bzw. verwendet werden – im Rahmen der Analyse oder des Machine Learning Differential Privacy hinzufügen.

Um eine explorative Datenanalyse unter Wahrung der Privatsphäre durchzuführen und die resultierenden Ergebnisse einem breiteren Publikum zugänglich zu machen, müssen Sie zunächst einen für die Art der Ihnen vorliegenden Inputdaten geeigneten Privacy-Mechanismus bestimmen. Tabelle 5-1 stellt Ihnen die zur Verfügung stehende Techniken anhand einiger Beispiele vor.

Tabelle 5-1: Privacy-preserving-Mechanismen für die explorative Datenanalyse (EDA)

Datentyp	Mögliche Mechanismen	Beispiel im Rahmen der EDA
Ganzzahl (Integer)	Perturbation, Beschränkung des Wertebereichs, Differential Privacy	Einen Differential-Privacy-Mechanismus beim Zugriff auf die Daten verwenden.
Gleitkommazahl (Float)	Runden, Perturbation, Beschränkung des Wertebereichs, Differential Privacy	Runden und Beschränken aller Gleitkommazahlen auf eine bestimmte Ober- oder Untergrenze.
Zeichenkette (String)	Unkenntlichmachung, formaterhaltende Verschlüsselungs-, andere Verschlüsselungs- und Hashing-Mechanismen, Maskierung	Verwendung einer Bibliothek zur Verschlüsselung aller Zeichenketten oder potenzieller Informationen, die eine Person unmittelbar identifizieren können (PII), finden und diese maskieren bzw. unkenntlich machen.
Vektor	Differential Privacy, Perturbation	Differential Privacy mit gaußschem Rauschen verwenden.

Wenn Sie Daten verwalten und diese für die EDA oder andere Analysen an eine größere Personengruppe freigeben, ist es am sichersten, mit Differential-Privacy-Mechanismen oder der vollständigen Unkenntlichmachung sensibler Felder zu beginnen und dann zu testen, ob die Daten trotzdem noch auf geeignete Weise analysiert werden können. Im besten Fall sind Sie erst gar nicht darauf angewiesen, sensible Daten einzubeziehen, um Ihr Ziel zu erreichen!

Wenn sich herausstellt, dass Differential Privacy keine geeignete Lösung ist, sollten Sie eine weniger effektive Methode ausprobieren, wie z.B. Perturbation[3], runden oder Werte auf einen möglichst kleinen Wertebereich zu begrenzen, um zu sehen, ob sich diese für Ihre Analyse besser eignet. Doch auch hier gilt, dass diese Techni-

3 Eine Perturbation einer Zahl oder eines anderen Datentyps (Datum, Zeichenkette) kann durch Hinzufügen von Rauschen oder eine direkte Veränderung der Daten erfolgen. Scrambling kann hingegen entweder innerhalb des Datentyps (z.B. durch Vertauschen der Buchstaben in einem Wort) oder in Bezug auf den Zeileninhalt (z.B. durch Vertauschen des Datums in einer Zeile mit dem Datum in einer anderen Zeile) erfolgen. Allerdings handelt es sich bei beiden um relativ schwache Datenschutzmaßnahmen, die unter die Kategorien Pseudonymisierung und/oder Obfuskation fallen.

ken nicht die gleichen Garantien bzw. dasselbe Maß an Sicherheit wie eine Differential Privacy bieten können.

> Sobald Sie feststellen, dass ein äußerst sensibles Merkmal eine hohe Korrelation mit einer der potenziellen Zielvariablen aufweist, sollten Sie gründlich darüber nachdenken, warum das so sein könnte. Wenn eine Zielvariable eine Korrelation mit der ethnischen Herkunft, dem Geschlecht, der Nationalität, der Wohngegend oder anderen sensiblen persönlichen Merkmalen aufweist, führt dies oftmals dazu, dass Modelle ungerecht und diskriminierend sind. Wenn Sie derartige Zusammenhänge aufdecken, sollten Sie diese kritisch und ganzheitlich hinterfragen. Manche Modelle sollten gar nicht erst entwickelt werden!

Bei der Verarbeitung von Texten bzw. beim *Natural Language Processing* (auch als Computerlinguistik bezeichnet) müssen Sie Differential Privacy als Teil des Trainingsprozesses betrachten. Allerdings können Sie sie nicht im Rahmen der explorativen Datenanalyse heranziehen, es sei denn, Sie verwenden bereits Machine-Learning-Modelle bzw. die Daten liegen in Form von Tensoren vor. Wenn Sie zum Beispiel ein vortrainiertes Sprachmodell (engl. *Pretrained Language Model*) verwenden, können Sie das Modell unter Verwendung von Differential Privacy feintunen.

Eine andere Methode, die für Textdaten geeignet ist, wäre die Nutzung einer Bibliothek, die potenzielle PII suchen und entfernen kann. Dieser Ansatz kann jedoch, wie in Kapitel 1 erwähnt, fehleranfällig sein, und Sie sollten sich nicht darauf verlassen, dass sämtliche sensiblen Informationen bzw. PII entfernt werden. Dennoch kann es einen guten Ausgangspunkt für die Arbeit mit strukturierten und semistrukturierten Daten darstellen. Wenn Sie große Datensysteme verwalten, ist dies eine im Rahmen der normalen Zugriffsvoraussetzungen erforderliche Datenschutzmaßnahme. Es gibt mehrere Bibliotheken und Datenbanksysteme, die Implementierungen einfacher Schutzmaßnahmen wie Tokenisierung, Maskierung oder formaterhaltender Verschlüsselung bereithalten, z.B. Presidio von Microsoft (*https://oreil.ly/Tao7Z*) oder die Data-Loss-Prevention-Bibliothek von Google (*https://oreil.ly/8zM-v*). Für weitere Informationen sehen Sie sich die in Kapitel 1 behandelten Pseudonymisierungsverfahren an.

Außerdem könnten Sie Wörter bzw. Tokens entfernen, die nur in sehr wenigen Texten – oder nur in einem Text – vorkommen. Diese Ausreißer zu entfernen, kann dazu beitragen, sensible Informationen zu beseitigen, die die Identität beispielsweise einer Sprecherin oder eines Verfassers gegenüber anderen erkennen lassen könnten.[4] Sofern Sie über einen repräsentativen Datensatz verfügen, hat dieser Ansatz keinen Einfluss auf den Output bzw. auf die Performance Ihres Modells. Wenn Sie gewisse Tokens beibehalten möchten, könnten Sie stattdessen eine Maskierung oder eine

4 Google verwendet Federated Learning mit einer sicheren Aggregierung (engl. *Secure Aggregation*) (*https://oreil.ly/FrRjc*), um sicherzustellen, dass diese Art von Text nicht in Modelle einfließt, die zur Vorhersage von Texten verwendet werden. In den Kapiteln 6 und 7 werden Sie noch mehr über diesen Ansatz erfahren.

formaterhaltende Verschlüsselung (siehe Kapitel 1) verwenden, sodass einige, aber nicht alle Informationen des Tokens erhalten bleiben.

Ganz allgemein empfiehlt es sich, Ausreißer zu entfernen, um dem Datenschutz in Ihren täglichen Datenanalysen und Untersuchungen Rechnung zu tragen. Denn wie bereits in Kapitel 4 erläutert, geben Ausreißer besonders viele Informationen preis und stellen daher immer ein größeres Risiko für die Privatsphäre der betroffenen als für die anderen im Datensatz enthaltenen Personen dar. Sollte es für Ihre Analyse dennoch unerlässlich sein, Ausreißer einzubeziehen, wie z.B. bei der Erkennung von Anomalien (engl. *Anomaly Detection*), dann sollten Sie Ihre Arbeit mit den Daten als äußerst sensibel einstufen und sicherstellen, dass derartige Workflows sorgfältig vor neugierigen Personen innerhalb und außerhalb des Unternehmens geschützt sind.

Feature Engineering

Sobald Sie das Feature Engineering angehen, sollten Sie mit einem robusteren Privacy-Mechanismus experimentieren, vor allem, wenn die Features in einen zentralen Feature Store gespeichert werden oder von verwandten Teams oder Projekten verwendet werden könnten. An diesem Punkt muss Ihr Prozess sicherstellen, dass sensible Features leicht von weniger sensiblen Features unterschieden werden können, und zwar durch geeignete Katalogisierungs- und Data-Governance-Tools.

Bei weniger wirksamen Privacy-Mechanismen wie der Pseudonymisierung oder der einfachen Rundung sollten Sie darüber nachdenken, in der Dokumentation eine Aufbewahrungsfrist (bzw. eine Löschfrist) für die Daten festzuhalten. In diesem Fall wäre es äußerst hilfreich, Informationen darüber zu haben, wie die Daten erhoben wurden, wie die Einwilligung erteilt wurde und wann die Daten gelöscht werden sollten. Gemäß den Anforderungen der DSGVO haben Nutzerinnen und Nutzer das Recht auf Löschung bzw. das »Recht auf Vergessenwerden«. Wenn Sie also Nutzerdaten verwenden, ohne geeignete Anonymisierungsmechanismen anzuwenden, müssen Sie eine Lösung finden, wie Sie diese Daten löschen können, und zwar auch Kopien oder Artefakte dieser Daten (d.h. Modelle, Feature-Tensoren, Reports oder Dashboards), die an anderen Speicherorten verwahrt werden.

> Nach der Datenschutz-Grundverordnung sollte ein Nutzer in der Lage sein, alle von ihm erzeugten Daten löschen zu lassen. In den Rechtsabteilungen wurde dies oft so interpretiert, dass das auf Daten abzielt, die der Nutzer direkt eingegeben hat (z.B. in ein Formular), und nicht um Daten, die er bei der Nutzung einer Anwendung oder Plattform erzeugt hat. Obwohl diese Praxis zum Zeitpunkt des Verfassens dieses Buchs unbedenklich ist, ist die Intention des Gesetzes eine andere. Dementsprechend können sich die rechtlichen Handlungsempfehlungen jederzeit ändern. Daher ist es empfehlenswert, bereits jetzt geeignete Anonymisierungsverfahren (wie Differential Privacy) und Datenminimierung in Betracht zu ziehen, um Ihre Modelle und Ihre Arbeit mit Daten zukunftssicher zu machen. Mehr dazu finden Sie in Kapitel 8.

Im nächsten Abschnitt erfahren Sie, wie Sie Modelle unter Anwendung von Differential Privacy trainieren können, ohne jedem Feature einzeln Rauschen hinzufügen zu müssen. In den Abschnitten »Feature Engineering mit Differential Privacy« auf Seite 185 und »Einfachere Methoden anwenden« auf Seite 188 werden einige weitere Methoden vorgestellt, mit denen Features auf eine die Privatsphäre wahrende Weise generiert werden können, sollte sich Differential Privacy für das Training als ungeeignet erweisen.

Sehen wir uns zunächst PPML an, um herauszufinden, ob es für Ihren Anwendungsfall geeignet ist.

Privacy-preserving Machine Learning in der Praxis

Der Wille, Privacy-Mechanismen wie Differential Privacy im Rahmen von Machine Learning zu implementieren, hat in den letzten zehn Jahren kontinuierlich zugenommen – und das mit wachsendem Erfolg. Der Bereich wächst und verändert sich weiter. In diesem Abschnitt erfahren Sie, wie PPML erstmals im großen Stil eingesetzt wurde. Um sich für den besten Ansatz entscheiden zu können, müssen Sie Ihre aktuelle Architektur und Ihre Workflows gut kennen. Zudem müssen Sie bestimmen, wie Sie die verwendeten Privacy-Technologien im Rahmen Ihrer Machine-Learning-Operations-(MLOps-)Prozesse integrieren können.

Eine der ersten Veröffentlichungen, die Machine Learning unter Anwendung von Differential Privacy im großen Maßstab implementiert, ist die PATE-Architektur von Nicolas Papernot (*https://oreil.ly/GkiSN*), die er im Jahr 2016 im Rahmen seiner Forschungstätigkeit bei Google Brain entwickelt hat. Das Prinzip dahinter ist folgendes: Sie haben sensible bzw. private Daten, die Sie für das Training verwenden möchten. Diese teilen sie – wie in Abbildung 5-1 gezeigt – in N Gruppen bzw. Datensätze auf (die beste Performance wurde in der Studie mit 5.000 erzielt). Die Daten werden so aufgeteilt, dass sich kein Datensatz mit einem anderen Datensatz überschneidet. Mit den einzelnen Datensätzen trainieren Sie N Lehrermodelle (engl. *Teacher*). Hierbei können Sie jeden beliebigen Algorithmus, jede beliebige Architektur und auch jeden beliebigen Schätzer verwenden – in dem Artikel wurde auf ein tiefes neuronales Netz (engl. *Deep Neural Network*) zurückgegriffen. Nun haben Sie 5.000 Modelle und möchten diese Informationen in einem Modell, das Sie abfragen können, verdichten bzw. »destillieren«.

In der PATE-Architektur, die in Abbildung 5-1 skizziert ist, wird mithilfe dieser verschiedenen Lehrermodelle ein einzelnes Schülermodell (engl. *Student*) trainiert. Dieses Schülermodell wird auf Basis öffentlich zugänglicher Daten trainiert, wobei die Labels durch die von den Lehrermodellen vorgenommenen Vorhersagen bzw. Einschätzungen bereitgestellt werden. Wie lässt sich nun Differential Privacy berücksichtigen? Jedes Lehrermodell kann höchstens einmal seine Stimme bzw. Einschätzung abgeben, d.h., jedes Lehrermodell beeinflusst die Abstimmung mit maximal einer Stimme. Kommt Ihnen das bekannt vor? Dies bedeutet, dass Sie, wenn Sie Laplace-verteiltes Rauschen verwenden und die Sensitivität am Aggregationspunkt 1 beträgt, Differential Privacy garantieren können – solange Sie sicherstellen, dass niemand den Prozess einsehen kann oder Zugriff auf den Aggregator hat (siehe Kapitel 2). Diese

Garantie setzt voraus, dass die Personen ordnungsgemäß auf die N Gruppen aufgeteilt wurden, d.h. jeweils nur von einem Lehrer-Modell gesehen werden.

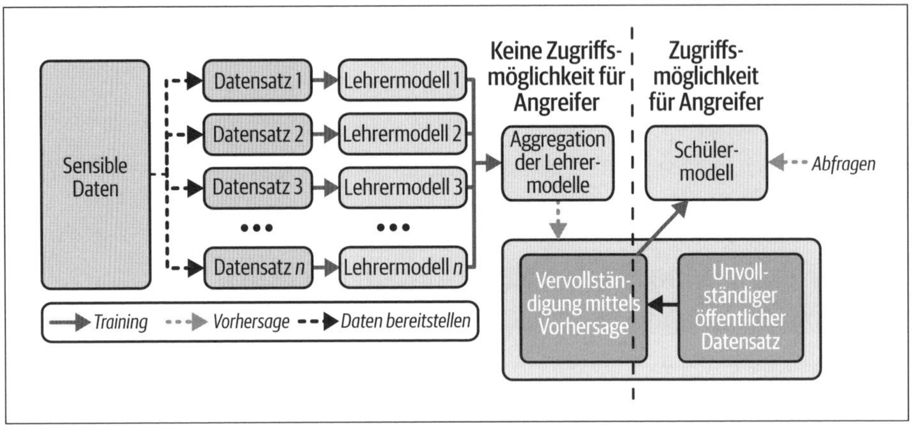

Abbildung 5-1: PATE: Privacy-preserving Machine Learning

Am Ende können Sie nicht nur garantieren, dass das Differential Privacy Budget eingehalten wurde, sondern auch, dass das Schülermodell nur öffentlich zugängliche Daten gesehen hat. Die Labels basieren dabei natürlich auf den privaten bzw. sensiblen Daten, die den Lehrermodellen im Zuge ihres Trainings bekannt wurden. Allerdings stellt der Differential-Privacy-Mechanismus bei der Aggregation der Abstimmungen sicher, dass keines der Lehrermodelle zu viele Informationen aus seinem eigenen Trainingsdatensatz preisgibt.

In der Studie sahen sich die Forschenden im Vergleich zu einem normalen Training, bei dem kein Privacy-Mechanismus angewandt wurde, mit einen Rückgang der Treffergenauigkeit (engl. *Accuracy*) von etwa 10 bis 15 % konfrontiert. Der Rückgang der Treffergenauigkeit ist in der Regel jedoch nur auf Verfehlungen zurückzuführen, bei denen die Entscheidung knapp war. Das Schülermodell ist im Endeffekt etwas unsicherer bei Daten, die nahe an Entscheidungsgrenzen liegen, sowie bei Daten, die möglicherweise falsch gelabelt wurden. Vielleicht haben Sie ja bereits Adversarial-Machine-Learning-Modelle oder Support Vector Machines unter Verwendung einer Kernelfunktion trainiert, wo ähnliche Strategien im Hinblick auf die Unsicherheit an den Grenzen zum Einsatz kommen, um die Performance des Modells zu verbessern.

Stochastisches Gradientenabstiegsverfahren mit Differential Privacy (DP-SGD)

Seit der Veröffentlichung der PATE-Architektur wurden erhebliche Fortschritte beim Hinzufügen von Rauschen im Rahmen der Anwendung von Differential Privacy während des Trainings erzielt. In Kapitel 2 haben Sie bereits gelernt, dass die Sensitivität mithilfe der L_2-Norm gemessen werden kann und dass den Daten das Rauschen mittels eines gaußschen Mechanismus hinzugefügt werden kann. Das

Rauschen kann auch während des Trainings direkt den Tensoren – oder genauer gesagt, den Berechnungen – hinzugefügt werden, und zwar unabhängig von dem jeweiligen Algorithmus oder der Architektur, die Sie verwenden.

Die Schwierigkeit in der Anwendung von Differential Privacy beim Machine Learning besteht darin, die Sensitivität eines gegebenen Trainingstensors zu ermitteln. Angenommen, eine Person entspräche jeweils einer Stichprobe (d.h. einer Beobachtung pro Stichprobe) für Ihren Algorithmus bzw. den maschinellen Lernprozess. Dann müssen Sie sicherstellen, dass Sie den Beitrag eines jeden Tensors zum maschinellen Lernprozess begrenzen können.

Um die Sensitivität von Tensoren ausreichend zu berücksichtigen, verwenden mehrere Deep-Learning-Bibliotheken ein stochastisches Gradientenabstiegsverfahren, das Differential Privacy berücksichtigt (engl. *Differentially Stochastic Private Gradient Descent*, DP-SGD). In Abbildung 5-2 sind die einzelnen Schritte des Verfahrens skizziert.

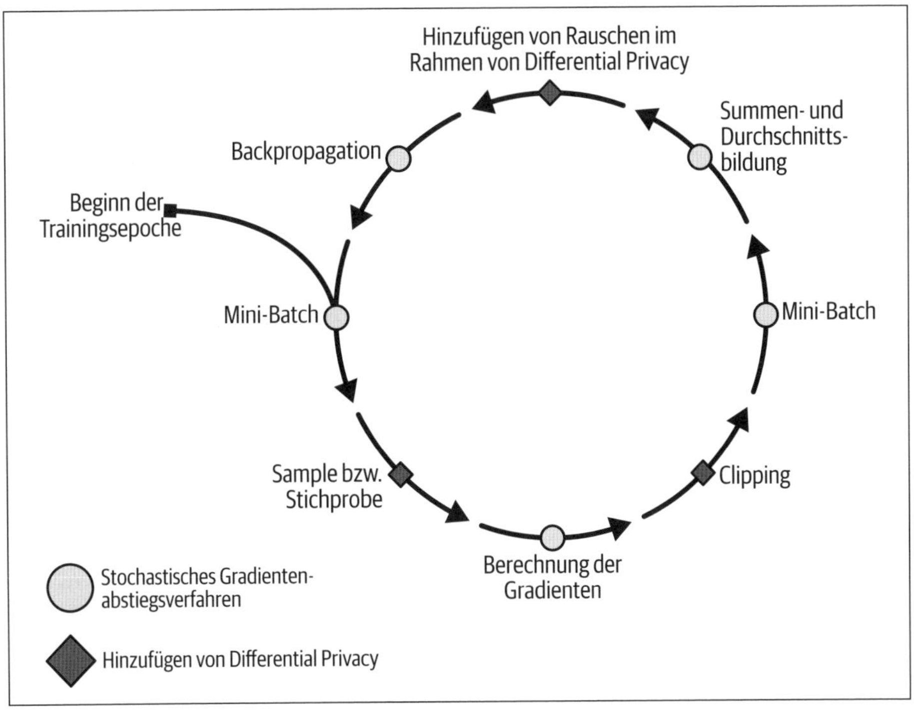

Abbildung 5-2: Stochastisches Gradientenabstiegsverfahren mit Differential Privacy (DP-SGD)

Zunächst sollten wir uns in Erinnerung rufen, wie das stochastische Gradientenabstiegsverfahren im Allgemeinen funktioniert. Es gibt eine Optimierungsfunktion (bzw. Verlustfunktion), die Sie minimieren möchten. Zu diesem Zweck muss sie konvex und differenzierbar sein. Um den niedrigsten Punkt dieser Funktion zu finden, wählen Sie zufällig Punkte aus (d.h., sie ziehen die Punkte stichprobenartig mittels Sampling), die auf der Funktion liegen, und berechnen den Gradienten (d.h. die vektorisierte Darstellung der Steigung der Funktion an diesen Punkten). Dabei zeigt der Gradient die Richtung an, in der das Maximum der Funktion zu erreichen ist. Wenn Sie in die entgegengesetzte Richtung gehen (den Gradienten abwärts), sollten Sie schließlich zum Tiefpunkt der Funktion gelangen, wo der Fehler minimal ausfällt. Die Größe Ihres »Schritts« entlang des Gradienten wird durch Ihre Lernrate bestimmt. Sie können also große Schritte machen, finden aber möglicherweise nicht das globale Minimum, weil Sie in Wirklichkeit »zu weit gehen«. Alternativ können Sie auch kleine Schritte machen, was allerdings sehr viel Zeit in Anspruch nehmen kann. Aus diesem Grund sind adaptive Lernraten (zuerst große, später kleinere Schritte) von Vorteil, ebenso wie explorativere Methoden, die zu Beginn einen größeren Suchraum zulassen.

Ich hoffe, dieser Kurzüberblick war hilfreich, falls Ihnen das Gradientenabstiegsverfahren neu ist. Wie lässt sich nun Differential Privacy implementieren? Sie möchten quantifizieren, welchen Beitrag die einzelnen im Trainingsdatensatz enthaltenen Personen liefern. Der Ansatz beim stochastischen Gradientenabstiegsverfahren mit Differential Privacy (DP-SGD) besteht darin, den Gradienten selbst als Maß für den Beitrag einer einzelnen Person zu verwenden. Der Gradient spiegelt wider, wie viel durch eine einzelne gezogene Beobachtung »gelernt« wird. Voraussetzung ist hier jedoch, dass jede Person nur einmal »gesehen« wird – dazu später mehr!

Beim stochastischen Gradientenabstiegsverfahren kann es passieren, dass die Gradienten äußerst groß werden. Ihr größtes Problem besteht also darin, dass diese sehr großen Gradienten (insbesondere bei Ausreißern) zur Folge haben, dass die Privatsphäre nicht gewahrt bleibt. Daher müssen Sie, wie in Kapitel 2 beschrieben, adäquate Grenzwerte (*Clamping Bounds*) für die einzelnen Gradienten ansetzen. Genau diese Idee wird beim Gradient Clipping, d.h. beim Beschneiden bzw. Stutzen von Gradienten, verfolgt. Sie haben vielleicht schon von Gradient Clipping als Regularisierungstechnik gehört, aber in diesem Kontext wird es verwendet, um den Beitrag zu begrenzen, den eine einzelne Beobachtung (d.h. eine Person) zum Lernprozess haben kann.

Möglicherweise kennen Sie Gradient Clipping ja auch im Zusammenhang mit explodierenden Gradienten, die beim Training zu Instabilität oder unzuverlässigen Ergebnissen führen können. Dabei werden normalerweise die Gradienten, die einen bestimmten Wert überschreiten, normiert, also jeweils durch ihre Norm dividiert, und mit einem bestimmten konstanten Wert multipliziert, sodass ein Einheitsvektor erzeugt wird. Wird die Methode im Rahmen von Differential Privacy angewandt, kann mithilfe dieser Konstanten die Sensitivität beschränkt werden.

Sobald die Gradienten der einzelnen gezogenen Beobachtungen gestutzt und skaliert sind, müssen Sie diese Gradienten wieder als Batch zusammenführen (Batch-Update). Anschließend kann das Rauschen mithilfe eines Differential-Privacy-Mechanismus hinzugefügt werden. Da Sie die Beiträge begrenzt haben, können Sie für das Rauschen einen entsprechenden Streuungsparameter wählen. Bei Machine-Learning-Prozessen geht man in der Regel von normalverteilten Fehlern aus, weshalb gaußsches bzw. normalverteiltes Rauschen eine sehr gute Wahl für die von Ihnen genutzten Verlustfunktionen, Algorithmen und Architekturen darstellt.

An diesem Punkt beginnt der Lernprozess mit einer neuen Zufallsstichprobe (d.h. mit zufällig ausgewählten Beobachtungen bzw. Datenpunkten aus Ihrem Trainingsdatensatz). Der Lernprozess wird so lange fortgesetzt, bis die Optimierungsmethode ihr vorgegebenes Abbruchkriterium erreicht (*Stopping Point*).

> Um die Sensitivität korrekt bestimmen zu können, müssen Sie sicherstellen, dass Sie wissen, wie viele Beobachtungen eine bestimmte Person im Rahmen des Samplings zu den gesamten Trainingsdaten beitragen kann, und dies in Ihrem Sampling-Mechanismus berücksichtigen. Beispielsweise könnte ein rein zufälliges Ziehen von Beobachtungen leicht dazu führen, dass ein und dieselbe Beobachtung aus dem Trainingsdatensatz in mehreren Batches oder Epochen verwendet wird – was Ihre Sensitivitätsgarantien zunichtemachen würde.[5] Das ist ebenfalls ein guter Grund dafür, niemals eine eigene Bibliothek zu entwickeln, sondern auf eine Open-Source-Lösung zurückzugreifen, die gründlich geprüft und gewartet wird.

Im folgenden Abschnitt möchte ich Ihnen einige Beispiele dafür geben, wie sich Open-Source-Implementierungen des stochastischen Gradientenabstiegsverfahrens mit Differential Privacy (DP-SGD) im Rahmen des Modelltrainings verwendet werden können. Falls das stochastische Gradientenabstiegsverfahren in Ihrem Algorithmus oder Ihrer Architektur nicht genutzt werden kann, sollten Sie zunächst versuchen, stattdessen eine gut getestete und möglichst quelloffene Implementierung für Ihren Algorithmus oder Ihre Architektur zu finden. Es lassen sich viele aktuelle Beiträge finden, wie z.B. DP-XGBoost von sarus.tech (*https://oreil.ly/4lf3D*). Darüber hinaus wurde die Integration von Differential Privacy für eine Vielzahl anderer Machine-Learning-Algorithmen erforscht, wie z.B. Support Vector Machines, Clustering und bayessche Modelle.

> Das stochastische Gradientenabstiegsverfahren mit Differential Privacy (DP-SGD) wurde auch als Schutz vor Data Poisoning Attacks (*https://oreil.ly/Zgj5x*) eingesetzt, da sich so der Einfluss einer einzelnen Person im Training begrenzen lässt.

Sehen wir uns nun an, wie Sie DP-SGD mithilfe einer Open-Source-Bibliothek implementieren können.

Open-Source-Bibliotheken für PPML

Von den von mir getesteten verfügbaren Bibliotheken empfehle ich Opacus, die vom PyTorch-Team entwickelt wurde und mit der Sie relativ einfach Differential-Privacy-Mechanismen zu Ihrem Optimierungsalgorithmus im Rahmen des Trainings hinzufügen können.

5 Gleiches gilt auch, wenn mehrere Iterationen im Rahmen des Trainings bzw. im Rahmen der Parameteroptimierung durchgeführt werden, da das Epsilon über alle Trainingsepochen und auch weitere Iterationen zur Parameteroptimierung aufgeteilt werden muss.

Anders als beim Hinzufügen eines Differential-Privacy-Mechanismus zu einem einzelnen gerichteten azyklischen Graphen (*https://oreil.ly/O6FdB*) wie beispielsweise einer Datenpipeline müssen Sie beim PPML die sich wiederholenden und parallel ablaufenden Prozesse beim Training eines Machine-Learning-Modells berücksichtigen. Wenn zum Beispiel bei der Optimierung eines Modells über Batches iteriert wird, muss Ihnen bewusst sein, dass das Epsilon auf mehrere Iterationen aufgeteilt wird.

Wenn Sie PyTorch verwenden, stehen Ihnen bereits Methoden zur Verfügung, mit denen Sie die Entwicklung des Privacy Loss direkt während der Optimierung nachvollziehen können. So erhalten Sie bereits während des Trainings Ihres Modells eine aktuelle Anzeige der für den Privacy Loss relevanten Delta- und Epsilon-Werte.

Im Repository des Buchs steht ein Notebook für Sie bereit, mit dem Sie nachvollziehen können, wie sich Modelle mit Opacus trainieren lassen. Zudem können Sie mehrere Anleitungen in der Opacus-Dokumentation (*https://oreil.ly/XYA-h*) finden. Im Notebook konfigurieren Sie ein BERT-basiertes Sprachmodell zur Klassifizierung, das anhand von Steam-Spielbewertungen vorhersagt, ob es sich um eine positive oder eine negative Bewertung handelt. Da das Modell nur noch mithilfe eines Transformer-Modells feingetunt werden muss, wird lediglich ein kleiner Teil der Gewichte und Parameter aktualisiert, wodurch weniger des Epsilon-Budgets verbraucht wird als beim Training eines großen Sprachmodells von Grund auf.

Im Notebook erfahren Sie außerdem, wie Sie die Daten vorbereiten, Trainings- und Testdatensätze einrichten und das Modell für das Feintuning der obersten bzw. letzten Schichten (engl. *Layer*) einrichten. Schließlich wird der Optimierer für die Verwendung von Opacus konfiguriert, sodass das Training mittels des stochastischen Gradientenabstiegsverfahrens mit Differential Privacy (DP-SGD) datenschutzkonform ist und ein Privacy Budget eingerichtet wird, mit dem sich der Privacy Loss während des Trainings nachvollziehen lässt.

Bevor Sie den Optimierer verwenden können, müssen Sie zunächst noch einige Parameter festlegen:

```
privacy_engine = PrivacyEngine()

model, optimizer, train_dataloader = privacy_engine.make_private_with_epsilon(
    module=model,
    optimizer=optimizer,
    data_loader=train_dataloader,
    target_delta=DELTA,
    target_epsilon=EPSILON,
    epochs=EPOCHS,
    max_grad_norm=MAX_GRAD_NORM,
)
```

Hierbei legen Sie die gewünschten Werte für Epsilon, Delta und die maximal zulässige Gradientennorm (bzw. den Parameter für das Gradient Clipping) fest. Sie können auch die Batchgröße und die Anzahl der Epochen im Rahmen des Feintunings optimieren, wie Sie es normalerweise auf der Grundlage Ihrer Daten und Ihrer Architektur tun würden. Im Allgemeinen sollten Sie kleinere Batches oder eine niedrigere Lernrate verwenden, da das zusätzliche Rauschen dazu führen kann, dass es länger dauert, ein optimales Modell zu finden.

Nachdem Sie den Optimierer eingerichtet und das Training gestartet haben, wird Ihnen im Hinblick auf Ihr Privacy Budget fortlaufend der aktuelle Wert ausgegeben, was sich als sehr praktisch erweist:

```
Epoch: 1 | Step: 1500 | Train loss: 1.928 | ... | Eval accuracy: 0.698 | ε: 3.68
Epoch: 1 | Step: 2000 | Train loss: 1.834 | ... | Eval accuracy: 0.720 | ε: 3.94
Epoch: 1 | Step: 2500 | Train loss: 1.711 | ... | Eval accuracy: 0.785 | ε: 4.14
```

Im Hintergrund werden die pro Stichprobe ermittelten Gradienten von Opacus erfasst und wieder in das Modell eingespeist, woraufhin die Fehlerrückführung (Backpropagation) und die Aktualisierung der Schichten erfolgt. Der Schutz der Privatsphäre einer Person wird auf der Ebene der Stichprobe gewährleistet, was bedeutet, dass bestimmte Annahmen über die Personen im Datensatz getroffen werden, d.h., dass nur eine Beobachtung einer Person pro Stichprobe berücksichtigt wird. Das Opacus-Team hat den Prozess so optimiert, dass in jedem Durchlauf nur eine Backpropagation durchgeführt wird, bei der alle Aktualisierungen der Gradienten auf Stichprobenebene zusammengefasst und zusammen mit dem Rauschen auf Schichtebene angewandt werden. Aus diesem Grund müssen Sie bei Modellen, die BatchNorm-Schichten verwenden, diese erst in GroupNorm-Schichten konvertieren, damit Opacus die Aktualisierungen auf mehrere Schichten bzw. Teile von Schichten verteilen kann (*https://oreil.ly/MZZqs*).

In Opacus wird als Mechanismus die sogenannte Rényi Differential Privacy (*https://oreil.ly/2_eRs*) mit gaußschem Rauschen verwendet, das im Rahmen der Aktualisierung der Gewichte der Schichten hinzugefügt wird. Mit dieser Methode wird die Entwicklung von Epsilon und Delta getrackt, aber sie ist weniger rigoros, da sie auf dem »durchschnittlichen« Privacy Loss basiert. Wenn Sie sich den zweiten Blogbeitrag des Opacus-Teams (*https://oreil.ly/lBFHJ*) durchlesen, werden Sie auf interessante Optimierungsansätze stoßen, mit denen die Aktualisierungen der Schichten in geeigneter Weise parallelisiert und vektorisiert werden können.[6]

Sie können die Verwendung von Differential Privacy beim Machine Learning auch optimieren, indem Sie Basismodelle verwenden, die mit öffentlichen Daten trainiert wurden, und diese Modelle dann auf Grundlage der privaten Daten feintunen. Frieren Sie die Basisschichten ein und fügen Sie den oberen bzw. hintersten Schichten Rauschen hinzu, um insgesamt so wenig wie möglich Rauschen hinzuzufügen. Dies ist eine gängige Praxis, insbesondere für Computer-Vision- oder Sprachmodelle, die es Ihnen ermöglicht, öffentlich verfügbare Modelle als Ausgangspunkt zu verwenden und diese auf der Grundlage Ihrer eigenen Trainingsdaten für Ihren speziellen Anwendungsfall zu optimieren, wobei die Privatsphäre gewahrt bleibt.

6 Jüngste Forschungsartikel haben weitere Optimierungen vorgestellt, darunter ein Artikel von Google, der zeigt, wie die Berechnung des Privacy Loss verbessert werden kann (*https://oreil.ly/R4Yni*), und ein Artikel von DeepMind zur Optimierung des DP-SGD, wenn er in großem Maßstab eingesetzt werden soll (*https://oreil.ly/099eC*).

> ### Monitoring des Trainings
>
> Wenn Sie während des Trainings eine Anwendung mit einer Benutzeroberfläche wie TensorBoard (*https://oreil.ly/3ZFuq*) nutzen, können Sie leichter nachvollziehen, wie sich das zusätzliche Rauschen auf das Training insgesamt auswirkt. Da sich das Rauschen proportional zur Größe der Gradienten verhält, kann es sein, dass sich das Training etwas sprunghaft verhält.
>
> Bei vielen Algorithmen und Architekturen führt die allgemeine Robustheit, die sich aus dem iterativen Prozess ergibt, zu einer Stabilisierung des Trainings. Dennoch sollten Sie die Größenordnung Ihrer normierten Gradienten während des Trainingsprozesses im Auge behalten, um potenzielle Probleme frühzeitig zu erkennen und zu beheben, indem Sie Ihre Trainingsdaten und Features anpassen oder sogar erwägen, vor dem Training Ausreißer zu entfernen.

Wenn Sie nicht mit PyTorch arbeiten, können Sie auch andere Bibliotheken einsetzen, wie z.B. TensorFlow Privacy (*https://oreil.ly/9Y1R7*). Und sollten Sie kein Deep Learning verwenden, finden Sie im Folgenden noch eine Reihe von Tipps zu anderen PPML-Methoden.

Vielleicht ist Ihnen aufgefallen, dass die Werte für Epsilon bei der Verwendung von Opacus höher ausfallen, als Sie es nach dem in Kapitel 2 Gelernten erwarten würden. Dies ist ein offener Kritikpunkt und stellt eine Gefahr bei der Verwendung des stochastischen Gradientenabstiegsverfahrens mit Differential Privacy (DP-SGD) und vielen für das Training konzipierten Differential-Privacy-Mechanismen dar, bei denen die zulässigen Werte für Epsilon deutlich höher sind, als man es von einem abfragebasierten Mechanismus erwarten würde. Untersuchungen von Datenschutz- und Sicherheitsexperten aus dem Jahr 2023 (*https://oreil.ly/OaqcI*) haben gezeigt, dass derart hohe Werte problematisch sind und zu falschen Annahmen hinsichtlich des Schutzes der Privatsphäre führen können. Sie sprachen sich dafür aus, beim Training standardmäßige Overfitting-Gegenmechanismen anstelle des Rauschens (im Rahmen von Differential Privacy) zu nutzen, da diese verlässlichere Datenschutzgarantien bieten.

In der Praxis müssen Sie eine Reihe von Möglichkeiten in Betracht ziehen, einschließlich des Trainings mit Differential Privacy, Overfitting-Gegenmechanismen oder anderer Methoden, deren Wirksamkeit bereits untersucht wurde, und Feature Engineering mit Differential Privacy, das Sie als Nächstes kennenlernen werden. Wie bei den anderen Datenschutztechnologien, die Sie bisher in diesem Buch kennengelernt haben, gibt es auch hier kein Patentrezept für die Lösung aller Probleme. Wenn Sie sich über neue Datenschutzrisiken und -schutzmaßnahmen auf dem Laufenden halten, können Sie den besten Ansatz für Ihren Anwendungsfall wählen.

Differential Privacy bei LLMs und vergleichbaren generativen Systemen anwenden

Wenn Sie ein LLM von Grund auf trainieren, können Sie hierzu auf DP-SGD zurückgreifen, allerdings sind die bisher erzielten Ergebnisse bei Weitem nicht so gut wie bei einem Training ohne Differential Privacy. Offenbar hat Vitaly Feldman mit seiner Theorie recht, dass überparametrisierte Modelle dazu neigen, bestimmte Daten zu speichern, um gut auf neue Beispiele verallgemeinern zu können (siehe den Abschnitt »Data Exfiltration Attacks auf ChatGPT und andere LLMs« auf Seite 147). Daher ist es nicht möglich, die gleiche Performance ohne Memorierung zu erreichen, zumindest nicht mit den Methoden, die derzeit für das Training und den Aufbau großer Modelle verwendet werden.

Differential Privacy wirkt als Regularisierungsmechanismus gegen die Auswirkungen von Ausreißern oder kleinen Populationen im Datensatz. Das Entfernen aller Duplikate aus den Inputdaten wirkt zweifellos als Regularisierung gegen das Memorieren. Wenn es gelingt, beim Deep Learning weniger Daten zu speichern und dennoch eine brauchbare Generalisierung zu erreichen, wäre dies ein wichtiger Durchbruch für den Schutz der Privatsphäre in KI-Systemen.

Wenn Sie LLMs oder andere generative Modelle verwenden und diese durch feingetunte Daten verbessern möchten, können Sie DP-SGD als Teil Ihres Feintunings nutzen. Im Allgemeinen ist es bei der Anwendung von Differential Privacy besser, ein Modell feinzutunen, als es von Grund auf neu zu trainieren, da Sie so das Epsilon niedriger ansetzen können und von den Ausgangsschichten (*Base Layer*) profitieren, die auf öffentlich und frei zugänglichen Daten – die im Einvernehmen erhoben wurden – trainiert wurden. Beachten Sie jedoch, dass die Definition von »öffentlich zugänglichen Daten« je nach Anbieter des LLM variieren kann. Seien Sie daher vorsichtig bei Anbietern, die keine Informationen über den verwendeten Trainingsdatensatz oder das verwendete Modell bereitstellen.

Ferner wurde untersucht, wie sich Differential Privacy für Abfragen und Prompts bei der Verwendung von LLMs oder ähnlichen Systemen anwenden lässt. Forscher von Google und der University of Stanford haben einen synthetischen Abfragegenerator mit Differential Privacy (*https://arxiv.org/abs/2305.05973*) entwickelt, der aus der ursprünglichen Abfrage des Anwenders eine neue, ähnliche Abfrage erzeugt, die nicht ganz identisch ist. Durch die Begrenzung des Trainingsprozesses mit einem Epsilon von 16 glauben sie, den Privacy Loss in den Abfragen an das LLM-System begrenzen zu können. Für ihren speziellen Anwendungsfall bei Empfehlungssystemen war die damit einhergehende Beeinträchtigung der Performance verschwindend gering. Dies dürfte in Zukunft ein spannendes Thema für die Forschung sein, denn es erfordert eine fortwährende Evaluierung unterschiedlicher Differential-Privacy-Näherungen der Abfrage. Zudem stellt sich die Frage, wie sich der Privacy Loss im Laufe der Zeit verfolgen lässt, wenn die Schnittstelle fortlaufend genutzt wird.

Neben Differential Privacy gibt es verschiedene Ansätze, um sensible Entitäten im Anfragetext oder im Prompt zu finden und diese zu tokenisieren, zu verschlüsseln oder unkenntlich zu machen. Viele dieser Techniken verwenden die Eigennamenerkennung, im Englischen als *Named Entity Recognition* (NER) bezeichnet, um Tokens zu identifizieren, die unter Umständen als sensibel einzustufen sind. Ich bezweifle jedoch, dass sich dieser Ansatz gut skalieren lässt, da es schwierig ist, festzustellen, welche benannten Entitäten bzw. Eigennamen dazu erforderlich sind, die jeweilige Suchanfrage angemessen zu vervollständigen. Zum Beispiel ist es schwierig, zwischen benannten Entitäten, die in der Abfrage enthalten sein sollten, damit sie vollständig ist (z. B. »Wer ist Olaf Scholz?«) und benannten Entitäten, die geschützt werden sollten (z. B. »Der Vertrag für [Name des Mitarbeitenden]«), zu unterscheiden. Darüber hinaus gibt es eine nicht unerhebliche Menge an Informationen, die aus der vollständigen Anfrage gelernt werden können – auch über benannte Entitäten hinaus. Hinzu kommt, dass es keinem NER-System gelingen wird, wirklich alle Texte oder Namen zu finden, die sensibel sein könnten. Um den Prozess manueller zu gestalten, könnten die Nutzerinnen und Nutzer dazu aufgefordert werden, die Anfragen zu filtern. Das würde jedoch eine unangemessene Belastung für den Anwender bedeuten und entspräche sicherlich nicht der Vorstellung von »Privacy by Design«.

Eine andere Möglichkeit, Modelle datenschutzfreundlicher zu gestalten, ist, das Deployment von LLMs und ähnlichen Systemen auf lokaler Ebene (*local first*) durchzuführen. Hierfür müsste es einfachere und bessere Möglichkeiten geben, kleinere oder optimierte Modelle zu erstellen und sie in der Cloud oder in einer lokalen Infrastruktur zu deployen. Derzeit (Stand März 2024) gibt es mehrere neue Entwicklungen, durch die es möglich wird, Teile von Modellen in kleineren Rechenumgebungen zu betreiben, weshalb ich davon ausgehe, dass dies über kurz oder lang einfacher umzusetzen sein wird. Wenn Sie eine lokale Instanz bzw. eine Instanz im Einsatz haben, die Sie selbst bereitstellen und warten, können Sie besser einschätzen, wie hoch das Datenschutzrisiko bzw. das Risiko ist, dass sensible Daten preisgegeben werden, und dementsprechend entscheiden, wann und wie Sie die Modelle austauschen.

Sowohl Amazon und Azure als auch Google bieten die Möglichkeit, eine Instanz ihrer LLMs »feinzutunen«, verwenden dabei aber wahrscheinlich weiterhin die großen Cluster, die für alle Kunden an einem zentralen Ort betrieben werden. Wenn Sie bereits einen Cloud-Anbieter für die Speicherung Ihrer Daten nutzen, könnte dies eine Option sein, wenn Sie das Datenschutzrisiko und die Gefahr von Datenlecks als gering einschätzen und die gemeinsam genutzten Rechner in Anspruch nehmen möchten. Nachdem sich OpenAI mit Datenschutzverletzungen, Geldstrafen und zeitweiligen Verboten (*https://probablyprivate.com/issue/chatgpt-leaks-security-vulnerabilities-and-closed-data/*) konfrontiert sah, als es Chatdaten von Nutzern ohne deren Zustimmung zum Trainieren verwendet und diese Chatdaten an andere Nutzer weitergegeben hatte – was auch medial hohe Wellen schlug –, haben sich die großen Cloud-Anbieter dazu entschlossen, bessere Schutzvorkehrungen zu treffen und eine Nutzung von Schnittstellen zu ermöglichen, bei der die für das Training verwendeten Daten nicht gespeichert werden.

Zudem ließe sich der Memorierungseffekt wahrscheinlich bekämpfen, wenn weiter erforscht wird, wie sich diese großen Modellen destillieren und komprimieren lassen. Letztlich wäre es ideal, wenn Modelle generalisieren könnten, ohne dass es dabei zur Memorierung von Daten kommt bzw. dass diese großen Modelle destilliert werden können und man so eine Näherung des überparametrisierten Modells erhält. Wenn dies gelänge, würde vermutlich auch ein Teil des Memorierungseffekts wegfallen und gleichzeitig die Nützlichkeit für die meisten Anwendungsfälle gewahrt bleiben.

Ich hoffe, dass sich die Machine-Learning- und KI-Community künftig weniger auf die Entwicklung immer größerer Modelle konzentriert, die noch mehr Daten speichern und sehr viel Energie und Rechenleistung verbrauchen, sondern sich stattdessen auf kleinere, destillierte Modelle konzentriert, die spezifisch auf bestimmte Arten von Problemstellungen oder Texten angewandt werden können. Idealerweise sollten diese Modelle dann auch mit speziellen und im Einvernehmen der Dateneigentümer zusammengestellten Korpora trainiert werden, wodurch die Qualität der Daten verbessert und das Datenschutzrisiko verringert werden würde. Es wird interessant sein, zu sehen, wie sich Verlage und andere große Inhaber von Text- und Bildrechten entwickeln und wie sie mit den Tech-Unternehmen zusammenarbeiten werden, um sehr spezifische generative Modelle zu entwickeln und die Autoren, Urheber und Künstler, die diese Inhalte geschaffen haben, angemessen zu vergüten.

Feature Engineering mit Differential Privacy

Wenn Sie für das Training nicht auf TensorFlow oder PyTorch zurückgreifen oder eine nicht unterstützte Architektur verwenden, müssen Sie andere Wege finden, wie Sie die Daten während des Trainings anonymisieren können. Die Verwendung von Differential Privacy während des Trainings ist die beste Lösung. Ziehen Sie daher in Betracht, eine eigene Implementierung zu entwickeln, die auf dem neuesten Stand der Forschung basiert. Eine solche Implementierung kann jedoch nur skaliert werden, wenn sie von einem größeren Team gewartet wird, das bereit ist, sie zu dokumentieren, auf dem neuesten Stand zu halten und in Audits durch Experten zu investieren.

Andernfalls sollten Sie die Entwicklung von Features in Betracht ziehen, die Differential Privacy unterliegen. Wenn sich die Features auf aggregierte Daten beziehen, können Sie die Population kategorisieren, ein Histogramm unter Verwendung von Differential Privacy anfertigen oder eine Verteilung für die Population unter Verwendung von Differential Privacy erstellen und diese dann als Encoder – im Deutschen auch als Codierer bezeichnet – verwenden.

Sie können darüber hinaus nach anderen Möglichkeiten suchen, um die Menge an persönlichen Daten, die für das Training verwendet werden, auf ein Minimum zu reduzieren. Es ist möglich, dass die Features, die auf persönlichen, individuellen Inputdaten basieren, nicht so aussagekräftig sind, wie Sie sich das vorstellen, und dass die Auswertung anderer Daten andere Trends oder Muster aufdeckt, die relevantere Informationen enthalten.

Wenn Sie persönliche Daten bzw. Inputdaten verwenden müssen, damit Ihr Modell gut funktioniert, und Sie während des Trainings kein Rauschen hinzufügen können, sollten Sie während der Erstellung der Features Differential Privacy anwenden, indem Sie Rauschen zu den Daten bzw. Features hinzufügen, die auf den Daten einzelner Personen beruhen. Das heißt, dass Sie eine lokale Differential Privacy anstreben, sofern jede Person nur einen Tensor zum Feature beitragen kann – was bedeutet, dass der Ansatz möglicherweise nicht zielführend ist, da das Rauschen mit der Größe des Datensatzes zunimmt, und es dementsprechend zu groß wird. Sie müssen auch herausfinden, wie Sie das Budget über mehrere Features hinweg tracken können, die Sie in einem Modell verwenden könnten. Kurz gesagt, es wird ziemlich kompliziert!

> Dieser Abschnitt befasst sich mit lokaler Differential Privacy für Machine Learning. Hier treten die gleichen Probleme der lokalen Differential Privacy auf wie in Systemen wie RAPPOR (siehe Kapitel 3). Der zusätzliche Fehler fällt umso größer aus, je größer der Datensatz ist, was dazu führen kann, dass die Features ihren Zweck nicht mehr erfüllen. Wann immer es möglich ist, sollten Sie lokale Differential Privacy vermeiden und stattdessen Modelle verwenden, bei denen Sie eine zentrale Differential Privacy anwenden können. Das heißt, dass Sie das Training entweder unter Anwendung von Differential Privacy durchführen oder andere Methoden wie Federated Learning (siehe Kapitel 6) in Betracht ziehen sollten.

Um dies richtig umzusetzen, müssen Sie die folgenden Kriterien erfüllen:

1. Bestimmen Sie, welche Sensitivität die einzelnen Features haben und wie Sie das Clamping anwenden möchten. Möglicherweise müssen Sie experimentieren, bis Sie eine geeignete Kombination gefunden haben. Denken Sie daran, dass Sie beim Experimentieren keine Differential-Privacy-Garantien geben. Daher sollten Sie bedenken, dass die Ergebnisse Ihrer Experimente und die zwischenzeitlich entstandenen Datenartefakte genauso sensibel sind wie die Daten selbst!
2. Finden Sie heraus, wie viele Daten eine Person zu einem bestimmten Modell beitragen kann (d.h., wie viele Features, die auf einer bestimmten Person beruhen, Sie in einem bestimmten Modell verwenden möchten), und legen Sie so fest, wie Sie Epsilon über die Zeit verfolgen werden. Überlegen Sie, welche Art von Rauschen Sie verwenden wollen und wie sich dies auf die Größe des Fehlers im Modell auswirkt.
3. Erstellen oder verwenden Sie eine Bibliothek, mit der Sie Tensoren (oder Teile von Tensoren) erzeugen können, die Differential Privacy unterliegen. Wenn Sie eine eigene Bibliothek erstellen, nehmen Sie sich bitte die Zeit, diese einer Prüfung zu unterziehen, wenn Sie sie in einem Produktionssystem oder regelmäßig für Ihre Forschung oder Ihre Arbeit einsetzen möchten.
4. Trainieren Sie einige verschiedene Arten von Modellen mit Ihren durch Differential Privacy geschützten Features und überprüfen Sie Ihre Resultate anhand eines nicht anonymisierten Testdatensatzes. Erzielen Sie eine ausreichende Genauigkeit, die es rechtfertigt, mehr Zeit in einen bestimmten Ansatz zu investieren?

5. Sie sollten die Lösung nicht allein entwickeln. Nur die langfristige Beteiligung und Unterstützung durch ein größeres Team stellt sicher, dass die Umsetzung nachhaltig ist und dem Team während Ihrer Zeit im Unternehmen und darüber hinaus Nutzen bringt.

Wenn Sie erwägen, eigene Features zu erstellen, sollten Sie sich auch mit Fragen befassen, die schwieriger zu beantworten sind. Sie könnten z.B. prüfen, ob es sich lohnt, ein bestimmtes Feature aufzunehmen, wenn dieses als sensibel anzusehen ist. Dazu würden Sie wahrscheinlich eine Kovarianz- und Korrelationsanalyse für diese Features und Ihre Zielvariablen durchführen. Auch hier gilt: Wenn Sie eine hohe Korrelation zwischen einem sensiblen Feature (wie z.B. der Postleitzahl) und Ihrer Zielvariablen (wie z.B. der Kreditwürdigkeit) feststellen, sollten Sie sich überlegen, ob dies nicht zu ungerechten und unfairen Effekten führen würde. Wie bereits erwähnt, sollten einige Features und Modelle niemals verwendet bzw. erstellt werden.

Darüber hinaus ist es wichtig, eine angemessene Aufbewahrungs- bzw. Löschfrist für die Features vorzusehen. Kann zum Beispiel eine Interaktion eines Nutzers von vor drei Jahren wirklich dazu dienen, das aktuelle Verhalten von Nutzerinnen und Nutzern vorherzusagen oder Rückschlüsse auf das aktuelle Verhalten von Nutzern wie diesem zu ziehen? Mehrere große Unternehmen haben inzwischen die strengen Anforderungen der DSGVO hinsichtlich der Aufbewahrung von Daten erfüllt, weil sie erkannt hatten, dass frühere Daten zu veraltet waren, um aktuelle Trends, Interaktionen und Wünsche vorherzusagen. Google ist zum Beispiel zu einer 18-monatigen Speicherfrist für Daten (*https://oreil.ly/xZHkp*) für Werbezwecke übergegangen.

Sie könnten Modelle regelmäßig testen und überprüfen und ältere Beobachtungen entfernen, um festzustellen, ob sie einen Mehrwert bieten. Die Modelle könnten als Schattenmodelle für im Einsatz befindliche Modelle in den Produktionssystemen fungieren und ab einem von Ihrem Team festgelegten Performance-Schwellenwert auf diese Modelle umgestellt werden. Eine solche regelmäßige Überprüfung hilft nicht nur bei der Einhaltung der Vorschriften zur Datenaufbewahrung, insbesondere wenn ältere Daten, die nicht mehr nützlich oder erforderlich sind, einfach gelöscht werden können, sondern schärft auch das Bewusstsein im Team, dass mehr Daten nicht zwangsläufig zu einer besseren Performance führen.

Entwickeln Sie eine Strategie. Erstellen Sie dann Tests und automatisieren Sie alles, was möglich ist. Auch wenn eine kleinere Gruppe diese Software warten könnte, wird es eine größere Gruppe geben, die diese Software nutzen wird, ohne darauf angewiesen sein zu wollen, die Funktionsweise vollständig zu durchdringen. Stellen Sie eine nützliche Dokumentation, benutzerfreundliche Bibliotheken und APIs, gut getesteten und automatisierten Code und ein Verfahren für das Einreichen von Tickets und das Anfordern von Support bei Bedarf bereit.

Manchmal ist es einfach übertrieben, einen Differential-Privacy-Mechanismus zu erstellen. In solchen Situationen sollten Sie einfachere Methoden anwenden und sich überlegen, wie Sie den Workflow datenschutzgerecht gestalten können.

Einfachere Methoden anwenden

Wenn der Einsatz von Differential Privacy bei einem bestimmten Modell oder einem bestimmten Feature nicht funktioniert, bleibt Ihnen nichts anderes übrig, als andere Methoden in Betracht zu ziehen, wie z.B. Unkenntlichmachen, Pseudonymisieren, eine formaterhaltende Verschlüsselung anzuwenden oder gegebenenfalls andere Features zu entwickeln, die dem Datenschutz besser Rechnung tragen können.

Sehen wir uns diese Lösungen genauer an. Angenommen, Sie entwickelten eine Personalisierungsengine, mit der Sie Empfehlungen für Produkte basierend auf persönlichen Informationen oder Kombinationen von Nutzeraktivitäten geben möchten. Die erste Frage ist, welche Geschäftsziele Sie damit verfolgen und ob es einen Weg gibt, diese Ziele auf datenschutzbewusste Weise zu erreichen. Wenn sich Ihre Ziele nicht mit dem Datenschutz in Einklang bringen lassen, sollten Sie die Ziele selbst infrage stellen.

Angenommen, Ihre Geschäftsziele lassen sich grundsätzlich mit dem Datenschutz in Einklang bringen. Nutzen Sie dann Ihre Datenschutzkenntnisse, um persönliche bzw. sensible Daten zu minimieren und gleichzeitig Ihre Geschäftsziele noch zu erreichen. Sie könnten offensichtliche persönliche und sensible Merkmale aus den Daten entfernen. Dadurch wird zumindest verhindert, dass das Modell diese direkt als Inputwert eines Features lernt. Diese Maßnahme allein wird jedoch nicht ausreichen. Wie Sie von den in Kapitel 4 beschriebenen Angriffen wissen, besteht immer noch die Möglichkeit, die Informationen statistisch zu erlernen, da diese Merkmale oft mit der Aktivität auf der jeweiligen Website, dem Kaufverhalten oder anderen beim Training verwendeten Daten korrelieren.

Sobald Sie alle Möglichkeiten zur Unkenntlichmachung der Daten ausgeschöpft haben, können Sie zu weiteren Verfahren übergehen, wie z.B. der Pseudonymisierung oder der formaterhaltenden Verschlüsselung. Sie könnten spezifische persönliche Aspekte pseudonymisieren, indem Sie eine Maskierung vornehmen oder die Aspekte allgemeiner halten oder eingrenzen. Einen Geburtstag könnten Sie beispielsweise so allgemein halten, dass Sie nur das Geburtsjahr oder sogar nur das Geburtsjahrzehnt verwenden, wenn diese Informationen einbezogen werden müssen.

Darüber hinaus kann es möglich sein, die gewünschten Informationen über andere Variablen zu erhalten. Beispielsweise korrelieren Postleitzahlen in den USA häufig mit Variablen wie dem sozioökonomischen Status und der ethnischen Zugehörigkeit. Wenn Postleitzahlen viele der Informationen enthalten, die Sie in Ihr Modell aufnehmen möchten, können Sie sie verwenden, um ein Modell zu erstellen, das Entscheidungen auf der Grundlage von Einkommen, sozioökonomischem Status und/oder ethnischer Zugehörigkeit trifft. Stellen Sie sich immer zuerst die Frage, ob das Modell Menschen schaden könnte. Überlegen Sie auch, wie Sie Ihre Bedenken in Ihrem Team und in Ihrem Unternehmen zum Ausdruck bringen können.

Als Nächstes sollten Sie erwägen, diese Informationen explizit zu codieren. Wenn Ihr Empfehlungssystem gute Entscheidungen auf der Grundlage von Postleitzahlen trifft und Sie feststellen, dass diese Entscheidungen auf sozioökonomischen Kriterien beruhen, können Sie die Privatsphäre der betroffenen Personen besser schützen und die Funktionsweise Ihres Modells transparenter machen, indem Sie eine kategoriale Variable erstellen, die Postleitzahlen auf der Grundlage geografischer Einkommensdaten Einkommensgruppen zuordnet.

Sie können dann eine neue Variable »Einkommensklasse in der Umgebung« erstellen und die Postleitzahlen diesen Klassen zuordnen – oder sie sogar noch allgemeiner in Kategorien wie untere, mittlere und obere Einkommensklasse einteilen. Dadurch können Sie besser beurteilen, wie das Modell Entscheidungen trifft, was Ihnen später bei der Bewertung helfen kann, ob es die internen Standards für ein faires Machine Learning erfüllt.

Schließlich können Sie den Datenschutz verbessern und das Risiko, dass Ausreißer identifiziert werden können, verringern, indem Sie aus einer bestimmten Granularitätsebene »herauszoomen«. Wenn Sie z.B. die Kauf- oder Betrachtungshistorie verwenden, um Ihre Empfehlungen zu verbessern, können Sie bestimmte Klicks oder Käufe zu breiteren Produktkategorien verallgemeinern und vermeiden, den spezifischen gekauften Artikel oder angesehenen Link zu verwenden. Abhängig von der Größe Ihrer Kategorien kann dies als Aggregationsmechanismus dienen und Ihren Workflow mit einem besseren Datenschutz versehen.

Es ist äußerst wichtig, dass Sie Ihre Entscheidungen fortlaufend dokumentieren. Dies hilft nicht nur anderen, die mit diesen Workflows in Berührung kommen, sondern auch dem gesamten Data-Governance-Prozess im Unternehmen. Kommen wir nun dazu, wie Machine Learning – insbesondere im Hinblick auf den Datenschutz – am besten dokumentiert werden sollte.

Machine Learning dokumentieren

Wie Sie in Kapitel 1 erfahren haben, setzt Data Governance voraus, dass Sie Ihre Maßnahmen dokumentieren und dass diese Dokumentation für andere verständlich und bearbeitbar ist. Wenn Sie Daten automatisieren, sollten Sie nach Möglichkeit auch die Dokumentation für diese Systeme automatisieren.

Im Bereich des Machine Learning könnte dies bedeuten, selbstdokumentierende Machine-Learning-Pipelines zu entwickeln, die die selbst erzeugten Modelle als Teil der Pipeline dokumentieren. In den letzten Jahren wurde viel darüber geforscht und nachgedacht, wie eine Modelldokumentation entwickelt werden kann, die für eine Vielzahl von Nutzern verständlich ist. Zum Beispiel hat eine Gruppe von Forschern, die früher bei Google gearbeitet haben, sogenannte Model Cards vorgeschlagen (*https://oreil.ly/lYUXA*), mit denen Modelle im Hinblick auf Fairness- und Gerechtigkeitsbelange sowie Fairness- und Gerechtigkeitskriterien dokumentiert werden können.[7] Diese Evaluierung und Kartenerstellung wird durch Software halb auto-

7 Die meisten der ursprünglich an diesem Artikel beteiligten Forscherinnen und Forscher, darunter Timnit Gebru und Margaret Mitchell, wurden später aufgrund verwandter Untersuchungen über Googles eigene unfaire und umweltschädliche Machine-Learning-Praktiken beim Training und bei der Verbreitung großer Sprachmodelle (*https://oreil.ly/0nQsM*) von Google entlassen (*https://oreil.ly/T63w4*).

matisiert übernommen, wodurch die Integration in den regulären Workflow erleichtert und die Dokumentation verbessert wird. Insbesondere Open-Source-Modelle werden inzwischen in der Regel mit Model Cards veröffentlicht, auch wenn die Karte selbst nicht immer gut aufbereitet ist (siehe die Modellkarte für GPT-3 von OpenAI (*https://oreil.ly/PfxVM*)).

Wie könnte eine Model Card aussehen, wenn sie auf den Datenschutz ausgelegt wäre (siehe meinen Vorschlag in Abbildung 5-3)? Werfen wir einen Blick auf einige Aspekte, die Sie dokumentieren und mit anderen teilen könnten:

Datenhistorie (Data Lineage)
: Woher stammen die Daten, und unter welchen Bedingungen wurden sie erhoben bzw. verarbeitet? Wie lauten die Einwilligungs- und Datenschutzerklärungen für diese Daten? Indem Sie die ursprüngliche Quelle und die Verarbeitung der Daten mit einem Tool zur Rückverfolgung der Datenherkunft oder einer anderen Visualisierung darstellen, können Sie den Nutzern ein besseres Bild der Datenquellen und der damit verbundenen Sensibilität vermitteln.

Richtlinien zur Aufbewahrung und zum Schutz von Daten
: Welche internen oder externen Richtlinien gelten für diese Daten? Wie lange können sie verwendet werden, ohne dass Anonymisierungsmechanismen angewendet werden müssen? Sollte dieses Modell zu einem bestimmten Zeitpunkt gelöscht werden? Schildern Sie den Hintergrund der Richtlinie und geben Sie Ihre fachliche Einschätzung in Bezug auf die Sensibilität der Daten im Modell.

Datenschutzrisiken
: Welchen Risiken unterlagen die Daten vor ihrer Aufbereitung und dem Training? Wie haben Sie diese bewertet? Welche Risiken bestehen bei der weiteren Verwendung des Modells? Wurden Ausreißer hinsichtlich ihrer Auswirkungen auf benachteiligte Bevölkerungsgruppen im Modell analysiert? Wenn Ihr Unternehmen über einen Rahmen zur Risikobewertung verfügt, können Sie diesen für diese Analyse verwenden.

Angewandte Datenschutzverfahren
: Führen Sie die für die Datenaufbereitung und das Training angewandten Verfahren auf. Wenn Sie mehrere ausprobiert haben, bevor Sie sich für ein bestimmtes Verfahren oder eine bestimmte Technologie entschieden haben, bietet eine kurze Zusammenfassung der bisherigen Methoden Hintergrundinformationen und Einblicke für andere.

Zulässige Verwendung
: Sie sollten die Bedingungen für die Verwendung des Modells explizit angeben. Sie könnten zum Beispiel empfehlen, dass das Modell nur auf internen Systemen und nicht auf Endgeräten bereitgestellt wird. Sie könnten sogar geeignete Anwendungsfälle vorschlagen oder Einschränkungen hinsichtlich der internen Weitergabe des Modells festlegen, wie Sie es mit jeder anderen sensiblen Datenquelle auch tun würden.

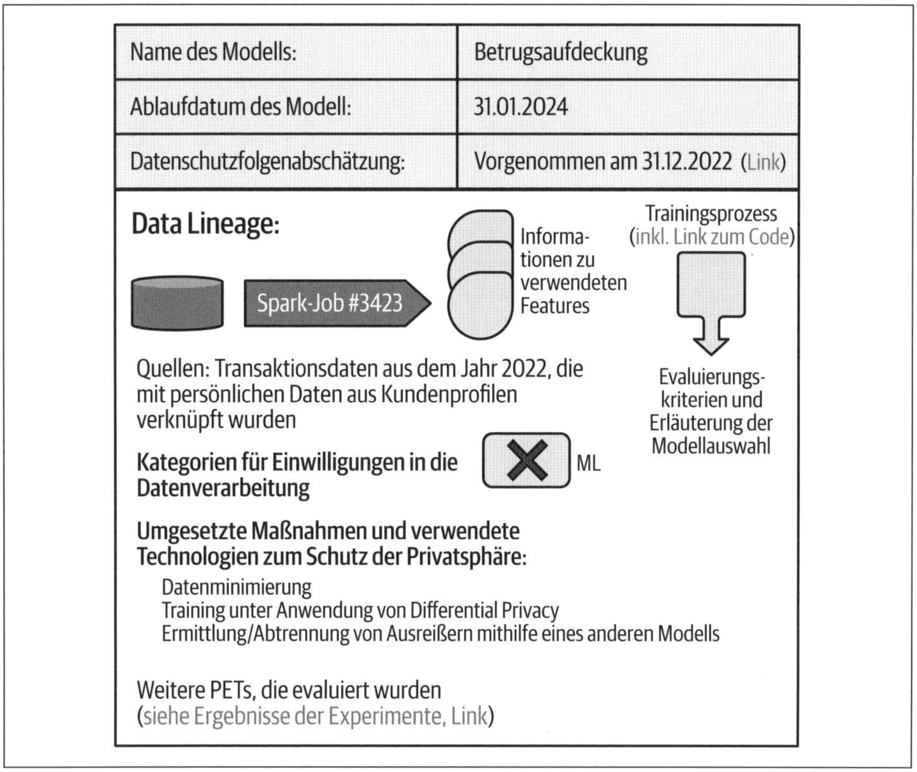

Abbildung 5-3: Eine Privacy Card für Machine-Learning-Modelle

Es ist bereits seit Längerem gang und gäbe, Nutzerinnen und Nutzern sowie allgemein Praktikern den Datenschutz visuell zu veranschaulichen. Im Jahr 2010 hat das CMU CyLab Usable Privacy and Security Laboratory ein Design mit einem Privacy Label (*https://oreil.ly/Dg1d_*) veröffentlicht, das den Nutzern mittels aussagekräftiger Visualisierungen (*https://oreil.ly/CTdcQ*) zeigt, wie ihre Daten verwendet werden. Zudem gibt es in der DSGVO und anderen Compliance-Dokumenten mehrere visuelle Elemente wie z.B. die Datenschutz-Folgenabschätzung (engl. *Data Protection Impact Assessment*, DPIA) (siehe Kapitel 8).

Im Idealfall sollten Sie die Verwendung Ihrer internen und externen Daten in Ihrem Unternehmen visuell darstellen und verständlich erläutern. Mein Vorschlag für Privacy Cards für Modelle zielt darauf ab, Softwareentwicklerinnen und Wissenschaftlern im Bereich Machine Learning etwaige Bedenken hinsichtlich des Datenschutzes in Modellen zu vermitteln. Ein Dokument wie eine Datenschutz-Folgenabschätzung vermittelt internen juristischen und fachlichen Stakeholdern sowie externen Aufsichtsbehörden und Prüfern die Datenschutzrisiken und die damit verbundene Schutzmaßnahmen. Ein Privacy Label erklärt den Nutzerinnen und Nutzern auf anschauliche und nachvollziehbare Weise, wie ihre Daten verwendet werden. Wenn es Ihnen gelingt, Governance-Systeme zu erstellen und zu erweitern, bei denen diese Informationen mit unterschiedlichen Ansichten für verschiedene Nutzer angezeigt werden, müssten Sie vermutlich nur noch ein zentrales Knowledge-System verwalten. Mit dieser zentralen Data-Governance- und Dokumentationsplattform könnten Sie verschiedenste Nutzer mit den unterschiedlichsten Bedürfnissen ansprechen. Dieses gemeinschaftliche Bewusstsein und Wissen ist außerdem eine große Hilfe für die Verfechter des Datenschutzes und würde wahrscheinlich sogar zu neuen Datenschutzinitiativen im gesamten Unternehmen anregen.

Aus Sicht der Data Governance müssen Sie die Modellhistorie und die Funktionsweise der PPML-Techniken dokumentieren. Wenn Sie Differential Privacy verwenden, sollten Sie die Wahl der Parameter in leicht verständlicher Sprache dokumentieren. Sie könnten ein kurzes interaktives Beispiel entwickeln, um den Privacy Loss und den Informationsgewinn zu erläutern und zu zeigen, wie sich verschiedene Parameter auf die individuelle Privatsphäre auswirken. Oder Sie setzen sich mit der Risiko- und Compliance-Abteilung zusammen, um gemeinsam eine Sprache zu entwickeln, die den Ansatz des Unternehmens in Bezug auf Datenschutzrisiken und Risikominderung vermittelt.

Außerdem sollte das Erstellungsdatum des Modells, das Verfallsdatum, das Datum des Retrainings und/oder das Datum der Evaluierung sowie die Dokumentation der Verwendung angegeben werden. Geben Sie Details über die Population an, die für das Training verwendet wurde, und wann Sie ein erneutes Training oder eine Evaluierung empfehlen würden. Geben Sie Performance- und Genauigkeitsmetriken an und dokumentieren Sie, wie sich diese verändert haben, nachdem Privacy-Mechanismen hinzugefügt wurden.

Falls es in Ihrem Unternehmen noch keine etablierte Gruppe bzw. Gemeinschaft für Machine Learning gibt, sollten Sie in Erwägung ziehen, eine solche Gruppe einzurichten und einige grundlegende Standards für die Dokumentation beim Machine Learning zu entwickeln. Dadurch, dass Sie das Gespräch suchen, wird der Wissensaustausch angeregt und die Kommunikation zwischen erfahrenen, neugierigen Entwicklern und Wissenschaftlerinnen erleichtert.

Dieser Wandel kann eine Art »Community of Practice« zum Thema Datenschutz und datenschutzfreundliche Technologien im Rahmen von Machine Learning initiieren. In dem Maße, in dem die Gemeinschaft Verständnis und Fachwissen aufbaut, entstehen neue Möglichkeiten, nicht offensichtliche Ansätze zum Schutz der Privatsphäre zu untersuchen oder Ansätze, die auf unterschiedlichen Auffassungen oder Bedeutungen des Schutzes der Privatsphäre basieren.

Andere Wege, um die Privatsphäre beim Machine Learning zu schützen

In Kapitel 4 haben Sie bereits erfahren, dass es beim Datenschutz nicht nur um den Schutz der individuellen Privatsphäre und um Differential Privacy geht, sondern auch um andere Aspekte des Datenschutzes im Zusammenhang mit der Entwicklung und Einrichtung von Machine-Learning-Modellen. So könnten Informationen aus Ihren Trainingsdaten nach außen dringen, es könnte versehentlich mehr über einzelne Personen herauszufinden sein, als Sie erwartet haben, oder Sie könnten Bedenken hinsichtlich der Datensicherheit und der Geheimhaltung der Trainingsdaten selbst haben.

Angenommen, Sie machten sich vor allem Sorgen über Membership Inference Attacks oder das Durchsickern von Informationen über Ihre Trainingspopulation. Es wurden bereits einige Maßnahmen vorgeschlagen, um sich vor diesen Angriffen zu schützen. Die Forscher, die diesen Angriff aufdeckten, haben daraufhin einen Artikel veröffentlicht, in dem sie zeigen, wie man sich mithilfe von Adversarial Regularization (*https://oreil.ly/74LEw*) gegen Membership Inference Attacks schützen kann. Dieser Ansatz verwirrt den Diskriminator und erhöht seine Unsicherheit darüber, ob eine bestimmte Person in den Trainingsdaten enthalten ist.

Wenn Sie befürchten, dass Details über Ihre Populationen nach außen dringen könnten, sollten Sie eine Normalisierung oder eine Regularisierung in Betracht ziehen und so einen Teil der codierten Informationen entfernen. Darüber hinaus könnten Sie das Modell zusätzlich schützen, indem Sie ein Rate Limiting für die API vornehmen und den Zugang zur API abhängig vom Account gestalten. Zudem könnten Sie eine weiter gefasste Stichprobe der Daten verwenden, die für eine größere Vielfalt sorgt und so das Risiko verringert, da die im Trainingsdatensatz enthaltenen Personen weniger anfällig für Informationslecks sind.

Möglicherweise haben Sie auch Bedenken, dass sich das Modell nicht fair verhält, und überlegen, welchen Effekt es hat, wenn Sie Daten von Einzelpersonen im Rahmen Ihres Trainings verwenden. Was ist, wenn das Modell dazu in der Lage ist, auf der Grundlage der Daten zu lernen, wie es zwischen verschiedenen Typen bzw. Gruppen von Menschen unterscheiden kann, und eine Gruppe gegenüber anderen benachteiligt? Hier gibt es in der Community und in der Welt des Machine Learning reale und wachsende Bedenken. Denn auch für den Fall, dass Sie keine privaten Merkmale direkt in die Trainingsdaten aufgenommen haben, können – wie Sie bereits aus Kapitel 4 wissen – private Informationen preisgegeben werden.

Sollte dies ein Problem darstellen, können Methoden wie Differential Privacy dazu anregen, neue Wege beim Machine Learning einzuschlagen. Cynthia Dwork et al. haben im Jahr 2011 einen Artikel mit dem Titel »Fairness through Awareness« (*https://oreil.ly/6SMbw*) über diesen Zusammenhang veröffentlicht. Darin stellen sie die These auf, dass, wenn es zwei Personen gibt, die sich in vielen Aspekten ähnlich sind, sich aber in einem privaten Merkmal wie Geschlecht oder der ethnischen Herkunft unterscheiden, es möglich ist, eine Transformation zu erzeugen, die es ermöglicht, dass diese Personen bei der Codierung nahe beieinanderliegen.

Die im Inputraum befindlichen Vektoren werden dabei auf einen neuen Vektorraum abgebildet (siehe Abbildung 5-4). Der Abstand zwischen den im ursprünglichen Input- und Entscheidungsraum befindlichen Vektoren (X) ist vergleichbar mit dem im transformierten Darstellungsraum (Z). In diesem Fall ändern die Personen im Datensatz ihre Beziehung zueinander und rücken näher zusammen, da ihre privaten Merkmale entfernt wurden. Zudem haben sich die Entscheidungsgrenzen der Funktion (f), die erlernt werden, verschoben. Dies zeigt, dass die codierten Darstellungen jetzt in statistischer Hinsicht eine Parität sicherstellen. Wenn sichergestellt ist, dass ein privates Merkmal in der transformierten Darstellung tatsächlich privat war, werden Personen, die sich in anderen Aspekten ähneln, ebenfalls ziemlich ähnlich dargestellt.

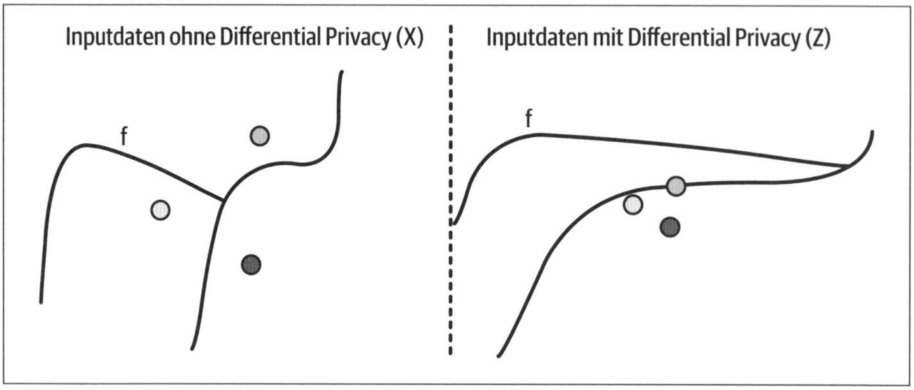

Abbildung 5-4: Fairness durch Awareness

In ihrer ersten Veröffentlichung stellten sie die Theorie dieses Ansatzes vor. Später implementierte eine Gruppe von Forschern das Konzept und demonstrierte seine Realisierbarkeit in Machine-Learning-Systemen. Sie verwendeten mehrere Datensätze, bei denen bekannt war, dass bestimmte Personen diskriminiert werden. Dazu gehörte auch der UCI-Adult-Datensatz, bei dem das Einkommen auf der Grundlage anderer persönlicher Merkmale klassifiziert wird. Sie konnten zeigen, dass diese fairen Darstellungen sowohl die Privatsphäre des Einzelnen als auch die faire Behandlung der ganzen Gruppe stärken.

Abbildung 5-5 zeigt die Ergebnisse im Vergleich zu mehreren anderen Methoden, die allesamt auf eine Verbesserung der Fairness eines Datensatzes abzielen. Das von ihnen entwickelte Modell ist sowohl performanter als auch fairer. Auf der linken Seite sehen Sie die Ergebnisse infolge der Minimierung der Diskriminierung.

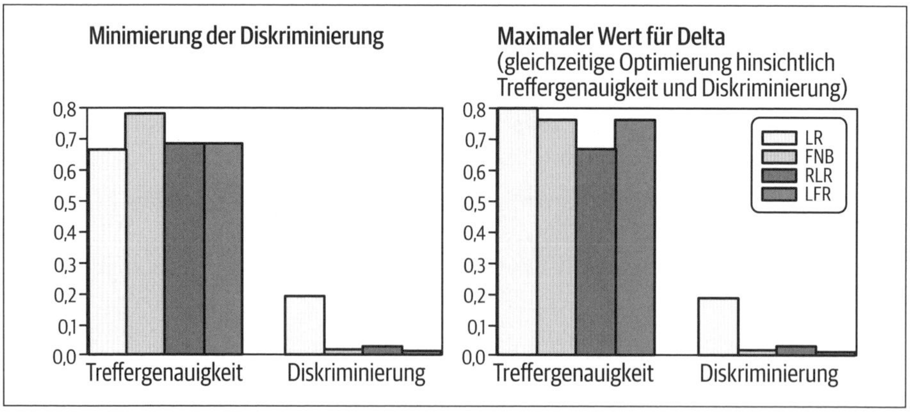

Abbildung 5-5: Vergleich der Performance des Fairness-through-Awareness-Ansatzes

Die dunklen Balken entsprechen den fairen Darstellungen (LFR, ihr Modell). Im Vergleich zum Baseline-Ansatz mit der logistischen Regression, die ganz links abgebildet ist, ist weit weniger Diskriminierung und ungefähr die gleiche Treffergenauigkeit festzustellen. Das Diagramm auf der rechten Seite stellt die Ergebnisse dar, wenn die Optimierung auf einen maximalen Wert für Delta zwischen Treffergenauigkeit und Diskriminierung ausgelegt ist – auch hier kommt es zu ähnlichen Ergebnissen. Die anderen beiden Balken entsprechen je einem fairen naiven Bayes-Modell und einem regularisierten logistischen Regressionsansatz für Fairness.

Für den Fall, dass Sie diesen Ansatz ebenfalls umsetzen möchten, finden Sie im Folgenden den Ablauf, den die Forscherinnen und Forscher zur Erstellung datenschutzfreundlicher und fairerer Darstellungen verwendet haben. Dabei entspricht *X* dem Ausgangsdatensatz, *Z* den transformierten Darstellungen, *y* Ihrer Zielgröße (Target) und *f* dem, was gelernt werden soll:

1. Die Abbildung von *X* auf *Z* erfüllt die statistische Parität zwischen den verschiedenen Gruppen.
2. Die Abbildung auf den *Z*-Raum behält die Informationen in *X* bei (mit Ausnahme der Zugehörigkeit zur geschützten Menge).
3. Die induzierte Abbildung von *X* auf *y* (indem zunächst jedes probabilistisch auf den *Z*-Raum abgebildet wird und dann *Z* verwendet wird, um *y* zu lernen) liegt nah bei *f*.

Hier zeigt sich, dass es einige interessante Überschneidungen zwischen Fairness und ethischen Aspekten bei Machine Learning und Datenschutz geben kann. Bei der Verwendung sensibler und privater Daten gibt man einem wahrscheinlichkeitsbasierten Algorithmus häufig Informationen über die Eigenschaften von Personen und lässt ihn potenzielle soziale Schäden reproduzieren, die in dem Datensatz latent vorhanden sind. Wenn es Ihnen gelänge, einige dieser privaten Merkmale vollständig zu entfernen – anstatt nur ein paar Felder zu entfernen und zu hoffen, dass es funktioniert –, wären Sie der Entwicklung fairerer Modelle einen Schritt näher.

> Einige Probleme eignen sich nicht für solche Fairness-Transformationen, weil sie von Natur aus unfair sind. Sie müssen nicht nur über Ihre Daten nachdenken und darüber, wie die Daten die Welt erfassen, sondern auch darüber, was Sie mit Ihrem Modell erreichen wollen. Arbeiten Sie nicht im stillen Kämmerlein, in dem Sie nach technischen Lösungen für gesellschaftliche Probleme suchen. Nur ein multidisziplinäres Team, das sich mit dem gesellschaftlichen Wandel auseinandersetzt, kann diese Probleme angemessen angehen. Das Gespräch zu suchen und auf Ungerechtigkeiten hinzuweisen, die man in seiner Arbeit sieht, ist ein wunderbarer Ausgangspunkt. Ich kann nur dazu raten, denn algorithmische Lösungen werden nie der einzige oder primäre Weg sein, um diese Probleme anzugehen.

Zu guter Letzt gibt es Fälle, in denen es Ihnen in erster Linie um die Vertraulichkeit bzw. Geheimhaltung eines bestimmten oder mehrerer Inputwerte geht. Zum Beispiel könnten Sie einen Dienst entwickeln, der Fotos aufnimmt und sie auf einen bestimmten Gesundheitszustand hin auswertet. In diesem Fall müssen Sie den Nutzern garantieren, dass ihre Daten geschützt sind und niemand sonst ihre Fotos einsehen kann.

Dieses Problem wurde von den Microsoft-Forschern in Cryptonets (*https://oreil.ly/pM9Dl*) aufgeworfen. Ist es möglich, einen Dienst anzubieten, der Vorhersagen auf Basis verschlüsselter Daten macht? Das Machine-Learning-Modell hat verschlüsselte Tensoren als Inputdaten erhalten und eine verschlüsselte Vorhersage ausgegeben, die der Nutzer dann entschlüsseln konnte. Dies wird durch eine Technologie ermöglicht, die Sie in Kapitel 7 kennenlernen werden und die als *Encrypted Computation* bezeichnet wird.

Welchen Grad an Datenschutz bietet dies? Unter der Voraussetzung, dass es weder zusätzliche Abhörer in der Infrastruktur noch zwischengespeicherte Tensoren oder Vorhersagen gibt, kann dieser Ansatz hohe Vertraulichkeitsgarantien bieten. Die Trainingsdaten selbst werden allerdings nicht geschützt, obwohl es Möglichkeiten gibt, diese Ansätze zu kombinieren, indem man Differential-Privacy-Mechanismen und Encrypted Computation zusammen verwendet. Je weiter Sie in diesem Buch voranschreiten, desto mehr verschiedene Möglichkeiten, Ansätze und Werkzeuge werden Ihnen zur Verfügung stehen!

Wenn Sie den datenschutzrechtlichen Teil des Problems beim Machine Learning lösen wollen, müssen Sie das zu lösende Problem ganzheitlich betrachten. Das bedeutet in der Regel, dass Sie herausfinden müssen, wie der Anwendungsfall architektonisch konzipiert, bereitgestellt und gewartet werden soll.

Datenschutz in die Architektur für Daten- und Machine-Learning-Projekte integrieren

Das Training ist natürlich nicht der einzige Teil des Machine-Learning-Prozesses. Wenn größere Data-Science-, Analytics- und Machine-Learning-Systeme aufgebaut werden, benötigen sie ein breites Spektrum an Softwarelösungen und Daten sowie Unterstützung für Architektur, DevOps, Plattform und Infrastruktur, um Software und Machine-Learning-Workflows bereitzustellen und zu integrieren.

Ihre Datenschutzanforderungen verstehen

Wie in den Kapiteln 1 und 3 erläutert wurde, ist es wichtig, umfassende Data-Governance-Initiativen zu verfolgen und diese in Ihre Plattformen und Workflows zu integrieren. Da Sie über entsprechende Angaben zur Historie, zur Einwilligung und zur Herkunft verfügen, können Sie mithilfe dieser Informationen herauszufinden, welche Daten verfügbar und für Ihren Anwendungsfall von Nutzen sind.

Darüber hinaus können Sie die Informationen mithilfe von Datenkatalogen oder anderen Formen der Dokumentation leicht zugänglich machen. Angenommen, Sie möchten einen neuen auf Machine Learning basierenden Dienst aufbauen, der auf der Grundlage der vorliegenden Kundeninformationen verschiedene Zahlungsarten vorschlagen soll. Beispielsweise sollen Kunden, die regelmäßig einkaufen, eine andere Auswahl an Optionen erhalten als Neukunden. Unter dem Gesichtspunkt des Datenschutzes würde es sich dabei um relativ sensible Daten handeln. Wenn Sie einen Katalog hätten, mit dem Sie abfragen könnten, welche Datenquellen Kauf- und Zahlungsinformationen von Kunden beinhalten, könnten Sie diese Daten auswerten und auf gezielte Weise feststellen, welche für Ihr Modell nützlich sind. Zusätzlich könnten Sie mit den Informationen, die die Governance betreffen, wie z. B. Informationen zum Erfassungsprozess, zur Einwilligung und zu den Anforderungen an die Anonymisierung und/oder Löschung, Ihrem Anwendungsfall und Ihren Deployment-Anforderungen entsprechende Daten finden. Diese Informationen können Ihnen auch Aufschluss darüber geben, wie sensibel das resultierende Modell einzustufen ist, und darüber, ob das Modell häufig neu bzw. nachtrainiert werden muss, um auch den Vorgaben hinsichtlich der Löschfrist zu entsprechen.

Zu Beginn eines Projekts empfiehlt es sich meist, zunächst zu evaluieren, ob sich bereits genehmigte Bibliotheken und Tools für die Integration des Datenschutzes in die Workflows eignen. Wenn Sie ein Daten- oder ein technisches Team leiten, sollten Sie einen Evaluierungs- und Genehmigungsmechanismus für die technische Governance sowie einen Ort einrichten, an dem man sich über genehmigte Bibliotheken informieren kann. Dadurch wird die Botschaft vermittelt, dass Datenschutz ein fester Bestandteil der Entwicklung von Software und Tools ist. Zudem kann die Akzeptanz deutlich verbessert werden, wenn Sie eine Liste der Tools bereitstellen, die mit Verwendungsbeispielen versehen ist!

Wie bei den meisten Problemstellungen im Bereich der Informatik und Datenverarbeitung gibt es auch beim Datenschutz kein Patentrezept. Sie müssen fortlaufend abwägen, wie stark Sie dem Datenschutz Rechnung tragen, dabei gleichzeitig aber noch ausreichend nützliche Informationen gewinnen können, und geeignete Entscheidungen für Ihren Anwendungsfall treffen. Eine Anonymisierung funktioniert, wie Sie in Kapitel 2 gelernt haben, am besten, wenn Sie die Sensitivität der Daten direkt ermitteln und geeignete Grenzwerte (*Clamping Bounds*) festlegen können. Sollte Differential Privacy für Ihren Anwendungsfall nicht praktikabel sein (*https://oreil.ly/15HLr*), müssen Sie einige schwierige Entscheidungen treffen und diese dokumentieren, sodass andere Ihr Modell bzw. Ihre Analyse nachvollziehen können. Legen Sie sinnvolle Richtlinien und Entscheidungen für Ihr Unternehmen fest und tragen Sie so zu einer besseren Data Governance bei. So können die Beteiligten die allgemeinen Grundsätze besser verinnerlichen und auch in Ihrer Abwesenheit entsprechende Entscheidungen treffen.

Um den Datenschutz in Ihren Workflows zu automatisieren, sollten Sie Einwilligungs- und Kontrollmechanismen in Ihre Datenmanagementplattformen integrieren, sodass die erforderlichen Informationen zu Einwilligung, Historie und Erhebung immer mit den Daten verknüpft sind. Wenn Ihr Unternehmen über ein Datenmanagement- oder Datenplattformteam verfügt, sollte es in der Lage sein, diese Integration vorzunehmen. Das Data-Science-Team kann dann Abfragen und das Retraining von Modellen automatisieren, ohne befürchten zu müssen, dass die Daten falsch kategorisiert oder missbraucht werden.

Vor allem empfehle ich, Privacy-Bibliotheken zu verwenden und regelmäßig mit diesen zu experimentieren. Wenn Sie den Datenschutz direkt bei mehreren Anwendungsfällen integrieren, liefern Sie die nötigen Blaupausen, um Ihren Kollegen und Kolleginnen den Einstieg zu erleichtern. Warten Sie nicht auf den perfekten Zeitpunkt für die Einführung von Datenschutz – fangen Sie direkt damit an und automatisieren Sie, wenn möglich. Verfügen Sie bereits über eine Machine-Learning-Engineering- oder MLOps-Infrastruktur, implementieren Sie in diesen Bereichen Privacy-Mechanismen, die für alle zugänglich sind. Beginnen Sie frühzeitig mit der Implementierung und verbessern Sie sie kontinuierlich. Auf diese Weise können Sie das entsprechende Team unterstützen und sicherstellen, dass einige Datenschutztools sofort verfügbar sind.

Datenschutztools und -technologien können zu einem normalen Bestandteil der Workflows werden, wenn Sie Anstrengungen unternehmen, dass die Tools integriert, getestet, ausprobiert und dass Erfahrungen gesammelt werden. Außerdem ist es von Vorteil, eine Unternehmenskultur zu schaffen, in der der Datenschutz einen hohen Stellenwert einnimmt, und einen Prozess zu etablieren, der Neueinsteigerinnen und Neueinsteigern den Einstieg erleichtert. Ein gewisser Grad an Datenschutz ist besser als gar kein Datenschutz – fangen Sie also erst einmal in einem kleinen Rahmen an, wenn es noch überhaupt keine gängigen Praktiken gibt. Wenn Datenschutztechnologien evaluiert und Möglichkeiten geschaffen werden, sie mit den Geschäftszielen zu verknüpfen, sorgt dies dafür, dass Führungskräfte die Bedeutung des Datenschutzes besser verstehen, und trägt dazu bei, dass sich die Teams abstimmen.

Monitoring des Datenschutzes

Wenn Sie den Datenschutz und entsprechende Technologien in Ihre Data-Science- und Machine-Learning-Infrastruktur integrieren, sollten Sie Ihre normalen Infrastruktursysteme so ergänzen, dass auch der Datenschutz überwacht wird. Dies kann bedeuten, dass Sie den Datenschutz in Ihre aktuellen Monitoring-Systemen integrieren müssen – insbesondere dann, wenn es in der Vergangenheit Probleme mit dem Logging sensibler Informationen gab oder wenn Sie sicherstellen wollen, dass die Infrastruktur die Datenschutz- und Sicherheitsrichtlinien einhält.

Sie sollten damit beginnen, Ausreißer zu überwachen und zu entscheiden, wie mit ihnen umzugehen ist. Auf diese Weise können Sie auch Ihre Datenqualität und Ihr Verständnis der Daten verbessern, und vielleicht verfügen Sie bereits über geeignete Tools für diese Aufgabe. Wie Sie in den Kapiteln 2 und 4 gelernt haben, bergen Ausreißer besondere Risiken in Bezug auf den Datenschutz, da durch sie zusätzliche Informationen preisgegeben werden können. Bei einigen Ausreißern ist es einfach, sie direkt im Rahmen der Erfassung zu identifizieren, da ihre Werte generell abnormal sind. Diesen offensichtlichen Ausreißern sollten Sie sich zuerst widmen. Filtern Sie sie für eine spätere Analyse aus, wenn Sie einen Fehler vermuten, oder wenden Sie direkt eine Regularisierung oder Normalisierung an, um sie innerhalb der Grenzwerte (*Clamping Bounds*) bzw. eines akzeptablen Wertebereichs zu halten. Wenn Sie sie in einen separaten Datenspeicher auslagern oder mit entsprechenden Tags zur Nachverfolgung versehen, sollten Sie sicherstellen, dass sie so geschützt werden, wie Sie es auch bei anderen sensiblen Daten handhaben würden. Sie müssen diese Daten mit einem höheren Grad an Datenschutz behandeln oder festlegen, wie sie in die normalen Analysen und Abläufe integriert werden können.

Andere Formen von Ausreißern sind jedoch schwieriger zu identifizieren, beispielsweise eine Nutzerin, die als Erstanwenderin zu einer neuen Anwendung beiträgt, oder ein Superuser, der in der Population überrepräsentiert ist. Das Risiko für die Privatsphäre solcher Nutzerinnen und Nutzer kann schwieriger zu bestimmen oder schwerer automatisiert zu erfassen sein und erfordert eine regelmäßige Analyse der Auswahl der Stichproben und der Population.

> Sie fragen sich vielleicht, wie Sie Ihre Daten angemessen überwachen und adäquate Stichproben ziehen können, wenn die Daten, die Sie verwenden, äußerst sensibel sind. Zunächst müssen Sie sicherstellen, dass im Rahmen Ihres Monitorings und Loggings keine Informationen nach außen dringen. Wenn dies der Fall ist, sollten Sie Differential Privacy für eine bestimmte Statistik heranziehen oder sensible Informationen in den Logging-Systemen unkenntlich machen und/oder verschlüsseln. Zudem gibt es einige interessante Möglichkeiten, wie Sie Stichproben unter Einbezug von Differential Privacy ziehen könnten (*https://oreil.ly/0f6iZ*) (oder Sie könnten – wie Sie noch ausführlicher in Kapitel 10 erfahren werden – darüber nachdenken, synthetische Datenansätze heranzuziehen).

Beim Monitoring des Datenschutzes sollten Sie sich vergewissern, dass die von Ihnen eingerichtete Automatisierung des Datenschutzes ordnungsgemäß funktioniert. Testen Sie die Automatisierung in regelmäßigen Abständen und protokollieren Sie jedes anomale oder fehlerhafte Verhalten in den Workflows. Die von Ihnen verwendete Bibliothek sollte die Möglichkeit bieten, Logging- und Monitoring-Software einzubinden, mit deren Hilfe es möglich ist, die auftretenden Fehler nachzuvollziehen. Zudem müssen Sie möglicherweise die Infrastruktur-, DevOps-, Plattform- und Softwareteams darüber informieren, dass es diese Software gibt und wie sie verwendet wird.

Wenn Sie feststellen, dass Ihr Datenschutzsystem, insbesondere die Differential-Privacy-Mechanismen, aufgrund signifikanter Veränderungen in den Daten selbst zu einer niedrigen Datenqualität beiträgt, müssen Sie erneut mit der explorativen Datenanalyse beginnen und neu bestimmen, was akzeptabel ist. Beispielsweise könnten Sie neue Grenzwerte für Beiträge von Einzelpersonen ermitteln oder einige der datenschutzerhaltenden Transformationen, die Sie bisher automatisiert haben, anpassen. Stellen Sie sicher, dass Sie mit den für die daraus resultierenden Daten verantwortlichen Personen sprechen, um potenzielle Probleme hinsichtlich der Datenqualität möglichst frühzeitig und kontinuierlich anzusprechen.

Bei vorhersehbaren Fehlern sollten Sie eine entsprechende Fehlerbehandlung vorsehen, um zu vermeiden, dass Ihr Monitoring-System überfrachtet wird. Auch hier gilt: Fangen Sie klein an und ziehen Sie zunächst die Fehler heran, die Sie während der ersten Stunde, des ersten Tages oder der ersten Woche der Nutzung festgestellt haben. Wenn Sie eine neue Datenschutztechnologie einführen, sollten Sie zwei oder drei zusätzliche Wochen einplanen (oder einen ganzen Sprint, wenn Sie eine sprintbasierte bzw. agile Projektplanung verfolgen), um das System anfänglich zu überwachen, mehr Integrationstests einzurichten und unvorhergesehene Fehler zu behandeln, sobald sie auftreten.

Wie bereits in Kapitel 4 erläutert, können Erklärungen (engl. *Explanations*) und Vorhersagen beim Machine Learning sensible Informationen preisgeben, insbesondere über Ausreißer. Daher sollten diese auch wie sensible Daten behandelt werden. Einige Machine-Learning-Systeme generieren bereits automatisch Erklärungen oder loggen die vorgenommenen Vorhersagen – und diese müssen ebenfalls als sensible Daten behandelt werden. Dasselbe gilt beim Logging des Nutzerverhaltens oder der von Nutzern verursachten Fehler in Softwaresystemen. Integrieren Sie Prozesse für das Management sensibler Daten direkt in Ihre Logging- und Monitoring-Systeme. Es ist unbedingt erforderlich, potenziell sensible Logdateien auf die gleiche Weise zu handhaben, wie Sie sensible Daten handhaben würden.

Wenn die Größe Ihrer Datenschutzinfrastruktur wächst, ist es wichtig, dass Ihr Monitoring- und Ihr Logging-System angemessen eingerichtet sind und mit den Anforderungen Schritt halten können. Etablieren Sie das Monitoring nach und nach und planen Sie Zeit ein, um es zu überprüfen und darauf zu reagieren, wenn die Warnmeldungen überhandnehmen. Ein intaktes und gut funktionierendes Monitoring-System ist genauso wichtig wie Ihre übrige Software und Ihre Anwendungen und kann Ihnen helfen, schneller Fehler aufzuspüren und Datenschutzrisiken zu bewältigen.

Zusammenfassung

In diesem Kapitel haben Sie erfahren, wie Sie die wichtigsten Datenschutzprinzipien und -technologien, die Sie kennengelernt haben, auf die Data-Science- und Machine-Learning-Workflows anwenden können. Indem Sie diese Technologien im Kontext der explorativen Datenanalyse, des Feature Engineering und des (eigentlichen) Machine Learning evaluieren, können Sie Bereiche identifizieren, die Sie angehen müssen, um die theoretischen Grundlagen auf die Praxis zu übertragen. Sie haben die Vor- und Nachteile der Anwendung von Datenschutzmaßnahmen in den verschiedenen Phasen bewertet und eine Open-Source-Bibliothek für Privacy-preserving Machine Learning (PPML) ausprobiert. Ihnen sollte inzwischen bewusst sein, warum Sie mit Governance-Grundlagen wie Dokumentieren und Lineage-Tracking beginnen und zunächst eine bessere Kenntnis der Daten erlangen sollten. Dadurch haben Sie einen entscheidenden Einfluss darauf, ob Sie auch fortschrittlichere Technologien in Ihrer Arbeit mit Daten einsetzen können.

Sie haben nun eine Vorstellung davon, wie Sie Differential Privacy in Machine-Learning-Anwendungsfällen einsetzen können. Das nächste Kapitel baut auf diesen Erkenntnissen auf, und Sie erkunden, wie Federated Learning und verteilte Berechnungen (engl. *Distributed Computation*) den Schutz der Privatsphäre verbessern und interessante Möglichkeiten für die gemeinsame Nutzung von Daten bieten können.

KAPITEL 6

Federated Learning und Data Science

Mittlerweile haben Sie eine Vorstellung von der Tragweite des Datenschutzproblems und fragen sich wahrscheinlich – sofern es Ihnen ähnlich wie mir ergeht –, warum Unternehmen überhaupt so viele Daten erheben. Gibt es denn keinen besseren Weg?

In der Tat, den gibt es! Das sogenannte Federated Learning sowie Distributed Data Science bieten neue Möglichkeiten, Datenanalysen durchzuführen, indem die Daten direkt am *Edge*[1] gehalten bzw. auf den Endgeräten gespeichert werden: auf Smartphones, Laptops, in Edge-Services – oder sogar in einer On-Premise-Architektur (d.h. auf eigenen Servern) bzw. in einer separaten Cloud-Architektur im Rahmen der Zusammenarbeit mit Partnern. Die Daten werden nicht gesammelt oder in Ihre eigene Cloud oder Ihren Speicher kopiert, bevor Sie eine Analyse oder ein Machine Learning durchführen.

In diesem Kapitel erfahren Sie, wie sich das in der Praxis umsetzen lässt und in welchen Fällen dieser Ansatz für einen bestimmten Anwendungsfall geeignet ist. Sie werden anschließend auch beurteilen können, wie Sie beim Federated Machine Learning den Datenschutz gewährleisten können und welche Arten von Daten oder Entwicklungsproblemen mit föderalen Ansätzen gelöst werden können und welche eher nicht.

Verteilte Daten

In der Data Science arbeiten Sie fast immer mit verteilten Daten (engl. *Distributed Data*). Jedes Mal, wenn Sie einen Kubernetes- oder Hadoop-Cluster starten oder eine Multi-Cloud-Konfiguration für die Datenanalyse verwenden, sind Ihre Daten de facto verteilt. Da das immer mehr zur »Normalität« wird, bedeutet dies, dass ver-

1 In diesem Kapitel verwende ich den Begriff *Edge* für den »Rand« Ihrer Graphen oder Netzwerke, d.h. für die Knoten, die so weit wie möglich entfernt sind, auf die Sie zugreifen bzw. die Sie »sehen« können. Dies ist ein Aspekt des Edge Computing (*https://oreil.ly/vcNsn*), bei dem die Verarbeitung auf Geräte verlagert wird, die nicht speziell für die groß angelegte zentrale Datenspeicherung und -berechnung konzipiert sind.

teilte Datenanalysen zunehmend in den Tools und Systemen vorgesehen sind, die Datenexpertinnen und -experten verwenden.

In diesem Kapitel geht es jedoch darum, verteilte Daten der zentralen Verarbeitung zu entziehen. Was wäre, wenn Sie die Daten nicht in Ihren eigenen Rechenzentren, Clouds oder Clustern verteilen, sondern dort belassen, wo sie entstehen, und Ihre Analysen auf Hunderten, Tausenden oder sogar Millionen kleinerer verteilter Datensätze durchführen? Was wäre, wenn Sie niemals Daten aus einer Anwendung, einem Telefon, einem Browser, einer Datenbank oder einer API abrufen würden, die Ihnen nicht gehören, sondern stattdessen die Daten am Edge nutzen und nur die Antworten auf Ihre Analysefragen abrufen würden?

Dieses Kapitel befasst sich mit dieser Art von verteilten Daten. Das ändert die Art und Weise, wie Sie den Datenschutz, die Datenerfassung und Ihre Arbeit als Data Scientist angehen, grundlegend. Im Folgenden erfahren Sie, warum, wann und wie das funktionieren kann.

Warum verteilte Daten nutzen?

Wenn Sie verteilte Daten so verwenden, wie es in diesem Kapitel beschrieben wird, verringern Sie Ihr Risiko erheblich. Keine Daten, kein Risiko (oder zumindest: weniger Daten, weniger Risiko).

Dies ist das Grundprinzip der »Datensparsamkeit« (*https://oreil.ly/Dnkyg*), die ein zentraler Bestandteil vieler Datenschutzgesetze, zahlreicher Datenschutzgrundsätze und einiger Privacy-by-Design-Konzepte ist. Das Prinzip der *Datensparsamkeit* zwingt Sie, darüber nachzudenken, welche Daten Sie unbedingt benötigen, und nur diese zu erheben. Wenn Sie weniger Daten sammeln, schützen Sie nicht nur die Privatsphäre, sondern sorgen auch dafür, dass Ihr Datenspeicher nicht zur Zielscheibe wird.

Sofern Sie mit Daten in hochsensiblen Umgebungen arbeiten, ist es Ihnen möglicherweise nicht einmal gestattet, Daten aus dem Netzwerk oder der Speicherinfrastruktur zu transferieren. Dies ist häufig der Fall bei hochsensiblen Daten, die sich in lokalen Systemen befinden. In diesen Fällen müssen Sie einen Weg finden, entweder die benötigten Daten sicher zu extrahieren oder mit diesen Systemen zu arbeiten und nur die Ergebnisse Ihrer Analyse oder Verarbeitung zu exportieren. Hier kann Ihnen die föderale bzw. verteilte Analyse (engl. *Federated Analysis*) helfen, indem die Verarbeitung in diese sicheren Rechenzentren verlagert wird, anstatt Daten aus sicheren in weniger sichere Umgebungen zu extrahieren.

Dieser Fall tritt häufig ein, wenn Sie mit riesigen Datensätzen in mehreren Datenzentren oder Datenspeichersystemen arbeiten. Bei der Verarbeitung über große verteilte Systeme oder Clouds hinweg ist es oft teuer sowie zeit- und rechenintensiv, alle Daten an einen zentralen oder eine Reihe zentraler Dienste zu übertragen. Es ist wesentlich sinnvoller und in Bezug auf die Kosten für Berechnungen und die Cloud weitaus kostengünstiger, die Analyse zu den Daten zu verlagern und nicht umgekehrt.

Es gibt rechtliche Gründe, über die Arbeit mit Daten auf Geräten und am Edge oder dort, wo sie bereits existieren, nachzudenken. Ein zwingender Grund ist die Herausforderung durch transatlantische Datenflüsse. Max Schrems (*https://oreil.ly/q3EYO*) ist ein Datenschutzaktivist und Anwalt, der mehrere bedeutende Prozesse geführt hat, um die Datenrechte europäischer Bürgerinnen und Bürger zu verteidigen, die durch nicht einvernehmliche Datenflüsse in die USA verletzt wurden.[2] Er hat bereits mehrere Prozesse gewonnen, und es ist anzunehmen, dass es zu weiteren Klagen und Durchsetzungsmaßnahmen kommen wird. Sollte er damit erfolgreich sein, könnte dies eine grundlegende Umstrukturierung bedeuten, sodass keine europäischen Daten mehr in die USA gelangen.

Darüber hinaus wächst in vielen Teilen der Welt der Druck seitens der Politik in Bezug auf die Datenhoheit (engl. *Data Sovereignty*). Auch wenn man darüber streiten kann, inwieweit diese Bedenken berechtigt sind, konzentrieren sich viele Politiker darauf, wie die Daten ihres Landes und ihrer Bürger transferiert werden und welche Auswirkungen dies hat. Wenn der Druck, die Daten eines Landes innerhalb dieses Landes zu halten, weiter zunimmt, wird das zweifellos auch die Art und Weise verändern, in der multinationale Unternehmen Daten nutzen.

Schließlich haben sich in jüngster Zeit einige Bedenken aus der sich ändernden Auslegung der Gesetze und Rechte durch den Obersten Gerichtshof in den Vereinigten Staaten ergeben. Wenn Ihr Unternehmen Daten erhebt, die zu einer strafrechtlichen Verfolgung einer Person verwendet werden könnten, ist es möglich, diesen Personen mehr Schutz zu bieten, indem Sie diese Daten nicht erheben. Sind Sie nicht im Besitz der Daten, können Sie nicht verpflichtet werden, sie preiszugeben.[3]

> Darüber hinaus gibt es auch in der Softwareentwicklung und in der Forschung einen Vorstoß in Richtung *local first*, d.h., es wird nach Wegen gesucht, wie Software für Menschen zugänglicher gemacht werden kann, die bestimmte Dinge lieber offline und nur mit lokalen Ressourcen nutzen möchten. Ich empfehle Ihnen, einen Blick auf die Arbeit von Martin Kleppmann et al. zu den Grundsätzen für Local-first-Architektur und Softwaredesign (*https://oreil.ly/JHKj0*) zu werfen.

In Anbetracht der vielen potenziellen Vorteile (Datenschutz, rechtliche Aspekte, Sicherheit, Rechen- und Speicherkosten) ist es nur logisch, weniger Daten zu sammeln. Doch wie funktioniert eigentlich eine Analyse, wenn sich die Daten nicht auf Ihren Servern oder in Ihrer Cloud befinden?

2 Mehr zu seiner Arbeit erfahren Sie über seine Nichtregierungsorganisation NOYB (*https://noyb.eu/en*), die sich für die Datenschutzrechte aller EU-Bürger und für Datenschutzaktivismus und -bewusstsein weltweit einsetzt. Mehr zu diesem und verwandten Themen erfahren Sie außerdem in Kapitel 8.

3 Die Haltung des Messengers Signal, so wenige Daten wie möglich über seine Nutzerinnen und Nutzer sowie deren Aktivitäten zu speichern, können Sie zum Beispiel gut auf ihrer Seite »Big Brother Requests« (*https://oreil.ly/5w08g*) nachvollziehen.

Wie funktioniert die verteilte Datenanalyse?

Wenn Sie Hadoop, Spark, EMR oder Kubeflow-Dienste verwenden, nutzen Sie bereits eine Form der verteilten Datenanalyse (engl. *Distributed Data Analysis*), bei der der Orchestrator verteilte Rechenknoten verwaltet und diese Aufgabe von Ihrer Schnittstelle weg abstrahiert. Wenn Sie beispielsweise eine Spark-Abfrage ausführen, wird diese Abfrage in Wirklichkeit einem Plan zugeordnet, der auf separaten Rechnern oder zumindest in separaten Virtualisierungen mit unterschiedlichen physischen Speicherorten ausgeführt wird. Die Schnittstelle mag den Eindruck erwecken, dass Sie mit einer einzigen Datenquelle interagieren – z.B. mit Ihren RDDs (*Resilient Distributed Datasets*), Datensätzen oder Dataframes –, aber diese Abstraktion ist eine rein logische Konstruktion, die sich über verteilte Speicher erstreckt (siehe Abbildung 6-1).

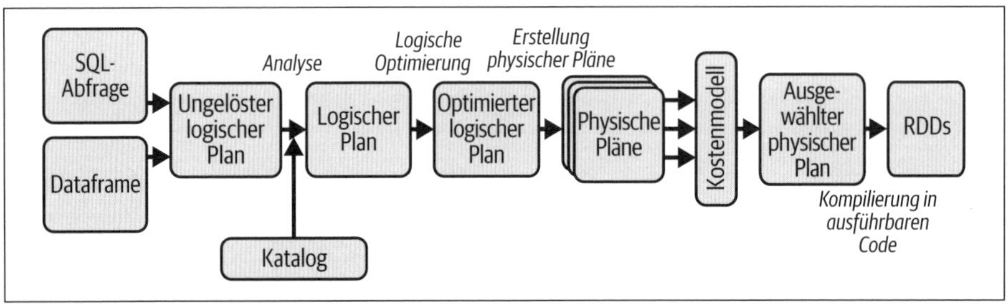

Abbildung 6-1: Apache Spark im Detail

In Abbildung 6-1 können Sie nachvollziehen, wie der Dataframe bzw. die SQL-Abfrage auf die eigentlichen Rechner und Datenspeicher übertragen wird. Zunächst wird Ihr Programm in einen logischen Plan kompiliert, der die Abfrage mittels eines Katalogs abbildet. Anschließend wird dieser Plan optimiert und in einen physischen Plan überführt – an dieser Stelle wird die Abfrage also zunächst auf den tatsächlichen verteilten Speicher abgebildet. Dann wird der beste physische Plan auf Basis eines Kostenmodells ermittelt, in Code kompiliert und ausgeführt. Weitere Einzelheiten zu diesem Prozess finden Sie in dem entsprechenden Blogbeitrag von Databricks, in dem der Prozess und das Diagramm noch ausführlicher beschrieben werden (*https://oreil.ly/FWEif*).

Dieser Prozess findet auch bei zahlreichen Abstraktionen Anwendung, bei denen viele Knoten bzw. Microservices in der Cloud oder lokal betrieben werden und Software zum Einsatz kommt, um diese zu verbinden, zu orchestrieren und Analysen durchzuführen. Meist senden diese Dienste die Daten über lokale Netzwerke. Bis der Prozess abgeschlossen ist, werden Daten und Ergebnisse oft via Netzwerk übertragen oder im lokalen Rechenspeicher gehalten.

Um eine verteilte Datenarchitektur zu schaffen, die dem Datenschutz Rechnung trägt, muss man dieses Netzwerk auf die Edge-Ebene ausdehnen und die Software sowie die Abfragen so umstrukturieren, dass man nicht mehr die Daten von der Edge-Ebene zu einem zentralen Rechenknoten oder einem zentralen Speicher bewegt, sondern die Berechnungen dorthin, wo sich die Daten befinden!

Betrachten wir einmal, wie ein Workflow aussehen könnte (siehe Abbildung 6-2). Angenommen, Sie hätten drei Randknoten (engl. *Edge Nodes*), die verschiedene Speichertypen repräsentieren, die Sie in einem verteilten Datenanalyseworkflow vorfinden könnten, z.B. Smartphones, IoT-(Internet-of-Things-)Geräte und Robotikhardware. Diese Geräte werden nicht von Ihnen oder Ihrem Netzwerk gesteuert, aber Sie können über eine öffentliche Internetverbindung oder einen sicher verbundenen Netzwerktunnel und eine Software- bzw. Hardwareschnittstelle auf sie zugreifen. Im weiteren Verlauf dieses Kapitels lernen Sie noch einige Softwarelösungen kennen, die Sie für den Einstieg verwenden können.

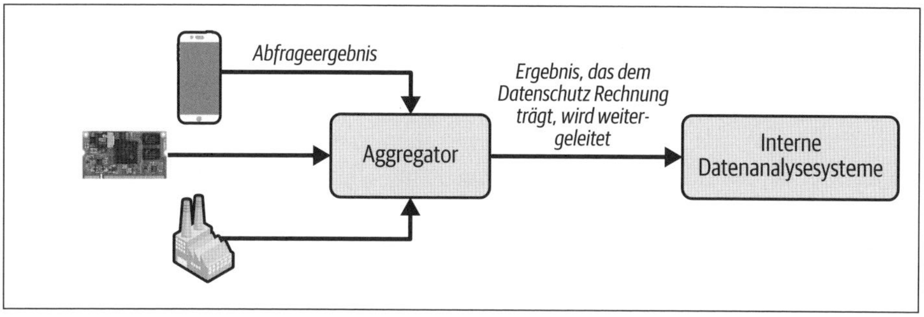

Abbildung 6-2: Verteilte Datenanalyse

Wenn Sie Analysen oder Abfragen durchführen, möchten Sie, dass diese Abfragen an die Edge-Geräte gesendet werden. Dazu sind zwei Dinge erforderlich: Erstens muss jedes dieser Geräte die Abfrage lokal ausführen, und zweitens müssen die Geräte online sein, damit Ihre Analyse erfolgreich durchgeführt werden kann. Das Ergebnis der Abfrage wird gesammelt und an den Aggregationspunkt zurückgeschickt. An diesem Punkt kann der Aggregator das Endergebnis auf der Grundlage aller Zwischenergebnisse der Geräte berechnen und dieses Ergebnis an den Abfragegenerator senden. Auf diese Weise erhält man dasselbe Ergebnis, das man erhalten hätte, wenn man alle Daten gesammelt und zentral gespeichert hätte, jedoch ohne das Risiko, das mit der Speicherung der Daten auf den eigenen Diensten verbunden ist. Dieser Ansatz ist daher wesentlich datenschutzfreundlicher.

Beim Übergang von einem zentralisierten Ansatz der Datenanalyse zu einem verteilten bzw. föderalen Ansatz sind einige Punkte zu beachten. Zum einen können die Geräte über unterschiedliche Analysefunktionen verfügen, sodass einige Berechnungen einfacher durchzuführen sind als andere. Es kann erforderlich sein, Abfragen kreativ zu strukturieren oder zu sequenzieren, um die gewünschten Ergebnisse zu erzielen. Außerdem müssen die Geräte bzw. Randknoten über dieselbe Software verfügen, möglicherweise sogar über dieselben Softwareversionen, die Sie ausliefern, damit sie die lokalen Abfragen einheitlich ausführen können. Darüber hinaus könnte ein Gerät von Dritten manipuliert werden, entweder durch Beschädigung der Daten auf dem Endgerät selbst oder durch Manipulation der Software. Eine solche Bedrohung ist schwer zu erkennen, selbst wenn die Daten zentralisiert sind. Daher sollten Sie dies mit Ihrem Sicherheitsteam besprechen, um geeignete Maßnahmen zu ergreifen.

Zum anderen können sich die Daten an jedem dieser Knotenpunkte stark voneinander unterscheiden oder inkonsistent sein. Das gilt auch für eine zentral angelegte Analyse, wenn sich eine systematische Veränderung (engl. *Shift*) hinsichtlich der Population bzw. der Verteilung der Daten einstellt, die als *Model Drift* oder auch *Data Drift* bezeichnet wird. Unter Umständen ist dies allerdings bei einer verteilten bzw. föderalen Analyse schwieriger zu erkennen, da man keine einzelnen Datenpunkte zu Gesicht bekommt. Wenn Sie bereits mit dem Konzept unabhängiger und identisch verteilter (iid) Zufallsvariablen (engl. Independent and Identically Distributed (IID) Random Variables) (*https://oreil.ly/hs8_M*) vertraut sind, ist Ihnen wahrscheinlich bewusst, dass dadurch einige Aspekte der Analyse erschwert werden können.[4] In realen Datensätzen sind Daten oft nicht unabhängig und identisch verteilt (iid). Gleiches gilt auch für die Analyse verteilter Daten. Dennoch müssen Sie diese Analyse durchführen, um ein Ergebnis zu erhalten, das als Grundlage für Entscheidungen oder Rückschlüsse dienen kann.

Führen Sie sich einmal das folgende Beispiel vor Augen. Angenommen, Sie möchten einen Objekterkennungsalgorithmus (engl. *Object Recognition Algorithm*) auf Endgeräten lokal laufen lassen und Informationen darüber gewinnen, welche Arten von Fotos Menschen mit ihrem Smartphone aufnehmen. Dazu müssen Sie die folgenden Schritte gehen:

1. Übertragen Sie das Bilderkennungsmodell auf jedes Smartphone. Das bedeutet, dass das Smartphone des jeweiligen Nutzers in der Lage sein muss, das Modell auszuführen. Das könnte wiederum bedeuten, dass einige ältere Smartphones nicht geeignet sind oder dass Sie das Modell nur an Nutzerinnen und Nutzer mit einer bestimmten Android- oder iOS-Softwareversion ausliefern.
2. Lassen Sie das Bilderkennungsmodell über die Fotos auf dem Smartphone laufen. Sie benötigen, um die Fotos einsehen zu dürfen, eine Einwilligung. Gleichzeitig müssen Sie erklären, was Sie mit den Daten beabsichtigen. Zudem sollten Sie sich Gedanken darüber machen, wann Sie das Modell ausführen – beispielsweise über Nacht, wenn das Smartphone aufgeladen wird und der Nutzer nicht gestört wird, sollte er es gerade verwenden.
3. Sobald die Ergebnisse vorliegen – bzw. sobald Sie entschieden haben, wie Sie die jeweiligen Teilergebnisse abfragen und übermitteln wollen –, müssen sie am Aggregierungsendpunkt gesammelt werden. Dazu müssen die Smartphones über eine stabile Internet- oder Mobilfunkverbindung verfügen.
4. Wenn der Aggregator die aktualisierten Daten aller Modelle akzeptiert hat, können Sie die Daten analysieren und die von Ihnen verfolgte Fragestellung beantworten.

Wenn eine Nutzerin jedoch nur Fotos von Katzen und ein Nutzer dagegen nur Fotos von Hasen auf dem Smartphone hat, verzerrt dies die Ergebnisse, und Sie würden davon ausgehen, dass alle Nutzerinnen und Nutzer Fotos von Katzen *und* Hasen ha-

4 Eine Menge an Zufallsvariablen gilt als unabhängig und identisch verteilt (iid), wenn die Variablen einerseits identisch verteilt sind, d. h. aus derselben sich nicht verändernden Wahrscheinlichkeitsverteilung stammen, und wenn sie andererseits unabhängig sind, d. h. sich nicht gegenseitig beeinflussen.

ben. Außerdem könnte es sich als problematisch erweisen, wenn die meisten Nutzer nur eine geringe Anzahl von Fotos und einige Superuser Millionen von Fotos auf ihrem Smartphone haben. Diese Superuser sind dann stark überrepräsentiert, wodurch auch der Schutz ihrer Privatsphäre gefährdet ist. Da die Daten nicht unabhängig und identisch verteilt (iid) wären, müssten Sie dies bei Ihrer Analyse berücksichtigen. Seien Sie also vorsichtig dabei, welche Annahmen Sie treffen. Erarbeiten Sie erforderlichenfalls Möglichkeiten, durch die die Privatsphäre geschützt wird und Sie gleichzeitig eine gewisse Zuordnung der Nutzer zu ihren jeweiligen Ergebnissen beibehalten können, oder erheben Sie die Daten so, dass Ausreißer weitaus seltener berücksichtigt werden (*Downsampling*).

Spätestens hier wird deutlich, dass selbst eine verteilte Datenanalyse den Schutz der Privatsphäre beeinträchtigen und Informationen über Ausreißer preisgeben kann. Ausreißer und Superuser haben, wie Sie in Kapitel 2 gelernt haben, einen viel größeren Privacy Loss als andere – selbst wenn Sie die Daten nicht zentral erheben. Betrachten Sie Ihre in Schritt 4 durchgeführte Analyse und erinnern Sie sich zurück an Ihre Erkenntnisse aus Kapitel 4. Welche Angriffsmöglichkeiten wären denkbar, mit denen sich Personen re-identifizieren lassen?

Erstens könnte sich ein Angreifer Zugriff auf den Aggregator verschaffen und die eingehenden Daten verfolgen. Auf diese Weise könnte er sehr leicht IP-Adressen oder andere Informationen aufzeichnen, wenn die neuesten Daten an den Aggregator gesendet werden. Das würde bedeuten, dass er auch die einzelnen Analyseergebnisse aller Smartphones einsehen könnte, was jegliche Datenschutzgarantien zunichtemacht.

Zweitens könnte der Angreifer die Analysen jeweils vor und nach dem Beitritt eines Nutzers durchführen und die Analyseergebnisse vergleichen. Durch diese Differencing Attack bzw. die Singling Out Attack ist es für jeden, der Zugriff auf die Analyseabfragen und -ergebnisse hat, ein Leichtes, Informationen über die Daten eines bestimmten Nutzers zu erhalten.

Zu guter Letzt gilt, wie Sie aus dem zentralen Grundsatz der Differential Privacy wissen, dass selbst ohne Zugriff auf den Aggregator aggregierte Aktualisierungen und Ergebnisse nicht den nötigen Schutz der Privatsphäre bieten, wenn kein Differential-Privacy-Mechanismus verwendet wird.

Aus diesem Grund werden bei verteilten Abfragen und Datenanalysen, bei denen die Privatsphäre gewahrt bleiben soll, oft mehrere Ansätze kombiniert, um den Grad an Datenschutz zu gewährleisten, den Nutzer erwarten.

Datenschutz bei verteilten Daten mittels Differential Privacy gewährleisten

Inzwischen haben Sie zahlreiche Maßnahmen und Verfahren, mit denen Sie den Datenschutz gewährleisten – oder zumindest erhöhen – können, kennengelernt. Um einen sicheren und den Schutz der Privatsphäre gewährleistenden Aggregator einzurichten, müssen Sie sicherstellen, dass dieser in Bezug auf die Software- und

Hardwarevoraussetzungen gut gesichert ist und nur wenige Personen Zugriff auf ihn haben. Sie sollten zudem auf eine verschlüsselte Netzwerkkommunikation zurückgreifen und in Erwägung ziehen, Encrypted Computation durchzuführen (mehr dazu in Kapitel 7). Wenn Sie dann die Aggregierung vornehmen, kommt der Differential-Privacy-Mechanismus zum Einsatz. Dadurch wird die Anzahl der Beiträge pro Nutzer begrenzt, was sich wiederum positiv auf das Problem hinsichtlich nicht unabhängiger und identisch verteilter Zufallsvariablen auswirkt – wenngleich Sie dadurch wenig über Ausreißer erfahren werden.

Wie würde sich das auf Ihre Architektur auswirken? Abbildung 6-3 vermittelt Ihnen eine Vorstellung davon, wie das System auf übergeordneter Ebene organisiert sein könnte. Die Endgeräte verbinden sich und senden ihre Aktualisierungen bzw. Abfrageantworten über eine sichere Verbindung an die Aggregationspunkte. Sie können zwar mehrere Aggregationspunkte haben, um jeweils verschiedene Zonen oder Regionen zu bedienen (siehe Abbildung 6-5), aber wenn Sie die Ergebnisse zentral erfassen wollen, müssen diese an irgendeiner Stelle aggregiert oder harmonisiert werden.

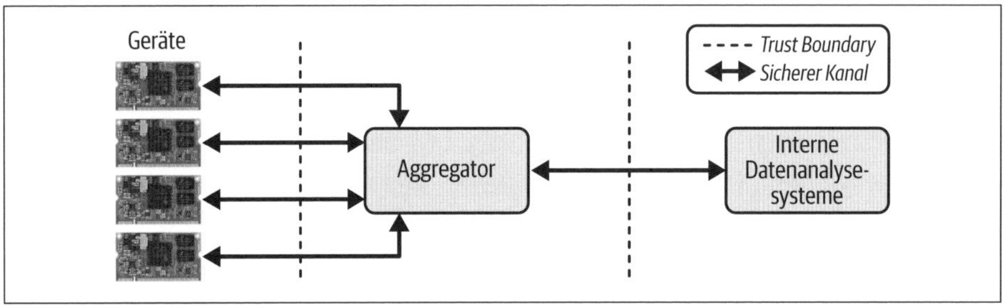

Abbildung 6-3: Sicherung einer Federated-Learning-Architektur

Der Aggregationspunkt sollte gut gesichert sein, und nur wenige sollten darauf Zugriff haben (siehe Abbildung 6-3). Dies ist vergleichbar mit der lokalen Differential Privacy von Apple oder Prochlo (siehe Kapitel 3), bei denen durch den Zugriff auf diese Systeme die Datenschutz- und Sicherheitsgarantien verletzt werden, da Informationen über die Beiträge der Nutzerinnen und Nutzer direkt preisgegeben werden.

Nachdem die Abfrageergebnisse auf sichere und dem Datenschutz Rechnung tragende Weise aggregiert wurden (siehe Abbildung 6-4), können die resultierenden Daten dem Analyseteam zugänglich gemacht werden. Normalerweise werden die aktualisierten Daten vom Aggregator an das normale Analysesystem bzw. die Software gesendet. Diese beiden Systeme müssen eine gewisse Trust Boundary einhalten, damit der Schutz der Privatsphäre gewährleistet werden kann, da der Aggregator zusätzliche Informationen über die einzelnen Beiträge kennt.

Betrachten wir nun den Aggregator genauer und verschaffen wir uns einen Überblick über die Vorgänge innerhalb des Aggregators. Abbildung 6-3 zeigt, dass die aktualisierten Daten von den Endpunkten kommen, an denen die Daten gespeichert sind, und im Aggregator zusammengeführt werden. Je nachdem, wie vertrauenswürdig das System ist, können die aktualisierten Daten auch in verschlüsselter Form eingehen und mithilfe von Encrypted Computation (siehe Kapitel 7) gemeinsam ausgewertet werden (Durchschnittsermittlung, Summenbildung usw.). Es muss ein Schwellenwert festgelegt werden, da eine gewisse Anzahl an Nutzern nicht einbezogen werden kann, wenn die Verbindung zu dem entsprechenden Endgerät unterbrochen wird oder ein anderer Fehler auftritt. Sobald dieser Schwellenwert erreicht ist, erfolgt die aggregierte Berechnung. Damit die Differential-Privacy-Garantien eingehalten werden können, muss zunächst ein Clipping oder Bounding durchgeführt werden, und zwar entweder direkt auf dem Gerät vor der Erfassung oder für die Abfrageergebnisse. Anschließend können Sie die Daten – sofern sie verschlüsselt sind – mittels Encrypted Computation aggregieren, oder Sie nutzen gewöhnliche klartextbasierte Aggregationsmechanismen. Sobald die Daten aggregiert sind, können Sie eine zentralisierte Differential Privacy anwenden, da Sie die Sensitivität der Daten kennen. Sollten Sie eine Verschlüsselung verwenden, wird das Ergebnis zu diesem Zeitpunkt entschlüsselt. Das Ergebnis wird dann vom Aggregator veröffentlicht und der Analyseumgebung zugeführt.

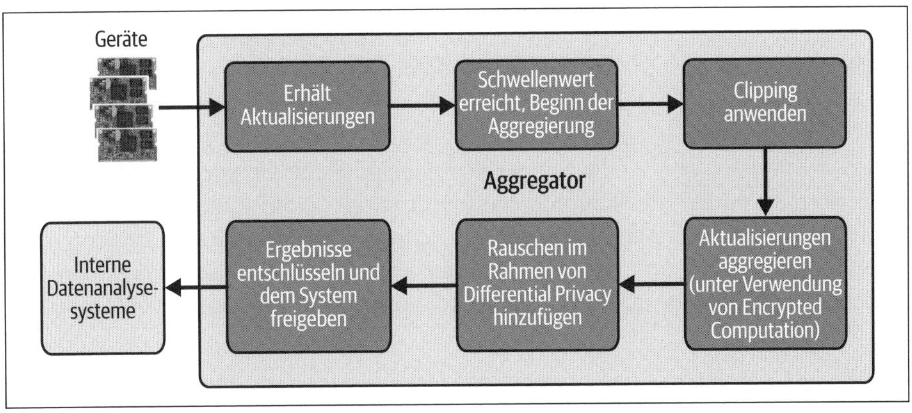

Abbildung 6-4: Sichere und datenschutzgerechte Aggregation im Rahmen des Federated Learning

Diese Art von Systemen bringt zwar eine gewisse Komplexität mit sich, bietet aber im Vergleich zu zentralisierten Datenerfassungssystemen äußerst starke Datenschutz- und Sicherheitsgarantien. Viele dieser Ansätze stammen aus dem Bereich des Federated Learning, den Sie im Folgenden näher kennenlernen werden.

Federated Learning

Federated Learning ist ein Verfahren, bei dem eine verteilte Datenarchitektur – wie die zuvor in diesem Kapitel beschriebene – für einen Machine-Learning-Prozess verwendet wird. Anstatt Abfragen an die Endpunkte zu senden, werden Modelle und Trainingsupdates gesendet. Jeder einzelne Randknoten bzw. jedes Gerät trägt dazu bei, ein gemeinsames Modell auf Basis seiner lokalen Daten zu trainieren, ohne dass diese Daten an eine zentrale Stelle gesendet werden.

Die Entwicklung des Federated Learning im Überblick

Google war das erste Unternehmen, das Federated Learning erstmals in großem Maßstab umgesetzt hat, als es Daten von Mobiltelefonen zum Training verwendete, ohne dass die Daten dafür auf zentraler Ebene aggregiert werden mussten. Google nannte seinen Ansatz »Federated Optimization«, der in einem Artikel im Jahr 2016 (*https://oreil.ly/wYv3S*) vorgestellt wurde. Auf dem KI-Blog von Google wurde er im Anschluss als *Federated Learning* (*https://oreil.ly/t8HAs*) bezeichnet, und dieser Begriff wird auch heute in der Fachwelt verwendet.[5]

Zu jener Zeit hatte Google gerade TensorFlow 1.0 (*https://oreil.ly/SerDa*) veröffentlicht und seine Lösungen für verteilte Workflows als TensorFlow federated (*tf-federated*) zur Verfügung gestellt. Mithilfe von Federated Learning wollte Google die Vorschläge für seine Tastatur (GBoard) verbessern. Da bei Nutzung der Tastatur zahlreiche private Informationen preisgegeben werden, sollte so ein leistungsfähiges Modell trainiert werden, das ohne eine zentrale Erfassung der eingegebenen Daten auskommt.

Durch die Bereitstellung eines kleinen, vortrainierten Machine-Learning-Modells (in diesem Fall eines Modells, das auf die Empfehlung und Vervollständigung von Texten trainiert wurde) auf jedem Endgerät konnte das Training direkt auf dem Endgerät erfolgen. Die eingegebenen Daten wurden nicht an einen zentralen Speicher von Google gesendet, wodurch die Daten vertraulicher behandelt wurden und besser geschützt waren. Nach jeder Trainingsrunde wurden nur die aktualisierten Gradienten an die Aggregatoren gesendet, die jeweils den Durchschnitt dieser Gradienten berechneten und diese dann als abschließende aggregierte Aktualisierungen der entsprechenden Trainingsrunde an alle Geräte sendeten, bevor die nächste Trainingsrunde begann.

Abbildung 6-5 zeigt, wie dieser Prozess im Detail abläuft. Im ersten Schritt wird das als Kreis dargestellte Modell an alle Geräte übertragen. Anschließend wird auf jedem Gerät lokal ein Training durchgeführt und eine Reihe von lokalen Aktualisierungen erzeugt, um das Modell zu verbessern (in Abbildung 6-5 als Schritt A gekennzeichnet). Diese Aktualisierungen werden dann an einen Aggregator gesendet, der in Abbildung 6-5 als Schritt B dargestellt ist. Einige dieser Aktualisierungen beziehen sich auf dieselben Schichten und Gewichte, andere gegebenenfalls auf *Singletons* (siehe Schritt B in Abbildung 6-5). Anschließend werden die zu verwendenden Aktualisierungen ausgewählt, der Durchschnitt wird gebildet und zu einer einzigen Aktualisierung oder einer Reihe von Aktualisierungen vereinfacht (siehe Schritt C in Abbil-

5 Eine Übersicht über ausgeklügelte Anwendungen der Federated Collaboration, die vor Federated Learning entwickelt wurde, finden Sie in einem Artikel von Shokri et al. aus dem Jahr 2012, in dem beschrieben wird, wie sich Standortdaten mithilfe der Kollaboration von Geräten verbergen lassen (*https://oreil.ly/6RKdh*). Zudem boten sich auch neue Möglichkeiten für SQL-basierte verteilte Daten und föderale Analysen, wie z. B. Microsofts Forschung zu Federated Search (*https://oreil.ly/EpUhi*). Darüber hinaus hat Snip im Jahr 2016 einen Home Assistant (*https://oreil.ly/38Qg_*) zur Anwendung gebracht, bei dem im Rahmen der Datenerhebung und -analyse Differential Privacy zum Einsatz kam. Ferner hat er, wie in einem seiner Forschungsbeiträge (*https://oreil.ly/nW-AN*) nachvollzogen werden kann, verschiedene Anwendungsfälle beim Federated Learning erprobt.

dung 6-5). Die Aktualisierungen werden dann an alle Geräte gesendet, um jeweils das lokale Modell eines Geräts zu aktualisieren, wobei dieser Vorgang so oft wie nötig wiederholt werden kann. Der gesamte Prozess sowie verschiedene Anwendungsfälle und verwandte Konzepte sind als Comic auf der Federated-Learning-Website von Google (*https://federated.withgoogle.com*) zu finden.

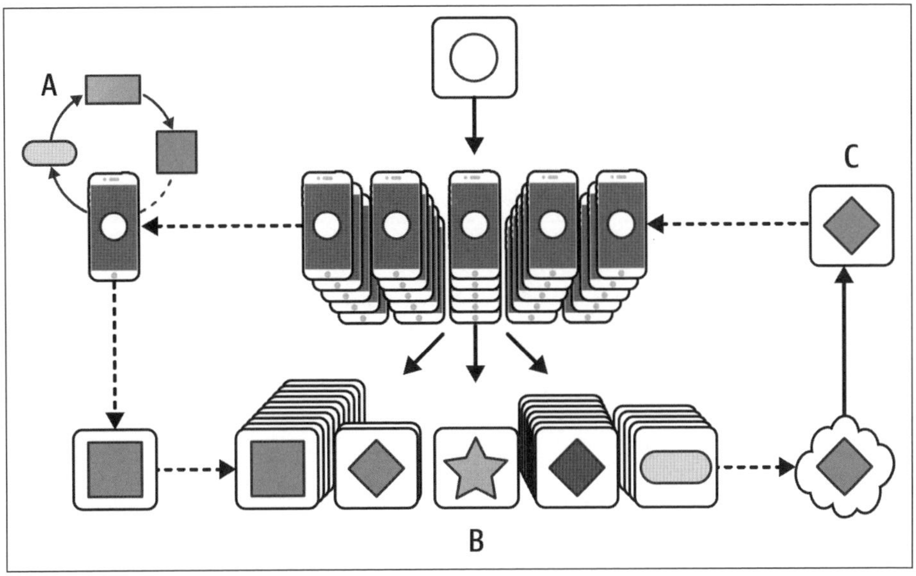

Abbildung 6-5: Der Ablauf beim Federated Learning

In Kapitel 5 haben Sie gelernt, dass Gradienten extrem groß werden können und dadurch die Privatsphäre einzelner Personen verletzt werden kann. Dies gilt auch für Federated Learning! In der ursprünglichen Implementierung wurde dies von Google nicht berücksichtigt. Mittlerweile ist es jedoch üblich, dass Dienste, die auf Federated Learning oder Federated Analysis basieren, auch Differential Privacy als Teil dieser Aggregation berücksichtigen. Anstatt den Durchschnitt der aktualisierten Gradienten zu bilden und das Ergebnis an alle Telefone zu senden, werden diese zunächst vom Aggregator auf einen Wertebereich beschränkt (*Clipping*), dann wird der Durchschnitt gebildet und anschließend ein Differential-Privacy-Mechanismus mit einem entsprechenden Wert für Epsilon hinzugefügt.

Viele der in der Produktion zum Einsatz kommenden Implementierungen von Federated Learning basieren auf Deep-Learning-Architekturen. Es gibt jedoch auch zahlreiche weitere Modelle, die erforscht und implementiert wurden, wie etwa Gradient Boosted Trees (*https://oreil.ly/xZKHi*). Die Federated-Learning-Bibliothek von IBM (*https://oreil.ly/6Nti7*) bietet mehrere nützliche Implementierungen, einschließlich Boosted Trees und Naive Bayes.

Es ist auch wichtig, welche Geräte ausgewählt werden, insbesondere wenn es darum geht, Daten im Rahmen von Federated Learning zu verarbeiten, die nicht iid sind. Als Google Federated Learning zum ersten Mal einsetzte, entschied man sich, das

Modell nicht auf alle Android-Smartphones zu übertragen. Stattdessen wurde eine Priorisierung vorgenommen, wobei Smartphones bevorzugt wurden, die nicht aktiv genutzt wurden, eine Strom- und Internetverbindung sowie die neueste Android-Software aufwiesen, eine bestimmte Hardwareausstattung (z.B. ausreichend Arbeitsspeicher) mitbrachten und über bestimmte Standardtastatursprachen verfügten. Auf diese Weise konnten Störungen und Unterbrechungen vermieden werden, die durch Nutzer mit unzureichendem Arbeitsspeicher oder unzureichender Netzwerkverbindung verursacht worden wären.

Das Problem, dass Daten nicht iid sein können, sowie einige ähnliche Probleme im Zusammenhang mit Daten (*https://oreil.ly/ztxbK*) stellen weiterhin eine Herausforderung für Wissenschaftler und Entwickler im Bereich des Machine Learning dar. Im Abschnitt »Mögliche Arten des Deployments« auf Seite 216 erfahren Sie mehr über diese Probleme und wie sie gelöst werden können. Im Großen und Ganzen sind sie noch Gegenstand der Forschung und können teilweise nur durch Verbesserungen in der Analyse, der Planung, dem Algorithmusdesign oder der Softwareentwicklung gelöst werden. Je nach Art der verwendeten Daten und dem verfolgten Ziel kann sich der Einsatz von Federated Learning daher als schwierig oder sogar ungeeignet erweisen.

Seit dem ersten Deployment von Federated Learning durch Google haben mehrere andere große Unternehmen Federated Learning in Produktionsumgebungen eingeführt, einschließlich Apple (*https://oreil.ly/IRKAw*), NVIDIA (*https://oreil.ly/YXk1C*) und Amazon Web Services (*https://oreil.ly/e2kGc*). Es gibt auch immer mehr Open-Source-Bibliotheken für Federated Learning und eine wachsende Zahl von Start-ups und Unternehmen, die Federated Learning in ihre eigenen Machine-Learning-Lösungen integrieren. Welche Probleme können durch Federated Learning gelöst werden, und wie kann es eingesetzt werden?

Weshalb, wann und wie Sie Federated Learning einsetzen sollten

Federated Learning eignet sich für eine Vielzahl von Anwendungsfällen, bei denen es nicht möglich ist, Daten zentral zu sammeln. Die wichtigsten sind:

Sensible Daten
: Wenn Personen es vorziehen, dass ihre Daten lokal und nicht zentral gespeichert werden.

IoT- bzw. Edge-Daten
: Wenn es aufwendig ist, äußerst große Datensätze bei sich ständig ändernder Geräte- und Hardwareunterstützung zu warten.

On-Premise-Daten
: Wenn Systeme über Sicherheits- oder Vertraulichkeitsvorkehrungen verfügen, die verhindern, dass die Daten den Speicherort bzw. die Speicherinfrastruktur verlassen.

Diese Anwendungsfälle haben eines gemeinsam: Die Daten verlassen – wann immer möglich – nicht die lokale Infrastruktur bzw. das lokale Gerät. Sie kommen dann zum Einsatz, wenn eine zentrale Datenerfassung entweder gegen bestimmte Richtlinien, Vorschriften oder Datenschutzbestimmungen verstößt oder zu unverhältnismäßigen Performance- oder Speicherproblemen führt.

Durch die Verlagerung der Datenverarbeitung »an den Rand« können Sie von den Vorteilen der Datenanalyse und des Machine Learning profitieren, ohne die Risiken einer zentralen Datenerfassung einzugehen, die Sie überwachen, pflegen und administrieren müssen. Durch die Verlagerung der Datenverarbeitung dorthin, wo sich die Daten befinden, eröffnen sich neue Möglichkeiten, und Sie können mehr Zeit für die eigentliche Datenanalyse statt für das Datenmanagement aufwenden.

Die Verarbeitung der Daten auf Randknoten und Endgeräte zu verlagern, ist jedoch keine einfache Aufgabe. Sie bringt einige zusätzliche technische Herausforderungen mit sich, die in Tabelle 6-1 zusammengefasst werden.

Tabelle 6-1: Vorteile und Herausforderungen beim Federated Learning

Vorteile	Herausforderungen
keine zentrale Datenerfassung	Standardisierung der Daten auf dem Gerät
vielfältigere Daten	ungleichmäßig verteilte Daten
Machine Learning direkt auf dem Gerät und/oder offline	gemeinsame Nutzung von Modellen
Schutz der Privatsphäre	abhängig von der Implementierung

Anders als bei traditionellen Machine-Learning-Systemen werden die Daten beim Federated Learning nicht an einem zentralen Ort gespeichert. Dadurch wird zum einen ein höherer Datenschutz gewährleistet, und zum anderen können die Kosten gesenkt werden, die für die zur Datenerfassung benötigte Infrastruktur und entsprechenden Support entstehen. Eine Schwierigkeit besteht darin, dass die auf dem Edge-Gerät erfassten Daten standardisiert und strukturiert werden müssen, damit das Training durchgeführt werden kann. Das bedeutet wiederum, dass die gesamte Vorverarbeitung der Daten auf dem Edge-Gerät selbst stattfinden muss und sie zunächst vereinheitlicht werden müssen, ehe das Training durchgeführt werden kann. Die Trainingsdaten können vertikal partitioniert werden, d.h., die Spalten werden geräteübergreifend miteinander verknüpft, oder sie können horizontal partitioniert werden, d.h., die Trainings- und Testdatensätze werden um die gesammelten Datenpunkte aller Geräte erweitert. Die Daten müssen so strukturiert sein, dass die erforderlichen Berechnungen mit ihnen durchgeführt werden können. Dazu müssen die Daten auf allen Edge-Geräten bereits im gleichen Format vorliegen oder erst in das gleiche Format konvertiert werden. Es ist daher sinnvoll, Edge-Geräte bzw. Hardware mit einheitlicher Datenkonfiguration zu verwenden, z.B. Geräte, die alle mit der gleichen Software arbeiten.

Sofern es sich um Daten handelt, die aus Gründen der Sicherheit und des Datenschutzes nicht zentral erfasst werden können, haben diese Systeme den zusätzlichen Vorteil, dass sie eine größere Reichweite und eine höhere Anzahl von Nutzereingaben haben, was dazu beiträgt, dem Modell eine höhere Repräsentativität (*Debiasing*) zu verleihen, da eine größere Population erfasst wird. Diese vielfältigen Daten sind per definitionem nicht iid, was zu den im Abschnitt »Die Entwicklung des Federated Learning im Überblick« auf Seite 210 diskutierten Problemen bei der Analyse und beim Debugging führt. Eine mögliche Lösung für dieses Problem besteht darin, bei den Auswahlkriterien penibel zu sein und vorab einige explorative Datenanalysen durchzuführen, um eine bessere Vorstellung von der Heterogenität der Nutzerpopulationen zu erhalten. Sie können Ihre Aggregatoren auch mit einer Logik versehen, um Nutzer nach der Qualität ihrer Daten zu gruppieren und innerhalb eines Aggregators zusammenzufassen. Achten Sie jedoch darauf, dass Informationen über die Nutzerinnen und Nutzer möglicherweise übermäßig offengelegt werden, wenn die Gruppen zu klein gewählt werden!

Da das Modell auf dem Gerät trainiert wird, kann es auch schneller antworten und offline verwendet werden. Wenn gemanagte IoT-Geräte oder vernetzte Geräte offline sind, wenn das Wi-Fi oder das mobile Internet ausfällt, können diese Geräte dennoch das lokale Modell sowie die Daten nutzen und Entscheidungen treffen. Der Nachteil ist, dass das Modell für alle Geräte freigegeben werden muss (siehe Kapitel 4 für mögliche Datenschutz- und Sicherheitsrisiken). Sie müssen sicher sein, dass die Übertragung des Modells (oder einer Version davon) an jedes Gerät den Vorschriften entspricht und ausreichend gesichert ist – und bedenken Sie, dass jemand das Modell von seinem Gerät abrufen und inspizieren kann und wird.

Der Schutz der Privatsphäre des Einzelnen erhöht sich, wenn die Daten auf dem Gerät gespeichert werden. Allerdings kann dies – wie Ihnen aus den Kapiteln 2 und 5 bekannt ist – je nach Implementierung stark variieren, da Gradienten und Zwischenergebnisse auch eine ganze Menge privater Informationen preisgeben können. Diese Risiken gilt es abzuschätzen und entsprechende Maßnahmen zu ergreifen, etwa indem Sie Differential-Privacy-Mechanismen Ihren Aggregationspunkten hinzufügen.

Wenn Sie Ihr Machine Learning in einem Federated-Modell oder -System strukturieren, müssen Sie Ihren normalen Data-Science-Workflow anpassen. Sie werden wahrscheinlich nicht in der Lage sein, eine explorative Datenanalyse durchzuführen. Außerdem werden Sie weit weniger Einblick in die Daten haben, und der Zugriff wird eingeschränkter sein als üblich. In vielen Fällen können Sie verteilte Abfragen mit Software durchführen, die speziell für Federated Learning entwickelt wurde, um einen Überblick über die Gesamtpopulation zu erhalten. Aber selbst dann können Sie die Daten nicht direkt einsehen. Dadurch gestaltet es sich schwierig, die Fehlerquelle zu finden, wenn ein Modell nicht einwandfrei funktioniert.

Die Modellarchitektur und die Aufteilung der Daten müssen festgelegt und entsprechend umgesetzt werden. Bei Federated Learning mit tabellarischen Daten kann zwischen vertikaler und horizontaler Aufteilung gewählt werden. Das bedeutet, dass die Daten entweder auf »Zeilen«- (horizontal) oder auf »Spalten«-Basis (vertikal) zwischen den verschiedenen Nutzern aufgeteilt werden. Auch wenn Sie nicht mit tabellarischen Daten arbeiten, können Sie diese Aufteilungen bei Bedarf dafür verwenden, Labels mit Ihren Inputdaten abzugleichen. Bevor Sie sich für eine Aufteilung entscheiden, sollten Sie sich darüber im Klaren sein, welche Art von Daten Ihre Geräte enthalten – sind es einfach nur mehr Beispiele mit den entsprechenden Labels?

Befinden sich die Labels auf einigen Geräten und die Input-Features auf anderen Geräten? Sind die Input-Features und Variablen auf mehrere Geräte verteilt? Je nachdem, wie die Daten verteilt sind, müssen Sie Ihr Modell strukturieren, wobei einige Konfigurationen einfacher sind als andere. Wenn die Daten horizontal aufgeteilt sind und jedes Gerät über Trainingsdaten und Labels verfügt, ist dies mit den heute verfügbaren Federated-Learning-Bibliotheken einfacher zu handhaben. Die Unterstützung für vertikale Aufteilungen, bei denen Labels und/oder Input-Features auf verschiedene Geräte verteilt werden können, nimmt allerdings stetig zu.

Es gibt auch einige interessante Forschungsbeiträge zu Multitask-Modellen, (*https://oreil.ly/dhBjt*) die in einer verteilten Umgebung trainiert werden können, in der die Daten heterogen sind und jedes Modell gegebenenfalls für eine andere Aufgabe optimiert wird. Dies ist zwar noch Gegenstand der Forschung, aber die Möglichkeit, Wissen in diesen heterogenen Umgebungen transferieren zu können, könnte neue föderale und verteilte Lernarchitekturen hervorbringen. Darüber hinaus könnten diese Fortschritte dazu beitragen, dass neue Methoden zum Erlernen von Aufgaben gefunden werden, wenn zwar keine Daten für eine bestimmte Aufgabe vorliegen, aber verwandte Daten vorhanden sind.

Es gibt noch weitere interessante Federated-Learning-Strukturen, wie Split Learning (*https://oreil.ly/Eh_06*), Personalisierung von Modellen auf Geräten (*https://oreil.ly/oJNGk*) und Meta Learning (*https://oreil.ly/QA86F*). Auf einige dieser Strukturen werde ich im weiteren Verlauf dieses Kapitels eingehen, wenn sie im Zusammenhang mit spezifischen Fragen oder Problemen stehen. Der Bereich des Federated Learning ist noch relativ jung. Daher werden viele dieser Ideen, obwohl sie sich in der Forschung bewährt haben, nicht unbedingt in großem Umfang eingesetzt. Ich empfehle Ihnen, sich über die neuesten Architekturen, die für Ihren Anwendungsfall infrage kommen, zu informieren und herauszufinden, ob sie bereits eingesetzt werden und ob sie in der Zwischenzeit in der Forschung oder in der Praxis optimiert oder verbessert wurden.

Die Art und Weise, wie Sie Federated-Learning-Modelle trainieren, hängt in hohem Maße davon ab, wie eng Sie mit den Infrastruktur-, Software- und DevOps-Spezialistinnen und -Spezialisten in Ihrem Unternehmen zusammenarbeiten. Vor dem Gespräch sollten Sie sich überlegen, welche Anforderungen an die Architektur und das Deployment thematisiert werden sollten und wie Sie Ihre Kollegenteams bei der Entscheidungsfindung unterstützen können..

Federated-Learning-Systeme konzipieren

Die Architektur von Federated-Learning-Systemen ist angesichts der zahlreichen Einschränkungen und Leistungsanforderungen bezüglich des Deployments keine leichte Aufgabe. In diesem Abschnitt erfahren Sie, was bei der Architektur eines föderalen bzw. verteilten Datensystems zu beachten ist und was bei der Entwicklung und dem Deployment von Software, bei der die Daten so weit wie möglich vom zentralen System entfernt sind, berücksichtigt werden muss.

Mögliche Arten des Deployments

In Federated-Learning- oder verteilten Datenanalysesystemen haben Sie mehrere wesentliche Komponenten. Diese sind:

- Kommunikationswege zwischen Geräten (und ein zentraler Dienst, falls vorhanden).
- Ein oder mehrere Aggregatoren oder ein koordinierter Aggregationsprozess.
- Eine Software, die diese Art der Koordination und Analyse unterstützt, ist auf allen Geräten im Einsatz.

Zunächst müssen Sie herausfinden, wie sich die Geräte gegenseitig abstimmen und ihre Ergebnisse senden. Dafür gibt es verschiedene Möglichkeiten (siehe Abbildung 6-6):

Klassisch
: Die Geräte verbinden sich mit einem zentralen Aggregator. Dieser Aggregator oder ein damit verbundener Dienst ist für die Auswahl der Geräte, die Abstimmung der Trainingsläufe oder Analysen und die Durchführung des eigentlichen Aggregationsschritts zuständig. Die Endgeräte senden die aktualisierten Daten an diesen zentralen Dienst, wobei das in der Regel über eine sichere Netzwerkverbindung (z.B. per HTTPS oder über VPNs) geschieht.

Als Cluster
: Sie entscheiden sich dafür, Ihre Analysen oder Machine-Learning-Prozesse auf mehrere Aggregatoren aufzuteilen, um verschiedene Geräte auf der Grundlage ihrer Software zu bedienen oder weil Ihre aktuelle Systemarchitektur verteilt ist oder um die Netzwerkleistung zu optimieren. Auch hier sollten die Verbindungen über einen sicheren Kommunikationskanal erfolgen, und die Edge-Geräte würden weiterhin mit dem ihnen zugewiesenen Aggregator kommunizieren. Diese separaten Aggregatoren müssen auch miteinander koordiniert werden, wenn sie ein aggregiertes Modell erstellen sollen.

Vollständig verteilt
: Jedes der vorherigen Systeme basiert auf einer Architektur, die zentralisiert ist und von einer Organisation oder einer Gruppe von Personen gewartet und betrieben werden muss. Wie wäre es jedoch, wenn dieser Prozess tatsächlich dezentralisiert würde? Das ist zwar möglich, erfordert aber einen erheblichen Mehraufwand an Koordination und Kommunikation zwischen den Geräten selbst. Sie müssen die Aktionen und die Aufgaben der Aggregatoren übernehmen (d.h. Auswahlkriterien, Koordination und Aggregation). Aus praktischer Sicht ist dies noch nicht in großem Maßstab durchführbar, aber für einen kleinen Proof of Concept oder als neues Produkt oder Softwareangebot bietet es meiner Meinung nach einige wirklich interessante Eigenschaften in Bezug auf den Datenschutz und die Dezentralität! Sie werden noch mehr über Architekturen wie diese in Kapitel 7 erfahren.

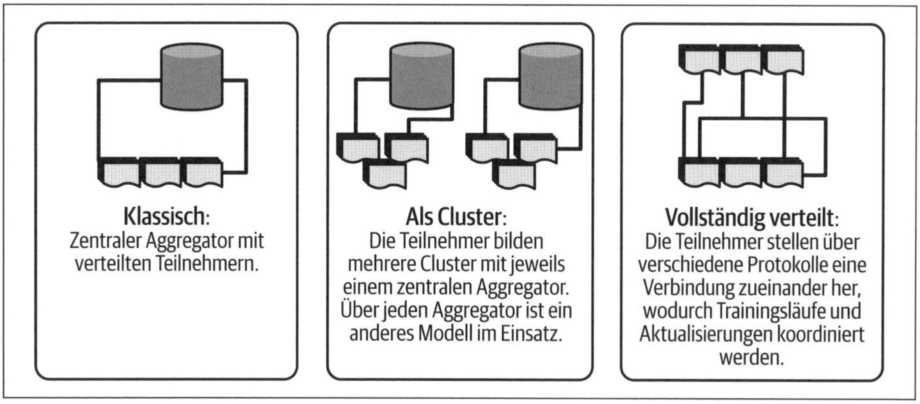

Abbildung 6-6: Verschiedene Optionen, die für den Aufbau eines Federated-Learning-Aggregators geeignet sind

Sie müssen nicht nur die Architektur des Federated-Learning-Systems und des Aggregators entwickeln, sondern auch geeignete Auswahlkriterien festlegen. Im Folgenden finden Sie einige Fragen, die Ihnen bei der Auswahl helfen:

Gerätekonnektivität
: Über welche Internetverbindung verfügt das Gerät? Können Sie sich darauf verlassen, dass die Verbindung nicht mitten in der Analyse unterbrochen wird? Was passiert, wenn eine bestimmte Anzahl an Geräten eine Runde »aussetzt«? Es empfiehlt sich, einen Schwellenwert festzulegen, ab dem die Analyse fortgesetzt werden soll.

Systemspeicher und -last
: In welchem Zustand befindet sich das Gerät derzeit? Ist es durch andere laufende Prozesse stark ausgelastet? Wie viel Arbeitsspeicher (RAM) ist für Analysen oder Trainingsläufe verfügbar?

Stromversorgung und Hardware
: Wie sind die Hardwarespezifikationen des Geräts? Ist das Gerät an das Stromnetz angeschlossen? Wenn nicht, wie hoch ist der Akkustand, und wie lang muss der Akku noch ausreichen, um eine Analyse oder ein Training auf dem Gerät durchzuführen?

Software und Datenzugriff
: Verwendet das Gerät eine aktuelle Softwareversion? Wird die Analyse von der laufenden Software unterstützt? Verfügt das Gerät über lokale Daten, die für das Training und die Analyse relevant sind, wie z.B. die Einwilligung des Nutzers und Zugriffsrechte?

Verteilung der Daten
: Erfüllen das betreffende Gerät und die Daten die datenwissenschaftlichen Anforderungen für Ihre Analyse? Gibt es bestimmte Auswahlkriterien, die Sie verwenden können, damit die Analyse erfolgreich durchgeführt werden kann, z.B. Regionen, Sprachen, Nutzertypen usw.?

Solche Entscheidungen können nicht allein getroffen werden. Stattdessen sollten Sie eng mit Ihren Kolleginnen und Kollegen aus der Datenabteilung und den Bereichen Infrastruktur, Operations, Systems Reliability Engineering und/oder DevOps zusammenarbeiten. Diese Teams werden wahrscheinlich die Infrastruktur und die Geräte für Ihr Machine-Learning- oder Analysesystem bereitstellen, überwachen und warten. Es ist nicht einfach, diese Art von Berechnungen erfolgreich und in großem Maßstab durchzuführen. Daher benötigen Sie die Unterstützung dieser Teams, um das System zu organisieren, zu testen, zu deployen und kontinuierlich zu verbessern.

> Im besten Fall arbeiten Sie mit den Teams aus den Bereichen Infrastruktur und Operations zusammen, die mit diesen Arten von Architekturen vertraut sind. Versuchen Sie, Ihren Horizont hinsichtlich derartiger Systeme zu erweitern, indem Sie von dezentralen Identitätssystemen (*https://oreil.ly/yvdJu*) und Zero-Trust-Architekturen (*https://oreil.ly/9oS83*) lernen. Diese Ansätze sind zwar nicht ganz identisch, aber sie befassen sich mit ähnlichen Problemen hinsichtlich der Gestaltung der Architektur und der Vertrauensbildung.

Wenn Sie darüber nachdenken, wie Sie Ihre Software und die verteilte Analyse testen, ausrollen und (gegebenenfalls) wieder einstellen, sollten Sie mit einer koordinierten Diskussion beginnen, die zu einer gemeinsamen Entscheidung führt. Sie möchten auf jeden Fall vermeiden, dass Ihre Edge-Geräte abstürzen, weil der verfügbare Arbeitsspeicher der Geräte nicht ausreicht, oder dass Sie Softwarebugs einführen, die die Benutzerfreundlichkeit beeinträchtigen oder sogar zu Fehlern im Rahmen der föderalen Analyse führen. Daher ist es wichtig, eine umfassende und robuste CI/CD-Pipeline einzurichten, eine integrierte Testumgebung zu entwickeln und eine Reihe von Testgeräten als »Staging«-Umgebung zu verwenden.

Darüber hinaus werden Sie auch ein Debugging verteilter Daten vornehmen müssen, die Sie nicht einsehen können. Das ist genauso schwierig, wie es klingt! Im Folgenden möchte ich Ihnen ein paar Tipps an die Hand gegeben, die Sie beachten sollten, um diese Aufgabe erfolgreich zu meistern:

Wahren Sie die Privatsphäre.
: Wenn Ihre Datenschutzanforderungen die Hauptmotivation für den Übergang zu einer föderalen Architektur und Analyse sind, sollten Sie sicherstellen, dass diese Anforderungen während des Debuggings auch tatsächlich eingehalten werden. Dies kann zwar etwas mehr Zeit in Anspruch nehmen, führt aber letztlich zu robusten Systemen, die sowohl Datenschutzstandards und -garantien erfüllen als auch verteilte Analysen und Machine-Learning-Prozesse durchführen können. Es wäre daher wenig zielführend, erst eine derartige Infrastruktur aufzubauen, um die Daten dann am Ende an einen zentralen Ort zu kopieren und sie dort zu debuggen oder sensible Informationen an zentraler Stelle zu loggen.

Testen Sie oft und entwickeln Sie Fehlermetriken.
: Die Entwicklung eines kleinen Gerätelabors für lokale Tests beschleunigt das Debugging. Sie können an beiden Enden des Problems ansetzen und Bugs und

Fehler frühzeitig erkennen. Dabei empfiehlt es sich, auch Metriken und Fehlermeldungen zu entwickeln, die keine sensiblen oder privaten Informationen preisgeben. Denken Sie daran, dass Sie keine Informationen erheben sollten, mit denen sich ein bestimmter Nutzer bzw. ein bestimmtes Gerät identifizieren lässt. Versuchen Sie stattdessen, elementare Metriken zu ermitteln, die Sie auf die vorhandenen Probleme hinweisen. Wenn Sie feststellen, dass die von Ihnen benötigten Metriken sensible Informationen enthalten, wie z.B. zusammenfassende Statistiken über die Daten oder den Standort einer Nutzerin, sollten Sie im Rahmen der Ermittlung der Metriken die Aggregierung unter Anwendung von Differential Privacy vornehmen. Das heißt, wenn ein bestimmter Fehler bei vielen Geräten nicht auftritt, werden Sie ihn auch nicht bemerken.

Verlegen Sie das Debugging auf die Endgeräte und identifizieren Sie Muster.
Je näher das Debugging am Gerät stattfindet, desto mehr Daten stehen zur Verfügung. Verwenden Sie diese Metriken und/oder sicheren Fehlerübersichten und stellen Sie fest, ob es Muster für bestimmte Probleme gibt, indem Sie sie für verschiedene Geräte vergleichen. Auf diese Weise können Sie Probleme systematisch identifizieren.

Mein Rat an Sie ist – nachdem ich bereits an verteilten Systemen gearbeitet habe, bei denen die Privatsphäre gewahrt wird (*https://oreil.ly/UrKbf*) –, geduldig zu sein und sich ausreichend Zeit zum Experimentieren und zum Debuggen zu nehmen, ehe Sie ein System in die Produktion überführen. Im folgenden Abschnitt möchte ich Ihnen einige hart erarbeitete Lektionen vermitteln, die ich beim Aufbau und der Instandhaltung verteilter Rechensysteme gewonnen habe.

Potenzielle Sicherheitsrisiken

In diesem Kapitel haben Sie sich bereits mit verschiedenen Problemen und Aspekten befasst, z.B. wie das Deployment ausgestaltet werden kann, welche technischen Voraussetzungen die Geräte erfüllen müssen, welche verschiedenen Möglichkeiten es gibt, Fehler zu beheben, und welche Probleme hinsichtlich der Daten auftreten können. Doch es gibt noch weitere Herausforderungen! Sie müssen sich auch Gedanken darüber machen, ob das Modell selbst ausreichend gesichert ist, wenn Sie es auf die Geräte übertragen.

Ein Modell lässt sich, wie Sie bereits in Kapitel 4 erfahren haben, nur schwer vor Reverse Engineering schützen – vor allem wenn das Modell als lokale Kopie vorliegt. Eine Möglichkeit, dies zu verhindern, besteht darin, das Modell an einer bestimmten Schicht (engl. *Layer*) aufzuteilen (was als Split Learning (*https://splitlearning.mit.edu*) bezeichnet wird) und nur einige Schichten (feingetunt oder mit Ausgangsgewichtung) an die Geräte zu übertragen. Dadurch wird zwar nicht verhindert, dass die Arbeitsweise des Modells offengelegt wird, aber es wird vermieden, dass das gesamte Modell an alle Geräte gesendet wird.

> Für einen umfassenden und wissenschaftlich fundierten Überblick über die Fortschritte und Herausforderungen im Bereich des Federated Learning empfehle ich Ihnen den Artikel »Advances and Open Problems in Federated Learning« (*https://oreil.ly/s79IZ*), der von mehreren Wissenschaftlern und Fachleuten aus der Praxis verfasst wurde und den gegenwärtigen Stand der Forschung aufzeigt.

Ein weiteres ernst zu nehmendes Sicherheitsrisiko besteht in der Möglichkeit, dass ein Nutzer das zentralisierte Modell »aushebelt« (sei es böswillig oder nur irrtümlich). Data Poisoning ist eine Art von Angriff, bei dem ein Nutzer oder eine Nutzerin bzw. eine ganze Gruppe falsche Daten übermittelt, um das Modell in Richtung einer bestimmten oder einer falschen Vorhersage zu beeinflussen. In einer föderalen Umgebung könnte dies ein Nutzer oder eine Gruppe von Akteuren sein, die gemeinsam an einem Trainingslauf teilnehmen. Data Poisoning Attacks, die in einer Federated-Machine-Learning-Umgebung stattfinden, werden auch als *Byzantine Poisoning Attacks* (oft in Kurzform als *Byzantine Attacks*) bezeichnet.[6]

Um diesem Problem entgegenzuwirken, können Sie ein weiterentwickeltes Auswahlkriterium verwenden und mehrere Modellkandidaten parallel trainieren, die Sie dann jeweils mit separaten Nutzern als Testdatensatz evaluieren. Sie können auch eine Stichprobe der dem Modell übergebenen Daten nehmen und unterstellen, dass Beobachtungen, die sehr große Gradienten aufweisen, untypisch sind, und diese entweder aussortieren oder die Gradienten beschränken (*Clamping*). Allerdings kann Ihr Modell dann nicht aus Beobachtungen lernen bzw. sich an Daten anpassen, die nicht wirklich bösartig sind.

Andere Ansätze, die für Data Poisoning Attacks und Adversarial Attacks empfohlen werden, sind das Transformieren von Beispielen, um näher an der Mannigfaltigkeit (engl. *Manifold*) zu sein, (*https://oreil.ly/icwSq*) oder das Training so zu gestalten, dass Adversarial und Poisoning Attacks berücksichtigt werden (*https://oreil.ly/QN4Ip*). Zwar lassen sich Angriffe dadurch nicht vollständig ausschließen, aber diese Ansätze sollten dennoch dazu beitragen können, den Einfluss, der von kleinen Gruppen von Akteuren in einem großen verteilten Machine-Learning-Prozess ausgehen kann, zu verringern.

Schließlich gibt es noch ein weiteres Problem: Wenn Ihre Nutzerinnen und Nutzer davon ausgehen, dass an irgendeiner Stelle ein Backup ihrer Daten erstellt wird, wie können Sie dann sicherstellen, dass Daten, die wichtig sind, ordnungsgemäß gesichert werden, wenn Sie sie nicht zentral speichern? Sie könnten den Nutzern ermöglichen, die Daten, die sie zentral gespeichert haben möchten, auf nutzerfreundliche Weise zu identifizieren, oder Sie könnten ihnen entsprechende Backup-Optionen anbieten, die sie gegebenenfalls bereits anwenden, wie z. B. die Daten in der mit dem jeweiligen Konto des Nutzers verbundenen Cloud zu speichern.

---

6 Wenn Sie sich entscheiden, diese Thematik weiter aufzugreifen, sollten Sie sich eine Reihe von Forschungsbeiträgen zu Adversarial Learning (*https://oreil.ly/z9DOq*) in föderalen und nicht föderalen Umgebungen sowie mehrere interessante Codeimplementierungen (*https://oreil.ly/8UvHt*) ansehen.

Auch in diesem Fall sollten Sie zunächst überlegen, wie Sie Ihren Nutzern eine möglichst datenschutzfreundliche, einwilligungsabhängige und zugleich sichere Lösung anbieten können. In der Praxis gibt es viele Beispiele, in denen im Namen des Nutzers Annahmen getroffen werden, die höchstwahrscheinlich nicht auf alle Nutzer zutreffen (z. B. veraltete Chatnachrichten oder Inhalte, von denen die Nutzer angenommen haben, dass sie nur vorübergehend gespeichert werden, die aber länger als gewünscht vorgehalten werden). Sprechen Sie im Zweifel direkt mit den Nutzern!

Anwendungsbereiche

Federated Learning und Federated Analytics eröffnen völlig neue Anwendungsbereiche, die sich nicht für eine zentralisierte Datenerfassung eignen. Edge-Geräte, die große Datenmengen erzeugen, sind aufgrund von Konnektivitäts- und Speicherproblemen nicht geeignet, Daten an einen zentralen Dienst zu übermitteln. Da die Rechen- und Speicherleistung von Edge-Geräten zunimmt, ergeben sich neue Möglichkeiten, diese Geräte mit Rechenkapazität auszustatten, anstatt Daten zu zentralisieren, die in den meisten Fällen nicht genutzt werden können oder sollen.

Beispielsweise sind aggregierte IoT-Daten in der Regel wenig nützlich, vor allem weil es schwierig ist, sie mit interessanten Datenquellen wie Wetter-, Standort-, Störungs- und Fehlerdaten oder anderen Umgebungsdaten zu verknüpfen, die nur jemandem zugänglich sind, der sich in der Nähe des Geräts befindet. Wenn diese Daten am Rand des Systems und auf Geräteebene verbleiben und statistische Analysen und/oder Trainings mit diesen Daten am Rand des Systems durchgeführt werden können, könnten diese Systeme die tatsächliche Ursache von Problemen und deren Auswirkungen schneller erkennen, z. B. bei der vorausschauenden Wartung (engl. *Predictive Maintenance*) oder bei Warnsystemen.

Aufgrund der zusätzlichen Datenschutz- und Sicherheitsmechanismen kann Federated Learning neue Optionen für siloübergreifende Lern- oder Analyseaufgaben eröffnen – bei denen verschiedene Teile einer einzelnen Organisation, die normalerweise keine Daten gemeinsam nutzen, ein Modell erstellen oder Daten gemeinsam analysieren können. Dies kann organisationsübergreifende oder organisationsinterne Datenprojekte ermöglichen, z. B. zwischen Mutter- und Tochterunternehmen oder zwischen verschiedenen Unternehmen, die sich mit unterschiedlichen Aspekten einer Aufgabe befassen, wie z. B. Industriepartnerschaften in den Bereichen Logistik, Operations oder Telekommunikation.

Im Grunde bietet Federated Learning die Möglichkeit, Modelle auf demokratischere Weise mit Nutzerinnen und Nutzern zu teilen. Da Sie Daten der Nutzer zum Trainieren des Modells verwenden, scheint es nur fair zu sein, ihnen auch einen besseren Zugang und mehr Mitsprache zu gewähren. Daraus ergibt sich der zusätzliche Vorteil, dass Sie auch die Personalisierung anders gestalten können. Was wäre, wenn Sie personalisiertere Modelle anbieten könnten, bei denen Sie den lokalen Modellen erlauben, vom zentralen Modell abzuweichen? Die Nutzer würden dann ein personalisiertes Modell erhalten, das besser zu ihren Daten passt – vorausgesetzt, ihre Features und Labels stehen auf lokaler Ebene zur Verfügung. Das bedeutet zugleich, dass Sie keine Kopie dieses Modells besitzen – was Ihren Datenschutzgarantien zugutekäme und gleichzeitig einen Mehrwert für Ihre Nutzer darstellt.

Meiner Meinung nach entspricht dieser Ansatz auch eher der Wahrnehmung der Nutzer hinsichtlich der Art und Weise, wie ihre Daten gespeichert und verwendet werden. Die Schlagzeilen in den Medien, die das öffentliche Bewusstsein über die Funktionsweise von Machine-Learning-Systemen geschärft haben (z.B. dass Menschen die Trainingsdaten einsehen und mit Labels versehen, dass die Daten zentral an einem Ort gespeichert werden, über den der Nutzer keine direkte Kontrolle hat, usw.), haben den Mangel an Transparenz und Verantwortungsbewusstsein deutlich gemacht, den die Branche im Laufe ihrer Entwicklung an den Tag gelegt hat. Es liegt auf der Hand, dass noch ein langer Weg zurückzulegen ist, um das Vertrauen wiederherzustellen. Die Entwicklung von Systemen, bei denen die Nutzerinnen und Nutzer tatsächlich die Kontrolle über ihre Daten haben, ihre Einwilligung gezielt erteilen können und die Möglichkeit bekommen, dass ihre Daten nur lokal gespeichert werden, würde dazu beitragen, den entstandenen Schaden zu beheben und die besondere Bedeutung des Datenschutzes für die betreffenden Produkte, Softwareprogramme oder Dienste zu unterstreichen.

Wenn Sie zu dem Schluss gekommen sind, dass Federated Learning für Ihren speziellen Anwendungsfall geeignet ist, oder wenn Sie ein höheres Maß an Datenschutz und Datensparsamkeit anstreben, müssen Sie zunächst herausfinden, wie Sie das Deployment der Software gestalten und wie Sie die Aggregations- und Orchestrierungsinfrastruktur aufbauen, um die Grundlage für Ihre ersten Schritte zu legen.

Deployment mit Federated-Learning-Bibliotheken und -Tools

Wenn Sie Federated Learning in großem Umfang zum Einsatz bringen wollen, müssen Sie zunächst herausfinden, welche Art von Architektur und Wartung für Ihr Unternehmen geeignet ist. Wenngleich ich persönlich von vollständig föderalen und dezentralisierten Lösungen begeistert bin, verfolgen die meisten der erprobten Frameworks einen semizentralisierten Ansatz.

Daher sollten Sie eng mit den DevOps-, Infrastruktur- und/oder Plattformteams in Ihrem Unternehmen zusammenarbeiten, um die zugrunde liegende Architektur aufeinander abzustimmen und zu implementieren. Falls Sie bereits Software für Edge-Geräte bereitstellen, dürfte sich das nicht so schwer gestalten, wie Sie vielleicht denken.

Hier sind ein paar Einstiegsfragen für die Diskussion:

- Wenn wir Open-Source-Software auf unseren Knotenpunkten installieren oder nutzen möchten, wie würde sich das realisieren lassen? Welche Möglichkeiten zum Deployment stehen uns zur Verfügung, wenn wir neue Bibliotheken an den Netzwerkrand bringen wollen?
- Wie stark sind unsere Edge-Knoten bzw. -Geräte miteinander verbunden?
- Wie hoch ist die Speicher- und Rechenkapazität unserer Edge-Knoten bzw. -Geräte?
- Wie können wir die Logdaten und Fehlermeldungen beim Debuggen der einzelnen Knoten auf sichere Art und Weise zusammenführen?

- Welche Informationen liegen uns über unsere auf den Geräten laufenden Prozesse vor, mit denen wir die Berechnungen debuggen und überwachen können?
- Wie können wir die Continuous Integration so ausgestalten, dass zunächst lediglich bei bestimmten Edge-Knoten eine Aktualisierung der Software oder eine Aktualisierung des Modells infolge des Trainings vorgenommen wird?
- Wo sollten wir die Aggregatoren in unserer Architektur platzieren? Auf welche Weise sollten diese Teile der Architektur gesichert werden?
- Wie können wir sichergehen, dass die Aggregatoren mit unserer Data-Science-Infrastruktur und unseren Data-Science-Diensten in geeigneter Weise kommunizieren können?

Stellen Sie sicher, dass Ihr Team beim Testen und Ausrollen der föderalen Infrastruktur auf Unterstützung zählen kann – schließlich handelt es sich um einen recht komplexen Vorgang, bei dem Sie abteilungsübergreifend zusammenarbeiten sollten, damit das Deployment reibungslos vonstattengehen kann. Denken Sie auch daran, dass andere Elemente, wie z.B. die auf den Geräten gespeicherten Logdateien oder Fehlermeldungen, hochsensible Informationen enthalten können und daher als persönlich identifizierende Informationen (PII) behandelt werden müssen.

Kämpfen Sie nicht gegen Windmühlen! Führen Sie zunächst einen Betatest mit einer kleinen Anzahl von Geräten durch, die Ihren Anforderungen in Bezug auf Konnektivität, Rechenleistung und Datenqualität am besten entsprechen. Setzen Sie Prioritäten, um das bestmögliche Ergebnis zu erzielen, und sehen Sie, ob es funktioniert. Wenn Sie während der Entwicklung, des Deployments oder des Trainings auf vorhersehbare oder unvorhersehbare Probleme stoßen, können Sie auf der Grundlage der bestmöglichen Ausgangssituation schneller debuggen und die nächsten Schritte festlegen.

Wenn Sie bislang noch nicht mit Federated Learning arbeiten, sollten Sie sich zunächst mit den Open-Source-Softwarelösungen vertraut machen, bevor Sie ein Deployment durchführen oder Ihre eigene Software entwickeln. Im nächsten Abschnitt lernen Sie eine Open-Source-Bibliothek kennen, mit der Sie ein erstmaliges Deployment testen können.

Open-Source-Bibliotheken für Federated Learning

Sowohl die Open-Source-Community als auch viele der größeren Technologieunternehmen und Start-ups haben sich mittlerweile dem Konzept der verteilten Datenanalyse verschrieben. Es gibt viele quelloffene, gut unterstützte und gepflegte Bibliotheken, mit denen Sie Federated Learning umsetzen können.

Wenn die von Ihnen verwendete Machine-Learning-Bibliothek bereits Federated Learning unterstützt, sollten Sie am besten auf diese zurückgreifen. Verwenden Sie zum Beispiel bereits TensorFlow, ist es ratsam, direkt mit tf-federated (*https://oreil.ly/si-JyK*) zu arbeiten.

Im folgenden Abschnitt stelle ich Ihnen die Bibliothek Flower vor. Sie ist eine äußerst interessante und nützliche Bibliothek, die von mehreren Forschern aus Cambridge gepflegt wird und die die Möglichkeit bietet, das Machine-Learning-Backend zu wechseln, wobei unter anderem TensorFlow, PyTorch und Hugging Face unterstützt werden.

Da sich Bibliotheken, Funktionalitäten und Open-Source-Angebote schnell verändern können, sollten Sie zunächst herausfinden, was sich für Ihren Anwendungsfall und Ihre Architektur am besten eignet. Federated Learning wird weiterhin intensiv erforscht und findet zunehmend auch in der Praxis Anwendung. Daher sollten Sie sich vorab ein Bild davon machen, ob es neue Bibliotheken gibt, die Ihnen gegebenenfalls zusätzliche Möglichkeiten eröffnen.

Flower: eine Federated-Learning-Bibliothek für verschiedene Open-Source-Backends

Die Entwickler von Flower haben sich zum Ziel gesetzt, eine einheitliche Benutzeroberfläche für verschiedene Federated-Learning-Backends wie TensorFlow, PyTorch, Hugging Face, MXNet und scikit-learn zu schaffen. Flower stellt auch Emulatoren für iOS und Android zur Verfügung und bietet Unterstützung für Ray (*https://oreil.ly/CMMTH*), eine Bibliothek und Community, die sich auf Distributed Data Analysis, Analytics und Machine Learning spezialisiert hat.

Darüber hinaus unterstützt Flower einfache Abfragen, mit denen Sie gezielt einzelne Werte von den Knotenpunkten abrufen können. In der Dokumentation (*https://flower.dev*) finden Sie noch weitere Beispiele und eine Reihe von Google-Colab-Notebooks.

Das vollständige Notebook und die dazugehörigen Skripte finden Sie im Code-Repository des Buchs, wobei das Repository ein wenig anders aufgebaut ist als der hier vorgestellte Code. Der folgende Code stammt aus einem der vielen hilfreichen Beispiele in der Dokumentation und zeigt, wie Sie mithilfe der integrierten Klassen eigene Strategien zur Verwaltung Ihres föderalen Trainings einrichten können:

```
strategy = fl.server.strategy.FedAvg(
    fraction_fit=0.1,
    min_fit_clients=10,  # Mindestanzahl der Clients, die beim
                         # nächsten Trainingslauf ausgewählt werden
    min_available_clients=80,  # Mindestanzahl der Clients, die mit dem
                               # Server verbunden sein müssen, bevor
                               # ein Trainingslauf beginnen kann
)
```

Gehen wir die einzelnen Parameter einmal durch, damit Sie besser nachvollziehen können, was sie bewirken:

- Mit `fraction_fit` wird festgelegt, wie viel Prozent der Clients ausgewählt werden sollen. Im vorliegenden Fall werden 10 % der Clients ausgewählt.
- `min_fit_clients` entspricht der Anzahl der Clients, die für den nächsten Trainingslauf ausgewählt werden, um festzustellen, ob die Verlustfunktion geeignet ist.

- Mit `min_available_clients` wird die Anzahl der Clients angegeben, mit denen der Server verbunden sein soll, bevor ein Trainingslauf beginnen kann.

In diesem Codebeispiel wird als Strategie ein Federated Averaging verfolgt, das dem ursprünglichen Algorithmus entspricht, der im Jahr 2017 von Forschern von Google vorgeschlagen wurde (*https://oreil.ly/xTH_4*). Seitdem wurde er in vielen Federated-Learning-Bibliotheken implementiert. Bei dem Algorithmus werden die aktualisierten Gradienten der einzelnen Clientmodelle gesammelt – in der Regel nachdem zuvor einige Trainingsläufe auf lokaler Ebene durchgeführt worden sind –, und diese werden dann über den Aggregationsserver aggregiert, der den Durchschnitt aller aktualisierten Gradienten bildet, um einen föderalen Durchschnitt für den Gradienten zu ermitteln. Dieser durchschnittliche Gradient wird dann an die Geräte gesendet, auf denen daraufhin weitere Trainingsläufe durchgeführt werden.

Dieser grundlegende Ansatz lässt sich noch verbessern. Hierfür gibt es zahlreiche Algorithmen, bei denen es sich lohnt, sie einmal auszuprobieren, z. B. Federated Averaging mit Client-level Momentum (*https://oreil.ly/JX6HS*), Byzantine-Robust Federated Averaging (*https://oreil.ly/y9oUk*) und mehrere innovative Ansätze, die Sie in dem Artikel »Advances and Open Problems in Federated Learning« (*https://oreil.ly/YUtFw*) nachvollziehen können. Gegenwärtig wird intensiv daran geforscht, Aggregationsalgorithmen zu entwickeln, die Differential Privacy und Encrypted Computation als Garantien bieten, was oftmals als *private and secure Aggregation* bezeichnet wird. Weitere Einzelheiten hierzu erfahren Sie in Kapitel 7.

Mit den in der Dokumentation des Flower-Frameworks enthaltenen Tutorials, in denen die verschiedenen Strategien vorgestellt werden (*https://oreil.ly/_s9RA*), können Sie noch mehr über diese Strategien erfahren und wie Sie Ihre eigene `Strategy`-Klasse erstellen können.

Flower verfügt auch über ein Simulationsmodul, mit dem etwaige Fehler zunächst simuliert werden, wodurch Sie einfacher debuggen können. Dies lässt sich wie im folgenden Code umsetzen:

```
fl.simulation.start_simulation(
    client_fn=client_fn,
    num_clients=NUM_CLIENTS,
    config=fl.server.ServerConfig(num_rounds=100),
    strategy=strategy,
)
```

Die Simulationsmethode erfordert einige Schlüsselwortparameter, unter anderem eine Funktion, die der Instanziierung der Clients dient, die Anzahl der zu startenden Clients, die Serverkonfigurationen und die zu verfolgende Strategie. Beachten Sie, dass Sie eine Vielzahl von Simulationen durchführen müssen, um zu ermitteln, was Ihrer tatsächlichen Nutzung am ähnlichsten ist. Wenn Sie Android-, iOS- oder Embedded-Devices simulieren möchten, sollten Sie die integrierten Tools der Bibliothek nutzen.

Wird dieser Code ausgeführt, wird im Hintergrund eine auf dem Ray-Framework basierende Simulation erstellt. Ray verfügt über eine eigene Methode zur Verwaltung von Clustern, über die Sie mehr in der Dokumentation (*https://oreil.ly/2s-_X*) erfahren können. Bei Flower wird dagegen eine Abstraktion verwendet, die sich hervorragend dafür eignet, lokale Simulationen und Tests durchzuführen. Bevor Sie Flower in einer Staging- oder Produktionsumgebung einsetzen, sollten Sie sich zunächst eingehend mit diesen Abstraktionen vertraut machen.

Nachdem Sie einige Simulationsläufe durchgeführt haben, können Sie Flower mit einer Reihe verbundener Geräte ausführen. Entwickeln Sie Applikationen für mobile Endgeräte, können Sie einen entsprechenden Dienst nutzen oder sogar Ihr eigenes Gerätelabor haben.

Damit Flower auf den Geräten ausgeführt werden kann, müssen Sie zunächst einen innerhalb Ihrer Architektur betriebenen Server einrichten und diesen den Clients über SSL zur Verfügung stellen. In der Dokumentation gibt es einen kurzen Abschnitt (*https://oreil.ly/wA2pL*), in dem beschrieben wird, wie sich dies bewerkstelligen lässt. Allerdings sollte Ihr Infrastruktur- und Softwareteam dafür sorgen, dass der Server gesichert ist und über eine solide Rechen- und Speicherleistung sowie eine Load-Balancing-Strategie verfügt, sofern Sie eine hohe Last von den verbundenen Geräten erwarten.

Anschließend müssen Sie Flower auf den Geräten installieren und deployen. Dabei müssen Sie sicherstellen, dass die Clientseite startet und ausreichend viele Geräte zur Verfügung stehen, damit die Mindestanzahl an Geräten, die für die von Ihnen gewählte Strategie erforderlich ist, erreicht wird. Außerdem sollten Sie sicherstellen, dass sich die Federated Clients problemlos in die Software integrieren lassen, die Sie bereits auf den Geräten einsetzen. Wenn Sie sich ein Bild davon machen möchten, wie die Konfiguration aussehen könnte, schauen Sie sich die clientspezifische Dokumentation (*https://oreil.ly/UCYyq*) und die entsprechenden Architekturdiagramme (*https://oreil.ly/FcrRS*) an.

Sie sind nun in der Lage, Ihre erste Analyse bzw. Ihr erstes Machine-Learning-Modell in die Produktion zu überführen. Nachdem Sie Ihre ersten erfolgreichen Analysen aufgesetzt bzw. Modelle implementiert haben, werden Sie das nötige Selbstvertrauen entwickelt haben, um weitere Iterationen und Versuche durchzuführen. Mit jedem neuen Modell bzw. jeder neuen Analyse können Sie die Risiken in Bezug auf den Datenschutz verringern und sich nach und nach Kenntnisse darüber aneignen, wie Data Science mit weniger zentralisierten Daten durchgeführt werden kann.

Flower ist, wie bereits erwähnt, nur eine von vielen neueren Federated-Learning-Bibliotheken, die für Distributed Data Science und Federated Learning entwickelt wurden. Dieser Bereich wird in den kommenden Jahren noch erheblich an Bedeutung gewinnen, was nicht nur zu einem größeren Angebot an Open-Source-Bibliotheken führen wird, sondern auch dazu, dass die Verwendung von Daten so umstrukturiert werden kann, dass sie den realen Problemen, die in der Data Science gelöst werden sollen, besser entsprechen.

Federated Data Science – ein Ausblick

Ich bin fest davon überzeugt, dass Distributed Data Science, Analytics und Machine Learning unsere Zukunft sind. Werfen wir einen Blick auf einige Beispiele, die zeigen, wie Datenanalysen und Data Science im Edge-Bereich dazu beitragen können, die Probleme von heute zu lösen.

Kommunen, Landkreise und Bundesländer könnten beispielsweise den Anbau und die Versorgung mit Nahrungsmitteln durch intelligente landwirtschaftliche Geräte steuern, die den durchschnittlichen Ertrag pro Pflanze ermitteln. Diese Daten könnten dann aggregiert werden, um Fragen wie »Werden wir genug zu essen haben?« zu beantworten. Anstatt diese Daten bei einem Agrarriesen zentral zusammenlaufen zu lassen, könnten sie an die zuständigen Kommunal- oder Landesregierungen oder an landwirtschaftliche Verbände weitergeleitet werden, um eine bessere Planung und Koordination zu ermöglichen.

Die COVID-19-Pandemie hat gezeigt, dass mit kleinräumigen Daten, wie z.B. von kleinen Embedded Devices in Krankenhäusern, Anstiege von Neuinfektionen verfolgt werden konnten. Anhand dieser Daten konnten potenzielle Infektionswellen identifiziert und die Ausbreitung des Virus mithilfe intelligenter Modellierung eingedämmt werden, die wiederum als Grundlage für Empfehlungen und Vorschriften im Bereich der öffentlichen Gesundheit herangezogen werden konnte. Auf diese Weise erhielten die Gesundheitsbehörden bessere Informationen, während die Privatsphäre der Betroffenen gewahrt blieb.

Mit vernetzten Wetter- und Wassersensoren, die eine bessere Lageeinschätzung ermöglichen, könnten den sich immer stärker ausweitenden Klimakatastrophen besser begegnet werden, was zu Früherkennungs- und Warnsystemen führen würde, die durch eine föderale Datenaggregation auf Basis von Edge-Geräten betrieben werden.

Diese Beispiele sind erst der Anfang. Wenn Daten verstärkt auf lokaler Ebene genutzt werden, eröffnen sich neue Möglichkeiten für ein kollektives Eigentum an Daten. Wenn Daten in kollektivem Eigentum stehen und kollektiv verwaltet werden, ergeben sich Anwendungsfälle, bei denen Gewinn und Kontrolle nicht an einer zentralen Stelle konzentriert sind. Wenn Nutzer, Nutzergruppen oder sogar diverse Datenanbieter in die Lage versetzt werden, sich gegenseitig bei der Analyse von Datenproblemen zu helfen und herauszufinden, wie sie ihre eigenen Modelle über bessere und benutzerfreundlichere Schnittstellen trainieren können, dann ergibt sich ein ganz anderes Bild davon, wozu Machine Learning eingesetzt werden kann.

Durch den Übergang zu einer kollektiv genutzten und kollektiv verwalteten Art, über Daten nachzudenken, werden bestehende Beschränkungen in Möglichkeiten umgewandelt. Die begrenzte Rechenleistung wird zu einem praktischen Mittel, mit dem Communitys gemeinsam daran arbeiten können, Probleme auf lokaler Ebene zu lösen. Diese Communitys vernetzen sich und tauschen ihr Wissen aus, ohne dass die Daten zentralisiert oder das Eigentum an ihnen geteilt werden muss. Die Welt verlagert sich bereits immer mehr auf die Ebene der Endgeräte. Ich hoffe, dass wir dies als Chance nutzen können, um für uns und unsere Welt bessere Fragen zu stellen und zu beantworten.

Zusammenfassung

In diesem Kapitel haben Sie mehr über die verteilte Datenanalyse und das Federated Learning erfahren und darüber, wie Sie diese auf Ihren eigenen Anwendungsfall oder Ihr eigenes Problem anwenden können. Sie haben auch die Herausforderungen und Möglichkeiten dieser Technologien kennengelernt – einschließlich der Frage, wie Sie die Datenschutzgarantien erhöhen können, indem Sie föderale Ansätze mit Konzepten kombinieren, die Sie bereits kennen, wie Differential Privacy und Trust Boundaries.

Sie haben gelernt, wie sich der Einsatz und die Architektur von föderalen Systemen auf Ihre Anwendungsfälle auswirken können und werden, und Sie hatten die Gelegenheit, eine Open-Source-Federated-Learning-Bibliothek auszuprobieren und zu sehen, wie deren Einsatz unter realen Bedingungen aussehen könnte. Darüber hinaus haben Sie bestenfalls darüber reflektiert, wie Federated Learning und verteilte Datenanalysen neue Möglichkeiten eröffnen, die die Art und Weise, wie Sie Daten verwalten und über sie nachdenken, grundlegend verändern können.

Im nächsten Kapitel werden Sie sich mit Encrypted Computation befassen. Diese Technologie kann, wie ich bereits in diesem und anderen Kapiteln erwähnt habe, dazu beitragen, den Datenschutz, die Vertraulichkeit und die Sicherheit zu verbessern und die Art und Weise, wie Vertrauen in verteilten Systemen gestaltet wird, zu verändern.

KAPITEL 7

Encrypted Computation

Encrypted Computation ist ein Teilgebiet der Kryptografie, mit der Berechnungen auf Basis verschlüsselter Daten durchgeführt werden können, ohne diese dabei entschlüsseln zu müssen. Dieser Bereich wurde erstmals in den 1970er-Jahren wissenschaftlich erforscht und hat sich seitdem weiterentwickelt. Encrypted Computation bietet die Möglichkeit, auch unter unsicheren Bedingungen sichere Berechnungen durchzuführen. In diesem Kapitel werden Sie einige grundlegende Konzepte der Encrypted Computation kennenlernen und erfahren, wie Sie feststellen können, ob und wann diese Technologie eine gute Lösung für Ihre datenwissenschaftlichen Anforderungen darstellt.

Was genau ist Encrypted Computation?

Die Vorstellung, Berechnungen mit Daten durchzuführen, ohne sie dabei entschlüsseln zu müssen, scheint auf den ersten Blick unmöglich. Tatsächlich ist es aber möglich, Berechnungen mit Daten durchzuführen, ohne sie dabei zu entschlüsseln. Im Grunde gibt es zahlreiche Protokolle und Methoden, mit denen Berechnungen mit verschlüsselten Daten durchgeführt werden können. Von einigen haben Sie vielleicht schon gehört: homomorphe Verschlüsselung (engl. *Homomorphic Encryption*, HE), *Secure Multiparty Computation* (SMPC bzw. MPC) – im Deutschen auch als sichere Mehrparteienberechnung bekannt –, *Garbled Circuits* oder verwandte Methoden wie Null-Wissen-Beweise (engl. *Zero-Knowledge Proofs*, ZK- Proofs).

Ein Großteil der Verfahren der Encrypted Computation ist auf bestimmte mathematische Eigenschaften angewiesen, damit die Korrektheit bei der Verarbeitung verschlüsselter Daten erhalten bleibt. Dieses Kapitel soll Ihnen eine grundlegende Einführung bieten, auf der Sie im Anschluss an dieses Buch weiter aufbauen können.

Kryptografische Protokolle werden zum Verschlüsseln, Übertragen, Berechnen und Entschlüsseln von Informationen verwendet. Ein Protokoll ist ein Plan, der den Austausch von Informationen – in der Regel zwischen mehreren Computern bzw. Parteien – ermöglicht, um gemeinsam zu kommunizieren oder gemeinsam Berechnungen vorzunehmen. Wenn Sie im Internet surfen, verwenden Sie mehrere Verschlüsselungs- und Netzwerkprotokolle gleichzeitig, wie etwa TLS, DNS und HTTPS.

> Wenn Sie bereits Tools wie GitHub verwendet haben, denken Sie wahrscheinlich an Verschlüsselung im Sinne eines Public-Private-Key-Paars. Doch es gibt weitaus mehr Möglichkeiten der Verschlüsselung als nur diese! Beim Lesen dieses Kapitels sollten Sie nicht versuchen, diese Protokolle in einen bereits bekannten Kontext einzuordnen, da Ihr gedanklicher Ansatz wahrscheinlich nicht dazu passt. Machen Sie sich mit diesen Bausteinen vertraut und spielen Sie mit den Notebooks im Repository des Buchs herum, um so ein neues Verständnis zu entwickeln.

Encrypted Computation löst ein Sicherheitsproblem, wenn mehrere Parteien gemeinsam Berechnungen durchführen möchten, jedoch keine unverschlüsselten bzw. im Klartext vorliegenden Daten verwenden wollen. In solchen Fällen besteht ein unterschiedliches Maß an Vertrauen zwischen den beteiligten Parteien. Mit verschlüsselten Daten kann eine bessere Kontrolle über die Daten gewahrt und das Vertrauen erhöht werden, da kontrolliert werden kann, welche Daten entschlüsselt werden und von wem.

Ein klassisches Problem der Verschlüsselung ist das Millionärsproblem, das von Andrew Yao untersucht wurde (*https://oreil.ly/47-jZ*). Dabei geht es um zwei Millionäre, die herausfinden wollen, wer reicher ist, um zu bestimmen, wer die Rechnung beim Abendessen bezahlen muss. Beide wollen ihr Vermögen nicht verraten, würden aber gern in Erfahrung bringen, wer reicher ist. Yao gelang es, dieses Problem mithilfe einer frühen Implementierung von Verschlüsselungsprotokollen zu lösen, die Sie in diesem Kapitel kennenlernen werden (die *Secure Multiparty Computation*).

Encrypted Computation ist in einer Vielzahl von Fällen nützlich, in denen eine Entschlüsselung der Daten nicht erwünscht oder sogar nicht erlaubt ist. Sehen wir uns an, wann Encrypted Computation das Vertrauen und die Sicherheit erhöhen und neue Wege bei der Zusammenarbeit mit Daten eröffnen können.

Wann Encrypted Computation verwendet werden sollte

Encrypted Computation eignet sich hervorragend für den Einsatz in Fällen, in denen Sie den beteiligten Parteien oder dem gesamten Setting nicht vertrauen können:

Unsichere Cloud-Umgebungen
: Angenommen, Sie möchten Berechnungen in einer Cloud-Umgebung durchführen und dabei lokale Daten nutzen. Sie haben jedoch Bedenken, dass die Cloud-Umgebung nicht sicher ist. Encrypted Computation kann sicherstellen, dass die Daten, die in der Cloud gespeichert sind, niemals entschlüsselt werden.

Berechnungen mit Dritten
: Was ist, wenn Sie Berechnungen gemeinsam mit anderen durchführen möchten, aber nicht wollen, dass die anderen Beteiligten Ihre Rohdaten einsehen können? Encrypted Computation ermöglicht Ihnen, Berechnungen durchzu-

führen, ohne dass dabei die Daten im Klartext offengelegt werden. Zudem können Sie vor Beginn der Berechnungen festlegen, wer das Ergebnis sehen kann und wie es zugänglich gemacht werden soll. Dadurch werden alle Parteien vor Beginn der Berechnungen durch entsprechende Sicherheits- und Datenschutzmaßnahmen geschützt.

Berechnungen auf Basis verschlüsselter Daten
Unter Umständen werden Sie Berechnungen mit hochsensiblen Daten durchführen wollen, etwa im Rahmen einer Krebsdiagnose, wenn Sie ein Foto auswerten sollen, aber die Patientin gegebenenfalls nicht möchte, dass seine Daten offengelegt werden. Encrypted Computation bietet die Sicherheit und den Schutz der Privatsphäre, die von Nutzerinnen und Nutzern erwartet wird. Das Ergebnis wird auf Basis verschlüsselter Daten berechnet und dem Nutzer zurückgegeben, damit dieser es entschlüsseln kann.

Vergleich von Daten zwischen Parteien
In manchen Fällen möchten Sie sicherstellen, dass ein neues Geschäftsvorhaben für beide Seiten von Vorteil ist. Angenommen, Sie leiten eine Marketingabteilung und möchten wissen, ob ein bestimmter Dienst für Ihre Nutzer von Interesse ist, bevor Sie eine neue Zusammenarbeit eingehen. Was, wenn Sie vorher die Nutzerbasis vergleichen könnten, um zu sehen, wie viele Überschneidungen es bei den Nutzerinnen und Nutzern gibt? Mit Encrypted Computation können Datensätze zwischen Parteien verglichen werden, ohne dass dabei die Werte der beiden Datensätze als Klartext offengelegt werden. Dadurch wird der Schutz der Privatsphäre der Nutzer gewährleistet und die Zusammenarbeit gefördert.

Verteilen von Daten oder Secrets
Es gibt Situationen, in denen die Speicher- oder Rechenumgebung, in der Sie arbeiten, nicht vertrauenswürdig ist – oder Sie haben es sich vielleicht zur Aufgabe gemacht, eine Zero-Trust-Architektur auf die nächste Stufe zu bringen. Um solchen Situationen zu begegnen, können Sie Ihre Daten oder Secrets (bzw. Geheimnisse) verschlüsselt und dezentral speichern. Wenn sich jemand Zugang zu einem Teil der Daten verschafft, kann er sie nicht entschlüsseln oder verwenden, es sei denn, er erhält Zugang zu den anderen Teilen des Secrets bzw. der Daten. Dieser Gedanke spiegelt sich auch in Zero-Trust-Architekturen wider, bei denen die Funktionsweise von Zugangsdaten und einer sicheren Speicherung neu überdacht wird und diese Prüfungen und Kontrollen verteilt werden. Um ein konkretes Beispiel zu nennen: Unbound Security (*https://oreil.ly/Z8hJP*) hat verteilte Schlüssel verwaltet, um eine bessere Sicherheit für Kryptowährungs-Wallets und andere wertvolle Vermögenswerte zu bieten.[1]

Sicherstellung der Zusammenarbeit und Verteilung der Kontrolle
Encrypted Computation kann verwendet werden, um Algorithmen oder Modelle zu erstellen, bei denen mehrere Parteien erforderlich sind. Aufgrund der

1 Das Unternehmen wurde im November 2021 für eine nicht genannte Summe von Coinbase akquiriert, um die Wallets der Nutzer besser zu schützen.

Funktionsweise der Protokolle kann die Berechnung nur dann erfolgreich ausgeführt werden, wenn ein bestimmter Beteiligungsgrad erreicht wird. Dieser Schwellenwert gewährleistet eine gewisse demokratische Kontrolle hinsichtlich der Ausführung durch eine kleine oder größere Gruppe von Parteien. Für bestimmte Berechnungen – wie z.B. Auktionen, Wahlen, Entscheidungen von Ausschüssen oder Communitys – spiegelt Encrypted Computation online wider, wie Vertrauen in der realen Welt funktioniert. Mit Encrypted Computation können Abstimmungen diskret durchgeführt werden, während gleichzeitig Anforderungen – wie das Erreichen eines Quorums – erfüllt werden müssen, bevor eine Abstimmung durchgeführt werden kann.

Haftung

Encrypted Computation trägt dazu bei, die Haftungsrisiken für Rechts- und Sicherheitsteams zu verringern, genauso wie Encryption at Rest (d.h. Verschlüsselung während der Speicherung) ein »bestmögliches Bemühen« um die Sicherheit der Daten beweist. Wenn Ihr Unternehmen verschlüsselte Daten im Rahmen des Zugriffs und der Verarbeitung auf Daten verwendet, die hohen Risiken unterliegen, unterstreicht dies gegenüber Audit- oder Aufsichtsbehörden, dass Sie das Risiko und die potenzielle Gefährdung verringern. Außerdem erfüllen Sie strengere interne Sicherheitsrichtlinien, was für die Sicherheitsteams attraktiv ist und die finanziellen Haftungsrisiken für das Unternehmen verringert.

Darüber hinaus gibt es noch zahlreiche weitere Einsatzmöglichkeiten für Encrypted Computation, wie z.B. beim privaten und sicheren Datenabgleich (*Matching*), der Inferenz (d.h. im Rahmen von Vorhersagen) und der Suche. Die angeführten Beispiele sollten genügen, damit Sie jetzt einen Eindruck von den alltäglicheren Anwendungen dieser Technologie haben. Der Einsatz von Encrypted Computation hat eine Reihe von Vorteilen, die ganz allgemein auf die grundlegenden Vorteile der Verschlüsselung zurückzuführen sind. Sie sorgt dafür, dass Daten sicher sind und geheim gehalten werden, und erlaubt es dennoch, aus Daten wichtige Erkenntnisse zu ziehen und sie für Analysen und als Grundlage für Entscheidungen zu nutzen.

Um beurteilen zu können, wann Sie Encrypted Computation verwenden sollten, müssen Sie zunächst einige Grundprinzipien der Verschlüsselung verstanden haben – einschließlich der Unterscheidung zwischen Datenschutz und Geheimhaltung und der Frage, wie ein Problem im Hinblick auf die Bestimmung des entsprechenden Gefährdungsgrads modelliert werden kann. Mit diesen Grundlagen werden Sie in der Lage sein, Encrypted Computation auf reale Probleme anzuwenden.

Unterschied zwischen Datenschutz und Geheimhaltung

In diesem Buch haben Sie strenge und wissenschaftliche Datenschutzdefinitionen vor dem Hintergrund der Garantien, die Differential Privacy geben kann, kennengelernt. Wenn Kryptografen von Datenschutz bzw. Privacy sprechen, meinen sie in der Regel Geheimhaltung (engl. *Secrecy*). Sehen wir uns die Unterschiede an, damit Sie beides bewerten können, wenn Sie darüber entscheiden, wie Sie Daten verarbeiten.

Privacy bzw. Datenschutz ist, wie Sie bereits erfahren haben, die Garantie dafür, dass Informationen über eine Person nicht ohne deren Zustimmung oder Wissen an Dritte weiter- bzw. preisgegeben werden. Wenn Sie also die Privatsphäre der Personen, die in den Daten enthalten sind, schützen wollen, müssen Sie sich zunächst darüber im Klaren darüber sein, wie Informationen an die Öffentlichkeit gelangen könnten, und die Handhabung dieser Informationen so anpassen, dass diese nicht an die Öffentlichkeit gelangen können (*Catastrophic Leakage*). Dabei sollten Sie auch den jeweiligen Kontext berücksichtigen, in dem die Daten zur Verfügung gestellt wurden, sowie den zu erwartenden und angestrebten Grad des Datenschutzes, der sich aus den entsprechenden Governance-Instrumenten wie z.B. Richtlinien und Einverständniserklärungen ergibt.

Im Bereich der Kryptografie ist Privacy (bzw. Datenschutz) die Fähigkeit, darüber zu bestimmen und garantieren zu können, welche Daten an wen weitergegeben werden. Anders als bei Differential Privacy gibt es keine Annahmen darüber, inwieweit diese Informationen preisgegeben werden, sobald sie offengelegt werden. Diese Eigenschaft wird auch als *Geheimhaltung* bezeichnet, da sie zum Ausdruck bringen soll, dass die Werte so lange geheim bleiben, solange sie verschlüsselt sind. Allerdings können, ähnlich wie bei Berechnungen mit sensiblen Werten, auch bei Berechnungen mit geheimen Werten private Informationen nach außen dringen. Solange die Daten verschlüsselt sind, sind sie auch privat, da die Informationen durch den Verschlüsselungsmechanismus geheim gehalten werden. Sobald das entschlüsselte Ergebnis einsehbar ist, ist dies allerdings nicht mehr der Fall.

In einer Umgebung, in der Vertrauen auf mehrere Parteien verteilt ist (*Distributed Trust Setting*), ist Ihnen möglicherweise nur die Geheimhaltung und nicht der Schutz der Privatsphäre wichtig. Wenn, wie zuvor in Kapitel 6 beschrieben, Berechnungen über mehrere Parteien hinweg koordiniert werden, möchten die Parteien das Ergebnis gegebenenfalls zwar ohne Rauschen erhalten, aber dennoch nicht, dass jemand die konkreten Inputdaten einsehen kann. Hier bietet die Verschlüsselung die gewünschten Vorteile (nämlich Genauigkeit) und Geheimhaltung für die beteiligten Parteien.

Wenn Sie Encrypted Computation verwenden, müssen Sie einige Entscheidungen hinsichtlich der Geheimhaltung und des Schutzes der Privatsphäre treffen. Insbesondere die Entscheidung, wann Sie Daten verschlüsseln und entschlüsseln, ist wichtig, da dies für die Geheimhaltung bei der Encrypted Computation ausschlaggebend ist und davon abhängt, wer die Ergebnisse einsehen kann. Aber es gilt auch Garantien zum Schutz der Privatsphäre zu berücksichtigen. Das könnte beispielsweise bedeuten, dass Sie Differential Privacy anwenden, bevor Sie das Endergebnis offenlegen – oder auch zu einem bestimmten Zeitpunkt während des Rechenvorgangs. Wenn es Ihnen in erster Linie um die Geheimhaltung, nicht aber um den Schutz der Privatsphäre geht, sollte Encrypted Computation selbst die von Ihnen gewünschten Garantien bieten.

Threat Modeling

Um zu bestimmen, wann, wo und wie Sie Encrypted Computation einsetzen, müssen Sie zunächst einmal das Threat Model verstehen. Wie Sie bereits in Kapitel 4 erfahren haben, wird Threat Modeling von Sicherheitsexperten verwendet, um ausgehend vom gegenwärtigen Stand der Architektur, der Software und des Bedrohungsgrads geeignete Handlungen und Abhilfemaßnahmen zu bestimmen.

Wenn Sie ein Threat Model für den Einsatz von Encrypted Computation erstellen, müssen Sie bestimmen, wer an der Berechnung beteiligt ist und wie das mit dem Sicherheitsmodell (engl. *Security Model*) vereinbar ist.

Um eine solche Entscheidung leichter treffen zu können, werden Sie zunächst zwei Sicherheitsmodelle evaluieren (siehe Tabelle 7-1). Die Entscheidung ist, wie Sie bereits erfahren haben, mit gewissen Abwägungen verbunden. Obwohl Ihnen ein Malicious Security Model das höchste Maß an Sicherheit bietet, bringt es gleichzeitig ein langsameres und ressourcenintensiveres Protokoll mit sich. Bei einigen Protokollen gibt es zudem nicht die Möglichkeit, ein Malicious Security Model zu implementieren.

Tabelle 7-1: Sicherheitsmodelle in der Encrypted Computation

Sicherheitsmodell	Beschreibung
Semi-honest (alias »Honest but Curious« oder Passive Security)	Sie gehen davon aus, dass sich die Parteien an das Protokoll halten, aber dennoch versuchen werden, mehr Informationen über die geheimen Inputdaten der anderen in Erfahrung zu bringen, wenn sie dies ohne Weiteres tun können.
Malicious (oder Active Security)	Sie gehen davon aus, dass mindestens eine Partei bewusst versuchen wird, die Berechnungen zu manipulieren, indem sie nicht dem Protokoll folgt, Zwischenwerte verändert, die Berechnung abbricht oder sich mit anderen zusammenschließt, um Informationen zu den eingegebenen Daten zu erlangen.

Bei der Wahl eines Kryptosystems, d.h. eines Systems, das ein bestimmtes kryptografisches Protokoll und mehrere damit verbundene Methoden definiert, müssen Sie auch berücksichtigen, mit wem Sie zusammenarbeiten, und entsprechende Anforderungen an die Sicherheit festlegen. Wenn Sie zum Beispiel mit anderen Unternehmen zusammenarbeiten, die von einer dauerhaften Zusammenarbeit profitieren, ist es weitaus weniger wahrscheinlich, dass es zu bösartigen Aktivitäten kommt. In solchen Fällen könnte eine Verletzung des Protokolls als Verstoß gegen den zugrunde liegenden Vertrag bzw. die zugrunde liegende Vereinbarung angesehen werden. Insbesondere für Unternehmen, die gegenwärtig Daten im Klartext miteinander austauschen, wäre die zusätzliche Verschlüsselung im Rahmen eines Semi-honest-Modells für den Schutz der Privatsphäre der Individuen und die Geheimhaltung der Unternehmensdaten ein Fortschritt. Sie sollten Sicherheitsmodelle regelmäßig evaluieren und darauf achtgeben, inwieweit sie den aktuellen Anwendungsfällen und Sicherheitsanforderungen entsprechen.

Wenn Sie ein Threat Modeling für kryptografische Protokolle durchführen, interessieren Sie sich vor allem dafür, wie es um das Vertrauen und die Beziehung zwischen den Parteien steht. Dazu müssen Sie, wie in Tabelle 7-1 gezeigt, festlegen, welche Annahmen Sie über die anderen beteiligten Parteien zu treffen bereit sind. Außerdem müssen Sie externe Faktoren berücksichtigen, um einschätzen zu können, wie wahrscheinlich es ist, dass sich jemand böswillig verhält. Je nachdem, ob Sie in einer kleinen, vertrauten oder in großen, anonymen Gruppen zusammenarbeiten, sind die Implikationen ziemlich unterschiedlich.

In der kryptografischen Theorie gibt es verschiedene Ebenen von Sicherheitsgarantien – die informationstheoretische, die statistische und die effiziente bzw. komplexitätstheoretische Sicherheit (*Computational Security*) –, die bei der Modellierung des Problems und der potenziellen Bedrohungen zu berücksichtigen sind.

Wird ein Sicherheitsprotokoll zum ersten Mal konzipiert, wird ihm eine von drei theoretischen Geheimhaltungsgarantien zugewiesen (siehe Tabelle 7-2).

Tabelle 7-2: Sicherheitsgarantien von Verschlüsselungsprotokollen

Sicherheitsgarantie	Beschreibung
Informationstheoretisch	Selbst ein Angreifer, der über unbegrenzte Rechenleistung verfügt, kann das Verschlüsselungsverfahren nicht knacken.
Statistisch	Wenn der Angreifer über unbegrenzte Rechenleistung verfügt, gibt es eine kleine, statistisch bezifferbare Chance, dass er Werte wiederherstellen oder etwas in Erfahrung bringen kann.
Effizient (Computational Security)	Ein Angreifer, der über eine unbegrenzte Rechenleistung verfügt, hat zwar die Chance, etwas in Erfahrung zu bringen oder sogar einen Wert wiederherzustellen, allerdings ist er an die ihm verfügbare Rechenleistung gebunden.

Den höchstmöglichen Grad an Sicherheit garantiert die informationstheoretische Sicherheit. Es handelt sich dabei um die sogenannte unbedingte bzw. perfekte Sicherheit, die gegenüber einem böswilligen Angreifer absolut sicher ist, auch wenn dieser über unbegrenzte Rechenleistung verfügt.[2] Ein Beispiel hierfür ist ein One-Time-Pad, eine Möglichkeit, einen String mit einem anderen gleich langen, zufällig generierten Schlüssel mittels einer XOR-Verknüpfung vollkommen zu sichern. Eine XOR-Operation erfolgt auf der Ebene von Bits und liefert den Wert 1, wenn beide Werte unterschiedlich sind, und den Wert 0, wenn sie identisch sind.

Statistische Sicherheit stellt die nächstniedrigere Stufe dar. Diese Sicherheit bieten oftmals informationstheoretische Protokolle, wenn sie in der Praxis umgesetzt werden. Beispielsweise kann es sein, dass ein Protokoll einen Pseudozufallszahlengenerator verwenden muss, der keine perfekte Zufälligkeit bietet. In den Implementierungen von Protokollen gibt es häufig statistische Sicherheitsparameter, mit denen

2 Ja, dazu gehören auch Quantencomputer. Allerdings kann eine Implementierung gegebenenfalls nicht der theoretisch zugrunde gelegten Sicherheit entsprechen. Daher sollten Sie Vorsicht walten lassen, wenn für eine Implementierung kein Nachweis vorliegt, dass sie informationstheoretische Sicherheit bietet und quantensicher ist. Mehr dazu werden Sie noch in Kapitel 10 erfahren.

die Sicherheit einer bestimmten Methode durch zusätzliche Informationen für den jeweiligen Anwendungsfall bzw. das konkrete Threat Model verbessert werden kann.

Die effiziente Sicherheit (*Computational Security*) stellt die letzte Stufe dar – sie garantiert, dass das Protokoll lediglich von einem motivierten Angreifer geknackt werden kann, der genügend Zeit und eine ausreichend hohe Rechenleistung zur Verfügung hat. Dementsprechend ist die Lösung der Aufgabe äußerst kostspielig, da es möglicherweise Jahre an Rechenzeit und eine große Anzahl an Recheninstanzen erfordert, um einen einzelnen Schlüssel oder eine einzelne Nachricht zu entschlüsseln. Viele Abschwächungen der informationstheoretischen Sicherheit fallen unter die effiziente Sicherheit. So bieten z. B. die zur Sicherung des gesamten Internetverkehrs und zur E-Mail-Kommunikation usw. verwendeten Verschlüsselungssysteme, bei denen öffentliche Schlüssel zum Einsatz kommen, alle eine effiziente Sicherheit.[3]

> Wenn Sie sich die Implementierungen dieser Protokolle ansehen, hängen sie oft von den zugrunde liegenden Netzwerksicherheitsimplementierungen ab. Das bedeutet, dass die informationstheoretische Sicherheit oftmals auf die effiziente Sicherheit herabgesetzt wird, weil sie von Netzwerksicherheitsprotokollen wie TLS abhängen, die eine Generierung und einen Austausch von Schlüsseln unter Verwendung eines Verschlüsselungsprotokolls vornehmen, das auf öffentlichen Schlüsseln basiertt.

Verschiedene Arten der Encrypted Computation

In diesem Kapitel lernen Sie zwei verschiedene Arten von Encrypted Computation kennen: die Secure Multiparty Computation (im Deutschen auch als sichere Mehrparteienberechnung und im Englischen ebenfalls als Secure Computation bekannt) und die homomorphe Verschlüsselung (engl. *Homomorphic Encryption*, HE). Damit Sie die für Ihren Anwendungsfall richtige Wahl treffen können, sollten Sie mit diesen beiden Arten vertraut sein.

Secure Multiparty Computation

Secure Multiparty Computation (oft als SMPC oder MPC abgekürzt) ist ein Teilgebiet der Encrypted Computation, bei dem sich mehrere Parteien darauf einigen, die Berechnung zusammen durchzuführen, allerdings nur, wenn die Daten verschlüsselt sind. Viele MPC-Protokolle sind informationstheoretisch sicher und bieten verschiedene Garantien hinsichtlich des zu erwartenden Verhaltens dieser Parteien. Bei der Secure Multiparty Computation ist es wichtig, dass Ihr Sicherheitsmodell gut durchdacht ist.

3 Die meisten der heutzutage von Kryptografen verwendeten Implementierungen bieten eine effiziente Sicherheit, darunter auch Protokolle, die quantensicher sind. Übrigens ändert Quantencomputing selbst nichts an dieser Einteilung. Es bedeutet lediglich, dass ein anderer, teurerer Computer verwendet wird.

Die Secure Multiparty Computation wurde erstmals in den späten 1970er-Jahren entwickelt, damit Onlinespiele für mehrere Spieler so gestaltet werden konnten, dass sie theoretisch fair sind. Die ersten Theorien wurden daraufhin als »Mental Poker« (*https://oreil.ly/rqkng*) bezeichnet.[4] Ein relativ amüsantes Relikt aus dieser Zeit ist, dass die an einer Berechnung beteiligten Parteien oft als *Player*, also Spieler, bezeichnet werden. Seitdem hat sich MPC von den ursprünglichen theoretischen Überlegungen über die praktische Anwendung bis hin zur Konzeption von Protokollen weiterentwickelt und kommt seit Jahrzehnten in realen Anwendungsfällen und in der Secure Computation zum Einsatz.

Typischerweise gibt es bei der Secure Multiparty Computation mehrere Parteien (bzw. Spieler), die eine Funktion oder eine Reihe von Funktionen miteinander berechnen und auswerten wollen. Sie vertrauen einander jedoch nicht vollständig und/oder möchten ihre Inputdaten geheim halten. Dennoch vertrauen sie einander genug – bzw. sind durch das potenzielle Ergebnis der Zusammenarbeit ausreichend motiviert –, um die Berechnung gemeinsam durchzuführen und das Ergebnis einer oder mehreren Parteien offenzulegen. Hierbei ist eine Reihe von Anwendungsfällen denkbar, z.B. zwei oder mehr Unternehmen, die miteinander Daten austauschen, um ein gemeinsames Problem zu lösen, oder Situationen, in denen mehrere Akteure zusammenarbeiten, wie z.B. bei Abstimmungen, Auktionen und beim Austausch privater Daten, etwa bei der Bestimmung, welche Personen bei der Onlinepartnersuche zusammenpassen, oder bei einem DNA-Abgleich.

Zu den üblichen Schritten bei der Secure Multiparty Computation gehört die Verschlüsselung der Inputdaten durch geschickte mathematische Transformationen und schließlich die gemeinsame Nutzung der verschlüsselten Daten durch mehrere Parteien. Die Parteien arbeiten dann zusammen und tauschen Zwischenwerte aus, bis schließlich das Endergebnis über eine Reihe von Entschlüsselungsmechanismen und -interaktionen offengelegt wird.

Die Secure Multiparty Computation bietet einige interessante Geheimhaltungseigenschaften. Die an der Berechnung beteiligten Parteien möchten ihre Inputdaten geheim halten und sicherstellen, dass kein anderer Spieler viel über die von ihnen eingegebenen Informationen erfährt. Daher müssen die Protokolle so gestaltet sein, dass in den dazwischenliegenden Verarbeitungsschritten oder Funktionsauswertungen nichts über die Inputdaten preisgegeben wird. Erst wenn eine bestimmte Anzahl an Parteien für den letzten Schritt bereit ist, werden die Informationen im Rahmen der Entschlüsselung des Endergebnisses offengelegt.

MPC-Protokolle und -Schemata sind akkurat und robust. Einige Protokolle erfordern eine bestimmte Anzahl von Parteien, bevor das Endergebnis entschlüsselt werden kann, was oft als *Schwellenwert* (engl. *Threshold*) bezeichnet wird. MPC-Protokolle sind darauf ausgelegt, dass sie dasselbe Ergebnis liefern, das sie lieferten, wenn die Berechnung auf Basis der in Klartext vorliegenden Inputdaten erfolgen würde.

4 Interessanterweise wurden einige der ersten MPC-Protokolle von denselben Kryptografen entwickelt, die auch den RSA-Algorithmus entwickelten, den Sie wahrscheinlich schon einmal benutzt haben, als Sie sich ein Public-Private-Key-Paar für Ihren Computer haben erzeugen lassen.

Dies wird durch die hinter der Verschlüsselungsmethode stehende Mathematik gewährleistet, die Sie im folgenden Abschnitt anhand eines bestimmten Protokolls näher nachvollziehen werden. Einige wenige Protokolle setzen darauf, möglichst schnell oder äußerst leistungsfähig zu sein, und nehmen dafür eine geringe Fehlerquote in Kauf. Ein derartiger Kompromiss wird allerdings bei keinem der in diesem Kapitel vorgestellten Protokolle eingegangen.

> Es gibt viele verschiedene MPC-Protokolle – Hunderte, wenn nicht Tausende –, und der Bereich wird fortlaufend weiter erforscht, Neues wird entdeckt und entwickelt. Wenn Sie sich eingehender mit den Protokollen beschäftigen möchten, empfehle ich Ihnen, einen Blick auf die in der MP-SPDZ-Bibliothek enthaltenen Protokolle (*https://oreil.ly/ZFPXz*) oder die SCALE-Bibliothek (*https://oreil.ly/9Au0-*) zu werfen, die unter der Führung von Spitzenforschern auf diesem Gebiet betrieben wird, unter anderem von Nigel Smarts Arbeitsgruppe (*https://oreil.ly/g-ZaQ*), die an der KU-Leuven in Belgien ansässig ist.[5]

Sehen wir uns nun eine beliebte Methode an, die als *Secret Sharing* bezeichnet wird, um besser zu verstehen, wie MPC funktioniert.

Secret Sharing

Beim Secret Sharing, also der gemeinsamen Nutzung von Geheimnissen, wird ein geheimer Wert in mehrere Teile (sogenannte Teilgeheimnisse bzw. Shares) dieses Werts aufgeteilt. Sie könnten beispielsweise eine Zahl haben, die Sie gern zu einer Berechnung beisteuern möchten, die aber verschlüsselt bleiben muss.

Sie könnten diese Zahl verschlüsseln, indem Sie eine zufällig generierte Zahl hinzuaddieren. Diese zufällig generierte Zahl stellt nun den Schlüssel dar und sollte geheim bleiben, damit sie von niemandem entschlüsselt werden kann. Wenn Sie das Ergebnis entschlüsseln wollen, ziehen Sie einfach die zufällig generierte Zahl ab. Dieser Ansatz eignet sich jedoch nicht im Rahmen datenwissenschaftlicher Zwecke, da dadurch die Möglichkeit zunichtegemacht wird, Berechnungen anzustellen.

Sie könnten auch den Ansatz verfolgen, das Rauschen und das Geheimnis in viele Teile aufzuteilen, wobei alle Teile wiederhergestellt werden müssen, damit das Ergebnis entschlüsselt werden kann. Dies wäre zum Beispiel dann sinnvoll, wenn zum Entschlüsseln eine bestimmte Anzahl von Spielern erforderlich ist oder wenn die Werte auf mehrere Personen (z. B. einen Ausschuss oder ein Gremium) oder auf mehrere Computer (z. B. in einer verteilten Architektur) verteilt werden sollen. Eine der Stärken von MPC ist, dass das Vertrauen zwischen diesen Parteien aufgeteilt wird – was auch die Art und Weise widerspiegelt, wie Menschen in der realen Welt Vertrauen verteilen.

5 Von Nigel Smart gibt es auch ein unterhaltsames und informatives Einführungsvideo zum Thema Secure Multiparty Computation (*https://oreil.ly/dpkuy*), das für den OpenMined-Privacy-Kurs, in dem er eine Einführung in die Technologie gibt und relevante Anwendungsfälle aus seiner jahrzehntelangen Arbeit auf diesem Gebiet behandelt, aufgezeichnet wurde.

Wenn Sie einen ganz simplen Ansatz verfolgen, könnten Sie einfach mehrere Zahlen zufällig auswählen und diese als One-Time-Pad (d.h. als einmalige Verschlüsselung) verwenden, indem Sie sie von dem Wert subtrahieren, den Sie verschlüsseln möchten. Im vorliegenden Beispiel ist der Wert, den Sie verschlüsseln möchten, x:

```
x = 45
keys = [100, 22, 43, 56]
enc_x = x - sum(keys) # enc_x entspricht dem Wert -176

# Zum "Entschlüsseln" addieren Sie die Schlüssel zum
# "verschlüsselten" Wert hinzu.
enc_x + sum(keys)
```

In diesem Fall können Sie dann die Schlüssel und enc_x an die verschiedenen Parteien verteilen. Jede der Parteien müsste diese Werte dann zusammenführen, damit sie x entschlüsseln können.

Aber dieser simple Ansatz hat einen unerwünschten Nebeneffekt: Es werden Informationen über x preisgegeben. Anhand des Vorzeichens des verschlüsselten Werts (hier enc_x) könnte ein neugieriger Mensch Informationen hinsichtlich der Größenordnung von x ermitteln (d.h., er könnte feststellen, ob es sich um eine große oder eine kleine Zahl handelt).

Es gibt bessere Methoden zur Erzeugung von »Schlüsseln« oder auch andere ausgeklügelte Möglichkeiten, diese Informationen geheim zu halten. Allerdings gibt es in der Kryptografie eine ausgezeichnete Methode, die als *endlicher Körper* (*https://oreil.ly/ggFH9*) (engl. *Finite Field*) bezeichnet wird. Wenn der Körper mithilfe einer Primzahl erstellt wird, lässt sich dieses Informationsleck ohne Weiteres beheben:

```
Q = 431
x = 45
keys = [100, 22, 43, 56]
enc_x = (x - sum(keys)) % Q ❶
```

❶ Hierbei handelt es sich um den Modulo-Operator (%), der den Rest bei einer Division zurückgibt. Bei Operationen mit Ringen bzw. Körpern stellt dies sicher, dass die Ergebnisse immer wieder auf den Anfangswert »umschlagen« und den Wertebereich des Körpers bzw. Rings niemals überschreiten.

Nun beträgt enc_x 255 anstelle von –176. Der Körper erlaubt es, dass die Zahlen nach Erreichen eines – durch die Modulo-Operation bestimmten – Maximalwerts wieder bei 0 beginnen, sodass die Größe von x im Körper selbst verborgen bleibt. Damit die Berechnungen mit dem Körper funktionieren, müssen die Schlüssel auch innerhalb des Körpers liegen, d.h., sie müssen kleiner sein als Q. Dies können Sie folgendermaßen sicherstellen:

```
num_players = 5

shares = [randrange(Q) for _ in range(num_players-1)]
shares += [(x - sum(shares)) % Q]
```

Als ich den Code ausführte, habe ich als shares die Werte [260, 163, 120, 82, 282] erhalten – bei Ihnen dürften sie jedoch anders ausfallen. Sie könnten diese Werte dann an die fünf beteiligten Parteien verteilen. Diese müssen die Werte erst miteinander kombinieren, um Ihren geheimen Wert aufdecken zu können. Das bedeutet, dass sie zusammenarbeiten und sich auf die Berechnung einigen müssen – womit das Vertrauen unter ihnen aufgeteilt wird.

Das Beste an diesem Ansatz ist jedoch, dass diese verschlüsselten Werte mit anderen verschlüsselten Werten von anderen Teilnehmenden addiert werden können, solange sie denselben Körper verwenden. Auf diese Weise lassen sich Summen, Durchschnittswerte und Zählungen für alle Teilnehmer verschlüsseln, die durch die Kombination aller Teilwerte entschlüsselt werden können. Das Ergebnis ist dasselbe, als wäre die Berechnung im Klartext durchgeführt worden. Dieser als *Additive Secret Sharing* bezeichnete Ansatz ist der einfachste für die gemeinsame Nutzung von Geheimnissen. Sie können den Ansatz in dem entsprechenden Notebook im Repository des Buchs einmal selbst ausprobieren.

> Eine nützliche Eigenschaft von Operationen in einem endlichen Körper ist, dass es viele mögliche Erklärungen für die verschlüsselten Teilwerte gibt, die alle gleich wahrscheinlich sind, wenn ein Angreifer keine weiteren externen Informationen hat. Tatsächlich kann jedes Element des Körpers, also alle Zahlen zwischen 0 und der Größe des Körpers (Q), eine mögliche Erklärung sein! Secret Sharing bietet also informationstheoretische Sicherheit. Wenn Sie sich noch eingehender mit diesen Methoden beschäftigen möchten, sollten Sie sich Morten Dahls Beiträge zum Secret Sharing (*https://oreil.ly/hKtu-*) ansehen, die darüber hinaus auch begleitende Notebooks (*https://oreil.ly/-md4f*) enthalten.

Werfen wir nun einen Blick auf einen weiteren Ansatz, mit dem Sie die Teilwerte multiplizieren können und nach der Entschlüsselung das exakte Ergebnis erhalten.

Angenommen, Sie möchten zwei Zahlen, A und B, miteinander multiplizieren, wollen jedoch nicht, dass diese Werte im Klartext weitergegeben werden. Hierfür können Sie das Secret Sharing verwenden. Zunächst würden Sie die Werte so aufteilen, wie Sie es mit den additiven Werten getan haben, sodass jeder Wert in drei Teilwerten vorliegt. Dann können Sie diese Werte so verteilen, dass alle beteiligten Parteien zusammenarbeiten müssen, um die Berechnung der Multiplikation durchzuführen und die Lösung aufzudecken.

Sehen wir uns einmal an, wie das funktioniert:

1. Spieler 1 und 2 teilen ihr Geheimnis jeweils in additive Teilwerte bzw. -geheimnisse (a_1, a_2, a_3) und (b_1, b_2, b_3) auf, wobei sie denselben endlichen Körper (Q) verwenden.
2. Für die Berechnung wird ein dritter Spieler einbezogen, und die Teilgeheimnisse werden aufgeteilt. Spieler 1 besitzt A und behält a_1 und a_2. Zudem erhält er b_2 und b_3. Spieler 2 ist im Besitz von B und behält b_1 und b_2. Er erhält wiederum a_1 und a_3. Spieler 3 verfügt über keine eigenen Daten, beteiligt sich aber an der Berechnung, um die Geheimhaltung zu gewährleisten. Er erhält a_2, a_3, b_1 und b_3. Die Spieler sind nun bereit, die Berechnungen durchzuführen. Sofern

sie nicht betrügen, indem sie Teilgeheimnisse entgegen der Protokolldefinition weitergeben, können sie auf der Grundlage der erhaltenen Teilgeheimnisse nicht auf das Geheimnis schließen.

3. Jeder Spieler führt einen Teil der Berechnungen durch. Spieler 1 berechnet $c_1 = a_1b_2 + a_1b_3 + a_2b_2$. Spieler 2 berechnet $c_2 = a_1b_1 + a_3b_1 + a_3b_2$. Spieler 3 berechnet $c_3 = a_2b_1 + a_3b_3 + a_2b_3$.
4. Mittels Faktorisierung kann gezeigt werden, dass die Summe $c_1 + c_2 + c_3$ dem Term $a_1(b_1 + b_2 + b_3) + a_2(b_1 + b_2 + b_3) + a_3(b_1 + b_2 + b_3)$ entspricht, der wiederum $(a_1 + a_2 + a_3)(b_1 + b_2 + b_3)$ bzw. $A \times B$ entspricht!

   Da die Spieler jedoch bereits in Schritt 2 einen Teil der Teilgeheimnisse gesehen haben, würde der Austausch der Zwischenwerte (c_1, c_2, c_3) dazu führen, dass Informationen preisgegeben werden. Zur Vermeidung dieses Problems kann jeder Spieler seinen Zwischenwert verheimlichen, indem er ein zufälliges Element aus dem endlichen Körper hinzuaddiert (r_1, r_2, r_3). Spieler 1 erhält von Spieler 2 $c_2 + r_2$ und berechnet $c_2 + r_2 - r_1$. Spieler 2 erhält von Spieler 3 $c_3 + r_3$ und berechnet $c_3 + r_3 - r_2$. Spieler 3 erhält von Spieler 1 $c_1 + r_1$ und berechnet $c_1 + r_1 - r_3$. Da die Spieler die zufälligen Werte nicht austauschen, können sie keine zusätzlichen Informationen aufdecken, sofern sie nicht kollaborieren.
5. Alle Spieler können nun ihre Ergebnisse bedenkenlos kombinieren, ohne dass dabei zusätzliche Informationen preisgeben werden, und $A \times B$ berechnen. Dazu können sie entweder alle Werte untereinander austauschen oder die endgültigen Werte an eine einzelne Partei übermitteln, die das Ergebnis dann bekannt geben kann. Dies wird im Voraus festgelegt und von allen Parteien vereinbart.

Wenn Sie nachvollziehen möchten, wie sich das Ganze programmieren lässt, finden Sie den entsprechenden Code im Repository des Buchs (*https://github.com/kjam/practical-data-privacy*).

> Sie denken sich jetzt vielleicht: »Nun ja, wenn ich A kenne und weiß, was A mal B ist, dann kenne ich auch B.« Das ist richtig! Aber wenn Sie MPC verwenden, bilden Sie oft eine größere Berechnung ab, bei der die Multiplikation nur ein Teil davon ist. Die in diesem Kapitel vorgestellten Bausteine sollen Ihnen verdeutlichen, wie diese Protokolle funktionieren, sie sind jedoch nicht dazu gedacht, sie direkt zu implementieren und zu verwenden. Greifen Sie stattdessen auf eine gut getestete Kryptografiebibliothek zurück.

In Anbetracht der Sicherheitsgarantien, die die Parteien für ihre Geheimnisse erhalten, ist dies ein recht simples Protokoll. Es handelt sich jedoch um ein semi-honest bzw. passives Sicherheitsmodell. Sie vertrauen darauf, dass sich jede Partei an das vorgegebene Protokoll hält und keine Partei willkürliche Werte einbringt, mit denen sie versucht, mehr Informationen zu erlangen oder die Berechnungen zu stören. Darüber hinaus vertrauen Sie darauf, dass die Parteien nicht auf betrügerische Weise zusammenarbeiten und sich gegenseitig die erhaltenen Teilgeheimnisse zukommen lassen. Und zu guter Letzt vertrauen Sie darauf, dass die Parteien die Endergebnisse wie vorgesehen übermitteln, um das Ergebnis zu berechnen und die Berechnung nicht vorzeitig abbrechen.

Bei diesem Protokoll sind zwar drei Spieler beteiligt, aber nur zwei Spieler steuern Inputdaten bei. Zahlreiche Protokolle haben eine unterschiedliche Anzahl von Spielern und beteiligten Parteien. Einige erfordern auch einen *Krypto-Dealer* (engl. *Crypto Provider*), eine Funktion, die entweder eine vertrauenswürdige Partei übernehmen oder die mittels anderer Verschlüsselungsmethoden umgesetzt werden kann. Der Krypto-Dealer generiert Material, um die Geheimhaltungsgarantie aufrechtzuerhalten und Zwischenberechnungen zu beschleunigen. Dieses Material wird bereits vor Beginn der Berechnung in einer sogenannten »Offline«-Phase erzeugt, wodurch die Laufzeit verkürzt wird, da die Anzahl an Interaktionen zwischen den Parteien verringert wird.

Doch damit ist der Zauber noch nicht vorbei! Diese Operationen können auch umgekehrt werden, sodass eine Subtraktion oder Division ebenfalls möglich ist. In einem endlichen Körper sind diese Eigenschaften durch die Inverse des Körpers gegeben. Sie können das inverse Element der Subtraktion für jedes Element des Körpers wie folgt berechnen:

$$(x + y) \mod Q = 0$$

wobei y die Inverse ist und Q den Körper darstellt. Für einen Körper mit $Q = 5$ würden sich letztlich die in Tabelle 7-3 dargestellten Ergebnisse ergeben.

Tabelle 7-3: Additiv Inverse für Q=5

Ringelement	additiv Inverse	Beweis
1	4	(1 + 4) % 5 = 0
2	3	(2 + 3) % 5 = 0
3	2	(3 + 2) % 5 = 0
4	1	(4 + 1) % 5 = 0

Genau so, wie diese Elemente additiv Inverse haben, können Sie auch die multiplikativ Inverse ermitteln, um Divisionen im Körper durchzuführen.[6] Diese wird wie folgt ermittelt:

$$(x * y) \mod Q = 1$$

An dieser Stelle verzichte ich darauf, die gesamte Tabelle für die multiplikativ Inverse durchzugehen. Es könnte Ihnen allerdings Vergnügen bereiten, wenn Sie sich ein paar Minuten Zeit nehmen und sie selbst berechnen. Sie werden merken, wie mächtig es ist, Operationen in einem Körper durchzuführen!

6 Beachten Sie, dass zur Division von Teilgeheimnissen mehr Schritte erforderlich sind als nur die Ermittlung der multiplikativ Inversen. Eine genaue Beschreibung der einzelnen Schritte finden Sie in dem Artikel »Secure integer division with a private divisor« (*https://oreil.ly/9HeuQ*).

Um die additiv bzw. multiplikativ Inverse zu verwenden, können Sie die Ringinverse der Teilgeheimnisse anstelle der Teilgeheimnisse selbst anwenden. Im Repository des Buchs (*https://github.com/kjam/practical-data-privacy*) finden Sie mehrere Beispiele hierzu.

> Die Beispiele in diesem Kapitel beziehen sich auf einen endlichen Körper bzw. einen Galoiskörper, da dieser besondere Eigenschaften besitzt. Diese Körper sind durch eine Primzahl definiert, in der Regel eine große Primzahl, damit die Zwischen- und geheimen Werte Werte innerhalb eines größeren Wertebereichs annehmen können. Wenn Sie für Q eine Zahl wählen, die keine Primzahl ist, ist es zwar möglich, einige Operationen auf der Grundlage der Eigenschaften eines Rings (*https://oreil.ly/IGsyT*) durchzuführen, aber diese gelten nicht für alle Operationen, die in einem Körper möglich sind. Dies wird beispielsweise deutlich, wenn Sie versuchen, die multiplikativ Inverse in einem Ring zu berechnen (d.h. Q=4 oder Q=6).

Es gibt mehrere weitere Secret-Sharing-Mechanismen, die effizienter und flexibler sind als die additive Methode, die Sie in diesem Abschnitt kennengelernt haben. Bei Shamir's Secret Sharing können Sie z.B. einen Schwellenwert festlegen, sodass, wenn einige Spieler das Protokoll verlassen, die verbleibenden Spieler fortfahren und das Geheimnis rekonstruieren können. Die Wahl des Schwellenwerts bestimmt die Mindestanzahl der Parteien, die erforderlich ist, um das Geheimnis zu rekonstruieren und zu entschlüsseln. Sobald dieser Wert festgelegt wurde, bilden Sie ein Polynom vom Grad $t - 1$, wobei t die Anzahl der zur Entschlüsselung des Geheimnisses erforderlichen Spieler darstellt. Die Koeffizienten werden zufällig gewählt, und das Geheimnis wird im y-Achsenabschnitt festgehalten, d.h. bei $x = 0$.[7] Um die Teilgeheimnisse zu verteilen, erhält jeder Spieler einen Punkt auf der Funktion – der ebenfalls nach dem Zufallsprinzip gewählt wird, allerdings ohne die Möglichkeit, dass $x = 0$ gewählt wird.

Damit das Geheimnis rekonstruiert werden kann, müssen mindestens t Personen ihre Teilgeheimnisse gegenseitig preisgeben. Anschließend wird das resultierende Polynom und das damit verbundene Geheimnis mittels Interpolation (*https://oreil.ly/1srCK*) offengelegt.

Sicherheitsmodelle in der Secure Multiparty Computation

Wenn Sie MPC verwenden, müssen Sie entscheiden, wie Sie das Vertrauen zwischen den Parteien verteilen, und festlegen, wie zu verfahren ist, wenn die Parteien nicht in gleichem Maße vertrauenswürdig sind. In den Beispielen, die ich Ihnen bisher gezeigt habe, haben Sie es mit einer semi-honest bzw. passiven Sicherheit zu tun gehabt. Dabei wird davon ausgegangen, dass die Parteien versuchen, so viel wie möglich aus den ihnen gegebenen Informationen in Erfahrung zu bringen, aber nicht

---

7 Dies ist nicht die einzige Möglichkeit, das Geheimnis in einem Polynom zu verstecken. Eine ausführlichere Übersicht finden Sie in der bereits zuvor genannten Beitragsreihe von Morten Dahl zum Secret Sharing (*https://oreil.ly/hKtu-*).

aktiv vom Protokoll abweichen oder die Inputdaten böswillig verändern, um zusätzliche Informationen zu erlangen.

Es ist jedoch möglich, aktive Sicherheit für das Secret Sharing zu gewährleisten, indem Protokolle verwendet werden, bei denen geprüft werden kann, ob es sich um einen Betrug handelt, und die im Fall des Auffindens eines Betrügers den Prozess abbrechen. Eine Möglichkeit hierfür ist *Verifiable Secret Sharing* (VSS) (*https://oreil.ly/LCddy*), das eine aktive Sicherheit gegen böswillige Akteure bietet. VSS kann mittels verschiedener Protokolle implementiert werden. In der Regel übermittelt die Partei, die das Geheimnis verteilt, auch einen entsprechenden Wert, mit dem überprüft werden kann, ob die einzelnen Teilgeheimnisse korrekt formuliert sind.

Je nachdem, welches Protokoll verwendet wird, gibt es noch weitere Möglichkeiten, betrügerische Teilgeheimnisse aufzuspüren und diese auch zu korrigieren, sodass die Berechnung ohne die betrügerische Partei fortgesetzt werden kann. Bei Shamir's Secret Sharing gibt es z. B. Fehlerprüfungs- und Korrekturcodes. Diese Varianten bieten häufig auch einen Schwellenwert, wodurch es den anderen Parteien ermöglicht wird, die Berechnung ohne den betrügerischen Spieler fortzusetzen. Wenn Sie einmal nachvollziehen möchten, wie sich dieses Protokoll implementieren lässt, empfehle ich Ihnen einen Blogbeitrag von Morten Dahl, in dem er sich mit diesen Korrekturmechanismen (*https://oreil.ly/Pt815*) befasst.

Bei der Verwendung von Secure Multiparty Computation zu berücksichtigende Faktoren

Wenn Sie sich dazu entschließen, Secure Multiparty Computation zu verwenden, müssen Sie verschiedene Faktoren wie Leistung, Architektur und Vertrauen berücksichtigen. Diese Faktoren spielen eine wichtige Rolle im Hinblick auf die Wahl des Protokolls und des Protokollschemas und können abhängig von der Implementierung sein. Das Spektrum an Implementierungsmöglichkeiten wächst von Jahr zu Jahr, da Secure Multiparty Computation zunehmend nicht nur in der Forschung, sondern auch in der Produktion Anwendung findet.

Welches Protokoll Sie wählen sollten und wie leistungsfähig es sein müsste, hängt maßgeblich davon ab, welche Art von Berechnungen Sie durchführen möchten. Dafür müssen Sie ermitteln, ob diese Berechnungen mit der von Ihnen ins Auge gefassten MPC-Bibliothek einfach oder schwierig sind. Je nach verwendetem Protokoll lassen sich bestimmte Operationen einfacher durchführen als andere. Zum Beispiel sind Vergleiche wie »größer als« oder »kleiner als« beim Secret Sharing relativ komplex und rechenintensiv, mit Methoden wie Garbled Circuits (*https://oreil.ly/j3D3T*) jedoch relativ einfach umzusetzen. Da man keinen einfachen Heuristiken folgen kann, welche MPC-Protokolle für welche Berechnungen am besten geeignet sind, sollten Sie derartige Entscheidungen den von Ihnen genutzten Bibliotheken bzw. Frameworks überlassen. Diese sind in der Lage, zu bestimmen, wie Operationen optimiert werden können, und können sogar die Wahl des kryptografischen Low-Level-Protokolls auf der Grundlage von Higher-Level-Spezifikationen der Berechnung (d. h. des in einer Higher-Level-Sprache verfassten Algorithmus) anpassen. Im Idealfall fungieren sie wie ein Compiler, der Ihren menschenlesbaren Code in Maschinenbefehle umwandelt, wobei die Optimierungen bereits in den Kompilierungsschritten vorgenommen werden.

Abwägungen im Rahmen der Bewertung des Einsatzes von Encrypted Computation

Zahlreiche Faktoren können sich auf die Geschwindigkeit Ihrer Berechnungen auswirken, unter anderem wie gut das Netzwerk optimiert ist und wie es eingerichtet wurde, wie hoch die Rechenleistung ist, wie der Algorithmus konzipiert ist, welches Verschlüsselungsschema und welche Bibliothek verwendet wird.

Häufig muss zwischen Benutzerfreundlichkeit und Leistungsfähigkeit abgewogen werden. Deshalb wird manchmal ein langsameres, aber einfacher zu verwendendes Protokoll gewählt, da es schlichtweg besser nachvollziehbar und wartbar ist.

Bei diesen Entscheidungen sollten Sie sich überlegen, von wem die Software und im Rahmen welcher Anwendungsfälle sie genutzt wird – und welche Einschränkungen Sie insbesondere hinsichtlich der Laufzeit und der Benutzerfreundlichkeit in Kauf nehmen wollen. Es lohnt sich, sich die Zeit zu nehmen, zunächst einige Frameworks bzw. Bibliotheken zu vergleichen und kleine Beispiele zu erstellen, um diese dann zu bewerten. Nur wenn die ersten Implementierungen gut gelingen und für Ihre Anwender nützlich sind, können Sie nachhaltige Anwendungsfälle schaffen, bei denen die eingesetzten Datenschutztechnologien ihre Wirkung entfalten und eine breitere Akzeptanz finden können.

Einen weiteren Faktor, den Sie berücksichtigen sollten, stellen die Eigenschaften des Körpers, mit dem Sie arbeiten, dar. In einem Körper operieren Sie mit Ganzzahlen. Im Rahmen von Data-Science-Anwendungsfällen, in denen Datenformate mit gemischter Genauigkeit (sogenannter Mixed-Precision) verwendet werden, muss nicht nur alles in Zahlen bzw. Tensoren umgewandelt werden, sondern es muss auch von der Gleitkommaarithmetik zur Festkommaarithmetik übergegangen werden. Dementsprechend müssen Sie bei der Entwicklung Ihres Algorithmus bzw. Ihrer Funktion darüber nachdenken, welche numerische Genauigkeit erforderlich ist. Gute Bibliotheken (wie die, die Sie in diesem Kapitel verwenden werden) sollten diesen Wechsel relativ problemlos bewältigen können. Wenn Sie jedoch mit sehr großen Ganzzahlen oder sehr kleinen Gleitkommazahlen arbeiten, sollten Sie einen Skalierungsfaktor berücksichtigen, bevor Ihre Daten im Rahmen einer Encrypted Computation verarbeitet werden.

Darüber hinaus sollten Sie sich auch über die Geschwindigkeit und Effizienz Ihrer Berechnungen Gedanken machen. Wie schnell Ihre Berechnungen vonstattengehen können, hängt von den verwendeten Protokollen ab und davon, ob es Möglichkeiten zur Optimierung gibt. Wie bereits im Abschnitt »Secret Sharing« auf Seite 238 erwähnt, gibt es eine Rolle, die als *Krypto-Dealer* bezeichnet wird und die dabei helfen kann, Optimierungen vorzunehmen und Offlineschritte für Berechnungen durchzuführen. Zudem gibt es auch Möglichkeiten für die Parteien, einige dieser Schritte in einer aktiveren Sicherheitsumgebung selbst vorzunehmen. Wenn Sie mehr über Protokolle erfahren möchten, die dies unterstützen, empfehle ich Ihnen, sich Morten Dahls Blogbeitrag zum SPDZ-Protokoll (*https://oreil.ly/-3C6V*) und den Forschungsbeitrag »Overdrive: Making SPDZ Great Again«, der Möglichkeiten zur Verbesserung des SPDZ-Protokolls (*https://oreil.ly/RIVhS*) aufzeigt, anzusehen.

MPC-Protokolle können in Bezug auf Parallelisierung und Timing optimiert werden. Wenn Sie mit mehreren Parteien zusammenarbeiten und sich gegenseitig Werte übermitteln, ist es wünschenswert, dass alle Spieler möglichst wenig Zeit damit verbringen, auf Zwischenergebnisse oder von den anderen Parteien gesendete Werte zu warten. Werden diese Berechnungsgraphen so optimiert, dass eine möglichst hohe Parallelisierung herbeigeführt wird, kann dies zu erheblichen Performance-Verbesserungen führen. Allerdings sollten Sie auch diese Optimierungen möglichst der verwendeten Bibliothek bzw. dem Framework überlassen.[8]

Darüber hinaus müssen Sie prüfen, wie stabil die Berechnungen vonstattengehen, d.h., ob es zu Ausfällen (*Dropouts*) von beteiligten Parteien kommen kann und, wenn ja, wie viele Teilnehmer ausfallen können, ohne dass die Berechnung zwangsläufig abgebrochen werden muss. Insbesondere dann, wenn viele Parteien beteiligt sind, kann es anfangs einige Versuche erfordern, einen geeigneten Schwellenwert zu finden. Daher sollten Sie zunächst auf Basis einer kleineren Anzahl von Parteien versuchen, einen geeigneten Schwellenwert zu finden, ähnlich wie Sie es bereits in Kapitel 6 kennengelernt haben. Wenn Sie nur eine kleinere Gruppe von Parteien einbeziehen, müssen Sie möglicherweise verlangen, dass mehr Teilgeheimnisse auf die Parteien verteilt werden, um eine etwaige Redundanz zu schaffen.

Servergestützte MPC

Eine weitere Möglichkeit, MPC-Protokolle zu optimieren, ist der Einsatz servergestützter MPC (engl. *Server-aided MPC*). Ähnlich wie Aggregatoren im Rahmen von Federated Analysis und Learning Unterstützung bieten, können auch Server als Zwischenstationen bzw. Knotenpunkte für MPC-Algorithmen und -Berechnungen fungieren.

In solchen Konstellationen können die Server gezielt platziert werden und für eine bessere Robustheit sorgen, da sie immer erreichbar sind. Damit die Sicherheitsanforderungen erfüllt werden können, müssen diese Server als Spieler direkt in die Berechnung einbezogen werden. Zudem muss der verwendete Algorithmus servergestützte MPC unterstützen.

8 Falls Sie mehr darüber erfahren möchten, lohnt es sich, einen Blick auf einen einführenden Beitrag zur Implementierung von MPC als Teil von datenstromorientierten Programmen (*https://oreil.ly/CKVpr*) zu werfen, in dem einige der Herausforderungen bei der Implementierung dieser Protokolle für die TensorFlow-Bibliothek von Google beschrieben werden. Für einen Vergleich verschiedener Bibliotheken im Rahmen realer datenwissenschaftlicher Anwendungsfalle sollten Sie sich die Benchmarks für das Moose-Framework und das MP-SPDZ-Protokoll bei Tensoroperationen und der logistischen Regression (*https://oreil.ly/F_mlp*) ansehen.

> Es gibt mehrere interessante Implementierungen servergestützter MPC, darunter eine von Microsoft Research, bei der Garbled Circuits zum Einsatz kommen (*https://oreil.ly/f5EEx*).

Darüber hinaus sollten Sie stets darauf achten, dass die von Ihnen verwendete Bibliothek umfassend geprüft und getestet wurde. Genauso wie bei Differential Privacy (siehe Kapitel 2) ist es wichtig, eine quelloffene und geprüfte Bibliothek zu finden, bei der Sie darauf vertrauen können, dass die Protokolle korrekt implementiert wurden. In der Kryptografie werden Open-Source-Lösungen im Grunde mehr Vertrauen entgegengebracht als proprietären Lösungen, da die Protokolle und Algorithmen von der gesamten Branche geprüft werden (*Peer Review*) und nicht nur von einer kleinen Gruppe interner Mitarbeiterinnen und Mitarbeiter bzw. Prüfer.

Angesichts der Tatsache, dass jede Partei im Rahmen mehrerer Schritte Daten an eine andere übertragen muss, wird deutlich, warum MPC als *interaktionslastig* bezeichnet wird. Je stärker sich die Daten im Cloud Computing und in Netzwerken konzentrieren und je mehr in die Optimierung von Netzwerkverbindungen investiert wird, desto geringer sind die mit den Interaktionen verbundenen Kosten. Das Secret Sharing ist zwar nicht das einzige MPC-Schema, das erwähnenswert ist, doch es ermöglicht zweifellos eine ganze Reihe von Operationen (Addition, Subtraktion, Multiplikation und Division) – und dies zu relativ geringen Kosten für alle beteiligten Parteien.

Im weiteren Verlauf des Kapitels werden Sie noch mit MPC experimentieren, wenn Sie das Moose-Framework für Encrypted Computation verwenden. Zunächst wollen wir jedoch andere Encrypted-Computation-Ansätze erkunden, die zwar weniger Interaktionen, dafür aber eine höhere Rechenleistung erfordern, wie etwa die homomorphe Verschlüsselung.

Homomorphe Verschlüsselung

Die homomorphe Verschlüsselung (engl. *Homomorphic Encryption*, HE) ist ein weiterer Teilbereich der Encrypted Computation, dessen Protokolle und Verfahren sich von der der MPC unterscheiden. Wie bei der MPC werden auch bei der HE die Ergebnisse berechnet, ohne dass die Daten dabei entschlüsselt werden. Bei der HE geschieht dies über spezielle Kryptosysteme, durch die die homomorphen Eigenschaften beibehalten und verschlüsselte arithmetische Operationen mit den Daten ermöglicht werden. Homomorphismus ist die Fähigkeit, algebraische Strukturen wie Gruppen oder Vektoren aufeinander abzubilden, wobei die mathematischen Eigenschaften bestimmter Operationen – wie Addition oder Multiplikation – erhalten bleiben. Bei der HE sind der Geheim- bzw. Chiffretext und der Klartext homomorph, sodass mathematische Operationen mit dem Chiffretext präzise durchgeführt werden können.

Im Vergleich zur MPC ist die HE sehr rechen- und speicherintensiv und erfordert daher eine wesentlich höhere Rechenleistung, um die Berechnungen durchführen zu können. Zudem erfordert sie nicht die Beteiligung von mehr als zwei Parteien, weshalb sie insbesondere dann geeignet ist, wenn es lediglich einen Dateneigentümer und einen Datenverarbeiter gibt, der Eigentümer der Daten jedoch möchte, dass die Daten während der Verarbeitung verschlüsselt bleiben. Dementsprechend bietet sich die Methode immer dann an, wenn ein Nutzer einen Teil seiner Daten verschlüsselt senden und eine verschlüsselte Antwort erhalten möchte, die er dann auf lokaler Ebene entschlüsseln kann.

Die Protokolle für die HE werden entweder als partiell bzw. teilweise homomorphe Verschlüsselung (engl. *Partially Homomorphic Encryption*, PHE) oder als voll homomorphe Verschlüsselung (engl. *Fully Homomorphic Encryption*, FHE) bezeichnet. Bei der PHE wird nur eine mathematische Operation unterstützt – als Operation kann entweder eine Addition oder eine Multiplikation durchgeführt werden, jedoch nicht beide gleichzeitig. Bei der FHE können jegliche mathematische Operationen mit beliebiger Schaltungstiefe (*https://oreil.ly/1Gvs3*) (engl. *Circuit Depth*) durchgeführt werden.[9] Es gibt einige Protokolle, die eine abgestufte, voll homomorphe Verschlüsselung ermöglichen, bei der die Anzahl der Schaltkreise, die modelliert werden können, begrenzt ist.[10]

Bei der HE werden die homomorphen Eigenschaften der zugrunde gelegten Kryptosysteme genutzt. Die Kryptosysteme, die HE-Operationen unterstützen, stellen homomorphe Beziehungen zum Geheimtext her, wenn derselbe Schlüssel zum Verschlüsseln der Daten verwendet wird. Das bedeutet, dass Werte, die mit demselben Schlüssel verschlüsselt wurden, miteinander multipliziert werden können und eine verschlüsselte Darstellung des Produkts dieser Werte geliefert wird. Darüber hinaus können auch Operationen mit Klartextwerten durchgeführt werden und präzise verschlüsselte Ergebnisse geliefert werden. Die Werte können dann nur mit demselben Schlüsselpaar entschlüsselt werden, mit dem sie verschlüsselt wurden.

Im Gegensatz zu den meisten MPC-Protokollen ist es in der Regel erforderlich, die in den Zwischenschritten hinzugefügte Zufälligkeit zu reduzieren, da diese Kryptosysteme als Schutz vor statistischen Angriffen bereits einen Zufallsprozess beinhalten. Im Jahr 2009 kam es mit Gentrys Bootstrapping-Methode (*https://oreil.ly/l1uyS*) zum Durchbruch bei HE-Systemen, wodurch es im Rahmen der homomorphen Verschlüsselung erstmals möglich war, auch komplexere Operationen, Gatter und Algorithmen zu berechnen. Bis dahin gab es keine Möglichkeit, den zusätzlichen Zufallsprozess zu entfernen, der bei der Durchführung von homomorphen Operationen auf einem Teil eines Geheimtexts auftrat. Letztlich wurde dieses Rauschen so groß, dass das entschlüsselte Ergebnis verfälscht wurde.

9 Sie denken wahrscheinlich nicht oft über die Schaltungstiefe Ihrer Operationen nach. Sie können sich dies als Komplexität eines Graphen bzw. einer Funktion vorstellen. Die Schaltkreiskomplexität bzw. -tiefe ist auf einer niedrigeren Ebene anzusiedeln, hat jedoch ähnliche Eigenschaften und Implikationen für die Berechnungen.

10 OpenMined hat auf YouTube eine Präsentation (*https://oreil.ly/rUZYW*) hochgeladen, in der diese Abgrenzungen noch eingehender erläutert werden.

Gentry konnte zeigen, dass der geheime Schlüssel selbst verschlüsselt und dann zur »Entschlüsselung« des Werts im verschlüsselten Raum verwendet werden kann. Sie können sich das wie eine doppelte Verschlüsselung vorstellen. Durch diesen Schritt konnte die zusätzliche Zufälligkeit im Geheimtext reduziert werden, ohne dass dadurch etwas über die Daten selbst preisgegeben wird. Da dieser Schritt zur Verringerung der Zufälligkeit als Zwischenschritt durchgeführt werden kann, ist es im Rahmen der HE möglich, mehr Operationen als zuvor durchzuführen. Sobald das Rauschen zu groß wird, wird der Bootstrapping-Schritt durchgeführt und dann mit den eigentlichen HE-Operationen fortgefahren. Diese Methode wird auch heute noch angewandt und ist in vielen FHE-Protokollen integriert.

Widmen wir uns nun einem einfachen homomorphen Verschlüsselungsprotokoll, damit Sie sich ein besseres Bild davon machen können, was es mit den homomorphen Eigenschaften auf sich hat.

Paillier-Verschlüsselung

Mithilfe des Paillier-Kryptosystems (*https://oreil.ly/dE5xv*) können additive homomorphe Verschlüsselungen durchgeführt werden, d. h., es können Zahlen addiert werden, während sie verschlüsselt bleiben. Ein Blick auf das Kryptosystem selbst verdeutlicht seine homomorphen Eigenschaften.

Um ein Schlüsselpaar aus einem öffentlichen und einem privaten Schlüssel zu erstellen, wählen Sie große Primzahlen mit einer bestimmten Eigenschaft und berechnen die abhängigen Werte mit einer zusätzlichen Zufallszahl. Am Ende erhalten Sie einen öffentlichen Schlüssel mit den beiden Werten (n, g) und einen privaten bzw. geheimen Schlüssel mit den beiden Werten (λ, μ).

Um eine Nachricht (m) zu verschlüsseln, berechnen Sie $c = g^m r^n \bmod n^2$, wobei r im Rahmen gewisser Einschränkungen zufällig gewählt wird.

Beachten Sie den Homomorphismus, wenn Sie die Eigenschaften der verschlüsselten Nachricht nachvollziehen. Betrachten wir nun zwei Nachrichten m_1 und m_2.

Wenn Sie diese beiden Nachrichten mit demselben Schlüsselpaar verschlüsseln und sie miteinander multiplizieren, erhalten Sie:

$$\left(g^{m_1} r_1^{\,n}\right)\left(g^{m_2} r_2^{\,n}\right) \bmod n^2$$

Dies kann vereinfacht werden zu

$$\left(g^{m_1 + m_2} (r_1 r_2)^n\right) \bmod n^2$$

was wiederum die Verschlüsselung von $m_1 + m_2$ darstellt. Wirklich genial, oder?

Damit Sie das neue Ergebnis entschlüsseln können, benötigen Sie den geheimen Schlüssel. Solange dieser geheim gehalten wird, sind also die Sicherheitseigenschaften gewährleistet.

Das Notebook mit dem entsprechenden Python-Code, der unter Verwendung von Klassen implementiert ist, finden Sie im Repository des Buchs (*https://github.com/kjam/practical-data-privacy*). Dort sind auch die zur Generierung der Schlüssel für die Ver- und Entschlüsselung erforderlichen Funktionen enthalten.

Zunächst müssen Sie die Schlüssel generieren und eine Nachricht verschlüsseln:

```
ek, dk = keygen() # ek ist der Chiffrierschlüssel, dk der Dechiffrierschlüssel
r = sample_randomness(ek) # zufälliger Wert, der als Teil der
                          # Verschlüsselung erforderlich ist
msg = 4
ciphertext = enc(ek, msg, r)
print(ciphertext)
```

Als Ausgabe sollten Sie jetzt eine sehr große Ganzzahl erhalten! Wenn Sie die Zelle erneut ausführen, wird das Ergebnis anders ausfallen, da sowohl die Schlüssel als auch der zufällige Wert unterschiedlich ausfallen werden.

Zur Entschlüsselung dieses Geheimtexts können Sie die im Notebook enthaltene Entschlüsselungsmethode verwenden:

```
dec(dk, ciphertext)
```

Durch deren Aufruf wird die korrekte Zahl (4) ausgegeben.

Wahrscheinlich kennen Sie bereits Systeme, die Nachrichten verschlüsseln und entschlüsseln können. Das Besondere an diesem System sind seine homomorphen Eigenschaften. Wie beim Secret Sharing können Sie Funktionen definieren, die die Eigenschaften eines Körpers ausnutzen. Mit den folgenden Funktionen – die ebenfalls im Notebook enthalten sind – können Sie Geheimtexte addieren und subtrahieren. `ek.nn` stellt einen Körper dar und besitzt somit diese nützlichen Eigenschaften:

```
def add_cipher(ek, c1, c2):
    c = (c1 * c2) % ek.nn
    return c

def neg(ek, c):
    return inverse(c, ek.nn)

def sub_cipher(ek, c1, c2):
    c = add_cipher(ek, c1, neg(ek, c2))
    return c
```

Wenden Sie diese auf zwei verschlüsselte Werte an, können Sie sehen, dass sich mit ihnen verschlüsselter Text addieren und subtrahieren lässt. Wenn Sie das Ergebnis entschlüsseln, erhalten Sie das gleiche Ergebnis, als wenn Sie die Operation mit Klartext durchgeführt hätten. Genau so funktioniert die homomorphe Verschlüsselung:

```
msg_one, msg_two = 45, 234
c1 = enc(ek, msg_one, r)
c2 = enc(ek, msg_two, r)

result_addition = add_cipher(ek, c1, c2)

assert dec(dk, result_addition) == msg_one + msg_two
```

```
result_subtraction = sub_cipher(ek, c1, c2)
assert dec(dk, result_subtraction) == msg_one - msg_two
```

Sie können auch verschlüsselte Werte mit Klartextwerten addieren, subtrahieren und multiplizieren. Alle hier beschriebenen Methoden finden Sie im Notebook und können Sie selbst ausprobieren. Diese Implementierung unterstützt keine homomorphe Multiplikation, bei der die Zufälligkeit schneller wachsen würde und gegebenenfalls ein Bootstrapping erforderlich wäre, um die Zufälligkeit zu entfernen, ehe die Berechnung fortgesetzt werden kann.

> Normalerweise würden Sie nicht »Ihre eigene Kryptografie entwickeln« oder kryptografische Protokolle von Grund auf neu schreiben. Dies ist nur ein Beispiel-Notebook, um Ihnen die Eigenschaften zu zeigen und Ihnen die Möglichkeit zu geben, ein wenig herumzuspielen und mehr darüber zu erfahren, wie diese Systeme funktionieren. Wenn Sie die Paillier-Verschlüsselung in der Praxis einsetzen möchten, sollten Sie sich die Bibliotheken ansehen, die diese Protokolle und Kryptosysteme unterstützen, wie z.B. python-paillier (*https://oreil.ly/SCjOX*) oder Paillier von Intel (*https://oreil.ly/DllcL*).

So beeindruckend die Paillier-Verschlüsselung auch sein mag, die meisten Kryptografen rücken von diesem System ab, da es nicht den heutigen Anforderungen an die Berechnungskomplexität (*Hardness Assumptions*) entspricht und im Vergleich zu anderen Methoden relativ langsam ist. Bei der Paillier-Verschlüsselung wird die Faktorisierung als Anforderung an die Berechnungskomplexität verwendet, die leistungsfähigsten und sichersten FHE-Verfahren basieren jedoch auf anderen schwierigen Problemen, wie dem des Lernens mit Fehlern (engl. *Learning with Errors*, LWE).

Lernen mit Fehlern (Learning with Errors)

Lernen mit Fehlern entwickelte sich ursprünglich auf der Grundlage von gitterbasierten Kryptosystemen (engl. *Lattice-based Cryptosystems*) und bahnbrechenden Arbeiten, die sich mit gitterbasierten Ansätzen und stochastischem Rauschen befassten.[11] Bevor Sie weiter in die Materie eintauchen, sollten wir zunächst ein paar Begriffe klären.

Ein Gitter ist eine mathematische Struktur mit besonderen Eigenschaften – es definiert eine Basis für eine vollständige Menge linearer Vektorkombinationen, die viele mögliche Basen als Erklärungen haben können. In der Kryptografie bieten Gitter eine Alternative zu älteren Public-Key-Kryptosystemen wie RSA, Diffie-Hellman und Elliptische-Kurven-Kryptosystemen, die im Allgemeinen nicht quantensicher sind, da sie auf Faktorisierung beruhen. Gitterbasierte Kryptosysteme nutzen die Eigenschaften von Gittern, um spezielle Basisgitter zu erstellen, die sich bei der Strukturierung schwieriger Probleme als nützlich erweisen und von denen man annimmt, dass sie quantensicher sind.

11 Eine der ersten Forschungsarbeiten hierzu wurde von Cynthia Dwork (*https://oreil.ly/MJ5O2*) mitentwickelt, von der Sie bereits in Kapitel 2 aufgrund ihrer grundlegenden Beiträge zur Differential Privacy gehört haben.

Eines dieser schwierigen Probleme ist das des Lernens mit Fehlern. Dieses lässt sich in einigen wenigen Gleichungen vereinfachen.

In dem ursprünglichen Forschungsbeitrag von Oded Regev (*https://oreil.ly/weWz4*) geht es darum, wie sich ein Chiffrierschlüssel und ein Geheimnis erzeugen lassen, sodass andere Ihre verschlüsselten Nachrichten entschlüsseln können. Dazu wird zu Beginn eine Zufallskomponente aus einem Körper über q gezogen – etwa eine n-dimensionale Matrix (A). Diese Matrix fungiert wie ein Chiffrierschlüssel und wird zufällig aus einem Körper gezogen, wodurch sichergestellt ist, dass die Anforderungen hinsichtlich der Schwere (bzw. der Berechnungskomplexität) und der homomorphen Eigenschaften gewährleistet werden.

Anschließend erhält man einen Tensor s, der dem Geheimnis entspricht. Dann wird das Skalarprodukt der Matrix mit dem Tensor s gebildet, und es werden relativ kleine normalverteilte Fehler ($\langle a_n, s_n \rangle + e_n$) hinzuaddiert. Die sich daraus ergebenden Modulo-Werte (d.h. der Rest der ganzzahligen Division) über dem Körper stellen eine gute Näherung für das Geheimnis dar – was allerdings nur sehr schwer festzustellen ist, wenn man A nicht genau kennt. Der letzte Schritt der Schlüsselgenerierung entspricht $s^{\mathsf{T}}A + e^{\mathsf{T}}$.

Zur eigentlichen Verschlüsselung der Daten wird die Nachricht vorbereitet, indem diese in einzelne Bitvektoren zerlegt wird, die mittels $\lfloor \frac{q}{2} \rfloor \cdot (0...0b)^{\mathsf{T}}$ berechnet und als $\vec{b}$ gespeichert werden. Anschließend können der generierte Schlüssel und das Geheimnis dazu verwendet werden, die Nachricht zu verschlüsseln, indem – wie beim Fehler – ein zufälliger Wert gewählt und $\vec{c} = A\vec{r} + \vec{b}$ berechnet wird. Um die Nachricht zu entschlüsseln, muss man $\langle c, s \rangle \mod q$ berechnen. Aufgrund des hinzugefügten Fehlers wird der Absolutwert des entschlüsselten Werts genommen und eine 1 ausgegeben, wenn dieser größer als $q/4$ ist, andernfalls eine 0.

Die homomorphen Eigenschaften werden – wie bei den zuvor beschriebenen Methoden – dank des Körpers beibehalten. In diesem Fall muss jedoch die zusätzliche Zufallskomponente berücksichtigt werden. Angenommen, Sie haben, wie zuvor beschrieben, zwei Geheimtexte und zwei Geheimnisse. Wenn Sie diese addieren und den Modulo über den Körper ermitteln, erhalten Sie im Grunde $\lfloor \frac{q}{2} \rfloor (b_1 + b_2) +$ Zufallskomponenete. Dies führt zu mehr Rauschen, da der Fehler nicht nur einmal mittels Sampling hinzugefügt wird, sondern zweimal! Der Fehler darf nicht größer werden als $q/4$, ansonsten können die Werte nicht korrekt entschlüsselt werden.

> Wenn Sie wissen möchten, wie dies im Fall der Multiplikation funktioniert, sollten Sie sich zunächst den erhellenden Einstiegsbeitrag von Stephen Hardy zum Thema Ring Learning with Errors (Ring-LWE) (*https://oreil.ly/Zgjme*) ansehen, um ein besseres Verständnis dafür zu entwickeln, wie Ringoperationen in einem polynomiellen Modulus funktionieren. Zudem können Sie sich die Vorlesungsunterlagen von Shai Halevi und Tal Malkin, die eine Einführung in das Schema und dessen Eigenschaften bieten, (*https://oreil.ly/cBnZj*) ansehen. Sollten

Sie überdies Interesse daran haben, nachzuvollziehen, wie sich ein Ring-LWE programmieren lässt, empfehle ich Ihnen, sich die Codeimplementierung von Bill Buchanan (*https://oreil.ly/a3Cx3*) und Ayoub Benaissa, die auf dem OpenMined-Blog beschrieben werden, (*https://oreil.ly/B-Rwx*) zu Gemüte zu führen.

Nun, was hat das mit Gittern zu tun? Die Sicherheit dieses Schemas basiert auf der Komplexität bzw. Schwere von Gitterproblemen, da es sich auf bestimmte Probleme reduziert, die den Kern der Sicherheitsannahmen für Gitter bilden, wie das SIS-(Short-Integer-Solution-)Problem (*https://oreil.ly/8CofL*) und das Problem des kürzesten Gittervektors (engl. Shortest Vector Problem) (*https://oreil.ly/M3nP1*). Um mehr über die Komplexität dieser Probleme zu erfahren und darüber, wie es mit anderen Problemen der Kryptografie zusammenhängt, sollten Sie mit der Einführungsvorlesung in die gitterbasierte Kryptografie von Chris Peikert (*https://oreil.ly/-ok5y*) beginnen.

In diesem Beispiel fungiert Ihr *A* als Schlüssel, dessen Größe mit der Größe Ihrer Nachricht skalieren muss, was bedeutet, dass die Größe des Schlüssels sehr schnell zunimmt. Obwohl es diesbezüglich viele Verbesserungen gegeben hat, wird davon ausgegangen, dass größere Schlüssel erst in der Post-Quanten-Kryptografie zum Tragen kommen werden.

Die Grundform von LWE wurde zu mehreren Kryptoschemata erweitert, die HE-Operationen unterstützen. Ring-LWE und TFHE (*https://www.tfhe.com*) bieten beide vollständig homomorphe Operationen mit besseren Optimierungen. Die Torus-basierte HE verfügt beispielsweise über ein effizienteres Bootstrapping, das typischerweise den aufwendigsten Schritt in homomorphen Verschlüsselungs-Frameworks darstellt. Bei Ring-LWE werden die Berechnungen selbst um einige Polynome reduziert, wodurch die Bootstrapping-Schritte verkürzt werden.

Gitterbasierte und andere post-Quanten-kryptografische Verfahren kommen bereits in einigen aktuellen Implementierungen zum Einsatz, da sich die Unternehmen auf eine Zukunft vorbereiten, in der Quantencomputer größer sind und leichter zur Verfügung stehen. Google hat einige Zeit in seiner BoringSSL-Bibliothek NewHope verwendet (*https://oreil.ly/jmK7D*), und Microsoft hat in seiner Forschungsgruppe Ring-LWE-Schemata getestet (*https://oreil.ly/KkXH-*). Im Übrigen sind auch MPC-Verfahren quantensicher, sofern das zwischen den Spielern bestehende Netzwerk ausreichend gesichert ist.

Wenn Sie für Ihren Anwendungsfall FHE in Betracht ziehen, sollten Sie einen Blick auf die Concrete-Bibliothek von Zama (*https://oreil.ly/Y8NuB*) werfen, die eine ähnliche API wie NumPy hat. Interessant sind auch die SEAL-Bibliothek von Microsoft (*https://oreil.ly/FTt3h*) und die HElib-Bibliothek von IBM (*https://oreil.ly/XBvcs*), die mehrere Protokolle zur Verfügung stellen.

Faktoren, die bei der Verwendung homomorpher Verschlüsselung zu berücksichtigen sind

Wenn Sie HE in Produktionssystemen einsetzen möchten, sollten Sie über speziell entwickelte Hardware nachdenken, mit der Sie die Verarbeitungszeit erheblich verkürzen können. Es gibt Versuche, HE-Systeme zu beschleunigen, indem man *Field-programmable Gate Arrays* (FPGAs) zur Optimierung von Berechnungen (*https://oreil.ly/H_UFy*) oder speziell entwickelte optische Systeme zur Beschleunigung des Suchvorgangs bei FHE (*https://oreil.ly/gtUdG*) verwendet.

Hierbei kann es sein, dass Sie Kompromisse zwischen Zweckdienlichkeit, Performance und Genauigkeit eingehen müssen. Einige der für die FHE optimierten Protokolle beruhen darauf, dass die als Teil des Prozesses hinzugefügte Zufälligkeit nicht immer beseitigt wird. CKKS (*https://oreil.ly/EFqlf*) ist ein Protokoll, das ein vertretbares Maß an Zufälligkeit erlaubt, sodass der Bootstrapping-Schritt umgangen wird. Wie bei Differential Privacy gibt es viele datenwissenschaftliche Probleme, bei denen die Einführung von Zufälligkeit von den Daten selbst erwartet wird. Sofern Sie sich mit einer näherungsweisen statt einer exakten Lösung arrangieren können, bieten diese Protokolle eine höhere Geschwindigkeit.

Einen weiteren Faktor, der Ihre HE-Implementierung beeinflusst, stellen Datengröße und Anzahl der erforderlichen Rechenoperationen dar. Manche Optimierungen funktionieren nur, wenn Ihre Daten relativ klein sind, wie etwa 8- und 16-Bit-Werte. Außerdem gibt es Berechnungen, die von einer kleineren Schaltung durchgeführt werden können, wodurch kostspielige Schritte wie Bootstrapping vermieden werden können. Während diese Optimierungen für erfahrene HE-Entwickler und Kryptografen auf der Hand liegen, dürften sie für Sie gegebenenfalls nicht so ersichtlich sein. Wahrscheinlich werden Frameworks diese Optimierungen künftig als Teil des Kompilierungsschritts unterstützen. Für den Moment sollten Sie sich einfach der möglichen Optimierungen bewusst sein, insbesondere dann, wenn Ihre Daten klein oder die Anzahl Ihrer Berechnungen relativ gering sind.

Zu guter Letzt sollten Sie Bibliotheken, Forschungsergebnisse und Entwicklungen in diesem Bereich im Auge behalten – in den vergangenen Jahren hat sich sehr viel getan. Es besteht immer die Möglichkeit, dass die sich weiterentwickelnde Rechenleistung oder die Entwicklung von Algorithmen und Hardware zu einem Durchbruch führt, durch den homomorphe Verschlüsselung zum festen Bestandteil der alltäglichen Berechnungen wird. Halten Sie sich über neue Forschungsentwicklungen und Implementierungen auf dem Laufenden, indem Sie den Beiträgen von Zama (*https://www.zama.ai*) oder Microsoft SEAL (*https://oreil.ly/qfECd*) folgen.[12]

12 Pascal Paillier präsentierte seine eigenen Prognosen (*https://oreil.ly/7dpFA*), die er für den OpenMined-Privacy-Kurs aufgezeichnet hatte. Inzwischen ist er CTO von Zama und hat einen guten Einblick in die Herausforderungen und Möglichkeiten, die noch vor uns liegen.

Es würde den Rahmen dieses Kapitels sprengen, alle Bereiche der Encrypted Computation zu behandeln, weshalb ich nicht weiter auf Garbled Circuits und Oblivious Transfer (*https://oreil.ly/4p-bA*) eingegangen bin. Diese können in Bibliotheken und Frameworks, die Sie in diesem Kapitel kennengelernt haben, als Unterprotokolle verwendet werden, und bieten Optimierungen für bestimmte Operationen. Wenn Sie mehr darüber erfahren möchten, empfehle ich Ihnen, sich den Artikel *A Pragmatic Introduction to Secure Multi-Party Computation* (*https://oreil.ly/zraeM*) anzusehen.

HE-Berechnungen über Null-Wissen-Beweise validieren

Im Gegensatz zum Secret Sharing und den MPC-Verfahren gibt es bei HE-Operationen keine einfache Möglichkeit, einen möglichen Betrug zu erkennen und zu validieren. Sie können jedoch eine andere kryptografische Methode namens Zero-Knowledge Proofs, im Deutschen als *Null-Wissen-Beweise* bezeichnet, dazu nutzen.

Null-Wissen-Beweise basieren auf einer ungleichen Verteilung von Informationen, wobei der Beweiser (engl. *Prover*) Zugang zu geheimen Informationen hat. Daneben gibt es auch einen Verifizierer (engl. *Verifier*), der validieren möchte, dass der Beweiser diese Informationen tatsächlich besitzt. Der Beweiser möchte zeigen, dass er die Informationen kennt bzw. besitzt, ohne dabei die Informationen selbst preiszugeben, und der Verifizierer möchte den Beweis so oft anfordern, bis er sicher ist, dass der Beweiser die Ergebnisse nicht verfälscht hat. Diese Beweise können sowohl interaktiv sein – d.h., dass beide Parteien online sind und in Echtzeit antworten – als auch nicht interaktiv (d.h. offline bzw. als signierte Beweise, die an einem öffentlichen Ort bekannt gemacht werden). Diese Beweise können für eine Vielzahl weiterer Anwendungsfälle herangezogen werden, z.B. für die Onlinevalidierung persönlicher Informationen oder für den Nachweis, dass man im Besitz bestimmter Daten ist.

Im Rahmen eines HE-Anwendungsfalls könnte eine Partei zusätzliche Berechnungen mit den verschlüsselten Daten durchführen – vor allem wenn sie von diesen Änderungen profitieren könnte. Stellen Sie sich vor, Sie laden einen verschlüsselten Wert hoch und die andere Partei bietet Ihnen einen Dienst an, der auf dem zugrunde liegenden Wert der Daten basiert, z.B. eine Empfehlung oder eine Optimierung, wenn der Wert zu niedrig oder zu hoch ist. Was würde die andere Partei davon abhalten, die Berechnung zu ändern, um Ihnen einen Anreiz zu geben, den Dienst zu nutzen? Oder was hindert jemanden in einer Gruppenkonstellation – z.B. bei einer Auktion oder einer Wahl – daran, Ihre Inputdaten zu kopieren, mit ihnen Operationen durchzuführen und sie als seine eigenen zu übermitteln?[13]

In Szenarien wie diesen können Null-Wissen-Beweise als Audit Trail hinzugefügt werden. Darüber hinaus können sie auch als Beweis dafür dienen, dass man im Besitz des ursprünglichen verschlüsselten Werts und des Chiffrierschlüssels ist. Im Bereich des Machine Learning wurden beim zk-ml-Protokoll (*https://oreil.ly/jwX8X*)

13 MPC sollte bei derartigen Konstellationen immer bevorzugt werden, da es für diese gemeinsamen Operationen sicherer und performanter ist.

Null-Wissen-Beweise verwendet, um zu beweisen, dass das Modell ordnungsgemäß trainiert wurde und um die Ergebnisse zu validieren. Eine weitere ähnliche auf den MNIST-Daten basierende Implementierung (*https://oreil.ly/PeXsy*) befasste sich mit der Validierung sowohl des Modells als auch seiner Inputdaten.

Bei Berechnungen, die nicht im Rahmen von Machine Learning durchgeführt werden, können Sie sich vorstellen, einen nicht interaktiven signierten Beweis oder einen Endpunkt für einen interaktiven Beweis zu veröffentlichen, um zu bestätigen, dass Sie im Besitz der Inputdaten oder der zur Berechnung verwendeten Verarbeitungssysteme sind. Für diejenigen, die die Berechnung bereitstellen, könnten Sie auch einen Audit Trail für die Verarbeitung als Null-Wissen-Beweis bereitstellen. Diese würden ähnlich wie signierte Softwarebinärdateien funktionieren, sodass interessierte Parteien die eingegebenen und verarbeiteten Daten validieren können.

Nachdem Sie die Encrypted Computation nun grundlegend verstanden haben, wenden wir uns realen Anwendungsfällen zu und kommen so von der Theorie zur Praxis.

Reale Anwendungsfälle im Zusammenhang mit Encrypted Computation

Damit Sie einen Einblick in reale Problemstellungen und Lösungen im Bereich der Encrypted Computation erhalten, werden wir uns nun mit Private Set Intersection, Private Join and Compute, Secure Aggregation (bzw. sicherer Aggregierung) im Rahmen von Federated Learning (Kapitel 6) und Encrypted Machine Learning beschäftigen.

Private Set Intersection

Das Problem der *Private Set Intersection* (PSI, im Deutschen auch als private Schnittmengenberechnung bezeichnet) ist ein weitverbreitetes Rechenproblem, bei dem zwei oder mehr Parteien herausfinden möchten, ob und inwieweit sich ihre Daten überschneiden. Dabei kann es sich um nutzerbezogene Daten, potenzielle Kunden oder vertrauliche Geschäftsdaten handeln, wobei die Parteien die Berechnungen mit diesen Daten – aus welchen Gründen auch immer – nicht im Klartext vornehmen möchten.

Damit sie die Berechnung auf eine sichere Art und Weise erledigen können, entscheiden sich die Parteien, sie mittels PSI durchzuführen. Damit können sie die Datensätze im verschlüsselten Raum zusammenführen und entscheiden, wie die Schnittmenge entschlüsselt und offengelegt werden soll. Darüber hinaus gibt es Methoden, mit denen sich die Berechnung im verschlüsselten Raum fortsetzen lässt, anstatt die Schnittmenge zu entschlüsseln, worauf wir noch im Abschnitt »Private Join and Compute« auf Seite 259 eingehen werden.

Wie funktioniert nun die Private Set Intersection? Es gibt eine Vielzahl von Methoden und Protokollen. Im Folgenden lernen Sie eine einfache Variante kennen, die zwar nicht sehr effizient, aber leicht nachvollziehbar ist.

Die Diffie-Hellman-Methode im Rahmen der PSI

Schauen wir uns an, wie die Diffie-Hellman-Schlüsselaustauschmethode (*https://oreil.ly/hPvOY*) funktioniert und wie sie im Rahmen der PSI verwendet werden kann.

Die Eingangssituation wird in Abbildung 7-1 dargestellt. Alice und Bob möchten einen gemeinsamen Schlüssel erstellen, mit dem sie Nachrichten verschlüsseln und miteinander kommunizieren können, ohne dass andere ihre Nachrichten lesen können.[14]

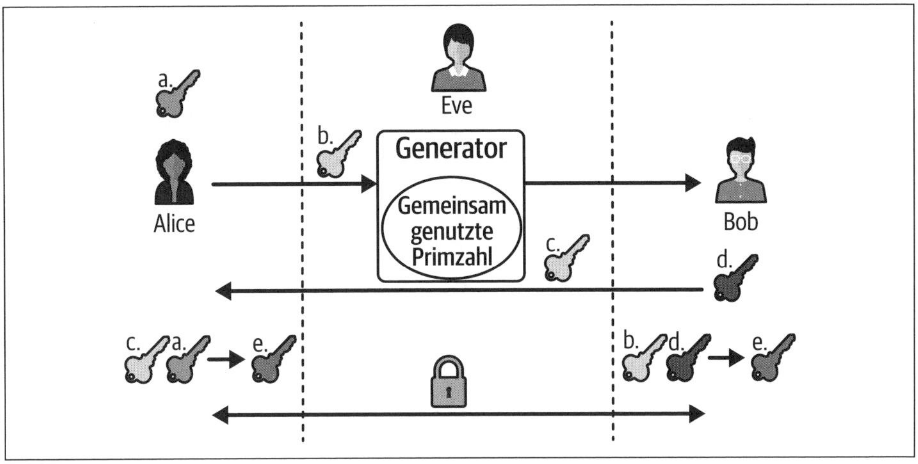

Abbildung 7-1: Der Diffie-Hellman-Schlüsselaustausch

Zur sicheren Erstellung eines gemeinsam genutzten Schlüssels müssen sie ein paar Informationen austauschen. Zunächst sendet Alice Bob einen Schlüsselgenerator und eine Primzahl. Diese müssen vorher gemeinsam festgelegt werden und werden manchmal von der verwendeten Software vorgegeben. Ihren privaten Schlüssel hält sie während des gesamten Austauschs geheim.

Bob verwendet die von Alice erhaltenen Informationen über den Generator und die Primzahl als Inputdaten, um sein eigenes öffentlich-privates Schlüsselpaar (*Public-Private Key Pair*) zu erzeugen und Alice seinen öffentlichen Schlüssel zu senden. Zu diesem Zeitpunkt können beide ihren privaten Schlüssel mit dem öffentlichen Schlüssel der anderen Partei verwenden, um einen gemeinsamen Schlüssel zu erzeugen.

In der Mitte der Abbildung befindet sich Eve, eine böswillige Angreiferin, die versucht, den Netzwerkverkehr abzuhören und den gemeinsam genutzten Schlüssel zu ermitteln. Doch selbst mit den Informationen, die Eve beim Abhören des Netzwerks sammelt, kann sie nicht auf den gemeinsamen Schlüssel schließen, wenn sie keinen

14 Alice und Bob sind häufig verwendete Charaktere in der Kryptografie (*https://oreil.ly/K5i-6*) – zusammen mit einer Vielzahl von Nebencharakteren wie Eve (ähnelt dem englischen Wort *eavesdropping*, was »abhören« bzw. »belauschen« bedeutet). Durch die Darstellung von Anwendungsfällen mithilfe von Charakteren können Kryptografen und Sicherheitsanalysten besser nachvollziehen, welche Probleme ein Protokoll anspricht. Zudem eignen sie sich als gute Grundlage für lustige Witze (*https://xkcd.com/1323*).

Zugang zu einem der beiden privaten Schlüssel hat (oder zu einer Reihe anderer Informationen, wie etwa mehreren Klartextbeispielen oder der Ausgabe des Geheimtexts mit demselben gemeinsamen Schlüssel). Aus diesem Grund ist dieses Protokoll gegenüber einem Angreifer, der nur auf eine beschränkte Rechenleistung zurückgreifen kann, sicher.

Doch wie können Alice und Bob dieses Protokoll im Rahmen der PSI verwenden? Nun, sie könnten im Zuge der Generierung des gemeinsamen Schlüssels oder sogar im Rahmen des ursprünglichen Protokolls eine Darstellung ihrer Werte in Form eines Hashwerts mit ihren privaten Schlüsseln kombinieren, um Übereinstimmungen zu finden. Die einzelnen Schritte werden in einem Blogbeitrag von Will Clark beschrieben (*https://oreil.ly/9DDUO*) – im Wesentlichen handelt es sich um einen zusätzlichen Hashing-Schritt und ein paar weitere Interaktionen unter Verwendung der privaten Schlüssel zwischen Alice und Bob. Dies führt zu zusätzlichen Interaktionsschritten und erhöht die Größe der Nachricht im Vergleich zu dem einfachen Protokoll mit gemeinsamem Schlüssel, das in Abbildung 7-1 gezeigt wird.

> Sie sollten sich stets über die neuesten Forschungsergebnisse auf dem Laufenden halten, denn jedes Jahr werden effizientere und schnellere Protokolle entwickelt. Viele Verbesserungsmöglichkeiten ergeben sich daraus, wie gut die beiden Datensätze eingeschätzt werden können – sind sie gleich groß, oder unterscheiden sie sich deutlich? Im weiteren Verlauf dieses Kapitels werden Sie noch eine Bibliothek kennenlernen, in der einige unterschiedliche Varianten implementiert sind, wobei die skizzierte Problemstellung Jahr für Jahr von Forschern optimiert wird.

Sie fragen sich jetzt vielleicht, wie sicher das ist. Könnte eine Partei nicht bezüglich ihrer Inputdaten lügen? Es gibt in der Tat Wege, auf denen eine der Parteien ihren ursprünglichen Datensatz abändern könnte, um herauszufinden, ob eine bestimmte Identifikationsnummer im anderen Datensatz enthalten ist. Eine der Parteien könnte sogar einen Datensatz erstellen, der alle denkbaren Varianten enthält, und so die Daten der anderen Partei vollständig offenlegen.

Das Protokoll ist daher nur in Umgebungen sicher, die eine semi-honest Sicherheit bieten. Es ist dennoch problemgerecht, da man für gewöhnlich nicht vorhat, seine Daten mit einem bekannten Angreifer zu teilen. Dementsprechend ist es auch wichtig, dass der genutzte Identifikator übereinstimmt. Sie sollten folglich sicherstellen, dass der Suchraum ausreichend groß ist oder dass alle Parteien dem Protokoll vertrauen. Wenn PSI in Produktionssystemen verwendet wird, geschieht dies in der Regel unternehmensintern, innerhalb eines multinationalen Unternehmens oder im Rahmen der Zusammenarbeit mit einem Geschäftspartner – dementsprechend ist die Wahrscheinlichkeit, dass jemand das Protokoll verletzt, um an weitere Informationen zu gelangen, relativ gering.

Es gibt noch einige andere Konfigurationen, die eine höhere Sicherheit bieten, wie z.B. Googles Implementierung von Private Join and Compute. Diese bietet auch noch weitere Vorteile, die wir nun einmal näher beleuchten werden.

Private Join and Compute

Googles quelloffene Implementierung von Private Join and Compute (*https://oreil.ly/WcRf5*), die auf einem Forschungsbeitrag aus dem Jahr 2019 (*https://oreil.ly/l5_VB*) basiert, verwendet ein PSI-Protokoll und berechnet auf der Grundlage dieser Werte eine Summe, anstatt die Schnittmenge an die Parteien zurückzugeben. Es wird im Rahmen eines speziellen Bereichs von Google Ads verwendet, um die Anzahl an Transaktionen zu berechnen, die einem Händler aus Google Ads zufließen.

In diesem Modell möchte Google dem Händler nicht alle Nutzerinnen und Nutzer, die eine Anzeige gesehen haben, anzeigen, da dies eine Verletzung der Privatsphäre der Nutzer darstellen und Unternehmensgeheimnisse von Google offenlegen würde (also was welchen Nutzern angezeigt wird). Dem Händler ist daran gelegen, nicht alle Transaktionen an Google zu übermitteln, da dies ebenfalls die Privatsphäre seiner Kunden verletzen und zu viele Informationen über sie und sein Geschäft preisgeben würde. Beide Seiten würden jedoch davon profitieren, wenn sie wüssten, wie viel Umsatz durch Werbung generiert wird, da sie so die Ausgaben für Werbeanzeigen, deren Inhalte und die Zuweisung von Budgets optimieren könnten.

Private Join and Compute funktioniert wie folgt: Zuerst wird eine Abwandlung eines Diffie-Hellman-Protokolls für PSI vorgenommen – mittels einer Hash-Funktion, die die Identifikatoren auf eine Gruppe in einem Körper abbildet. Dies geschieht in Verbindung mit privaten Schlüsseln, ähnlich wie beim Diffie-Hellman-Protokoll im Abschnitt »Die Diffie-Hellman-Methode im Rahmen der PSI« auf Seite 257. In diesem Fall sind die gemeinsam genutzten Datenpunkte die Nutzerkennung bzw. die Anzeigenkennung, die sowohl von Google als auch von dem Händler verwendet werden.

Als Nächstes verschlüsselt der Händler, der den Geldbetrag kennt, den ein bestimmter Nutzer in einem bestimmten Zeitraum ausgegeben hat, die je Nutzer getätigten Ausgaben mit einem additiv homomorphen Kryptosystem (hier: Paillier) und verknüpft diese mit den verschlüsselten Identifikatoren. Diese Werte werden an Google gesendet, wo sie auf der Grundlage der Schnittmenge entsprechend aggregiert werden (pro Nutzer, pro Anzeige, pro Zielgruppe usw.).

Das Endergebnis wird dann an den Händler gesendet, damit dieser es mithilfe seines privaten Schlüssels entschlüsseln kann. Zu diesem Zeitpunkt hat der Händler nur aggregierte Werte für die verschiedenen Kundengruppen erfahren, die einen Kauf getätigt haben, nachdem sie eine bestimmte Werbekampagne gesehen haben. Google hat keine weiteren Informationen über Nutzer erhalten, die nicht in der Schnittmenge enthalten sind.

Google hat sich für ein Protokoll entschieden, das auf dem ursprünglichen Diffie-Hellman-Schlüsselaustausch basiert, obwohl es weniger performant als andere ist. Dies war zum Teil der Einfachheit geschuldet – Softwareentwickler können das Protokoll gut nachvollziehen, wodurch sichergestellt wird, dass es auch sicher implementiert werden kann. Diesen Umstand sollten Sie im Hinterkopf behalten, wenn Sie Ihre eigenen Systeme entwerfen und gestalten. Wann immer es möglich ist, sollten Sie ein Design wählen, das auch für andere verständlich ist, solange es den Anforderungen der jeweiligen Aufgabe gerecht wird. Wenn eine Aufgabe zu komplex ist oder ein fortgeschrittenes Protokoll erfordert, müssen Sie sich darüber im Klaren sein, dass viele Menschen nicht in der Lage sein werden, das System zu aktualisieren, zu ändern oder zu debuggen.

Nachdem Sie nun ein einfaches Beispiel kennengelernt haben, bei dem HE dazu beiträgt, dass zwei Parteien Summen unter Wahrung der Privatsphäre (*private Sum*) berechnen, können wir uns jetzt ansehen, wie Encrypted Computation im Rahmen von Problemen im Bereich des Machine Learning eingesetzt werden kann.

Sichere Aggregierung (Secure Aggregation)

Federated Learning und Federated Analytics können, wie in Kapitel 6 erwähnt, von Encrypted Computation profitieren, indem sie für einen höheren Grad an Geheimhaltung sorgt. Eine Möglichkeit, die Sicherheit für die von den verschiedenen Teilnehmenden erhaltenen Aktualisierungen des Modells bzw. der Gradienten zu implementieren, ist die Einführung von MPC oder HE als Kernberechnung für die Aktualisierungen. Die Inputdaten von den einzelnen Edge-Geräten bzw. Endnutzern kommen beispielsweise verschlüsselt an und werden erst entschlüsselt, nachdem am Aggregationspunkt Differential Privacy hinzugefügt wurde. Dies bietet eine stärkere Garantie, dass der Aggregator nur sehr wenig über die jeweiligen Inputdaten erfährt und dass im Fall eines Angriffs auf den Aggregator dieser die einzelnen Aktualisierungen nicht aufschlüsseln kann.

Wie genau das funktionieren könnte, werden wir anhand des Beispielprozesses in Abbildung 7-2 nachvollziehen.

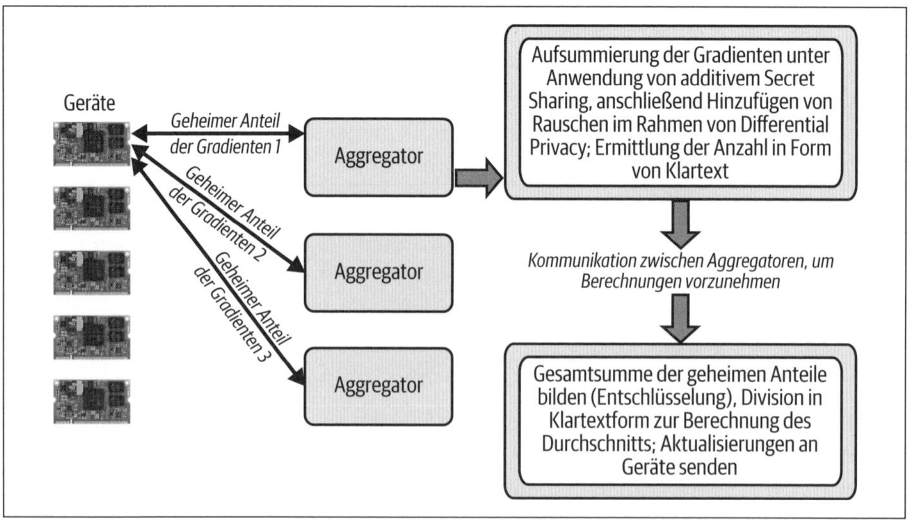

Abbildung 7-2: Sichere Aggregierung unter Verwendung von Secret Sharing

Angenommen, auf einer Vielzahl von Geräten wird lokal ein Modell trainiert, und die Gradienten werden jeweils aktualisiert, wobei diese anschließend übermittelt werden sollen (wie auf der linken Seite in Abbildung 7-2 gezeigt).

Sobald das Training beendet ist und die Geräte bereit sind, die aktualisierten Gradienten zu senden, können sie, anstatt sie im Klartext an einen Aggregator zu senden, jeweils geheime Anteile ihrer Gradienten (bzw. Teilgeheimnisse) an mehrere Aggregatoren senden. Die Aggregatoren sammeln diese verschlüsselten Teilgeheimnisse und ebenso die Anzahl der Spieler, die ihnen Teilgeheimnisse geschickt haben. Alle Gradienten müssen auf Ebene der Geräte gestutzt werden (*Clipping*), ehe sie verschlüsselt werden, doch das für Differential Privacy erforderliche Rauschen wird über die Aggregatoren als Teil einer »verrauschten« Summenbildung hinzugefügt. Die Aggregatoren können entweder verrauschte Summen oder verrauschte Durchschnittswerte zusammenführen, sodass letztlich ein föderaler Durchschnitt gebildet wird (siehe Kapitel 6).

Denken Sie daran, dass Sie besondere Vorkehrungen für Dropout-Schichten treffen müssen, da die Teilgeheimnisse vollständig sein müssen. Darüber hinaus erfordert diese Architektur ein zusätzliches Maß an Engineering und Zufälligkeit. Dieses zusätzliche Rauschen kann sich je nach Daten und Aufgabenstellung positiv oder auch negativ auf das Training eines Modells auswirken.

Diese Architektur gewährleistet den Schutz der Privatsphäre und die Geheimhaltung der Aktualisierungen, während sie gleichzeitig ermöglicht, dass die Aktualisierungen (bzw. aktualisierten Gradienten) akkurat sind. Darüber hinaus bietet sie Flexibilität hinsichtlich des Designs des Systems und der Architektur und sorgt dafür, dass die Aktualisierungen sicher sind, da sie nun auf mehrere Aggregatoren verteilt sind. Dadurch sind sie gegenüber einer einfacheren, böswilligen Aggregator Attack (bei der ein Aggregator kompromittiert wird und somit alle Gradienten für den Angreifer zugänglich werden) weniger anfällig.

> Das ist nur ein Beispiel für eine sichere Aggregierung. Jason Mancuso und das Team von Dropout Labs haben die erste Open-Source-Implementierung für die sichere Aggregierung mit HE und dem Paillier-Kryptosystem in TensorFlow vorgestellt. Es gibt auch einen Blogbeitrag (*https://oreil.ly/Judux*), in dem die Vorgehensweise beschrieben wird. Den Code finden Sie im entsprechenden Repository (*https://oreil.ly/o31Vl*), sollten Sie ihn testen und nachvollziehen wollen. Dieser Ansatz nutzt einen weiteren Server und ein paar Schritte zur Schlüsselgenerierung und -verteilung, weshalb er relativ effizient ist, wenn viele Geräte daran beteiligt sind.

Wenn Sie Gradienten im verschlüsselten Raum aktualisieren können, können Sie dann auch ein ganzes Modell mit verschlüsselten Daten trainieren? Ja, auch das ist möglich! Werfen wir doch gleich einen Blick auf das spannende Feld des Encrypted Machine Learning.

Encrypted Machine Learning

Encrypted Machine Learning ist ein vielversprechender Bereich, in dem die fortschrittlichen Forschungsmethoden und Protokolle der Encrypted Computation in die Praxis umgesetzt werden, da sie ermöglicht, Machine Learning mit verschlüsselten Daten durchzuführen. Was wäre, wenn Sie Modelle ausschließlich auf verschlüsselten Daten trainieren und sensible Daten während des Modelltrainings sicher und geheim halten könnten? Dadurch würden sich völlig neue Anwendungsfälle eröffnen, in denen Daten derzeit nicht verwendet werden können, da sie nicht entschlüsselt weitergegeben werden dürfen. Neue Formen der Zusammenarbeit und der gemeinsamen Nutzung von Daten wären dadurch möglich. Krankenhäuser könnten zusammenarbeiten, um Algorithmen zur Krebserkennung zu trainieren. Regierungen könnten gemeinsam Modelle trainieren, um den Klimawandel zu bekämpfen. Konkurrenten in Bereichen wie Transport, Logistik, Internetworking und Sicherheit könnten sich zusammenschließen, um Systeme zu optimieren, bei denen es mehrere mehrere Dateneigentümer gibt.

Es gab bereits in den 1990er-Jahren eine Reihe von auf dem Gebiet der Encrypted Computation forschenden Wissenschaftlern, die verschiedene Ideen für Encrypted Machine Learning vorschlugen. Doch das erste Forschungspapier, das auch eine Open-Source-Implementierung beinhaltete, wurde erst im Jahr 2016 von Microsoft Research veröffentlicht und trug den Titel CryptoNets (*https://oreil.ly/9pLU9*). Die Autoren implementierten mithilfe von Microsofts SEAL-Bibliothek ein neuronales Netz (engl. *Neural Network*), bei dem homomorphe Verschlüsselung zum Einsatz kam. Das einfache Convolutional Neural Network, das in dem Forschungspapier vorgeschlagen wurde, konnte anschließend erfolgreich auf den MNIST-Daten trainiert werden. Die entsprechende Implementierung können Sie sich auf GitHub (*https://oreil.ly/3KVv6*) ansehen. Obwohl es sich lediglich um eine Optimierung früherer Arbeiten handelte, dauerte jede Vorhersage auf einem handelsüblichen Laptop etwa vier Minuten. Anschließend optimierten sie es noch weiter, indem sie dafür sorgten, dass die Vorhersagen auch für Batches vorgenommen werden konnten, dass also Vorhersagen für mehrere Inputdaten auf einmal gemacht werden konnten.

Mittlerweile gibt es mehrere reale MPC-Anwendungen, sodass Encrypted Learning nicht mehr nur in der Forschung, sondern auch in der Praxis zum Einsatz kommt. Ich hatte das Vergnügen, mit dem Team von Dropout Labs zusammenzuarbeiten, das die erste in der breiten Öffentlichkeit genutzte Bibliothek für Encrypted Learning – tf-encrypted (das steht für TensorFlow Encrypted) (*https://oreil.ly/bfH1_*) – entwickelt hat.

Wie funktioniert tf-encrypted? In der Bibliothek werden die im Abschnitt »Secret Sharing« auf Seite 238 beschriebenen grundlegenden MPC-Verfahren verwendet, aber auch noch zusätzliche Schichten (engl. *Layer*) zur Bildung von Summen, bei denen der Schutz der Privatsphäre gewahrt bleibt (mittels Maskierung – d. h. in diesem Zusammenhang, dass die Zwischenwerte, mit denen auf die individuellen Teilgeheimnisse rückgeschlossen werden könnte, nicht eingesehen werden können – und Hinzufügen von zufälligem Rauschen, das später wieder entfernt wird). Sie ermöglicht zudem eine Multiplikation und eine Division von Tensoren auf verschlüsselte Weise und bietet verschiedene Machine-Learning-Optimierungsverfahren wie die ReLu-Aktivierungsfunktion.[15]

Eine der Schwierigkeiten, auf die das Team von Dropout Labs stieß, war eine Möglichkeit, zu implementieren, dass die beteiligten Parteien überprüfen können, ob alle Parteien die Berechnungen wie erwartet durchführen, sowie auf die Berechnung zwischen den Parteien schließen zu können. Bevor ein Protokoll ausgeführt wird, müssen sich die Parteien darauf einigen, was berechnet werden soll, und darauf vertrauen, dass die Berechnung entsprechend ihren Erwartungen und Anforderungen vorgenommen wird. Um sicherzustellen, dass sich alle Parteien an das Protokoll halten, und um die Kompilierung und Implementierung des Protokolls zu optimieren, musste das Team eine sichere Laufzeitumgebung entwickeln, die von einem Data Scientist leicht zu verstehende Higher-Level-Anweisungen in MPC-Protokollen ausführen kann, die wiederum von einem Kryptografen validiert werden könnten.[16]

Es war sicherlich kein leichtes Unterfangen, aber die Ergebnisse sind nun quelloffen und können von jedem genutzt werden, der Berechnungen auf verteilte und sichere Weise durchführen möchte. Im nächsten Abschnitt lernen Sie, wie Sie die sichere Laufzeitumgebung Moose (*https://oreil.ly/ih1lw*) und die Higher-Level-Programmiersprache pyMoose (*https://oreil.ly/dsJ6Z*) nutzen können, um Ihre eigenen Berechnungen mit verschlüsselten Daten durchzuführen.

Encrypted Retrieval Augmented Generation

Encrypted Computation lässt sich nicht nur im Rahmen des Trainings oder von Vorhersagen (Inferenz) in sensiblen Kontexten heranziehen, sondern auch bei generativen Modellen und in Text- und Informationssuchsystemen (engl. *Information Retrieval Systems*). Angesichts der wachsenden Beliebtheit von Large Language Models (LLMs) werden zunehmend auch Retrieval-Augmented-Generation-(RAG-)Systeme eingesetzt. Bei einem RAG-System wird ein Large Language Model (LLM) mit einer privaten oder öffentlich zugänglichen Datenquelle, wie einem Dokumentenspeicher oder einem halbstrukturierten Datensatz, kombiniert. Dieser Ansatz bietet eine Alternative zu älteren Information-Retrieval-Systemen, die zur Beantwortung von Benutzeranfragen eingesetzt werden, wie z. B. Such- und Abfragesysteme, die auf der

15 Wenn Sie mehr über die Performancemetriken, Details zum Protokoll, das ursprüngliche Design und die dahinterstehende Motivation erfahren möchten, empfehle ich Ihnen, sich den Forschungsbeitrag (*https://oreil.ly/NJ32W*) durchzulesen. Als sie eingeführt wurde, hatte die Bibliothek ein modifiziertes SPDZ-Protokoll (*https://oreil.ly/-3C6V*). Später fügte das Sicherheitsteam von Alibaba eine Unterstützung für das ABY3-Protokoll (*https://oreil.ly/xdz7i*) hinzu, das dafür sorgt, dass zahlreiche Machine-Learning-Operationen optimiert werden.

16 Auch wenn diese Laufzeitumgebung derzeit noch nicht implementiert ist, könnte sie aktive Sicherheitsprotokolle unterstützen und die Berechnungen überprüfbar machen.

Ähnlichkeit von Dokumenten, dem Clustering oder anderen traditionellen NLP-Ansätzen basieren. RAG-Systeme können solche Suchvorgänge über eine Vielzahl von Datenquellen auf der Basis von Prompts bzw. Abfragen eines Nutzers durchführen und die Ergebnisse anschließend mithilfe eines LLM oder eines anderen generativen KI-Systems zusammenfassen, d.h. der eigentliche Vorgang des Retrieval wird noch ergänzt (»augmented«). Diese Suche kann mit Encrypted Computation kombiniert werden, um sowohl die Abfrage als auch die Dokumente besser zu schützen.

Ähnlich wie beim Private Information Retrieval (PIR) könnte ein RAG-System als ein Abfragesystem, bei dem die Privatsphäre gewahrt bleibt, aufgefasst werden, d.h., der Prompt selbst (bzw. die Tokens und deren Tensordarstellung) wird verschlüsselt. Je nach Abfragemethode und Sensibilität des Datenspeichers und der Informationen, die abgefragt werden sollen (also der Dokumentenspeicher bzw. der Text, der abgerufen werden soll), könnte die Suche auch auf verschlüsselte Weise (bzw. im verschlüsselten Raum) erfolgen.

Mehrere Forscher am MIT konnten nachweisen, dass dies mit Techniken des Secret Sharing möglich ist (*https://arxiv.org/abs/2311.12955*), sodass mehrere Dokumentenanbieter ihre Dokumente für die Suche zur Verfügung stellen können, während die Privatsphäre gewahrt und der Prompt geheim bleibt. Sie verwendeten den k-Means-Clustering-Algorithmus, um die Dokumente in Regionen einzuteilen. Die Dokumente selbst bleiben jedoch verschlüsselt und sind auf mehrere Dokumentenanbieter verteilt. Der Prompt wird verschlüsselt, und PIR wird verwendet, um die relevanten Cluster zu finden, ohne dass diese Cluster den Eigentümern der Dokumente offengelegt werden. An diesem Punkt kann der Retrieval-Prozess auf der Grundlage der verschlüsselten Abfrage den entsprechenden Text in den abgerufenen Dokumenten finden und den entschlüsselten Text an den Nutzer zurückgeben. Die Forscher haben auch ein schnelleres Protokoll vorgeschlagen, bei dem jedoch einige Informationen über den Prompt und die Abfrage preisgegeben werden, da den Dokumenteneigentümern die *k* ausgewählten Cluster offengelegt werden (allerdings nicht die Abfrage selbst).

Obwohl die Forschung im Bereich Encrypted Retrieval Augmented Generation noch in den Kinderschuhen steckt, könnten zukünftige Entwicklungen in diesem Bereich zu einem besseren Schutz der Privatsphäre der Nutzerinnen und Nutzer und ihrer Abfragen führen und es Unternehmen ermöglichen, vertrauliche interne Dokumente einem begrenzten Personenkreis (z.B. ihren Mitarbeitenden) zur Verfügung zu stellen, ohne diese Daten gleichzeitig an einen Drittanbieter von LLMs weitergeben zu müssen. Sie sollten daher diesen Forschungsbereich unbedingt im Auge behalten. Es könnte hier in den nächsten Jahren zu einem Durchbruch kommen.

Die ersten Schritte mit PSI und Moose

Moose ist eine sichere Laufzeitumgebung, die High-Level-Berechnungsgraphen (bzw. gerichtete azyklische Graphen [engl. *Directed Acyclic Graphs*, DAGs]) in MPC-Protokolle und einen physischen Ausführungsplan umwandelt. Ähnlich wie bei den inneren Abläufen von Spark, die in Abbildung 6-1 gezeigt werden, nimmt

Moose den NumPy-ähnlichen High-Level-Code und kompiliert ihn in Code, der von einem Kryptografen validiert werden kann. Anschließend kann es diesen Code in einen logischen Plan und einen physischen Plan kompilieren, die auf den bestehenden Netzwerkknoten ausgeführt werden.

Moose wurde speziell dafür entwickelt, dass Data Scientists zusammenarbeiten und verschlüsselte Datenflussdiagramme erstellen können, ohne dass sie dabei von einem Kryptografen unterstützt werden müssen. Falls es dennoch ein Sicherheits- oder Kryptografieteam gibt – oder wenn die Data Scientists die Berechnung mithilfe eines externen Sicherheitsanbieters überprüfen möchten –, können Sie den Teams bzw. dem Sicherheitsanbieter die Bibliothek, den Compiler und das generierte MPC-Protokoll zeigen oder die jeweiligen Ansprechpartner den Graph selbst mit Moose kompilieren lassen.

Gehen wir einmal durch, wie zwei Parteien eine Kombination aus homomorphen Verschlüsselungstechniken und MPC verwenden können, um gemeinsam bestimmte Werte zu ermitteln und diese auf sichere Weise zu berechnen. Angenommen, Sie arbeiten in einem Unternehmen der Konsumgüterbranche, das seine Umsatzdaten mit einem anderen Unternehmen vergleichen möchte, um neue Möglichkeiten der Produkt- und Marketingzusammenarbeit zu identifizieren. Jedes Unternehmen teilt seine Umsätze in bereits bekannte gemeinsame Gruppen ein, beispielsweise Einrichtungsgegenstände oder Sportbekleidung. Um eine mögliche Kooperation zu identifizieren, vergleichen die Unternehmen ihre Nutzerbasis, um gemeinsame Kunden finden. Anschließend berechnen sie, wie diese gemeinsamen Kunden ihr Geld in den verschiedenen Kategorien ausgeben, um festzustellen, ob es interessante Muster gibt. Um den Datenschutz und die Geheimhaltung zu gewährleisten, legen sie die Gesamtausgaben pro Kategorie nicht offen, sondern nehmen eine Berechnung vor, mit der sie den prozentualen Anteil der Ausgaben hinsichtlich einer Kategorie für einen bestimmten Nutzer ermitteln. Selbstverständlich muss auch für solche Berechnungen die Zustimmung der Nutzer eingeholt werden.

Für den ersten Schritt verwenden sie die Private-ID-Bibliothek von Facebook Research (*https://oreil.ly/rNzel*), mit der zwei Parteien mittels eines Private Join Überschneidungen zwischen ihren Werten ermitteln können (unter Wahrung des Datenschutzes). Die Bibliothek ist in Rust programmiert und erfordert, dass zunächst mehrere Komponenten kompiliert werden, ehe alle Befehle ausgeführt werden können. Den im Folgenden dargestellten Code können Sie auch anhand des Notebooks im Repository des Buchs (*https://github.com/kjam/practical-data-privacy*) nachvollziehen und ihn selbst ausführen.

Nach der Installation der Private-ID-Bibliothek erstellt jede Partei eine CSV-Datei, die unter anderem die Identifikatoren, die sie im Rahmen der Berechnung vergleichen möchte, enthält. Die Parteien müssen sich auf ein gemeinsames Datenelement einigen, das eine eindeutige persönliche Identifizierung erlaubt. Im vorliegenden Beispiel ist dies die E-Mail-Adresse der Kunden, aber es könnte auch ein Identifikator sein, der aus verschiedenen Elementen wie z. B. dem Namen, der E-Mail, dem Geburtsdatum usw. besteht – vorausgesetzt, jede Partei verfügt über diese Informationen.

Jede Partei betreibt einen Private-ID-Server. Dabei ist es wichtig, einen Weg zu finden, wie diese Server miteinander kommunizieren können. Hierzu bietet die Bibliothek einige Möglichkeiten sowie mehrere Protokolle, die abhängig von der Größe des Datensatzes verwendet werden können. Wie in Kapitel 6 empfohlen, sollten Architektur- und Sicherheitsteams beim Deployment in Produktions- und sogar Testumgebungen, in denen echte Daten verwendet werden könnten, an der Einrichtung solcher Systeme beteiligt sein.

Um das Beispiel nachzuahmen, werden Sie nun selbst die beiden Server lokal ausführen. Im Arbeitsverzeichnis finden Sie einen Ordner namens *data*. Dort befindet sich die generierte CSV-Datei *alice_id.csv* mit den Identifikatoren:

```
env RUST_LOG=info cargo run --bin private-id-server --
  --host 0.0.0.0:10009
  --input data/alice_id.csv
  --output data/alice_keys.csv
  --no-tls
```

Die andere Partei führt denselben Befehl mit ihren Daten aus. Sie können den Vorgang jetzt simulieren, indem Sie beide über Ihren Localhost ausführen, wobei beide Server über Ihr lokales Netzwerk verbunden sind. Wenn Sie dies in einer Produktionsumgebung simulieren bzw. ausführen wollten, müssten Sie mehrere Rechner einrichten und ihnen erlauben, sich über TLS zu verbinden. Damit die Kommunikation weitergeleitet werden kann, müssen die Server miteinander verbunden und auffindbar sein.

Sobald Sie den Code ausführen, erhalten Sie eine Ausgabedatei, die an die von Ihnen angegebene Adresse gesendet wird. In dieser Datei befinden sich zwei Spalten: Eine enthält einen verschlüsselten Wert und die andere den Identifikator (ID). Für jede der Zeilen, in denen keine Übereinstimmung Ihrerseits gefunden wurde, enthält die ID-Spalte einen Nullwert. Das für dieses Beispiel verwendete Protokoll gibt alle verschlüsselten Nutzer-IDs wieder in derselben Reihenfolge zurück, was erforderlich ist, damit die spätere Berechnung mit den verschlüsselten Daten durchgeführt werden kann.

Jetzt bereitet jede Partei die Daten für die Encrypted Computation mit Moose vor, indem sie die in der von der Private-ID-Bibliothek generierten Datei gefundenen Übereinstimmungen verwendet. Dies geschieht über einen Abgleich der verschlüsselten IDs mit anderen Datenquellen und das Hinzufügen der für die Encrypted Computation erforderlichen Daten als zusätzliche Spalten. In der Praxis lässt sich dies über eine Datei, in SQL oder in Python bewerkstelligen. In diesem Beispiel werden Sie auch eine zusätzliche Spalte erstellen, die einen booleschen Wert enthält, der angibt, ob die ID in Ihrem System existiert. Diese Spalte basiert auf der von der Private-ID-Bibliothek generierten Datei.

Nun können Sie Ihre Berechnungen mit Moose erstellen. Dazu können Sie, wie bereits erwähnt, eine NumPy-ähnliche Schnittstelle verwenden, die im pyMoose-Paket enthalten ist. Sehen wir uns an, wie die Syntax für Ihre Berechnungen aufgebaut ist:

```
import pymoose as pm

FIXED = pm.fixed(14, 23)

alice = pm.host_placement(name="alice")
bob = pm.host_placement(name="bob")
carole = pm.host_placement(name="carole")
rep = pm.replicated_placement(name="rep", players=[alice, bob, carole])
mirrored = pm.mirrored_placement(name="mirrored", players=[alice, bob, carole])
```

Zu Beginn der Berechnung legen Sie eine Festkommazahl fest. Als Voreinstellung wird eine Genauigkeit von 14 Ganzzahlen und 23 Dezimalstellen vorgeschlagen. Je nachdem, wie Ihre Gegebenheiten sind und Ihre Daten es erfordern, können Sie diese Werte noch erhöhen oder verringern.

Als Nächstes richten Sie mehrere Platzhalter ein, die jeweils einen Spieler in Ihrer Berechnung repräsentieren. Da Moose ein Replicated Secret Sharing verwendet (um Multiplikation und Division zu unterstützen), benötigen Sie drei Platzhalter, die hier als Alice, Bob und Carole bezeichnet werden. Um dann die replizierten bzw. verschlüsselten Platzhalter in der Berechnung zu definieren, übergeben Sie diese Akteure an den Parameter `players`. Hier verwenden Sie auch ein sogenanntes *mirrored Placement*, das es Ihnen ermöglicht, Konstanten im Klartext für die Verwendung in lokalen oder replizierten Operationen gemeinsam zu nutzen:

```
@pm.computation
def psi_and_agg():
    with alice:
        x_a = pm.load("x_a", dtype=pm.float64)
        user_id_available_a = pm.load("user_id_available_a", dtype=pm.bool_)
```

Anschließend können Sie Ihre Encrypted Computation mit dem Dekorator `@pm.computation` versehen. In der Regel empfiehlt es sich, die Berechnung als eine einzelne große Funktion zu definieren und dabei die Namensräume zu verwenden, die Sie zuvor erstellt haben, um festzulegen, welche Spieler welche Schritte ausführen. Das dient der Transparenz und stellt sicher, dass alle Spieler verstehen, was berechnet wird und wo die Berechnungen durchgeführt werden. Wenn Sie die Berechnung in kleinere Funktionen mit Unittests aufteilen möchten oder müssen, können Sie dies mittels nicht dekorierter Funktionen tun und diese Funktionen dann in der dekorierten Funktion einsetzen.

Im vorliegenden Beispielcode werden die Daten geladen und in Festkommawerte konvertiert. Hierfür können Sie die `load`-Methode der pyMoose-Bibliothek nutzen, bei der der zu verwendende NumPy-Datentyp (dtype) (*https://oreil.ly/G7K-s*) und ein Festkommawert deklariert werden müssen:

```
with bob:
    x_b = pm.load("x_b", dtype=pm.float64)
    user_id_available_b = pm.load("user_id_available_b", dtype=pm.bool_)

    # Berechnet logisches UND zwischen user_id_available von Alice und Bob.
    # Wenn 1 zurückgegeben wird, bedeutet dies, dass die User-ID in den
    # Datensätzen von Alice und Bob enthalten war.
```

```
    exist_in_alice_and_bob_bool = pm.logical_and(
        user_id_available_a, user_id_available_b
    )

    # Filtert Bobs Daten, um nur die Einträge beizubehalten, bei denen
    # exist_in_alice_and_bob_bool den Wert 1 zurückgegeben hat.
    x_b_sub = pm.select(x_b, axis=0, index=exist_in_alice_and_bob_bool)
    x_b_sub = pm.cast(x_b_sub, dtype=FIXED)

with alice:
    # Filtert Daten von Alice, um nur die Einträge beizubehalten, bei
    # denen exist_in_alice_and_bob_bool den Wert 1 zurückgegeben hat.
    x_a_sub = pm.select(x_a,  axis=0, index=exist_in_alice_and_bob_bool)
    x_a_sub = pm.cast(x_a_sub, dtype=FIXED)
```

Für Bob führen Sie diese Vorbereitungen ebenfalls durch und berechnen dann auf Basis der booleschen Spalten der einzelnen Spieler mittels einer logischen UND-Operation die Schnittmenge zwischen den Mengen. Da die Private-ID-Bibliothek die gleichen verschlüsselten IDs an jeden Spieler in der gleichen Reihenfolge zurückgegeben hat, bestätigt dies, dass alle Zeilen korrekt übereinstimmen. Sobald beide nur noch die Schnittmenge ihrer Datensätze haben, können Sie die eigentliche Berechnung durchführen:

```
with mirrored:
    ten_percent = pm.constant(0.1, dtype=FIXED)

with rep:
    # Aggregierung: Durchschnittlicher Quotient
    # der Summe von x_a_sub & x_b_sub
    spend_per_category = x_a_sub + x_b_sub
    spend_per_user = pm.sum(spend_per_category, axis=1)
    category_percent = spend_per_category / pm.expand_dims(spend_per_user, axis=1)
    res = pm.greater(category_percent, ten_percent)

with alice:
    res = pm.cast(res, dtype=pm.float64)
    res = pm.save("agg_result", res)

return res
```

Zunächst erstellen Sie eine Klartext-Konstante mit dem Wert 0,1, deren Spiegelzahl mit allen Teilnehmern geteilt wird. Diese wird später verwendet, um die Privatsphäre der Nutzerinnen und Nutzer und die Geheimhaltung der Ergebnisse zu wahren.

In der eigentlichen Berechnung wird dann der replizierte Namensraum verwendet. Innerhalb dieses Namensraums sind alle Daten und Berechnungen verschlüsselt. Die pyMoose-Bibliothek bietet ähnliche Funktionen wie NumPy und unterstützt zahlreiche `ndarray`-Operationen. Der Hauptunterschied besteht darin, dass diese Berechnungen in Rust und im Rahmen von verschlüsselten Protokollen in einem Ring ausgeführt werden!

Hier verwenden Sie gewöhnliche vektorisierte Operationen wie bei NumPy und berechnen die Ausgaben pro Kategorie, die Gesamtausgaben pro Nutzer und dann den prozentualen Anteil der Ausgaben pro Nutzer innerhalb jeder Kategorie. Es wird ein boolesches Ergebnis zurückgegeben, bei dem für jede Kategorie eine 1 ausgegeben wird, wenn die Ausgaben mehr als 10 % der Gesamtausgaben ausmachen. So bleibt einerseits die Privatsphäre der Nutzer gewahrt, andererseits sind die Überschneidungen aber dennoch aufschlussreich. Sie können diesen Wert natürlich je nach Bedarf an die Anforderungen der jeweiligen Geschäftspartner oder Produkte anpassen.

Am Ende dieser speziellen Berechnung erhält nur Alice die Ergebnisse und kann sie in Gleitkommawerte zurückkonvertieren, um sie auf ihrem Computer zu speichern. Wenn Sie möchten, dass beide Parteien das Ergebnis erhalten, würden Sie einen weiteren Codeblock definieren, der es Bob ermöglicht, das Ergebnis ebenfalls zu erhalten.

Nachdem die Berechnung vollständig definiert ist, können Sie sie – sofern Sie Moose bereits installiert haben – nun ausführen. Bei Moose werden die Berechnungen ebenfalls mit Rust durchgeführt:

```
executors_storage = {
    "alice": {"x_a": x_a, "key_a": key_a},
    "bob": {"x_b": x_b, "key_b": key_b},
}

runtime = pm.LocalMooseRuntime(
    identities=["alice", "bob", " carole"],
    storage_mapping=executors_storage,
)

runtime.set_default()

_ = psi_and_agg()
```

Eine Installationsanleitung finden Sie im Repository des Moose-Frameworks (*https://oreil.ly/ih1lw*).

Damit Sie die Berechnung in Python ausführen können, müssen Sie zunächst ein Dictionary definieren, das den jeweiligen Speicherort der Inputdaten der einzelnen Parteien angibt. Moose unterstützt derzeit CSV- und NumPy-Dateien, die mühelos aus Pandas- oder NumPy-Objekten erstellt werden können. Um die lokalen Executors und die Laufzeit zu starten, müssen Sie lediglich die Spieler anlegen, den Speicherort ihrer Daten angeben und dann die `set_default`-Methode aufrufen, um die Laufzeit zu starten.

Sobald Sie diese Zelle des im Repository des Buchs befindlichen Jupyter Notebook ausführen, wird die Berechnung durchgeführt, und das endgültige Ergebnis wird ausgegeben, da es im Rahmen der Berechnung durch die `return`-Anweisung zurückgegeben wird. Das Ergebnis können Sie mit der Klartextausgabe in der folgenden Zelle vergleichen und sich vergewissern, dass die Werte übereinstimmen.

Bei dieser Berechnung wird jeder Prozess der einzelnen Platzhalter auf Ihrem eigenen Computer als separater Prozess ausgeführt, wodurch sich das Testen und Debuggen leichter gestaltet. Im Fall einer echten Encrypted Computation müssten sie allerdings verteilt werden. In der Dokumentation von PyMoose (*https://oreil.ly/MnvNP*)

finden Sie eine Anleitung dazu, wie Sie mehrere Spieler anlegen und das Netzwerk zwischen den verschiedenen Hosts einrichten können.

Beim Betrieb in einer Produktionsumgebung müssen Sie sicherstellen, dass die Hosts strategisch so günstig wie möglich platziert sind, um Latenzzeiten und Datenübertragungskosten möglichst gering zu halten. Wenn z.B. alle Spieler in einer bestimmten Cloud angesiedelt sind, wäre es gut, dasselbe Cloud-Netzwerk und wenn möglich dieselbe Region zu verwenden. Dadurch würden die Berechnungen schneller vonstattengehen, was insbesondere bei größeren und aufwendigen Berechnungen – wie dem Training eines Modells – von Bedeutung ist.

> Wenn Sie eine Reihe unterschiedlicher Protokolle verwenden oder testen möchten, sollten Sie auch einen Blick auf andere verfügbare MPC- und HE-Bibliotheken werfen. Ich empfehle Ihnen, die gut gepflegten GitHub-Repositories awesome-mpc (*https://oreil.ly/6DAM-*) und awesome-he (*https://oreil.ly/BnuHX*) im Auge zu behalten, damit Sie stets einen aktuellen Überblick über die besten verfügbaren Frameworks, Bibliotheken und Protokolle haben. Ich kann auch das CarbyneStack-Projekt (*https://oreil.ly/gcnm5*) von Bosch Research empfehlen, das darauf abzielt, die Einrichtung und Verwendung von MPC-Protokollen für Softwareentwickler zu vereinfachen.

Ehe der Code ausgeführt wird, kompiliert der Compiler von Moose Ihre in Python formulierte High-Level-Darstellung in eine Low-Level-Darstellung. Dafür sind mehrere Durchläufe vorgesehen. Bei jedem dieser Durchläufe kann die Berechnung von einer oder mehreren beteiligten Parteien inspiziert werden, sodass diese überprüfen können, ob die Protokolle und der Plan wie erwartet funktionieren.

Abbildung 7-3 vermittelt Ihnen einen Eindruck davon, wie das im Fall eines einfachen Berechnungsgraphen für ein Skalarprodukt aussieht, wobei alle kryptografischen Protokolle und Netzwerkaktivitäten ebenfalls dargestellt sind. Wenn Sie noch tiefer in den Graph hineinzoomen oder erfahren möchten, wie Sie Ihre eigenen Graphen visualisieren können, besuchen Sie das Moose-Repository, in dem ein Beispiel zur Grapherstellung (*https://oreil.ly/kTmq-*) enthalten ist.

Künftig werden Compiler wie Moose in der Lage sein, Berechnungen auch hinsichtlich bestimmter Datenschutz- und Geheimhaltungsgarantien sowie hinsichtlich der Performance zu optimieren.

> Wenn Sie wissen wollen, wie sich mit MPC und HE Vorhersagen unter Wahrung der Privatsphäre treffen lassen (private Inference) – d.h., das Modell und die Werte bleiben verschlüsselt –, empfehle ich Ihnen, einen Blick auf das Notebook von Zama und Hugging Face (*https://oreil.ly/pVPxs*) sowie das im Blogbeitrag von Yann Dupis vorgestellte Notebook zur Nutzung der Moose- und Hugging-Face-Bibliothek (*https://oreil.ly/K49M7*) zu werfen. Da beide Bibliotheken NumPy-ähnlichen Code unterstützen, gibt es noch viel Potenzial, diese Anwendungsfälle zu nutzen und zu erweitern.

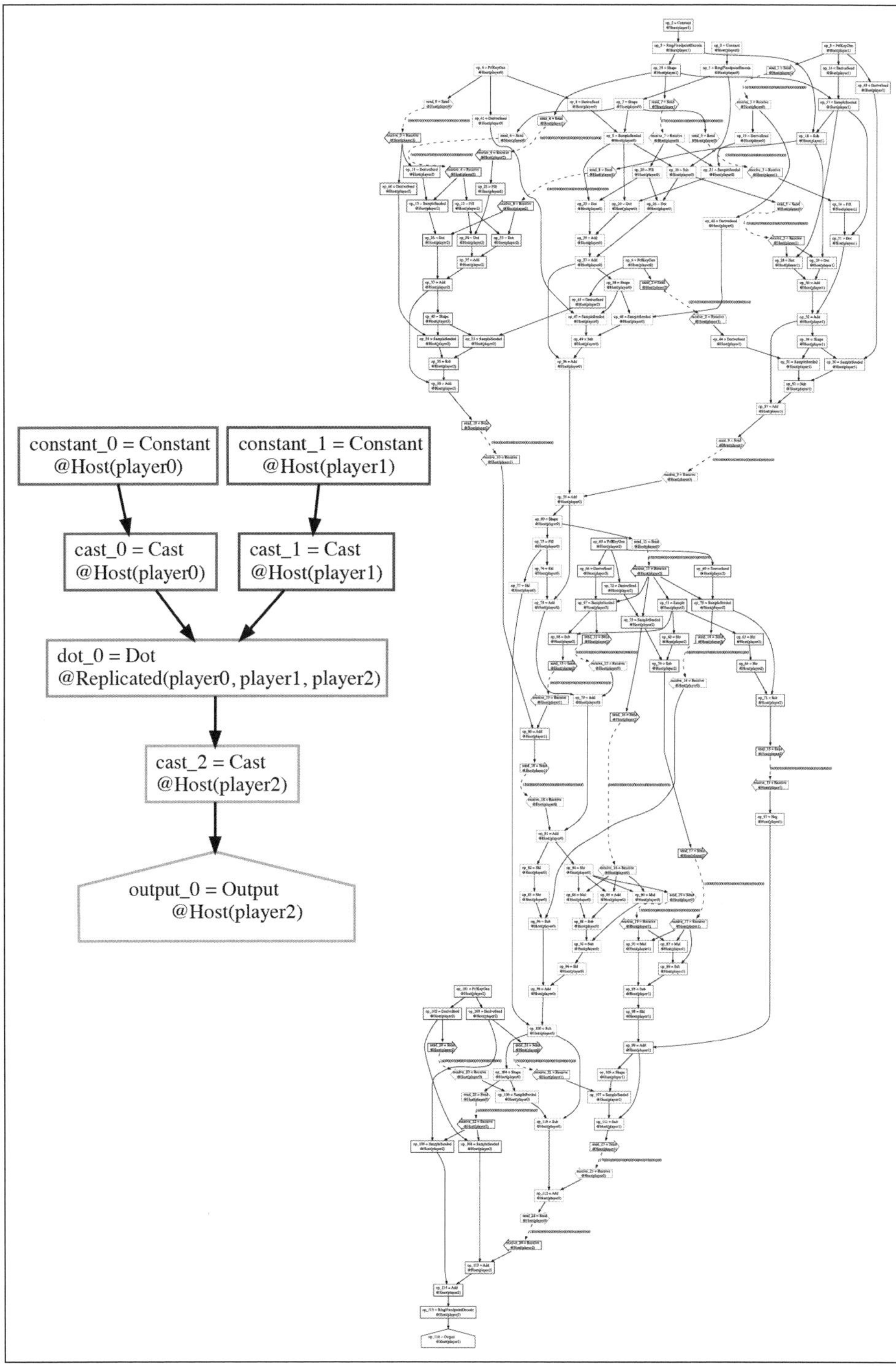

Abbildung 7-3: Moose-Kompilierungsgraph – von High-Level zu Low-Level

Vision einer Welt mit sicherem Datenaustausch

Ich hoffe, dieses Kapitel hat Sie dazu angeregt, darüber nachzudenken, wie Encrypted Computation im Rahmen realer Problemstellungen in der Data Science helfen kann. Encrypted Computation ist die inspirierendste Technologie meiner Karriere – und etwas, von dem ich fest überzeugt bin, dass es die Art des Datenaustauschs, wie wir ihn kennen, verändern kann und wird.

Heutzutage tauschen Unternehmen große Datenmengen in Form von Klartext aus und treffen komplexe Vereinbarungen über die gemeinsame Nutzung ihrer Daten, durch die versucht wird, Nutzung, Replikation und Aufbewahrungszeitraum rechtlich einzuschränken. Auch wenn rechtliche Verpflichtungen grundsätzlich begrüßenswert sind, lassen sie sich nie vollständig durchsetzen. Wie Sie vielleicht aus eigener Erfahrung wissen, ist es durchaus gängige Praxis, Daten von Drittanbietern mit Kerndaten des Unternehmens zu kombinieren. Ohne strenge Data-Lineage- und Governance-Systeme, die über formal validierte Regeln und Technologien zur Verbesserung des Datenschutzes verfügen, ist es schwierig, sicherzustellen, dass die gemeinsam genutzten Daten den rechtlichen Vereinbarungen und strengen Maßnahmen zum Schutz der Privatsphäre und zur Wahrung der Geheimhaltung genügen.

Encrypted Computation – insbesondere in Bereichen wie MPC – ermöglicht Ihnen, Data Science mit akkuraten Ergebnissen in einer gemeinsamen Umgebung durchzuführen, aber die Daten gleichzeitig besser zu schützen und vertraulich zu handhaben. Anstatt Daten Dritter zu speichern, sorgt sie für eine sichere und verschlüsselte Verarbeitung, ohne dass dadurch die Genauigkeit beeinträchtigt wird. Statt auf vertragliche Verpflichtungen und juristische Formulierungen – die Sie möglicherweise nie lesen werden, aber dennoch verstehen müssen – können Sie sich auf effektive kryptografische Protokolle und Verfahren verlassen, mit denen die Sicherheit der Daten gewährleistet wird.

Berechnungen zu verteilen und sie auf verschlüsselte Weise durchzuführen – wie es MPC standardmäßig bietet –, eröffnet, wie in Kapitel 6 beschrieben, neue Möglichkeiten. Es fördert eine neue kollektive und kollaborative Nutzung von Daten, indem neue verteilte Wege geschaffen werden, auf denen extrem sensible Daten gemeinsam genutzt werden können und dennoch geheim bleiben. MPC basiert bereits auf einem gemeinschaftlichen und geteilten Verständnis von Vertrauen – einem Verständnis, das Menschen in der echten Welt als Bürgerinnen, Anwohner und Mitglieder einer Gemeinschaft bereits erleben. Bei den derzeitigen datenwissenschaftlichen Implementierungen wird dieses Vertrauen durch eine enorme Anhäufung von Daten auf einige wenige mächtige Parteien übertragen. Stattdessen könnte dieses Vertrauen nah an den Interessen und Wünschen der Nutzerinnen und Nutzer bleiben und so die nutzerorientierte Zusammenarbeit und Entwicklung von Berechnungen fördern, die den Nutzern direkt zugutekommen und einen positiven Beitrag zu ihrer Welt und der Gesellschaft leisten.

In Kombination mit Techniken wie Federated Analytics und verteilter Datenverarbeitung eröffnet Encrypted Computation neue Wege, mit denen sichergestellt werden kann, dass Daten geheim und geschützt bleiben und nur auf dem bevorzugten Speichersystem des Nutzers oder als Ergebnis einer vereinbarten Berechnung entschlüsselt werden. Dies kann die Art und Weise, wie Daten verarbeitet, gemeinsam genutzt und verwendet werden, grundlegend verändern und sicherstellen, dass bei Datenlecks in Unternehmen niemals private Details über Einzelpersonen an die Öffentlichkeit gelangen werden und dass die Verarbeitung nachweislich auf eine sichere und vertrauliche Weise erfolgt.

Zusammenfassung

In diesem Kapitel haben Sie die grundlegenden Protokolle und die wichtigsten kryptografischen Prinzipien für Encrypted Computation kennengelernt. Sie haben nun eine bessere Vorstellung von verschiedenen Anwendungsfällen, in denen Encrypted Computation hilfreich sein kann, wie etwa der gemeinsamen Nutzung, dem Einblick in und der Verarbeitung von Daten durch mehrere Parteien mit MPC oder der Verarbeitung und Rückleitung verschlüsselter Daten an den Nutzer zur Entschlüsselung mit HE. Darüber hinaus haben Sie sich mit verschiedenen Sicherheitsmodellen befasst, um besser zu verstehen, wie kryptografische Protokolle Nutzerinnen und Nutzern eine wirklich sichere Verarbeitung ihrer Daten bieten.

Sie haben auch einige reale Anwendungsfälle analysiert und nachvollzogen, wie Sie mit Open-Source-Bibliotheken wie Moose Ihre eigene verschlüsselte Datenverarbeitung aufbauen können. Ich hoffe, ich konnte Ihre Neugierde wecken und Ihnen zeigen, dass Verschlüsselung den Datenschutz und die Sicherheit im Rahmen von Data-Science-Anwendungen verbessern kann. In Kapitel 9 werden Sie ganzheitlicher über alle bisher behandelten Datenschutztechnologien nachdenken und herauszufinden, wie Sie Ihre Problemstellung angehen sollten, um die beste Lösung für Ihren Anwendungsfall zu finden. Zuvor aber werden Sie in Kapitel 8 in die rechtlichen Aspekte von Privacy eintauchen, damit Sie lernen, wie Sie Datenschutzrisiken beurteilen und die Anforderungen Ihres Unternehmens mit jenen des Gesetzes in Einklang bringen können.

KAPITEL 8

Datenschutzrechtliche Aspekte

Sie haben in diesem Buch bereits viel über Privacy-Definitionen und -technologien gelernt. Wenn Sie diese im Rahmen Ihrer Arbeit anwenden, werden Sie unweigerlich feststellen, dass Sie dafür auch die rechtlichen Aspekte von Privacy verstehen müssen.

Rechtliche Aspekte sind nicht der einzige Grund, Datenschutz zu betreiben – ich sehe sie auch nicht als treibende Kraft, Data Science auf Datenschutz auszurichten. Für einige sind sie jedoch der vorrangige Beweggrund, datenschutzfreundliche Technologien (*Privacy Enhancing Technologies*, PETs) zu implementieren. In vielen großen Unternehmen wird Datenschutz zunächst als ein reines Compliance-Problem verstanden und erst dann technisch umgesetzt. Auch wenn Sie sich selbst als Verfechter des Datenschutzes betrachten und sich für Initiativen einsetzen wollen, die auf den technologischen und sozialen Aspekten von Privacy beruhen, ist es sinnvoll, mit der Rechtsabteilung oder dem Datenschutzteam zusammenzuarbeiten. Denn Sie können deren Wissen und Ratschläge nutzen, um das Unternehmen vom Wert von Datenschutzinitiativen zu überzeugen.

Dieses Kapitel befasst sich mit zwei sehr unterschiedlichen Gesetzen zum Datenschutz: der Europäischen *Datenschutz-Grundverordnung* (DSGVO, im Englischen *General Data Protection Regulation*, GDPR) und dem *California Consumer Privacy Act* (CCPA). Dieser Überblick wird Ihnen helfen, zu verstehen, wie Sie die Vorschriften in technische Entscheidungen umsetzen und wie Sie diese Entscheidungen im Hinblick auf die Einhaltung der Vorschriften beurteilen und prüfen können.

Anschließend werden Sie einen Einblick in Vereinbarungen, Datenschutzrichtlinien, interne Richtlinien und Grundsätze erhalten und erfahren, wie die gesetzlichen Anforderungen in Unternehmen und Organisationen umgesetzt werden. In manchen Fällen werden diese von der internen Rechtsabteilung verfasst, in anderen mithilfe externer juristischer Unterstützung, sodass Sie möglicherweise direkten Zugang zu den Personen haben, die sie verfasst haben – oder auch nicht! Es kann herausfordernd sein, sie zu verstehen und herauszufinden, wie Sie den Datenschutz in Ihrem Unternehmen umsetzen können. Sie werden auch lernen, wie Sie mit den Rechtsabteilungen in Ihrem Unternehmen – oder im Unternehmen eines Kunden – zusammenarbeiten, um deren Bedürfnisse in geeignete technische Lösungen umzusetzen.

Zum Schluss werden Sie sich noch einmal mit Governance befassen. Sie haben zwar bereits erfahren, wie Sie Governance bei Ihrer Arbeit im Bereich Data Science und Engineering festlegen und umsetzen können, doch wie könnte Governance in einer perfekten Welt aussehen? Ich hoffe, dass ich Sie zum Nachdenken darüber anregen kann, wie Governance funktionieren könnte, wenn die Menschen und ihre Datenschutzrechte im Mittelpunkt unserer Datenarchitekturen und deren Implementierung stehen.

Die DSGVO im Überblick

Die Europäische Datenschutz-Grundverordnung (DSGVO) hat bei ihrer Verabschiedung im Jahr 2016 ein mutiges globales Beispiel für den Schutz der Privatsphäre und der Datenschutzrechte gesetzt. Die Gesetzgebung selbst war bereits vier Jahre zuvor relativ bekannt, als Arbeitsgruppen der EU Empfehlungen ausgearbeitet hatten, die die Grundlage des Gesetzes bildeten.

Die DSGVO dürfte Ihnen im Zusammenhang mit den Cookie-Meldungen von Drittanbietern, die auf zahlreichen Webseiten eingeblendet werden, bereits sehr häufig begegnet sein. Ich denke allerdings nicht, dass die Gesetzgeber das ursprünglich so beabsichtigt hatten. In diesem Abschnitt werden Sie sich mit den grundlegenden Datenschutzrechten befassen, die den Menschen nach der DSGVO zustehen, und diese mit der Art und Weise abgleichen, wie DSGVO-konforme Software entwickelt und eingesetzt wird. Ich wünsche mir, dass Sie mit dem Wissen, das Sie in diesem Buch erworben haben, neue Wege für den Einsatz datenschutzfreundlicher Software beschreiten.

Die DSGVO ist zudem noch nicht endgültig ausgereift. Die aktuelle Rechtsprechung in Europa während der Entstehung dieses Buchs zeigt, dass die Aufsichtsbehörden beginnen, neue Arten von Fällen zu prüfen und zu regeln. Dadurch ändert sich die Art und Weise, wie die DSGVO ausgelegt wird und was als konform angesehen wird. Diese neueren Fälle zeigen ein umfassenderes Verständnis der Reichweite der DSGVO und stellen einige Geschäftsmodelle wie personalisierte Werbung (*https://oreil.ly/q2eKd*) und Machine Learning auf Basis persönlicher Daten, die mittels Web-Scraping gewonnen wurden, (*https://oreil.ly/xmh6e*) infrage. Wenn im Laufe der nächsten Jahre die Durchsetzung der in diesem Kapitel beschriebenen Datenschutzrechte ausgeweitet wird, werden diese sich der Realität annähern.

Die DSGVO hat auch als Vorbild für andere Gesetze gedient, etwa das LGPD (Lei Geral de Proteção de Dados Pessoais) in Brasilien und verschiedene Gesetzesvorschläge in verschiedenen US-Bundesstaaten. In den nächsten Jahren wird die DSGVO zweifellos noch nachhaltigere Auswirkungen haben.

Grundlegende Rechte nach DSGVO

Die DSGVO garantiert acht grundlegende Rechte für in der EU ansässige Personen und ihre Daten, die in Tabelle 8-1 aufgeführt sind.

Tabelle 8-1: Datenschutzrechte nach der DSGVO (»Betroffenenrechte«)

Datenschutzrechte	Beschreibung
Recht, informiert zu werden	Die betroffene Person muss darüber informiert werden, wie ihre Daten verwendet, verarbeitet, erhoben usw. werden.
Recht auf Auskunft	Die betroffene Person hat Zugang zu den Informationen, die über sie gespeichert sind.
Recht auf Berichtigung	Die betroffene Person kann Informationen korrigieren, die unrichtig oder unvollständig sind.
Recht auf Löschung (»Recht auf Vergessenwerden«)	Die betroffene Person kann dafür sorgen, dass das verantwortliche Unternehmen ihre Daten unverzüglich löscht.
Recht auf Einschränkung der Verarbeitung	Die betroffene Person kann der Verwendung und Verarbeitung ihrer Daten widersprechen oder diese einschränken.
Recht auf Datenübertragbarkeit	Die betroffene Person kann ihre Daten übermittelt bekommen, um sie selbst zu nutzen oder um Dienste von Drittanbietern auszuprobieren.
Recht auf Widerspruch	Die betroffene Person kann der Verwendung ihrer Daten für bestimmte Zwecke (wie Marketing, Marktforschung und verschiedene andere Zwecke) widersprechen.
Recht, automatisierten Entscheidungsfindungen zu widersprechen	Die betroffene Person kann sich gegen automatisierte Entscheidungsprozesse, wie z. B. den Einsatz von Algorithmen oder Machine-Learning-Systemen, aussprechen.

Diese Rechte sind sehr weitreichend und können sich von denen unterscheiden, die in Ihrem Unternehmen oder in den von Ihnen genutzten Diensten umgesetzt wurden. Sie gelten für in der EU ansässige Personen, selbst wenn sich diese nicht in der EU aufhalten – auch wenn die Durchsetzung innerhalb der EU wesentlich einfacher und unkomplizierter ist.

Jedes Unternehmen hat eine Rechtsabteilung oder einen Berater, der für die Auslegung der DSGVO und die Festlegung interner Richtlinien, Prozesse und Leitlinien verantwortlich ist, um den Anforderungen im Rahmen des Geschäftsmodells des Unternehmens gerecht zu werden. Einige Unternehmen haben sich entschieden, die DSGVO einfach nicht einzuhalten und das finanzielle Risiko einer Geldstrafe auf sich zu nehmen. Andere haben sich dazu entschlossen, die Bestimmungen relativ lax umzusetzen in der Hoffnung, dass dies ausreichen könnte und sie keine Aufmerksamkeit erregen würden. Mit zunehmender Durchsetzung wird das finanzielle Risiko, das die DSGVO mit sich bringt – bis zu 4 % des weltweiten Umsatzes – wahrscheinlich dazu führen, dass die internen Richtlinien angepasst werden, um den in Tabelle 8-1 aufgeführten Betroffenenrechte der DSGVO besser Rechnung zu tragen.

Für die Durchsetzung – und die Verhängung von Bußgeldern – sind in der EU jeweils die mitgliedsstaatlichen Behörden zuständig. Jeder Mitgliedsstaat der EU überführt die Europäische Datenschutz-Grundverordnung (DSGVO) in eigenes, nationales Recht und ergänzt oder konkretisiert sie gegebenenfalls. In Deutschland wird die Umsetzung der DSGVO beispielsweise durch das Bundesdatenschutzgesetz (BDSG) und weitere datenschutzrechtliche Regelungen präzisiert. In juristischen Kreisen ist durchaus bekannt, welche Länder die DSGVO strenger und welche sie nachsichtiger auslegen. Deutschland ist dafür bekannt, dass es die Vorschriften zur Verwendung personenbezogener Daten strenger auslegt und ein Double-Opt-in für jegliche Form von E-Mail-Marketing vorschreibt. Frankreich legt ebenfalls relativ strenge Maßstäbe an und verhängt regelmäßig Geldstrafen gegen große Tech-Unternehmen wie Google und Facebook aufgrund rechtswidriger Datenerfassung und Produkte, die gegen die DSGVO verstoßen.

> Wenn Sie in Europa ansässig sind und Ihre Rechte nach der DSGVO wahrnehmen möchten, empfehle ich Ihnen, einen Blick auf den Leitfaden »Exercise Your Rights« von noyb (*https://noyb.eu/de/exercise-your-rights*) zu werfen. noyb steht für »My Data is None of Your Business« und ist eine gemeinnützige Organisation, die von Max Schrems geleitet wird, der für die europäischen Gerichtsverfahren Schrems I und Schrems II bekannt ist, die den Datenfluss von Europa in die USA aufgrund der Ausspähung von Internetaktivitäten in den USA durch die NSA für unzulässig erklärten.

Es gibt zahlreiche Tools, eine Vielzahl von Softwareprogrammen und etliche Anbieter, die Sie bei der Einhaltung der Vorschriften unterstützen können. Viele Unternehmen haben entsprechende Kontrollen bereits direkt in ihre Software- und Datenverwaltungssysteme eingebunden. Unter Umständen haben Sie bereits an einer Migration zur Einhaltung der DSGVO oder an einer Nachrüstung mitgewirkt, bei der es oft darum geht, diese Rechte teilautomatisiert in Datenverwaltungssysteme zu integrieren. Sie haben bereits in den Kapiteln 1 und 3 erfahren, dass es bei der Anpassung Ihrer Systeme an die DSGVO von entscheidender Bedeutung ist, zu wissen, woher Ihre Daten stammen, und dass sie ordnungsgemäß dokumentiert sind und nachvollzogen werden können. Wie das in Kapitel 3 erwähnte Beispiel der Pipeline zur Rückverfolgung von Einwilligungen gezeigt hat, ist die Einhaltung dieser Rechte wesentlich einfacher umzusetzen, wenn Sie wissen, woher Ihre Daten stammen, wie sie verarbeitet wurden und ob Nutzerinnen und Nutzer ihre Einwilligung gegeben haben.

Möglicherweise stellen Sie auch fest, dass die Einräumung einiger dieser Rechte eine Technologie oder neue Prozesse erfordern würde, die Sie derzeit noch nicht haben. Angenommen, Sie müssten im Rahmen Ihrer Governance-Initiativen Ihre Dateninfrastruktur ändern, um den Menschen die Möglichkeit zu geben, ihre Daten automatisch zu exportieren, sich gegen die Nutzung von Machine-Learning-Systemen auszusprechen oder festzulegen, wie ihre Daten verarbeitet werden dürfen. Dies könnte zur Folge haben, dass mehrere Komponenten Ihrer derzeitigen Architektur angepasst werden müssen, was eine anregende Team- oder Gruppenaktivität für einen Workshop wäre. Am Ende eines solchen Workshops würden Sie ein Konzept für eine datenschutzfreundliche Datenarchitektur haben.

Die wirksame Umsetzung dieser Rechte setzt voraus, dass Sie verstehen, inwieweit Ihr Unternehmen und Ihre Datenverarbeitung unter die DSGVO fallen. Wichtig ist die Unterscheidung, ob Sie als Datenverantwortlicher oder als Datenverarbeiter auftreten.

Da sich dieses Buch auf Datenschutztechnologien in der Data Science und nicht auf die Einhaltung der DSGVO im Rahmen des Datenmanagements konzentriert, werde ich nicht auf alle Details eingehen, wie die Einräumung dieser Rechte in Ihren Systemen umgesetzt werden kann. Es gibt eine Reihe guter Materialien, die sich mit dem Datenmanagement und den grundlegenden Kontrollen zur Einhaltung der DSGVO befassen, beispielsweise den Leitfaden der EU zur Einhaltung der DSGVO (*https://gdpr.eu/compliance*) und das Buch *Data Privacy* von Nishant Bhajaria (Manning, 2022, *https://oreil.ly/s1qhE*).

Datenverantwortlicher und Datenverarbeiter – eine Abgrenzung

In der DSGVO werden zwei primäre Rollen bei der Datenverarbeitung unterschieden. Der oder die für die Datenverarbeitung Verantwortliche (der sogenannte Datenverantwortliche, engl. *Data Controller*) ist normalerweise derjenige, der eine direkte Beziehung zu den Personen hat, deren Daten erhoben werden. In den meisten Fällen erhebt der Datenverantwortliche zunächst die Daten und die Einwilligung der betroffenen Personen. Bei den Datenverarbeitern (engl. *Data Processor*) handelt es sich um Unternehmen und Dienste, die von dem Datenverantwortlichen bei der Erhebung, Speicherung, Nutzung und Verarbeitung der Daten beauftragt werden, wobei es sich jedoch um eigenständige juristische Personen mit einer eigenen Verarbeitungsinfrastruktur handelt, die nicht dem Datenverantwortlichen untersteht.

Nehmen wir zum Beispiel an, Amazon Web Services (AWS) würde von einem Datenverantwortlichen genutzt, der seine Datenerhebungsinfrastruktur auf AWS über sein AWS-Konto direkt verwaltet, konzipiert und deployt. Amazon ist für dieses Unternehmen ein Datenverarbeiter, allerdings ist der Datenverantwortliche dafür verantwortlich, wie der Dienst genutzt wird, und er übernimmt die Verantwortung für die ordnungsgemäße Nutzung des Diensts. In vielen Fällen liegt es in der Verantwortung der Datenverarbeiter, dafür zu sorgen, dass Architektur und Datenfluss konform ausgestaltet sind, da der Datenverantwortliche oft nur einen begrenzten Einfluss auf diese Entscheidungen nehmen kann. Dabei muss der Datenverantwortliche jedoch eine Sorgfaltsprüfung bzw. Due Diligence durchführen, um sicherzustellen, dass der Datenverarbeiter die Erfordernisse und Anforderungen des Datenverantwortlichen hinsichtlich der DSGVO in angemessener Weise erfüllt.

Due Diligence von Datenverarbeitern

In der Regel gibt es eine Person oder ein ganzes Team, das für die Due-Diligence-Prüfung von Datenverarbeitern in einem Unternehmen zuständig ist. Sie sollten sich immer mit diesem Team in Verbindung setzen, wenn Sie neue Anbieter bzw. Dienste prüfen, die Sie nutzen möchten, selbst wenn diese kostenlos oder Open Source sind.

Ziehen Sie dieses Team bzw. diese Person frühzeitig und regelmäßig zurate, da es möglicherweise bereits einen zugelassenen Anbieter oder ein zugelassenes Tool für Ihren Anwendungsfall gibt. Sie können Ihnen zudem Informationen über die Bewertungsanforderungen und -schritte liefern, die die Anbieter oder Open-Source-Tools für den Einsatz in Ihrem Unternehmen durchlaufen müssen.

Wenn Sie eine Architektur oder ein Produkt auf Basis eines Diensts eines Drittanbieters entwickeln und hinterher feststellen, dass dieser nicht konform ist, ist das nicht nur für Sie und das gesamte Entwicklungsteam ein Problem, sondern auch für diejenigen, die für die Sicherstellung des Datenschutzes zuständig sind und sicherstellen sollen, dass Ihr Unternehmen die für Ihre Kunden geltenden Rechte wahrt.

In der DSGVO sind ganz klare Rollen und Verantwortlichkeiten für diese beiden Akteure vorgesehen. Der Datenverantwortliche trägt das rechtliche und finanzielle und damit auch das größte Risiko bei der Durchsetzung der DSGVO und bei der Umsetzung der DSGVO und entsprechender Maßnahmen im Rahmen seiner eigenen Software, Infrastruktur und seinen Produkten. Der Datenverantwortliche erstellt eine Datenverarbeitungsvereinbarung (auch Auftragsverarbeitungsvertrag – kurz AVV – genannt, der noch an späterer Stelle in diesem Kapitel behandelt wird), in der er dargelegt, wie gewährleistet wird, dass die Daten auf datenschutzkonforme Weise verarbeitet werden, er übernimmt jedoch nicht die finale Verantwortung für die Einhaltung der Datenschutzrechte nach der DSGVO und für Entscheidungen, die die Einhaltung der DSGVO betreffen.

Ihre Rolle als Datenexperte bzw. Privacy Engineer hängt davon ab, ob Ihr Unternehmen Datenverantwortlicher oder Datenverarbeiter ist. Wenn Sie in einem Unternehmen arbeiten, das eine direkte Beziehung zu natürlichen Personen unterhält und die strategischen Entscheidungen bezüglich der Datennutzung trifft, tritt Ihr Unternehmen höchstwahrscheinlich als Datenverantwortlicher auf, und Sie tragen direkt die Verantwortung für die Entscheidung, wie dieses Risiko gehandhabt wird. Wenn Sie für einen Datenverarbeiter arbeiten, z.B. ein Business-to-Business-Unternehmen, das andere Unternehmen bei der Verarbeitung personenbezogener Daten unterstützt, tragen Sie lediglich das Risiko hinsichtlich der Inhalte der im Rahmen mit den Datenverantwortlichen getroffenen Vereinbarungen.

Als Datenverarbeiter haben Sie gemäß DSGVO immer noch Pflichten, z.B. müssen Sie Ihre Bedenken äußern, wenn Sie glauben, dass die DSGVO nicht ordnungsgemäß eingehalten wird. Je nachdem, welche Rolle Sie gegenüber dem Datenverantwortlichen innehaben, können die Grenzen verschwimmen. Wenn Sie beispielsweise in den Bereichen Architektur oder Datenschutz beratend tätig sind, könnte dies als Überschreitung Ihrer Kompetenzen gewertet werden, da es sich hierbei um wichtige Risiko- und Entscheidungsbereiche handelt, die dem Datenverantwortlichen obliegen. Nehmen Sie daher unbedingt eine juristische Beratung in Anspruch, wenn Sie als unabhängiger Berater derartige Dienstleistungen erbringen.

Ungeachtet Ihrer Rolle sollten Sie niemals juristische Empfehlungen oder Empfehlungen, die die Compliance betreffen, geben, es sei denn, Sie sind in diesem Bereich als Berater tätig. Sollte eine Situation zu unübersichtlich oder sollten die Grenzen unscharf werden, ist es am besten, wenn Sie die verantwortlichen Personen zusammenbringen und gemeinsam festlegen, wie Sie vorgehen wollen.

Im nächsten Abschnitt erfahren Sie, wie die in diesem Buch behandelten Datenschutztechnologien dabei helfen können, die in der DSGVO kodifizierten Datenschutzrechte und deren Umsetzung beim Betrieb von Software- und Datensystemen sowohl als Datenverantwortlicher als auch als Datenverarbeiter zu gewährleisten.

Technologien zur Verbesserung des Datenschutzes (PETs) im Hinblick auf die DSGVO einsetzen

Die DSGVO enthält mehrere Anforderungen in Bezug auf Technologien, die dem Schutz personenbezogener Daten dienen (engl. *Privacy-enhancing Technologies*, PETs) – und es werden sicherlich noch weitere hinzukommen, wenn im Rahmen der Rechtsprechung bestimmte Ansätze auf ihre Konformität hin untersucht werden.

Wie die meisten Datenschutzbestimmungen sieht auch die DSGVO keine spezifischen Technologien vor. Vielmehr wird in den Verordnungen darauf verzichtet, konkrete Maßnahmen vorzuschreiben (sie enthält also keine Formulierungen wie: »Wenn Sie diese bestimmte Technologie verwenden, gilt dies als konform«). Es wird lediglich eine allgemeinere juristische Formulierung gewählt, die auf die gewünschten Wirkungen abzielt.

Sehen wir uns zunächst den Erwägungsgrund 26 der DSGVO an, in dem die Anonymisierung Erwähnung findet:

> Die Grundsätze des Datenschutzes sollten für alle Informationen gelten, die sich auf eine identifizierte oder identifizierbare natürliche Person beziehen. Einer Pseudonymisierung unterzogene personenbezogene Daten, die durch Heranziehung zusätzlicher Informationen einer natürlichen Person zugeordnet werden könnten, sollten als Informationen über eine identifizierbare natürliche Person betrachtet werden. Um festzustellen, ob eine natürliche Person identifizierbar ist, sollten alle Mittel berücksichtigt werden, die von dem Verantwortlichen oder einer anderen Person nach allgemeinem Ermessen wahrscheinlich genutzt werden, um die natürliche Person direkt oder indirekt zu identifizieren, wie beispielsweise das Aussondern. Bei der Feststellung, ob Mittel nach allgemeinem Ermessen wahrscheinlich zur Identifizierung der natürlichen Person genutzt werden, sollten alle objektiven Faktoren, wie die Kosten der Identifizierung und der dafür erforderliche Zeitaufwand, herangezogen werden, wobei die zum Zeitpunkt der Verarbeitung verfügbare Technologie und technologische Entwicklungen zu berücksichtigen sind. Die Grundsätze des Datenschutzes sollten daher nicht für anonyme Informationen gelten, d.h. für Informationen, die sich nicht auf eine identifizierte oder identifizierbare natürliche Person beziehen, oder personenbezogene Daten, die in einer Weise anonymisiert worden sind, dass die betroffene Person nicht oder nicht mehr identifiziert werden kann. Diese Verordnung betrifft somit nicht die Verarbeitung solcher anonymer Daten, auch für statistische oder für Forschungszwecke.

Gehen wir den Erwägungsgrund einmal Punkt für Punkt durch. Zunächst wird dargelegt, dass es sich bei pseudonymisierten Daten nicht um anonymisierte Daten handelt. Dabei heißt es, dass pseudonymisierte Daten durch »Heranziehung zusätzlicher Informationen« dazu verwendet werden können, eine natürliche Person zu identifizieren – das wissen Sie bereits aus den Kapiteln 1 und 4!

Anschließend wird ausgeführt, dass zur Feststellung, ob eine Person identifizierbar ist, alle »nach allgemeinem Ermessen wahrscheinlich genutzten Mittel« eingesetzt werden sollten, wie z.B. das »Aussondern« (im Englischen »singling out«, das Sie ebenfalls aus Kapitel 4 kennen). Es werden mehrere Faktoren genannt, die berücksichtigt werden sollten – die Kosten, der Zeitaufwand, die verfügbare Technologie sowie Fortschritte bei der Verarbeitung durch technologische Entwicklungen. Das klingt stark nach den Ideen der Differential Privacy und informationstheoretischer Sicherheit (siehe die Kapitel 2 und 7). Abschließend wird dargelegt, dass Ihre Daten – wenn sie unter Einhaltung dieser Garantien angemessen anonymisiert wurden –, nicht unter die DSGVO fallen und somit verarbeitet werden dürfen.

> In juristischen Texten und in den Rechtsakten werden häufig sehr viele Wörter für etwas verwendet, das im Grunde genommen relativ simpel ist. Ein Tipp, den ich als hilfreich empfunden habe, ist, nach den handlungsorientierten Teilen des Satzes zu suchen und sie umzuformulieren, um sie lebendiger zu machen, zum Beispiel: »Um festzustellen, ob eine natürliche Person identifizierbar ist« kann als »Um eine Person zu identifizieren ... « interpretiert werden. Zudem hilft es, langsam zu lesen, denn oft stecken viele Ideen in einem Satz. Es liegt auf der Hand, dass Ihre Interpretation keine juristische ist. Konsultieren Sie also im Zweifelsfall einen Anwalt.

Die Pseudonymisierung, die Sie als eine der grundlegenden Methoden zum Schutz der Privatsphäre in Kapitel 1 kennengelernt haben, wird auch im Rahmen der DSGVO als eine Möglichkeit empfohlen, datenschutzfreundlichere Systeme zu implementieren und nach dem Prinzip Privacy by Design zu entwickeln. Häufig wird empfohlen, sich zu überlegen, wer welche Daten einsehen muss, und die Pseudonymisierung als eine Möglichkeit zu nutzen, um die Gefahr der versehentlichen Preisgabe von persönlichen Daten zu verringern.

Zwar schreibt die DSGVO nicht vor, welche Methode zur Anonymisierung anzuwenden ist, aber sie legt fest, wie die Methoden und ihre Sicherheit zu überprüfen und miteinander zu vergleichen sind. Je nachdem, wie sich die Verarbeitung und die technologischen Möglichkeiten weiterentwickeln, wird die Auslegung dessen, was als angemessener Ansatz zur Anonymisierung gilt, anders ausfallen. Die Forschung schreitet, wie Sie in Kapitel 4 erfahren haben, weiter voran, um die Möglichkeiten zur Anonymisierung weiter auszubauen.

Mir wurde von mehreren Anwälten das Gleiche mitgeteilt: Differential Privacy wird in juristischen Kreisen als der »Goldstandard« der Anonymisierung angesehen. Nehmen Sie Kontakt mit der Rechtsabteilung auf, falls Sie eine haben, oder mit Juristen, die sich mit Datenschutz und Technologie auseinandersetzen, um herauszufinden, wie Ihr Unternehmen zum Thema Anonymisierung steht. Im weiteren Verlauf dieses Kapitels werden Sie noch mehr über die Zusammenarbeit mit Rechtsexpertinnen und -experten erfahren.

Wenn Sie Differential Privacy anwenden und dies mit den zuständigen Juristen in Ihrem Projekt oder in Ihrem Unternehmen abgesprochen haben, unterliegen die Daten nach Anwendung von Differential-Privacy-Mechanismen nicht mehr der DSGVO. Dies ist für viele Unternehmen von entscheidender Bedeutung, da Informationen über das Kundenverhalten, das Kaufverhalten und andere Erkenntnisse auch dann erhalten bleiben sollen, wenn der Kunde die Löschung seiner persönlichen Daten verlangt. Aber wie funktioniert das, wenn man weiß, dass die Anwendung von Differential Privacy auf einzelne Datenpunkte (lokale Differential Privacy) zu Fehlern und einem hohen Maß an Rauschen führt?

Die meisten Unternehmen und Organisationen denken nicht darüber nach, *welche Daten* sie *konkret* aufbewahren möchten und warum. Dies führt oft dazu, dass Lösungen eher willkürlich gewählt und alte, untaugliche Wege der »Anonymisierung« beschritten werden, bei denen nur ein bestimmter Teil der Daten entfernt oder durch Hashing angepasst wird (z.B. die Kunden-ID), aber alle anderen Informationen beibehalten werden.[1] Inzwischen wissen Sie, wie es besser geht!

Für eine effektive und zukunftsorientierte Anonymisierung müssen Sie gemeinsam mit den wichtigsten Stakeholdern des Unternehmens entscheiden, welche Daten auf welche Weise zusammengefasst werden sollen. Daten zu horten, birgt Risiken für den Datenschutz und die Sicherheit und verhindert, dass der eigentliche Zweck, Daten zu sammeln, und die damit verbundenen Geschäftsanforderungen abgeklärt werden. In Unternehmen, in denen Daten intensiv gehortet werden, sind häufig untaugliche Dateninitiativen anzutreffen, mit denen keine konkreten Geschäftsziele verfolgt werden.

In diesem Buch geht es nicht um Datentransformation oder darum, wie man eine zweckmäßige Geschäftsstrategie umsetzt. Zu diesem Thema gibt es bereits einige hervorragende Bücher, darunter *Good Strategy, Bad Strategy* (Rumelt, 2011), *Competing against Luck* (Christensen et al., 2016) und *Playing to Win* (Lafley, 2013). Eine klare Geschäftsstrategie und eine einheitliche Vision über die Nutzung von Daten und den Wert von Daten im Unternehmen machen es zweifellos einfacher, herauszufinden, welche Art von Analysen und welche Artefakte Sie in Bezug auf Ihre Kunden, Ihr Produkt und Ihren Markt aufbewahren sollten.

Unabhängig von der DSGVO ist die Aufbewahrung von Daten nur dann sinnvoll, wenn die Daten für das Unternehmen auch weiterhin von Nutzen sind. Sprechen Sie mit Ihrem Datenschutzteam darüber, welche Aufbewahrungsfristen bereits festgelegt sind. Wenn die Daten zu veraltet sind oder sich Ihr Kundenstamm erheblich verändert hat, wird die Aufbewahrung alter Daten Ihnen nicht dabei helfen, Ihre Geschäftsziele zu erreichen. Im Gegenteil, es könnte Ihnen sogar schaden! Letztlich müssen Sie bestimmen, wie weit Ihre Daten in die Vergangenheit zurückreichen sollen, um die angestrebte Performance

1 Die Praxis, IDs, Schlüssel zur Datenverknüpfung oder PII zu entfernen, aber alle anderen zugehörigen personenbezogenen Daten beizubehalten, scheint im Trend zu liegen und wird manchmal auch als *Data Decapitation* bezeichnet – was so viel heißt wie Daten zu köpfen bzw. zu enthaupten. Bitte verletzen Sie Ihre Daten nicht, sondern anonymisieren Sie sie nur auf angemessene Weise! Wie Sie bereits gelernt haben, trägt das Entfernen dieser Identifikatoren nichts zur Anonymisierung bei. Es macht Ihnen nur das Leben schwerer, sollten Sie sich dazu entscheiden, eine Anonymisierung vorzunehmen, da Sie dann einen neuen Weg finden müssen, wie Sie den individuellen Beitrag bestimmen können.

Ihrer Modelle zu erzielen (siehe Kapitel 5). Dementsprechend sollten Sie Daten, die älter sind, anonymisieren oder entfernen.

Sobald die Anforderungen an Löschung und Anonymisierung der Daten geklärt sind, können Sie – unter Verwendung von Differential-Privacy-Mechanismen – Ihre regulären Analysen durchführen und Ihre Artefakte erstellen. Dadurch sollte die Analyse außerhalb des Geltungsbereichs der DSGVO liegen und weiterhin gespeichert bleiben können, wenn ein Kunde seine Daten löschen lässt. Doch wenden Sie sich hierbei bitte an einen Anwalt oder eine Anwältin! Wenn Sie diesen Prozess automatisieren, müssen Sie die Analyse nicht jedes Mal neu durchführen, wenn Sie einen Antrag auf Löschung erhalten. Die betreffende Person ist in den vorherigen Analysen und Artefakten vertreten, wird aber in künftigen Analysen nicht mehr berücksichtigt. Dadurch wird Ihr Unternehmen von den Erkenntnissen profitieren, die es über interessierte und aktive Kunden gewinnt, wohingegen uninteressierte, passive Kunden in der Analyse außen vor bleiben.

Außerdem können Ihnen auch noch einige andere Datenschutztechnologien, die Sie in diesem Buch kennengelernt haben, dazu verhelfen, von Anfang an datenschutzfreundlichere Systeme zu schaffen. Federated Data Analysis und Federated Learning können dafür sorgen, dass die Daten nicht in Ihren Besitz gelangen, aber dennoch einen Mehrwert bieten. Sie müssen dann nur noch die Ergebnisse auf mögliche Datenschutzlecks prüfen. Technologien wie die Secure Multiparty Computation erlauben Ihnen, festzulegen, wer die Daten sehen kann, und sorgen dafür, dass sie vertraulich bleiben. In Kombination mit Differential Privacy sind diese Tools extrem leistungsfähig und ermöglichen Ihnen, gesetzeskonforme und sichere Systeme aufzubauen.

Aber wie können Sie beurteilen, ob das System tatsächlich mit der DSGVO konform ist? Dies erfordert die Kommunikation zwischen Ihren Software-, Daten- und Infrastrukturteams sowie der Rechtsabteilung. Glücklicherweise gibt die DSGVO einige Empfehlungen dazu, wie Sie dieses Gespräch am besten über Datenschutz-Folgenabschätzungen koordinieren können.

Die Datenschutz-Folgenabschätzung der DSGVO: agile und iterative Risikobewertung

Die Datenschutz-Folgenabschätzung der DSGVO ist eine Bewertung, die von den technischen und juristischen Fachleuten eines Unternehmens bzw. einer Organisation durchgeführt wird. Ziel einer Datenschutz-Folgenabschätzung ist es, potenzielle Schäden zu identifizieren, die durch einen Anwendungsfall mit sensiblen Daten verursacht werden können, und zu bewerten, wie diese Schäden gegebenenfalls verringert oder abgewendet werden können. Nach Abschluss des Prozesses haben Sie eine Entscheidungsgrundlage für das weitere Vorgehen und einen Aktionsplan, wie Sie den Anwendungsfall unter Berücksichtigung des Datenschutzes umsetzen können.

Dieser Prozess sollte Sie an einige der Risikobewertungen und -modellierungen erinnern, mit denen Sie als Technologe oder bei der Arbeit mit Sicherheitsexperten konfrontiert worden sind. Die wichtigsten Schritte bei jeder Risikobewertung – egal ob für den Datenschutz oder andere Bereiche – sind in Abbildung 8-1 aufgeführt.

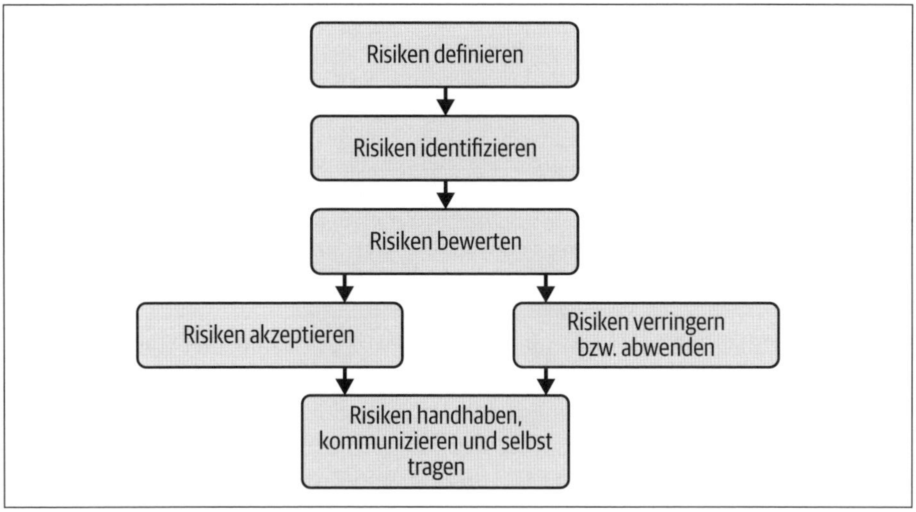

Abbildung 8-1: Prozess der Risikobewertung

Zunächst müssen Sie definieren, was ein Risiko in Ihrem jeweiligen Kontext darstellt. Was betrachten Sie angesichts des Umfelds, der Beteiligten, der verwendeten Technologien und Daten als Risiko? Das Schöne daran, diese Übungen mit einem multidisziplinären Team durchzuführen, ist, dass verschiedene Personen Risiken ganz unterschiedlich interpretieren werden. Es kann sein, dass Sie nach diesem Buch sogar vorsichtiger mit Datenschutzrisiken umgehen als Datenschutzexperten, weil Sie jetzt das Potenzial für einen Informationsgewinn aus technischer Sicht verstehen.

Als Nächstes geht das Team dazu über, das Risiko zu identifizieren. Nachdem definiert wurde, was ein Risiko darstellt, wird ein bestimmter Anwendungsfall beurteilt. Wo können Sie ein Risiko erkennen? An welchen Stellen der Datenverarbeitung oder -nutzung besteht ein Datenschutzrisiko? Inwiefern? Warum? Diese Diskussion fördert auch die »Risikoempathie« – die Fähigkeit zu erkennen, was andere als Risiko einschätzen. Diese Fähigkeit ist für Ihre Arbeit von großer Bedeutung und wird Ihnen helfen, mehr von anderen Kompetenzen im Team zu lernen.

Sobald das Risiko identifiziert ist, müssen Sie es bewerten. Welche Auswirkungen hat es, wenn das Risiko nicht angegangen wird? Wie hoch ist das Risiko für die Nutzer des Diensts oder die Personen, deren Daten verarbeitet werden? Und wie hoch ist die Wahrscheinlichkeit, dass dieses Risiko eintritt? Die Bewertung des Datenschutzrisikos auf eine technische Art und Weise – z. B. über Definitionen wie Differential Privacy – kann für das Team aufschlussreich sein.

Bei diesem Bewertungsschritt können auch Ihre datenwissenschaftlichen Fähigkeiten helfen. Wenn Sie das Risiko in kleinere und leichter zu bewertende Teile zerlegen, wird es zu einem reinen Analyseproblem. Gibt es Daten, mit deren Hilfe Sie die Eintrittswahrscheinlichkeit des Ereignisses berechnen können? Je klarer und präziser das Risiko definiert ist, desto wahrscheinlicher ist es, dass Sie vorhandene Daten verwenden oder Daten erheben können, um zu bewerten, ob und wann das Risiko besteht.[2]

> Eine gemeinsame Risikobewertung ist eine Teamleistung. Es ist unwahrscheinlich, dass alle Beteiligten das Risiko auf die gleiche Weise bewerten. Hier hilft Ihnen das richtige Maß an »Risikoempathie«, diesen Diskussionen zu folgen und sie effektiv zu führen. Den Teams, die die Risiken managen, ein Gefühl der Sicherheit (*https://oreil.ly/HTuvX*) zu geben, ist absolut entscheidend, um die Risiken mit Sorgfalt zu bewerten. Sobald dieses Gefühl der Sicherheit hergestellt ist, kann das Team mit kritischem Zuhören und sorgfältig geführten Gesprächen zu einer gemeinsamen Bewertung kommen.

Nachdem die Risikobewertung vorgenommen wurde, müssen Sie eine Entscheidung treffen. Entweder Sie akzeptieren das Risiko, dokumentieren es ordnungsgemäß und kommunizieren es, oder Sie mindern es ab und bewerten es anschließend erneut. Wenn das Risiko nur geringe Auswirkungen auf die betroffenen Personen hat oder es sehr unwahrscheinlich ist, dass das mit dem Risiko verbundene Ereignis eintritt, sollte es für Sie akzeptabel sein. Ist es hingegen sehr wahrscheinlich, dass das Ereignis eintritt, oder sind die Auswirkungen auf die Personen, deren Daten Sie verarbeiten, sehr weitreichend, dann sollten Sie das Risiko eindämmen. Das gesamte Team sollte sich natürlich über die Faktoren einig sein, wenn diese im Rahmen des Bewertungsprozesses analysiert werden.

Wenn Sie sich dazu entschließen, das Risiko abzumindern, können Sie verschiedene Strategien verfolgen, einschließlich der bereits in diesem Buch dargelegten Technologien. Erwägen Sie auch, einfache Maßnahmen durchzuführen, wie z. B. weniger Daten zu erfassen oder zu verarbeiten und somit auch weniger Risiken einzugehen. Dabei ist es wichtig, dass Sie sich für eine Lösung entscheiden, die leicht zu implementieren, einfach zu verwenden und angesichts der aktuellen Systeme auch leicht nachzuvollziehen ist.[3] Dieses Buch hat sich auf leicht zugängliche Methoden und Bibliotheken konzentriert, damit Sie eine Vielzahl von Tools in Ihrem Repertoire haben.

Nachdem Vorschläge für mögliche Maßnahmen zur Risikominderung gemacht und diese bewertet wurden, sollten die Maßnahmen ausgewählt werden, die für das Unternehmen und für die jeweilige Datenverarbeitung am sinnvollsten sind. Anschließend muss den beteiligten Teams auch mitgeteilt werden, welche Risiken ausge-

2 Ein hervorragendes Beispiel aus der Geschichte der Sicherheitsrisiken ist die Studie, die Rowhammer (*https://oreil.ly/PAXEG*) aufgedeckt hat, eine Schwachstelle bei der Privilegienerweiterung in dynamischem RAM. Viele waren der Überzeugung, dass diese Schwachstelle so gut wie nie auftrat, aber mit Experimenten wurde gezeigt, dass sie ziemlich regelmäßig auftrat. Als sie entdeckt wurde, wurde nicht kommuniziert, ob sie auch tatsächlich ausgenutzt wurde. Dennoch wurde sie von vielen Betreibern von Rechenzentren als akute Schwachstelle eingestuft.

3 Google hat sich für das Paillier-basierte Protokoll für Private Join and Compute entschieden und nicht für ein komplexeres und effizienteres Protokoll. Aus welchem Grund? Damit Softwareentwickler, die keine Erfahrung mit Kryptografie haben, die Hilfsbibliotheken ohne Bedenken und ohne zusätzliche Weiterbildung nutzen können.

macht und welche Maßnahmen zur deren Minderung getroffen wurden. Da diese Risiken nicht mehr das ursprüngliche Team betreffen, sondern von der Gruppe getragen werden, die für die Verarbeitung der Daten verantwortlich ist, muss diese Gruppe die Risiken wirklich verstehen und in der Lage sein, sie zu berücksichtigen, während sie an der Software und den Systemen arbeitet. Sind Sie als Privacy Engineer oder Berater tätig, werden Sie auch während der Implementierung das Team begleiten, um Fragen zu beantworten, bei der Implementierung zu helfen und sicherzustellen, dass sie korrekt ist.

Unabhängig davon, ob ein Risiko gemindert oder akzeptiert wird, muss es dokumentiert und allen in dem Unternehmen beteiligten Parteien und Personen bekannt gemacht werden, damit sie es nachvollziehen können. Das bedeutet, dass es für verschiedene Zielgruppen heruntergebrochen werden muss, so wie Sie es bei der Kommunikation von Standards und Arbeitsabläufen im Bereich Governance gelernt haben. Es ist besonders wichtig, dass die Teams, die das Risiko tragen – unabhängig davon, ob es sich um eine Risikominderung handelt oder nicht –, das Risiko, um das es geht, nachvollziehen können. Eine gute Faustregel für die Kommunikation lautet: Wenn nicht jeder im Team in der Lage ist, dieses gemeinsam getragene Risiko einigermaßen zu erklären, haben Sie noch einiges an Arbeit vor sich.

Am Ende muss der gesetzte Plan auch umgesetzt werden! Dies umfasst die Auswahl der zu verwendenden Bibliotheken und Tools, die Wahl geeigneter Parameter – was einige Experimente und Fehlversuche bedeuten kann – sowie das Schreiben des Codes zur Umsetzung der Maßnahmen. Möglicherweise werden Sie gebeten, die entsprechenden Teams zu beraten, auch wenn Sie die Maßnahmen nicht selbst implementieren.

Sie sollten zudem überprüfen, wie das System arbeitet, und sicherstellen, dass alles wie erwartet abläuft. Das kann so einfach sein wie ein Kontrolltermin in zwei Monaten. Es kann aber auch bedeuten, dass Sie das System über mehrere Wochen hinweg protokollieren und überwachen, wenn es in Produktion geht, um sicherzustellen, dass alles wie erwartet funktioniert. Im Idealfall haben Sie bereits eine Beziehung zu den Infrastruktur-, Operations- und Monitoring-Teams aufgebaut, um sicherzustellen, dass Sie auf ein Dashboard zugreifen oder Warnmeldungen einrichten können, falls Sie eine gründliche Analyse des Systems benötigen.

Doch damit ist es noch nicht getan! Wie Sie bereits wissen, schreitet die technologische und rechtliche Entwicklung im Bereich des Datenschutzes unaufhörlich voran. Wenn eine Risikobewertung nur einmalig vorgenommen wurde, entspricht sie wahrscheinlich nicht der aktuellsten Auslegung dieser Zusammenhänge. Die Bewertung sollte in regelmäßigen Abständen als Teil eines agilen und iterativen Prozesses durchgeführt werden.

Sie sollten dennoch verschiedene Rechts-, Compliance-, Informationssicherheits- und Datenschutzfachleute als Kernteam in die nachfolgenden Risikobewertungen zur Datenschutz-Folgenabschätzung einbeziehen. Dabei müssen Geltungsbereich, Verarbeitungszweck und -kontext immer wieder gegen die Datenschutzrisiken abgewogen werden. Die Vorgaben der DSGVO und die Betroffenenrechte helfen dem

Team dabei, festzustellen, ob eine Verarbeitung der Daten legitim ist und im Einklang mit der DSGVO steht.

> Es gibt mehrere ausgezeichnete Leitfäden und Beispiele zur Durchführung einer Datenschutz-Folgenabschätzung. Wenn Sie in der EU arbeiten, sollten Sie sich einen in Ihrer Landessprache besorgen. Diese werden häufig von den zuständigen Behörden erstellt und bieten einen hervorragenden Ausgangspunkt für Gespräche im Rahmen der erstmaligen Bewertung. Hier sind zwei gute Beispiele auf Englisch:
>
> - Muster des Information Commissioner's Office (ICO) zur Datenschutz-Folgenabschätzung (*https://oreil.ly/Tjkvk*)
> - Muster der International Association of Privacy Professionals (IAPP) zur Datenschutz-Folgenabschätzung (*https://oreil.ly/4werw*)
>
> Beispiele für deutschsprachige Dokumente finden Sie hier:
>
> - Der Bayerische Landesbeauftragte für den Datenschutz: Risikoanalyse und Datenschutz-Folgenabschätzung (*https://www.datenschutz-bayern.de/dsfa/OH_Risiko.pdf*)
> - IHK München: Ratgeber Datenschutz-Folgenabschätzung nach der DSGVO (*https://www.ihk-muenchen.de/de/Service/Recht-und-Steuern/Datenschutz/Die-EU-Datenschutz-Grundverordnung/Folgenabsch%C3%A4tzung/*)
> - IHK Rostock: Datenschutz-Folgenabschätzung (*https://www.ihk.de/rostock/recht-und-steuern/newsletter-eu-datenschutz-grundverordnung/datenschutz-folgenabschaetzung-3927232*)
> - Der Landesbeauftragte für den Datenschutz und die Informationsfreiheit Rheinland-Pfalz: Datenschutz-Folgenabschätzung (*https://www.datenschutz.rlp.de/themen/datenschutz-folgenabschaetzung*)
>
> Dokumente der Wirtschaftskammer Österreich sind hier zu finden:
>
> - Ablaufplan Datenschutz-Folgenabschätzung (*https://www.wko.at/datenschutz/eu-dsgvo-ablaufplan-folgenabschaetzung*)
> - EU-Datenschutz-Grundverordnung (DSGVO): Datenschutz-Folgenabschätzung und vorherige Konsultation (*https://www.wko.at/datenschutz/eu-dsgvo-datenschutz-folgenabschaetzung-konsultation*)

Es ist empfehlenswert, in Ihrem Unternehmen regelmäßig Risikobewertungen durchzuführen und noch wirksamere Maßnahmen zu implementieren. Dadurch kann Ihr Sicherheitsteam die Risiken besser verstehen und handhaben, das Datenschutzteam kann sich bei der Genehmigung der Verarbeitung von Daten sicherer fühlen, und Ihre Technologie- und Produktteams können in Bezug auf das Bewusstsein und den Umgang mit sensiblen Daten an Reife gewinnen. Ebenso können sie dazu beitragen, das finanzielle Haftungsrisiko des Unternehmens zu verringern, insbesondere vor dem Hintergrund, dass sich Risiken und Vorschriften kontinuierlich verändern.

Die DSGVO sieht über die Datenschutz-Folgenabschätzung hinaus noch weitere Anpassungen und Verpflichtungen hinsichtlich der Verarbeitung und des Managements von Daten vor. Zwar gehen diese teils über den Rahmen dieses Buchs hinaus, doch das »Recht auf Erläuterung« (*Right to an Explanation*) bringt einige interessante und herausfordernde Fragen für Data Scientists mit sich.

Recht auf Erläuterung: Nachvollziehbarkeit und Datenschutz

Die DSGVO umfasst ein kontrovers diskutiertes »Recht auf Erläuterung«, falls eine automatisierte Entscheidung getroffen wird, das in den Erwägungsgründen (insbesondere Erwägungsgrund 71), die die Verordnung flankieren, als Teil des Rechts auf Widerspruch gegen die automatisierte Entscheidungsfindung diskutiert wird. Das Ziel dieses Rechts war es, den Nutzerinnen und Nutzern ein gewisses Maß an Transparenz und Information zu bieten, damit sie entscheiden können, ob sie dieser Art der automatisierten Entscheidungsfindung widersprechen möchten.

Dieses Recht wurde in Machine-Learning-Fachkreisen heftig diskutiert, da immer noch intensiv erforscht wird, wie sich eine Modellentscheidung angemessen erklären bzw. erläutern lässt. Abgesehen von den Komplikationen, die die Bereitstellung nachvollziehbarer Erklärungen für Modellvorhersagen mit sich bringt, wirft dies auch einige interessante Fragen zum Datenschutz auf.

Wie Sie in Kapitel 4 gelernt haben, sind einige Erklärungsansätze dafür bekannt, dass sie private Informationen preisgeben – vor allem wenn es sich um Ausreißer in den Datensätzen handelt. Tatsächlich können Sie Informationen über sich selbst in Modellen finden, die ihre Trainingsdaten »preisgeben«. Haben Sie bereits GPT-3 gefragt, ob es weiß, wer Sie sind (*https://oreil.ly/ggSRo*)?

Machine-Learning-Modelle enthalten große Mengen an personenbezogenen Informationen. Die meisten Menschen hätten nicht gedacht, dass ein Text, den sie vor zehn Jahren im Internet verfasst haben, irgendwann in einem Chatmodell landen würde. In der *Einleitung* habe ich Ihnen die sozialen Aspekte des Datenschutzes dargelegt und den in diesem Zusammenhang oft verlorenen Kontext, wenn man aus dem realen Leben in die Onlinewelt abtaucht, thematisiert. Ich glaube, dass dieser Verlust des Kontexts auch online zutage tritt. Das soziale und das Onlineumfeld eines Kommentars, eines Blogbeitrags oder eines Tweets geht in den unzähligen Trainingsläufen im Rahmen des Machine Learning verloren. Was bedeutet das Recht auf Privatsphäre in den aktuellen Normen der Machine-Learning-Community, und wie wirkt es sich darauf aus, wie transparent Sie über Entscheidungen zu Trainingsdaten kommunizieren? Diese Art von Fragen wollten die Verfasser der DSGVO beantworten, und es lohnt sich, darüber nachzudenken, wenn Sie Ihr Wissen über den Datenschutz in diesem Bereich einbringen.

Die DSGVO ist nicht das einzige Gesetz, das Datenschutzrechte kodifiziert. Schauen wir uns noch ein neueres kalifornisches Datenschutzgesetz an, damit Sie einen Überblick darüber bekommen, welche verschiedenen Datenschutzvorschriften es weltweit gibt.

Der California Consumer Privacy Act (CCPA)

Im Jahr 2018 hat Kalifornien den CCPA (*https://oreil.ly/y42GM*) verabschiedet, der die Verbraucher vor einer ungewünschten Datennutzung schützen soll. Dieses bundesstaatliche Gesetz umreißt mehrere Datenschutzrechte, darunter das Recht, darüber informiert zu werden, welche Daten erhoben und wie sie verwendet werden, das Recht, erhobene personenbezogene Daten zu löschen, das Recht, dem Verkauf personenbezogener Daten zu widersprechen, und das Recht auf Nichtdiskriminierung, was bedeutet, dass Sie, wenn Sie von Ihren Rechten Gebrauch machen, nicht schlechter gestellt sein dürfen als diejenigen, die dies nicht tun. Diese Rechte werden den Bürgerinnen und Bürgern Kaliforniens eingeräumt, auch wenn sie sich außerhalb Kaliforniens befinden.

Wie auch die DSGVO zielt das Gesetz darauf ab, dass diese Rechte auf automatisierte bzw. halb automatisierte Weise ausgeübt werden können, sodass z. B. ein einfaches Opt-out und Löschungsanträge möglich sind. Leider lässt die tatsächliche Umsetzung in vielen Softwarepaketen zu wünschen übrig, was oft zu der gleichen Art von Cookie-Banner-Spam führt, wie sie bei Einführung der DSGVO zu beobachten war.

Im Gegensatz zur DSGVO sind im CCPA keine hohen Bußgelder vorgesehen, und es besteht auch nicht die Möglichkeit, gegen Verstöße zu klagen, die kein Datenleck zur Folge haben. Es handelt sich um eine aktuell recht neue Gesetzgebung, die sich im Zuge der Durchsetzung wahrscheinlich noch weiterentwickeln wird. Es gab mehrere Kritikpunkte, die von Datenschützern an den von Lobbyverbänden vorgenommenen Änderungen vorgebracht wurden.

Das führte dazu, dass noch ein weiteres Gesetz erlassen wurde: der California Privacy Rights Act (CPRA) (*https://oreil.ly/gmqne*). Dieses Gesetz wurde im Rahmen eines Volksbegehrens verabschiedet und trat 2023 in Kraft. Mehrere Aspekte des CCPA wurden darin abgeändert, unter anderem wurde die Definition der Verwendung sensibler Daten erweitert, eine eigene Behörde für die Durchsetzung eingerichtet, die bußgeldfreie Nachbesserungsfrist infolge von Verstößen gestrichen, einige der Bußgelder erhöht, und es wurden neue Möglichkeiten geschaffen, Datenschutzklagen gegen Unternehmen einzureichen. Da das Gesetz zum Zeitpunkt des Verfassens dieses Buchs noch nicht durchgesetzt worden war, ist es schwer, abzuschätzen, wie es sich auf den täglichen Geschäftsbetrieb auswirken wird. Allerdings ist absehbar, dass sich die Verarbeitung und Nutzung sensibler Daten innerhalb kurzer Zeit ändern wird.

Zum CCPA gibt es zwar einige Gerichtsurteile, allerdings nicht sehr viele – Kläger können nur dann gegen Unternehmen klagen, wenn es aufgrund unzureichender Schutzmaßnahmen zu einer Datenpanne gekommen ist und es keine zuständige staatliche Durchsetzungsbehörde gibt. Jenseits der Änderungen im Hinblick auf die normalen Einwilligungs- und Nutzungsabläufe ist noch nicht klar, wie sich der CCPA auf den Datenschutz in den USA auswirken wird. Diese Unsicherheit wird sich zum Teil erst mit dem Inkrafttreten des CPRA klären – und damit, dass die staatlichen Behörden damit anfangen, die Nutzung sensibler Daten zu überprüfen.

Technologien zur Verbesserung des Datenschutzes (PETs) im Hinblick auf den CCPA einsetzen

Der CCPA ist in Bezug auf PETs und Datenschutzmaßnahmen präziser formuliert als die DSGVO. In dem Gesetz wird die Anonymisierung nicht erwähnt, stattdessen wird definiert, was unter De-Identifizierung zu verstehen ist (aus dem Englischen übersetzt und leicht abgeändert):

> »De-identifizierte Informationen« sind Informationen, die einen bestimmten Verbraucher nach vernünftigem Ermessen weder direkt noch indirekt identifizieren, sich auf ihn beziehen, ihn beschreiben, mit ihm in Verbindung gebracht werden können oder mit ihm verknüpft werden können, vorausgesetzt, dass ein Unternehmen, das de-identifizierte Informationen verwendet: (1) technische Sicherheitsvorkehrungen getroffen hat, die eine Re-Identifizierung des Verbrauchers, auf den sich die Informationen beziehen könnten, verhindern. (2) Geschäftsprozesse implementiert hat, die eine Re-Identifizierung von Informationen ausdrücklich verbieten. (3) Geschäftsprozesse implementiert hat, um die versehentliche Weitergabe de-identifizierter Informationen zu verhindern. (4) keinen Versuch unternimmt, die Informationen zu reidentifizieren.

Gehen wir einmal diesen Abschnitt des Gesetzes durch und vergleichen wir ihn mit der DSGVO. Es wird deutlich, dass de-identifizierte Daten der Definition für Anonymisierung ähneln, da sie nicht verwendet werden können, um »nach vernünftigem Ermessen« mit einer bestimmten Person in Verbindung gebracht, verknüpft oder »direkt oder indirekt« identifiziert oder beschrieben zu werden. Der CCPA enthält jedoch – im Gegensatz zur DSGVO – keine Beispiele dafür, was zu einem angemessenen Test gehören könnte.

Allerdings enthält der CCPA eine spezifische Liste von Anforderungen bezüglich der De-Identifizierung – einschließlich technischer Sicherheitsvorkehrungen gegen Re-Identifizierung sowie Geschäftsprozesse, die eine Re-Identifizierung untersagen und eine Weitergabe der Informationen verhindern. Geschäftsprozesse beziehen sich hier sowohl auf technische Prozesse als auch auf Richtlinien, die solche Verhaltensweisen verhindern sollen, wie z.B. Zugriffsbeschränkungen. Wenn ein Unternehmen nachweisen kann, dass die Daten de-identifiziert wurden, werden sie nicht mehr als persönliche Informationen eingestuft und fallen daher nicht unter die gesetzlichen Verpflichtungen bezüglich der Datenverarbeitung.

Sicherlich ist Ihnen aufgefallen, dass diese Beschreibung sehr komplex formuliert ist und sich nicht ohne Weiteres auf die Techniken übertragen lässt, die Sie in diesem Buch gelernt haben. Genau das ist einer der Kritikpunkte vieler Datenschutzaktivisten an der Gesetzgebung. Was genau ist ein Versuch, die Informationen zu re-identifizieren? Könnte zum Beispiel gezielte Werbung, die auf meinem Standort und meinem Geschlecht basiert, eine Re-Identifizierung sein? Juristen, die sich mit dem CCPA befasst haben, wiesen darauf hin, dass das Gesetz absichtlich vage gehalten wird, um ein weiter gefasstes Verständnis von Maßnahmen zu ermöglichen, bei denen der Standard niedriger angesetzt ist als bei der DSGVO.

Die im CCPA enthaltenen Ratschläge beziehen sich oft auf grundlegende Datenschutzmaßnahmen, wie z. B. die Pseudonymisierung und die Tokenisierung als technologische Schutzmaßnahmen gegen eine Re-Identifizierung. Angesichts dieser Auslegung und Empfehlungen hat es den Anschein, dass ältere, nicht funktionierende Anonymisierungsmethoden wie k-Anonymity – auch ungeachtet einer zusätzlichen Anwendung von l-Diversity und t-Closeness – als zulässige Methoden zur De-Identifizierung betrachtet werden können.

Dementsprechend erlaubt der CCPA im Vergleich zu den von der DSGVO gesetzten Maßstäben bedeutend schwächere Datenschutztechnologien als die, die Sie in diesem Buch kennengelernt haben. Allerdings werden sich diese Gesetzgebung und ihre Durchsetzung im Laufe der Zeit durch die Rechtsprechung und klarere Definitionen weiterentwickeln. Es ist davon auszugehen, dass die grundlegenden Maßnahmen, die Sie in Kapitel 1 gelernt haben, ausreichen, um Ihr Unternehmen auf die Umsetzung des CCPA vorzubereiten. Die Automatisierung dieser Maßnahmen, wie sie in Kapitel 3 skizziert werden, könnte auch nützlich sein, um die Einhaltung der Vorschriften zu erleichtern, sodass Sie Einwilligungsworkflows einsehen und Löschanfragen automatisieren können.

Es bleibt abzuwarten, wie Unternehmen den CPRA umsetzen werden und wie die neuen kalifornischen Datenschutzbehörden das Gesetz interpretieren werden. Sie sollten vorausschauend handeln und fast alle Gesetze als veränderbar und als auslegungsoffen betrachten.

Neben der DSGVO, dem CCPA und dem CPRA sind in den letzten Jahren zahlreiche weitere Gesetze in Vorbereitung oder wurden bereits verabschiedet. Werfen wir einen Blick auf einige weitere.

Weitere Vorschriften: HIPAA, LGPD, PIPL und andere

Der CCPA und die DSGVO sind zwei Vorschriften inmitten einer riesigen internationalen Gesetzeslandschaft. Sich in dieser Landschaft zurechtzufinden, kann sehr einschüchternd sein. Doch mit dem, was Sie bisher gelernt haben, haben Sie die Grundlage geschaffen, die Gesetzgebung selbst nachlesen und verstehen zu können und zu beurteilen, wie die Ihnen bekannten Technologien angewandt werden können.

Testen Sie doch einmal Ihre verbesserten Argumentationsfähigkeiten und sehen Sie sich den Health Insurance Portability and Accountability Act (HIPAA) (*https://oreil.ly/CPcBf*) an, der in den Vereinigten Staaten den Umgang mit jeglicher Art von Gesundheitsdokumenten regelt. Der HIPAA legt fest, welche Arten von Gesundheitsinformationen als sensibel gelten, wie gesundheitsbezogene Daten angemessen geschützt und wie sie sicher und vorschriftsmäßig weitergegeben werden. Das Gesetz trat bereits im Jahr 1996 in Kraft, es unterscheidet sich daher deutlich von neueren Gesetzen.

Es gibt zum Beispiel zwei verschiedene Möglichkeiten, Gesundheitsdaten zur sicheren Verwendung gemäß HIPAA herauszugeben. Dies ist in etwa vergleichbar mit den Empfehlungen der DSGVO oder des CCPA, die erläutern, unter welchen Umständen Daten nicht mehr unter die gesetzlichen Bestimmungen fallen.

Nach dem HIPAA können Sie Gesundheitsdaten an andere weitergeben, wenn Sie nachweisen können, dass sie dem »Safe-Harbor«-Abkommen (*https://oreil.ly/cGeZ3*) entsprechen. Dies erfordert die De-Identifizierung bestimmter Felder, die personenbezogene Daten enthalten, wie z.B. das Datum der Krankenhauseinweisung, das Entlassungsdatum, das Geburtsdatum des Patienten, das Geschlecht usw. Im Allgemeinen wird empfohlen, diese Datenpunkte vollständig zu entfernen. Allerdings schützt dies, wie Sie von den in Kapitel 4 beschriebenen Angriffen wissen, nicht vor Singling Out Attacks oder anderen Rückschlüssen, die ein Angreifer auf der Grundlage der freigegebenen Daten ziehen könnte. Wenn zum Beispiel eine Krankheit oder ein Medikament einen Teil der Bevölkerung stärker betrifft als einen anderen, könnte ein Angreifer auf das Geschlecht, das Alter oder die ethnische Zugehörigkeit eines bestimmten Patienten schließen. Wenn darüber hinaus externe Informationen zur Verfügung stehen, wie z.B. Reisedaten zu und von Behandlungen von einem anderen Datenverarbeiter, könnten diese Informationen mit Techniken verknüpft werden, wie sie beim Netflix-Price-Angriff verwendet wurden.

Im Rahmen des HIPAA gibt es noch einen weiteren Ansatz zur Freigabe von Daten, der als *Expert-Determination*-Test bezeichnet wird. Die Durchführung dieses Tests erfolgt in folgenden Schritten:

1. Sie müssen eine Person benennen, die über angemessene statistische und wissenschaftliche Kenntnisse und Erfahrungen im Umgang mit nicht individuell identifizierenden Informationen verfügt.
2. Diese Person wendet dann die entsprechenden Grundsätze und Methoden an und beurteilt, ob das Datenschutzrisiko hinreichend gering ist. Zu diesem Zweck untersucht sie die Daten allein und zieht noch weitere verfügbare Informationen hinzu, um zu ermitteln, wie schwierig es ist, eine Person in diesen Daten zu identifizieren.
3. Sie sind verpflichtet, die für die Analyse verwendeten Methoden und Ergebnisse zu dokumentieren, um das Ergebnis zu begründen.

Sie sehen also, dass man sich hier Gedanken darüber machen muss, welche Informationen ein Angreifer haben könnte, anstatt über die Eigenschaften des angewandten Datenschutzmechanismus nachzudenken. Außerdem wird die Entscheidung in die Hände einer einzigen Partei gelegt, die möglicherweise keine Ahnung von Technologien wie Differential Privacy hat oder der Meinung ist, dass diese Technologien nicht unter den HIPAA fallen. Dadurch könnten die Bewertungen der Fachleute sehr unterschiedlich ausfallen, wie Sie bereits an den Bewertungen der Sicherheitsexperten in Kapitel 4 gesehen haben.

Nach Anwendung einer der beiden Methoden gelten die Daten als »anonymisiert« und können freigegeben werden. Im Vergleich zur DSGVO ist das natürlich ein weniger striktes Verständnis von Datenschutz.

Betrachten wir ein weiteres Gesetz. Brasilien hat eines der strengsten Datenschutzgesetze, das Lei Geral de Proteção de Dados Pessoais (LGPD) (*https://oreil.ly/q3Km3*). Das Gesetz wurde im Jahr 2018 verabschiedet, trat im Jahr 2020 in Kraft und ist stark an die DSGVO angelehnt. Die meisten der im Abschnitt »Die DSGVO im Überblick« auf Seite 276 behandelten Prinzipien gelten auch für die LGPD, einschließlich der Datenschutzrechte, der Rolle des Datenverarbeiters gegenüber dem Datenverantwortlichen und der Datenschutz-Folgenabschätzung. Wenn Sie also in Brasilien Daten erheben oder verarbeiten, sollten Sie diese genauso behandeln wie Daten aus der EU. Es bleibt abzuwarten, wie diese Bestimmungen über einen längeren Zeitraum durchgesetzt werden, allerdings kann Ihnen Ihre Rechtsabteilung Auskunft geben.

Darüber hinaus gibt es das chinesische Datenschutzgesetz, das Personal Information Protection Law (PIPL) (*https://oreil.ly/Z36ld/*), das im Jahr 2021 in Kraft trat. Zwar sind nicht viele Beispiele bekannt, anhand deren man beurteilen könnte, wie es durchgesetzt wird, aber das Gesetz definiert Anonymisierung als »ein Verfahren, bei dem personenbezogene Daten so verarbeitet werden, dass die Identifizierung einer bestimmten natürlichen Person unmöglich ist und nicht rückgängig gemacht werden kann.« Wörtlich genommen, ist dies eine hohe Hürde und könnte bedeuten, dass stärkere Differential-Privacy-Mechanismen zum Einsatz kommen oder mehr Informationen gelöscht werden müssen, um zu gewährleisten, dass die Verarbeitung gesetzeskonform ist.

Weltweit gibt es immer mehr Vorschriften zum Datenschutz und zur Datensicherheit sowie eine Vielzahl einzelner Rechtsprechungen. Da Ihnen dieses Buch nicht die allerneuesten rechtlichen Entwicklungen aufzeigen kann, sollten Sie regelmäßig die Artikel der International Association of Privacy Professionals (IAPP) (*https://iapp.org*) lesen und sich mit Juristen austauschen, um Ihr Wissen auf dem neuesten Stand zu halten.

Datenschutzrechtliche Aspekte des AI Act

Der AI Act (*https://www.europarl.europa.eu/news/en/headlines/society/20230601STO93804/eu-ai-act-first-regulation-on-artificial-intelligence*), der im Deutschen als Gesetz über künstliche Intelligenz – kurz KI-Verordnung – bezeichnet wird, ist eine neue EU-Verordnung,[4] deren Entwurf im Februar 2024 zugestimmt wurde und die für mehr Transparenz und Rechenschaftspflicht beim Einsatz von KI-Systemen, die Auswirkungen auf Menschen haben, sorgen soll. Sie unterteilt Machine-Learning-Systeme je nach Gefährdungsgrad in verschiedene Kategorien ein, einschließlich verbotener Systeme sowie Systemen, die ein hohes, mittleres und geringes Risiko bergen. Zu den KI-Systemen, die gemäß der Verordnung verboten sind, gehören z.B. Technologien, die ein Social Scoring vornehmen, und solche, bei denen eine biometrische Identifizierung in Echtzeit erfolgt – mit einigen wenigen Ausnahmen für biometrische Systeme, sofern ein Gerichtsbeschluss vorliegt. Bei Systemen, die zur Per-

4 Der genaue Titel der Verordnung lautet »Vorschlag für eine Verordnung des Europäischen Parlaments und des Rates zur Festlegung harmonisierter Vorschriften für künstliche Intelligenz und zur Änderung bestimmter Rechtsakte der Union«.

sonalbeschaffung und für Vorstellungsgespräche eingesetzt werden und die sich darauf auswirken können, ob jemand einen Job bekommt oder an einer Universität zugelassen wird, sowie bei allen Systemen, die biometrische Identifizierung verwenden, wird von einem hohen Risiko ausgegangen.

Wenn ein System als hochriskant zu bewerten ist, muss es besondere Anforderungen an Transparenz und Sicherheit erfüllen. Die meisten dieser Anforderungen zielen darauf ab, die verwendeten Daten besser zu dokumentieren und das Modellverhalten und die Erläuterbarkeit besonders zu prüfen. Einige dieser Anforderungen sind zum jetzigen Zeitpunkt, d.h. März 2024, noch nicht ganz klar bzw. nicht eindeutig definiert, aber ähnlich wie bei der Einführung der DSGVO werden sie wahrscheinlich zum Standard werden, sobald sie einige Jahre in der Praxis erprobt sind.

Was Sie bisher über die Bewertung des Datenschutzrisikos, die Bestimmung der Sensibilität, über Datenhistorie und die Anwendung von Datenschutzmaßnahmen im Rahmen von Modelltraining und Deployments gelernt haben, sollte Ihnen helfen, einige der Fragen zu beantworten, die mit der Erstellung von Berichten über Modelle verbunden sind. Es gibt auch Anforderungen für die Berichterstattung und Überwachung der Datenqualität für Trainings-, Test- und Validierungsdaten sowie für Systeme, die Vorhersagen treffen. Einige dieser Methoden erfordern, dass Modellentwickler tiefgehender durchdenken, wie sie personenbezogene Daten nutzen, und besser darüber berichten, wie sie die Privatsphäre im Rahmen des Modelltrainings und des Deployment von Modellen schützen.

Der AI Act enthält viele weitere Bestimmungen, darunter die Kennzeichnung von Outputdaten mit digitalen Wasserzeichen, die Sicherstellung, dass Tests durchgeführt werden, mit denen die Sicherheit überprüft wird, und die Forderung nach Schutzmaßnahmen (*Safeguards*), die, bis die Verordnung umgesetzt wird – etwa 18 Monate nach der endgültigen Verabschiedung –, noch näher konkretisiert werden müssen. Der endgültige Text ist zum Zeitpunkt des Verfassens dieser Zeilen noch nicht verfügbar. Ähnlich wie bei der DSGVO wird erst nach Inkrafttreten des Gesetzes Klarheit darüber herrschen, wie diese Vorschriften durchgesetzt werden und welche Best Practices sich durchsetzen werden. Informieren Sie sich also über die Empfehlungen der EU-Behörden sowie über Ihre bevorzugten Newsletter und Blogs, sobald die endgültige Umsetzung näher rückt.

Für Machine-Learning-Systeme, die ein geringeres Risiko darstellen, wird es keine Meldepflicht geben. Aus datenschutzrechtlicher Sicht ändert sich durch den AI Act nicht viel – außer dass die bereits geltenden Anforderungen der DSGVO nun stärker kodifiziert und wahrscheinlich auch konsequenter durchgesetzt werden. Denn die zusätzliche Transparenzberichterstattung wird direkt Aufschluss darüber geben, ob sich das Unternehmen auch an die DSGVO hält. Wenn Sie die DSGVO-Compliance in Ihrem Unternehmen in Bezug auf KI und Machine-Learning-Systeme verbessern, können Sie den AI Act auch leichter erfüllen.

Data Governance Act

Der Data Governance Act bzw. der Daten-Governance-Rechtsakt trat im September 2023 in Kraft (*https://digital-strategy.ec.europa.eu/en/policies/data-governance-act-explained#ecl-inpage-l4ihlqt9*) und schafft neue Möglichkeiten für Datenschutztechnologien im öffentlichen Sektor. Die Verordnung fördert einen sichereren und besseren Datenaustausch zwischen den EU-Mitgliedsstaaten, indem es Leitlinien für die Art und Weise vorgibt, wie die Staaten den Datenaustausch von wichtigen und personenbezogenen Daten angehen sollten. Konkret fordert die Verordnung die Einrichtung und Registrierung von Datenvermittlungsdiensten (engl. *Data Intermediation Services*). Diese sollen Datenschutztechnologien einsetzen, um den verschiedenen EU-Regierungen den Austausch von Daten zu ermöglichen.

Wie bei den meisten Datenschutzvorschriften üblich, sind keine spezifischen Technologien aufgeführt. Es gibt jedoch Konzepte wie Anonymisierung und statistische Geheimhaltung für alle personenbezogenen Daten sowie Anforderungen an die »sichere Verarbeitung« solcher Daten. Es gibt auch ausdrückliche Anforderungen an die gemeinsame Nutzung geschützter oder kommerzieller Daten und an die Gewährleistung, dass diese Anforderungen hohen Standards entsprechen, um Wettbewerbsnachteile für EU-Unternehmen aufgrund von Vereinbarungen über die gemeinsame Nutzung von Daten zu vermeiden.

> Der Data Governance Act eröffnet im Wesentlichen eine neue Marktchance für Unternehmen und Einrichtungen, die sichere Wege zum Austausch von Daten und bewährte Technologien wie die in diesem Buch vorgestellten anbieten. Da die EU beabsichtigt, den Wettbewerb unter derartigen Diensten zu fördern, wird dieser Bereich noch etliche Jahre lang Chancen bieten. Daher kann ich Sie nur ermutigen, vorausschauend zu denken, Ihre in diesem Buch erworbenen Kenntnisse zu vertiefen und darüber nachzudenken, Dienstleistungen anzubieten oder sich einer Einrichtung des öffentlichen Sektors anzuschließen!

Neben den Datenvermittlungsdiensten gibt es weitere neue Organisationen, die sogenannten *Data Altruism Organizations*, die Daten von den Mitgliedsstaaten zu gemeinnützigen Zwecken anfordern und verarbeiten können, z.B. zur Bekämpfung des Klimawandels, zur Verbesserung der Gesundheitsversorgung oder zur Verbesserung der Lebensbedingungen der EU-Bürger. Diese Einrichtungen müssen außerdem nachweisen, dass sie mit hohen Standards in Bezug auf die verwendeten Datenschutztechnologien arbeiten und eine sichere Verarbeitung derartiger Datenanfragen gewährleisten.

Die europaweite Harmonisierung der Gesetzgebung wird von einem neuen Gremium, dem European Data Innovation Board, übernommen. In Deutschland wird die Bundesnetzagentur die Registrierung von Datenvermittlungsdiensten und gemeinnützigen Organisationen überwachen. Zum Zeitpunkt der Erstellung dieses

Abschnitts (März 2024) gibt es noch keine öffentlich gelisteten Organisationen. Wenn Sie jedoch daran interessiert sind, eine solche Organisation zu verfolgen oder ihr beizutreten, empfehle ich Ihnen, die Nachrichten des Boards und der lokalen Organisationen zu verfolgen, wenn Sie in der EU ansässig sind.

Data Act

Der Data Act, auch Datenverordnung genannt (*https://digital-strategy.ec.europa.eu/en/policies/data-act*), wird im Jahr 2025 in Kraft treten und kann als Erweiterung des Rechts auf Datenübertragbarkeit im Rahmen der DSGVO verstanden werden. Ziel der Verordnung ist es, Verbrauchern und Unternehmen, die Produkte mit Datenfunktionalität (d.h. IoT und vernetzte Produkte oder Maschinen) kaufen, mehr Daten zur Verfügung zu stellen. Der Data Act wird den Zugang zu maschinenlesbaren Daten (über eine API) erleichtern, Standards für die gemeinsame Nutzung dieser Daten entwickeln und den Wechsel von Herstellern oder Anbietern durch die Übertragung von Daten zwischen Geräten und Diensten erleichtern. Dies war bereits in Artikel 20 der DSGVO geregelt, konnte sich aber nie richtig durchsetzen. Daher wird es nun im Data Act konkreter formuliert und auch stärker durchgesetzt.

Für Unternehmen, die viele Maschinen kaufen (z.B. Unternehmen in den Bereichen Fertigung, Automobil, Transport und Logistik sowie Supply Chain Management), wird dies von Interesse sein, da es neue Möglichkeiten eröffnen könnte, diese Daten zu nutzen, um bessere Entscheidungen zu treffen. Es könnte auch die Zusammenarbeit zwischen Unternehmen in ähnlichen Bereichen fördern, da sie über eine neue Datenquelle verfügen, die sich auf ihre Branche auswirkt. Die in diesem Buch vorgestellten sicheren Technologien für den Datenaustausch könnten diese Daten für Partner und sogar Wettbewerber zugänglich machen, z.B. für die Zusammenarbeit in Lieferketten oder zwischen kooperierenden Wettbewerbern, um gemeinsame Probleme zu lösen, z.B. Prognosen zu erstellen, Energie effizient zu nutzen, vorausschauende Wartung durchzuführen oder bessere Fabriken zu bauen und zu betreiben. Abhängig von der Art der IoT-Anwendungsfälle könnte dies auch interessante Anwendungsgebiete für die gemeinsame Nutzung von Daten durch verschiedene Gemeinschaften und Verbraucher eröffnen, die sich für Federated und Encrypted Learning bzw. Analytics eignen. Wenn Sie ein Projekt oder eine Organisation in diesem Bereich planen, würde ich gern mehr darüber erfahren!

Zusätzlich zu den gesetzlichen Anforderungen gibt es oft interne organisatorische Anforderungen für Datenschutz- und Sicherheitsinitiativen, Richtlinien und Verpflichtungen. Einige davon ergeben sich aus Vorschriften und deren Auslegung in einem bestimmten Unternehmen, andere wiederum sind speziell darauf ausgerichtet, wie ein Unternehmen die Datenschutz- und die Sicherheitsmaßnahmen zu nutzen, zu handhaben und umzusetzen gedenkt. Wichtig ist, dass Sie lernen, interne Richtlinien und Verträge zu lesen und Ihre Rechtsabteilung um Hilfe bitten, wenn Sie erwägen, Technologien anzuwenden, die Sie in diesem Buch kennengelernt haben.

Interne Richtlinien und Verträge

Interne Richtlinien und Geschäftsverträge zu lesen, kann in den meisten Unternehmen der schwierigste Teil sein, wenn es darum geht, Datenschutzinitiativen zu verstehen und umzusetzen. Häufig sind interne Richtlinien ein Mix aus Empfehlungen der Rechtsabteilung, der Geschäftsleitung und der technischen Leitung eines Unternehmens. Dieser Mix kann manchmal dazu führen, dass die Richtlinien oder Verträge schwer umzusetzen und zu interpretieren sind.

Diese Richtlinien sind jedoch von entscheidender Bedeutung, da sie die direkten Anweisungen Ihres Unternehmens zur Einhaltung der gesetzlichen Vorschriften enthalten. In den Richtlinien können auch spezifische Regeln aufgeführt sein, die die Unternehmensleitung festgelegt hat, um die geschäftlichen Belange im Hinblick auf Datenschutz und Sicherheit zu berücksichtigen. Einige Unternehmen haben möglicherweise noch zusätzliche Auflagen aufgrund von vertraglichen Verpflichtungen. Ein Unternehmen, das beispielsweise direkt mit einer Regierung zusammenarbeitet, wird aufgrund dieser Verträge und der Art seiner Tätigkeit wahrscheinlich besondere Anforderungen an Sicherheit und Datenschutz zu erfüllen haben.

Womöglich haben Sie bereits viele interne Richtlinien und Verträge gelesen oder an entsprechenden Schulungen teilgenommen. Falls ja, ist das großartig, denn Sie haben bereits eine Vorstellung davon, wie Ihr Unternehmen über Datenschutz und Sicherheit, technologische Implementierungen und Richtlinien denkt und welche Arten von Daten Ihr Unternehmen als sensibel betrachtet. Oftmals sind diese Schulungen jedoch sehr allgemein gehalten und beantworten nicht die spezifischen Fragen, die Sie vielleicht zum konkreten Wortlaut der Richtlinien oder Leitlinien haben oder wie diese in Bezug auf Ihre datenwissenschaftliche Arbeit interpretiert werden. Die Richtlinien auch wirklich selbst durchzulesen, kann Ihnen helfen, Ihre Arbeit besser auszurichten.

Das Durchlesen dieser Richtlinien, Verträge und Gesetzestexte kann entmutigend sein, und Sie sollten auf jeden Fall juristische Unterstützung in Anspruch nehmen, um herauszufinden, was genau mit den Inhalten bezweckt wird. Sie erfahren in diesem Kapitel noch mehr darüber, wie Sie bei diesen Fragen mit Rechtsexperten zusammenarbeiten können. Doch zunächst wollen wir uns damit befassen, wie Sie die bisher erlernten Fähigkeiten nutzen können, um juristische Dokumente des Unternehmens in Bezug auf Datenschutz und Sicherheit zu durchleuchten.

Datenschutzrichtlinien und Nutzungsbedingungen lesen

Die Datenschutzrichtlinien und Nutzungsbedingungen Ihres eigenen Unternehmens zu lesen, kann sehr aufschlussreich sein, da es Ihnen einen anderen Blick auf den Datenschutz in Ihrem Unternehmen ermöglicht und Ihnen aufzeigt, wie das Unternehmen den Nutzerinnen und Nutzern gegenüber seinen Weg kommuniziert. Dadurch können Sie Empathie und Verständnis für die Nutzer entwickeln und erfahren, wie schwierig es für Sie als Nutzer sein kann, zu verstehen, wie Ihre Daten verwendet werden und wie Sie Ihre Datenschutzrechte ausüben können. Die Länge und die Komplexität des Texts können sich erheblich darauf auswirken, dass die Nutzer verstehen, wofür sie ihre Zustimmung geben, wie ihre Daten verwendet werden und wie sie ihre Rechte ausüben können.

> Die *New York Times* führte eine Studie über mehr als 150 Datenschutzrichtlinien durch und stellte ein interaktives Feature zur Verfügung (*https://oreil.ly/fEHgR*), mit dem die Komplexität und Länge dieser Richtlinien im Laufe der Zeit analysiert wurde. Der Analyse zufolge waren einige Richtlinien so lang, dass es Stunden dauerte, sie zu lesen, und es bedurfte eines Doktortitels, sie auch zu verstehen. Doch inzwischen ist das anders. Sie kamen zu dem Schluss, dass die DSGVO den Zeit- und Arbeitsaufwand zum Lesen von Datenschutzrichtlinien erheblich reduziert hat. Eines der Hauptziele der DSGVO war es, mehr Klarheit in Bezug auf die Anforderungen des Datenschutzes und anwenderfreundlichere Datenschutzeinstellungen zu schaffen.

Nehmen wir einmal die einfach zu lesenden Datenschutzbestimmungen der Signal-App, eines verschlüsselten Messenger-Diensts (*https://oreil.ly/IUZQC*), unter die Lupe:

Informationen, die verwendet und erhoben werden
: Hier gibt Signal in nutzerfreundlicher Sprache an, welche Arten von Informationen von der Anwendung erfasst oder verwendet werden. In den Abschnitten finden Sie eindeutige Beispiele dafür, wie die Daten geschützt werden, und Links zu weiterführender Dokumentation darüber, wie diese Schutzmaßnahmen umgesetzt werden. Außerdem wird anhand von konkreten Beispielen gezeigt, wann und wie die Daten verwendet werden. Sie werden vielleicht den Verweis auf Private Joins bemerken, wenn es darum geht, wie Signal andere Kontakte findet, die Signal verwenden, die Sie nunmehr aus Kapitel 7 kennen.

Informationen, die weitergegeben werden
: Hier gibt Signal an, welche Drittanbieter welche Daten erhalten und zu welchen Zwecken. Leider werden diese Drittanbieter nicht explizit aufgeführt, aber wenn Sie diese Zeilen lesen, könnte sich die Richtlinie inzwischen geändert haben. Eine bessere Auflistung von Drittanbietern, in der auch angegeben wird, für welche Zwecke diese die Daten verwenden und wo ihr Sitz ist, finden Sie in den Datenschutzrichtlinien von Hugging Face (*https://oreil.ly/EjH8y*). Signal gibt ebenfalls an, wann die Daten unter außergewöhnlichen Umständen weitergegeben werden können, z.B. wenn eine Strafverfolgungsbehörde sich mit einem Vollstreckungsbefehl oder einer Vorladung mit Strafandrohung an sie wendet.

Aktualisierungen, Bedingungen und Kontaktinformationen
: Die anderen empfohlenen Felder für eine Datenschutzrichtlinie sind hier aufgeführt, damit die Leserinnen und Leser wissen, wie und wann die Richtlinien aktualisiert werden, wie die Bedingungen des Diensts lauten und wie Sie das Datenschutzteam bei Fragen kontaktieren können.

Das war's! Nicht alle Datenschutzrichtlinien sind so klar und einfach gehalten. Bei den Diensten, die Sie nutzen, finden Sie durchaus Beispiele für lange und schwer verständliche Richtlinien. Die DSGVO sorgt glücklicherweise dafür, dass Datenschutzrichtlinien im Laufe der Zeit immer besser lesbar werden. Und vielleicht hat Ihr Unternehmen diesen nutzerfreundlichen Ansatz ja bereits umgesetzt.

Die Nutzungsbedingungen sind oft auch in der Datenschutzrichtlinie enthalten und sind häufig voller juristischer Formulierungen. Es gibt einige Standardtexte bzw. Abschnitte, die üblicherweise verwendet werden, um das Unternehmen vor Klagen zu schützen, wie z.B. Haftungsausschlüsse und Einschränkungen. Die DSGVO hat viele Nutzungsbedingungen dazu veranlasst, auf den Daten- und Persönlichkeitsschutz bei der Nutzung des Diensts zu verweisen, obwohl dies oft auch in den Datenschutzbestimmungen selbst geregelt ist. In den Nutzungsbedingungen wird in der Regel auch beschrieben, wie Sie den Dienst auf legale Weise nutzen können und was der Dienst tun wird, wenn Sie gegen die Bedingungen verstoßen. Das kann sowohl direkte Beispiele als auch spezifische Hinweise zur korrekten Nutzung des Diensts beinhalten. Die meisten dieser Bestimmungen gelten nicht für Ihre Arbeit als Data Scientist oder Privacy Engineer.

Darüber hinaus hat Wandel hin zu verständlicheren Datenschutzrichtlinien zu Seiten geführt, auf denen erklärt wird, wie man die Datenschutzeinstellungen ändern kann, wie man die Verwendung seiner Daten besser beurteilen kann und wie man die Einwilligungsoptionen ändern kann. Dies hat zu Datenschutzrichtlinien – wie zum Beispiel der BBC – mit klaren, in einfacher Sprache verfassten Frage- und Antwortabschnitten (*https://oreil.ly/wXdSW*) geführt. Viele Unternehmen mit gesteuerten Einwilligungsoptionen haben hilfreiche Anleitungen für Nutzerinnen und Nutzer dazu erstellt, wie sie ihre aktuellen Einstellungen überprüfen und leicht ändern können.[5]

> Beispiele für kundenfreundliche Erläuterungen zu Datenschutzrichtlinien und Einstellungsmöglichkeiten für die Erhebung privater Daten finden sich häufig dort, wo Unternehmen unter öffentlicher Beobachtung stehen und sich deshalb dazu angehalten sehen, bessere Datenschutzeinstellungen anzubieten. Zum Beispiel sind das Privacy Checkup Tool von Facebook (*https://oreil.ly/AG7_z*) und das Alexa Privacy Center von Amazon (*https://oreil.ly/OF41v*) ziemlich gut durchdachte Seiten mit klaren Beispielen und einfachen Anleitungen. Wie Sie in Kapitel 1 gelernt haben, sind fein abgestufte Einwilligungsoptionen für Privacy by Design unerlässlich.

Manche Datenschutzrichtlinien enthalten auch Angaben zu den Datenverarbeitern, die das Unternehmen nutzt. Dies ist besonders wichtig, wenn Ihr Unternehmen als Datenverarbeiter und nicht als Datenverantwortlicher tätig ist.

5 Obwohl dies ein Schritt auf dem Weg zu Privacy by Design ist, besteht der sicherste Weg, den Schutz der Nutzer zu gewährleisten, darin, sichere und datenschutzfreundliche Standardeinstellungen anzubieten. Denn die meisten Nutzer überprüfen oder ändern diese Einstellungen nicht – und wenn, dann nur wenn sie direkt dazu aufgefordert werden.

Auftragsverarbeitungsverträge lesen

Auftragsverarbeitungsverträge (AVVs) (engl. *Data Processing Agreements*, DPAs) sind rechtliche Vereinbarungen zwischen einem Datenverantwortlichen und einem Datenverarbeiter nach der DSGVO, die die Anforderungen an eine konforme Datenverarbeitung für beide Parteien festlegen. Sie haben diese Vereinbarungen vielleicht schon einmal gesehen, als Sie sich für die Nutzung eines Datenverarbeitungsdiensts angemeldet haben.

Ein AVV legt in der Regel fest, wie ein Datenverarbeiter personenbezogene Daten während der Verarbeitung handhaben sollte, und gibt dem Datenverantwortlichen die Möglichkeit, diese Informationen an die potenziell betroffenen Personen weiterzugeben. Wenn Sie beispielsweise ein Datenverantwortlicher sind, der seinen Kunden einen E-Commerce-Shop zur Verfügung stellt, erfassen Sie wahrscheinlich Zahlungsinformationen und nutzen einen Zahlungsdienst wie Stripe oder PayPal, um Zahlungen zu verarbeiten. Ein AVV würde festlegen, wie diese personenbezogenen Daten an diesen Dienst gesendet werden und wie Stripe oder PayPal die Daten verwenden können.

In der Praxis haben kleinere Unternehmen kaum Einfluss auf die AVVs und müssen die von den Diensten angebotenen AVVs akzeptieren. Sehen wir uns als Beispiel den AVV des E-Mail-Providers Mailjet (*https://oreil.ly/Exm6Z*) an, um zu erfahren, wie diese aussehen können:

Definitionen
: Wie viele juristische Dokumente beginnen auch die meisten AVVs mit einer Definition der im Dokument verwendeten Begriffe. Dazu gehören Definitionen für wichtige Begriffe wie *Verantwortlicher* und *Verarbeiter* sowie Verweise auf Vorschriften und andere im Dokument verwendete Begriffe.

Details und Umfang
: Dies ist der wichtigste Abschnitt, den Sie als Betroffener verstehen müssen. Dieser Abschnitt umreißt die Einzelheiten der Datenverarbeitung und grenzt den Anwendungsbereich so gut wie möglich ein. Wie in diesem Beispiel von Mailjet wird hier in der Regel die Art der verarbeiteten personenbezogenen Daten, die Art und Weise und die Gründe für die Verarbeitung dieser Daten sowie die Verantwortlichkeiten des Datenverantwortlichen und des Datenverarbeiters dargelegt. Diese Abschnitte können voller Fachjargon sein – gehen Sie also jeden Satz durch und formulieren Sie ihn für sich selbst in eine einfachere Sprache um. Sollten Sie Schwierigkeiten haben, einen Satz oder einen Abschnitt zu verstehen, während Sie die Dienstleistungen für Ihre Arbeit überprüfen, sollten Sie Ihre Rechtsabteilung zurate ziehen, um sich Klarheit zu verschaffen.

Rollen des Datenverantwortlichen und des -verarbeiters
: Da diese Vereinbarung explizit zwischen einem Datenverantwortlichen und einem Datenverarbeiter geschlossen wird, gibt es in der Regel lange Abschnitte über die Rollen und Verantwortlichkeiten beider Parteien.

Sicherheits- und Datenschutzmaßnahmen und Einhaltung der Datenschutzrechte
: Wenn der Datenverarbeiter besondere Sicherheits- und Datenschutzvorkehrungen getroffen hat, werden diese in einem oder mehreren der folgenden Abschnitte beschrieben. Ein kurzer Blick genügt, um herauszufinden, welche Abschnitte für Ihre Arbeit relevant sein könnten, oder wenn Sie aus Neugier mehrere Datenverarbeiter einschätzen und deren Datenschutz- und Sicherheitsstandards vergleichen möchten.

Andere gesetzlich vorgeschriebene Abschnitte: Übertragung, Verarbeitung durch Subunternehmen, Beendigung
: Es gibt eine Reihe weiterer erforderlicher Abschnitte, die sich im Laufe der Zeit wahrscheinlich ändern werden. Der Abschnitt zur Übermittlung von Daten kann unterhaltsam sein, denn so erfahren Sie, wie das Unternehmen die transatlantischen Datenflüsse nach Schrems II einhält, aber die meisten dieser Abschnitte sind für Ihre Arbeit als Data Scientist oder Privacy Engineer nicht relevant.

Wenn Sie ein Datenverarbeiter sind, sollten Ihre Rechtsabteilung und Ihr Datenschutzteam in der Lage sein, Ihnen mitzuteilen, welche AVVs Ihr Unternehmen derzeit verfolgt, und Ihnen erklären können, wie die in diesen Dokumenten beschriebenen Maßnahmen bestmöglich zu verstehen sind. Diese können auch auf andere interne Richtlinien und Verträge verweisen oder Auswirkungen auf interne Richtlinien haben. Es ist wichtig, sie zu verstehen, da sie das Gesamtkonzept für die Datenverarbeitung, die Datenrisiken und die behördliche Kontrolle beinhalten können.

Richtlinien, Leitfäden und Verträge lesen

Interne Datenschutzgrundsätze bzw. -richtlinien sind der beste Einstieg, um zu verstehen, wie der Datenschutz in Ihrem Unternehmen umgesetzt wird. Diese werden häufig von Unternehmen verwendet, um die Vielzahl von Datenschutzanforderungen zusammenzufassen und eine einzelne Zusammenfassung für die Belegschaft zu erstellen.

Wie bei allen Dokumenten, die Grundsätze oder Leitlinien enthalten, sollten Sie nicht erwarten, dass sie beschreiben, *wie* Sie die Datenschutzmaßnahmen tatsächlich umsetzen. Wenden Sie sich zu diesem Zweck an das Infosec-Team, das häufig über eine Liste geeigneter Sicherheits- und Datenschutzmaßnahmen verfügt.

Diese Grundsätze oder Richtlinien zeigen, wie Ihr Datenschutzteam über Datenschutz spricht und Empfehlungen ausspricht. Das Datenschutzteam legt auch die Grundprinzipien für das Unternehmen dazu fest, wie der Datenschutz gehandhabt und umgesetzt wird. Sie können bestimmen, welche Verwendungszwecke zulässig sind, oder Bewertungsprozesse für Anwendungsfälle beschreiben. Möglicherweise haben Sie bereits einen Bewertungsprozess für Anwendungsfälle durchlaufen, wenn Sie ein Memo an das Datenschutzteam schreiben mussten, in dem Sie einen bestimmten Anwendungsfall beschreiben und erklären, warum Sie die Daten verwenden.

Wenn Ihr Unternehmen andere wichtige interne Verträge hat, wie z. B. Vereinbarungen mit Drittanbietern, sollten diese an irgendeiner Stelle in den anderen Dokumenten erwähnt werden. Es kann nicht schaden, explizit nachzufragen, wenn Sie die Risiken und Verantwortlichkeiten für diese Drittanbieter besser verstehen wollen.

> Wenn Sie an längeren Rahmenwerken und Möglichkeiten interessiert sind, wie Sie den Datenschutz aus technischer und rechtlicher Sicht angehen sollten, finden Sie hier eine Reihe von längerer Artikel:
>
> - Gutachten der deutschen Datenethikkommission (*https://www.bmi.bund.de/SharedDocs/downloads/DE/publikationen/themen/it-digitalpolitik/gutachten-datenethikkommission.pdf?__blob=publicationFile&v=6*)
> - Der Entscheidungsrahmen des Information Commissioner's Office (ICO) zur Anonymisierung (*https://oreil.ly/QFTMK*)
> - Die Jahresberichte der französischen Regulierungsbehörde (CNIL), die derzeit nur auf Französisch verfügbar sind (*https://www.cnil.fr*)

Für alles, was nicht in diesen Grundsätzen oder Standards beschrieben ist, hilft es, sich direkt an das Datenschutzteam zu wenden und Rat einzuholen. Im nächsten Abschnitt erfahren Sie, wie Sie Ihr Arbeitsverhältnis mit dem Datenschutzteam zu einer effektiven und aufschlussreichen Zusammenarbeit ausbauen können.

Zusammenarbeit mit Rechtsexperten

Wenn Sie im Bereich Data Governance tätig sind, arbeiten Sie sehr eng mit Rechtsexperten zusammen. Die Zusammenarbeit mit Teams der Rechts- und der Compliance-Abteilung mag schwierig erscheinen, aber das liegt vor allem daran, dass sich deren Fachgebiet so sehr von Ihrem eigenen unterscheidet. Die juristische Sprache – genau wie Ihre statistische Sprache – ist verständlich für diejenigen, die in dem gleichen Bereich arbeiten, und völlig unverständlich für Außenstehende. Sie müssen kein Jurastudium absolvieren, sollten aber dennoch versuchen, sich genügend juristischen Fachjargon anzueignen, um ein produktives Gespräch über Datenschutzrisiken und mögliche Schutzmaßnahmen oder Lösungen zur Vermeidung dieser Risiken zu führen.

Mit Datenschutz und Datennutzung betrauten Unternehmensanwältinnen und -anwälten wird in der Regel beigebracht, ein Problem als eine Art Risikoanalyse zu betrachten. Sie sind dazu befähigt, die entsprechenden Gesetze zu verstehen, zu interpretieren und zu bewerten, was das Unternehmen unternimmt, um die gesetzlichen Vorgaben einzuhalten bzw. zu übertreffen. Betrachten Sie sie als »Datenschutzschiedsrichter« – sie kennen die Regeln, beobachten das Spiel und leiten es. Einige Schiedsrichter wissen auch, wie es ist, als Spieler auf dem Feld zu sein, andere weniger.

Das technische Verständnis dieser Rechtsexperten wird unterschiedlich ausgeprägt sein, aber auch hier gilt, dass das technische Deployment von Datenschutz- und Governance-Richtlinien nicht ihre Hauptaufgabe ist. Es ist allerdings ein Teil Ihrer Arbeit. Und genau hier wird es interessant. Wenn Sie lernen, neugierig auf sie und ihr Fachwissen zuzugehen, werden Sie oft auch deren Neugierde auf Ihre Arbeit und Ihr Fachwissen wecken. Betrachten Sie das »Nein, Sie können diesen Dienst aufgrund von Datenschutzbedenken nicht nutzen« nicht als das Ende der Diskussion, sondern sehen Sie dieses »Nein« als Gelegenheit, mehr über Datenschutzrisiken zu erfahren. Was genau an diesem Dienst ist nicht erlaubt? Gibt es Möglichkeiten, das »Nein« in ein »Ja« abzuändern, wenn Sie einen anderen Dienst nutzen oder die Daten mit Techniken aus diesem Buch aufbereiten würden? Das sind die Momente, in denen Sie zusammenarbeiten und lernen können, anstatt sich voneinander abzuwenden.

Im Bereich Privacy Engineering besteht ein großer Teil der Aufgabe darin, Rechtsexperten dabei zu unterstützen, sicherzustellen, dass geplante und anstehende Datenschutzinitiativen im gesamten Unternehmen befolgt, genutzt und befürwortet werden. Die meisten Governance-Gremien, Vorstände oder Organe setzen sich aus Juristinnen und Juristen zusammen, ergänzt durch ein paar Technologen und Wirtschaftsexperten, um sicherzustellen, dass die Governance-Richtlinien und -Maßnahmen den Möglichkeiten der Organisation gerecht werden.

Wenn Sie mehr über ihre Arbeit und ihre wichtigsten Anliegen herausfinden, eröffnet sich Ihnen die Möglichkeit, ein Gespräch aufzunehmen. Juristen, die sich mit Datenmanagement beschäftigen, sind mit besonderen Problemen konfrontiert. Sehen wir uns diese an, damit Sie ein allgemeines und grundlegendes Verständnis für die Situation haben.

Einhaltung von vertraglichen Vereinbarungen und Vertragsrecht

Wenn Ihr Unternehmen an der gemeinsamen Nutzung von Daten beteiligt ist, wird dies wahrscheinlich durch einen Vertrag geregelt, der dem Vertragsrecht unterliegt und von den anderen Vertragsparteien abhängt. Im Idealfall befinden Sie sich in einem Umfeld, in dem vertragliche Vereinbarungen standardisiert sind und nicht oft geändert werden, sodass Sie die grundlegenden Regelungen lernen und sich daran halten können. Falls nicht, müssen Sie sich regelmäßig bei der Rechtsabteilung erkundigen, ob für die von Ihnen verwendeten oder bereitgestellten Daten bestimmte Einschränkungen gelten, die neu sind oder aktualisiert wurden.

Verträge über die gemeinsame Nutzung von Daten enthalten in der Regel strenge Klauseln bezüglich der Datennutzung. Dies ist vor allem für Data-Science-Teams wichtig zu wissen. Wenn diese Daten nur im Zusammenhang mit einer bestimmten Aufgabe oder einer Reihe von Aufgaben verwendet werden können (z.B. wenn die Daten nur zur Aktualisierung eines gemeinsam genutzten Diensts oder Modells verwendet werden dürfen, auf das alle Parteien Zugriff haben), dann würde die Verwendung dieser Daten oder sogar ihrer Artefakte in anderen Bereichen der Arbeit des Teams gegen den Vertrag und möglicherweise gegen die Rechte der betroffenen Personen verstoßen. Reden Sie mit einem Anwalt und verschaffen Sie sich eine klare

Vorstellung davon, welche Teile des Vertragsrechts und welche Arten von Verträgen Ihre Daten und Ihre Arbeit betreffen.

Datenschutzbestimmungen auslegen

Es ist mittlerweile gang und gäbe, dass es in Unternehmen Juristen gibt, die sich auf den Datenschutz spezialisiert haben. Diese sind absolutes Gold für Ihre Arbeit im Bereich des Datenschutzes. Vernetzen Sie sich mit den Personen, die auf diese Bereiche spezialisiert sind. Zu ihren Aufgaben gehört es, sich über Datenschutzfragen, künftige Gesetze und Änderungen in der Rechtsprechung und Präzedenzfällen zum Thema Datenschutz auf dem Laufenden zu halten. Oft spezialisieren sie sich, weil ihnen der Datenschutz wirklich am Herzen liegt. Sie sind also eine Fundgrube für interessante Geschichten und Beispiele!

Im Rahmen ihrer täglichen Arbeit müssen die für den Datenschutz zuständigen Juristinnen und Juristen ihre Bedenken äußern und beurteilen, welche Datenschutzbestimmungen in der oder den Gerichtsbarkeiten Ihres Unternehmens einzuhalten sind, und die internen Richtlinien entsprechend mitgestalten. Wenn Sie Kunden in einer Region haben, in der es keine umfassenden Datenschutzbestimmungen gibt, sind die Juristen in Ihrem Unternehmen dafür zuständig, grundlegende Präzedenzfälle zu finden und Standards zu setzen. Wenn Sie Kunden haben, die in mehreren Regionen tätig sind, von denen mindestens eine strengere Vorschriften hat als die anderen, sind diese Fachleute die Personen, die dafür sorgen, dass die Datenschutzbestimmungen eingehalten werden. Daher ist es Teil ihres Jobs, auch mal Nein zu einem Projekt oder Produkt zu sagen, wenn sie der Ansicht sind, dass dies vor dem gesetzlichen Hintergrund das Sinnvollste ist.

Als beispielsweise Schrems II (*https://oreil.ly/-wuqR*) in Kraft trat, änderte sich das Rechtsverständnis hinsichtlich des Datenverkehrs zwischen der Europäischen Union und den Vereinigten Staaten. Im Grunde genommen wurde damit die jahrelange Praxis der Unternehmen für ungültig erklärt. Aus Sicht der Data Science glich dies einer globalen Pandemie, die alle zur Verfügung gestellten Modelle zerstörte und jeden dazu zwang, die Scherben wieder zusammenzukehren. Glücklicherweise hat der Europäische Gerichtshof eine Orientierungshilfe herausgegeben, anhand deren die Juristen neue Verträge erstellen konnten, die vorerst mit den neuen Standards vereinbar sind.

Wenn Sie beispielsweise als US-Unternehmen mit Datenflüssen in die EU zu tun hat bzw. europäische Kunden bedient, dann kontrollieren die Datenschutzbehörden, ob Sie sich an die DSGVO halten. Dementsprechend muss Ihr Unternehmen mithilfe von Datenschutz-Folgenabschätzungen, Datenverarbeitungsvereinbarungen und internen Standards jederzeit darlegen können, inwiefern das Datenmanagement und die Datenverarbeitung konform sind, falls es zu einer Überprüfung kommt. Sollten die Behörden feststellen, dass die DSGVO nicht eingehalten wird bzw. die Rechte Ihrer Nutzer nicht gewährleistet sind, werden sie mit Ihren Datenschutzteams in Kontakt treten.

Da jedes Unternehmen diese Vorschriften etwas anders auslegt und Rechtsprechung sowie Durchsetzung sich von Land zu Land unterscheidet, empfiehlt es sich, eng mit den Datenschutzexperten in Ihrem Unternehmen zusammenzuarbeiten und dafür zu sorgen, dass die Art und Weise, wie Ihr Team arbeitet, datenschutzkonform ist. In Ihrer Rolle als Data Scientist, der auch mit fortgeschrittenen Datenschutzdefinitionen und -technologien vertraut ist, können Sie eine große Hilfe sein, wenn es darum geht, Daten, Unternehmen, Produkte und Compliance-Anforderungen in Einklang zu bringen. Das ist wahrscheinlich auch einer der Gründe, warum Sie sich für dieses Buch entschieden haben.

Unterstützung und Rat einholen

Damit Sie eine gute Beziehung zu Rechtsexperten und ein besseres Verständnis für die rechtlichen Aspekte, die für Ihr Unternehmen gelten, entwickeln können, sollten Sie mit Ihrem Datenschutz- und Compliance-Team sprechen. Dafür sollten Sie das Gespräch suchen und um Unterstützung und Rat bitten, wenn Sie Fragen zu einem bestimmten Anwendungsfall haben.

Ich hatte die Gelegenheit, eng mit George Jones, einem Datenschutzexperten bei Thoughtworks (*https://oreil.ly/RPjhI*), zusammenzuarbeiten. Ein Gespräch ist mir besonders im Gedächtnis geblieben, bei dem er sagte: »Manchmal kommen Daten- oder Softwareteams mit Problemen nicht zu uns, weil sie denken, dass sie schlafende Hunde wecken, die dann herumschnüffeln und herausfinden wollen, was sie da tun. Aber genau das ist unser Job – und wir werden herumschnüffeln, ganz egal, ob Sie uns darum bitten oder nicht!« Es ist also besser, proaktiv zu sein als reaktiv.

Die meisten Juristen wissen, dass ihr Fachgebiet bei Technologen nicht gerade im Vordergrund steht, und haben deshalb verschiedene Wege für sich gefunden, das Thema für Daten- und Technologieexperten besser verständlich zu machen. Es hilft, sie dort abzuholen, wo ihre Interessen liegen, und sie ein wenig über ihr Fachgebiet zu informieren. Wussten Sie, dass der Schutz der Privatsphäre als Menschenrecht in der Menschenrechtskonvention verankert ist (*https://oreil.ly/d2BrP*), die nach dem Zweiten Weltkrieg ins Leben gerufen wurde? Wenn Sie den Bereich und die Anliegen Ihres Teams besser nachvollziehen können, trägt dies dazu bei, dass Sie eine gute Beziehung zu ihnen aufbauen und sich mit ihnen abstimmen können.

Wenn Sie sich mit Rechtsexperten aus dem Bereich des Datenschutzes treffen, sollten Sie sich auf Fragen vorbereiten und sicherstellen, dass Sie bereits mögliche Vorgehensweisen ausgelotet haben. Das macht das Gespräch effizienter und zeigt, dass Sie deren Zeit und Arbeit respektieren. Es kann sehr aufschlussreich sein, ihre Meinung zu wichtigen Entscheidungen über die Datenarchitektur und -verarbeitung einzuholen, insbesondere zu Beginn eines Projekts oder Produkts, solange es noch einfacher ist, Anpassungen vorzunehmen und Feedback einzuarbeiten.

Ein regelmäßiger Austausch fördert das gegenseitige Verständnis, was für die Zusammenarbeit und die ordnungsgemäße Implementierung von Datenschutztechnologien in Ihrem Unternehmen von großem Wert ist. Zudem bedarf es eines gemeinsamen Vokabulars.

Gemeinsam Definitionen und Ideen erarbeiten

Eine der Aufgaben des Datenschutz- und Compliance-Teams ist es, wichtige Begriffe wie PII, persönliche Daten und vertrauliche Daten zu definieren. Ihr Datenschutzteam hat dieses Glossar wahrscheinlich bereits vorliegen, und Sie sollten es sich durchlesen, um sich mit den organisatorischen Definitionen vertraut zu machen.

Für Datenschutzmaßnahmen und Maßnahmen zur Risikominderung gibt es möglicherweise bereits klare Definitionen, oder sie sind eher vage gehalten und ähneln mehr den Empfehlungen, die in den Vorschriften enthalten sind. Während einige Unternehmen vielleicht eine Liste genehmigter Technologien oder ihr eigenes Verständnis von Themen wie Anonymisierung und Pseudonymisierung besitzen, haben andere möglicherweise Definitionen, die den Prozess beschreiben, jedoch nicht, wie er tatsächlich umgesetzt werden soll. Diese Teams möchten vielleicht sogar, dass es eher allgemein gehalten wird, und nicht, dass bestimmte Technologien von vornherein als konform oder nicht konform eingestuft werden. In jedem Fall ist es ein Gespräch wert, da Sie sich mit diesen Technologien und ihre Anwendungsmöglichkeiten inzwischen gut auskennen.

Die Zusammenarbeit mit dem Datenschutz- und dem Compliance-Team, um einige gemeinsame technische Definitionen und Ansätze zu schaffen, kann sehr lohnenswert und informativ sein. Dadurch können Technologen das Risiko von Projekten frühzeitig verringern, indem sie bewährte Technologien in ihr Design einbeziehen. Es kann auch dem Datenschutzteam dazu verhelfen, besser zu verstehen, welche Ziele mit den Daten verfolgt werden, und Ihnen somit konkretere Ratschläge geben. Zwar werden sie die Entscheidungen wahrscheinlich immer noch von Fall zu Fall überprüfen wollen, aber durch diese Gespräche werden geeignete Ansätze für verschiedene Arten der Datenverarbeitung geklärt, und Ihr angeeignetes Wissen kann dazu beitragen, dass künftige Entscheidungen schneller getroffen werden können.

Wenn Sie das Gespräch suchen, haben Sie vielleicht auch die Möglichkeit, sie über Datenschutztechnologien und deren Bedeutung für Ihr Unternehmen zu informieren.

Technische Beratung leisten

Datenschutzexperten sind in der Regel sehr offen für Neues. Ich persönlich habe noch keinen Datenschutzexperten getroffen, der nicht gern mehr über die technischen Aspekte seiner Arbeit erfahren möchte. Wenn Sie eine kollegiale Beziehung zu Ihren Datenschutzexperten aufbauen, kommen diese vielleicht auch mit technischen Fragen auf Sie zu.

> Was Sie vielleicht nicht erwarten, ist, wie viel sie bereits über die Daten im Unternehmen wissen – bis Sie sich daran erinnern, dass dies ein Teil ihrer Arbeit ist! Wenn Sie diese Teams technisch beraten, lassen Sie sie zunächst einmal darlegen, was sie bereits über die betreffende Datenverarbeitung wissen, um die Zeit sinnvoll zu nutzen und sich auf spezifischere Fragen zu konzentrieren, anstatt zu allgemein zu bleiben.

Einige Rechtsexperten, die sich mit dem Thema Datenschutz befassen, möchten wirklich tiefer in die Funktionsweise der Materie eintauchen. Sie möchten zum Beispiel lernen, wie Machine-Learning-Modelle trainiert werden oder wie Verschlüsselungsprotokolle oder auch Differential-Privacy-Mechanismen funktionieren. Hierbei kann das in diesem Buch erworbene Wissen sehr hilfreich sein. Ihnen die Standards auf dem Gebiet der Daten- und Datenschutztechnik zu vermitteln, wird ihnen dabei helfen, ein besseres Verständnis über die Risiken und deren Minderung zu entwickeln – was zukünftige Gespräche über Daten wahrscheinlich viel einfacher macht.

Auf diese Weise werden Sie auch bessere Ideen und Lösungen finden, wenn Sie mit neuen Vorschlägen bezüglich der Daten in Ihrem Unternehmen an sie herantreten. Wie können Sie lernen, Datenschutzprobleme zu erkennen, wenn ein neues Datenprojekt oder -produkt entworfen bzw. entwickelt wird? Wie können Sie auch ein besseres Verständnis der möglichen Lösungen entwickeln, um sinnvolle Maßnahmen oder Anpassungen vorzuschlagen? Wenn Sie diese Fragen regelmäßig mit dem Datenschutzteam besprechen, werden Sie besser verstehen, welche Risiken sie sehen, und Sie können immer bessere Ideen einbringen.

Diese Beziehung beruht auf Gegenseitigkeit. Wenn Sie Ihren Kolleginnen und Kollegen helfen, ihre Arbeit effektiver und mit einem größeren Fachwissen zu erledigen, hilft das auch Ihnen und umgekehrt. Betrachten Sie diese Beziehung als gegenseitige Unterstützung und ziehen Sie persönlich und für das gesamte Team einen Nutzen daraus. Wenn Sie lernen, wie Datenschutzexperten die Welt sehen, eröffnen sich neue Perspektiven, z. B. wie Data Governance zukünftig aussehen könnte.

Data Governance 2.0

Beim Lesen dieses Buchs ist Ihnen wahrscheinlich bewusst geworden, dass die meisten Unternehmen Governance-Prozesse einführen, ohne von den interessanten Forschungsergebnissen und technischen Errungenschaften der letzten zehn Jahre zu profitieren. Die Prozesse sind möglicherweise nicht einmal mit den rasanten Veränderungen in der Datenschutzgesetzgebung vereinbar, sodass eine »Nachrüstung« der Richtlinien und Prozesse erforderlich ist. Leider kann dies dazu führen, dass alle Beteiligten noch verwirrter sind als zuvor.

Genau aus diesem Grund muss der Governance-Prozess überarbeitet werden. Sie haben nun gelernt, wie man innovative Datenschutztechnologien und -verfahren anwendet und mit Rechtsabteilungen und Aufsichtsbehörden zusammenarbeitet. Die nächste Stufe der Governance – die ich als Data Governance 2.0 bezeichne – besteht darin, Governance mit agilen Arbeitsweisen und einem iterativen wissenschaftlichen Ansatz anzugehen. Governance bedarf der Möglichkeit, neue Ideen zu entwickeln, zu experimentieren, zu testen und zu integrieren, die so reibungslos wie möglich funktionieren. Anstelle eines verhaltenen reaktiven Ansatzes könnte Governance ein proaktiver und explorativer Bereich sein, in dem Rechts-, Compliance- und Risikospezialisten mit Technologen zusammenarbeiten, um Roadmaps zu entwickeln und Technologien bereitzustellen, in die Datenschutz integriert ist.

Dazu muss Governance etwas sein, das alle im Unternehmen begreifen können. Es muss etwas sein, über das die Teams sprechen und das sie in ihrer Planung berücksichtigen können. Um das zu erreichen, muss Governance stärker föderalisiert und weniger zentralisiert werden. Doch wie könnte das funktionieren?

Was ist Federated Governance?

Als ich Anfang 2022 zu Thoughtworks kam, begegnete ich zum ersten Mal dem Konzept der Data Meshes (*https://oreil.ly/OQFFv*), einer von Zhamak Dehghani entwickelten Methode, Daten durch Domänendesign, Produktdenken und multidisziplinäre Teams neu zu denken. Unabhängig davon, was man von der gesamten Philosophie und dem Ansatz hält, hat mich das Konzept der Federated Governance fasziniert. Es hat mich zu einer Reihe von Blogbeiträgen (*https://oreil.ly/Z-gCz*) über Privacy-first-Mesh und zu diesem kleinen Abschnitt des Buchs inspiriert.

Was ist Federated Governance? In *Data Mesh* (Dehghani, 2022) wird es eigentlich *Federated Computational Governance* genannt und zielt darauf ab, Daten-SLAs/-SLOs und Metriken zur Bewertung der Datenproduktqualität zu erstellen. Diese Form von Governance ist föderal organisiert, da sie sich über verschiedene Bereiche erstreckt, die sehr unterschiedlich sein können. Der Teil zur Governance von Zhamak Dehghanis ursprünglicher Idee (*https://oreil.ly/7Dbf7*) schafft Konsistenz, Interoperabilität und erleichtert es, die verschiedenen Datenprodukte zu vergleichen und zu überblicken.

Als ich das Buch gelesen hatte, wurde mir bewusst, dass es noch eine andere Möglichkeit gibt. Ich habe realisiert, dass das, was ich als *Governance* bezeichne (die auf den Schutz der Privatsphäre und die Einhaltung von Vorschriften ausgerichtet ist), in etwas Handhabbareres, Proaktiveres und Agileres transformiert werden könnte. Was wäre, wenn die Teams mit Datenschutztechnologien experimentieren und über ihre Ergebnisse berichten könnten? Was wäre, wenn diese Erfolge von Grund auf neu erarbeitet werden könnten, anstatt von der obersten Unternehmensebene vorgegeben zu werden (*Top-Down*), die sich nicht unbedingt mit den Technologien befasst, die zum Einsatz kommen könnten oder sollten? Und was wäre, wenn sich dadurch klarere Kommunikationswege zwischen diesen Teams und der Rechtsabteilung selbst eröffnen würden?

Für mich ist Federated Governance ein Weg, um von Experten geführte Bewertungen kritischer Governance-Fragen in den Tagesbetrieb eines Technologieunternehmens zu integrieren. Dabei muss die Unternehmensführung nach wie vor eine starke Rolle spielen. Dazu gehört auch die Analyse der bevorstehenden und sich ändernden Vorschriften sowie der Beziehungen des Unternehmens zu seinen Kunden. Diese Planung durch die Geschäftsleitung kann eine Agenda vorgeben, die eine Vision und Prioritäten vermittelt, die zu Ideen und Experimenten führen, die von den Teams selbst entwickelt und getestet werden. Durch diesen Prozess werden das Wissen und die Kompetenz des Teams genutzt und die Geschäftsziele mit der täglichen Arbeit in Einklang gebracht.

Einige dieser Experimente werden erfolgreich sein, andere werden misslingen. Dadurch lernen sowohl die Teams als auch die Führungsebene mehr darüber, was funktioniert und was nicht. Die Experimente, die von Erfolg gekrönt sind, weisen den Weg in die Zukunft und können schließlich auf andere drängende Governance-Fragen übertragen werden. Statt für eine weitreichende Verordnung wie die DSGVO nachträglich Anpassungen vorzunehmen, hätten die Teams in den zwei Jahren, in denen das Gesetz schon bekannt, aber noch nicht in Kraft getreten war, bereits entsprechend vorbereitet sein können.

Dieser Prozess könnte wie in Abbildung 8-2 dargestellt aussehen. Es handelt sich um denselben iterativen Zyklus, den Sie vielleicht von Ihrer Arbeit im Bereich der Data Science kennen. Begonnen wird mit einer Bewertung durch Experten, um festzustellen, welche Governance-Anforderungen am wichtigsten sind. Dann werden die Teams einbezogen, die sich mit den betreffenden Daten bzw. deren Verarbeitung befassen. Diese Teams analysieren, wo ihre Prioritäten liegen und wo es einen Nachholbedarf gibt, und entscheiden, wie sie ein Experiment im Rahmen ihrer anstehenden Arbeit durchführen können. Ihre Kenntnisse und die anderer Personen mit ähnlichen Kompetenzen werden benötigt, um bei der Erprobung und Integration von Datenschutztechnologien zu helfen.

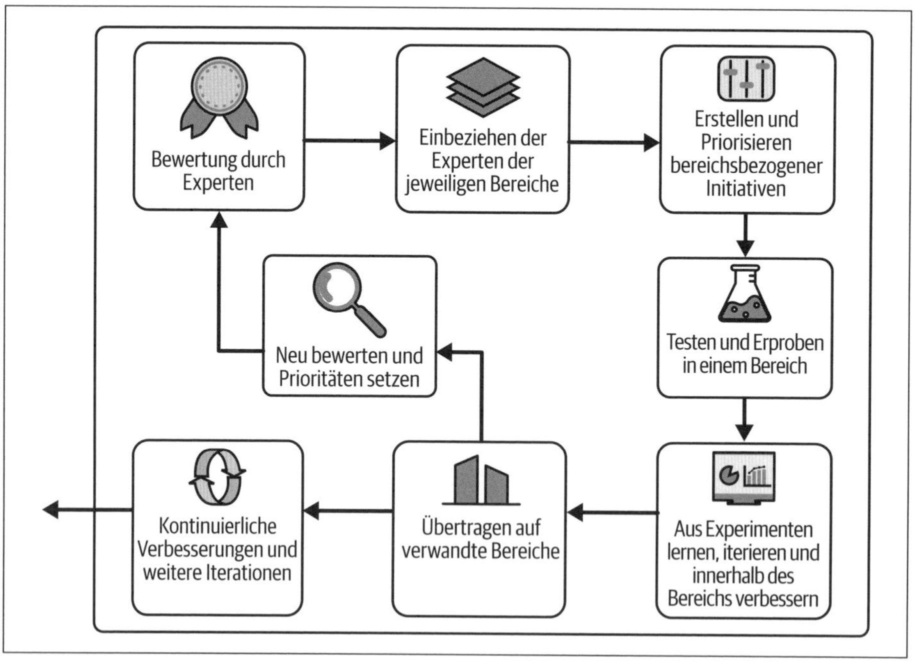

Abbildung 8-2: Agile Federated Governance

Dann führen sie das jeweilige Experiment durch und erzielen ein Ergebnis – d. h., es verlief entweder erfolgreich oder nicht, sodass es – sofern es weiterverfolgt wird – umgestaltet und wiederholt werden muss. Anschließend berichten sie den Governance-Spezialisten und anderen Führungskräften, wie das Experiment verlief, und geben eine Empfehlung ab: Soll dieses Experiment zum neuen Standard werden, oder muss es noch an die Arbeitsweise der Teams angepasst werden? Welche anderen Teams könnten daran interessiert sein, es zu erproben oder weiterzuentwickeln? In dieser Phase müssen sich auch die Plattform- und Systemteams überlegen, wie sie die Lösung skalierbar machen können.

Selbst wenn ein Experiment fehlschlägt, gibt es immer noch Lehren, die Sie an verwandte Teams und Governance-Akteure weitergeben können. Der Zyklus beginnt von Neuem – mit weiteren Überlegungen dazu, was möglich ist und wie Governance-Initiativen neben technologischen und geschäftlichen Anforderungen priorisiert werden können.

Damit dieser Prozess Früchte tragen kann, muss Ihr Unternehmen aufgeschlossen für Experimente sein. Wenn dies in Ihrem Unternehmen noch nicht der Fall ist, gibt es Möglichkeiten, den Prozess anzustoßen.

Eine Kultur des Experimentierens fördern

Sie sind bereits mit einer Kultur des Experimentierens vertraut. Als Data Scientist wird im Rahmen Ihrer täglichen Arbeit von Ihnen verlangt, zu experimentieren, aus Erfahrungen zu lernen und zu iterieren. Sie dürften daher wissen, ob Ihr Unternehmen diese Kultur begrüßt oder sie als lästig empfindet.

Wenn Ihr Unternehmen bereits iterative und inkrementelle Experimente befürwortet, können Sie diesen Abschnitt überspringen und zum nächsten Abschnitt übergehen – prima! Falls nicht, finden Sie in diesem Abschnitt Anhaltspunkte dafür, wie Sie mehr Bereitschaft zum Experimentieren schaffen können. Das fängt schon da an, wo Sie es vielleicht nicht erwartet hätten – bei den Gefühlen!

In meiner Laufbahn habe ich es mit Führungskräften zu tun gehabt, die nicht bereit waren, die Bedürfnisse der Forschung zu unterstützen. Bei diesen Konflikten wurde mir klar, dass sie einfach Angst vor dem Unbekannten hatten. Wenn man täglich experimentiert, lernt man, dem Prozess zu vertrauen. Selbst wenn ein bestimmtes Experiment fehlschlägt, weiß man, dass man irgendwann etwas finden wird, das funktioniert, und dass man durch diese Fehlschläge lernt und wächst. Viele Führungskräfte sind jedoch nicht auf diese Weise zum Erfolg gekommen und betrachten diesen Prozess vielleicht als chaotisch, störend und ungewiss – getreu dem Motto: Warum ein unnötiges Risiko eingehen, wenn man den gleichen Erfolg auch ohne diese Risiken haben kann?

Psychologische Sicherheit bzw. das Gefühl von Sicherheit in Teams zu schaffen, bedeutet, ein einfühlsames Verständnis für die Bedürfnisse der anderen Person aufzubauen (*https://oreil.ly/DBX3d*). Wenn Sie feststellen, dass eine Person im Management bzw. in der Führungsebene emotional auf Gespräche im Hinblick auf Experimente reagiert, fragen Sie sich, warum diese Person so reagiert. Welche Gründe könnte sie haben, die sich hinter ihrer Reaktion verbergen? Wie können Sie einen Weg finden, dass diese Person mit Ihnen über den Prozess und die Fakten spricht, anstatt emotional zu reagieren? Es gibt viele Ansätze, aber bei mir funktionierte, mehr über gewaltfreie

Kommunikation (*https://www.nycnvc.org*) zu lernen, nach der alle Gefühle von unerfüllten Bedürfnissen herrühren und bei der aufzeigt wird, wie eine mitfühlende Kommunikation zwischen Menschen funktionieren kann. Für Sie kommt vielleicht ein anderer Weg oder eine andere Methode infrage, aber der erste wichtige Schritt ist der Aufbau von Empathie und somit zugleich auch ein Gefühl der Sicherheit.

Sobald Sie es geschafft haben, dass Gefühle außen vor bleiben, sollten Sie eine Veränderung im Dialog feststellen. Da die Personen nicht mehr aus Furcht, Angst oder Frustration reagieren, sind sie eher bereit, einen Kompromiss einzugehen. Sie sollten ihnen nahebringen, dem wissenschaftlichen Prozess zu vertrauen. Das kann auch mit Kompromissen Ihrerseits einhergehen, z.B. bei der zeitlichen Eingrenzung von Experimenten oder bei der Frage, wann ein Experiment als erfolglos zu betrachten ist und nicht weitergeführt wird. Entscheidend ist, dass sich alle Beteiligten einvernehmlich darauf einigen, Experimente durchzuführen und aus diesen zu lernen.

Bis zu diesem Punkt ist das Gespräch eher zwischenmenschlicher Natur gewesen. Nachdem Sie sich die Bereitschaft dieser Personen gesichert haben, können Sie das Gespräch auf die betriebliche Ebene verlagern. Darüber hinaus sollten Sie sich mit Experten für Unternehmenswandel und psychologische Sicherheit zusammenschließen, um diesen Wandel zu beschleunigen. Das können Sie aber auch nach und nach angehen.

Letztendlich streben Sie eine Kultur an, die ein gewisses Maß an Experimentierfreude zulässt, auch in den Bereichen Datenschutz und Governance. Dies wird die Art und Weise verändern, wie über Governance diskutiert wird, und zwar weg von einer Diskussion, die sich auf alte Methoden konzentriert, hin zu einer Diskussion über zukunftsorientierte Initiativen, einschließlich der Nutzung von Technologien zur Verbesserung des Datenschutzes und anderer Techniken, die Sie in diesem Buch kennengelernt haben.

Den Schutzes der Privatsphäre (PETs) verbessern mit funktionierender Dokumentation und Plattformen mit integrierten Technologien

Wenn Sie das, was Sie inzwischen gelernt haben, in Ihre tägliche Arbeit einfließen lassen, können Sie dazu beitragen, Leitplanken zu setzen, die den Einsatz von Datenschutztechnologien begünstigen. Wie können die Teams dazu befähigt werden, dass die Daten dokumentiert werden, wenn sie in Ihr System eingespeist werden? Wie kann Ihr Unternehmen PETs einführen und in seine Software- und Datensysteme integrieren?

Wenn die Branche zu Governance 2.0 übergehen soll, müssen diese Technologien zum Standard gehören. Datenteams sollten nicht wissen müssen, wie Encrypted Computation konkret funktioniert, um sie nutzen zu können, so wie sie auch nicht die Interna einer Abfrage mit Spark kennen müssen, um sie auszuführen. Aus diesem Grund sollten diese Tools leichter zugänglich gemacht und, wenn möglich, direkt in die verwendeten Plattformsysteme integriert werden.

Ein weiteres großes, ungelöstes Problem ist der Aufbau selbstdokumentierender Systeme, deren Dokumentation gut nachvollzogen werden kann und leicht verständlich ist. Die Nachverfolgung der Datenhistorie und die Durchsetzung von Richtlinien erfolgt in vielen Unternehmen weitgehend manuell. Damit Governance 2.0 tatsächlich Realität werden kann, muss sich daran etwas ändern. Diese Aspekte müssen direkt in Software- und Datenworkflows integriert werden, um die Berücksichtigung von Datenschutzrechten in Softwarelösungen möglichst einfach zu gestalten und zur Gewohnheit werden zu lassen.

Das ist sicherlich eine Aufgabe, die von mehr als nur einer Person getragen werden muss und daher im Rahmen einer Unternehmens-, Software- oder Technologievision diskutiert werden sollte. Wenn Sie zu den Führungskräften gehören oder Einfluss im Unternehmen haben, können Sie dazu beitragen, dass dieses Thema zu einem wichtigen Tagesordnungspunkt wird, um so Initiativen voranzutreiben.

Wenn Sie noch am Anfang Ihrer beruflichen Laufbahn stehen, können Sie das Gelernte trotzdem in Ihrer Arbeit anwenden, wenn auch in kleinerem Rahmen. Schauen Sie sich Ihr nächstes Projekt an und überlegen Sie, ob es eine Möglichkeit gibt, eine automatisch erstellte Dokumentation in Ihre Pipeline zu integrieren. Sind Sie für die Bewertung neuer Technologien zuständig, wie könnten Sie das Thema PETs einbringen?

In den nächsten beiden Kapiteln erfahren Sie mehr darüber, wie Sie reale Probleme angehen und die Eignung von Technologien zur Verbesserung des Schutzes der Privatsphäre bewerten können, einschließlich der Schritte hin zu einer neuen Art von Governance, die in die Systeme integriert und nicht einfach im Nachhinein hinzugefügt wird.

Zusammenfassung

In diesem Kapitel haben Sie gelernt, wie Sie Vorschriften lesen, die Auswirkungen des Datenschutzes bewerten, Nutzungsbedingungen und Datenschutzrichtlinien durchgehen und interpretieren und wie diese Texte Ihre Arbeit als Data Scientist beeinflussen könnten. Sie haben auch erfahren, dass es wichtig ist, sich in Rechtsexperten hineinzuversetzen, und verschiedene Möglichkeiten kennengelernt, wie sie Gespräche gestalten können, die die gemeinsame Zusammenarbeit fördern. Zudem Sie haben Sie begonnen, die Grundlagen der Governance, die Sie in Kapitel 1 gelernt haben, neu zu evaluieren. Wie sieht die Governance der Zukunft aus? Was wäre, wenn PETs ein normaler Bestandteil der täglichen Datenworkflows und Plattformen wären?

In den nächsten Kapiteln werden Sie sich nun gezielter mit diesen zukunftsweisenden Fragen befassen. Dadurch können Sie Ihr theoretisches Wissen auf die Praxis übertragen und sich mit realen Problemstellungen und Fragen beschäftigen.

KAPITEL 9

Datenschutz und Anwendungen aus der Praxis

In diesem Buch haben Sie eine Reihe verschiedener Technologien und Konzepte im Bereich des Datenschutzes kennengelernt. Sie haben Open-Source-Bibliotheken und -Tools verwendet und einige von ihnen direkt implementiert.

Doch wie bei den meisten interessanten technischen Problemen gibt es auch beim Datenschutz keine Einheitslösung, die für alle passt. Daher werden Sie damit konfrontiert sein, dass Sie das, was Sie in diesem Buch gelernt haben, auf neue Anwendungsfälle und Probleme anwenden müssen, denen Sie bei Ihrer Arbeit begegnen. Das heißt, Sie werden üben müssen, diese Probleme zu »sehen« und die Technologien und Konzepte auf die entsprechenden Anwendungsfälle anzuwenden.

Genau das werden Sie in diesem Kapitel lernen. Ich helfe Ihnen, mehrere Fallbeispiele mit Differential-Privacy-Risikoprofilen durchzugehen, und zeige Ihnen, wie eine zukunftsfähige Lösung aussehen könnte. Anhand dieser Beispiele werden Sie lernen, wie Sie Datenschutzrisiken und Möglichkeiten zur Verbesserung aktueller Ansätze erkennen können. Nachdem Sie dieses Kapitel durchgelesen haben, werden Sie in der Lage sein, Anwendungsfälle mit einer praktischen Denkweise anzugehen, sodass Sie einschätzen können, wie Sie ein Datenschutzproblem angehen, ohne in unnötige Komplexität abzugleiten.

Der erste Schritt besteht immer darin, darüber nachzudenken, wie Sie das Datenschutzrisiko auf praktikable Weise handhaben können. Da es unwahrscheinlich ist, dass Sie alle Datenschutzrisiken für alle Anwendungsfälle abmildern können, insbesondere in Unternehmen, die über personenbezogene Daten verfügen oder viele Kunden bedienen, müssen Sie sich überlegen, wie Sie Risiken klar kommunizieren und sie auf transparente Weise managen.

Datenschutz- und Sicherheitsrisiken in der Praxis managen

Wenn Sie Ihr neues Wissen anwenden, werden Sie unweigerlich in weitere Gespräche über Datenschutz und Risiken einbezogen werden. In diesen Situationen werden Sie darlegen müssen, welche Risikobereitschaft[1] Sie in dem jeweiligen Szenario für angemessen halten.

Wenn Sie zum ersten Mal Risikomanagement betreiben, kann dies eine nervenaufreibende Erfahrung darstellen. Der Druck, den »richtigen« Rat zu geben bzw. die »richtige« Entscheidung zu treffen, ist groß. Vor allem wenn Sie zu Perfektionismus neigen, kann das sehr aufreibend sein. Wenn Sie sich jedoch klarmachen, dass es hier nicht um Entscheidungen über Leben und Tod geht und dass der Prozess iterativ abläuft, hilft Ihnen das, mit diesem Druck umzugehen und zu vermeiden, dass Sie bei schwierigen Entscheidungen förmlich erstarren.

Um bessere Entscheidungen zu treffen und festzustellen, wann ein Problem wirklich geschäftskritisch ist, müssen Sie Ihre Datenkenntnisse, Ihre »Risikoempathie« und Ihr praktisches Wissen über den Datenschutz einsetzen. Dies sind die wesentlichen Fähigkeiten für den Schritt der Risikomodellierung, der in Kapitel 8 beschrieben wurde. Dank dieser Fähigkeiten sind Sie in der Lage, fundierte Ratschläge dazu zu geben, wie die nächsten Schritte aussehen sollten und wie das Risiko zu handhaben ist.

Datenschutzrisiken bewerten und managen

Das Datenschutzrisiko unterscheidet sich von Unternehmen zu Unternehmen, und wenn Sie die Branche wechseln, werden Sie wahrscheinlich feststellen, dass es dort einen anderen Grad an Risikobereitschaft gibt. Ein wichtiger Faktor bei der Bewertung ist, dass Sie die Risikobereitschaft (*https://oreil.ly/mQH-i*) des Unternehmens ermitteln. Wenn Sie beispielsweise in einer stark regulierten Branche wie dem Finanz- oder Gesundheitswesen arbeiten, werden Sie feststellen, dass die Risikobereitschaft in Bezug auf den Datenschutz deutlich geringer ist. Das liegt an den strengeren Vorschriften, den größeren Risiken und der Kultur, die durch diese Risiken im Unternehmen geprägt wird.

Wenn ein Unternehmen über längere Zeit oder sogar von Anfang an einem starken regulatorischen Druck ausgesetzt ist, spiegelt sich dies in der gesamten Unternehmenskultur wider. Das führt oft dazu, dass Risiken bewusster wahrgenommen und besser eingeschätzt werden, was äußerst förderlich ist! Allerdings äußert sich dies mitunter auch

1 Je nach Unternehmen oder Anwendungsfall ist möglicherweise bereits von vornherein bekannt, mit welcher Risikobereitschaft ein Problem angegangen wird, sodass Sie das Risiko und mögliche Abhilfemaßnahmen entsprechend dieser Risikobereitschaft bewerten werden. Ansonsten sollten Sie in Anbetracht des datenwissenschaftlichen Nutzens, den ein bestimmter Anwendungsfall für das Unternehmen hat, selbst bestimmen oder gemeinsam mit dem Unternehmen erarbeiten, welche Risiken man im Unternehmen bereit ist einzugehen.

als generelle Angst oder Unsicherheit, wenn etwas Neues vorgeschlagen wird. Wie damit umgegangen werden kann, erfahren Sie im Abschnitt »Mit Ungewissheit umgehen und gleichzeitig für die Zukunft planen« auf Seite 319.

In einigen Unternehmen wird das Datenschutzrisiko überhaupt nicht als Risiko angesehen, oder es wird aufgrund zunehmender Kontrollen, Reaktionen von Verbrauchern und Änderungen der Strategie erst jetzt als solches wahrgenommen. Wenn Sie in einem solchen Unternehmen tätig sind, werden Sie sich in schwierigen Gesprächen wiederfinden, in denen die alten Ansätze mit der neuen Realität kollidieren. In solchen Situationen ist es oft so, dass die vorherige Risikobereitschaft zu groß war und die für das Risikomanagement verantwortlichen Personen nun strengere Maßstäbe anlegen. Es könnte auch bedeuten, dass Produkte angepasst und die Nutzung von Daten verändert wird, um neueren Vorschriften wie der DSGVO zu entsprechen. Solche Gespräche zu führen, erfordert ein besonderes Maß an Einfühlungsvermögen. Wenn Sie neue Ideen und Möglichkeiten aufzeigen, wie sich Risiken mithilfe von Technologien verringern lassen, kann dies ebenfalls dazu beitragen, neue Perspektiven zu eröffnen.

Sobald Sie wissen, mit welchen Szenarien die Beteiligten aus den Rechts-, Compliance-, Risiko- und Auditabteilungen konfrontiert sind, können Sie entscheiden, wie Sie das Risiko bewerten. Wenn Sie mit den verschiedenen Szenarien vertraut sind, denen sich diese Akteure gegenübersehen, wird automatisch klar, welche technischen Möglichkeiten infrage kommen. Dies ist Teil des Prozesses für das gemeinsame Threat Modeling, bei dem jeder mitteilt, wie er das jeweilige Risiko einschätzt, sodass Prioritäten gesetzt werden können. Wenn beispielsweise die Rechtsabteilung besonders darüber besorgt ist, dass personenbezogene Daten im Rahmen der DSGVO missbräuchlich verwendet werden könnten, wissen Sie, dass Richtlinien, Datenzugriff und Anonymisierung dazu beitragen können, dieses Risiko zu verringern oder ganz zu entschärfen.

Nachdem Sie die Meinung der rechtlichen Vertreter eingeholt haben, ist es wichtig, zu verstehen, was für die Personen, die für die Sicherheit im Unternehmen verantwortlich sind, am wichtigsten ist. Welche Prioritäten verfolgen sie vorrangig, und welche Bedenken bereiten ihnen die größten Sorgen? Welche Arten von Angriffen stellen für sie das größte Problem dar? Viele Sicherheitsverantwortliche werden nicht in der Lage sein, die Tragweite und das gesamte Ausmaß möglicher Angriffe auf die Privatsphäre oder von Datenschutzrisiken so zu verstehen, wie es nach der Lektüre von Kapitel 4 für Sie möglich ist. Aus diesem Grund ist es wichtig, ihnen erst einmal Gehör zu schenken und zu erfahren, inwieweit sie sich bereits mit dem Thema beschäftigt sind.

Allerdings sollten Sie vermeiden, sie mit einer Vielzahl neuer Angriffe zu überrumpeln, von denen sie noch nie etwas gehört haben. Schneiden Sie stattdessen Ihre Botschaft individuell auf sie zu. Finden Sie heraus, inwieweit Datenschutz mit ihren derzeitigen größten Problemen verbunden ist. Sie könnten sich zum Beispiel Sorgen über die Verwendung sensibler Daten in der öffentlich zugänglichen Cloud machen

– oder sogar darüber, wie sensible Daten über die Cloud hinweg oder innerhalb von Multi-Cloud-Umgebungen übertragen werden können. Je nachdem, wie Ihre Analyse ausfällt, könnte der Einsatz einer Technologie wie Encrypted Computation zum Ausbau einer verschlüsselten Verarbeitung diese Bedenken ausräumen. Wenn diese Zusammenarbeit mit den wichtigsten zukünftigen Schwerpunkten fortgeführt wird, werden diese Gespräche dazu beitragen, das Verständnis und das Interesse für Datenschutzrisiken und -technologien an entscheidender Stelle im Unternehmen zu fördern.

Manche der von Ihnen vorgeschlagenen Abhilfemaßnahmen werden möglicherweise als zu experimentell oder zu drastisch angesehen. Solche Technologien sind außerhalb des Fachgebiets des Privacy Engineering noch recht unbekannt. Zwar werden diese Technologien bereits häufig in größeren Technologieunternehmen und in Sektoren wie dem Finanz- und Gesundheitswesen eingesetzt, aber für viele Menschen und Branchen sind sie Neuland. Initiieren Sie den Dialog, indem Sie Kompromisslösungen und Experimente vorstellen, mit denen später bessere Technologien implementiert werden können. In den in diesem Kapitel vorgestellten Fallbeispielen wird dieser Ansatz verfolgt, und es werden Wege aufgezeigt, wie Sie die Gespräche führen können.

Wenn die von Ihnen empfohlenen Abhilfemaßnahmen nicht als vorrangig betrachtet werden, müssen Sie sicherstellen, dass die Mitarbeiterinnen und Mitarbeiter sich über das daraus resultierende Datenschutzrisiko im Klaren sind. Dazu sollten Sie herausfinden, wie das Unternehmen Sicherheitsüberlegungen und -bedenken dokumentiert. Eine Dokumentation der Datenschutzrisiken mit ähnlicher Struktur und Sprache sorgt dafür, dass innerhalb eines großen Unternehmens eine einheitliche Linie verfolgt wird. Die wichtigsten Risikoverantwortlichen sollten, wie in Kapitel 8 erwähnt, ihr kollektiv getragenes Risiko verstehen, damit sie ihren Risikoansatz bewerten, priorisieren, überprüfen und iterativ verbessern können. Wenn die Risiken, die Sie feststellen, gut dokumentiert sind und verstanden werden – vor allem wenn suboptimale Abhilfemaßnahmen ergriffen werden –, dann rücken die Datenschutztechnologien bei der nächsten Evaluierung oder Konversation stärker in den Vordergrund.

> Denken Sie daran, dass Datenschutz kein Ein-Aus-Schalter ist, sondern vielmehr ein Kontinuum im Sinne von vielen Abstufungen – nicht AN (= 100 % Schutz) und AUS (= 0 % Schutz). Wenn Ihre erste Maßnahme nicht umgesetzt wird, sollten Sie das Gespräch fortsetzen. Gibt es einen Kompromiss, auf den Sie sich innerhalb des Spektrums an möglichen Lösungen einigen können? Können Sie in ein paar Monaten erneut prüfen, ob es neue Möglichkeiten gibt, wie dieses Risiko berücksichtigt werden kann, nachdem das Produkt oder der Datenfluss erfolgreich eingeführt wurde? Wenn Sie anderen darlegen können, welche Bandbreite an möglichen Lösungen für ein bestimmtes Risiko zur Verfügung steht, wird es Ihnen gelingen, das Datenschutzrisiko im gesamten Unternehmen zu verringern.

Indem Sie die Hauptrisiken identifizieren, das in diesem Buch Gelernte anwenden und Ihren Fokus auf das Privacy Engineering legen, werden Sie imstande sein, derartige Bedenken zunehmend besser zu vermitteln. Selbst wenn Sie derzeit in einem Unternehmen arbeiten, in dem Datenschutz nicht sonderlich ernst genommen wird, heißt das nicht, dass Sie diese Einstellung übernehmen sollten. Lernen Sie, sich Gehör zu verschaffen, sprechen Sie an, wenn Ihnen etwas auffällt, und bringen Sie den Datenschutz als ganz normalen Bestandteil technischer Gespräche ein. Sie werden überrascht sein, wer sich alles in die Diskussionen einbringt und Ihre Ideen unterstützt.

Der Weg eines Unternehmens von der bloßen Akzeptanz von Datenschutzrisiken über deren Dokumentation bis hin zur Eindämmung durch Datenschutztechnologien kann sehr lang sein. Wenn es Ihnen gelingt, besser darzulegen, welche Möglichkeiten es in der Zukunft geben wird, beschleunigen Sie diese Diskussion. Denn schließlich wollen Sie die Diskussion von einem »nicht jetzt« zu einem »ja, aber wann« verlagern. Sehen wir uns nun an, wie Ihnen das gelingen kann.

Mit Ungewissheit umgehen und gleichzeitig für die Zukunft planen

Die derzeitigen Entwicklungen bei der Datenschutzgesetzgebung und die sich ändernden Erwartungen der Verbraucher hinsichtlich des Datenschutzes weisen auf eine Zukunft hin, in der die Privatsphäre von Individuen zunehmend besser geschützt wird und weniger Daten gesammelt werden. Es ist jedoch nicht genau vorhersehbar, wann dies der Fall sein wird und welche Vorschriften, Konsumgüter- und Tech-Unternehmen den Anfang machen werden.

Angesichts dieser Ungewissheit gestalten sich Gespräche und anstehende Entscheidungen oftmals schwierig. Wenn Sie in Ihrem Unternehmen eine Führungsposition innehaben, sollten Sie proaktiv an die Sache herangehen und das Wissen aus diesem Buch nutzen, um neue Denkansätze für den Umgang mit Datenschutzrisiken zu entwickeln und sich diese zu eigen zu machen, statt sie auszublenden. Auch wenn Sie keine Führungsposition innehaben, haben Sie dennoch Einfluss auf Ihr Unternehmen. Wer seiner Stimme Gewicht verleiht und einen konkreten Plan verfolgt, wird auch in Zeiten der Ungewissheit die Einstellung anderer beeinflussen können.

In Zeiten zunehmender Ungewissheit sind Menschen oft verunsichert, wenn nicht sogar verängstigt. Entscheidungen aus Furcht oder unter dem Einfluss von Verunsicherung zu treffen, führt selten zu optimalen Ergebnissen. Mit dem Wissen, das Sie in diesem Buch erworben haben, und dank kontinuierlicher Weiterbildung werden Sie in der Lage sein, Gespräche auf Fakten statt auf Ängste auszurichten.

Wenn Menschen sich in einem Zustand der Angst und Verunsicherung befinden oder sich Sorgen machen, fällt es ihnen schwer, auf Fakten einzugehen. Deshalb sollten Sie im Rahmen des Gesprächs erst auf ihre Gefühle eingehen. Was löst bei ihnen diese Gefühle aus? Was genau ist an der Tatsache, einen stärkeren Fokus auf Datenschutztechnologien zu legen, beängstigend? Indem Sie ihnen auf einfühlsame und mitfühlende Weise zuhören, können Sie diese Bedenken aufgreifen und gleichzeitig herausfinden, wie die Stimmung im Unternehmen ist. Hierbei kann es, wie bereits in Kapitel 8 erwähnt, sinnvoll sein, mehr über gewaltfreie Kommunikation zu lernen.[2] An dieser Stelle kann sich das Gespräch zudem dahin entwickeln, dass Schuldgefühle hervorgerufen werden, getreu dem Motto »wir sollten es eigentlich besser hinbekommen«. Datenschutztechnologien können hier interessante Perspektiven eröffnen, da sie nicht nur Haftungsrisiken (und Risiken im Allgemeinen) reduzieren, sondern den Menschen auch ein gutes Gefühl bei der Arbeit und dem Umgang mit Daten geben.

Wenn Menschen das Gefühl haben, dass ihnen Gehör geschenkt wird und sie sich verstanden fühlen, werden sie auch aufgeschlossener gegenüber neuen Informationen sein. Auf Grundlage dessen, was Sie in den vorangegangenen Gesprächen in Erfahrung gebracht haben, können Sie die Entscheidungen zum Thema Datenschutz innerhalb eines Unternehmens mithilfe von aktuellem Wissen und aktuellen Informationen lenken und auf Ihre Gesprächspartner Einfluss nehmen. Es gibt viele Möglichkeiten, wie Sie das angehen können: Sie können Informationsveranstaltungen abhalten, einen Buchklub zum Thema Datenschutz ins Leben rufen, Denkanstöße verfassen und teilen, Workshops geben oder auch Datenschutztechnologien im Rahmen von Hackathons vorführen. Diese und viele andere Ansätze tragen dazu bei, ein größeres Bewusstsein innerhalb des Unternehmens zu schaffen. Darüber hinaus fördern sie auch eine Gesprächskultur zum Thema Datenschutz und sorgen dafür, dass sich ein Kreis von Befürwortern und Verfechtern herausbildet, die mit anpacken wollen.

Das Wort ergreifen und die Stimme erheben

Sie können eine solche Aufklärungs- und Überzeugungsarbeit unabhängig von Ihrer Position in Ihrem Unternehmen leisten, wenngleich Ihre Einflussmöglichkeiten natürlich unterschiedlich groß sein dürften.

Oftmals hängt dies davon ab, inwieweit in Ihrem Unternehmen Privilegien und Status eine Rolle spielen und ob die Unternehmenskultur stimmt. Das sind alles Faktoren, auf die Sie nur mit großer Anstrengung Einfluss nehmen können und auf die Unterstützung der Unternehmensleitung bauen müssen. Falls Sie bei Ihrer Arbeit mit Widerständen zu kämpfen haben und auf Ablehnung stoßen, sollten Sie sich bewusst machen, dass es in anderen Unternehmen anders abläuft.

Wenn Sie jedoch mehr Einfluss nehmen können und gewisse Privilegien im Unternehmen genießen, sollten Sie auch auf diejenigen eingehen, die weniger Einfluss haben und weniger privilegiert sind, und ihnen die Möglichkeit geben, sich einzusetzen und ihre Stimme zu erheben. Laden Sie sie zu Gesprächen ein (*https://oreil.ly/4OqEg*) und geben Sie ihnen die Gelegenheit, sich zu zeigen.

2 Wenn Sie ausreichend Zeit haben, empfehle ich Ihnen, den Compassion Course (*https://www.compassioncourse.org*) zu absolvieren, der sich über ein Jahr erstreckt und bei dem Sie sich in einer Studiengruppe austauschen können.

Im Bereich der Cybersicherheit und des Datenschutzes gerät man schnell in die Lage, nur noch reagieren zu können, und dann werden die entsprechenden Entscheidungen lediglich als Reaktion auf Ereignisse, Nachrichten, Gerichtsverfahren usw. getroffen. In den Unternehmen muss ein Umdenken stattfinden, und zwar in Richtung eines proaktiven Ansatzes, dessen Vorteile hinlänglich bekannt und erwiesen sind. Nach einer jährlich erscheinenden Cybersecurity-Studie der britischen Regierung (*https://oreil.ly/vdCmC*) kann ein proaktiver Ansatz Datenlecks und anderen unerwünschten Cyberereignissen wirksam vorbeugen.

Einen Wandel hin zu einem proaktiven Sicherheits- und Datenschutzkonzept zu vollziehen, bedeutet, dass regelmäßig vorausschauende und zukunftsorientierte Sitzungen, wie z.B. Threat Modeling und Risikobewertungen, durchgeführt werden und die Ergebnisse dieser Sitzungen im Rahmen der Produkt- und Unternehmensplanung einfließen. Auf diese Weise kann ein Unternehmen der Zeit voraus sein und so mögliche Probleme im Zusammenhang mit der Einhaltung von Vorschriften ebenso vermeiden wie Bußgelder und öffentliche Kritik am Unternehmen.

Darüber hinaus bedarf es eines regelmäßigen Turnus zur Modellierung, Simulation, Bewertung und Überprüfung von Bedrohungen (siehe Abbildung 9-1[3]). Mithilfe dieses systematischen Ansatzes und der daraus gewonnenen Erkenntnisse können die Teams die tatsächlichen Auswirkungen von Bedrohungen besser einschätzen, als wenn sie diese nur in einem theoretischen bzw. »imaginären« Rahmen betrachten. Eine stärker daten- und erfahrungsgestützte Risikobewertung wird es ermöglichen, wirksame Abhilfemaßnahmen besser zu priorisieren und sich nicht auf relativ willkürliche Experteneinschätzungen zu verlassen.

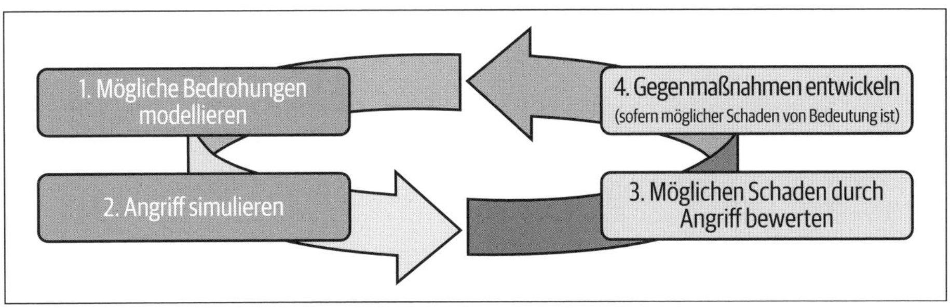

Abbildung 9-1: Ein proaktiver Sicherheitsansatz zur Beurteilung von Bedrohungen

Noch eine letzte Bemerkung: Datenschutz geht auch mit geschäftlichen Vorteilen einher, einschließlich einer besseren Reputation. Unternehmen wie Apple haben die öffentliche Meinung grundlegend verändert, indem sie Datenschutz als ein wesentliches Unterscheidungsmerkmal im Rahmen ihrer Marketingstrategie nutzen. Die von Apple vorgenommenen Änderungen am iOS-Betriebssystem, durch die die Nutzung unerwünschter Daten in Anwendungen problemlos unterbunden werden kann, haben bereits zu seismischen Verschiebungen in der Art und Weise geführt,

3 Diese Darstellung ist angelehnt an die Arbeit von Battista Biggio (*https://battistabiggio.github.io*), einem der führenden Forscher auf dem Gebiet der Sicherheit im Bereich des Machine Learning, der in diesem Zusammenhang einen großen Beitrag geleistet hat.

wie bestimmte Geschäftsmodelle aussehen, z.B. bei Werbeanzeigen, die auf Microtargeting basieren. Wenn Sie den Schutz der Privatsphäre ernst nehmen und Datenschutz in Ihren Produkten und Ihrem Unternehmen fest verankern, sind Sie in der Lage, diesen Wandel voranzutreiben, anstatt ihm zum Opfer zu fallen.

Wenn Sie die Gespräche, die Planung und die Entwicklung einer internen Unternehmenskultur vorantreiben, können Sie die Einbindung dieser neuen Technologien fördern. Ein weiterer wichtiger Aspekt ist, schnell Ergebnisse herbeizuführen und sogenannte Thin Slices[4] zum Testen von Datenschutztechnologien einzusetzen und Ihre Kenntnisse und Erfahrungen in diesen Bereichen auszubauen. Im folgenden Abschnitt erfahren Sie anhand einiger realer Praxisbeispiele, wie Sie einschätzen können, welche Datenschutztechnologien sich je nach Anwendungsfall anbieten.

Der Einsatz von Datenschutztechnologien in der Praxis: eine Analyse konkreter Anwendungsfälle

Zu lernen, wie und welche Datenschutztechnologien Sie einsetzen können, wird ein fortlaufender Prozess sein, in dem Sie das in diesem Buch Erlernte auf Ihre Arbeit mit Daten anwenden. In diesem Abschnitt stelle ich Ihnen einige reale Anwendungsfälle vor und zeige Ihnen, wie unterschiedliche Datenschutztechnologien zum Einsatz kommen können. Hierbei sollten Sie besonderen Fokus darauf legen, Muster und Denkweisen zu erfassen und Ihre eigenen Erfahrungen im Umgang mit Daten mit den Fallbeispielen zu vergleichen. Die Fragen und Ideen, die Ihnen beim Lesen in den Sinn kommen, können Ihnen interessante Ansatzpunkte dazu bieten, wie Sie Datenschutztechnologien in Ihrem Unternehmen, in Ihrem Tätigkeitsbereich oder auch in Ihrer beruflichen Zukunft einsetzen können.

> Diese Anwendungsfälle basieren auf realen Fällen aus der Praxis. Zur Wahrung der Vertraulichkeit wurden bestimmte Details abgeändert oder weggelassen. Der Kern des Problems und des Entscheidungsprozesses wird allerdings unverändert dargestellt.

Federated Marketing: Marketingkampagnen unter Berücksichtigung des Datenschutzes durchführen

Gerade das Marketing eignet sich hervorragend dafür, den Einsatz von Datenschutztechnologien auszuweiten, da es oftmals der erste Bereich ist, in dem Unternehmen von Vorschriften betroffen sind. Wenn Sie in einem Marketingunternehmen beschäftigt sind oder eng mit einem Marketingteam zusammenarbeiten, haben Sie si-

4 Thin Slices sind kleine, brauchbare Teile, die wie MVP-Features oder Proofs of Concept funktionieren und Feedback und einen Austausch zwischen Anwendern und Entwicklern ermöglichen. Die Idee stammt aus der agilen Softwareentwicklung und von Lean-Methoden, bei denen es darum geht, schnell einen Mehrwert zu schaffen. Es ist besser, dem »Kunden« etwas zu zeigen, das das tut, was er braucht oder will, selbst wenn es nicht voll funktionsfähig ist, als Monate damit zu verbringen, das zu bauen, von dem Sie glauben, dass es benötigt wird, nur um dann herauszufinden, dass es nicht den Erwartungen entspricht.

cher schon gesehen, wie sich Einwilligungen, die Wahl von Opt-out-Möglichkeiten und die Beachtung von Vorschriften auf das gesamte Geschäftsmodell auswirken. Marketingabteilungen zu vermitteln, wie sie Marketing auf eine andere Art und Weise betreiben können, bei der der Datenschutz im Mittelpunkt steht, ist ein interessanter Teil der Arbeit im Bereich des Datenschutzes.

Bei diesem Anwendungsfall geht es darum, Daten gemeinsam zu nutzen, sie zu Marketingzwecken einzusetzen und diese Daten auf sichere und datenschutzgerechte Weise zu handhaben. Sehen wir uns den Anwendungsfall genauer an!

Problemstellung und angestrebtes Ergebnis

In diesem Anwendungsfall geht es darum, dass zwei Unternehmen ihre Marketingbemühungen bündeln wollten. Ein Unternehmen wollte herausfinden, welche seiner Kunden auch Kunden des anderen Unternehmens waren, und das Management beabsichtigte, einige interessante Produktangebote zu erstellen, die sie auf der Grundlage der Daten, die dem anderen Unternehmen zur Verfügung standen, bewerben konnten.

Eines dieser Unternehmen war in Europa ansässig und sah sich daher mit strengeren Vorschriften konfrontiert. Aufgrund der Melderechte der DSGVO durften sie nicht ohne Weiteres Kundendaten austauschen, und die Rechts- und Compliance-Abteilungen beider Unternehmen lehnten eine direkte Übermittlung von Kundendaten an das jeweils andere Unternehmen ab. Wie konnten sie also eine geeignete Lösung finden?

> Vor allem Marketingabteilungen haben aufgrund neuer Vorschriften wie der DSGVO häufig den Zugang zu bestimmten Daten verloren. Falls Ihr Unternehmen eine Marketingabteilung hat, können Sie mit ihr über die damit verbundenen Probleme sprechen, um herauszufinden, wie Datenschutztechnologien dazu beitragen können, dass den Kunden mehr Schutz geboten wird und dem Unternehmen dennoch neue Werbemöglichkeiten offenstehen.

In einer perfekten Welt gäbe es eine vertrauenswürdige dritte Partei (engl. *Trusted Third Party*, TTP), hier Trent genannt (*https://oreil.ly/Qr59K*)(siehe Tipp auf der nächsten Seite), die sich die von beiden Unternehmen gesendeten Daten ansehen und die Schnittmenge auf sichere Weise finden könnte. Trent könnte auch das Kaufverhalten analysieren und die Analyse sowie die übereinstimmenden Nutzer an das Unternehmen senden, das Werbung schalten möchte. Das Unternehmen könnte diese Analyse dann nutzen, um den (optimalerweise) interessierten Nutzerinnen und Nutzern neue Angebote zu unterbreiten.

Derzeitige Lösung

Bei der derzeitigen Lösung für dieses Problem wird eine vertrauenswürdige Laufzeitumgebung (*Trusted Execution Environment*, TEE, die auch als Enklave bezeichnet wird) (*https://oreil.ly/Mz8YZ*) sowie eine Software verwendet, die die Vergleiche und Analysen in der sicheren Enklave ausführt. In Kapitel 10 finden Sie einen ausführlicheren Überblick über Enklaven. Kurz gesagt, handelt es sich dabei um ein vertrauliches Computing-Tool, das die Daten und die Programmausführung vor der Person oder dem Unternehmen verbirgt, das die Hardware betreibt.

Im vorliegenden Fall haben die Entscheidungsträger geglaubt, Enklaven seien einem Trent sehr ähnlich. Doch in der Regel lösen Enklaven das Problem der Vertrauensverteilung, indem sie das Vertrauen vom Hardwareanbieter bzw. Cloud-Dienst auf die Ausführungsumgebung verlagern.[5] Enklaven bieten Sicherheitsgarantien dahin gehend, dass nur Ihre spezifische Software auf bestimmten Prozessoren ausgeführt wird. Damit der Datenschutz gewährleistet werden kann, muss diese Software von beiden Parteien entwickelt, programmiert, richtig verstanden und überprüft werden. Enklaven kosten auch deutlich mehr als normale Rechenleistung und haben aufgrund ihrer besonderen Funktionsweise einige Eigenheiten im Hinblick auf die Optimierung von Programmen, sodass sie für Softwareentwickler nicht immer einfach zu handhaben und zu pflegen sind.

Dieser Entschluss wurde in gutem Glauben gefasst und spiegelt sicherlich die Situation in Unternehmen wider, in denen das Wissen über Datenschutztechnologien relativ gering ist. Das dürfte in den nächsten Jahren bei den meisten Unternehmen der Fall sein, und genau an dieser Stelle können Sie am ehesten helfen. Welche Lösung wäre besser für das Problem der Marketingteams geeignet?

Lösung, die dem Datenschutz am besten gerecht wird

Möglicherweise haben Sie die Problemstellung gelesen und sofort an das Beispiel aus Kapitel 7 gedacht, in dem Sie die Moose- und Private-ID-Bibliothek genutzt haben. Damit liegen Sie richtig! Sehen wir uns an, warum.

Der Anwendungsfall ist im Grunde genommen eine typische Problemstellung, bei der sich die Private Set Intersection anbietet. Beide Unternehmen haben gemeinsame Kunden, wollen die Schnittmenge ihrer Kundendaten bestimmen und eine Analyse durchführen. Dementsprechend ist das Problem im Bereich der Encrypted Computation anzusiedeln. Darüber hinaus bestehen relativ strenge Anforderungen an den Datenschutz und die Geheimhaltung, was bedeutet, dass Sie eine möglichst sichere Verschlüsselung und gegebenenfalls auch Differential Privacy oder andere Verfahren zur Maskierung oder Aggregierung einbeziehen möchten.

> Wenn Sie die Notwendigkeit einer vertrauenswürdigen dritten Partei sehen, sollten Sie sofort an Encrypted Computation denken. Trent ist eine Figur aus der Welt der Kryptografie, weil sie als vertrauenswürdige dritte Partei für Eigenschaften steht, die die Kryptografie bietet. Wenn kryptografische Protokolle konzipiert werden, repräsentieren Figuren wie Trent Attribute und Methoden, die für die eigentliche kryptografische Berechnung benötigt werden. Dies ist Teil der universellen Komponierbarkeit (engl. *Universal Composability*) (*https://oreil.ly/xNWO-*) und ein wesentlicher Bestandteil kryptografischer Beweise.

5 Ironischerweise sind die meisten Anbieter von Enklaven auch Hardware- und Cloud-Anbieter.

Die Umstellung von der derzeitigen Lösung, die keine eindeutigen Garantien bietet, auf einen Ansatz ähnlich dem Private Join and Compute (siehe den Abschnitt »Private Join and Compute« auf Seite 259) von Google würde für die Zukunft eine Lösung bieten, bei der der Datenschutz an erster Stelle steht. Dies könnte entweder mit homomorphen Verschlüsselungsprotokollen oder sicheren Mehrparteien-Berechnungsprotokollen (*Secure Multiparty Computation*) – oder einer Kombination aus beidem – geschehen. Ein zusätzlicher Vorteil dieses Ansatzes ist, dass er Cloud- und hardwareunabhängig ist, d.h., er kann ohne spezielle Hardware ausgeführt und problemlos in neue Clouds bzw. Umgebungen migriert werden. Außerdem ist er viel besser nachprüfbar, da er auf bewährten kryptografischen Protokollen beruht und weil optimalerweise eine gut geprüfte und gepflegte Implementierung zum Einsatz kommt. Wenn dies der Fall ist, sollten beide Parteien in der Lage sein, den Berechnungsplan zu überprüfen und sicherzustellen, dass er ihren Ansprüchen entspricht. Je nach Software, die für die Implementierung verwendet wird, stehen gegebenenfalls auch leicht nachzuvollziehende Diagramme und Berechnungspläne zur Verfügung, sodass alle Beteiligten die Berechnung überprüfen können und verstehen, wie sie diese für die gewünschten Datenschutz- und Geheimhaltungsfunktionen modifizieren können.

Das Praktische an dieser Lösung ist, dass sie auch mit anderen Ideen getestet und kombiniert werden kann. Sie könnten zum Beispiel Encrypted Computation verwenden, um eine Private Set Intersection durchzuführen, und dann die Analyse der Daten in einer föderalen Weise vorzunehmen, bei der jeder Spieler nur seinen Teil der Daten analysiert. Die Parteien könnten dann mit Differential Privacy kleinere Aktualisierungen gemeinsam nutzen (Federal Analytics), anstatt die Analyse im verschlüsselten Raum zu Ende zu führen. Wenn die Analyse zusätzliche Datenschutzmaßnahmen erfordert, könnten Sie einen Differential-Privacy-Mechanismus direkt im Rahmen der Encrypted Computation vor dem Entschlüsselungsschritt einbinden. Durch die Kombination der Ansätze, die Sie in diesem Buch kennengelernt haben, können Sie genau herausfinden, wo der »Sweet Spot« für die Bereitstellung geeigneter Datenschutzmechanismen liegt, die am besten für den Anwendungsfall und das jeweilige Threat Model geeignet sind.

Beginnen Sie mit einem kleinen Proof of Concept, mit dem Sie das Problem schnell modellieren und anschließend iterieren können. Hier sind einige Schritte, die Ihnen den Einstieg erleichtern, sollte dies für Sie neu sein:

1. Wenn Sie beschlossen haben, eine neue Technologie versuchsweise einzuführen, stellen Sie sicher, dass Sie das Problem bereits klar formuliert haben und dass sich alle Beteiligten über das gewünschte Ergebnis im Klaren sind.
2. Wählen Sie eine oder mehrere Bibliotheken aus, mit denen Sie experimentieren möchten. Skizzieren Sie Ihre Vorgehensweise, bevor Sie beginnen. Legen Sie fest, wie Sie Check-in-Punkte setzen und zeitraubende oder komplizierte Sachverhalte identifizieren und wie Sie diese im Team erörtern können.
3. Experimentieren Sie, entwickeln und lernen Sie – so wie Sie es normalerweise im Rahmen Ihres Data-Science-Prozesses tun. Dabei ist es hilfreich, ein multidiszip-

linäres Team mit zusätzlichen Fähigkeiten zu haben, insbesondere Infrastruktur-, Softwareentwicklungs-, Architektur- und am besten auch Netzwerkexperten. Wenn Sie sich nicht sicher sind, wie Sie vorgehen sollen, konzentrieren Sie sich auf das angestrebte Ergebnis

4. Überprüfen Sie in regelmäßigen Abständen, ob und wo viel Zeit verloren geht und ob es Probleme gibt. Nehmen Sie Experimente, Spikes und Entscheidungen schnell vor, um schwierige Lernprozesse besser zu bewältigen. Setzen Sie sich ein paar Tage lang mit einem Problem auseinander und widmen Sie sich etwas anderem, wenn Sie nicht weiterkommen.
5. Wenn möglich, sollten Sie regelmäßig mit künstlichen Daten (*Fake Data*) testen, um den Nachweis zu erbringen, dass Ihr Ansatz funktioniert (*Proof of Concept*). Erstellen Sie die künstlichen Daten so, dass sie repräsentativ für Ihre Problemstellung sind, auch wenn es ein paar Tage dauert, um sie richtig hinzubekommen. Sobald Ihr Proof of Concept mit diesen nachgebildeten Daten funktioniert, sollten Sie auf die echten Daten von mindestens einer Partei zurückgreifen und ein paar Testläufe durchführen.
6. Bewerten Sie Ihre Test- und tatsächlichen Läufe. Lässt sich die Lösung skalieren? Was für Fehler haben sich aufgetan? Was würden Sie anders machen, wenn Sie in die Produktion übergehen würden? Welche Sicherheitsrisiken und Bedrohungen gibt es noch? Je nachdem, wie die Antworten ausfallen, können Sie Ihren Proof of Concept entweder für weitere Experimente (zurück zu Schritt 3) heranziehen oder in der Produktion einsetzen.

In diesem Beispiel haben Sie gesehen, wie Sie von einer neuen (aber ungeeigneten) Technologie zu einer Technologie wechseln, von der Ihr Team vielleicht noch nie gehört hat. Einige dieser Gespräche werden in Etappen stattfinden, und es wird eine Weile dauern, bis Sie genügend Befürworter gewinnen können, um zu Dingen wie einem Proof of Concept oder einer echten Implementierung zu gelangen.

Der Aufwand lohnt sich – sowohl im Hinblick auf Ihre Karriere als auch für das Unternehmen. Zu lernen, wie man andere bei diesem Wandel anleitet, erfordert Zeit. Raum für Experimente und Überzeugungsarbeit zu schaffen, kann dabei helfen. Wenn Sie Ihre Marketing- und Technologieteams mit Encrypted Computation vertraut machen, werden sie davon profitieren, wenn sie in die Zukunft blicken, und die Bindung an einen Anbieter und die unvorhersehbaren Cloud-Kosten vermeiden, die mit ungeeigneten Lösungen wie Enklaven einhergehen.

Gehen wir nun zum nächsten Anwendungsfall über, bei dem es ebenfalls um die gemeinsame Nutzung von Daten geht, die geschützt bleiben und vertraulich gehandhabt werden müssen.

Public-Private-Partnerships: gemeinsame Nutzung von Daten im öffentlichen Gesundheitsdienst

Damit sie sich ein umfassendes Bild von der Gesundheit der Bürgerinnen und Bürger machen können, sind Behörden oftmals darauf angewiesen, mit privatwirtschaftlichen Unternehmen zusammenzuarbeiten, die über verschiedenste Gesundheitsdaten und Gesundheitsindikatoren verfügen. Zum Beispiel wäre es bei der Analyse einer Krankheit wie Krebs oder einer Pandemie sinnvoll, Gesundheitsdaten von privaten Versicherern, privaten Krankenhäusern und öffentlichen Behörden als Grundlage heranzuziehen. Dadurch könnten Forschungsprojekte unterstützt, die Budgetplanung optimiert oder auch die Kapazitäten von Krankenhäusern und Gesundheitseinrichtungen gezielter angepasst werden.

Diese Art von Datenpartnerschaften lassen sich auch außerhalb des Gesundheitswesens finden, z. B. wenn Partner aus dem privatwirtschaftlichen Bereich gemeinsam an der Lösung eines Problems arbeiten. In diesem Anwendungsfall erfahren Sie, wie Sie eine solche Zusammenarbeit unter Wahrung der Privatsphäre der in den Daten enthaltenen Personen sicher gestalten können.

Problemstellung und angestrebtes Ergebnis

Dieser Fall soll bei der Haushaltsplanung der Kosten des Gesundheitswesens in einem Land dienen, in dem Daten von Gesundheitsdienstleistern, privaten Versicherern und der Regierung miteinander kombiniert wurden, um sich ein besseres Gesamtbild zu verschaffen. Das Ziel war es, die Kosten des Gesundheitswesens auf übergeordneter Ebene nachvollziehbar zu machen – nicht auf Ebene der einzelnen Patienten. Die nach verschiedenen Merkmalen aufgeschlüsselten Gesamtkosten des Gesundheitswesens konnten anschließend dazu herangezogen werden, zukünftige staatliche Investitionen und Ausgaben im Gesundheitswesen besser zu planen.

Dabei war es wichtig, dass die Regierung die entsprechenden Kennzahlen erhält, ohne dass dabei die Vertraulichkeit von Daten betroffener Patienten verletzt wird. Die Gesundheitsdienstleister und Versicherungsgesellschaften mussten im Rahmen der Beteiligung und Datenweitergabe gewährleisten, dass keine privaten oder vertraulichen Informationen über Patienten, Kunden oder interne Abläufe preisgegeben werden.

Derzeitige Lösung

Bei der derzeitigen Lösung kommt ein datenschutzfreundlicher Hashing-Algorithmus zum Einsatz, der wie ein Bloom-Filter funktioniert, bei dem die Identifikatoren gehasht werden. Die Identifikatoren und die zugehörigen Kosten- oder Krankheitsdaten werden dann an die Regierung weitergegeben. Dabei übermitteln sowohl die Anbieter als auch die Versicherer ihre Daten an die Server der Regierung. Bei dem Algorithmus handelt es sich um eine die Privatsphäre wahrende Methode aus der Forschung. Der wahrscheinlichkeitsbasierte Hashing-Mechanismus sorgt für ein gewisses Maß an Rauschen und trägt somit zu einem besseren Datenschutz bei.

Sie haben bereits gelernt, dass bei dieser Vorgehensweise zwar die Anforderungen an eine starke Pseudonymisierung, nicht aber an eine Anonymisierung erfüllt werden. Bei wahrscheinlichkeitsbasierten Hashing-Verfahren kann eine Menge zusätzlicher Informationen preisgegeben werden, insbesondere wenn die dahinterliegenden Daten nicht geschützt sind. Selbst wenn sie mit einer gewissen Wahrscheinlichkeit einen anderen Hash zurückgeben, repräsentieren sie letztlich eine einzelne Person.

Für diese Identifikationsnummer ist der Suchraum wahrscheinlich begrenzt. Da die Regierung alle von ihr ausgestellten Identifikationsnummern kennt, ist es möglich, dass ein motivierter Angreifer den Gesundheitszustand einer bestimmten Person ermitteln kann. Das ist natürlich alles andere als ideal, wenn das eigentliche Ziel darin besteht, die derzeit beste Datenschutztechnologie zu verwenden.[6]

Doch dieser wahrscheinlichkeitsbasierte Filter birgt nicht nur Datenschutzrisiken, sondern trägt auch dazu bei, dass dem Datensatz unnötig viel Rauschen hinzugefügt wird. Im Gegensatz zum stochastischen Rauschen, das bei Differential Privacy hinzugefügt wird – das speziell auf das jeweilige Problem zugeschnitten ist und Datenschutzgarantien gibt –, bietet das mit diesem Ansatz einhergehende Rauschen keinen Schutz.

Wie könnte das bestehende System mithilfe moderner Datenschutztechnologien verbessert werden?

Lösung, die dem Datenschutz am besten gerecht wird

Bei der Entwicklung einer zukunftsfähigen Lösung, bei der die Geheimhaltung garantiert und die Privatsphäre geschützt bleibt, bieten sich zwei Ansätze an. Bei dem einen würden Sie auf Secure Multiparty Computation (MPC) zurückgreifen, bei dem anderen ein vollkommen föderales System aufbauen. Zudem könnten die Ansätze auch kombiniert werden. Betrachten wir beide Ansätze zunächst einmal im Einzelnen.

Wenn mehrere Parteien Daten gemeinsam nutzen wollen, stellt MPC immer eine denkbare Lösung dar. Im vorliegenden Fall ist sie vor allem deshalb geeignet, weil die Parteien eine gemeinsame Berechnung der Gesamtkosten vornehmen möchten. Mit einer Lösung wie dem Replicated oder dem Additive Secret Sharing, die Sie in Kapitel 7 kennengelernt haben, könnten die Parteien die Zusammenführung der Daten so gestalten, dass die Regierung die endgültigen Teilgeheimnisse (bzw. Anteile) erhält und anschließend das Ergebnis ermittelt. Sie könnten die Analyse auch automatisch so formulieren, dass Sie direkt nach dem gewünschten Ergebnis fragen (durchschnittliche Kosten pro Patient, Gesamtkosten bestimmter Behandlungen, Anzahl an Behandlungen pro Monat usw.). Darüber hinaus könnte jede Partei ihren eigenen Differential-Privacy-Mechanismus hinzufügen und die Beiträge pro Person, die Sensitivität und das Epsilon entsprechend anpassen, sofern dies gewünscht wird. Dann könnte die Regierung alle Antworten zusammen entschlüsseln und sicherstellen, dass sie die Einzigen sind, die das Ergebnis einsehen können. Auf diese Weise bleiben Vertraulichkeit und Datenschutz weitestgehend gewahrt. Das bedeutet auch, dass sich die beteiligten Parteien im Voraus darauf verständigen müssen, wie die Daten verarbeitet werden sollen und wie die Analyse durchgeführt wird, sodass bereits geklärt ist, welche Ergebnisse Sie erhalten und welche Privacy-Garantien Sie bieten wollen.

6 Die ursprüngliche Implementierung wurde bereits vor einigen Jahren vorgenommen – und homomorphe Verschlüsselung wurde als Möglichkeit ausgeschlossen, da die Bibliotheken zu diesem Zeitpunkt noch nicht ausgereift genug waren, um sie zu verwenden.

Die Analyse könnte ebenfalls in Form von Federated Analytics erfolgen, entweder in Verbindung mit oder ohne MPC (siehe Kapitel 6). In diesem Fall würde die Berechnung mittels eines föderal gestalteten Analysesystems durchgeführt, sodass jeder Teilnehmer die Analyse lokal durchführt, also ohne dass die Daten weitergegeben werden. Das aus der Aggregierung resultierende Ergebnis könnte dann entweder direkt an die Regierung gesendet oder die Aggregierung auf einem von der Regierung betriebenen Server vorgenommen werden. Wenn besondere Anforderungen an die Geheimhaltung der Daten gestellt werden, könnte dies eine Secure Aggregation sein, bei der MPC oder HE zum Einsatz kommt. Der Aggregationsschritt könnte auch durch Differential Privacy ergänzt werden, um ein höheres Maß an Datenschutz zu gewährleisten.

Alle eben genannten Ansätze bieten ein höheres Maß an Datenschutz und Geheimhaltung, als dies derzeit der Fall ist. Im Idealfall sollten Sie jetzt erkennen, dass es möglich ist, Datenschutztechnologien sinnvoll zu kombinieren, um die jeweiligen Probleme zu lösen. Zusammen mit den Software- und Infrastrukturteams sollten Sie hierbei gemeinsam abwägen, welche Lösung sich am ehesten eignet. Ihre Aufgabe besteht vor allem darin, ein größeres Spektrum möglicher Lösungen aufzuzeigen und gleichzeitig die Teams bei der Entwicklung der Lösung mit fundierten datenschutzrechtlichen und datenwissenschaftlichen Empfehlungen zu unterstützen.

Ein weiteres häufig vorkommendes Problem betrifft die Einhaltung von Datenschutzbestimmungen. Analysieren wir nun einen Anwendungsfall, bei dem es darum geht, die Bestimmungen der DSGVO einzuhalten. Hierbei werden wir uns erneut der Frage widmen, wie die derzeitige Lösung verbessert werden könnte.

Machine Learning mit anonymisierten Daten: DSGVO-konforme Lösungen in einem iterativen Trainings-Setting

Die DSGVO einzuhalten, stellt, wie Sie in Kapitel 8 erfahren haben, kein leichtes Unterfangen dar. Unternehmen in Europa und auf der ganzen Welt sind noch heute dabei, ihre Compliance-Mechanismen anzupassen, da Daten, die im Rahmen älterer Einwilligungen erhoben wurden, nun gelöscht werden müssen und sich die Auslegung von Einwilligungen im Rahmen der Rechtsprechung ändert.

Gemäß DSGVO sind bestimmte Formen der Erhebung und Verarbeitung personenbezogener Daten nur dann zulässig, wenn die Einwilligung freiwillig und unmissverständlich gegeben wurde. Sobald Daten erhoben werden, muss der Datenverantwortliche eine Aufbewahrungsfrist für die Verwendung dieser Daten festlegen. Falls die Einwilligung widerrufen wird, müssen die Daten innerhalb von 30 Tagen gelöscht werden. Andernfalls müssen die Daten nach Ablauf der Aufbewahrungsfrist gelöscht werden.

Sie haben bereits in Kapitel 8 erfahren, dass Sie Daten, die im Rahmen der DSGVO erhoben wurden, dem Geltungsbereich der Verordnung entziehen können, wenn diese anonymisiert werden. Können Sie nachweisen, dass Daten ordnungsgemäß anonymisiert wurden, unterliegen sie nicht mehr den Anforderungen der DSGVO und können daher länger aufbewahrt werden, als dies durch die Aufbewahrungsfrist vorgegeben ist.

Problemstellung und angestrebtes Ergebnis

In diesem Anwendungsfall hat ein Einzelhandelsunternehmen im Rahmen seines regulären Geschäftsbetriebs Umsatzdaten erfasst. Auf diesen Daten wurden mehrere Machine-Learning-Modelle für eine Reihe wichtiger Marketing- und Geschäftszwecke trainiert. Seitdem die DSGVO in Kraft getreten ist, muss das Unternehmen die Verarbeitung seiner Daten dokumentieren und zusätzliche Schutzmaßnahmen ergreifen, wie z.B. neue Richtlinien hinsichtlich der Speicherung und Nutzung von Daten einführen.

Einen Teil der Daten kann es unabhängig von der Einwilligung oder der Aufbewahrungsfrist vorhalten, da sie einem »berechtigten Interesse« unterliegen. Allerdings fallen gewisse Daten, die es zusätzlich erhebt, unter die genannten Einwilligungs- und Aufbewahrungsbestimmungen. Diese Daten müssen von dem Unternehmen gelöscht oder – sofern es sie ohne weitere Einschränkungen im Rahmen des Trainings oder seiner normalen Verarbeitungsprozesse verwenden möchte – anonymisiert werden.

Das Unternehmen möchte diese zusätzlichen personenbezogenen Daten weiterhin für seine Machine-Learning-Modelle nutzen, da sich gezeigt hat, dass sich mit ihnen die Leistung der Modelle verbessern lässt. Wie kann es zugleich den Anforderungen der DSGVO gerecht werden und dennoch leistungsfähige Modelle entwickeln?

Derzeitige Lösung

Beim derzeitigen Ansatz hat es k-Anonymität als Vorverarbeitungsschritt für den Feature Store implementiert. Bei der k-Anonymity wird zunächst ein Wert für k festgelegt, und die in den Daten enthaltenen Personen werden auf Basis persönlicher Attribute gruppiert, wobei die Gruppen jeweils mindestens k Personen umfassen (siehe Kapitel 2). Wenn eine Person bzw. eine Zeile keiner Gruppe zugeordnet werden kann, werden die entsprechenden Informationen verworfen.

Im Hinblick auf eine Machine-Learning-Pipeline bedeutet dies, dass sie die zum jeweiligen Zeitpunkt zulässigen Daten testet, die Gruppen erstellt und Daten anschließend zu Features verarbeitet, die dann im Feature Store landen. Diese Features (bzw. Merkmale) sind nun »anonymisiert« und können zum Trainieren von Modellen verwendet werden.

Allerdings bietet k-Anonymität, wie Sie sich vielleicht aus Kapitel 2 erinnern, keine strengen Datenschutzgarantien. Da in diesem Fall k-Anonymity auch nicht mit l-Diversity und t-Closeness kombiniert wird, sollte der Ansatz noch einmal hinterfragt werden. k-Anonymity führt unnötigerweise dazu, dass Informationen von Kunden verloren gehen, wenn diese Gruppen zugeordnet wurden, deren Größe kleiner als k ist. Wie könnten die Daten besser anonymisiert werden, sodass die Bestimmungen der DSGVO eingehalten werden?

Lösung, die dem Datenschutz am besten gerecht wird

Sie denken bereits an Differential Privacy, nicht wahr? Mit diesem Mechanismus kann, wie Sie bereits in Kapitel 5 erfahren haben, auch im Rahmen von Machine-Learning-Pipelines die Anonymität gewahrt werden. Diese Lösung wird dem Datenschutz auf jeden Fall besser gerecht und ist mit der DSGVO konform – und sie ist so zukunftssicher wie derzeit sonst keine andere.

Allerdings müssen Sie sich überlegen, wie Sie Differential Privacy in Ihr Training einbeziehen. Wenn Sie Differential-Privacy-Garantien für Ihr Machine Learning herbeiführen möchten, müssen Sie auf Machine-Learning-Bibliotheken zurückgreifen, mit denen Differential Privacy implementiert werden kann. Außerdem müssen Sie diese Modelle mit Modellen vergleichen, die mit weniger Daten trainiert wurden, für die aber keine Datenschutzgarantien erforderlich sind (d. h. nur mit Daten, deren Aufbewahrungsfrist noch nicht überschritten ist bzw. die gelöscht werden müssten).

Dieser Ansatz hätte jedoch zur Folge, dass Sie Ihre MLOps-Prozesse und Pipelines anpassen müssten, was eine große Investition bedeuten würde. Außerdem dürften Sie kein Interesse daran haben, Features, auf denen Differential Privacy angewandt wird, für den Feature Store zu erstellen, da dies nur einer lokalen Differential Privacy und keiner globalen bzw. zentralen gleichkäme – und den Daten somit mehr Rauschen hinzugefügt werden würde, als Ihnen lieb wäre (siehe Kapitel 2, 3 und 5). Falls Sie derzeit im Rahmen Ihrer MLOps-Prozesse vor allem auf Feature Stores zurückgreifen, wären Sie dadurch gezwungen, die Art und Weise, wie Sie Modelle trainieren, testen und miteinander vergleichen, anzupassen.

Sofern Sie der Meinung sind, dass dieser Ansatz der beste sei, ist es sicherlich möglich, ihn in Ihrem Unternehmen umzusetzen – dies allerdings nur mit einem hohen Zeit- und Entwicklungsaufwand. Bei einigen Unternehmen dürfte dieser Aufwand mit höheren Kosten verbunden sein als jenen, die mit den Risiken der Nichteinhaltung der DSGVO verbunden sind. Es könnte daher noch einige Zeit dauern, bis sich dieser Ansatz zur Einhaltung der DSGVO durchsetzt.

Untersuchen wir nun noch einen Anwendungsfall, der Ihnen vielleicht bekannt vorkommt und sogar ein Grund dafür ist, warum Sie dieses Buch in die Hand genommen haben – nämlich das lange Warten, bis Sie Zugriff auf Daten erhalten, oder wenn Ihnen der Zugriff auf bestimmte Daten ganz und gar verwehrt wird.

Business-to-Business-Anwendung: Zugriff auf Daten aus erster Hand

Im Laufe meiner beruflichen Tätigkeit habe ich schon unzählige Anwendungsfälle gesehen, in denen keine Daten verwendet werden durften oder bei denen Data Scientists monatelang darauf warten mussten, Zugang zu Daten zu erhalten. Betrachten wir ein Beispiel, das zeigt, wie Datenschutztechnologien bei diesem Problem Abhilfe schaffen können.

Problemstellung und angestrebtes Ergebnis

In diesem Beispiel entwickelt ein Unternehmen Tools für andere Unternehmen, mit denen die internen Daten dieser Unternehmen gemanagt werden. Aus Gründen des Datenschutzes und der Sicherheit erhält jedes Unternehmen seinen eigenen sicheren Datenspeicher. Die von der Anwendung erzeugten Daten gehören den jeweiligen Kunden, und der Anwendungsentwickler hat nur Zugriff auf diese Daten, um den Dienst am Laufen zu halten, nicht jedoch für andere Zwecke.

Derzeitige Lösung

Für solche Teams besteht die Lösung üblicherweise darin, so zu verfahren wie bisher – d. h. ohne die Daten jemals für weitere Erkenntnisse, Anwendungsfälle oder etwaige Wachstumschancen zu nutzen. Auch wenn diese Lösung in der Tat sehr datenschutzfreundlich ist, bedeutet sie oftmals, dass das Unternehmen von anderen Unternehmen, die weniger datenschutzfreundliche Geschäftsmodelle verfolgen, abgehängt wird: Es ist dadurch nicht in der Lage, auf Daten zurückzugreifen, mit denen sich feststellen lassen würde, welche Produktfunktionen gut ankommen, welche verbessert werden könnten und wie neue Funktionen oder Angebote priorisiert werden könnten. Darüber hinaus können einige Funktionalitäten, wie z. B. Produkte, die mithilfe von Machine-Learning-Modellen auf Basis dieser Daten trainiert werden, ohne die entsprechenden Daten nicht entwickelt werden.

Lösung, die dem Datenschutz am besten gerecht wird

Damit das Unternehmen von Data Science profitieren und neue Produktangebote unter Verwendung von Data Science entwickeln kann, muss sich die Positionierung des Unternehmens und die Sichtweise der beteiligten Akteure deutlich verändern. Wichtig dabei ist, dass man – wie Sie als Data Scientist mit einem Fokus auf Datenschutztechnologien – eng mit den Compliance-, Rechts- und Datenschutzteams zusammenarbeitet, um abzuklären, welche Produkte mit den zugrunde liegenden Kundenverträgen und ihren Anforderungen in Einklang stehen würden. Falls vor dem Einsetzen und Testen von Datenschutztechnologien vertragliche Änderungen erforderlich sind, sollten diese direkt auf die Kunden zugehen und die nötigen Anpassungen klären.

Es gibt jedoch mehrere – Ihnen inzwischen bekannte – Möglichkeiten, die dazu beitragen können, den Kunden ihre Bedenken bezüglich des Zugriffs und der Nutzung ihrer Daten zu nehmen, vor allem wenn deren Bedenken daher rühren, dass ihnen unklar ist, welchen Nutzen sie daraus ziehen, und sich ihr Blick folglich nur auf die Kehrseite der Medaille richtet: auf einen (vermeintlich) geringeren Schutz ihrer Daten. Ist es ihnen beispielsweise wert, die Nutzung ihrer Daten anzubieten, wenn sie im Gegenzug von einem verbesserten Suchalgorithmus oder einem nützlichen Machine-Learning-Modell profitieren können? Wenn Sie ihnen die Vorteile und den von Ihnen gebotenen Schutz ihrer Daten aufzeigen können, kann dies ein Umdenken bewirken und neue Möglichkeiten für eine datenschutzfreundliche Nutzung ihrer Daten eröffnen.

In Konstellationen wie dieser kommen am häufigsten föderale bzw. verteilte Lösungen zum Einsatz (siehe Kapitel 6), bei denen die Daten hauptsächlich in einem sicheren Bereich verbleiben und nur kleinere Modellaktualisierungen oder Analyseergebnisse mit dem Anwendungsprovider geteilt werden. Der Anwendungsprovider könnte bei mehreren ähnlichen Kunden zum Beispiel Federated Learning einsetzen, um zu ermitteln, inwieweit ein Modell zur Optimierung von Suchfunktionen beitragen kann. Falls erforderlich, kann dieses Setting mit Differential Privacy und Secure bzw. Encrypted Computation kombiniert werden, sodass die Daten zusätzlich geschützt und gesichert wären.

Es wäre auch denkbar, dass Secure Multiparty Computation (siehe Kapitel 7) zum Einsatz kommen könnte – nämlich dann, wenn mehrere der Kunden bereit wären, ein bestimmtes Problem gemeinsam zu lösen, und von dieser Zusammenarbeit profitieren würden. Das könnte vor allem bei Supply-Chain- oder Logistikdaten der Fall sein, da alle beteiligten Kunden davon profitieren würden, wenn sie ihre Daten mit denen anderer Kunden kombinieren, und sie dadurch einen besseren Überblick über das System hätten. Wenn diese Kunden bereit sind, gemeinsam Berechnungen durchzuführen, aber nicht bereit sind, dies mit Klartextdaten zu tun, könnte Secure Computation ein möglicher Dienst sein, den der Anwendungsprovider mit Unterstützung dieser Partnerschaften entwickeln und anbieten könnte.

Von neuen Datenschutztechnologien zu profitieren und Standardworkflows zu konzipieren, bei denen Datenschutztechnologien als normaler Bestandteil von Data Science und Machine Learning zum Einsatz kommen, erfordert allerdings ein Umdenken. Denn wie Sie in Kapitel 3 gelernt haben, wird es schwierig sein, Systeme, Plattformen und Architekturen nachzurüsten, wenn diese Möglichkeiten nicht bereits im Rahmen der Konzeption bedacht wurden. Die effektivsten datenschutzfreundlichen Systeme sind solche, bei denen der Datenschutz bereits im Rahmen der anfänglichen Konzeption und Planung berücksichtigt wird.

Schrittweise Integration und Automatisierung von Datenschutz im Rahmen von Machine Learning

Gehen wir nun einen Schritt von konkreten Anwendungsfällen zurück und überlegen wir uns, ob es einen allgemeineren Ansatz gibt, mit dem Sie Datenschutz bereits von vornherein in Ihren Systemen berücksichtigen können. Hierzu ist es erforderlich, bei Ihren in Machine-Learning- und Data-Science-Workflows zum Einsatz kommenden Methoden sicherzustellen, dass Datenschutz in jedem Schritt eine Rolle spielt. Ziel ist es letztlich, die Entscheidung für die Berücksichtigung des Datenschutzes bei der Entwicklung von Machine-Learning- und Data-Science-Produkten zu erleichtern.

Iterative Erkundung

In den ersten Phasen eines Data-Science- oder Machine-Learning-Projekts geht es oft darum, herauszufinden, welches Problem gelöst werden soll. In dieser Phase betreiben Sie eine Art »iterative Erkundung«, um zu ermitteln, welche anwendungsfall- oder kontextspezifischen Informationen Sie benötigen, um mehr über mögliche Ansätze oder Methoden zu erfahren und zu ermitteln, welche Daten bereits verfügbar sind und welche weiteren Daten Sie noch benötigen könnten.

Diese Phase ist der ideale Zeitpunkt, um Entscheidungen hinsichtlich des Datenschutzes zu treffen, sofern Sie mit personenbezogenen oder sensiblen aus Geschäftsprozessen gewonnenen Daten arbeiten. Beziehen Sie den Datenschutz in die Problemstellung und bei der Erkundung verfügbarer Daten mit ein und stellen Sie gleichzeitig Überlegungen dazu an, inwieweit der Datenschutz Berücksichtigung finden soll, wenn dies mit einem Verlust an Informationen einhergeht (siehe Kapitel 2). Die Beurteilung, welche Datenschutzmaßnahmen in dieser Phase hilfreich sein können, hat Einfluss darauf, wie das System später aufgebaut ist und funktioniert – wodurch etwaige technische Abwägungen deutlich zutage treten. Dies sollte idealerweise geschehen, bevor Code programmiert und Entscheidungen hinsichtlich der Architektur des Systems getroffen werden. Bereits bestehende Systeme und Architekturen bedeuten zwangsläufig immer, dass die Möglichkeiten für den jeweils vorliegenden Anwendungsfall eingeschränkt sind.

Zudem sollten Sie bedenken, dass, sofern Datenschutz- und Rechtsabteilungen erst ihre Zustimmung erteilen müssen, die Verwendung weiterer Daten und das Testen von Ideen nur möglich ist, wenn Sie bereits darlegen können, wie Sie diese ausreichend zu schützen gedenken (siehe Kapitel 8). Wenn Sie sich frühzeitig mit den rechtlichen Aspekten auseinandersetzen, können Sie sicher sein, dass Ihr Produkt bzw. Ihre Dienstleistung von den beteiligten Entscheidungsträgern genehmigt und auch richtig eingeschätzt werden kann. Schließlich wollen Sie nicht erst mitten in der Entwicklung eines neuen Machine-Learning-Produkts erfahren, dass es nicht DSGVO-konform oder zukunftssicher ist.

Wenn Sie beschließen, deshalb einfach weniger sensible Daten zu verwenden, ist das durchaus als gute Entscheidung zu werten. Denn durch eine Datenminimierung verringert sich das Risiko im Hinblick auf sämtliche Experimente und Workflows. Für einen besseren Datenschutz zu sorgen, ist immer das Beste, auch wenn das vielleicht bedeuten würde, dass die in diesem Buch vorgestellten Datenschutztechnologien in geringerem Umfang zum Zuge kämen.

Wird der Datenschutz regelmäßig im Rahmen dieser Erkundungsphase einbezogen und werden die Teams mit damit zusammenhängenden Fragen konfrontiert, sind sie eher geneigt, den Aufwand auf sich zu nehmen und Datenschutz direkt im Rahmen ihrer normalen Data-Science-Anwendungen zu berücksichtigen. Auf diese Weise wird ein iterativer Prozess angestoßen, bei dem es darum geht, verschiedene Technologien zu erkunden, herauszufinden, was am besten passt, zu bewerten, welche Bibliotheken sich rasch nutzen und testen lassen, und diese dann zu integrieren. Dadurch lernen die Teams diese Technologien besser kennen und bekommen einen genaueren Eindruck davon, wie sie auf datenwissenschaftliche Entscheidungen Einfluss nehmen können.

Sobald Datenschutz ein zentraler Bestandteil des kontinuierlichen Entdeckungsprozesses ist, werden sich mehr Personen und Teams im gesamten Unternehmen darüber austauschen, ihr Wissen teilen und ein stärkeres Bewusstsein dafür entwickeln. Damit dieses Wissen letztlich an alle weitergegeben wird, sollte es direkt im Rahmen des Produkt- und Lösungsfindungsprozesses dokumentiert werden.

Datenschutzanforderungen dokumentieren

Ähnlich wie die Software- und Benutzeranforderungen verfasst werden, kann und sollte auch das Formulieren von Datenschutzanforderungen ein normaler Teil von Data-Science- und Machine-Learning-Workflows sein. Wenn im Rahmen eines Data-Science-Projekts keine personenbezogenen oder anderen sensiblen Daten verarbeitet werden, kann auf diesen Prozess und auf eine Dokumentation verzichtet werden.

Allerdings tragen Gespräche im Rahmen von Projekten immer zum Wissensaustausch im Team bei und schärfen das Bewusstsein für den Datenschutz und die damit verbundenen Risiken. So wie in der Softwareentwicklung neue Standards und Praktiken für das Machine Learning eingeführt wurden – z.B. mehr Tests durchzuführen und eine Continuous Integration vorzunehmen –, wird die Entscheidung, Datenschutz als oberstes Anliegen in Datenprojekten zu verankern, die Kultur im Umgang mit personenbezogenen Daten nachhaltig verändern. Regelmäßige Risikobewertungen hinsichtlich des Datenschutzes und die Einbeziehung dieses Themas in die normalen Arbeitsabläufe können den Datenschutz von einem »Nice-to-have« zu einem »Must-have« für Teams und Datenprodukte machen.

Datenschutzrisiken von Machine-Learning-Modellen zu dokumentieren und sie abzumildern, ist, wie in Kapitel 5 erläutert, ein empfehlenswerter Ausgangspunkt für Machine-Learning-Teams oder Unternehmen, bei denen Machine Learning einen wichtigen Mehrwert ausmacht. Allein die Einbeziehung von Governance-Standards in die Arbeitsabläufe bzw. Workflows, wie Sie sie in den Kapiteln 1 und 3 gelernt haben, kann ausreichen, um ein Team oder ein Unternehmen für den Datenschutz zu sensibilisieren und dessen Einstellung diesbezüglich zu verbessern. Eine Dokumentation, die auch Einwilligungen umfasst, sowie auditierbare und selbstdokumentierende Workflows bieten Privacy by Design und machen es einfacher, Datenschutz umzusetzen und zu gewährleisten.

Sobald die Anforderungen an den Datenschutz schriftlich fixiert sind, werden die Lösungen, bei denen der Datenschutz im Vordergrund steht, durch die daraus resultierende Struktur besser ersichtlich. Dies setzt voraus, dass das gesamte Team grundlegende Kenntnisse über die möglichen Technologien hat und die Bewertung somit leichter fällt. Sie können eine Reihe von Schulungen durchführen, in denen Sie die wissenschaftlichen Grundlagen des Datenschutzes und die möglichen Technologien behandeln, ein Wissenszentrum einrichten, über das diese Informationen auch zu einem späteren Zeitpunkt ausgetauscht werden können, und interne Arbeits- und

Lerngruppen einrichten, die dazu beitragen, das sich das Wissen im Unternehmen verbreitet. Wenn Sie mehr Zeit in die Aufklärung und Sensibilisierung dieses Themas investieren, wird dies zwangsläufig dazu führen, dass die Technologien auch stärker genutzt werden.

Ist das Know-how dann breiter gestreut, werden diese Themen Teil der normalen Projekt- oder Produktevaluierungsgespräche. Nun fühlt sich die Dokumentation des Datenschutzes so normal an wie, die Ergebnisse von Experimenten zu dokumentieren oder Protokolle zur Konzeption der Architektur zu verfassen. Diese Entdeckungs- und Dokumentationsartefakte sind nicht nur für den jeweiligen Anwendungsfall sehr wertvoll, sondern auch für jeden, der sich bei der Entwicklung eines neuen Anwendungsfalls davon inspirieren lassen möchte.

Sie können sich von der Data-Governance-Dokumentation in Federated-Governance-Systemen, die ich als Governance 2.0 bezeichnet habe, inspirieren lassen und Ideen wie Datenschutz-Folgenabschätzungen und Privacy Cards für Data-Science-Projekte kombinieren, um herauszufinden, welches Dokumentationsniveau sich für Ihr Unternehmen und Ihr Team am besten eignet. Zwar gibt es bei der Data-Science-Arbeit kein Patentrezept in Bezug auf die Dokumentation, aber die Ansätze, die Sie in den Kapiteln 1, 3, 5 und 8 kennengelernt haben, sollten Ihnen genug Anregungen dazu gegeben haben, was Sie noch ausprobieren und anpassen können.

In Ihrer Dokumentation werden Sie Datenschutztechnologien als Teil der regulären Bewertung von Ansätzen und Experimenten für Ihre Datenworkflows berücksichtigen. Doch wie soll das funktionieren, wenn jeder Workflow in gewisser Hinsicht einzigartig ist?

Das Datenschutzrisiko von LLMs und anderen vergleichbaren generativen Systemen bewerten

Bei der Bewertung der Datenschutzrisiken in Ihren Data-Science- und Machine-Learning-Systemen müssen Sie auch andere integrierte Systeme oder Anbieter bewerten, die nicht in Ihren Einflussbereich fallen. Wenn Sie Datenworkflows mit LLMs oder anderen generativen Systemen deployen, müssen Sie diese Dienste auf mögliche datenschutzrechtliche und andere rechtliche Risiken prüfen.

> Datenschutzrisiken zu ermitteln, zu bewerten und zu verhüten, sollte für jedes Unternehmen ein multidisziplinäres Unterfangen sein. Arbeiten Sie mit der Rechtsabteilung zusammen, um mögliche Risiken besser abschätzen zu können, und mit der technischen Leitung, um einschätzen können, ob Risiken bestehen, an eine bestimmte Technologie gebunden zu sein, bzw. ob technische Governance-Risiken eingegangen werden, etwa weil ein Modell nicht mehr unterstützt wird oder verfügbar ist. Angesichts der derzeitigen Rechtslage im Bereich generativer KI ist es ratsam, einen Backup-Plan parat zu haben, wenn Sie kritische Datenworkflows mit LLMs oder anderen Modellen entwickeln, die gegebenenfalls auf privaten oder urheberrechtlich geschützten Inhalten trainiert wurden.

Bei Open-Source-Modellen haben Sie außerdem die Möglichkeit, das Modell auf seine Fähigkeit zur Memorierung von Daten hin zu überprüfen und leichter zu testen, wie sich Änderungen hinsichtlich des Datenschutzes und der Leistungsfähigkeit im Rahmen Ihrer Bewertung auswirken. Wenn der Anbieter eines Modells Model Cards oder anderweitige Dokumentationen aus Gründen der Transparenz veröffentlicht, können Sie damit auch feststellen, welche Daten verwendet wurden und ob Datenschutzmaßnahmen oder Tests, mit denen ein Bias erkannt werden kann, durchgeführt wurden. Darüber hinaus könnten Sie beim Anbieter anfragen, eine Karte zu erstellen, die Auskunft über den Einsatz von Datenschutzmaßnahmen (*Privacy Card*) gibt.

Um Ihre Workflows zukunftssicher zu gestalten, sollten Sie offene, gut dokumentierte LLMs gegenüber geschlossenen, proprietären LLMs, die kaum Einblick in die Trainingsdaten gewähren, bevorzugen, da die Risiken einfacher und transparenter abzuschätzen sind. Geschlossene, proprietäre Systeme, die möglicherweise auf urheberrechtlich geschützten Daten ohne die Zustimmung des Urheberrechtsinhabers trainiert wurden, können mit hoher Wahrscheinlichkeit verklagt werden. Wurde das System mit personenbezogenen Daten trainiert, die »gescrapt« wurden, gibt es immer noch ein starkes Argument gegen die Verwendung aufgrund der gestiegenen DSGVO-Compliance und des Drucks durch den EU AI Act.

Muss ein Modell vom Markt genommen oder erheblich verändert werden, nachdem die entsprechenden Datenquellen gelöscht werden mussten, möchten Sie nicht Ihren gesamten Datenstack umgestalten müssen. Stellen Sie also sicher, dass Sie für dieses Problem gerüstet sind und eine fundierte Evaluierung durchgeführt haben. Dieses Problem besteht bereits bei den derzeitigen Deployments, die auf ChatGPT basieren, da neue Versionen der zugrunde liegenden GPT-Modelle das Verhalten ohne Vorankündigung ändern können und auch werden.

Es ist sinnvoll, einen Evaluierungsrahmen für generative KI für den Risiko- und Governance-Ausschuss Ihres Unternehmens zu entwickeln, der alle potenziellen Risiken berücksichtigt. Nachfolgend finden Sie eine Reihe von Fragen, an denen Sie Ihre Gespräche ausrichten können:

- Wissen wir, wie die Daten erhoben wurden und ob eine entsprechende Einwilligung und Erlaubnis vorliegt?
- Falls nicht, wissen wir, ob bestimmte Datenschutztechnologien, wie z. B. Differential Privacy, im Rahmen des Trainings verwendet wurden?
- Wurden alternative Modelle evaluiert, und haben wir einen konkreten Evaluierungsdatensatz für unseren Anwendungsfall?
- Wie könnten wir reagieren, wenn das Modell aufgrund eines laufenden oder abgeschlossenen Rechtsstreits vom Markt genommen wird? Haben wir für diesen Fall vorgesorgt?
- Sollten wir eine regelmäßige Überprüfung neu verfügbarer Modelle einrichten? Wie könnten wir dies umsetzen?

- Sollten wir bevorzugt auf Open-Source-Modelle zurückgreifen? Weshalb bzw. weshalb nicht?
- Auf welche Weise werden wir Model Cards und andere Dokumentationen zu den Modellen auswerten, wenn diese verfügbar werden?
- Sollten wir in regelmäßigen Zeitabständen eine Sitzung abhalten, in der wir ein Threat Modeling vornehmen, um neue Angriffe oder Bedrohungen zu identifizieren, und dann Teammitglieder oder Drittanbieter damit beauftragen, zu versuchen, diese Angriffe nachzustellen, um so potenzielle Risiken zu ermitteln?
- Können wir unsere Architektur so gestalten, dass wir den Anbieter eines Modells wechseln können, und, wenn ja, mit welchem Aufwand wäre das verbunden?

Durch regelmäßige Gespräche über interne und externe Risikomodelle wird ein Gefühl von Sicherheit und Transparenz unter den wichtigsten Entscheidungsträgern geschaffen. Zudem bieten sie eine hervorragende Gelegenheit, das Verständnis für die Funktionsweise von Machine Learning, KI und Datenschutz zu verbessern. Die Unternehmen und Einrichtungen, die diesen Gesprächen Priorität einräumen, werden in Bezug auf Daten und Datenschutz einen höheren Reifegrad erlangen und besser in der Lage sein, mit der zunehmenden Regulierung, den Risiken und den neuen Möglichkeiten, die sich durch KI und Daten ergeben, umzugehen.

Ansätze evaluieren und kombinieren

Zur Bewertung von Datenschutztechnologien, wie Sie es in den Anwendungsfällen dieses Kapitels getan haben, benötigen Sie ein sachkundiges Team. Tragen Sie zum Wissensaustausch bei, indem Sie sich mit anderen austauschen, eine Dokumentation bereitstellen und dafür sorgen, dass sich mehr Teammitglieder mit diesen Themen auskennen. Bei einigen Teams mag es ausreichen, eine Person zu haben, die sich mit den Technologien auskennt und sie dem Rest des Teams gut vermitteln kann. Bei anderen Teams sollten Sie das Wissen mithilfe neuer Lernangebote erweitern und die Kenntnisse ausbauen, bevor Sie fortfahren.

Wenn Sie eine neue Technologie in einen bestimmten Workflow einbinden, wird dies zunächst einmal dazu führen, dass sich das Vorgehen stark verlangsamt. Datenschutztechnologien in Betracht zu ziehen und ihre Auswirkungen auf das System sowie den Aufwand, der mit der Integration in die Systeme verbunden ist, zu bewerten, erfordert eine gewisse Routine. Gerade deshalb ist es so wichtig zu dokumentieren, damit Sie besser einschätzen können, wie sich die Ansprüche an den Datenschutz in Ihrem Unternehmen entwickeln, und anhand dessen einen allgemeinen Ansatz erarbeiten können, sollten immer wieder die gleichen Bedenken zur Sprache kommen oder die gleichen Lösungen verfolgt werden.

Im Rahmen der Bewertung einzelner Datenschutztechnologien sollten Sie möglichst versuchen, verschiedene Ansätze zu kombinieren. Der zweite Anwendungsfall in diesem Kapitel hat gezeigt, dass es Fälle gibt, in denen mehr als eine Technologie infrage kommt und in denen eine Kombination verschiedener Technologien dazu beiträgt, das Problem auf eine bessere Weise zu lösen. Diese Bewertung sollte in Zusammenarbeit mit einem multidisziplinären Team durchgeführt werden, das genau weiß, welche Anforderungen an das Produkt zu stellen sind, welche Bedürfnisse der Kunde hat, wie die gesetzlichen Bestimmungen eingehalten werden und wie die aktuelle Lösung sowie Software und Architektur gestaltet sind. Dank dieser verschiedenen Meinungen können Sie bestimmen, was geeignet ist bzw. in welchem Fall es geeignet sein könnte. Außerdem sorgt es dafür, dass sich sowohl im Team als auch im Unternehmen ein gewisses Bewusstsein verfestigt und sich der Wissensstand erhöht. Mitunter wird in diesen Gesprächen auch schnell erkennbar, welche Lösung sich angesichts der einzugehenden Kompromisse am besten eignet, sodass eine Entscheidung leichtfällt.

Mit klaren und einfach zu handhabenden Bewertungskriterien lassen sich diese Diskussionen wirksam beschleunigen. Wenn Sie, genauso wie bei Software-Features, den Aufwand anfangs gut einschätzen können, können Sie besser bestimmen, ob es sich lohnt, die Zeit und den Arbeitsaufwand in die Entwicklung zu stecken, oder ob Sie die zur Diskussion stehenden Möglichkeiten besser im Rahmen längerfristiger Experimente, Proofs of Concept oder der Konzeption von Plattformen austesten sollten.

Im Zuge dieses Prozesses werden Sie gemeinsam die erforderlichen Schritte ausarbeiten, zunächst mit den infrage kommenden Lösungen experimentieren und anschließend ermitteln, welche davon auch für andere Anwendungsfälle geeignet sind. Ab einem gewissen Punkt wird die Nutzung dieser Technologien so stark ausgeweitet, dass sie schließlich zum normalen Werkzeugkasten der Data Scientists gehören. Bis es so weit ist, haben Sie auch Wege gefunden, wie sich diese Technologien auf unkomplizierte Weise einsetzen und automatisieren lassen.

Bewertungskriterien für PETs

Für die Bewertung von PETs bzw. von Datenschutztechnologien gibt es kein Patentrezept, und Sie werden erst im Laufe Ihrer Arbeit Methoden finden, die für Sie geeignet sind. Es gibt jedoch einige konkrete Ansatzpunkte, die ich aus meiner eigenen Erfahrung mit Ihnen teilen kann. Passen Sie diese Checkliste und die Reihenfolge an die Gegebenheiten Ihres eigenen Unternehmens, Ihre Prozesse und Ihre Präferenzen an:

1. *Kriterien für den Anwendungsfall*
   Wie lauten die Anforderungen oder Einschränkungen, die der Anwendungsfall selbst mit sich bringt? Dabei kann es sich um konkrete Fakten handeln, z.B. um die Größe der Daten, den verwendeten Datentyp sowie die Art der Aufgabe oder um andere »weichere« Anforderungen, wie z.B. die Präferenzen der Nutzer, die Zielsetzungen, die mit dem jeweiligen Produkt verfolgt werden, und um den daraus resultierenden Mehrwert für das Unternehmen.
2. *Ratschläge von externen Teams*
   Holen Sie sich die Meinung von Datenschutz- und Infosec-Teams ein, falls diese in Ihrem Unternehmen vorhanden sind. Wenn nicht, finden Sie heraus, wer sich

mit diesen Themen beschäftigt, und holen Sie deren Meinung ein, entweder nach und nach einzeln oder in Form einer Gruppendiskussion. Wo sehen sie Probleme und Risiken? Wie würden sie ermitteln, welche Lösung infrage kommt?

3. *Bedrohungen und Datenschutzrisiken abschätzen*
   Führen Sie ein Threat Modeling durch, um Datenschutz- und Sicherheitsrisiken zu identifizieren und zu bestimmen, welche Risiken adressiert werden sollten. Führen Sie eine Wahrscheinlichkeitsanalyse durch, sofern Daten verfügbar sind. Bestimmen Sie, welche Rahmenbedingungen für diesen Anwendungsfall gegeben sind, damit Sie die Risiken besser einordnen und einschätzen können. Legen Sie, wenn möglich, gemeinsam mit den Beteiligten aus Schritt 2 fest, welche Risiken priorisiert werden sollten.
4. *Technische Datenschutzanforderungen identifizieren*
   Nutzen Sie das Wissen und die Erkenntnisse aus diesem Buch und aus Ihrer kontinuierlichen Weiterqualifizierung. Ist das Problem im Zusammenhang mit dem Datenschutz oder eher im Zusammenhang mit der Geheimhaltung anzusiedeln? Welche Vorgaben müssen Sie in Bezug auf Datenverarbeitungsverträge oder -anforderungen aus rechtlicher Sicht beachten? Wem gehören die Daten, und wie sehen deren Vorgaben hinsichtlich des Datenschutzes aus? Beginnen Sie damit, die Anforderungen aus technologischer Sicht zu skizzieren, und berücksichtigen Sie dabei alles, was Sie inzwischen gelernt haben.
5. *Praktikable Technologien bestimmen, mit ihnen experimentieren und sie implementieren*
   Auf der Grundlage der Ergebnisse von Schritt 4 sollten Sie nun ein klares Bild davon haben, welche Technologien geeignet sind und welche eher nicht infrage kommen. Gehen Sie zurück zu Schritt 1 und eruieren Sie anhand der Produktanforderungen und des Anwendungsfalls, welche durchführbar sind. Wenn Sie einen Greenfield-Ansatz verfolgen, haben Sie gegebenenfalls die Flexibilität, mehrere Technologien auszuprobieren und sogar Proofs of Concept zu erstellen. Wenn Sie nur einen kurzen Zeitrahmen haben und Ihre Vorgaben sehr spezifisch sind, sollten Sie direkt mit der Implementierung beginnen und versuchen, diese in kleinen, inkrementellen Schritten durchzuführen statt auf einmal. Behalten Sie dabei stets das Produkt, die Daten, den Datenschutz und die Kunden im Auge, um sicherzustellen, dass Ihre Implementierung für alle Beteiligten sinnvoll ist. Suchen Sie nach Kompromissen und erstellen Sie eine Roadmap, sofern sich modernste Datenschutztechnologien zur Lösung des Problems anbieten, diese aber nicht ohne Weiteres in die aktuelle Plattform integriert werden können oder andere Einschränkungen ein Hindernis darstellen.

Prozesse zunehmend automatisieren

Je nach Branche und Unternehmen sind Machine-Learning- und Data-Science-Workflows unterschiedlich stark automatisiert. Wenn Sie in einem Unternehmen arbeiten, in dem die Datenverarbeitung bereits sehr ausgereift ist, verfügen Sie wahrscheinlich schon über eine weitreichende Automatisierung der Datenpipelines, der

Data-Science-Workflows und sogar über MLOps-Prozesse, z.B. CI/CD-Pipelines für Ihre Machine-Learning-Workflows. Wenn Sie in einem Unternehmen arbeiten, das gerade erst dabei ist, Data Science und Machine Learning einzuführen, sind die Prozesse in Ihrem Unternehmen vermutlich noch nicht so stark automatisiert.

Unabhängig vom Entwicklungsstand Ihres Unternehmens hat sich die Branche innerhalb der letzten zehn Jahre hin zu einer stärkeren Automatisierung und einem höheren Softwarestandard entwickelt. Sowohl Cloud-Anbieter als auch Anbieter von Datenplattformen bieten inzwischen einfache Möglichkeiten, einzelne Arbeitsschritte im Rahmen von Data-Science-Projekten – wie Data Wrangling, Datentransformationen, explorative Datenanalyse und das Training von Machine-Learning-Modellen – in die bestehende Infrastruktur einzubinden.

Durch diese zunehmende Automatisierung ergeben sich hinsichtlich des Einsatzes von Datenschutztechnologien neue Möglichkeiten, aber auch Herausforderungen. Wenn Sie in einem Unternehmen mit einem eigenen Plattformteam arbeiten, können Sie sich mit diesem zusammenschließen und Datenschutztechnologien und -bibliotheken schrittweise direkt in die Plattform integrieren. So können Sie und andere Data Scientists diese als Kernbestandteil der Entwicklung und des Deployments von Workflows nutzen. Wenn Sie jedoch in einem Team arbeiten, das hauptsächlich Softwarelösungen und Services von Cloud-Anbietern nutzt, um Ihre Verarbeitungs- und Trainings-Pipelines zusammenzustellen, sind Sie darauf angewiesen, die integrierten Funktionen Ihres Cloud-Anbieters zu nutzen oder Open-Source-Bibliotheken für Datenschutztechnologien zu installieren und sie in Ihren Workflow zu integrieren, wobei Sie darauf achtgeben müssen, dass dadurch keine anderen Verarbeitungsprozesse beeinträchtigt werden.

Da immer mehr Open-Source-Bibliotheken für diese Technologien verfügbar sind, können Sie davon ausgehen, dass dies künftig auch bei den Cloud-Angeboten der Fall sein wird. Wenn Sie der Meinung sind, dass es derzeit noch zu schwierig ist, diese Prozesse zu automatisieren, sollten Sie die Gespräche erneut aufnehmen, sobald die Technologien in größerem Umfang verfügbar oder einfacher zu nutzen sind. So sollten Ihr Team und Ihr Unternehmen auf jeden Fall gerüstet sein, wenn es so weit ist, dass diese Technologien in größerem Maße verfügbar sind.

Ein Teil dieses Übergangs besteht darin, Datenschutz zu einem normalen Bestandteil aller Datenworkflows werden zu lassen. Doch wie lässt sich das bewerkstelligen?

Datenschutz zur Normalität werden lassen

Wenn Sie diese Schritte befolgen, sollte Datenschutz ein integraler Bestandteil der Datenarbeit in Ihrem Unternehmen werden. Damit sich diese neue Kultur etabliert, bedarf es jedoch regelmäßiger Übung mit zunehmend größeren Gruppen innerhalb des Unternehmens. Was zunächst als in kleinem Rahmen stattfindende Erkundung oder Nachforschung beginnt, wird mit der Zeit und durch regelmäßige Wiederholungen allgemein akzeptiert und zur Selbstverständlichkeit.

Wenn Sie sicherstellen, dass alle Beteiligten verstehen, welche Vorteile Datenschutz mit sich bringt, wird dies dazu führen, dass er sich als Standard etabliert. Das »Warum« der Datenschutztechnologie zu verstehen, ist genauso wichtig wie das »Wie« – wenn nicht sogar wichtiger. Können Sie die Produktverantwortlichen in Ihrem Unternehmen davon überzeugen, dass es Ihren Kunden und Produkten nutzt, wird sich im gesamten Unternehmen ein größeres Bewusstsein für Datenschutztechnologien bilden. Gespräche mit den Akteuren aus dem Marketing und der Unternehmensentwicklung über die Vorteile in Bezug auf Reputation und Risiken tragen dazu bei, die Botschaft noch weiter zu verbreiten. Entscheidend dabei ist, dass Sie Datenschutz als zentrales Wertversprechen Ihres Unternehmens herausstellen.

Dazu könnten auch Gespräche mit wichtigen Vertretern des Managements und des Unternehmens gehören, um sie mit den Begriffen, Ansätzen und Zwecken einer solchen Technologie vertraut zu machen. Allerdings sollten Sie nicht erwarten, dass derzeit noch unbekannte Lösungen bereits morgen in Ihre Kernsysteme integriert werden. Wenn Sie sich jedoch einige Monate Zeit nehmen und den Sinn und Zweck von Datenschutztechnologien aufzeigen sowie den Mehrwert hervorheben, den diese Technologien für eine zukunftsorientierte Datenverarbeitung haben, können Sie es schaffen, die Ungewissheit auszuräumen und den Weg für eine breitere Akzeptanz zu ebnen.

Dieser Prozess kann aber auch bedeutend kürzer ausfallen. Sollte Ihre Branche stark reguliert sein, suchen wichtige Stakeholder möglicherweise bereits nach entsprechenden Möglichkeiten, sie wissen aber nicht, wonach sie eigentlich suchen sollen. Das Wissen, das Sie durch dieses Buch erworben haben, wird Ihnen dabei helfen, Ihre Kenntnisse zum Datenschutz weiter zu vertiefen und neue Anwendungsfälle zu entwickeln, bei denen Datenschutz im Vordergrund steht.

In einigen Unternehmen werden Datenschutztechnologien wahrscheinlich zunächst nur im Rahmen der Forschungsaktivitäten, in Labs oder in Innovationszentren und nicht direkt bei der Verarbeitung geschäftskritischer Daten in Betracht gezogen werden. Doch wenn Unternehmen verschiedene neue Ansätze in diesen sichereren Umgebungen testen, werden sie sie besser einschätzen können, und die Unsicherheit in Bezug auf ihre Anwendungen wird sich legen. Gehen wir nun der Frage nach, wie sich das mithilfe interner und externer Forschungsteams erreichen lässt.

Den Weg in die Zukunft ebnen: mit Forschungsbibliotheken arbeiten und Forschungsgruppen einbeziehen

In diesem Buch wurden zahlreiche Technologien beschrieben, die immer noch in der Entwicklung sind und mit denen neue Wege beschritten dahin gehend werden, wie sich Data Science und Machine Learning datenschutzgerecht gestalten lassen.

Diese Entwicklung wird weiter anhalten – und neue Bücher, Workshops, Forschungsarbeiten und Ideen werden sie weiter vorantreiben.[7]

Damit Ihnen keine neuen Entwicklungen entgehen oder wenn Sie nicht weiterkommen und Ihr Anwendungsfall oder Ihr Problem am besten durch etwas gelöst wird, das Sie in einem Forschungsbeitrag gelesen haben, ist es sinnvoll, direkt mit den Forscherinnen und Forschern in Kontakt zu treten. Auf diese Weise können Sie den Datenschutz von Anfang an berücksichtigen und eine Lösung entwickeln, die dem jeweiligen Risikomodell und Anwendungsfall angemessen ist. Zudem können Sie Ihre eigene Forschungsabteilung dazu ermutigen, ihre Kompetenzen im Bereich Datenschutz auszubauen, oder Sie können mit externen Forschern zusammenarbeiten, die bereits mit diesen Technologien vertraut sind.

Mit externen Forscherinnen und Forschern zusammenarbeiten

Wenn Sie eine Bewertung von Open-Source-Bibliotheken vornehmen oder Forschungsarbeiten zum Thema Datenschutz lesen, werden Sie vielleicht auf eine Forschungsgruppe oder einzelne Forscherinnen und Forscher aufmerksam, die oder der an einer Bibliothek oder einem Ansatz arbeitet, der Sie interessiert. Ziehen Sie in Erwägung, diesen Menschen eine Nachricht zu schreiben, in der Sie ihre Arbeit würdigen und erläutern, wie Sie sie anwenden könnten. In der Regel ist dies für Sie und die Forscher äußerst spannend. Denn sie wissen die Anerkennung zu schätzen und freuen sich darüber, dass ihre Arbeit in der Branche als nützlich erachtet wird.

Ganz gleich, um wen es sich bei dem Forscherteam handelt – ein direkter Kontakt kann sich lohnen, wenn Sie Fragen zu ihrem Ansatz haben. Bereiten Sie sich allerdings ausreichend vor und prüfen Sie, ob Sie Ihre Fragen gegebenenfalls auch selber beantworten können. Falls nicht, versuchen Sie, bei Ihren Fragen so weit wie möglich allein voranzukommen. Wie alle anderen sind auch Forscher sehr beschäftigt und müssen Prioritäten setzen, um die Menge an eingehenden Nachrichten, ihre reguläre Arbeit und ihre eigenen Recherchen bewältigen zu können. Wenn Sie sich vor Kontaktaufnahme angemessen vorbereiten, ist es wahrscheinlicher, dass Ihre Fragen in einem interessanten Austausch münden.

Wenn der Forscher bzw. die Forschungsgruppe im akademischen Bereich und nicht in der Industrie arbeitet (wie Google, OpenAI usw.), bietet sich Ihnen möglicherweise die Chance, den für die Experimente und Tests verwendeten Code einsehen zu können. Es gibt zwar viele Befürworter von offener Forschung und Wissenschaft, doch nicht jeder veröffentlicht seinen Code und seine Daten zu Zwecken der Reproduzierbarkeit. Allerdings sind viele Forscherinnen und Forscher gern bereit, den Code mit Ihnen zu teilen, wenn Sie sie höflich fragen und versichern, ihre Arbeit zu zitieren.

---

7 Ich werde regelmäßig Aktualisierungen an den Notebooks im GitHub-Repository vornehmen und relevante Neuigkeiten, Fragen und Gedanken zu diesem Thema in meinem Newsletter Probably Private (*https://probablyprivate.com*) und meinem Blog (*https://blog.kjamistan.com/*) veröffentlichen. Ich würde mich freuen, wenn Sie mir Ihre Fragen, Ideen und Beiträge zukommen lassen. Zögern Sie also nicht, mich jederzeit über die auf Probably Private genannten Kontaktinformationen anzusprechen.

> Bei experimentellem Code müssen Sie möglicherweise viel Zeit aufwenden, um ihn in etwas Verwertbares aufzuschlüsseln. Bitten Sie um eine Dokumentation zu dem Code, falls diese weiterhelfen würde. Ich habe schon Python-Dateien mit über 1.000 Zeilen erhalten, die nur wenige oder gar keine Kommentare enthielten, und habe mehrere Tage damit verbracht, den Code zu entschlüsseln und in kleinere Teile zu zerlegen. Überlegen Sie sich gut, wie viel Zeit und Mühe Sie in das Umschreiben des Codes stecken können und auch wollen. Und denken Sie immer daran: Der Forscher bzw. die Forschungsgruppe tut Ihnen einen Gefallen, wenn er bzw. sie den Code mit Ihnen teilt!

Wenn Sie Open-Source-Tools oder Skripte aus der Forschung im Rahmen Ihrer Arbeit nutzen und Verbesserungen vornehmen, können Sie diese auch anderen zukommen lassen, indem Sie sie wieder in die Bibliothek einpflegen oder indem Sie für Ihren speziellen Anwendungsfall einen Fork erstellen, der anderen weiterhilft. Beachten Sie dabei die Richtlinien für Contributions, dokumentieren Sie gut und fügen Sie Tests bei.

Selbst wenn Sie an dem Code keine Verbesserungen vornehmen, sollten Sie dennoch einfach eine Nachricht schicken, um mitzuteilen, dass Ihnen die Bibliothek weitergeholfen hat. Tragen Sie dazu bei, das Thema stärker ins Bewusstsein der Öffentlichkeit zu rücken, indem Sie einen Vortrag im Rahmen einer lokalen Meet-up-Gruppe, am Arbeitsplatz oder auf einer Konferenz halten. Schreiben Sie einen Beitrag, in dem Sie Ihre Erfahrungen teilen. Eine positive Resonanz hilft den Forschern, ihre Arbeit zu finanzieren und ihre Open-Source-Bibliotheken noch weiter auszubauen.

Falls Sie regelmäßig an der Entwicklung von wissenschaftlichen Codes arbeiten oder in der Forschung nach interessanten Herausforderungen in den Bereichen Datenschutz und Data Science suchen und diese bewältigen wollen, sollten Sie eine interne Forschungsgruppe einrichten. Wenn bei Ihnen bereits eine eingerichtet ist oder Sie eine einzurichten gedenken, erfahren Sie im Folgenden, wie nutzbringend diese Teams sein können.

In interne Forschung investieren

Wenn Sie in einem Unternehmen arbeiten, das über eine interne Forschungsgruppe verfügt, können Sie möglicherweise Einfluss darauf nehmen, welche Themen erforscht werden, indem Sie sie über die Arbeit informieren, die Sie im Bereich Daten und Datenschutz leisten. Das gestaltet sich natürlich bedeutend einfacher, wenn Sie bereits Forscher haben, deren Arbeit sich auf Daten konzentriert. Schwieriger wird es, wenn sich die Forschung Ihres Unternehmens auf etwas ebenso Interessantes konzentriert, das jedoch nichts mit Datenschutz zu tun hat, wie etwa Plastik fressende Algen, grüne Energie oder neue Formen von Wirtschaftssystemen.

Der Austausch mit Interessengruppen und die interne Sensibilisierung für Datenschutztechnologien kann dazu führen, dass sich die Entscheidungsträger in Ihrem Unternehmen dazu veranlasst sehen, in diese Form der Forschung zu investieren mit dem Ziel, die Produkte bzw. das Angebot des Unternehmens von anderen abzuheben. Das führt womöglich dazu, dass letztlich eine Forschungsgruppe gebildet wird oder sogar Ihr Team darum gebeten wird. Herzlichen Glückwunsch, das wäre bereits ein großer Schritt!

Wenn Sie selbst noch keine Forschungsgruppe geleitet und auch noch in keiner gearbeitet haben, werden Sie wahrscheinlich regelmäßig mit einer solchen zusammenarbeiten, allerdings ohne ein vollwertiges Mitglied zu sein. Denken Sie bei der Arbeit mit internen Forschungsgruppen daran, dass sie sich nicht wie andere Teams an einem Produktlebenszyklus orientieren. Ihre Arbeit ist auf Experimente ausgerichtet, und sie können daher nur schwer vorhersagen, was sie innerhalb eines zweiwöchigen Sprints entdecken werden. Diese Denkweise mag Ihnen zwar aus Ihrer Tätigkeit als Data Scientist bereits vertraut sein, aber es lohnt sich, Ihr Team und andere Teams, die mit dieser Gruppe zusammenarbeiten, daran zu erinnern, dass ein längerfristiger Zeitplan und ein größerer Freiraum zur Erforschung im Rahmen ihres Arbeitsalltags ganz normal sind.

Sie sollten optimalerweise auch darauf hinarbeiten, dass die mit den Daten erzielten Forschungsergebnisse im Einklang mit den Unternehmenszielen stehen, und sicherstellen, dass sich die Forschung auf die Themen konzentriert, die im Unternehmen höchste Priorität genießen. Wenn Sie lernen, sich mit Forschenden in diesem Bereich auszutauschen, und dabei die in diesem Buch gelernten Grundlagen einbringen, können Sie letztlich dazu beitragen, dass die zu lösenden Probleme in Form klarer und messbarer Experimente gestaltet werden. Auch wenn es gegebenenfalls zunächst zu Verzögerungen bei Forschungsprojekten kommt, sollten Sie darauf einwirken, dass Anwendungsfälle dokumentiert werden und so die Priorisierung künftig erleichtert wird. Zudem sollten Sie dafür Sorge tragen, dass die Dokumentation der Datenschutzanforderungen der Forschungsgruppe zur Verfügung gestellt wird, sodass sie sich besser auf die Prioritäten des Unternehmens ausrichten kann. Bauen Sie eine Beziehung zu dieser Gruppe auf, die von Interaktion und Experimenten geprägt ist, und stellen Sie nicht nur sicher, dass deren Forschung sinnvoll genutzt wird, sondern auch, dass die Ziele Ihres eigenen Teams erreicht werden.

Ebenso wie bei externen Forschern können Sie Ihre Forschungsgruppe unterstützen, indem Sie eine nützliche Dokumentation erstellen, ihren Code modularer gestalten oder andere Verbesserungen beisteuern. Pflegen Sie einen regelmäßigen Austausch und geben Sie Feedback, wenn Ihre Bibliotheken und Tools von anderen genutzt werden. Indem Sie das Feedback regelmäßig geben und die Gespräche iterativ und regelmäßig führen, können Sie der Forschungsgruppe helfen, Datenschutz und technische Anforderungen besser einzuschätzen, was zu Forschungsergebnissen führen wird, die die Arbeit Ihres eigenen Teams voranbringt.

Wenn Sie selbst in einem solchen Team arbeiten und die Forschung in diesem Bereich vorantreiben, hoffe ich, dass Sie sich bei mir melden und mir von Ihrer Arbeit berichten. Mehr Forschung in diesen Bereichen wird der gesamten »Datenwelt« zugutekommen, und ich bin ein großer Fan davon, den Fokus und die Aufmerksamkeit unserer Branche auf diese wichtige Arbeit zu lenken.

Zusammenfassung

In diesem Kapitel haben Sie die in diesem Buch erworbenen Kenntnisse auf reale Probleme aus den Bereichen Data Science und Machine Learning angewandt, die Ihnen ebenfalls in der Praxis so begegnen könnten. Sie sind nun im Idealfall in der Lage, zu beurteilen, wie Sie die vermittelten Technologien auf Anwendungsfälle und Probleme anwenden können, denen Sie regelmäßig begegnen.

Darüber hinaus haben Sie gelernt, wie Sie auf pragmatische Weise mit Datenschutzrisiken, die Ihnen in der Praxis begegnen, umgehen können. Sie wissen jetzt, wie Sie das Bewusstsein für Datenschutz schärfen und Datenschutzanforderungen für Datenprojekte dokumentieren können. Indem Sie verschiedene Datenschutzlösungen bewertet und verglichen haben, haben Sie eine Vorstellung davon bekommen, wie diese miteinander kombiniert werden können, um den Anforderungen eines bestimmten Anwendungsfalls bestmöglich gerecht zu werden. Außerdem sind Sie jetzt darauf vorbereitet, mit externen und internen Forschungsgruppen zusammenzuarbeiten, um so zukunftsweisende Entwicklungen in Ihr Unternehmen zu tragen.

Im nächsten Kapitel werden Sie diesen praktischen Ansatz weiterverfolgen, indem Sie sich mit häufig gestellten Fragen zum Thema Datenschutz und Datenschutztechnologien beschäftigen.

KAPITEL 10

Häufig gestellte Fragen und ihre Antworten!

In diesem Kapitel erhalten Sie eine Kostprobe der Fragen, die mir häufig gestellt wurden, als ich über diese Themen auf Konferenzen oder Tagungen vorgetragen habe. Falls Sie noch eine weitere Frage haben, können Sie mich gern über Twitter (*https://twitter.com/kjam*),[1] auf LinkedIn (*https://www.linkedin.com/in/katharinejarmul*) oder direkt über Probably Private kontaktieren. Ich unterhalte einen Thread, den ich als »PracticalPrivacyFAQs« bezeichne. Wenn Sie Ihre eigenen FAQs oder bestimmte Fragen und Lösungen veröffentlichen, leiten Sie sie bitte an mich weiter, damit die Community davon lernen und sich weiterentwickeln kann!

Betrachten Sie dieses Kapitel am besten als praktisches Nachschlagewerk, in dem Sie die Fragen nachschlagen können, sobald sie auftreten. Das Stichwort- und das Inhaltsverzeichnis geben Ihnen eine Orientierungshilfe, wenn Sie Abschnitte, die für ein bestimmtes Projekt, eine bestimmte Idee oder ein bestimmtes Produkt relevant sind, erneut lesen wollen. Eine solche Liste ist niemals vollständig, aber ich hoffe, dass sie umfassend genug ist, um wichtige Themen aufzugreifen und Sie auf zusätzliche Lernangebote hinzuweisen.

Die Abschnitte dieses Kapitels sind nach Themenbereichen gegliedert, zu denen ich die meisten Fragen erhalten habe. Diese Themen drehen sich um Secure Computation und Confidential Computing, Data Governance und Privacy-Mechanismen, DSGVO und andere Vorschriften sowie persönliche Entscheidungen und sozialer Datenschutz.

Encrypted Computation und Confidential Computing

Dieser Abschnitt behandelt Fragen im Zusammenhang mit Encrypted Computation (zum Teil auch *Secure Computation* genannt) und Confidential Computing, die Sie bereits in Kapitel 7 kennengelernt haben.

1 Während der Entstehung dieses Buchs hat sich das Twitterverse stark verändert. Ich bin noch nicht auf Mastodon zu finden, aber Sie können mich jederzeit per E-Mail oder auf dem Postweg unter Probably Private (*https://probablyprivate.com*) erreichen.

Ist Secure Computation quantensicher?

Wenn Sie mit Menschen über Kryptografie sprechen, kommt oft die Frage nach der Quantensicherheit auf. Ich finde das interessant, denn es gibt viele Protokolle, die Sie täglich verwenden und die nicht quantensicher sind. Das Schöne daran ist, dass die meisten Multiparty-Protokolle informationstheoretisch sicher bzw. »perfekt sicher« und auch quantensicher sind. Aufgrund der Art und Weise, wie sie normalerweise implementiert werden, sind sie jedoch nur so sicher wie die Systeme, auf denen sie ausgeführt werden. Wenn Sie Daten über das Internet versenden, verwenden Sie in der Regel kryptografische Protokolle, die mit öffentlichen Schlüsseln arbeiten. Die Berechnungskomplexität dieser Protokolle basiert auf der Faktorisierung großer Primzahlen, wodurch sie nicht quantensicher sind. Wenn Sie MPC in der Praxis verwenden möchten, müssen Sie zunächst sicherstellen, dass Sie auch quantensichere Netzwerke verwenden.

Die in Kapitel 7 vorgestellten homomorphen Methoden verfügen über eine effiziente bzw. komplexitätstheoretische Sicherheit (*Computational Security*), von der man annimmt, dass sie auch quantensicher ist, da sie auf dem Problem des Lernens mit Fehlern basiert. Für dieses Problem gelten die gleichen Annahmen hinsichtlich der Berechnungskomplexität wie für Gitter, die ebenfalls als quantensicher gelten. Das Paillier-Kryptosystem hingegen basiert auf Faktorisierung und ist daher nicht quantensicher.

Ich glaube, die Menschen stellen diese Frage mitunter, weil sie viel über Quantensicherheit hören, aber nicht wissen, dass viele gängige Protokolle und ihre eigene Computerhardware nicht quantensicher sind. Irgendwann wird es notwendig sein, dass alles auf quantensichere Methoden umgestellt wird, aber solange sich die Funktionsweise des Internets nicht ändert, verschwende ich nicht viel Zeit damit, mir darüber Gedanken zu machen. Wie ich schon früher gesagt habe und immer wieder sagen werde, wenn diese Frage auf Data-Science-Konferenzen aufkommt: »Im Grunde genommen muss das gesamte Internet auf quantensichere Protokolle umgestellt werden, doch ich bin mir ziemlich sicher, dass sich die Leute in diesem Publikum vorher um dringende Probleme in unserem eigenen Bereich kümmern sollten – zum Beispiel darum, wie Datenverarbeitung und Machine Learning klimaneutraler und datenschutzfreundlicher gestaltet werden können.«[2]

In der Wissenschaft wird weiterhin erforscht, wie quantensichere Protokolle besser beurteilt werden können. Es wird jedoch noch viel Zeit und Mühe kosten, bis bewiesen werden kann, dass es keine effizienten quantenbasierten Algorithmen gibt, die die Sicherheit von Protokollen gefährden können. Einige Protokolle wie RSA und ElGamel sind bekanntermaßen nicht quantensicher, da sie mithilfe des Shor-Algorithmus (*https://oreil.ly/Fl_w_*) zur Faktorisierung von Primzahlen entziffert werden können.[3] Allerdings ist es nicht immer so offensichtlich, und der Mangel an großen

2 Wenn Sie neue kryptografische Protokolle entwickeln oder erforschen, wie man von nicht quantensicheren zu quantensicheren Methoden übergehen kann, dann ist dies natürlich eine äußerst notwendige, zeitgemäße und wichtige Arbeit. Bitte bleiben Sie weiter am Ball!

Quantencomputern, die den Forschenden zur Verfügung stehen, bedeutet, dass es einige Zeit dauern wird, neue Angriffe zu identifizieren, die dann entwickelt werden können, wenn solche Computer weniger kostspielig und einfacher zu warten und zu benutzen sind. Selbst NIST hat bereits einen Algorithmus als quantensicheres Verfahren eingestuft, der dann auf einem herkömmlichen PC in weniger als einer Stunde entziffert wurde (*https://oreil.ly/OgEys*). Dies verdeutlicht, wie schwierig es ist, quantensichere Verfahren und Protokolle im Allgemeinen zu überprüfen – wenn sich selbst Fachleute irren können.

Kann ich Enklaven verwenden, um Datenschutzprobleme oder Probleme im Zusammenhang mit der Geheimhaltung von Daten zu lösen?

Enklaven bzw. vertrauenswürdige Laufzeitumgebungen, sogenannte *Trusted Execution Environments* (TEEs), (*https://oreil.ly/Ujw-X*) sind speziell entwickelte Hardware- und Verarbeitungseinheiten, die bestimmte Anforderungen an eine vertrauliche Datenverarbeitung erfüllen und für einige Sicherheitsmodelle nützlich sein können. Ich denke jedoch, dass die Arten von Garantien, die sie bieten können, überbewertet werden. Wenn Sie sich für den Einsatz einer Enklave entscheiden, schützen Sie sich gegen diejenigen, die die eigentliche Hardware betreiben – also in der Regel gegen Ihren Cloud-Anbieter. Das Ziel besteht demnach darin, sicherzustellen, dass bei der Verarbeitung von Daten oder der Ausführung von Code niemand einfach »mithören« und herausfinden kann, was vor sich geht. Diese Sorge bezieht sich auf den Cloud-Anbieter selbst und alle »Nachbarn«, die dieselbe gemeinsame Hardware in einer Cloud-Umgebung nutzen, die von mehreren Parteien verwendet wird (sogenannte Multitenancy Cloud Environments).

Angenommen, Sie gehörten einem Geheimdienst an, der verdeckte Operationen in einem anderen Teil der Welt durchführt, und Sie sind besorgt, dass der Cloud-Anbieter mit anderen lokalen Behörden zusammenarbeitet und Ihre Cloud-Nutzung passiv ausspäht. Dies wäre besorgniserregend, insbesondere wenn diese gemeinsam genutzte Rechenumgebung bekannte Schwachstellen aufweist, durch die andere virtuelle Maschinen über Lecks oder Prozessoren auf den gemeinsamen Speicher zugreifen könnten. Wenn garantiert werden kann, dass TEEs bzw. sichere Enklaven die wichtigen Informationen, die geschützt werden sollen, nicht preisgeben, können sie die gewünschte Isolierung für Ihre Berechnungen bieten.

Allerdings gab es bereits viele erfolgreiche Angriffe auf sichere Enklaven (*https://oreil.ly/FuKqo*). Und sie sind mit einem erheblichen Kosten- und Zeitaufwand verbunden, wenn Sie sie für die Datenverarbeitung und für Berechnungen einsetzen. Das bedeutet auch, dass Sie sich überlegen werden müssen, wie Sie Programme für eine ganz andere Art von Ausführungsumgebung optimieren können. Außerdem

3 Zum Zeitpunkt des Verfassens dieses Buchs ist dies hauptsächlich theoretischer Natur und aufgrund der Speicherbeschränkungen verfügbarer Quantencomputer nicht praktikabel.

setzen Sie Ihr Vertrauen nicht mehr in den Hardwareanbieter, sondern in den Anbieter der Enklave. Aus diesem Grund haben einige Cloud-Anbieter damit begonnen, ihre eigenen Enklaven zu entwickeln. Mir scheint das alles ein bisschen zu viel Aufwand für zu geringe Garantien zu sein, weshalb ich mich in diesem Buch auf Encrypted Computation konzentriert habe. Secure Computation wurde jahrzehntelang erforscht und geprüft, verfügt über genau definierte Protokolle, die sich so verhalten, wie man es erwartet, und die nicht proprietär sind, kann auf vielen Arten von Hardware in einer Vielzahl von Clouds betrieben werden und bietet auch bessere Garantien in Bezug auf die Geheimhaltung.

Wenn Sie also Ihrem Hardwareanbieter, Ihren Cloud-Nachbarn oder Ihren Cloud-Computern nicht trauen, sind Enklaven eine gute Lösung. Allerdings müssen Sie dafür Ihrem Enklavenanbieter vertrauen. Es gibt nur sehr wenige Fälle, in denen dies Auswirkungen auf den Datenschutz hat, und fast immer handelt es sich um Fälle, in denen Regierungen (möglicherweise aufgrund eines Haftbefehls) involviert sind.

Was, wenn ich die Daten des Clients bzw. Nutzers, der eine Datenbankanfrage bzw. -abfrage sendet, schützen muss?

In manchen Fällen möchten Sie die Daten des Absenders der Abfrage schützen und nicht die Antwort auf eine Abfrage – oder beides. In diesen Fällen kommt eine Technologie namens *Private Information Retrieval* (PIR) (*https://oreil.ly/51zqN*) bzw. verwandte Methoden wie Oblivious Transfer (*https://oreil.ly/yRfEc*) zum Einsatz.

Dabei handelt es sich um Protokolle, die im Rahmen der Encrypted Computation verwendet werden, die es einem Nutzer ermöglichen, eine Anfrage zu senden bzw. Informationen anzufordern, während die Anfrage selbst geheim bleibt. Ausgehend von dem, was Sie in Kapitel 7 gelernt haben, können Sie sich das so vorstellen, dass die Anfrage zunächst verschlüsselt wird und dann verarbeitet werden kann, obwohl sie verschlüsselt bleibt. Das kann auch mit anderen Techniken kombiniert werden, um die Daten, die im Rahmen der Antwort übermittelt werden, ebenfalls zu schützen, z. B. indem Differential Privacy auf die verschlüsselten Daten angewandt wird.

Der häufigste Anwendungsfall für diese Art der Interaktion besteht darin, dass ein Nutzer vertrauliche Informationen über sich selbst anfordern möchte, z. B. ein Labor- oder Testergebnis. Sie können sich auch Anwendungsfälle vorstellen, in denen die Anfrage selbst aufgrund der hohen Sicherheitsstandards der Quelle und der Personen, die die Quelle nutzen, geheim bleiben muss, wie z.B. in Szenarien, die die nationale Sicherheit betreffen. In Zukunft könnten diese Technologien mit verteilten Identitätsdienstleistungen kombiniert werden, um eine föderale Abfrage von Datenquellen auf »anonyme« bzw. vertrauliche Weise zu ermöglichen.

Wenn Sie mehr darüber erfahren möchten, empfehle ich Ihnen, sich einen Beitrag von Google durchzulesen, in dem beschrieben wird, wie Private Join and Compute mittels PIR-Techniken verbessert (*https://oreil.ly/yNGjb*) werden konnte.

Lösen Clean Rooms bzw. Remote Data Analysis/Access mein Datenschutzproblem?

Gelegentlich werden Lösungen wie Clean Rooms[4] bzw. Remote Data Access (Datenfernzugriff) mit vertrauenswürdigen Rechenumgebungen (engl. *Confidential Compute Environments*) verglichen, obwohl sie vergleichsweise zahlreiche Sicherheitsprobleme aufweisen. Ein Clean Room ist eine Umgebung, in die Daten geladen werden und in der etwa ein Data Scientist auf die Daten mithilfe einer virtuellen Maschine zugreifen kann. »Clean« bedeutet hier, dass der Eigentümer der Daten entscheiden kann, wie die Daten geladen werden und welche Software dem Data Scientist zur Verfügung steht. In manchen Fällen kann der Eigentümer der Daten auch vorgeben, was der Data Scientist exportieren kann, oder er kann eine Bildschirmaufzeichnung einsehen, wodurch er nachvollziehen kann, was während der Sitzung vorgenommen wurde. Der Data Scientist bzw. Data Analyst hat dabei jedoch vollen Einblick in die Daten, d.h., er sieht sie im Klartext, wodurch die Privatsphäre der in diesen Daten enthaltenen Personen überhaupt nicht geschützt wird und ihre Daten auch nicht geheim bleiben.

Remote Data Analysis bzw. Access ist ein weiteres Werkzeug, das oft mit Clean Rooms verglichen wird. In der Regel geht es dabei um die Verwendung einer bestimmten Bibliothek, Software oder eines Tools, die den Data Scientist bzw. Data Analyst in die Lage versetzen, Daten aus der Ferne bearbeiten zu können. Angenommen, Sie müssten eine explorative Datenanalyse (EDA) für Daten durchführen, die Sie nicht vollständig einsehen können; das ist nicht nur schwierig, sondern in manchen Fällen auch sehr frustrierend. Anders als bei den Herausforderungen im Zusammenhang mit Federated Learning, wo dies ebenfalls der Fall sein könnte, bin ich nicht davon überzeugt, dass Remote Data Access einen besseren Schutz der Daten gewährleisten kann. Beim Remote Data Access passen Sie möglicherweise Daten an, um sie für eine bestimmte Prozedur vorzubereiten, wie z.B. für das Training im Rahmen von Federated bzw. Distributed Learning, falls sie nicht im erforderlichen Format vorliegen. Manchmal wird Remote Data Analysis bzw. Access auch verwendet, um die Ergebnisse dieser Analyse an den Data Scientist zurückzusenden – was wiederum in Form von Klartextdaten geschieht, also ohne dass die Daten dabei in irgendeiner Weise geschützt sind.

Beide Lösungen weisen enorme Schwachstellen in Bezug auf Sicherheit und Datenschutz auf. Denn clevere Data Scientists könnten ein Tool wie Remote Data Access verwenden, um bestimmte Informationen über den Datensatz oder sogar die Daten selbst herauszufiltern, indem sie diese mittels einer Abfrage aussondern (d.h. über eine Singling Out Attack, siehe Kapitel 4). In beiden Fällen sind die Daten in keiner Weise vor dem Angreifer bzw. einem Data Scientist geschützt, wodurch der Schutz der Privatsphäre der in dem Datensatz enthaltenen Personen nicht gewährleistet ist. Keine dieser beiden Techniken bietet den gleichen Grad an Geheimhaltung wie Encrypted Computation. Außerdem muss ein erfahrener Experte diese Lösungen zu-

4 Diese werden auch als Data Clean Rooms bzw. seltener als Reinräume bezeichnet.

sammen mit den Logdateien überprüfen bzw. auditieren, um sicherzustellen, dass die Abfrageergebnisse nicht zu viele Informationen preisgeben. Anders als bei der Vorabansicht bei einer Secure Computation oder der Bereitstellung von Ergebnissen, bei denen zuvor Differential Privacy angewandt wurde, geschieht dies erst im Nachhinein, wenn der Schutz und die Vertraulichkeit der Daten bereits beeinträchtigt wurden.

Deshalb vermeide ich diese Lösungen generell und rate Datenschutzteams, sie nicht als Datenschutzgarantien in Betracht zu ziehen. Das Marketing dieser Unternehmen scheint sehr effektiv zu sein, denn in Wirklichkeit gibt es keinerlei technische Garantie.

Ich möchte für perfekte Privacy oder perfekte Geheimhaltung sorgen. Ist das möglich?

In unserer Welt ist die perfekte Lösung zwar ein erstrebenswertes Ziel, das allerdings nur selten erreicht werden kann. Das Buch trägt den Titel *Data Privacy in der Praxis*, weil ich möchte, dass Sie lernen, wie Sie die bestmöglichen Datenschutzstandards in der Praxis zur Anwendung bringen können. Dabei gehe ich davon aus, dass Sie die von mir vermittelten Theorien und bewährten Verfahren im Rahmen der Umsetzung auf Ihre individuellen Gegebenheiten anpassen.

Sie haben bereits in Kapitel 2 ein paar Grundlagen zum Thema »perfekte Privacy« gelernt. Die vollständige Definition lautet wie folgt (Definition aus einer Survey-Studie von Damien Desfontaines und Balázs Pejó (*https://oreil.ly/LFe4V*)):

> Ein Angreifer mit vollkommenem Hintergrundwissen (B) und unbegrenzter Rechenleistung (C) ist nicht in der Lage (R), irgendetwas über ein Individuum (N) in Erfahrung zu bringen, das es von anderen unterscheidet (F), und zwar gleichermaßen für alle Nutzer (V), selbst im ungünstigsten Fall (Q).

Nach dieser Definition kann jeder der mit Großbuchstaben dargestellten Parameter etwas sein, das Sie je nach Algorithmus, Implementierung oder Erweiterung anpassen müssen oder unberücksichtigt lassen. Das ist natürlich eine Menge. Wenn Sie jeden einzelnen berücksichtigen wollen, müssen Sie wahrscheinlich ein Team zusammenstellen, das sich ausschließlich diesem Problem widmet.

Sind Sie jedoch einfach nur neugierig und möchten mehr über perfekten Datenschutz erfahren, sollten Sie sich zuerst ausführlicher mit der Literatur zum Thema Differential Privacy beschäftigen, z. B. mit der Dissertation von Desfontaines (*https://oreil.ly/35vY1*), in der viele Definitionen erläutert werden. Wenn Sie sich daran orientieren, können Sie Ihre Ansätze so anpassen, dass sie besser zu dem passen, was »Perfektion« ist und was für Ihre Anwendung praktikabel ist.

In Kapitel 7 haben Sie bereits etwas über perfekte Geheimhaltung bzw. informationstheoretische Sicherheit erfahren. Wenn Sie tiefer in die Thematik eintauchen möchten, sollten Sie einen Blick auf den Originaltext »Communication Theory of Secrecy Systems« von Claude Shannons (*https://oreil.ly/WOB32*) werfen, eines der Grundlagenwerke der Informationstheorie und auch eines der wichtigsten Werke in der Kryptografie. Ich empfehle Ihnen außerdem, noch weitere Bücher zum Thema Kryptografie zu lesen – es gibt zu viele gute Bücher, um sie hier alle aufzuzählen. Suchen Sie sich einfach eines aus, das Sie anspricht, und stürzen Sie sich in die Materie.

Mit jedem Schritt, den Sie zum Schutz der Daten, der Personen in diesen Daten und deren Recht auf Privatsphäre unternehmen, tragen Sie zu einem Wandel bei. Wenn Sie diesen Themen Priorität einräumen und sie anderen in Ihrer Branche, Ihrem Unternehmen und Ihrem Team klar vermitteln, hat das eine nachhaltige Wirkung und weist vielen anderen den Weg in Richtung eines praktikablen Datenschutzes. Vielleicht wird dann eines Tages – auch dank Ihrer Bemühungen, das Thema Datenschutz ins Bewusstsein zu rücken und es zugänglicher, praktikabler und praxisnaher zu machen – Perfektion erreicht.

Wie stelle ich fest, ob Encrypted Computation sicher genug ist?

Auf Encrypted Computation zurückzugreifen, kann ein komplexes Unterfangen sein, an dem mehrere Parteien beteiligt sind – wobei jede Partei ihre eigenen Anforderungen hinsichtlich des Datenschutzes und der Sicherheit hat. Dementsprechend sollten die Berechnungen unter Berücksichtigung all dieser Anforderungen bewertet werden. Hierzu kann es auch erforderlich sein, mit den Rechtsabteilungen und Compliance-Teams aller an der Berechnung beteiligten Unternehmen im Austausch zu sein und sicherzustellen, dass die Anforderungen von allen Parteien richtig eingeschätzt werden.

> In der Regel stellen viele der sicheren Berechnungen einen großen Fortschritt in Sachen Sicherheit und Geheimhaltung für die Teilnehmer dar, da sie meist darauf verzichten können, Daten zu kaufen und zu verkaufen oder andere Verträge abzuschließen, bei denen die Daten im Klartext ausgetauscht werden. Wenn eine solche Form der sicheren Berechnung eine gewöhnliche Berechnung ersetzt, die im Klartext durchgeführt wird, verbessern sich die Sicherheit und der Schutz der Daten bereits erheblich.

Bei der Bewertung der Sicherheit und der Privacy einer Berechnung ist es von entscheidender Bedeutung, von Fachleuten begutachtete (*Peer Reviewed*) und geprüfte Bibliotheken und Tools zu verwenden. Open Source ist deshalb ein so wichtiger Teil der Kryptografie, weil die Protokolle hinreichend getestet, gut nachzuvollziehen und korrekt implementiert sind. Wenn ein Verschlüsselungsprotokoll hingegen proprietär ist, könnte es unbekannte Schwachstellen bergen. Die Kryptografie setzt seit Langem auf offenes Protokolldesign, Peer Review und Wissensaustausch. Dadurch, dass Bibliotheken frei zugänglich gemacht und Protokolle sowie Implementierungen durch die Öffentlichkeit geprüft werden, konnten zahlreiche Sicherheitslücken aufgedeckt und Protokolle und Systeme verbessert werden – dies vor allem dank der großen Anzahl und Vielfalt an Kryptografie- und Sicherheitscommunitys und deren Forschung.

Der schwierigste Teil der Überlegungen zu Sicherheit und Geheimhaltungsgarantien ist wahrscheinlich die Bewertung des Rechenvorgangs selbst. Sie sollten sich überlegen, den Informationsfluss (*https://oreil.ly/l7sOP*) der Daten in der Berechnung abzubilden. Außerdem sollten Sie sich die mathematischen Aspekte der Berechnung ansehen, um zu beurteilen, ob sie wirklich das tut, was sie soll. Daher ist es wichtig, eine Bibliothek zu verwenden, die diese Zusatzfunktionen unterstützt. Denn es kann für eine einzelne Person entmutigend sein, alle Ebenen einer bestimmten Berechnung zu analysieren. Sie können die Berechnung sogar testen, indem Sie Dummy-Daten verwenden, die allen Teilnehmerinnen und Teilnehmern zur Verfügung gestellt werden, und so die Korrektheit der Implementierung sicherstellen.

Sofern diese Anforderungen erfüllt sind, sollte Encrypted Computation für Ihre Ansprüche und die der anderen Teilnehmenden sicher sein. Sobald Sie ein paar Berechnungen durchgeführt haben, werden Sie den zugrunde liegenden Prozess besser verstanden haben und wissen, was Sie zum weiteren Vorgehen benötigen. Die Schritte ordnungsgemäß zu dokumentieren und das Gelernte weiterzugeben, ist ebenfalls ein wichtiger Teil dieses Prozesses und kann dazu beitragen, das Wissen und die Fähigkeiten in Ihrem Team und im gesamten Unternehmen auszubauen.

Wenn ich Encrypted Computation verwenden möchte, wie handhabe ich dann den Schlüsselaustausch?

Das Management von Schlüsseln ist ein wichtiger Bestandteil von schlüsselbasierten Verschlüsselungsmethoden. Üblicherweise wird ein regelmäßiger Austausch empfohlen, insbesondere bei Schlüsseln, die zum Schutz geschäftskritischer Daten und zum Speichern und zur Nutzung privater Daten verwendet werden. Wenn Sie schlüsselbasierte Techniken zur Pseudonymisierung verwenden, ist es besonders wichtig, dies zu berücksichtigen und festzulegen, wie der Austausch der Schlüssel gehandhabt werden soll, damit auch die Verknüpfung bzw. Verlinkung zwischen älteren und neueren Pseudonymen *fehlerfrei* aufgelöst wird.

Aber nicht alle Berechnungen im Rahmen der Encrypted Computation verwenden Schlüssel für die Verschlüsselung, denn es gibt auch Verfahren wie das Secret Sharing (siehe Kapitel 7), bei denen Daten ohne einen herkömmlichen Schlüssel verschlüsselt werden können. Da sich diese Verschlüsselungsverfahren bei jeder Berechnung auf der Grundlage von zufälligen Seeds ändern, ist es nicht nötig, einen Schlüsselaustausch vorzusehen.

Bei der homomorphen Verschlüsselung benötigen Sie hingegen Schlüssel. Die gute Nachricht ist jedoch, dass der Austausch von Schlüsseln keine Auswirkungen auf die Ergebnisse haben sollte und bei jeder Berechnung neu vorgenommen werden kann. Falls Sie ältere Schlüssel aufbewahren möchten, um die Ergebnisse in ihrem ursprünglichen Format verschlüsselt zu halten, müssen Sie allerdings für die Speicherung der Schlüssel Sorge tragen. Besser ist es jedoch, einfach eine Encryption at Rest zu verwenden, um ältere Ergebnisse in einem verschlüsselten Datenspeicher zu speichern – so wie Sie es mit allen anderen sensiblen Daten auch handhaben würden.

Wenn Sie Nutzern eine Ende-zu-Ende-Verschlüsselung anbieten möchten, sollten Sie einen Blick auf das Protokoll von Signal (*https://oreil.ly/A-l-8*) werfen. Und denken Sie daran: Machen Sie Verschlüsselung zum Standard und speichern Sie die gemeinsamen Schlüssel auf keinen Fall auf Ihren Servern!

Was ist die Privacy Sandbox von Google? Verwendet sie Encrypted Computation?

Die Privacy Sandbox für Android und die damit zusammenhängenden neuen Webstandards (*https://privacysandbox.com*) in Chrome sind ein Vorstoß von Google, um die derzeitige Praxis bei Drittanbieter-Cookies auf datenschutzfreundlichere Methoden auszurichten.[5]

Die Privacy Sandbox setzt in erster Linie auf einen Federated-Ansatz in Bezug auf Daten und Analysen, auf Pseudonymisierung und an manchen Stellen auf Techniken wie Differential Privacy und k-Anonymity, die dafür sorgen sollen, dass die Privatsphäre von Individuen geschützt wird. Auf Android bietet sie auch Funktionen, die die Verarbeitung von Werbedaten mittels Sandboxing von der Verarbeitung von Anwendungen getrennt hält (*https://oreil.ly/C_9zf*), allerdings sehen die Vorschläge keine Encrypted Computation vor. Das erklärte Ziel ist es, individuell ausgerichtete Werbung allmählich abzuschaffen, während Werbetreibende weiterhin die Möglichkeit haben sollen, gezielt Werbung an Personengruppen zu senden. Dies wird schrittweise entwickelt und eingeführt und im Laufe der Zeit vermutlich noch weiter angepasst (*https://oreil.ly/BwH0c*).

Ein Großteil der Arbeit basiert auf dem ursprünglichen Vorschlag für Federated Learning für Werbeanzeigen, den Google erstmals im Jahr 2021 vorgestellt hat und bei dem mittels Federated Analysis Kohorten gebildet werden (*Federated Learning of Cohorts*, kurz FLoCs). Dieser Ansatz wurde sowohl von Werbetreibenden als auch von Datenschutzaktivisten stark kritisiert (*https://oreil.ly/N_Hi6*), da er zahlreiche Sicherheits- und Datenschutzprobleme aufwies. Google ersetzte daraufhin die Methode durch eine, die auf der Grundlage von sogenannten *Topics* (*https://oreil.ly/UXw1x*) basiert und in ihrer Funktionsweise vergleichbar mit der von Interessenprofilen von Nutzern ist. Bei Topics wird ein Federated-Ansatz verwendet, der die Nutzerinteressen auf lokaler Ebene klassifiziert, anstatt Nutzer in Kohorten zu gruppieren. In dem Vorschlag von Anfang 2023 werden diese Interessen dann als Topics bzw. Themen gespeichert und alle drei Wochen aktualisiert. Obwohl es im Vergleich zu FLoCs einige Verbesserungen in Bezug auf den Datenschutz gibt, bestehen beim aktuellen Vorschlag noch zahlreiche Probleme hinsichtlich des Datenschutzes (*https://oreil.ly/qRYJq*).

Da sich viele der vorgeschlagenen Ansätze noch ändern werden, bevor sie auf breiter Basis genutzt und bereitgestellt werden, empfehle ich Ihnen, die verschiedenen Vorschläge (*https://oreil.ly/YKaHs*) und Entwürfe (*https://oreil.ly/bIQ_R*) durchzugehen

5 Es gibt mehrere wesentliche Bedenken (*https://oreil.ly/6Xnqk*), die gegen diesen Vorschlag vorgebracht werden, und zwar dahin gehend, ob sie tatsächlich dazu beitragen, den Datenschutz in einer sinnvollen Weise zu verbessern. Zum Zeitpunkt des Verfassens dieses Buchs ist noch unklar, ob diese Bedenken in angemessener Weise berücksichtigt werden.

und mehr über ihre Funktionsweise zu erfahren, vor allem wenn Sie in der Werbe- oder Marketingbranche tätig sind und sich ein besseres Bild davon machen möchten, welche Technologien verfügbar sein werden.

Data Governance und Privacy-Mechanismen

Dieser Abschnitt behandelt Fragen im Zusammenhang mit Data Governance und Privacy-Mechanismen, einschließlich Pseudonymisierung und Anonymisierung, über die Sie bereits in den Kapiteln 1, 2 und 3 einiges erfahren haben.

Warum reicht k-Anonymity nicht aus?

Sie haben bereits in Kapitel 2 gelernt, dass k-Anonymity eine ältere, aber immer noch sehr beliebte Methode zur »Anonymisierung« ist. Doch wie ist Anonymisierung in diesem Zusammenhang zu verstehen? Als Sie sich mit Differential Privacy befassten, haben Sie gelernt, dass Anonymisierung eigentlich bedeutet, dass es nicht möglich ist, personenbezogene Informationen offenzulegen, ohne dass dadurch jemand etwas erfährt.

k-Anonymity basiert auf der Idee, Sicherheit durch Unsichtbarkeit zu erreichen. Wenn Sie sich in einer Gruppe von k oder mehr Personen »verstecken« können, dann sind Sie »anonym«. Doch wie viele Attribute müssen Sie kombinieren, damit Sie eine Gruppierung herbeiführen, die dafür ausreicht? Angenommen, Sie sollen im Rahmen einer Veröffentlichung Informationen wie die Postleitzahl, das Geschlecht, den Familienstand und das Alter bereitstellen. Sie haben also vier Angaben, die Sie abgleichen müssen, sobald Sie eine Gruppe erstellen. Wenn Sie diese Gruppen bilden, werden Sie sofort eine Menge an Informationen verlieren, da einige Personen außen vor bleiben und andere durch die Ausweitung der Kategorien notwendigerweise verschleiert werden (z. B. würden Sie Altersgruppen bilden, statt das konkrete Alter beizubehalten, oder Postleitzahlen zu weiter gefassten Postleitzahlenbereichen zusammenfassen).

Sie haben jetzt also Gruppen gebildet, in denen sich jeweils mindestens k Personen befinden, die dieselbe Postleitzahl, dasselbe Geschlecht, denselben Familienstand haben und derselben Altersgruppe angehören. Sind diese Personen nun anonym?

Wahrscheinlich nicht! Es gibt vermutlich andere Attribute, die Informationen über sie preisgeben (siehe Kapitel 2). Angenommen, 70 % der Personen in einer Gruppe haben eine Gemeinsamkeit, z. B. dasselbe Einkommen oder dieselbe Ausbildung. Das bedeutet nun, dass eine 70%ige Chance besteht, dass ein Angreifer diese Information in Erfahrung bringen bzw. eine begründete Vermutung darüber anstellen kann. Wenn es einen anderen Klartextwert gibt, bei dem alle Mitglieder dieser Gruppe zu 100 % übereinstimmen, dann weiß der Angreifer automatisch über diese Information hinsichtlich der betreffenden Personen Bescheid.

Wie bereits in Kapitel 2 erläutert, können Sie nie sicher sein, über welche zusätzlichen Informationen ein Angreifer verfügt. Aus diesem Grund ist die Frage, was an den vorliegenden Informationen verlinkbar und was zur Identifizierung einer Person geeignet sein könnte, ein aussichtsloses Unterfangen. Differential Privacy wurde erfunden, um ein Umdenken zu bewirken. Anstatt eine Reihe von Attributen zu betrachten und daraus Gruppen zu bilden, von denen man *denkt*, dass sie vermutlich Anonymität bewirken würden, aber sich letztlich niemals sicher sein kann, quantifiziert Differential Privacy den möglichen Informationsgewinn mittels statistischer Verfahren.

Doch wie sieht es mit t-Closeness und l-Diversity aus?

Um sicherzustellen, dass jeweils die Verteilung der sensiblen Variablen, die zur Gruppierung verwendet wurden, mit der der Gesamtpopulation übereinstimmt, könnten Sie zusätzlich noch t-Closeness anwenden. Außerdem könnten Sie l-Diversity anwenden, um zu gewährleisten, dass die Gruppen eine ausreichende Diversität hinsichtlich der veröffentlichten Variablen aufweisen, sodass niemand ohne Weiteres darauf schließen kann, dass 70 % der Personen ein bestimmtes Merkmal aufweisen. Doch auch das ist noch nicht genug, denn auch hier gilt: Sobald Sie konkrete Informationen veröffentlichen, können Sie keine Anonymität im wissenschaftlichen bzw. im strengeren Sinne des Wortes garantieren. Sie werden nie wissen, welche zusätzlichen Informationen verwendet werden können und wie viel ein Angreifer bereits weiß oder ob er eine bestimmte Person aussondern kann.

Doch nicht nur das – Sie haben nun die eigentliche Struktur Ihrer Daten wahrscheinlich völlig über den Haufen geworfen. Wenn Sie k-Anonymity mit t-Closeness und l-Diversity auf korrekte Weise angewandt haben, sind die Gruppen, die Sie gebildet haben, extrem allgemein gehalten. Und selbst dann können Sie sich nicht sicher sein, welche Garantien Sie letztlich geben, außer dass Sie vielleicht versichern können, Ihr Bestes getan zu haben. Die zur Gruppierung verwendeten und auch die anderen Variablen werden in keiner Weise abgeändert oder eingegrenzt, wie dies bei einem Differential-Privacy-Mechanismus der Fall ist. Wenn ein Angreifer eine Person aus dem Datensatz kennt, dann kennt er diese Informationen bereits, was extrem riskant ist, sofern sie in irgendeiner Weise als sensibel einzustufen sind.

Aus diesem Grund wird mit Differential Privacy der Ansatz auf den Kopf gestellt, und stattdessen wird der Frage nachgegangen, ob man quantifizieren kann, wie gut ein Algorithmus (Differential-Privacy-Mechanismus) funktioniert, statt lediglich die Daten zu betrachten. Legen Sie einen wahrscheinlichkeitsbasierten Algorithmus zugrunde, können Sie die Ergebnisse wissenschaftlich begründen und dennoch Garantien in Bezug auf den Schutz der Privatsphäre geben. Wenn Sie sich dafür entscheiden, Privacy Loss und Anonymisierung in einem strengen wissenschaftlichen Sinn zu betrachten, kommen Sie nicht daran vorbei, zu Differential Privacy überzugehen.

Ich denke, dass Differential Privacy nicht für meinen Anwendungsfall geeignet ist. Was kann ich stattdessen tun?

Meine erste Empfehlung wäre, sich zu versichern, dass Differential Privacy definitiv nicht angewendet werden kann. Hierzu sollten Sie sich die Empfehlungen von Desfontaines (*https://oreil.ly/uU1xF*) ansehen, die die folgenden drei Punkte beinhalten.

Differential Privacy kann nicht angewendet werden, wenn …

1. Sie Ausreißer identifizieren bzw. bewusst berücksichtigen wollen.
2. Sie darauf angewiesen sind, dass für jede Person mindestens eine Beobachtung beibehalten wird bzw. im Ergebnis enthalten ist, damit eine Verknüpfung zu einer anderen Datenquelle möglich ist.
3. sich bereits kleine Änderungen erheblich auf das Ergebnis auswirken.

Fällt Ihr Anwendungsfall unter eine dieser Kategorien, sollten Sie zunächst einmal einen Schritt zurücktreten. Wenn Sie bereits länger an der Konzeption einer Lösung sitzen und nun versuchen, nachträglich Datenschutz zu berücksichtigen, ist es möglicherweise angebracht, sich noch einmal dem ursprünglichen Problem zu widmen und es erneut zu analysieren. Gibt es noch einen anderen Ansatz, mit dem sich das Problem lösen lässt? Müssen Sie Ihre Daten wirklich auf der Ebene von Individuen verlinken? Spielen Ausreißer wirklich eine so große Rolle bei der Beantwortung der vorliegenden Frage? Warum ist Ihre Analyse so empfindlich gegenüber kleinen Veränderungen?

Sollten Sie dennoch zu dem Schluss kommen, dass es keine Möglichkeit gibt, das Problem bzw. die Lösung datenschutzfreundlicher zu gestalten, sind Sie gezwungen, andere Ansätze in Erwägung zu ziehen, von denen einige in den Kapiteln 1, 3 und 5 vorgestellt wurden.

Kann ich mithilfe von synthetischen Daten Datenschutzprobleme lösen?

Die Bedeutung synthetischer Daten hat seit dem Jahr 2018 zugenommen, da sie eine Möglichkeit darstellen, die Privatsphäre der Nutzer zu schützen, und gleichzeitig alle Vorteile echter Daten für Entwickler und Data Scientists bieten. Synthetische Daten werden auch dazu verwendet, bestehende Datensätze zu erweitern oder zu verbessern, wenn nicht genügend Daten verfügbar sind.

Es gibt zwei Methoden, mit denen sich realistische synthetische Daten erzeugen lassen: zum einen die Verwendung statistischer Eigenschaften sowie deterministischer Regeln und zum anderen die Anwendung von Generative Machine Learning, d. h. mithilfe von Machine-Learning-Modellen, die auf realen Daten trainiert wurden, um realistische synthetische Daten zu generieren. In beiden Fällen werden die synthetischen Daten direkt aus realen Daten abgeleitet. In Anbetracht dessen, dass Sie in Kapitel 4 erfahren haben, dass es möglich ist, Informationen aus Modellen bzw. deren Ergebnissen mittels Reverse Engineering abzuleiten, sollten Sie die Datenschutzgarantien und die Art und Weise, wie Sie diese durchsetzen wollen, sorgfältig bestimmen.

Wenn Sie synthetische Daten verwenden, die auf statistischen Eigenschaften oder Regeln basieren, sollten Sie in Betracht ziehen, standardmäßig Ausreißer zu entfernen und die zugrunde liegenden Verteilungen der Daten unter Verwendung von Differential Privacy zu erstellen. Sind bestimmte Eigenschaften erforderlich, z.B. dass Postleitzahlen mit dem zugehörigen Gebiet übereinstimmen oder dass andere spezifische Abhängigkeiten erfüllt sind, sollten Sie sicherstellen, dass diese nicht direkt mit einer Person in Verbindung gebracht werden können. Hierzu müssen die Daten sorgfältig analysiert und – sofern der Prozess automatisiert wird – angemessen getestet und überprüft werden.

Wenn Sie synthetische Daten verwenden, die mittels Machine Learning erzeugt wurden, können Sie Differential Privacy im Rahmen des Trainings Ihres Modells anwenden. Es gibt einen interessanten Blogbeitrag dazu von Gretel.ai (*https://oreil.ly/aHgGU*), einem Unternehmen, das synthetische Daten mithilfe von Machine Learning erstellt und bereitstellt. Sie können den Privacy Loss tracken und – je nachdem, welches Modell Sie verwenden und wofür Sie die Daten nutzen – bestimmen, wann es sinnvoll ist, das Privacy Budget zurückzusetzen. Falls Sie diesen Schritt auslassen, ist es, wie Sie in Kapitel 4 erfahren haben, sehr wahrscheinlich, dass Ihr Modell Beispiele reproduzieren wird, die Ausreißern oder bestimmten Gruppen in Ihrem Datensatz sehr ähnlich sind.

Ich habe mich dazu entschieden, kein Kapitel über synthetische Daten in das Buch aufzunehmen, weil ich denke, dass diese Möglichkeit zwar verlockend klingen mag, aber oft nicht die Erwartungen erfüllt. Wenn synthetische Daten genutzt werden, dabei aber keine Differential Privacy zur Anwendung kommt, können solche Daten sogar noch gefährlicher sein als echte, da sie für sicher gehalten und dementsprechend so genutzt werden, als wären sie es auch. Außerdem können sie die Qualität von Modellen beeinträchtigen und dazu führen, dass die Ergebnisse bzw. getroffenen Vorhersagen hin zum Mittelwert tendieren oder die Modelle zu stark verallgemeinern. Daher erscheint es mir bei den meisten Anwendungsfällen nicht sinnvoll, diese Kompromisse einzugehen, da die Verwendung echter Daten zusammen mit einigen Schutzmechanismen einen größeren Nutzen bei geringerem Aufwand bieten könnte. Ich bin mir jedoch sicher, dass es Anwendungsfälle gibt, in denen synthetische Daten eine gute Wahl darstellen – ich kenne sie nur nicht. Falls Sie solche Fälle entdecken oder kennen, würde ich gern mehr darüber erfahren!

Wie können Daten auf verantwortungsvolle Weise weitergegeben werden, bzw. welche Alternativen gibt es zum Verkauf von Daten?

Seit Mitte der 2010er-Jahre gibt es mehrere interessante Trends in Bezug auf eine ethisch vertretbare bzw. verantwortungsvolle Datennutzung – weg vom Verkauf und Austausch von Daten zwischen Unternehmen hin zu demokratischeren, nutzerorientierten und kollektiv verwalteten Daten. Zum Beispiel ermöglichen sogenannte Data Trusts (*https://oreil.ly/5hpQ-*) – also »Datentreuhandgesellschaften« – den Menschen, ihre Daten einer Organisation zu spenden, die sich um die Nutzung der

Daten kümmert. Diese Treuhandgesellschaften funktionieren wie juristische Treuhandgesellschaften – sie ermöglichen den Spendern, die Arten von Anwendungsfällen, Aktivitäten oder Einrichtungen vorzugeben, für die ihre Daten verwendet werden dürfen. Die Treuhänder leiten die Gespräche und Verhandlungen im Einklang mit den Wünschen des Spenders. Sie können also Ihre Gesundheitsdaten spenden, damit sie im Rahmen der Forschung Verwendung finden, aber die Nutzung durch kommerzielle Einrichtungen verweigern – und sei es für Forschungszwecke. In Europa, Großbritannien und Nordamerika gibt es zahlreiche Data Trusts, bei denen es sich oft um Partnerschaften zwischen Regierungen und Forschungseinrichtungen handelt. Ich vermute, dass dieser Trend mit der Zeit noch zunehmen wird.

Sogenannte Data Cooperatives (*https://oreil.ly/5hkgx*) haben eine ähnliche Struktur, folgen aber den Regeln einer Genossenschaft. Wie bei Trusts werden diese in einem rechtlichen Vertrag festgelegt. In Genossenschaften stimmen die Mitglieder über Initiativen oder grundlegende Änderungen ab, wobei es jedoch häufig einen Lenkungsausschuss gibt, der die alltäglichen Entscheidungen trifft. Die Gruppe entscheidet, wie die Daten verwendet werden, und kann sogar beschließen, gemeinsam Analysetools zu entwickeln und Machine Learning zu betreiben. Dieser demokratische Entscheidungsprozess ermöglicht es, Anpassungen und Änderungen vorzunehmen, wenn sich neue Arten von Daten, neue Nutzungsmöglichkeiten für Daten oder neue Datenschutztechnologien auftun. Wenn Sie ein solches Datenkollektiv gründen, lassen Sie es mich bitte wissen, damit ich es auch über mein Netzwerk verbreiten kann. Ich sehe ein unglaubliches Potenzial für die Nutzung von Daten im Rahmen kollektiver Strukturen.

Beide Strukturen erlauben mehr Selbstbestimmung, als es im Rahmen der derzeitigen Praxis des Datenverkaufs der Fall ist. Beim Verkauf von Daten zwischen Unternehmen werden die Menschen in der Regel nicht gefragt, ob sie wollen, dass ihre Daten verwendet oder weitergegeben werden. Mit Ausnahme der in Europa, Kalifornien und Brasilien ansässigen Personen haben die meisten nicht das Recht, zu bestimmen, wie ihre Daten verwendet werden. Kollektives Dateneigentum und kollektive Einwilligung ermöglichen den Nutzerinnen und Nutzern, bestimmte Anwendungsfälle der gemeinsamen Nutzung direkt zu regeln, zu kontrollieren und sich dafür oder dagegen zu entscheiden. Zudem können sie mit den Anforderungen an die Datenschutztechnologie kombiniert werden, um sicherere Kontrollen der gemeinsamen Nutzung zu ermöglichen, die direkt von den Dateneigentümern ausgehen.

Wie kann ich alle privaten Informationen finden, die ich schützen muss?

Wie Sie bereits in Kapitel 1 gelernt haben, besteht der erste Schritt bei der Identifizierung der zu schützenden Informationen darin, festzulegen, welche Daten Sie als privat betrachten. Sie können beispielsweise mithilfe der Datenschutzrechtsabteilung Ihres Unternehmens private Daten in persönlich identifizierende Informationen bzw. Daten (PII), sensible Daten und weiter gefasste personenbezogene Daten einteilen. Wenn es niemanden in Ihrem Unternehmen gibt, der Sie unterstützen kann, sollten Sie die Daten zunächst in allgemeinere Kategorien einteilen, beispielsweise in PII und andere Daten. Bedenken Sie dabei, dass es sich bei PII um Daten handelt, die selbst ohne fortgeschrittene Techniken (bzw. Angriffe) dazu verwendet werden können, Personen zu identifizieren (siehe Kapitel 4).

Es gibt allerdings – wie Sie aus Kapitel 1 wissen – keinen hundertprozentig sicheren automatischen Weg, alle personenbezogenen Daten und PII zu finden. Beginnen Sie zunächst damit, die Datensätze zu dokumentieren, die in Ihrem Unternehmen am häufigsten verwendet werden. Ermitteln Sie, welche Daten als PII, welche als sensible personenbezogene, welche als vertrauliche Unternehmens- und welche als weniger sensible personenbezogene Daten – wie etwa eine Bestellliste oder eine Favoritenliste für Musik – einzustufen sind. Selbst bei diesen weniger sensiblen Daten ist davon auszugehen, dass sie für sich genommen immer noch recht aufschlussreich sind. Deshalb ist es wichtig, personenbezogene Daten anders als andere Daten zu behandeln, die für den Betrieb Ihres Unternehmens erforderlich sind.

Wenn Sie große Mengen an semistrukturierten Daten bzw. Daten, die in Dokumenten enthalten sind, haben, können Sie auch Tools wie Presidio von Microsoft verwenden, um zu sehen, ob sich einige der PII auf automatisierte Weise identifizieren lassen. Wenn solche Tools nicht ausreichen, sollten Sie darüber nachdenken, ein Scanning-Tool zu kaufen oder zu entwickeln, das auf speziellen Mustererkennungsverfahren (engl. *Pattern-Matching*) basiert oder auf Machine-Learning-Modellen, die sich auf Textdaten anwenden lassen, und so mögliche PII und auch andere sensible Daten in Dokumenten ausfindig machen.

Sobald Sie diese identifiziert haben, sollten Sie eine Datenhistorie (*Data Lineage*) anlegen bzw. diese aktualisieren, die Daten kennzeichnen (d.h. Tags vergeben) und Data-Governance-Maßnahmen ergreifen, um sensible Daten ordnungsgemäß zu kategorisieren, zu dokumentieren und nachzuverfolgen. Sie müssen sicherstellen, dass diese Daten – und ebenso alle Datenflüsse oder nachgelagerten Produkte, die diese sensiblen Daten als Quelle nutzen – ausreichend geschützt sind. Weitere Informationen zu geeigneten Governance-Maßnahmen finden Sie in den Kapiteln 1 und 3.

Ich habe die persönlichen Identifikatoren entfernt, also sind die Daten jetzt geschützt, richtig?

Bei dem Versuch, private Daten zu schützen, besteht ein häufiger Fehler, der mir begegnet ist, in der Entfernung von Identifikatoren wie etwa Name, Geburtsdatum oder Benutzername. Dieser Ansatz ist mit Problemen verbunden, da die Daten immer noch private Informationen enthalten und es sehr wahrscheinlich ist, dass diese preisgegeben werden können (siehe Kapitel 2 und 4). Sobald die Identifikatoren entfernt sind, können Techniken wie Differential Privacy nicht mehr ohne Weiteres angewandt werden, da nicht mehr direkt ersichtlich ist, welche Zeilen zueinandergehören.

Wenn Ihnen jemand einen solchen Datensatz zur Verfügung gestellt hat, sollten Sie sich am besten mit ihm zusammensetzen und einen Datensatz erstellen, bei dem die Privatsphäre der Individuen auch tatsächlich geschützt wird – am besten indem Sie ihm bei der Verwendung von Software helfen, die Differential-Privacy-Mechanismen bietet. Das Entfernen von Identifikatoren mit dem Ziel, so die Daten zu anonymisieren, ist also nicht wirklich dafür geeignet, den Schutz der Daten im Rahmen der gemeinsamen Nutzung zu wahren.

Wie kann ich mit unzureichend geschützten Daten verfahren, die ich in der Vergangenheit veröffentlicht habe?

Wenn Sie in der Vergangenheit Daten veröffentlicht haben, ohne dass diese durch Differential Privacy geschützt wurden, ist es schwierig, festzustellen, wie viele Informationen bereits an die Öffentlichkeit gelangt sind. Im Idealfall können Sie zumindest feststellen, welche Personen in diesem Datensatz enthalten waren, und entscheiden, ob diese nicht in künftige Datensätze aufgenommen werden sollten, um sie dann besser zu schützen. Ist das nicht möglich, wie es bei den Zensusdaten in den USA der Fall war, sollten Sie eine Reihe von geeigneten Maßnahmen für die Zukunft erarbeiten.

> Differential Privacy statt weniger sicherer Methoden zu verwenden, ist bereits ein riesiger Fortschritt. Statt sich darauf zu fixieren, was in der Vergangenheit preisgegeben worden sein könnte, sollten Sie mehr Energie darauf verwenden, wie Sie von nun an Veröffentlichungen besser rückverfolgen können. Das kommt Ihren Nutzerinnen und Nutzern bereits heute zugute und trägt auch dazu bei, sie in Zukunft besser zu schützen.

Wenn Sie Differential Privacy verwenden, stehen Ihnen mehrere Methoden zur Verfügung, mit denen Sie den Schutz veröffentlichter privater Informationen im Laufe der Zeit messen und tracken können. Viele der bewährten Bibliotheken – wie die von Tumult Analytics – erlauben Ihnen, diese Methoden mit der Berechnung des Privacy Loss zu verbinden. Wenn Sie Differential Privacy über einen längeren Zeitraum verwenden, müssen Sie festlegen, wann Sie jeweils das Privacy Budget zurücksetzen wollen. Suchen Sie diesbezüglich nach Anregungen, empfehle ich Ihnen eine von Desfontaines erstellte Übersicht zu verschiedenen Anwendungen aus der Praxis, die allesamt aus Forschungsbeiträgen entnommen sind, die Sie kostenlos herunterladen können (*https://oreil.ly/B8AW2*).

In vielen realen Anwendungsfällen von Differential Privacy wird das Privacy Budget in der Regel sehr häufig zurückgesetzt, um die Qualität der Daten hochzuhalten. Aber es lohnt sich, zu experimentieren und herauszufinden, wie Sie den Schutz der Privatsphäre über einen längeren Zeitraum garantieren können, vor allem dann, wenn Sie Ihre Daten für die Öffentlichkeit freigeben. Konzentrieren Sie sich darauf, das Ausmaß des Datenschutzes zu optimieren, das Sie garantieren können, und gleichzeitig Daten in Ihren Veröffentlichungen bereitzustellen, aus denen noch nützliche Erkenntnisse gewonnen werden können. Treten Sie mit den Nutzern Ihrer Publikationen in Kontakt, damit sie diese Balance besser austarieren können, und verbessern Sie sie mit jeder Aktualisierung.

Ich arbeite an einem BI-Dashboard bzw. einer Visualisierung. Wie kann ich es datenschutzfreundlich gestalten?

Wenn Sie im Bereich der Datenvisualisierung arbeiten und persönliche Daten verwenden, fragen Sie sich vielleicht, wie Sie sicherstellen können, dass die von Ihnen erstellten Visualisierungen mit dem Datenschutz in Einklang stehen. Sie können verschiedene Techniken anwenden und kombinieren, um dem Datenschutzrisiko in angemessener Weise Rechnung zu tragen. Wenn Sie auf der Grundlage von Forschungsdaten oder anderen Unternehmensdaten Visualisierungen für die breite Öffentlichkeit erstellen, sollten Sie Differential Privacy verwenden, um einen ausreichenden und strengen Schutz dieser Daten zu gewährleisten. Bei einem internen Dashboard, das dazu dient, Entscheidungen auf Führungsebene zu unterstützen, sollten Sie sicherstellen, dass die Granularität der Daten grob genug ist, sodass keine Singling Out Attacks möglich sind oder persönlich identifizierende Daten angezeigt werden. Halten Sie die Verwendung persönlicher Daten so gering wie möglich und ermitteln Sie, welche Techniken geeignet sind, indem Sie die entsprechenden Adressaten fragen, welche Daten sie tatsächlich für ihre Entscheidungen benötigen.

Sowohl interaktive als auch dynamische Visualisierungen sollten unter diesem Aspekt entwickelt und getestet werden. Dazu gehört wahrscheinlich auch die Berücksichtigung von Datenschutztechnologien im Hinblick auf den Datenzugriff. Falls Sie Ihre eigenen BI- oder Visualisierungstools entwickeln, kann es also durchaus sein, dass dies zum normalen Entwicklungsprozess gehört. Wenn Sie standardisierte Tools wie Tableau, PowerBI oder andere verwenden, sollten Sie bei der Erstellung der Datenquelle sicherstellen, dass diese ausreichend auf die Anforderungen Ihrer Visualisierung abgestimmt ist.

Gehen Sie die in Kapitel 3 dargelegten Techniken durch und ermitteln Sie, wie im Rahmen des Data Engineering Datenschutztechniken als normaler Bestandteil der Datenverarbeitung integriert werden könnten. Das kann beispielsweise bedeuten, dass nur die Rohdatenquellen völlig ungeschützt sind und dass auf alle anderen Datenbanken und Datenspeicher entsprechende Datenschutztechniken angewandt werden. Oder eine bestimmte Datenbank bzw. ein Datenspeicher hält die verarbeiteten privaten Daten vor, auf die oder den jedoch nur einige wenige Administratoren Zugriff haben, sodass die Mehrzahl der internen und externen Mitarbeitenden bzw. Firmen ausschließlich geschützte Daten verwendet, es sei denn, es liegt ein besonderer Grund vor.

Bei den meisten Visualisierungen geht es darum, Trends, Muster oder Veränderungen in Daten zu veranschaulichen. Auf dieser Ebene ist die Granularität oft grob, d.h., ein Großteil der Daten kann auf einmal betrachtet werden. Deshalb eignet sich diese Form der Darstellung hervorragend für Differential Privacy. Wenn Sie jedoch Visualisierungen verwenden, mit denen Anomalien oder Ausreißer erkannt werden sollen, müssen Sie Methoden anwenden, mit denen Sie die verwendeten Daten so gut wie möglich schützen oder dafür sorgen, dass denjenigen, die die Visualisierung verwenden, bewusst ist, dass es sich um hochsensible Daten handelt.

Wer trifft die Entscheidungen bezüglich des Privacy Engineering? Wie kann ich Privacy Engineering in meinem Unternehmen einbinden?

In den meisten Fällen fällt es in den Rahmen der Data Governance eines Unternehmens, zu entscheiden, wo und wie Privacy Engineering in die bestehende Unternehmensstruktur am besten eingebunden werden kann. Wenn Ihr Unternehmen bereits über einen soliden Data-Governance-Prozess verfügt und Sie Ihre Mitarbeiter in Privacy Engineering einweisen möchten, empfehle ich Ihnen, die Kapitel 1, 3 und 8 als Leitfaden für Ihre Gespräche zu verwenden und sie in ihrer eigenen Sprache und auf ihre eigene Art und Weise anzusprechen.

Sofern Ihr Unternehmen noch nicht über einen soliden Governance-Entscheidungsprozess verfügt, sollten Sie zunächst den Aufbau eines solchen Prozesses unterstützen. Datenschutztechnologien sollten dann zum Einsatz kommen, wenn, wo und wie es für das Unternehmen am sinnvollsten ist. Besitzt ein Unternehmen noch keinen klaren Weg, um diese Entscheidungen zu treffen, wird es am Ende mit einem Wirrwarr an Datenschutztechnologien oder uneinheitlichen Ansätzen dastehen. Ich bin ein großer Befürworter von Experimenten, die im Rahmen einer Federated Governance durchgeführt werden (siehe den Abschnitt »Data Governance 2.0« auf Seite 308 in Kapitel 8), aber Sie brauchen dennoch eine richtungsweisende Entscheidung einer multidisziplinären Expertengruppe, bei der die geschäftlichen Anforderungen, der rechtliche Rahmen und die Risiken berücksichtigt werden. Diese Gruppe sollte auch vorgeben, wie sehr man sich dem Datenschutz verpflichtet, und Richtlinien für den Einsatz von Datenschutztechnologien in Absprache mit Akteuren aus den Bereichen Informationssicherheit und Technologie entwickeln.

Wenn Sie eine technische Führungskraft in einem Unternehmen sind und glauben, dass Privacy Engineering für Ihre Plattform, Ihre Software und Ihre Arbeit mit Daten nützlich sein könnte, können Sie Privacy Engineering einführen und testen, wie es funktioniert. Zum Zeitpunkt des Verfassens dieses Buchs gibt es noch keinen einheitlichen Ansatz, wie Privacy-Engineering-Teams am besten eingebunden werden, und ich gehe davon aus, dass sich dies in den kommenden Jahren auch nicht ändern wird. Der Grund dafür ist, dass die Risikolandschaft im Bereich des Datenschutzes und der sich verändernde technologische Fortschritt von einem agilen Ansatz profitieren. Nutzen Sie Ihr eigenes Wissen über Ihr Unternehmen und Ihr Team und seien Sie darauf vorbereitet, Ihre Ansätze immer wieder zu ändern, bis Sie einen effektiven Weg gefunden haben, um sowohl die Privacy Engineers als auch die Teams, die mit ihnen arbeiten, einzubinden und zu motivieren. Wie alle anderen Spezialisten im Unternehmen können diese Personen hervorragend in verschiedenen beratenden Rollen arbeiten oder sich auf einen bestimmten schwierigen Anwendungsfall konzentrieren und sich dann der nächsten dringenden Aufgabe zuwenden.

Wenn Sie Privacy Engineer werden und diese Rolle in Ihrem Unternehmen fördern wollen, nutzen Sie Ihre Fähigkeiten im Umgang mit Stakeholdern, die Sie im Rahmen der Diskussionen über Datenschutz und Risiko erworben haben, und sprechen Sie mit den entsprechenden Personen in Ihrem Unternehmen (siehe dazu die Abschnitte »Die Datenschutz-Folgenabschätzung der DSGVO: agile und iterative Risikobewertung« auf Seite 284, »Zusammenarbeit mit dem Data-Engineering-Team und Führungskräften« auf Seite 125 und »Datensicherheit« auf Seite 155). Selbst wenn Sie nur einen davon überzeugen können, einen Proof of Concept oder sogar eine Reihe von Awareness-Workshops zu wagen, sind Sie schon einen Schritt weiter. Setzen Sie sich intern immer wieder für die Belange des Datenschutzes ein und stellen Sie sicher, dass Sie die Aufmerksamkeit der Verantwortlichen auf relevante Anwendungsfälle, Geschäftsziele und technische Herausforderungen lenken, die zeigen, wie Datenschutztechnologien und Privacy Engineering helfen können. Denken Sie daran, dass es viele konkurrierende Prioritäten und Anforderungen gibt. Versuchen Sie daher, das Unternehmen dort abzuholen, wo es steht, und konzentrieren Sie sich auf das, was Sie aus Ihrer Position heraus erreichen können.

Was auch immer Ihre derzeitige Rolle ist, sie wird sich mit Sicherheit ändern! Wenn Sie sich über das Thema Privacy Engineering auf dem Laufenden halten, indem Sie an Communitys, Konferenzen und Diskussionen teilnehmen, werden Sie sicherlich neue Wege in diesem wachsenden Bereich finden.

Welche Fähigkeiten oder Vorkenntnisse benötige ich, um Privacy Engineer zu werden?

Privacy Engineering ist eine relativ neue Disziplin, und die Anforderungen werden sich im Laufe der Zeit weiterentwickeln. Einer der Gründe, warum ich dieses Buch geschrieben habe, ist, die Definition eines Privacy Engineer zu erweitern. Verschaffen wir uns also erst einmal einen Überblick darüber, wo diese Disziplin heute steht und wohin sie sich noch entwickeln könnte.

Die meisten Personen, die heute als Privacy Engineers arbeiten, haben einen Hochschulabschluss in einem der Bereiche, die Sie in diesem Buch kennengelernt haben. Sie sind Kryptografen oder Experten für Differential Privacy und/oder verteilte Systeme und haben viele Jahre in diesen Bereichen gearbeitet. Sie sind in der Lage, neue Differential-Privacy-Mechanismen, kryptografische Protokolle oder Federated-Analytics-Systeme zu entwickeln. Wenn Sie zu diesen Menschen gehören, fühle ich mich geehrt, dass Sie dieses Buch lesen. Diese Fähigkeiten sind unglaublich wichtig und werden immer mehr nachgefragt, aber sie erfordern ein jahrelanges Studium und ein hohes Maß an Kompetenz und Fachwissen, über das Sie vielleicht noch nicht verfügen.

Wenn ich mir die Bedürfnisse der heutigen Technologieszene anschaue, stelle ich fest, dass die Branche und die Disziplin Menschen brauchen, die diese Technologien nutzen können, ohne sie von Grund auf neu entwickeln zu müssen. Wie kann sich die Branche so verändern, dass sie über Data Engineers, Data Scientists sowie Software- und Plattformentwickler verfügt, die diese Technologien beherrschen? Wie Sie in diesem Buch erfahren haben, erfordern die meisten dieser Tools ein gewisses Maß an Spezialwissen und die Bereitschaft, sich in komplexe Probleme tiefgehender einzuarbeiten.

Genauso wie es einen Bedarf für Machine Learning Engineering, DevSecOps und Platform Engineering gab, sehe ich derzeit einen Bedarf für eine breitere Definition von Privacy Engineering. Das bedeutet, dass die Definition des Privacy Engineer um diejenigen erweitert werden muss, die sich die Zeit genommen haben, mehr über das Problem zu lernen und ihre bereits vorhandenen Fähigkeiten zu nutzen, um Datenschutztechnologien auf reale Probleme anzuwenden.

Auf meine Definition übertragen, bedeutet das, dass Sie sich bewusst machen sollten, welche Fähigkeiten Sie haben, welche Sie noch benötigen und wie Sie zum Privacy Engineering beitragen können. Sie könnten auch beschließen, dass es sich lohnt, ein Vertiefungsstudium aufzunehmen, um sich auf eine dieser Technologien zu konzentrieren. Oder Sie könnten sich für ein Selbststudium entscheiden und die Entwicklung von Open-Source-Bibliotheken, die Sie im Rahmen Ihrer Problemstellungen verwenden, weiter vorantreiben.

Wenn Sie noch am Anfang Ihrer beruflichen Laufbahn stehen oder viele dieser Konzepte neu für Sie sind, empfehle ich Ihnen, sich auf einen Schwerpunkt zu konzentrieren. Welches Kapitel hat Sie am meisten begeistert? Welches Kapitel hat Sie dazu veranlasst, jedes verlinkte oder zitierte Forschungspapier zu lesen? Konzentrieren Sie sich darauf und lassen Sie die anderen Kapitel vorerst links liegen. Studieren Sie die Literatur, nehmen Sie ein Buch zur Hand oder besuchen Sie einen Online- oder Präsenzkurs an einer Universität. Bleiben Sie auf dem Laufenden und tauschen Sie sich mit anderen Fachleuten aus. Versuchen Sie, Ihr Wissen auf einen Anwendungsfall Ihrer Wahl anzuwenden. Profitieren Sie von den Erfahrungen und dem Wissen anderer. Sie werden Fehler machen und aus diesen lernen.

Je mehr Sie Ihr Wissen und Ihre Fähigkeiten ausbauen, desto mehr werden Sie feststellen, dass Sie nicht mehr so viel nachschlagen müssen, dass Sie Probleme leichter analysieren können, dass die Lösungen auf der Hand liegen und dass Sie sie anderen erklären und beibringen können. Das ist vermutlich auch der Zeitpunkt, an dem Sie sich selbst als Privacy Engineer bezeichnen können und wollen.

Eines Tages wird es genauere Definitionen und klarere Erwartungen an den Beruf geben. Irgendwann wird es auch einen Fragenkatalog geben, der einem dabei hilft, ein Bewerbungsgespräch als Privacy Engineer zu meistern. Noch ist es aber nicht so weit, sondern erst dann, wenn Datenschutztechnologien in eine Vielzahl von Unternehmen integriert und dort täglich genutzt werden. Stellen Sie sich darauf ein, dass die Stellenbeschreibungen derzeit noch sehr vage sind, und nehmen Sie die Aufgabe auch in Angriff, wenn Sie sich selbst nicht als Privacy Engineer bezeichnen. Ihr frühes und proaktives Engagement wird Ihnen und anderen neue Möglichkeiten eröffnen und dazu beitragen, die derzeitigen Definitionen auf eine größere und vielfältigere Gemeinschaft auszuweiten.

Warum haben Sie (Technologie oder Unternehmen hier einfügen) nicht erwähnt? Wo erhalte ich weitere Informationen? Hilfe!

Sollten neue Technologien, innovative Unternehmen oder Open-Source-Bibliotheken auftauchen, die ich nicht erwähnt habe oder die Anfang 2023 noch nicht verfügbar waren, zögern Sie nicht, mich zu kontaktieren und sich mit mir darüber auszutauschen (*https://probablyprivate.com*). Wie bereits erwähnt, führe ich auf meinem Blog einen Thread mit häufig gestellten Fragen (FAQ), mit dem ich Sie auf dem Laufenden halten möchte und den ich im Zuge der weiteren Entwicklung des Fachgebiets fortlaufend aktualisieren werde.

Zudem verfügen Sie nun über ein grundlegendes theoretisches Verständnis und haben eine Vielzahl praktischer Beispiele kennengelernt. Ich hoffe, dass Sie dieses Buch nutzen können, um weiterhin einen kritischen Blick auf diesen Bereich zu werfen und zu beurteilen, wie sich neue Technologien auf Ihre Anwendungsfälle und Anforderungen übertragen lassen, wenn sie aufkommen.

Darüber hinaus gibt es eine wachsende Zahl globaler und viele lokale Communitys, die sich mit Datenschutztechnologien, Datenschutzvorschriften und der Auslegung des Datenschutzes befassen. Manchmal reicht ein einzelner Kommentar mit der Bitte um Hilfe oder Rat. Besuchen Sie die Plattformen, die Ihnen gefallen, und vernetzen Sie sich mit anderen, die sich für diese Themen interessieren. Wenn Sie einmal nicht weiterkommen, stellen Sie Ihre Frage in öffentlichen Foren, oder kontaktieren Sie die Personen privat. Falls Sie etwas herausgefunden haben, können Sie einen Blogbeitrag dazu verfassen oder ein kurzes Video veröffentlichen. Sie können und sollten sich an der Konversation beteiligen und anderen auf ihrem Weg helfen. Wenn Sie das, was Sie gelernt haben, noch einmal zusammenfassen, können Sie Ihr Verständnis vertiefen und im Zuge Ihrer Recherchen neue Technologien, Ansätze oder Auffassungen kennenlernen.

DSGVO und Datenschutzvorschriften

Dieser Abschnitt behandelt Fragen im Zusammenhang mit der DSGVO und den Datenschutzvorschriften, die bereits in Kapitel 8 behandelt wurden.

Muss ich wirklich Differential Privacy verwenden, um Daten den Anforderungen der DSGVO/CPRA/LGPD usw. zu entziehen?

Ich kann Ihnen keinen rechtlich verbindlichen Rat geben, denn ich bin keine Anwältin für Datenschutz. Ich kann Ihnen jedoch versichern, dass ich noch nie einen Anwalt für Datenschutz getroffen habe, der gesagt hätte, dass Differential Privacy nicht geeignet sei, um die Anforderungen dieser Vorschriften im Hinblick auf die Anonymisierung zu erfüllen.

Ich habe dennoch mit vielen Anwältinnen und Anwälten für Datenschutz gesprochen, die sagen, dass auch andere Techniken funktionieren, wie z.B. das Unkenntlichmachen aller PII oder die Anwendung von k-Anonymity oder anderen weniger sicheren Methoden, die keinen so hohen Schutz der Privatsphäre bieten. Wenn Sie – aus welchen Gründen auch immer – eine Methode wie Differential Privacy nicht verwenden wollen, sollten Sie einen Anwalt konsultieren.

Sie sollten außerdem bedenken, dass neue Vorschriften neue Anforderungen mit sich bringen. Diejenigen, die auf der DSGVO basieren, werden Klauseln enthalten, die dem ähneln, was in Kapitel 8 erläutert wurde, nämlich die Forderung nach Techniken, die dem aktuellen Stand der Technik entsprechen. Das bedeutet, dass Konzepte wie Differential Privacy zukunftssicherer sind als schwächere und ältere Techniken.

Wenn Sie mit einer Rechtsabteilung zusammenarbeiten, die Ihre Unterstützung wünscht, sollten Sie sich noch einmal die verschiedenen Ansätze ansehen, die in diesem Buch untersucht wurden, und prüfen, welche Ihnen geeignet erscheinen. In Kapitel 8 finden Sie Ratschläge für die Zusammenarbeit mit Rechtsanwälten im Hinblick auf die rechtlichen Anforderungen, und in Kapitel 9 können Sie sich über mögliche Anwendungsfälle Gedanken machen, wenn Sie Inspiration benötigen.

Ich habe gehört, dass ich personenbezogene Daten gemäß DSGVO aus berechtigtem Interesse verwenden kann. Ist das richtig?

Vielleicht haben Sie schon einmal etwas über berechtigtes Interesse gehört, entweder von einem Anwalt oder weil Sie die entsprechenden Hinweise in den Abschnitten über das berechtigte Interesse bei Cookies oder anderen Tracking-Systemen gelesen haben. Was ist ein berechtigtes Interesse?

Nach der DSGVO können Sie personenbezogene Daten aus berechtigtem Interesse verwenden, ohne die ausdrückliche Einwilligung der Nutzerinnen und Nutzer für diese Verarbeitung einzuholen. Dies wird in der Verordnung wie folgt dargelegt:

> Die Verarbeitung ist nur rechtmäßig, wenn ... die Verarbeitung ... zur Wahrung der berechtigten Interessen des Verantwortlichen oder eines Dritten erforderlich [ist], sofern nicht die Interessen oder Grundrechte und Grundfreiheiten der betroffenen Person, die den Schutz personenbezogener Daten erfordern, überwiegen, insbesondere dann, wenn es sich bei der betroffenen Person um ein Kind handelt.

Doch wie lässt sich ein berechtigtes Interesse nachweisen? Und was fällt genau darunter? Das Information Commissioner's Office (ICO) hat einige nützliche Empfehlungen zu diesem Thema (*https://oreil.ly/9VCEZ*) zur Verfügung gestellt, in denen ein dreiteiliges Prüfverfahren beschrieben wird, das auf früheren behördlichen Empfehlungen für den Umgang mit sensiblen Daten basiert. Die Prüfung umfasst die folgenden Schritte:

Zweckmäßigkeitsprüfung
: Liegt ein berechtigtes Interesse für die Verarbeitung vor?

Erforderlichkeitsprüfung
: Ist die Verarbeitung für diesen Zweck erforderlich?

Abwägungsprüfung
: Wird das berechtigte Interesse durch die Interessen, Rechte oder Freiheiten des betroffenen Individuums überlagert?

Das ICO nennt mehrere Beispiele für ein mögliches berechtigtes Interesse, wie z.B. die Aufdeckung von Betrug oder die direkte Verarbeitung von Daten, wenn dies der Erfüllung von Kundenwünschen dient. In dem Artikel wird auch darauf eingegangen, wie Direktmarketing durch ein berechtigtes Interesse gerechtfertigt werden kann, wenn es gegen die Rechte und Interessen der betroffenen Person abgewogen wird.

Es hat jedoch Fälle gegeben, in denen die Gerichte entschieden haben, dass das berechtigte Interesse die Verarbeitung von Daten nicht einschließt. Im Jahr 2020 erließ das ICO einen Bescheid und ein Bußgeld gegen Experian wegen Datenvermittlungsaktivitäten, die Experian unter dem Gesichtspunkt des berechtigten Interesses qualifizierte (*https://oreil.ly/Kd-OP*). Zudem veröffentlichte es einen Anschlussbericht, in dem Fragen zur Konformität von Datenvermittlern, die Daten aufgrund eines berechtigten Interesses erheben und weitergeben, (*https://oreil.ly/v5hX7*) geklärt wurden. Ein weiteres Beispiel: Die französischen Behörden verhängten gegen Clearview AI eine Geldstrafe in Höhe von 20 Millionen Euro (*https://oreil.ly/EO8Aj*) und wiesen damit die Behauptung des Unternehmens zurück, dass das Scraping von Bildern von Personen im Internet zur Bereitstellung von Gesichtserkennungssystemen ein berechtigtes Interesse darstelle.[6]

Sofern Sie Daten für einen bestimmten Zweck direkt von Personen erheben und sie dann für einen sekundären Zweck verwenden, müssen Sie mit Ihren Datenschutzexperten klären, ob dies zulässig ist. Haben Sie die Daten nicht direkt erhoben, sollten Sie überlegen, wie Sie die Personen über die Verarbeitung und Verwendung informieren und sicherstellen, dass die in Artikel 14 der DSGVO genannten Anforderungen (*https://oreil.ly/X7nXS*) eingehalten werden.

Wenn Sie Daten erheben und verarbeiten, sollten Sie sich rechtlich dahin gehend beraten lassen, was in Ihrem Anwendungsfall unter den Begriff des berechtigten Interesses fällt. Sofern dies der vorrangige Zweck der Datenverarbeitung ist, sollten Sie sich über Bußgelder und behördliche Maßnahmen auf dem Laufenden halten. Die Einholung einer Einwilligung ist immer der sicherste Weg, um sicherzustellen, dass die Daten den Empfehlungen der DSGVO gerecht werden.

Ich möchte Schrems II im Hinblick auf transatlantische Datenflüsse einhalten. Was sind mögliche Lösungen?

Die derzeitige Praxis im Umgang mit Schrems II (*https://oreil.ly/4SYfs*) wird wahrscheinlich nicht beibehalten werden. Sie stellt im Grunde nur eine Fortführung der alten Praktiken dar. Das bedeutet, dass das Kernproblem, nämlich das Ausspionieren von Datenflüssen durch die NSA, durch diese Maßnahmen bzw. Gegenmaßnahmen nicht wirklich gelöst wird. Wer vorausschauend handeln will, sollte seinen Umgang mit transatlantischen Datenströmen auf einen längeren Zeithorizont ausrichten. Cloud-Anbieter wie Microsoft und Amazon entwickeln ihre Infrastruktur bereits weiter, um einigen europäischen Großkunden mehr Wahlmöglichkeiten und Autonomie bei der Verhinderung von Datenflüssen in die USA zu geben.

Falls Sie damit nicht vertraut sind: Schrems II war ein Urteil des Europäischen Gerichtshofs, das die bisherigen Verfahren zum Schutz von in Europa ansässigen Personen im transatlantischen Datenverkehr, die zuvor durch den EU-US Privacy Shield (*https://oreil.ly/QTSpI*) abgedeckt waren, für ungültig erklärte. Das rechtliche Argument war, dass Nicht-US-Bürger und in Europa ansässige Personen in der Lage

6 Das Unternehmen nahm kurz darauf im Rahmen einer weiteren Finanzierungsrunde liquide Mittel auf, die vermutlich der Finanzierung der Zahlung dienten.

sein sollten, Dienste zu nutzen, ohne dass US-Geheimdienste diese Aktivitäten ausspionieren können. Nach den Snowden-Enthüllungen über PRISM und andere NSA-Überwachungsprogramme (*https://oreil.ly/RdFEg*) ist klar, dass dies bedeutet, dass nicht garantiert werden kann, dass Daten, die in die USA fließen, geheim bleiben, selbst wenn sie mit SSL und TLS verschlüsselt sind. Es ist auch wichtig zu verstehen, dass Daten, die in den USA oder einer anderen Gerichtsbarkeit gespeichert werden, immer Gegenstand von Ermittlungen sein können. Aus diesem Grund ist es entscheidend, dass die Unternehmen weiterhin Transparenzberichte (*https://oreil.ly/kEhtM*) veröffentlichen und dass Sie diese lesen, um zu prüfen, welche Dienste Sie in Ihrem Unternehmen nutzen möchten.

Diese Klage folgte auf ein früheres Urteil (Schrems I), das das Privacy Shield für ungültig erklärte, wobei jedoch offengelassen wurde, wodurch es ersetzt werden sollte. Diese Klagen wurden von Max Schrems eingereicht, einem in Österreich ansässigen Rechtsanwalt und Datenschutzaktivisten, der noyb – was für »My Data is None of Your Business« steht, eine gemeinnützige Organisation für Datenschutzrechte – (*https://noyb.eu/en*) gegründet hat. Vermutlich wird es weiterhin Klagen wie diese geben, da sich an der derzeitigen Praxis nur wenig geändert hat.

Mehrere der interessanten Technologien, die in diesem Buch beschrieben worden sind, könnten dazu beitragen, Daten vor Ausspähung zu schützen und damit den transatlantischen Datenverkehr besser abzusichern. In diesem Zusammenhang sind insbesondere Federated Data Analysis (Kapitel 6) und Distributed Encrypted Computations (Kapitel 7) hervorzuheben. Ich persönlich könnte mir eine Zukunft vorstellen, in der diese Technologien eingesetzt werden, um die vom Europäischen Gerichtshof vorgeschlagenen strengeren Standards zum Schutz der Bürgerinnen und Einwohner vor einer möglichen Überwachung durch die US-Regierung zu gewährleisten.

Persönliche Entscheidungen und soziale Aspekte von Privacy

In diesem Abschnitt geht es um persönliche Entscheidungen zum Thema Privacy und die sozialen Aspekte von Privacy. Ich finde diese Fragen sehr interessant und bekomme sie häufig gestellt, wenn ich über Privacy spreche. Ich habe sie aufgenommen in der Hoffnung, dass sie Sie dazu anregen, mit Kolleginnen und Kollegen, in Ihrem Freundeskreis und mit der Familie über die Themen im Zusammenhang mit Privacy zu diskutieren.

Welche E-Mail-Provider, Browser und Anwendungen sollte ich verwenden, wenn mir meine Privatsphäre am Herzen liegt?

Mit dem wachsenden Bewusstsein für das Thema Privacy wächst auch das Angebot an datenschutzfreundlichen Diensten. Es gibt inzwischen so viele, dass ich hier keine vollständige Liste aller Angebote aufführen kann. Sie haben bereits in Kapitel 8 erfahren, dass ein Blick in die Datenschutzrichtlinien und Nutzungsbedingungen Aufschluss darüber geben kann, wie mit Ihren Daten umgegangen wird. Im Folgenden finden Sie einige Punkte, die Ihnen helfen sollen, Ihre eigene Entscheidung zu treffen:

Datenerhebung
: Welche Daten werden erhoben? Dies sollte aus der Datenschutzerklärung bzw. -richtlinie hervorgehen. Prüfen Sie, wie Sie die optionale Erfassung von Daten deaktivieren können. Bei den meisten Browsern können Sie beispielsweise wählen, ob Debugging-Daten an den Provider des Browsers gesendet werden dürfen. Sie können auch zusätzliche Plug-ins installieren, um Ihre Privatsphäre zu schützen oder die zusätzliche Erfassung von Daten zu blockieren. Wenn Sie neugierig sind, können Sie auch Ihren eigenen Netzwerkverkehr mit Wireshark beobachten oder sogar durch Reverse Engineering herausfinden, welche Daten wohin gesendet werden. Sofern Sie Zeit und Energie dazu haben, kann es faszinierend sein, sich das genauer anzusehen.[7]

Datenspeicherung und Standort
: Wo und wie werden meine Daten gespeichert? Wenn Sie in der EU leben, können Sie sich dafür entscheiden, dass Ihre Daten in der EU gespeichert werden.[8] In diesem Fall bieten einige Dienste an, Ihre Daten innerhalb der EU oder innerhalb der EU und einiger anderer Länder wie der Schweiz zu speichern. Auf diese Weise können Sie sicherstellen, dass die Daten für Behörden außerhalb der EU nicht leicht zugänglich sind. Es gibt auch Dienste, bei denen Sie selbst entscheiden können, wo Sie Ihre Daten speichern möchten, z.B. in einer eigenen Cloud oder auf einem Backup-Speicher, oder Sie können sich für eine Local-first- oder Local-only-Speicherung entscheiden. Local-first-Speicherlösungen sind, wie in Kapitel 6 erörtert, ein neuer und aufregender Trend, von dem ich erwarte, dass er im Laufe der Zeit zunehmen wird.

Aufbewahrung und Übertragbarkeit von Daten
: Wie lange werden die Daten gespeichert, und können Sie Ihre Daten nach Belieben verschieben? Um herauszufinden, wie lange Ihre Daten gespeichert werden, können Sie die Datenschutzerklärung lesen oder direkt nachfragen, wenn diese Information dort nicht aufgeführt ist. In der Regel können Sie ein Unternehmen über seine Datenschutz-Kontaktadresse anschreiben, um solche Fragen zu stellen. Damit Sie Ihre Daten problemlos exportieren können, sollten Sie eine eigene Sicherungskopie Ihrer Daten anlegen. Dank der Datenschutz-Grundverordnung und anderer Vorschriften, die darauf abzielen, einen Data Lock-in zu vermeiden, bietet fast jeder Dienst eine Möglichkeit, Ihre Daten zu exportieren. Es ist sinnvoll, sich genau anzusehen, welche Daten Sie exportieren können, und zu entscheiden, ob Sie regelmäßig Daten exportieren und aus dem Dienst löschen möchten.[9]

---

7 Wenn Sie etwas Neues oder Interessantes finden, veröffentlichen Sie es, und teilen Sie es mit anderen!

8 Auch EU-Behörden haben die NSA-Methoden zum Ausspionieren des Internetverkehrs ausprobiert, einschließlich des BND, der Zugang zum DE-CIX, einem großen Netzwerkknoten in Frankfurt, verlangte. DE-CIX verklagte den BND und gewann den Prozess (*https://oreil.ly/YEWyW*), sodass der Zugang illegal ist.

9 Ich werde persönlich einige meiner eigenen Datenexporte in meinem Blog Probably Private und im Newsletter meines Blogs (*https://probablyprivate.com*) vorstellen, falls Sie sich inspirieren lassen möchten!

Datenweitergabe und Nutzung durch Dritte
: Welche Dritten können die Daten verwenden oder darauf zugreifen, bzw. wer erhält geteilte Daten? Dies ist nicht immer offensichtlich und wird möglicherweise nicht in der Datenschutzerklärung angegeben. Suchen Sie im Abschnitt zu Drittanbietern und finden Sie heraus, welche Dienste sie anbieten. Sie können sich auch direkt an das Unternehmen wenden und nachfragen, aber es kann sein, dass diese Informationen nicht an Sie weitergegeben werden. Wenn Sie eine Datenschutzerklärung bzw. ein Unternehmen finden, das klar beschreibt, wie Ihre Daten weitergegeben werden und welche Drittanbieter involviert sind, ist dieses Unternehmen wahrscheinlich transparenter als die meisten anderen.

Verschlüsselung und Schlüssel
: Wie werden die Daten verschlüsselt, und wer ist im Besitz der Schlüssel? Sie haben bereits in Kapitel 7 gelernt, dass Daten genutzt werden können, während sie verschlüsselt bleiben. Es gibt viele Dienste, die eine Ende-zu-Ende-Verschlüsselung anbieten, ohne dass die Daten jemals entschlüsselt werden müssen, wie Messaging-Anwendungen oder Browser. Diejenigen, die dies tun, werden es in der Regel nicht nur in der Datenschutzerklärung angeben, sondern auch im Rahmen des Marketings für das Produkt selbst kommunizieren. Sie sollten herausfinden, wo die Chiffrierschlüssel gespeichert werden und wie oft sie ausgetauscht werden. Wenn sie *ausschließlich* bei Ihnen bzw. auf Ihrem Gerät gespeichert sind, bedeutet dies, dass das Unternehmen Ihre Nachrichten nicht entschlüsseln kann und wird. Vielleicht interessiert es Sie, wie das Signal-Protokoll funktioniert und wie Sie es für Messaging-Anwendungen wie WhatsApp (*https://oreil.ly/gVw-d*) aktivieren können. Wenn die Schlüssel jedoch beim Dienst selbst gespeichert sind, können sie von diesem zur Entschlüsselung der Daten verwendet werden.

> Es gibt eine Reihe von Organisationen, die regelmäßig Dienste auf ihre Datenschutzfreundlichkeit hin überprüfen. Ich empfehle Menschen, die mich nach Produktempfehlungen fragen, die Webseite »Privacy not included« der Mozilla Foundation (*https://oreil.ly/A0KVi*) als guten Ausgangspunkt für Fragen. Es gibt auch ein ziemlich umfassendes Repository, awesome-privacy, (*https://oreil.ly/Xv15u*) mit vielen guten Empfehlungen. Wenn Sie iOS verwenden, werfen Sie einen Blick auf die Datenschutzhinweise der App (*https://oreil.ly/7EUeC*), um eine Vorstellung davon zu bekommen, welche Daten wie verwendet werden und ob es Möglichkeiten gibt, die Datenerfassung zu deaktivieren.

Anhand der oben genannten Kriterien können Sie selbst entscheiden, ob Sie mit den verschiedenen Anwendungen, Browsern und Diensten zufrieden sind. Wenn Sie diese Prüfung vorgenommen haben, sollten Sie sie mit anderen teilen, um dabei zu helfen, fundierte Entscheidungen zu treffen.

Mein Freund hat einen automatisierten Haushalts- bzw. Telefonassistenten. Ich möchte nicht, dass er mir zuhört. Was soll ich tun?

Im Freundeskreis kann es schwierig sein, die Grenzen der Privatsphäre gegenseitig zu respektieren, und oft endet es für alle Beteiligten in einem anstrengenden Gespräch. Der beste Rat, den ich Ihnen geben kann, ist, alle Gespräche mit Einfühlungsvermögen zu führen und sich Ihrer eigenen Bedürfnisse bewusst zu sein. Nichts ist schlimmer als ein Gespräch, das aus dem Ruder läuft, weil ein anfängliches Missverständnis oder eine Abwehrhaltung eine emotionale Reaktion auslöst und der andere dann nicht mehr richtig versteht, was man eigentlich sagen will.

Formulieren Sie zunächst klar und deutlich Ihre Bedürfnisse und Grenzen. Sagen Sie, was Sie wollen, aber urteilen Sie nicht. Vielleicht sagen Sie etwas wie: »Hey, ich weiß, dass du Alexa benutzt und dass es okay für dich ist, aber ich fühle mich dabei unwohl. Könntest du es ausschalten, wenn ich zu Besuch bin? Das würde mir helfen, mich sicherer zu fühlen und unsere Zeit zu genießen.« Natürlich ist es einfacher, wenn man nur zu Gast ist. Wenn man mit jemandem zusammenlebt, sind ein längeres Gespräch und Kompromissbereitschaft erforderlich.

Wenn Ihr Gegenüber daran interessiert ist, mehr über Ihre Anliegen zu erfahren, wird das Gespräch wesentlich reibungsloser verlaufen. Wenden Sie das Wissen an, das Sie in diesem Buch erworben haben, und Sie werden in der Lage sein, Ihre Familie oder Ihren Freundeskreis für den Schutz der Privatsphäre zu sensibilisieren. Auch hier gilt: Je offener und wertfreier Sie an diese Gespräche herangehen, je mehr Sie nachfragen und sich informieren, desto besser werden sie verlaufen. Mit der Zeit werden Sie herausfinden, wie es für Sie am besten funktioniert. Jedes Gespräch und jede bewusst gesetzte Grenze trägt zu Ihrem eigenen Wissen, zu Verständnis, Übung und Können bei und gibt Ihnen das Selbstvertrauen, Ihren Weg weiterzugehen.

Dies ist ein guter Zeitpunkt, um Sie daran zu erinnern, dass viele Online- und Technologieentscheidungen die Privatsphäre von Menschen berühren, die Ihnen nahestehen, etwa wenn Sie Anwendungen installieren, die Ihre Kontakte durchsuchen oder sich mit Ihrem Adressbuch verbinden. Soziale Kontakte zu pflegen, ist ein Teil, manchmal sogar der ganze Zweck der Onlinevernetzung! In einer perfekten Zukunft würden diese Anwendungen die notwendigen Datenschutz- und Opt-out-Optionen bieten, damit die Menschen weiterhin ohne Angst miteinander in Kontakt treten, sich austauschen und zusammenleben können. In dieser Zukunft liegt die Verantwortung für die Bereitstellung und Durchsetzung des Datenschutzes bei den Unternehmen oder Organisationen, die die Dienste anbieten, und nicht beim Einzelnen.

Ich habe mich schon lange damit abgefunden, keine Privatsphäre zu haben. Ich habe nichts zu verbergen. Warum sollte ich mich ändern?

Wenn ich in größeren Gruppen und in einem allgemeineren Rahmen über Privacy spreche, werde ich oft gefragt, warum ich mich mit diesem Thema beschäftige. Natürlich gibt es immer jemanden, der der Meinung ist, dass »es keine Privatsphäre mehr gibt« und dass jeder einfach aufgeben und sich der grenzenlosen Überwachung und Datensammlung ohne Zustimmung unterwerfen sollte. In der Regel gibt es auch jemanden, der behauptet, dass die einzigen Menschen, die Privatsphäre wollen, Kriminelle oder Terroristen sind. Da alle anderen »nichts zu verbergen« hätten, solle die Gesellschaft im Namen der »Sicherheit« jegliche Privatsphäre abschaffen.[10]

Für den Fall, dass Sie solchen Menschen begegnen, möchte ich Ihnen einige Möglichkeiten aufzeigen, wie Sie mit diesen extremen Ansichten umgehen können. Ich frage diejenigen, die behaupten, die Privatsphäre sei am Ende oder jeder solle sie aufgeben, ob sie jemals Opfer eines Rachepornos geworden sind, bei dem freizügige oder sexuell eindeutige Bilder oder Videos einer Person ohne deren Zustimmung ins Internet gestellt werden, um sie in Verlegenheit zu bringen oder zu beschämen. Die übliche Antwort, die ich bekomme, ist eine verneinende, aber dieses Beispiel hilft ihnen, zu verstehen, wie wichtig der Schutz der Privatsphäre für andere Menschen ist und mit ihren Annahmen über das Thema, die oft falsch sind, aufzuräumen. Wenn Ihnen das Beispiel nicht unangenehm ist, können Sie die Beteiligten bitten, sich vorzustellen, dass ihnen eine solche Verletzung widerfährt. Wie würden sie sich fühlen? Wie würden sie reagieren? Jeder kann einen Tunnelblick bekommen und annehmen, dass andere ähnliche Erfahrungen machen wie man selbst. Bei Menschen, die behaupten, die Privatsphäre sei am Ende, ist mir aufgefallen, dass sie keine Empathie entwickelt haben, um besser zu verstehen, warum andere ihre Privatsphäre brauchen und warum es sich lohnt, dafür zu kämpfen.[11]

Wählen Sie natürlich Beispiele, die Ihnen gefallen. Beispiele, die zeigen, wie wichtig Privatsphäre ist, sind die polizeiliche Überwachung in bestimmten Stadtvierteln, die staatliche Überwachung von Einwanderern oder Dissidenten, die Preisabzocke auf der Grundlage personalisierter Werbung oder auch die Manipulation von Suchergebnissen. All dies sind Beispiele dafür, dass ein ungleicher Schutz der Privatsphäre und ein ungleicher Zugang zu Informationen zu problematischen Macht-, Kontroll- und Unterdrückungsverhältnissen führt. Wenn ein besserer Schutz der Privatsphäre für alle gewährleistet wäre, insbesondere für diejenigen, die ihn am dringendsten benötigen, würden viele dieser Probleme nicht mehr bestehen.

Diejenigen, die argumentieren, dass ein Schutz der Privatsphäre nicht erforderlich sei, weil sie nichts zu verbergen hätten, können Sie darauf hinweisen, dass sie nicht für alle anderen sprechen können. Wenn ihre Daten ihnen zum Beispiel nicht schaden und sie von einer umfangreicheren Datenerfassung direkt profitieren, sollten Sie sie daran erinnern, dass nicht jeder davon profitiert, wenn mehr Daten gesammelt werden. Manchmal zeige ich ihnen auf, wie ihre eigenen Daten andere Gruppen auf schädliche Weise ausgrenzen können. Wenn sie von einem Modellergebnis profitieren, gibt es wahrscheinlich eine andere Gruppe, die im Gegensatz zu ihnen in einem

10 Vielleicht ist das auch eine pessimistische Sichtweise, die sich mit diesem Schicksal abgefunden hat. In diesem Fall hoffe ich, dass Sie sie aufmuntern und ihnen ein wenig Hoffnung geben können.

11 Wenn Ihnen Rachepornos als Beispiel nicht zusagt, können Sie es auch mit anderen Beispielen versuchen, wie unrechtmäßige Verhaftungen (*https://oreil.ly/eDAJ7*), gezielte Fehlinformationen (*https://oreil.ly/6r9AO*) oder politische Proteste (*https://oreil.ly/pkzNU*).

anderen Entscheidungsbereich steht, in dem das Ergebnis nicht so günstig ist – wie z. B. bei Algorithmen zur Kreditwürdigkeitsprüfung. Es ist wichtig, sich daran zu erinnern, dass der Schutz der Privatsphäre und die sich daraus ergebenden Vorteile nicht gleichmäßig verteilt sind – wie andere Formen von Privilegien in unserer Welt.[12] Diese Unterscheidung ist denjenigen, die in einer solchen Gesellschaft über die meisten Privilegien verfügen, nicht immer klar.

Der Streit darüber, ob ein strengerer Datenschutz die Sicherheit beeinträchtigt, wird noch viele Jahre andauern. Mir persönlich ist es noch nie gelungen, jemanden zu überzeugen, der glaubt, dass Datenschutz der Sicherheit abträglich ist. Vielleicht haben Sie ja mehr Glück. Wenn ja, schreiben Sie mir bitte, wie die Diskussion verlaufen ist, denn ich bin neugierig! Diese Debatte ist wichtig, auch wenn die Gesprächspartner unterschiedlicher Meinung sind. Wenn wir uns darüber austauschen, wie viele Menschen weltweit von Verletzungen der Privatsphäre und von Überwachung betroffen sind, wird der Kampf für das Recht auf Privatsphäre stärker. Ich möchte Sie ermutigen, weiterhin die Wahrheit zu sagen und mit Empathie und Mitgefühl für den Schutz der Privatsphäre zu kämpfen – trotz aller Widrigkeiten und Gegenargumente.

> Es gibt viele talentierte Sicherheitsexperten, die diese Fragen nicht kämpferisch, sondern unterstützend angehen. Verfolgt man die Gesetzesdebatten zu Themen wie dem Einbau von »Hintertüren« in kryptografische Systeme (*https://oreil.ly/0lsqL*) oder der Einrichtung von Schlüsseldepots (engl. *Key Escrows*) (*https://oreil.ly/AWG6F*), die es Dritten ermöglichen, ohne Zustimmung auf Dechiffrierschlüssel zuzugreifen, wird auch der starke Widerstand von Sicherheits- und Kryptografieexperten gegen unsichere und die Privatsphäre ausspähende Systeme deutlich.

Kann ich meine eigenen Daten einfach an Unternehmen verkaufen?

Ich habe viele Gespräche mit Menschen geführt, die an Möglichkeiten arbeiten, den Nutzerinnen und Nutzern zu erlauben, ihre Daten direkt zu verkaufen. Ich bin kein großer Fan dieser Idee, da sie Anreize für die gleichen Datenschutzprobleme in der Branche schaffen und möglicherweise andere Probleme wie algorithmische Verzerrungen und die ungleiche Behandlung von Menschen und ihren Daten verschärfen könnte.[13] Es gibt jedoch ein wachsendes Interesse daran, Menschen zu erlauben, ihre Daten direkt für die Nutzung zu verkaufen.

Viele Start-ups und Plattformen haben bereits ein Datenökosystem aufgebaut, aber keiner der Marktplätze hat nennenswert an Zugkraft gewonnen. Es gibt erfolgreiche Marktplätze für Nutzerforschung und Umfragen, aber auch hier muss man Zeit investieren, um Fragen über sich selbst zu beantworten oder an Umfragen oder Studien teilzunehmen.

---

12 Um mehr darüber zu erfahren, empfehle ich Ihnen die Bücher *Race after Technology* von Ruha Benjamin (2019) und *Dark Matters* von Simone Browne (2015) sowie die Arbeit von Professor Chris Gilliard (*https://oreil.ly/WP5jm*) zu verfolgen.

13 Ich habe zu diesen und verwandten Problemen im Jahr 2019 einen Vortrag auf dem Chaos Communication Camp (*https://oreil.ly/w6LvN*) gehalten.

Damit diese Marktplätze erfolgreich sein können, muss sich die Art und Weise, wie Unternehmen Daten sammeln und nutzen, grundlegend ändern. Wenn es für Unternehmen schwieriger wird, Produkte im Tausch gegen eine massive Datensammlung kostenlos anzubieten, haben sie einen Anreiz, ihr Geschäftsmodell zu ändern. Wenn Unternehmen nicht mehr in der Lage sind, genügend Daten zu sammeln, könnten die Nutzer ihre Daten direkt verkaufen.

Mich begeistert ein Konzept, bei dem die Nutzerinnen und Nutzer die Daten lokal kontrollieren können. Der Zugang könnte jederzeit gewährt oder entzogen werden. Dieses Konzept, kombiniert mit Technologien wie Federated Learning, Encrypted Computation und Differential Privacy, würde die verwendeten Daten schützen. Wenn sich Einzelpersonen, Regulierungsbehörden und Communitys zusammenschließen, um ihre Daten gemeinsam zu verwalten, führt dies zu einer stärkeren Verhandlungsposition und besseren Ergebnissen für alle Beteiligten. Eine solche Perspektive ist spannend und könnte Forschungs- und Regierungsinitiativen zur Lösung von Problemen durch aus Daten gewonnene Erkenntnisse unterstützen.[14]

Ich mag personalisierte Werbung. Warum nicht auch Sie?

Ich habe schon viele Gespräche geführt, in denen sich Menschen beleidigt oder persönlich angegriffen gefühlt haben, wenn ich ihnen erklärt habe, dass ich personalisierte Werbung nicht mag. Das kann ein heikles Thema sein.[15]

Da dies für manche Menschen eindeutig eine Provokation darstellt, ist es sinnvoll, zu fragen, welchen Nutzen sie aus personalisierter Werbung ziehen. Eine Antwort, die ich oft gehört habe, ist, dass man von interessanten Produkten erfährt, von denen man gar nicht wusste, dass es sie gibt. Das ist ein gutes Beispiel für den Nutzen personalisierter Werbung!

Personalisierte Werbung funktioniert jedoch nicht immer auf diese Weise. Wahrscheinlich haben Sie schon einmal erlebt, dass Ihnen beim Kauf eines Geschenks wochenlang ähnliche Produkte angezeigt wurden, an denen Sie eigentlich kein Interesse hatten. Oder Sie sehen sich ein Produkt an und entscheiden sich gegen den Kauf, aber es erscheint immer wieder. Oder Sie erleben einen tragischen Moment (*https://oreil.ly/MqDdV*), der Sie als traurige Erinnerung und Negativspirale verfolgt. Nicht umsonst sind einige der beliebtesten Browsererweiterungen solche, die Werbung blockieren. Sie können in vielen Fällen lästig und nicht hilfreich sein.

Es gibt auch Fälle, in denen personalisierte Werbung gefährlich sein kann. In *Weapons of Math Destruction* berichtet Cathy O'Neill, wie einkommensschwache Gruppen gezielte Werbung für gewinnorientierte Colleges erhielten, die kaum echte Bildung anboten. Die Professorin Latanya Sweeney stellte fest, dass bei der Suche nach

14 Nimisha Asthagiri und ich haben zu diesem Thema einen Vortrag beim Strangeloop 2022 gehalten (*https://oreil.ly/M-MP_*).

15 Sofern jemand sehr empfindlich reagiert, wenn man über personalisierte Werbung oder andere Themen aus diesem Kapitel spricht, ist es eine gute Idee, sich aus dem Gespräch zurückzuziehen. Denn wenn jemand sehr gereizt reagiert oder sich verteidigt, ist es unwahrscheinlich, dass das Gespräch überhaupt zu irgendetwas Gutem führt.

ihrem Namen Anzeigen aus dem Strafregister angezeigt wurden (*https://oreil.ly/A-T8f*), wahrscheinlich weil diese Anzeigen auf die Suche nach Namen ausgerichtet waren, die in den Black Communitys in den Vereinigten Staaten häufiger vorkommen. In *Algorithms of Oppression* hat Professor Safiya Noble die Sexualisierung und Objektivierung von BIPoC-Personen und -Communitys durch gezielte Anzeigen und Suchergebnisse aufgedeckt, die ich auch im Rahmen meiner eigenen Forschung mittels Methoden des Natural Language Processing (*https://oreil.ly/_DBPv*) aufgedeckt habe. Diese Beispiele sind nur einige von vielen, die zeigen, wie personalisierte Werbung dem Einzelnen tatsächlich schaden kann – und warum viele Datenschutzaktivisten, ich eingeschlossen, wollen, dass personalisierte Werbung eine explizite Opt-in-Entscheidung ist und nicht eine Standardeinstellung.

Bessere Ansätze gibt es im Bereich der Empfehlungen und der absichtsbasierten Suche. Im Bereich der Empfehlungen wird zunehmend mit sitzungsbasierten Empfehlungen experimentiert, bei denen die Aktionen des Nutzers über einen kurzen Zeitraum die Empfehlungen steuern und nicht etwas Personalisiertes (d.h. auf PII oder einer langen Nutzerhistorie basierend). Ich sehe spannende Möglichkeiten, Werbung und Empfehlungen nützlicher zu machen, indem man auf Personalisierung verzichtet und sich stattdessen auf die Absicht konzentriert. Unabhängig von meinem Alter, meinem Geschlecht, meiner ethnischen Zugehörigkeit, meiner sozialen Klasse und meinem Beruf: Wenn ich nach einem guten Thriller suche, möchte ich genau jetzt Werbung dafür sehen. Und wenn ich zwei Stunden später eine Pizzeria suche, ist es nicht notwendig, diese beiden Dinge oder irgendetwas anderes über mich in Verbindung zu bringen, um mir diese Empfehlung zu geben.

Hört (Füllen Sie die Lücke) gerade mit? Was kann ich dagegen tun?

Leistungsfähige Algorithmen, Muster und Trends – und die damit verbundenen Einblicke in die Privatsphäre von Personen – führen dazu, dass diese glauben, von Anwendungen abgehört zu werden, da die preisgegebenen Informationen miteinander verknüpft werden können. Obwohl es nachweislich Unstimmigkeiten bei Wake-Words gibt, d.h. bei Wörtern, die man sagen muss, um Assistenten oder eine Funktion von Assistenten zu aktivieren (*https://oreil.ly/keTKx*), und bei Meeting-Software, die die ganze Zeit mithört (*https://oreil.ly/Ml7Yo*), ist es unwahrscheinlich, dass Ihre Anwendung Sie ohne Ihr Wissen abhört, es sei denn, sie wurde speziell dafür entwickelt (z.B. Haushaltsassistenten, Sicherheitskameras usw.).[16]

16 Wenn Ihr persönliches »Threat Model« eine reale Bedrohung durch staatliche Überwachung beinhaltet, ignorieren Sie diesen Rat, und gehen Sie davon aus, dass Sie Ihren Geräten und Ihrer Onlinekommunikation nicht vertrauen können.

> Generell sollten Sie Anwendungen erst dann vertrauen, wenn Sie deren Nutzungsbedingungen und Datenschutzrichtlinien sorgfältig geprüft haben. Wenn Ihnen etwas verdächtig vorkommt oder Sie befürchten, dass eine Anwendung Spyware oder Adware enthält, sollten Sie sie am besten sofort deaktivieren und deinstallieren. Es gibt viele Beispiele (*https://oreil.ly/7FOuC*) für schädliche Anwendungen (*https://oreil.ly/zzO11*), die sich als nützliche kostenlose Anwendungen tarnen, z.B. für die Wettervorhersage, als Spiele oder für andere nützliche Funktionen. Es ist eine gute Idee, die Rezensionen zu lesen und sich über den Entwickler der Anwendung zu informieren!

Der Eindruck, dass Anwendungen mithören, ist darauf zurückzuführen, dass sie über eine große Menge an Daten verfügen. Es kann sein, dass Menschen, die Ihnen nahestehen, über Ihr Wi-Fi zu Hause nach dem suchen, was Sie ihnen erzählt haben. Es könnte sein, dass Sie selbst etwas zu diesem Thema gesucht oder kürzlich etwas zu diesem Thema gekauft haben. Es könnte sein, dass es einen Trend oder ein anderes Muster gibt, das stark korreliert, wodurch der Anschein erweckt wird, dass – sowie Sie davon hören – es auch Sie verfolgt. Dies kann entweder durch Werbung geschehen oder durch algorithmische Empfehlungssysteme, die große Datensätze und Trends nutzen, um zu bestimmen, wie sie Sie »ansprechen« können. Diese Szenarien sind reale Beispiele dafür, wie heutzutage Daten gesammelt und verwendet werden, um Menschen über verschiedene Datensätze hinweg mit gezielter Werbung und Inhalten zu verknüpfen.[17]

Auch wenn diese Anwendungen Sie nicht aktiv abhören, sondern Ihre Worte transkribieren und in algorithmischer Form wieder an Sie zurückgeben, verletzen sie dennoch Ihre Privatsphäre grundlegend, da für die Verknüpfung dieser verschiedenen Datenquellen keine Einwilligung eingeholt wird. Wenn Sie das Gefühl haben, dass Ihre Privatsphäre verletzt wird oder Sie abgehört werden, sollten Sie sich an das Datenschutzteam des Unternehmens wenden. Das wird das Geschäftsmodell oder die Praktiken des Unternehmens vielleicht nicht ändern, aber je mehr sie darüber wissen, desto besser.

Suchen Sie, wenn möglich, nach datenschutzfreundlicheren Anwendungen. Leider bedeutet dies oft, dass Sie für den Schutz Ihrer Privatsphäre bezahlen müssen, was nicht für jeden infrage kommt. In einigen Fällen bedeutet es, dass Sie für eine Anwendung bezahlen müssen, in die dieser Schutz bereits integriert ist. Es kann aber auch bedeuten, dass Sie selbst mehr tun oder mehr Aufwand betreiben müssen, etwa indem Sie ein eigenes System zum Teilen von Fotos entwickeln. Dies ist eine nützliche Erinnerung daran, dass Privacy und Privilegien eng miteinander verbunden sind.

17 Cracked Labs hat einen sehr aufschlussreichen Bericht zur Überwachung von Unternehmen (*https://oreil.ly/3mLjE*) veröffentlicht, sofern Sie einen detaillierten Einblick in die Praktiken einiger der größten Datenanbieter erhalten möchten, die Daten für Unternehmen sammeln und miteinander verknüpfen.

Dies alles zeigt, wie Ungleichheiten in Bezug auf den Schutz der Privatsphäre fortbestehen und wie Nutzer dafür bestraft werden, dass sie sich für den Schutz der Privatsphäre entschieden haben, was den Zugang für alle erschwert und den Grundsätzen des Privacy by Design zuwiderläuft. In einer möglichen Zukunft, in der die Privatsphäre respektiert wird, können und sollten Nutzerinnen und Nutzer ungefährdet Anwendungen installieren und Software mit sicheren und datenschutzfreundlichen Voreinstellungen verwenden, die eine respektvolle und einvernehmliche Datennutzung unterstützen, unabhängig von ihrem Budget oder ihrer Zeit.

Zusammenfassung

In diesem Kapitel haben Sie Antworten auf die mir am häufigsten gestellten Fragen zu vielen der in diesem Buch behandelten Themen erhalten. Wie ich bereits im Vorwort erwähnt habe, müssen Sie dieses Buch nicht von vorne bis hinten durchlesen, sondern können es als praktisches Nachschlagewerk verwenden, wenn sich diese Fragen in Ihrer Arbeit oder in Ihrem Leben stellen. Wenn Sie das Gelernte anwenden, werden Sie Ihre eigenen Meinungen und Ansätze entwickeln, die sich von meinen unterscheiden. Das ist nicht nur in Ordnung, sondern sogar wünschenswert!

Ich werde solche Fragen weiterhin in meinem Newsletter, Probably Private (*https://probablyprivate.com*), aufgreifen, also melden Sie sich an und schicken Sie mir Ihre Fragen, um die Diskussion am Laufen zu halten.

KAPITEL 11

Machen Sie sich ans Werk und entwickeln Sie Privacy-Lösungen!

Sie haben schon so viel aus diesem Buch gelernt! Ich hoffe, ich konnte Sie dazu inspirieren, Data Science auf eine andere Art und Weise zu praktizieren. Sie haben eine Vielzahl neuer Fähigkeiten, Theorien und Technologien kennengelernt, die Ihnen helfen können, Ihr Team und die gesamte Branche in neue Richtungen zu lenken. Abschließend möchte ich auf die Auswirkungen eingehen, die Daten auf die Welt haben und wie Sie Entscheidungen treffen können, die nicht nur Ihre tägliche Arbeit, sondern auch das Leben anderer Menschen beeinflussen.

Ich werde einige alarmierende Entwicklungen aufzeigen, die durch Machine Learning und die damit verbundene Datenanalyse bzw. Datensammlung in der Welt entstanden sind oder vorangetrieben wurden. Anschließend zeige ich Ihnen auf, wie sich verschiedenen Communitys wehren und die in diesem Buch vorgestellten Techniken nutzen, um mehr Kontrolle über ihr Leben und ihre Arbeit zu erlangen.

Überwachungskapitalismus und Data Science

Vielleicht haben Sie schon einmal den Begriff *Überwachungskapitalismus* (*https://oreil.ly/zVb4q*) (engl. *Surveillance Capitalism*) gehört oder sogar das Buch »Das Zeitalter des Überwachungskapitalismus« von Shoshana Zuboff gelesen.

Der Begriff Überwachungskapitalismus beschreibt ein Wirtschaftssystem, in dem persönliche Daten als eine Form von Kapital verwendet werden. Der Satz »If it's free, you are the product« (»Wenn es umsonst ist, sind Sie das Produkt«) erklärt genau, was Überwachungskapitalismus ist und wie er funktioniert. Die Idee, Daten zu sammeln, indem man kostenlose oder vergünstigte Dienste anbietet, ist nicht neu, aber die Möglichkeit, diese Daten in einen enormen wirtschaftlichen Wert umzuwandeln, ist relativ neu. Fortschritte in der Datenerfassung und -analyse sowie beim Machine Learning eröffnen neue Möglichkeiten, bei denen Daten einen Wert für ein Unternehmen darstellen und somit zu einer Form von Kapital geworden sind.

Aber warum sollte Sie das interessieren? Wahrscheinlich arbeiten Sie in der Data-Science-Branche und profitieren davon, dass Daten immer wertvoller werden. Es wäre schwer vorstellbar, dass Sie dafür bezahlt werden, ausschließlich mit Daten zu arbeiten, wenn diese nicht wertvoll wären. Die Arbeit, die Sie als Data Scientist,

Data Engineer und/oder Machine Learning Engineer leisten, bedeutet, dass Sie Daten herannehmen und sie wertvoller machen. Sie werden auf der Grundlage dieser Wertsteigerung bezahlt und profitieren somit direkt von denselben Kräften, die den Überwachungskapitalismus geschaffen haben.

Das ist natürlich genau der Grund, warum Sie und alle Data Scientists sich damit beschäftigen sollten. Wenn man die Systeme, von denen man direkt profitiert, nicht analysiert, ist es schwierig, sie und ihre Auswirkungen auf die Welt wirklich zu verstehen. Das ist normal und zu erwarten und hängt direkt damit zusammen, wie Macht und Privilegien in Gesellschaften funktionieren. Solange Sie den Überwachungskapitalismus nicht kritisch hinterfragen und Ihre eigenen Schlussfolgerungen darüber ziehen, wie er sich auf die Menschen, die Gesellschaft und die Welt auswirkt – unabhängig von Ihrem eigenen Nutzen –, werden Sie nicht in der Lage sein, sich klar dazu zu äußern.

In diesem Abschnitt gehe ich auf einige Dinge ein, die ich im Zusammenhang mit dem Überwachungskapitalismus beobachtet habe. Ich möchte Sie jedoch ermutigen, sich mit dem Thema eingehender zu beschäftigen.

Gig-Worker und Überwachung am Arbeitsplatz

Die Auswirkungen des Überwachungskapitalismus auf die menschliche Arbeitskraft lassen sich leicht am Aufstieg der sogenannten Gig-Worker ablesen. Der Begriff *Gig-Worker* beschreibt diejenigen, die als selbstständige Auftragnehmer auf Teilzeitbasis arbeiten, sozusagen digitale Tagelöhner. Im Wesentlichen handelt es sich bei diesen Arbeitnehmern um Freiberuflerinnen und Freiberufler, die ihre Jobs jedoch häufig über Plattformen oder Marktplätze finden, die in den letzten Jahren entstanden sind und auf denen kleinere Jobs angeboten werden, die mehr oder weniger Zeit und Konzentration erfordern. Der Begriff leitet sich von dem Konzept der »Gigs« für Musikerinnen und Musiker ab, die gegen Bezahlung auftreten, die oft je nach Publikum, Veranstaltungsort und anderen Musikern variiert.

Gig-Workern wird ein flexiblerer Lebensstil versprochen – aber für viele Gig-Worker hat sich das nicht bewahrheitet. Die Unternehmen, die die Gig-Economy ins Leben gerufen haben, sammeln massenhaft Daten über ihre Beschäftigten und Kunden, um ihre Gewinne zu maximieren. Wenn die Nachfrage hoch ist, werden die Beschäftigten dazu angehalten, länger zu arbeiten, und wenn die Nachfrage niedrig ist, ist der Anreiz, zu arbeiten, wegen der geringeren Gewinnspannen gering. Leider bietet die Gig-Economy keine flexiblen Arbeitszeiten, sondern wird zur Teilzeitschichtarbeit ohne die Vorteile von Gesundheitsfürsorge, Stabilität, Mindestlohn oder bezahltem Urlaub, da die Beschäftigten unabhängige Auftragnehmer sind.

Doch damit nicht genug für die meisten Gig-Worker. Die ständige Bewertung und Verwaltung ihrer Aktivitäten durch Algorithmen fügt eine weitere Ebene von Druck hinzu, den die meisten von uns in ihrem Arbeitsleben nie erfahren werden. Bei jeder Interaktion bewertet zu werden, manchmal von Menschen, die man gar nicht zu Gesicht bekommt, weil sie einen mit einer Türklingelkamera beobachten, ist wahrlich eine dystopische Zukunft, die direkt aus einer Folge der Fernsehserie *Black Mirror* stammen könnte. Dieses Verhalten steht im Mittelpunkt des Berichts von Data and Society über Gig-Worker und den Einsatz von Digitalkameras an Türen zu deren Überwachung (*https://oreil.ly/Vx4-9*). Diese algorithmischen Managementsysteme haben sich auf andere Bereiche der Wirtschaft und der Welt ausgebreitet und beeinflussen heute das Arbeitsleben vieler Schicht- und Fabrikarbeiter sowie einer wachsenden Zahl anderer Berufe.

Überwachung aus Gründen der »Sicherheit«

Wenn man sich mit dem Thema Überwachungskapitalismus beschäftigt, stößt man sofort auf Überwachungssysteme, die als Mittel zur Verbesserung der Sicherheit angesehen werden. Ähnlich wie bei der Verwendung von Türkameras zum »Management« von Gig-Workern und zur Überwachung ihrer Aktivitäten, um sich »sicher« zu fühlen, werden diese Systeme ausgeweitet und sowohl von Anwohnern als auch von Bundes-, Landes- und Kommunalbehörden in großem Umfang eingesetzt.

Das wirft die Frage auf, ob Überwachung tatsächlich zu weniger Kriminalität führt. Wie Sie sich vorstellen können, ist die Beantwortung dieser Frage nicht nur schwierig, sondern lässt auch viele Gründe für die Entstehung von Kriminalität außer Acht. Das hat jedoch viele Städte in den Vereinigten Staaten nicht davon abgehalten, ihre Überwachungsanlagen und -systeme (*https://oreil.ly/3Dgb5*) auf Kosten der Steuerzahler auszubauen, unabhängig davon, ob sie erfolgreich sind oder nicht. Und das gilt nicht nur für die USA. Schauen Sie sich die Zunahme von Videoüberwachung und Gesichtserkennungssystemen in Großbritannien (*https://oreil.ly/tGByZ*) an, die massive Überwachung in China (*https://oreil.ly/pyofp*) und die Zunahme privater Überwachung in Südafrika (*https://oreil.ly/5gGu7*) – all das im Namen der Sicherheit.

Predictive-Policing-Systeme erhöhen die Voreingenommenheit von Polizeibeamten (*https://oreil.ly/jhhgA*) und verstärken diese durch Rückkopplungsschleifen. Wenn die Polizei bereits auf BIPoC-, arme oder Immigrantencommunitys abzielt, erhöht die Umstellung auf algorithmische Systeme die Wahrscheinlichkeit dieses Verhaltens und schafft eine Rückkopplungsschleife, die dazu führt, dass die Polizei nur noch in diesen Vierteln eingesetzt wird. Doch welche Verbrechen ereignen sich an anderen Orten, gegen die nicht vorgegangen wird? Welche anderen Sicherheitsmaßnahmen könnte die Polizei ergreifen, wenn sie nicht von einem Algorithmus gesteuert würde? Und nicht zuletzt: Sind Polizeiarbeit und Überwachungssysteme in unserer heutigen Welt wirklich die Antwort auf die Ursachen von Kriminalität?

Doch damit nicht genug. Die Überwachung politisch Andersdenkender bzw. von Dissidenten hat im Bereich der »Sicherheit« eine lange Geschichte. Dies lässt sich leicht an Systemen wie Chinas Great Firewall erkennen, aber auch an Systemen wie Palantir, Clearview AI und Technologien, die von vielen Regierungen zur Überwachung des Internetverkehrs und der Inhalte sozialer Medien eingesetzt werden und sogar auf lokale Behörden und Universitäten übergreifen (*https://oreil.ly/j8CB_*).

Luxury Surveillance

Das Konzept der Luxury Surveillance, das fast das Gegenteil der Überwachung von Gig-Workern ist, wurde von Professor Chris Gilliard in der Zeitschrift »The Atlantic« (*https://oreil.ly/mRQ06*) treffend formuliert. Die Idee dahinter? Sie zahlen im Grunde dafür, von privaten Unternehmen überwacht zu werden, weil Sie kleine Annehmlichkeiten und »Luxus« durch die algorithmische Nutzung Ihrer Daten und der Daten anderer erhalten. Die Beispiele hierfür sind vielfältig, und täglich kommen neue hinzu – von intelligenten Haushaltsgeräten und Smartwatches bis hin zu selbstfahrenden Autos, die Daten aufzeichnen und diese für ein zentralisiertes Training zurücksenden.

Vielleicht trifft dies auf einige Personen zu, die Sie kennen und die genau in die Kategorie »Ich habe nichts zu verbergen« fallen, beschrieben im Abschnitt »Persönliche Entscheidungen und soziale Aspekte von Privacy« auf Seite 370. Die Verwendung dieser Daten sollte Sie jedoch zum Nachdenken darüber anregen, ob diese Art von Luxus jemandem schadet. Lesen Sie dieses Kapitel oder fragen Sie sich selbst, wofür Ihre Daten sonst noch verwendet werden (*https://oreil.ly/QqFyc*) und gegen wen sie verwendet werden könnten (*https://oreil.ly/blqoN*).

Wenn Sie Ihre Daten direkt in Systeme einspeisen, ohne dass Sie die Möglichkeit haben, dies zu widerrufen, haben Sie praktisch keinen Einfluss darauf, wie diese Daten verwendet werden. Was für Sie derzeit ein Luxus ist, kann für andere ein Albtraum der Überwachung sein. Aus Ihrer Arbeit mit Daten wissen Sie, dass es bei der Codierung von Daten in einem multidimensionalen Raum auch unerfasste bzw. unbekannte Regionen in diesem Merkmals- und Entscheidungsraum gibt. Was passiert mit den Menschen, die in diesen »Regionen« leben? Was geschieht mit den Menschen, die nicht den gleichen Lebensstil haben wie Sie? Werden Ihre Daten dazu genutzt, andere Menschen weiter in einen anderen Entscheidungsraum oder überhaupt aus allen Entscheidungen (*https://oreil.ly/oUX6S*) herauszudrängen? Werden Ihre Daten dazu verwendet, um sie für verschiedene Arten von Systemen zu gewinnen?

Und letztendlich gilt: Was Ihnen heute von Nutzen ist, ist es vielleicht nicht für immer. Unternehmen werden die Verwendung und die Weitergabe von Daten sowie den Ort, an dem Daten gespeichert und verarbeitet werden, ändern, ohne Ihre Zustimmung einzuholen. Der Schutz Ihrer eigenen Daten und der Daten anderer ist der einzige Weg, um zukünftige Szenarien zu vermeiden, in denen diese Daten gegen Sie oder auf eine Art und Weise verwendet werden, die Sie nicht gutheißen.

Massenhafte Datensammlung und Auswirkungen auf die Gesellschaft

Die gegenwärtige Praxis, riesige Datenmengen als potenzielles Kapital zu sammeln, wirkt sich auf unsere Gesellschaft aus, da sie die Art und Weise, wie Menschen mit öffentlichen Informationen über sich selbst umgehen, grundlegend verändert. Eine gute Lektüre zur Philosophie von Privacy ist Helen Nissenbaums *Privacy as Contextual Integrity*, in dem sie darlegt, dass Privacy von Natur aus kontextabhängig ist. Dieser Kontext kann leicht verloren gehen oder übersehen werden, wenn Interaktionen aus der realen Welt auf Interaktionen im Internet oder innerhalb von Softwareanwendungen übertragen werden.

Diesen Wandel zeigt auch die Art und Weise, wie junge Menschen auf die Notwendigkeit reagieren, sich im Internet eine Identität zu schaffen. danah boyds Werk *It's Complicated: The Social Lives of Networked Teens* hat dies bereits vor zehn Jahren beleuchtet. Die Trends in den sozialen Medien setzen sich fort und spiegeln sich in der Wahl der Nutzenden wider, wie z.B. bei »Finstas« (separate Instagram-Konten, die zur Interaktion mit Profilen verwendet werden, wenn man seine Identität pseudonymisieren möchte), oder der Wahl ephemerer Medien (d.h. Nachrichten, die nach einer gewissen Zeit automatisch gelöscht werden) in Messaging-Anwendungen.

Ich werde zwei Bereiche skizzieren, in denen ich beunruhigende Veränderungen in der gegenwärtigen Landschaft sehe: Generative Machine Learning als eine Form der Datenwäsche sowie die Zunahme und Verbreitung von gezielter Desinformation und Fehlinformation.

Machine Learning als Datenwäsche

Der Aufstieg generativer KI bzw. des Generative Machine Learning ist seit dem Aufkommen der GANs nicht mehr zu übersehen, und der Umfang und die Verwendung dieser Modelle sowie anderer generativer Architekturen haben in den letzten Jahren stark zugenommen. Modelle wie DALL-E, GPT-3 und Stable Diffusion machen es jedermann leicht, neue Texte, Bilder, Audio- und Videodateien überall und in Sekundenschnelle zu erzeugen. Projekte wie Copilot von GitLab könnten eines Tages dazu genutzt werden, ganze Programme auf der Basis von Prompts zu schreiben. Ein »Prompt Engineer« zu werden, ist nun ein möglicher neuer Karriereweg.

Das alles klingt nach großen Fortschritten im Bereich des Machine Learning, oder? Sollte ich mich nicht darüber freuen, dass dieses Gebiet ungeahnte Dimensionen erreicht? Um ehrlich zu sein, führt das Aufkommen dieser riesigen Modelle zu ziemlich schlechten Ergebnissen in Bezug auf die Privatsphäre und die Kontrolle über Ihre eigenen Daten. Sie wissen wahrscheinlich, dass diese Modelle mit Terabytes von Daten trainiert werden, die direkt aus dem Internet stammen und durch die täglichen Interaktionen der Nutzer weiter verfeinert werden, oft ohne dass dies klar kommuniziert wird. Dabei wird weder auf das Urheberrecht noch auf den Kontext der Inhalte oder auf die Erlaubnis der Ersteller oder Betreiber der jeweiligen Webseite geachtet. Dies hat zu Fällen geführt, in denen ISIS-Hinrichtungen und nicht einvernehmliche Pornografie direkt in Stable-Diffusion-Modellen (*https://oreil.ly/YTEVN*) auftauchen oder Journalisten ihre Texte in GPT-3 wiederfinden (*https://oreil.ly/FTuFC*). Wenn sich diese Trends weiter fortsetzen, wer wird dann noch in der Lage sein, sein eigenes Gesicht, seine eigene Stimme, seine eigenen Worte und deren Verwendung zu kontrollieren?

Wenn jemand Daten ins Netz stellt, geht er davon aus, dass andere diese Inhalte sehen, in ihrer Gesamtheit betrachten und möglicherweise mit dem Autor bzw. Ersteller interagieren. Das Scraping von Daten, um große Modelle zu füttern, ignoriert und untergräbt diesen Kontext. Die Daten werden aus ihrem Kontext und ihrer eigentlichen Intention gerissen, um große algorithmische Modelle zu trainieren, die im Wesentlichen Fragmente dieser Daten für die spätere Verwendung in oft sehr unterschiedlichen Kontexten speichern. Das zerstört nicht nur die kontextuelle Integrität dieser Daten, sondern auch jeden Anschein von Privatsphäre und Einwilligung. Dies ist auch der Fall, wenn alltägliche Nutzerinteraktionen, die viele Nutzerinnen und Nutzer als privat zu betrachten scheinen, dazu verwendet werden, Systeme wie ChatGPT-3+ mittels Reinforcement Learning weiter zu verfeinern.

Ich behaupte, dass diese Systeme sehr an Datenwäsche erinnern, und ich bin nicht die Einzige (*https://oreil.ly/-LYRy*). Die Arbeit, die Worte, die Gesichter und die Stimmen anderer Menschen zu nehmen und einen Algorithmus zu verwenden, um sie von den Rechten auf Namensnennung und Zustimmung zu »waschen«, ist vergleichbar damit, Geld zu nehmen und seine Herkunft zu »waschen«, um zu behaupten, es sei »sauber«. Der Einsatz von »KI« als Mittel, um Schuld von sich zu weisen und sich der Verantwortung zu entziehen, ist ein Trend, der seit vielen Jahren zu beobachten ist, wie die Todesfälle durch selbstfahrende Autos (*https://oreil.ly/Uv-tF*) zeigen. Die Menschen und Unternehmen, die diese Algorithmen entwickeln, werden aus der Verantwortung genommen, und die Schuld wird dem Modell selbst oder den Menschen, die mit dem Modell interagieren, zugeschoben.

Diese Modelle eignen sich Daten aus dem gesamten Internet an, darunter die Arbeit von Künstlerinnen und Künstlern aus Profilen, Inhalte von Pädagoginnen und Influencern, kostenpflichtige Inhalte von fleißigen Journalistinnen und Programmierern sowie Autorinnen und Autoren, und verwenden diese als eigenes Kapital.[1] Es überrascht nicht, dass diese Modelle nun Menschen nachahmen können, die nicht gefragt wurden, ob ihre Daten oder Inhalte verwendet werden dürfen. Diese Urheber werden wahrscheinlich niemals eine Vergütung oder Anerkennung für ihre Beiträge erhalten.

Desinformation und Fehlinformation

Die Zunahme von Desinformation und Fehlinformation im Internet wurde durch die Nutzung von Algorithmen zu finanziellen Zwecken gefördert. »Falling down a hole *(soziale Medien- oder Online-Content-Plattform einfügen)*« ist im Englischen eine gängige Redewendung, weil Empfehlungsalgorithmen für Inhalte optimiert sind, die Menschen dazu bringen, sich zu »engagieren«, indem sie sie anklicken, beantworten, ablehnen oder anderweitig mit ihnen interagieren. Dieses »Engagement« könnte auch als *Enragement*, also Empörung, bezeichnet werden, da diese algorithmischen Optimierungssysteme auf polarisierende und empörende Inhalte abzielen.

1 Diejenigen, die für ihre Arbeit bezahlt wurden, die darin bestand, Labels zu erstellen, Code zu schreiben und mit den Modellen zu interagieren, um größere Trainingsdatensätze aufzubauen, waren oft deutlich unterbezahlt.

Es gibt zahlreiche Studien zu diesem Phänomen (*https://oreil.ly/47yq_*), das auf einer Vielzahl von Plattformen zu beobachten ist. Es ist eindeutig auf Engagement-Metriken und deren Optimierung durch Empfehlungsmaschinen, die nahezu in Echtzeit erfolgt, zurückzuführen. Unabhängig vom gewählten Algorithmus – Reinforcement Learning, mehrarmigen Banditen (engl. *Multi-Armed Bandits*) oder anderen einfacheren Modellen – resultiert dieser Effekt aus der Optimierung von Klicks, Aufrufen, Kommentaren, Likes und Verweildauer.

Der Cambridge-Analytica-Skandal hat zudem gezeigt, dass Muster in privaten Daten andere private Attribute aufdecken können, z.B. wie oder ob jemand wählen wird. Mit personalisierter Werbung ist es dann ein Leichtes, diese Wähler auf der Grundlage von etwas so Einfachem wie einer Handvoll Online-Likes anzusprechen, um sie davon zu überzeugen, zur Wahl zu gehen oder auch nicht zur Wahl zu gehen oder auf eine bestimmte Art und Weise zu wählen. Data Analysts mögen diese Gefahr als »lustige« Erkenntnis aus den Daten abtun (*https://oreil.ly/IxCPw*), aber Wahlkampfmanager wissen sehr wohl, dass diese Art von Targeting sehr effektiv ist, um Wähler zu mobilisieren, zu demobilisieren und zu beeinflussen.

Fehlinformationen und Desinformationen zu verbreiten, ist heutzutage eine lukrative Möglichkeit, online Geld zu verdienen – vor allem wenn man bedenkt, wie viel Geld die Plattformen an Werbetreibende und Plattformteilnehmende zahlen, die attraktive Inhalte erstellen. Eine Studie der MIT Technology Review (*https://oreil.ly/XPczL*) hat das Ausmaß des Problems deutlich gemacht und gezeigt, dass es möglich ist, allein mit der Erstellung von Clickbait-Artikeln, die mit Fehlinformationen gespickt sind, ein recht ansehnliches Einkommen zu erzielen. Das Wachstum und die Reichweite dieser Art von Fehlinformation – und manchmal auch Desinformation (*https://oreil.ly/gU-o3*) – werden durch Empfehlungsalgorithmen begünstigt, die es für jeden »wertvoller« machen, sie zu erstellen, und die die Zahl der Betroffenen rasch ansteigen lassen.

Die Möglichkeit, Menschen aufgrund ihres Einkommens, ihres Geschlechts, ihrer ethnischen Herkunft, ihrer Familie und ihrer politischen Präferenzen einfach, schnell und automatisch in großem Umfang anzusprechen und zu beeinflussen, ist ein neues Phänomen. Die gesellschaftlichen Auswirkungen sind noch nicht vollständig geklärt. Studien haben gezeigt, dass dieses Phänomen die Verbreitung von Verschwörungstheorien und Misstrauen fördert und soziale Systeme und politisches Wohlwollen untergräbt. Es unterminiert zudem politische Systeme und soziale Werte und polarisiert in politischen und sozialen Fragen, was im Widerspruch zu demokratischen und sozialistischen Werten steht.

Sich zur Wehr setzen

Veränderung ist die einzige Konstante auf der Welt. Was heute ist, muss nicht für immer so bleiben. Ich habe mich entschieden, meine Zeit, meine Leidenschaft, meine Energie und meine Arbeit dem Thema Privacy zu widmen, weil ich der festen

Überzeugung bin, dass ein Wandel in der Datenbranche eine Möglichkeit ist, die bisher in diesem Kapitel beschriebenen Probleme zu beeinflussen.

Mit dem Wissen aus Ihrer eigenen Arbeit und dem, was Sie in diesem Buch gelernt haben, können Sie sich entscheiden, Einfluss auf Ihr Team, Ihr Produkt und auf größere gesellschaftliche Probleme und Fragen zu nehmen. Datenschutztechnologien werden nicht alle diese Probleme lösen, aber ein Bewusstsein für diese Fragen und ein kritischer Blick auf den Umgang mit privaten Daten können zusammen mit diesem Wissen dazu beitragen, die derzeitige Situation zu verändern.

In diesem Abschnitt möchte ich mit Ihnen teilen, was meiner Meinung nach unserer Gesellschaft und der Welt helfen kann. Es gibt nichts Inspirierenderes als eine Gruppe von Menschen, die gemeinsam an Problemen arbeiten – finden Sie Gleichgesinnte und Communitys und bleiben Sie in Kontakt.

Nachforschen, dokumentieren, hacken und lernen

Dieses Buch enthält Hunderte Zitate von Forscherinnen, Journalisten, Hackern und Denkerinnen. Nichts von dem Wissen, das ich im Laufe meiner Karriere erworben habe und das ich hier mit Ihnen teile, wäre möglich gewesen ohne die vielen Menschen, die sich mit Privacy beschäftigt haben, beschäftigen und beschäftigen werden.

Die Arbeit von Aktivistinnen, Forschern und Hackerinnen zeigt, dass sogar Unternehmen wie Apple, die über Teams verfügen, die sich mit Differential Privacy befassen, riesige Datenlecks haben (*https://oreil.ly/e9Xqx*). Nehmen Sie eine Hacker-Mentalität an, schauen Sie genauer hin und überprüfen Sie, ob die Dinge wirklich so funktionieren, wie es behauptet wird. Diese Nachforschungen können neue Angriffe aufdecken, neues Wissen verbreiten und unzulässige Praktiken aufdecken.

Bleiben Sie also am Ball! Lernen, forschen und hacken Sie weiter! Diese Methoden werden Ihnen helfen, Probleme im Bereich Privacy besser zu verstehen und neue Wege zu finden, sie anzugehen.

Daten kollektivieren

Die direkte Arbeit mit Menschen, die tagtäglich von Überwachungskapitalismus und algorithmischer Repression betroffen sind, bietet nicht nur die Möglichkeit, mehr über die realen Auswirkungen der gigantischen Datenerfassungssysteme zu erfahren, sondern auch die Handlungskompetenz der Menschen im Umgang mit ihren eigenen Daten zu stärken. Es gab viele erfolgreiche Proteste und Aktionen gegen die schlechte Behandlung und Ausbeutung von Gig-Workern. In Zukunft können diese Aktionen mithilfe von Datenkompetenz unterstützt werden.

Organisationen wie Driver's Seat (*https://driversseat.co*) helfen Gig-Workern, ihre eigenen Daten und Verdienstmöglichkeiten einzusehen, damit sie selbst entscheiden können, wann und wie sie arbeiten möchten. Wahrscheinlich wissen Sie aus Ihrer eigenen Arbeit, dass Daten den Menschen helfen können, bessere Entscheidungen zu treffen. Einige Organisationen arbeiten auch mit lokalen Regierungen zusammen, z. B. die Organisation Worker Observatory (*https://workersobservatory.org*). Wenn Sie an dieser Arbeit interessiert sind, sehen Sie nach, ob es lokale Initiativen in Ihrer Nähe gibt.

Über das Beispiel der Gig-Worker hinaus gibt es viele weitere Möglichkeiten, Daten zu kollektivieren und die Machtverhältnisse in den aktuellen Datentrends grundlegend zu verändern. Was wäre beispielsweise, wenn Sie und Ihre Nachbarn die Lieferungen von Online-Käufen gemeinsam optimieren würden, anstatt jeder für sich? Was wäre, wenn Sie und eine Gruppe von Freunden Ihre Suchergebnisse so anpassen würden, dass sie besser widerspiegeln, was Sie wirklich im Internet suchen? Was wäre, wenn Sie mit Gleichgesinnten zusammenarbeiten würden, um ein feingetuntes GPT-Modell zu erstellen, das nicht die problematischen Texte oder sonstigen Probleme eines großen, im Internet trainierten Sprachmodells aufweist? Was wäre, wenn eine stark überwachte Region der Welt ihre DNS-Abfragen optimieren, randomisieren und kollektivieren könnte? Was wäre, wenn eine Stadt ihre Energienutzung und -verteilung durch Genossenschaften statt durch private Unternehmen optimieren könnte?

Jede dieser Möglichkeiten eröffnet neue praktische Herausforderungen und Chancen zum Schutz von Daten, und deshalb gibt es dieses Buch. Wenn mehr Data Scientists, Data Engineers und Data Architects verstehen, wie solche Systeme aufgebaut sind, wie sie funktionieren, wie sie praktisch getestet und wie sie zum Laufen gebracht werden, wird es möglich sein, neue Ideen für den Datenaustausch, die Datennutzung, das Dateneigentum und die Kollektivierung zu entwickeln. Wenn es eine bestimmte communitybasierte Initiative, ein brennendes Problem oder eine Produktidee gibt, die den Menschen hilft, ihre Daten zu kollektivieren, anstatt sie zu zentralisieren, dann hoffe ich, dass dieses Buch Ihnen einige Werkzeuge an die Hand gegeben hat, um das in die Tat umzusetzen.

Die Aufsichtsbehörden schlagen zurück

Die Aufsichtsbehörden reagieren ihrerseits auf die Ausweitung der Datenerhebung, -kontrolle und -nutzung durch Unternehmen, indem sie bei eklatanten Verstößen gegen die Datenschutzvorschriften höhere Bußgelder und Strafen verhängen. Im November 2022 zahlte Google eine Rekordstrafe in Höhe von fast 392 Millionen US-Dollar (*https://oreil.ly/hv1v2*) für die unrechtmäßige Erhebung von Standortdaten, nachdem Nutzer die Standortverfolgung ausdrücklich deaktiviert hatten. Im selben Monat zahlte Meta ein Bußgeld in Höhe von 277 Millionen US-Dollar (*https://oreil.ly/VD7Nm*) wegen der rechtswidrigen Veröffentlichung von Nutzerdaten. Im Jahr zuvor hatte Luxemburg Amazon zu einem Bußgeld in Höhe von 746 Millionen Euro auf der Grundlage der DSGVO verurteilt (*https://oreil.ly/P88Ud*). Die Strafe beruhte auf der unrechtmäßigen Erhebung und Verwendung von Daten, wurde aber später in einem Berufungsverfahren aufgehoben. Darüber hinaus willigte Meta in die Zahlung eines Vergleichs in Höhe von 725 Millionen US-Dollar für eine Sammelklage wegen der Verletzung von Datenschutzrechten im Zusammenhang mit Cambridge Analytica (*https://oreil.ly/_Z85D*) ein.

Diese Klagen zeigen, dass eine massive Erhebung bzw. Sammlung von Daten und damit verbundene Datenschutzverletzungen durch große Technologieunternehmen weder in der Gegenwart noch in der Zukunft toleriert werden. Mit der Einführung neuer Datenschutzvorschriften – wie dem kalifornischen Datenschutzgesetz CCPA und einer Reihe von Gesetzen, die zum Zeitpunkt der Veröffentlichung dieses Buchs weltweit vorgeschlagen werden – ist davon auszugehen, dass es weiterhin und in verstärktem Maße zu solchen Klagen kommen wird. Die DSGVO ist im Jahr 2018 in Kraft getreten. Erst ab 2020 war klar, dass sich die Regulierungsbehörden darauf vorbereiten, die Verordnung in vollem Umfang durchzusetzen und die Durchsetzung im Laufe der Zeit auszuweiten. Vorschriften wie diese greifen langsam, haben aber langfristige Auswirkungen.

Auch außerhalb des Geltungsbereichs der DSGVO wächst weltweit der Widerstand von Dateneigentümern – und es werden rechtliche Schritte gegen die Nutzung von Daten ohne Zustimmung eingeleitet. Die Klage im Zusammenhang mit GitHub Copilot (*https://oreil.ly/sUok6*) ebnet den Weg für Kämpfe um Dateneigentum und Rechte an generativen Modellen, bei denen es vor allem darum gehen wird, wie diese massiven Modelle trainiert werden und wer von diesen riesigen Datensammlungen profitiert und wer geschädigt wird. Wenn die Klage erfolgreich ist, wird sie neue Möglichkeiten für Dateneigentümerinnen und -eigentümer sowie Datenproduzentinnen und -produzenten, wie Musiker, Autoren, Künstler, Schriftsteller und Programmierer, schaffen, um ihre eigenen Daten vor dem Zugriff durch generative Algorithmen zu schützen.[2]

Die Arbeit von Communitys unterstützen

Die Arbeit mit Communitys, die von der Datenerhebung und -überwachung betroffen sind, regt zum Nachdenken über die derzeitige Situation der Datenerhebung und -überwachung an und führt zu Ideen und Maßnahmen für neue Wege. Die Stärkung von Communitys, die über ein größeres Wissen in Bezug auf Daten und Datenschutz verfügen, kann potenzielle Alternativen zum Status quo schaffen.

Als ich anfing, mich mit dem Thema Privacy und verantwortungsvollem Machine Learning zu befassen, wurde ich von Communityprojekten inspiriert, wie den weltweiten Bewegungen der Amazon Workers und der streikenden Deliveroo-Fahrer, die sich gemeinsam gegen unfaire Bezahlung und inakzeptable Arbeitszeiten wehren. Eine andere Bewegung hat mich besonders berührt: Stop LAPD Spying (*https://stoplapdspying.org*). Für viele schwarze und indigen-mexikanische Bewohner von Los Angeles geht es bei ihrem Kampf gegen die Überwachung buchstäblich um Leben und Tod. Ihre Organisationsmethoden basieren auf dem Prinzip der Solidarität

2 Es gibt bereits Künstlergruppen, die daran arbeiten, indem sie Websites wie Have I Been Trained? (*https://oreil.ly/BG1k4*) entwickeln, auf denen Künstler herausfinden können, ob ihre Werke für die Erstellung von Modellen wie DALL-E trainiert wurden, und eine Anfrage senden können, wenn sie die Nutzung unterbinden möchten.

mit der Community. Sie haben nicht nur ihre eigenen Datensammlungen, Analysen und Studien über die Polizeiarbeit des LAPD erstellt und sich erfolgreich gegen Predictive-Policing-Initiativen gewehrt, sondern engagieren sich auch weiterhin für Aufklärung, Proteste und Aktionen gegen polizeiliche Überwachungssysteme und streben eine Zukunft ohne Überwachung an.

Sicherlich haben Sie Ihre eigene Vorstellung davon, welche Art von Arbeit zum Wohl des Gemeinwesens Sie interessiert und wie sich diese mit Datenerfassungssystemen und der Macht, die von Daten ausgeht, überschneidet. Wenn Sie noch keine Communitygruppen kennen, nehmen Sie sich Zeit, diese in Ihrer Stadt, Ihrem Bundesland oder Ihrem Land zu recherchieren und sich dabei auf die Menschen zu konzentrieren, die direkt von Datensammlung, -überwachung und -auswertung betroffen sind. Wenn Sie sich in diesen Gruppen engagieren, müssen Sie Ihre Arbeit mit einer Art Anfängermentalität angehen – zuerst lernen und zuhören und dann Wege finden, das, was Sie wissen, zu nutzen, um die harte Arbeit der Organisation zu unterstützen, die bereits im Gang ist. Glauben Sie mir, wenn ich sage, dass Sie sich noch viele Jahre an diese Arbeit erinnern werden, weil sie so transformativ, inspirierend und vorteilhaft für alle Beteiligten sein kann.

Als Vorkämpfer für Privacy (»Privacy Champion«) vorangehen

Die Fähigkeiten, die Sie in diesem Buch erworben haben, werden Ihnen dabei helfen, herauszufinden, welche Bereiche des Privacy Engineering, der Data Science und des Machine Learning für Sie am besten geeignet sind. Beginnen Sie mit dem Wissen, das Sie jetzt haben, und bilden Sie sich weiter, indem Sie sich in einer Weise engagieren, die Ihren Überzeugungen, Ihrer Karriere und Ihren Prioritäten entspricht.

Wenn Sie sich für eine Technologie oder ein Thema entscheiden, das Sie fasziniert, sprechen Sie darüber, schreiben Sie darüber, und verbreiten Sie Ihr Wissen, Ihre Gedanken und Ihre Motivation. Dieses Bewusstsein ermutigt andere, die riesigen Datenerfassungs- und Überwachungssysteme infrage zu stellen. Es ist nicht immer einfach, sich am Arbeitsplatz und in der Branche für den Schutz der Privatsphäre einzusetzen und sozusagen als Vorkämpfer für Privacy voranzugehen, aber es ist äußerst wichtig.

Ich habe dieses Buch zum Teil geschrieben, um die gegenwärtigen Trends bei der Sammlung und Verwendung von Daten zu ändern, die Systeme der Ungleichheit und Unterdrückung befördern. Dies ist eine Aufgabe, die mich mein ganzes Leben lang beschäftigt hat und an der ich gearbeitet habe, solange ich denken kann. Wenn auch nur eine einzige Person durch dieses Buch inspiriert wird und diese Aufgabe weiterführt, habe ich mein Ziel erreicht. Es bedarf eines kollektiven Engagements und gemeinsamer Anstrengungen, um einen grundlegenden Wandel herbeizuführen. Ich hoffe, dass dieses Buch einen kleinen Beitrag dazu leistet.

Ihr Privacy-Multitool

Sie haben durch dieses Buch neue Fähigkeiten und Kenntnisse erworben und können diese nun nutzen, um Probleme zu lösen und neue Wege bei der Arbeit mit Daten zu finden. Werfen wir einen Blick darauf, wie Ihr Privacy-Multitool aussieht (siehe Abbildung 11-1).

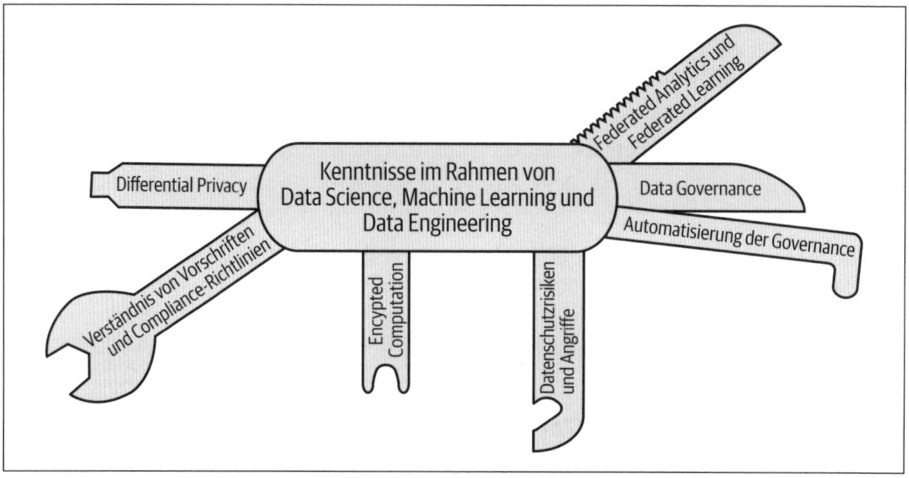

Abbildung 11-1: Das Privacy-Multitool

In Abbildung 11-1 können Sie alle in diesem Buch behandelten Themen und erworbenen Fähigkeiten wiederfinden. Sie haben Ihr Wissen über Data Science, Machine Learning und Data Engineering vertieft und können nun über Data Governance nachdenken und diese automatisieren. Sie verstehen und erkennen Datenschutzrisiken und Angriffe auf die Privatsphäre. Sie wissen, wann Sie Technologien wie Differential Privacy, Encrypted Computation und Federated Learning oder Analysis einsetzen sollten. Sie sind in der Lage, Vorschriften zu verstehen und Compliance-Richtlinien zu lesen, was Ihnen die Arbeit als technischer Experte, technische Expertin in diesem Bereich erleichtert. Toll, oder?

Die Anwendungsfälle in Kapitel 9 haben gezeigt, wie viele dieser Werkzeuge kombiniert werden können, um Probleme in der Praxis zu lösen. Welches Werkzeug zu welchem Anwendungsfall passt, werden Sie im Laufe der Zeit immer besser herausfinden. Experimentieren Sie, lernen Sie dazu und halten Sie Ihr Multitool griffbereit.

Abschließend möchte ich Ihnen zeigen, wie die Fähigkeiten, die Sie erworben haben, in Rahmenwerke passen, die sich im Bereich Privacy und Machine Learning einen Namen gemacht haben. Sie werden sehen, wie Ihre neuen Fähigkeiten Ihnen helfen können, die Theorie in eine Anwendung umzusetzen.

Vertrauenswürdige Machine-Learning-Systeme aufbauen

In Kapitel 8 haben Sie bereits erfahren, dass mit dem AI Act eine neue Verordnung auf den Weg gebracht wurde, die für mehr Transparenz und Rechenschaftspflicht im Zusammenhang mit KI-basierten Systemen sorgen soll. Im Rahmen der Vorbereitung dieser Verordnung hat die EU eine Gruppe von Forschern, Praktikern und politischen Entscheidungsträgern eingesetzt, um zu erörtern, wie KI-Systeme funktionieren sollten, wenn sie ethischer und vertrauenswürdiger werden und den Menschenrechten verpflichtet sein sollen.

Das erste Ergebnis war eine Vielzahl von Dokumenten, Studien und Empfehlungen, die später zur Ausgestaltung der Verordnung beitrugen. Ein Artefakt dieses Prozesses waren die Ethik-Leitlinien für eine vertrauenswürdige KI der EU (*https://digital-strategy.ec.europa.eu/de/library/ethics-guidelines-trustworthy-ai*), die in Tabelle 11-1 zusammengefasst sind.

Tabelle 11-1: Ethik-Leitlinien für eine vertrauenswürdige KI der EU

Themenbereich	Kurzbeschreibung
Vorrang menschlichen Handelns und menschliche Aufsicht	KI-Systeme sollten Menschen in die Lage versetzen, fundierte Entscheidungen zu treffen und ihre Grundrechte zu wahren. Human-in-the-Loop-, Human-on-the-Loop- und Human-in-Command-Ansätze können dabei helfen, die notwendige Überwachung zu gewährleisten.
Technische Robustheit und Sicherheit	KI-Systeme müssen robust, sicher und geschützt sein und einen Auffangplan für den Fall bieten, dass etwas schiefgeht. Außerdem sollten sie präzise, zuverlässig und reproduzierbar sein.
Schutz der Privatsphäre und Datenqualitätsmanagement	Sicherstellung des Schutzes der Privatsphäre und des Datenschutzes sowie angemessener Mechanismen zum Datenqualitätsmanagement. Regelung des Datenzugriffs.
Transparenz	Die Daten, das System und die Geschäftsmodelle der KI sollten transparent sein. Entscheidungen sollten in einer Weise erläutert werden, die für die betroffenen Stakeholder geeignet ist. KI-Systeme sollten sich als solche zu erkennen geben, und ihre Fähigkeiten und Einschränkungen sollten mitgeteilt werden.
Vielfalt, Nichtdiskriminierung und Fairness	Unfaire Verzerrungen müssen vermieden werden. Um die Vielfalt zu fördern, sollten KI-Systeme für alle zugänglich sein, unabhängig von einer Behinderung, und die relevanten Stakeholder während ihres gesamten Lebenszyklus einbeziehen.
Gesellschaftliches und ökologisches Wohlergehen	KI-Systeme sollten allen Menschen zugutekommen, auch zukünftigen Generationen. Es muss daher sichergestellt werden, dass sie nachhaltig, umweltfreundlich und sozial verträglich sind.
Rechenschaftspflicht	Sicherstellung der Verantwortlichkeit und Rechenschaftspflicht für KI-Systeme und ihre Ergebnisse. Die Nachprüfbarkeit spielt dabei eine Schlüsselrolle, insbesondere bei kritischen Anwendungen. Rechtsmittel sollten leicht eingelegt werden können.

Sie werden wahrscheinlich sofort feststellen, dass der Schutz der Privatsphäre und das Datenqualitätsmanagement (also die Data Governance) in diesen Leitlinien ausdrücklich erwähnt werden und dass sie mehrere andere Themen dieses Buchs berühren. In Kapitel 1 haben Sie etwas über die menschliche Kontrolle von Datensystemen im Allgemeinen erfahren und darüber, wie eine solide Dokumentation klare und überprüfbare Datenworkflows und -systeme schafft. In Kapitel 5 haben Sie etwas über die Überschneidung von Fairness und Datenschutz erfahren. Kapitel 4 hat die sozialen und persönlichen Schäden aufgezeigt, die mit Verletzungen bzw. Angriffen auf die Privatsphäre verbunden sind. In Kapitel 3 haben Sie gelernt, wie Sie Transparenz in die Datenerhebung bringen und Audit Trails für die Data Governance erstellen können, und Sie haben gleichzeitig erfahren, was es mit der Einwilligung und der verantwortungsvollen Nutzung von Daten auf sich hat. In Kapitel 8 haben Sie darüber nachgedacht, wie Sie die Auswirkungen der Datenerhebung und -nutzung auf Menschen verstehen und umreißen können, wie Sie mögliche Schäden, die durch die Datenerhebung oder -verarbeitung verursacht werden, dokumentieren und wie Sie diese Schäden abmindern können.

Wie Sie sehen, sind der Schutz der Privatsphäre bzw. Privacy und die in diesem Buch behandelten Themen Teil des Gewebes vertrauenswürdiger KI-Systeme. Natürlich gibt es noch andere Faktoren, die eine Rolle spielen, und wichtige Aufgaben, die der Datenschutz nicht abdeckt, wie z.B. das Testen der Robustheit gegen andere Arten von Angriffen auf KI-Systeme und die Erstellung von Dokumentationen für KI-Systeme, die über die Aspekte des Datenschutzes hinausgehen. Viele dieser Aspekte hängen untrennbar zusammen. Wenn Sie dem Datenschutz Ihre Aufmerksamkeit schenken und das in diesem Buch erworbene Wissen anwenden, werden Sie feststellen, wie er diese anderen Aspekte unterstützt. Daher sind der Schutz der Privatsphäre und die Bedeutung menschlicher Zustimmung grundlegende Konzepte, wenn es um Vertrauenswürdigkeit und die Wahrung von Menschenrechten in Datensystemen geht.

Privacy by Design

In diesem Buch habe ich mich mehrfach auf *Privacy by Design* bezogen, und vielleicht haben Sie bereits von dieser Liste von Grundprinzipien gehört, bevor Sie dieses Buch in die Hand genommen haben. Ann Cavoukians Grundsätze für die Entwicklung datenschutzfreundlicher Technologiesysteme wurden erstmals 2009 veröffentlicht und werden seitdem in zahlreichen Richtlinien, Rahmenwerken, Grundsätzen und Verordnungen zitiert. Nehmen Sie sich eine Minute Zeit und lesen Sie die Zusammenfassung des Originaltexts in Tabelle 11-2.

Tabelle 11-2: Die sieben Grundprinzipien von Privacy by Design (»Schutz der Privatsphäre durch Technikgestaltung« bzw. »Datenschutz durch Technikgestaltung«)

Grundprinzip	Kurzbeschreibung
Proaktiv, nicht reaktiv; präventiv, nicht abhelfend	Antizipieren und verhindern Sie Ereignisse, die in die Privatsphäre eingreifen, bevor sie eintreten. Warten Sie nicht darauf, dass Risiken für die Privatsphäre eintreten, sondern versuchen Sie, sie zu verhindern. Privacy by Design setzt an, bevor ein Ereignis eintritt, nicht danach.
Schutz der Privatsphäre als Standardvoreinstellung	Sorgen Sie für ein Höchstmaß an Datenschutz, indem sichergestellt wird, dass personenbezogene Daten in jedem IT-System und jeder Geschäftspraxis automatisch geschützt werden. Auch wenn der Einzelne nichts unternimmt, bleibt seine Privatsphäre gewahrt. Datenschutz ist standardmäßig in das System integriert.

Tabelle 11-2: Die sieben Grundprinzipien von Privacy by Design (»Schutz der Privatsphäre durch Technikgestaltung« bzw. »Datenschutz durch Technikgestaltung«) (Fortsetzung)

Grundprinzip	Kurzbeschreibung
In das Design eingebetteter Schutz der Privatsphäre	Privacy by Design ist in das Design und die Architektur von IT-Systemen und Geschäftspraktiken eingebettet. Es wird nicht nach einem Ereignis nachträglich hinzugefügt. Datenschutz ist ein integraler Bestandteil des Systems, ohne dass er die Funktionalität beeinträchtigt.
Volle Funktionalität – positive Summe, keine Nullsumme	Privacy by Design ist ein Win-win- und kein veralteter Nullsummenansatz. Vermeiden Sie falsche Dichotomien, wie z. B. Privatsphäre versus Sicherheit. Zeigen Sie, dass es möglich ist, beides zu bieten.
End-to-End-Sicherheit – Schutz während des gesamten Lebenszyklus	Betten Sie den Datenschutz in den gesamten Lebenszyklus der betreffenden Daten ein. Stellen Sie sicher, dass alle Daten sicher aufbewahrt und am Ende des Prozesses sicher und rechtzeitig gelöscht werden.
Sichtbarkeit und Transparenz – offen halten	Die Systeme und Prozesse können überprüft und eingesehen werden, um sicherzustellen, dass sie gemäß den erklärten Zusagen und Zielsetzungen funktionieren. Komponenten und Abläufe bleiben sichtbar und transparent, sowohl für Nutzer als auch für Anbieter. Denken Sie daran: Vertrauen ist gut, Kontrolle ist besser.
Achtung vor der Privatsphäre des Nutzers – nutzerzentriert halten	Privacy by Design verlangt von Architekten und Betreibern vor allem, dass sie die Interessen der/des Einzelnen in den Vordergrund stellen, indem sie datenschutzfreundliche Voreinstellungen, angemessene Hinweise und benutzerfreundliche Optionen anbieten. Stellen Sie Nutzerinnen und Nutzer in den Mittelpunkt.

Diese Grundprinzipien verdeutlichen den Zweck dieses Buchs und die darin behandelten Themen. Sie haben gelernt, wie Sie den Datenschutz proaktiv und als Standardeinstellung implementieren und wie Sie ihn direkt in die Datenerfassungssysteme und die Systeme, in die sie Daten einspeisen – Machine Learning, Analysen und andere Formen der Datennutzung –, integrieren können. Sie haben neue Wege erforscht, um Datensysteme zu entwerfen und zu gestalten, in denen Einwilligung, Datenschutz und Grundsätze des Schutzes der Privatsphäre die Art und Weise, wie der Datenverkehr organisiert wird, grundlegend verändern. Sie haben untersucht, wie die volle Systemfunktionalität bei gleichzeitigem Schutz der Privatsphäre geboten werden kann – mit anderen Worten, wie ein Gleichgewicht zwischen Datenschutz und Nützlichkeit gefunden werden kann – und wie sichergestellt werden kann, dass der Nutzer die Kontrolle behält und jederzeit die Möglichkeit hat, die Nutzung zu unterbinden. Sie haben sich mit den falschen Dichotomien zwischen dem Schutz der Privatsphäre und Sicherheit auseinandergesetzt, sich mit Privacy-Risiken und Angriffen auf die Privatsphäre beschäftigt, und Sie haben gelernt, wie Sie sowohl die Sicherheit als auch den Schutz der Daten in Ihren Workflows gewährleisten können. Außerdem wissen Sie jetzt, wie Sie diese Themen mit den Beteiligten besprechen, wie Sie das Bewusstsein im Unternehmen schärfen und wie wichtig die Dokumentation ist. All dies dient dazu, die Erfahrungen der Nutzer zu verbessern und die bestehenden Datenschutzoptionen zu erweitern.

Obwohl Privacy by Design Mitte der 1990er-Jahre auf der Grundlage von Forschungsarbeiten entwickelt wurde, an denen Cavoukian beteiligt war, sind die Prinzipien auch heute, rund 30 Jahre später, noch gültig. Viele der Technologien und Anwendungen, die in diesem Buch vorgestellt wurden, ermöglichen die Entwicklung grundlegend neuer Systeme, bei denen der Schutz der Privatsphäre von Anfang an berücksichtigt wird.

Privacy und Macht

Das Thema Privacy kann auch im Zusammenhang mit Macht- und Unterdrückungssystemen in der Gesellschaft und in der Welt (*https://oreil.ly/sShiw*) analysiert werden. Diese Systeme funktionieren, wenn Voreingenommenheit und Vorurteile institutionalisiert sind und auf einer systemischen Ebene wirken. Sie festigen die Macht der einen, während andere durch diese systemische Ungerechtigkeit unterdrückt werden.

Abbildung 11-2 skizziert eine grundlegende Sichtweise von Macht- und Unterdrückungssystemen und zeigt, wie die Kombination aus Ungerechtigkeit und Vorurteilen mit der institutionellen Struktur und Kontrolle interagiert, die diese Systeme schaffen und aufrechterhalten.

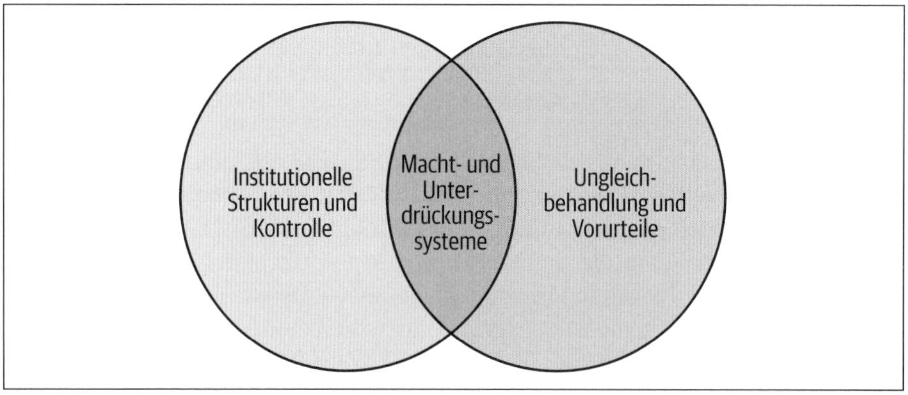

Abbildung 11-2: Macht- und Unterdrückungssysteme

Diese Systeme existieren in vielen (wenn auch nicht allen) Gesellschaften und unterscheiden sich je nach der politischen und gesellschaftlichen Geschichte einer bestimmten Region. Einige Machtsysteme – wie die weiße Vorherrschaft und der Kolonialismus – haben sich über ganze Regionen ausgebreitet und neue Gesellschaften geschaffen, die auf diesen Systemen aufbauen.

Was hat das mit Privacy zu tun? Nun, das ist kompliziert. Wie in einem langen Artikel aus dem *New Yorker* (*https://oreil.ly/IqQFo*) erklärt, waren Privacy-Gesetzgebung und das Recht auf Privatsphäre in den Vereinigten Staaten ursprünglich in grundlegenden Machtsystemen verwurzelt. Mächtige Personen, vor allem wohlhabende weiße Männer, wollten ihre eigene Privatsphäre schützen, um zu kontrollieren, wie über sie gesprochen und berichtet wird, und um ihre Unterdrückung anderer zu verbergen. Sie wussten, dass der Schutz der Privatsphäre mit Macht verbunden war und ihnen zusätzliche Privilegien verschaffen konnte.

Betrachtet man Privacy bzw. Privatsphäre aus dem Blickwinkel von Macht, wird deutlich, wie sie funktionieren kann. Ein grundlegender Zugang zu Privatsphäre kann einer Person helfen, zu kontrollieren, was über sie bekannt ist und wie sie sich selbst darstellen kann. Dies kann dazu beitragen, wie sie von der Welt wahrgenommen wird und welche Informationen sie in welchem Kontext verwendet. Das ermöglicht Menschen, neu anzufangen, ihre Meinung zu ändern, sich zu verändern und zu entscheiden, wer und wo sie sein wollen. Dies hat eine enorme Macht – sowohl für den Einzelnen als auch für die Gesellschaft.

In meinem Leben habe ich gegen Systeme der Unterdrückung gekämpft, weil ich weiß, dass viele Systeme, obwohl sie mir Vorteile bringen, mir und anderen schaden, weil sie die Möglichkeiten aller Beteiligten bestimmen. Wenn ich von einem Machtsystem profitiere, kann ich es nicht von der Person trennen, die direkt geschädigt wird. Es tut mir genauso weh wie ihr, weil wir beide in einem verhängnisvollen Kreislauf von Schmerz, Schuld und Wut gefangen sind – ohne Kontrolle und ohne Lösung.

Veränderung kann nur dann geschehen, wenn Sie die Systeme der Unterdrückung, von denen Sie profitieren, erkennen und Ihre Macht nutzen, um sich davon zu befreien, indem Sie direkt gegen diese Systeme vorgehen. Das kann durch Ihre Arbeit, Ihre Worte, Ihre Beziehungen und Ihre Privilegien passieren. Wenn große Gruppen von Menschen dies gemeinsam tun, können sie einen revolutionären Wandel herbeiführen. Sie können Systeme der Unterdrückung, die seit Jahrzehnten bestehen, grundlegend in eine neue Richtung lenken.

Privacy kann als befreiendes Instrument eingesetzt werden – als ein Weg, den ungleich verteilten Zugang zu Privatsphäre für alle zu öffnen. Sie kann genutzt werden, um Macht- und Unterdrückungssysteme zu benennen und auf den ungleichen Zugang zu Daten, Informationen und Zustimmung hinzuweisen. Sie kann als Waffe eingesetzt werden, um Systeme des Überwachungskapitalismus und die Tyrannei der ungerechtfertigten Datensammlung zu zerstören. Privacy als Macht kann die Dinge, die Sie in diesem Buch gelernt haben, zu Werkzeugen machen, um ein neues Verhältnis zwischen Daten und Macht in der Gesellschaft zu schaffen.

Wenn Menschen ihre eigene Identität, ihre eigenen Daten und ihre eigenen Kontexte kontrollieren können, wenn Menschen sich gemeinschaftlich organisieren können, indem sie ihre kollektiven Daten nutzen, um die Ergebnisse und Beziehungen zu Machtsystemen zu verändern, und wenn Menschen neue Datensysteme aufbauen können, die auf den Menschenrechten und nicht auf den Profiten von Unternehmen basieren, dann wird sich die Welt der Daten grundlegend verändern, weg vom derzeitigen Zustand der Unterdrückung und hin zu einer egalitären und sozialen Zukunft.

Tschüss

Dieses Buch ist das Werk meiner Leidenschaft – ein Hilfsmittel, von dem ich wünschte, es hätte schon existiert, als ich mich mit diesen Problemen zu beschäftigen begann. Es ist das Ergebnis vieler früher Morgenstunden und später Nächte. Ich hoffe, es inspiriert Sie dazu, Data Science auf eine andere Art und Weise zu betreiben und anderen beizubringen, was Sie wissen und gelernt haben. Nur durch kollektive Anstrengungen und Bewusstseinsbildung werden sich die aktuellen Trends ändern und eine demokratischere, datenschutzfreundlichere und einvernehmlichere Datenzukunft ermöglichen. Ich hoffe, dass ich diese Veränderungen während meiner beruflichen Laufbahn miterleben kann und dass die Gesellschaft von Daten profitieren wird, wenn die Anreize mit den Menschenrechten und der Gleichberechtigung in Einklang gebracht werden.

Sie haben die Fähigkeiten, das Wissen und die Macht – also machen Sie sich ans Werk und entwickeln Sie Privacy-Lösungen!

Index

A

B

C

D

E

F

Q

R

S

T

U

V

W

Y

Z

Über die Autorin

Katharine Jarmul ist Datenschutzaktivistin und Data Scientist, ihre Arbeit und Forschung konzentriert sich auf Privacy und Sicherheit in Data-Science-Workflows. Sie arbeitet als Principal Data Scientist bei Thoughtworks und war in zahlreichen Führungspositionen und als unabhängige Beraterin bei großen Unternehmen und Start-ups in den USA und Deutschland tätig, wo sie Daten- und Machine-Learning-Systeme mit integrierter Privacy und Sicherheit entwickelt hat sowie zukunftsweisende Datenstrategien, bei denen der Datenschutz im Vordergrund steht. Sie ist eine engagierte und international geschätzte Data Scientist, Programmiererin und Dozentin.

Kolophon

Das Tier auf dem Cover von *Data Privacy in der Praxis* ist eine Moridenart namens *Eretmophorus kleinenbergi*. Über diesen Fisch ist nicht viel bekannt, und einige Wissenschaftler vertreten die Ansicht, dass es sich nicht um ein eigenständiges Tier handelt, sondern eher um das Jungtierstadium einer anderen Moridenart. Der Fisch kommt im Mittelmeer und in Teilen des Atlantiks vor und wird bis zu neun Zentimeter lang.

Moridae sind auch als Tiefseedorsche bekannt, sie bilden eine Familie innerhalb der Ordnung der Dorschartigen (*Gadiformes*). Es handelt sich um kleine bis mittelgroße Fische mit großen Augen, zwei Rückenflossen und einem länglichen Körper, der sich zu einem schmalen Schwanz verjüngt. Einige Arten haben eine Kinnbartel – ein fadenförmiges Hautorgan im Maulbereich mit Geschmacksknospen und Tastkörperchen. Ihre Nahrung besteht aus einer Vielzahl von Plankton, wirbellosen Tieren, kleineren Fischen und Krebstieren. Sie wurden an den Kontinentalabhängen und in Tiefen von bis zu 2.500 Metern gefunden, halten sich aber auch in flacheren Gewässern auf.

Tiefseedorsche werden in dieselbe taxonomische Ordnung wie Dorsche (*Gadidae*) eingeordnet. Obwohl sie äußerlich einige Ähnlichkeiten aufweisen, unterscheiden sich Tiefseedorsche aber vom Dorsch durch ihren Skelettaufbau und die Form ihrer Schwimmblase (ein mit Gas gefülltes inneres Organ, das es den Fischen ermöglicht, ihren Auftrieb zu regulieren und in ihrer aktuellen Tiefe zu bleiben, ohne schwimmen zu müssen).

Viele der Tiere auf den O'Reilly-Covern sind vom Aussterben bedroht. Doch jedes einzelne von ihnen ist für den Erhalt unserer Erde wichtig.

Die Umschlagillustration zu diesem Buchs stammt von Karen Montgomery, sie basiert auf einem einzelnen Stich unbekannter Herkunft. Den Umschlagentwurf haben Karen Montgomery und Michael Oréal erstellt. Auf dem Cover verwenden wir die Schriften Gilroy Semibold und Guardian Sans, als Textschrift die Linotype Birka, die Überschriftenschrift ist die Adobe Myriad Condensed, und die Nichtproportionalschrift für Codes ist LucasFonts TheSans Mono Condensed.